8 Ya 225

Paris
1846

Herder Johann Gottfried

Histoire de la poésie des Hébreux

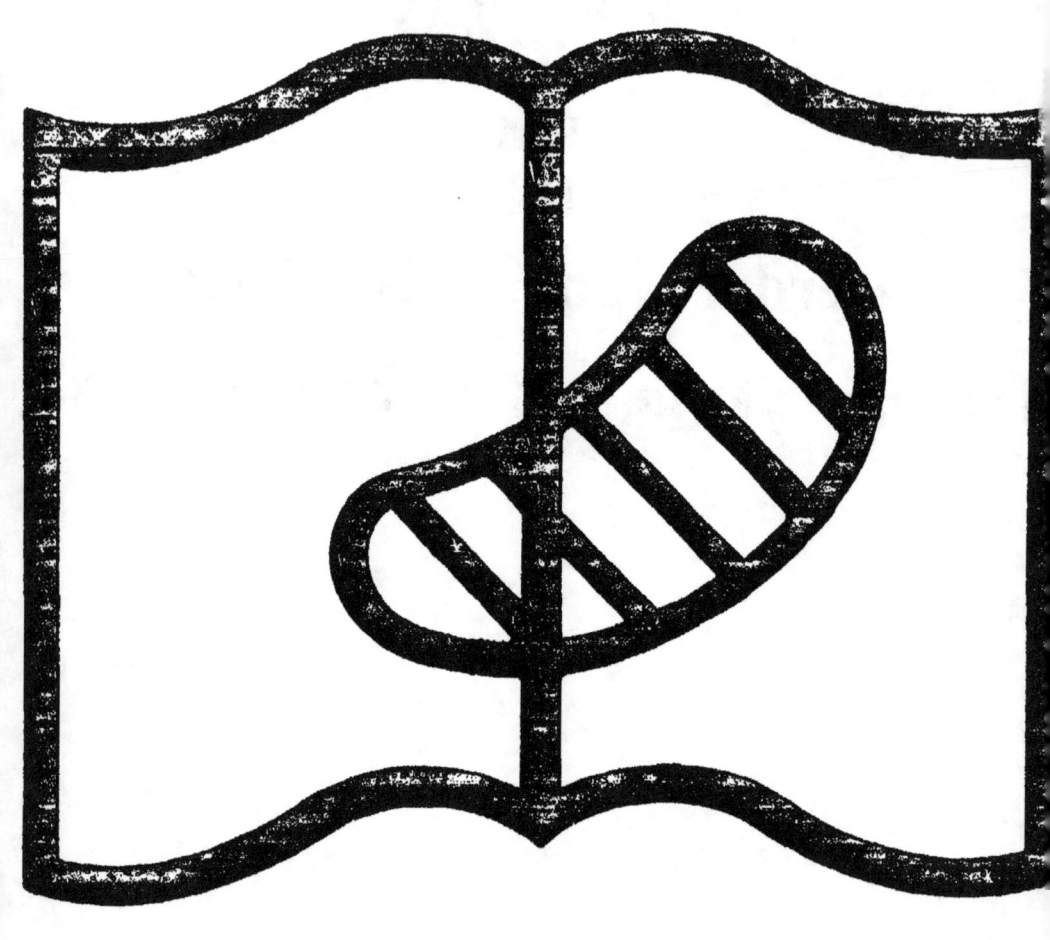

Symbole applicable
pour tout, ou partie
des documents microfilmés

Original illisible

NF Z 43-120-10

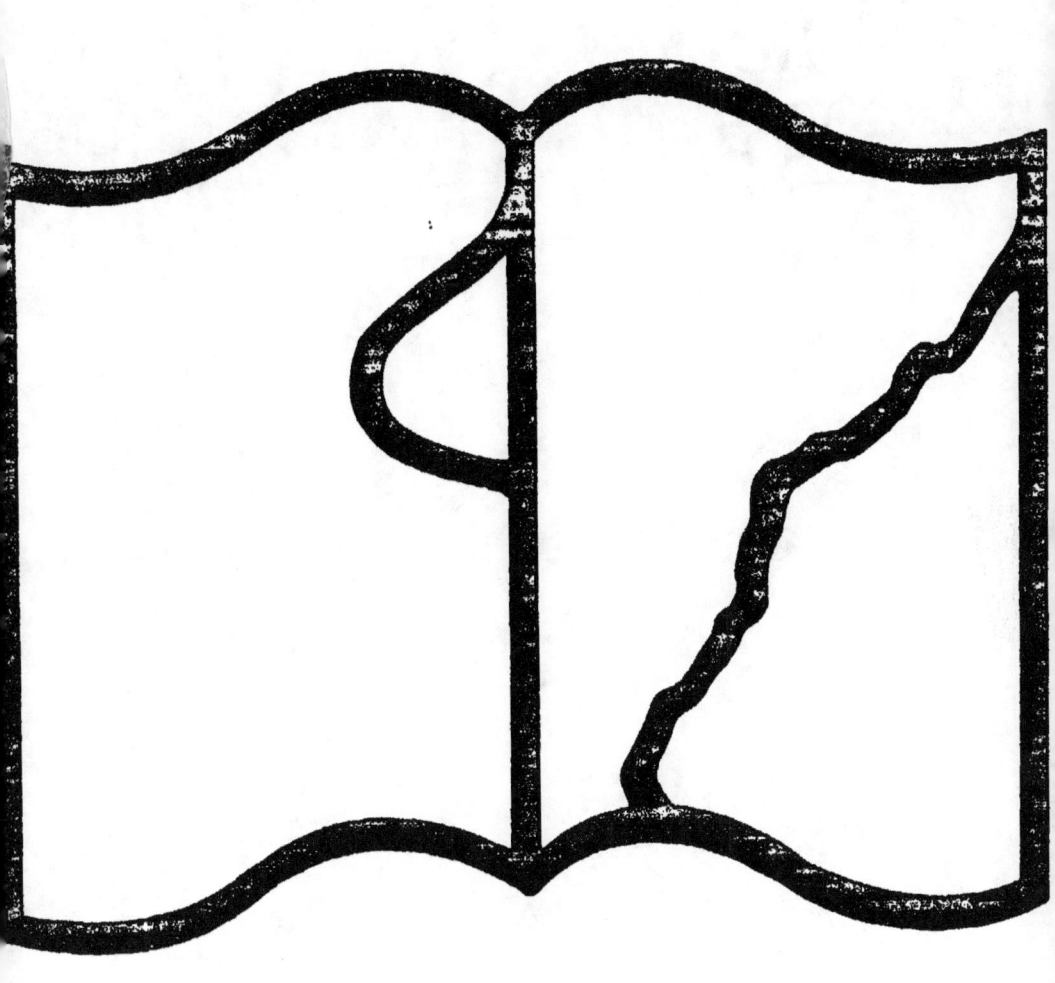

**Symbole applicable
pour tout, ou partie
des documents microfilmés**

Texte détérioré — reliure défectueuse

NF Z 43-120-11

Ya
225

HISTOIRE
DE LA POÉSIE
DES HÉBREUX

Imprimerie de Ducessois, 55, quai des Augustins.

HISTOIRE
DE LA POÉSIE
DES HÉBREUX

PAR HERDER,

TRADUITE DE L'ALLEMAND POUR LA PREMIÈRE FOIS

ET

PRÉCÉDÉE D'UNE NOTICE SUR HERDER

PAR

Mme LA BARONNE A. DE CARLOWITZ

Ouvrage couronné
par l'Académie française.

PARIS
DIDIER, LIBRAIRE-ÉDITEUR
35, QUAI DES AUGUSTINS.

1846

NOTICE

SUR

JEAN-GODFRIED DE HERDER.

Herder est un de ces hommes extraordinaires qui, placés par le hasard de la naissance dans une sphère opposée à leurs dispositions naturelles, savent se frayer, à travers mille obstacles, la route sur laquelle ils étaient prédestinés à marcher. Tout ce qui concerne de pareils hommes offre un grand intérêt de curiosité, car dans l'admiration qu'ils inspirent, on est porté à croire que le merveilleux de leur génie ou de leurs vertus a dû se refléter sur les évènements les plus vulgaires de leur vie. Mais la réalité répond rarement à cette exigence de l'imagination. Herder en est une preuve nouvelle; et l'on chercherait en vain, dans le cours de sa laborieuse carrière, un incident romanesque, un épisode dramatique. Aussi cette notice est-elle moins l'histoire de sa vie privée, que celle du développement de son intelligence, et des œuvres par lesquelles elle s'est manifestée au monde intellectuel et au monde moral.

La première éducation de Herder fut presque nulle, car son père, pauvre maître d'école d'une petite ville de la Prusse Orientale [1], le destinait à un état manuel. Mais l'enfant, poussé vers l'étude par un besoin irrésistible, trouva moyen de se procurer des livres qu'il dévora en secret; il se passionna surtout pour la Bible et pour Homère.

Cet amour de la lecture qu'il satisfaisait sans choix et sans guide, aurait pu l'égarer; heureusement un prédicateur du voisinage, frappé de sa belle écriture, le prit à son service pour lui faire copier ses sermons, et pour remplir les fonctions de domestique. Le bon ministre ne tarda pas à s'apercevoir des rares facultés de son petit serviteur, et il chercha à les développer en lui faisant partager l'éducation qu'il donnait à ses propres enfants.

Les rapides progrès du jeune Herder attirèrent l'attention d'un

[1] Herder naquit à Mohrungen, le 25 août 1744.

chirurgien russe, qui se proposa de l'emmener avec lui lorsqu'il retournerait dans son pays; en attendant, il l'envoya à Kœnigsberg pour y étudier la chirurgie.

Herder n'avait pas encore dix-sept ans quand il arriva à cette université, où de nouveaux protecteurs lui fournirent le moyen d'abandonner la chirurgie, et de satisfaire son penchant pour les études théologiques et littéraires. Dès la seconde année, son savoir et sa bonne conduite lui valurent un petit emploi dans l'enseignement. Mis ainsi au-dessus du besoin, et affranchi de la cruelle nécessité d'être à charge à ses bienfaiteurs, il employa le temps dont il pouvait disposer à l'étude de toutes les connaissances humaines.

A cette époque, il devint le disciple de Kant, qui, sans avoir encore atteint la haute célébrité dont il jouit depuis, exerçait déjà une grande influence sur tous les étudiants de Kœnigsberg. Ce fut lui cependant qui rechercha le premier l'amitié du jeune Herder; et, pour l'initier plus promptement à son système de philosophie, il lui donna des leçons particulières. Mais leurs cœurs seuls s'entendaient; leur intelligence, nourrie d'éléments contraires, ne pouvait que diverger de plus en plus à mesure qu'elle se développait.

Il n'en fut pas de même de ses relations avec Hamann, qui alors[1] habitait Kœnigsberg, où il était déjà ce qu'il a été depuis, un mystère, non-seulement pour l'Europe et pour son pays, mais encore pour toutes les personnes qui ont vécu dans son intimité.

Cet homme énigme avait été d'abord destiné par sa famille à l'état ecclésiastique, pour lequel il ne se sentait aucune vocation. Aussi ne tarda-t-il pas à abandonner la théologie pour se livrer à la philologie, à la critique et à la poésie, qu'il délaissa à leur tour pour les sciences politiques et commerciales. Le commerce surtout semblait avoir captivé cet esprit inquiet; et il parcourut pendant plusieurs années, comme commis-voyageur, l'Allemagne, la Hollande et l'Angleterre. Mais aucune de ses entreprises ne réussit; et c'est au découragement qu'il faut attribuer la vie dissipée, presque débauchée, qu'il mena pendant son séjour à Londres. Ses principes de morale et ses instincts littéraires n'étaient cependant qu'assoupis; la Bible, dont il reprit la lecture dans un moment de désœuvrement, les réveilla avec tant de force, qu'il quitta brusquement l'Angleterre et revint à

[1] En 1762.

Kœnigsberg, sa ville natale, où il se consacra tout entier à l'étude des langues orientales et des antiquités classiques. Bientôt il attira l'attention du monde savant par la publication des *Feuilles sibylliques du mage du Nord*, titre qui caractérise à la fois l'œuvre et son auteur.

C'est de cette époque que date sa liaison avec Herder, qui, lui-même peut-être, n'a jamais entièrement compris cet homme extraordinaire. Mais il se sentait entraîné vers lui par une secrète parenté d'ame et d'esprit, dont il suivait les inspirations avec toute la naïveté de la jeunesse, et qui ne se sont jamais affaiblies dans son cœur toujours jeune et naïf.

Lorsque, dans le cours de sa laborieuse vie littéraire, Herder parle de Hamann, il devient injuste envers lui-même, jusqu'à se mettre au-dessous de cet écrivain énigmatique, et il admire jusqu'à son style d'oracle. Si cette partialité n'avait été que le résultat de l'amitié, elle serait encore excusable, mais Herder n'était pas homme à se laisser guider par un sentiment personnel; il cédait, sans doute sans le savoir, à son amour inné pour l'époptisme, qui le poussait vers tous les époptiques dont Hamann était la personnification la plus complète.

De son côté, Hamann voyait probablement déjà dans le jeune étudiant, le point central où, plus tard, les trois fleuves du vrai, du beau et du bon devaient se réunir et former un océan pur et calme, dont la surface reflète le ciel d'Orient, tandis qu'on voit briller dans ses profondeurs toutes les pierres précieuses que le cours des temps a détachées du sein des montagnes primitives où Dieu les avait déposées.

Ce qu'il y a de certain, c'est que ce fut par les conseils et sous la direction de Hamann, que Herder se livra à l'étude des langues orientales, et surtout à la langue si difficile des Hébreux.

Depuis longtemps déjà on s'occupait sérieusement de cette langue en Allemagne, tandis que partout ailleurs on se bornait encore à la mépriser comme un idiome barbare, ou à la vénérer comme le langage sacré que Dieu avait daigné enseigner à nos premiers parents, et dont il n'était plus nécessaire de s'occuper, puisque par la confusion de Babel, il lui avait lui-même donné une foule de sœurs plus jeunes et plus en rapport avec les besoins de la civilisation moderne. Cette indifférence pour la langue hébraïque tirait son origine des difficultés presque insurmontables qu'elle présente, surtout lorsqu'on veut l'apprendre telle qu'elle était du temps des patriarches et des prophètes. Ce n'est cependant que sous cette forme antique qu'il nous importe de la connaître ; l'hébreu des rabbins modernes n'a de l'intérêt que pour eux ; ils l'ont, au reste, tellement défiguré, que, s'ils avaient créé quelques voyelles de plus, et quitté la direction de droite à gauche, il ne lui serait plus rien resté du cachet des langues sémitiques. Mais où retrouver les principes de l'antique hébreu, qui ne s'est d'abord transmis que par tradition, et dont nous ne possédons d'autres documents que la Bible ? Sous le rapport religieux et sous le rapport philologique et littéraire, ce livre est un monument précieux ; mais on y chercherait en vain les éléments d'une grammaire de l'antique langue hébraïque, qui, après la dernière captivité d'Israël, était devenue presque une langue morte ; car, pendant leur exil, les Juifs avaient mêlé à leur idiome une foule de mots étrangers.

La traduction des *Septante* acheva de faire oublier l'ancien hébreu en faveur du grec ; les premiers pères de l'Église eux-mêmes étudiaient la Bible d'après cette version, au lieu de lire le texte, dont, à quelques rares exceptions près, ils ignoraient la langue. Ce ne fut que vers le dixième siècle que les Juifs commencèrent enfin à s'occuper de leur idiome dans le sens littéraire ; les succès furent lents et douteux, car ils prenaient pour base de leurs études le Talmud, dont la langue s'est formée sur celle des Hébreux après le retour de l'exil. Ces premiers essais cependant eurent pour résultat la grammaire de Saadia et celle de Juda Ching. Deux siècles plus tard, on vit surgir plusieurs lexicographes et grammairiens hébreux, parmi lesquels Kimchi et Abulwalid méritent surtout d'être signalés.

La réformation, qui avait mis en question toutes les anciennes traductions de la Bible, développa en Allemagne l'amour de l'étude de la langue hébraïque. La première grammaire et le premier dictionnaire de cette langue, faits par un chrétien, sont l'œuvre d'un Allemand, nommé Reuchlin ; ils furent publiés en 1506. Ce savant hébraïsant eut de nombreux successeurs, et leurs consciencieuses recherches servirent de base à l'école hollandaise, qui se fonda au commencement du dix-huitième siècle, sous la direction de Schultens. La création de cette école stimula le zèle des hébraïsants allemands, parmi lesquels, à l'époque où Herder faisait ses études, Dantz était le plus célèbre.

Le jeune étudiant apprit d'abord l'hébreu d'après les principes de ce grammairien ; mais il ne tarda pas à le surpasser, car il joignait à la patiente exactitude d'un philologue, l'imagination d'un poète et la raison d'un sage. Aussi devint-il bientôt un des plus savants hébraïsants de son époque ; ses adversaires eux-mêmes ont été forcés de convenir que jamais personne n'avait pénétré si avant dans les mystères de l'ancien hébreu, et que jamais personne n'en avait mieux fait sentir l'esprit et les beautés. Tout en étudiant cette langue, il recueillit les matériaux de son grand travail sur *l'histoire* et sur *l'esprit de la poésie des Hébreux*, dont il ne publia cependant la première partie qu'en 1782.

Cet ouvrage, ainsi que tous ceux dont Herder a doté l'Allemagne, prouve que le zèle infatigable avec lequel il sondait les mystères de la langue hébraïque, tenait moins à son amour pour elle qu'à son penchant inné pour l'étude de tout ce qui concerne le monde primitif, l'origine des connaissances des hommes, et leur marche à travers l'enfance et la première jeunesse de l'espèce humaine. Cette étude devait nécessairement le faire remonter à celle de la Bible. Après avoir charmé l'imagination et le cœur de l'enfant, elle devint pour le jeune homme un objet d'examen savant, car son ami Hamann lui avait prouvé que les traductions, surtout celles des langues vivantes, étaient loin d'en rendre l'esprit : et l'esprit d'un tel livre était pour cet homme la seule chose véritablement vivante, utile, impérissable, divine, mais qu'il faut étudier et reproduire d'époque en époque ; parce que chaque reproduction, quelque juste et vraie qu'elle puisse être, s'altère à mesure qu'elle s'éloigne de son point de départ, et même à mesure qu'on l'utilise, comme l'eau d'un fleuve qui, sortie pure et limpide de sa source, se trouble en traversant une grande cité.

Hamann avait alors trente-deux ans à peine, mais son orageuse jeunesse l'avait mûri avant le temps. Ses opinions sur les choses divines et humaines étaient irrévocablement arrêtées, et il les exprimait dans un style symbolique et concis jusqu'à l'obscurité. Chez lui, les mots représentaient souvent des phrases entières que l'on ne pouvait comprendre qu'en rétablissant, par la pensée, toute la série des dérivés. L'étude de l'hébreu l'avait accoutumé, sans doute, à voir ainsi surgir d'eux-mêmes, autour de l'expression mère, les nombreux rejetons qui en font une pensée, une image, sans qu'il soit nécessaire de les représenter par des signes ou par des sons.

Le public, qui ne se compose pas d'hébraïsants, ne vit dans ce style sans clef qu'une prétention orgueilleuse, et dédaigna de lire ce qu'on n'avait pas daigné rendre intelligible pour lui. Les savants et consciencieux adversaires des tendances du dix-huitième siècle s'efforcèrent cependant de reconnaître dans le *Mage du Nord* (nom qui est toujours resté à l'auteur des *Feuilles sibylliques*), un penseur érudit et profond, qui, après avoir étudié le monde visible et le monde invisible, est arrivé à la certitude qu'il existe au-dessus de tous les pouvoirs humains, un pouvoir secret et impénétrable. Hamann était, en effet, l'avocat du cœur contre l'esprit, de la foi contre le raisonnement ; mais il s'était posé pour principe que l'action et la parole de l'homme doivent être le résultat de toutes ses forces, de toutes ses ressources réunies. Ce principe admirable, quant à l'action, est inexécutable pour la parole écrite comme pour la parole elle-même ; car toute personne qui écrit ou qui parle, est forcée de se morceler, de la même manière que l'attention qu'on accorde à ces écrits ou à ces paroles morcelle le temps, et se divise avec les matières dont se composent ces écrits ou ces paroles. En un mot, sans classification il n'est point d'enseignement possible.

Pénétré du sentiment de son unité universelle, Hamann s'est refusé à cette classification qui n'était à ses yeux qu'un morcellement, et il a exigé du public son unité absolue à lui ; aussi s'est-il mis en opposition ouverte avec le public, non par ce qu'il disait, mais par sa manière de le dire. Voulant faire l'impossible, il chercha à dévoiler le point mystérieux où la matière et l'esprit se rencontrent ; et il le fit en images qu'une semblable région peut seule enfanter ; et il exprima ces images par des sentences empruntées aux écrivains profanes et aux écrivains sacrés les plus paraboliques. Il creusa si avant dans les profondeurs de la vie, il s'éleva si haut sur les sommets de l'idéal, que personne ne pouvait l'y suivre ni saisir les formes qu'il voyait s'agiter dans ces profondeurs ou planer sur ces sommets. Semblable à un homme électrisé, il ne pouvait éclairer les ténèbres au milieu desquelles il s'était placé, que lorsqu'un contact réel faisait jaillir de lui les étincelles dont il était rempli. Est-ce sa faute, si personne n'a osé ni pu le toucher ?

Le jeune Herder seul sut tirer de ce soleil, sans lumière pour la foule, des rayons qui allumèrent en lui le flambeau du génie, mais d'un génie plus humain, et, par conséquent, plus utile que celui de Hamann.

Oui, dès les premiers moments de sa liaison avec Hamann, Herder se montra homme de génie. Quoique bien jeune encore, il sentit que le style de son ami, qu'il approuvait et comprenait parce qu'il devinait la pensée de cet ami sans qu'il eût besoin de l'exprimer, ressemblait à un fleuve que l'ouragan refoule vers sa source où les Élohïm peuvent se balancer avec bonheur, mais qui sera toujours inutile et souvent même nuisible aux enfants de la terre. Lui seul n'appela jamais son ami Hamann le *Mage du Nord*, mais *un prophète irrité*, c'est-à-dire : *un de ces hommes inspirés par Dieu, qu'il faut laisser sur leurs sièges élevés et s'asseoir à leurs pieds pour écouter ce qu'ils disent, et non pour répéter ce qu'ils entendent dire.*

La définition pittoresque que, plus tard, Jean-Paul Richter fait, dans son *Esthétique,* de cet écrivain extraordinaire, prouve qu'il l'envisageait sous le même point de vue :

« Le grand Hamann, dit-il, est un ciel profond peuplé d'étoiles brillantes. Le télescope peut les rendre accessibles à l'œil humain, mais jamais l'intelligence humaine ne pénètrera les nuages qui obscurcissent une partie de ces étoiles. »

Le rappel de plusieurs illustres exilés en Sibérie fournit à Herder l'occasion de donner une preuve de son génie poétique ; il célébra cet évènement par un petit poème intitulé : *Chant à Cyrus*. Ce premier essai fut accueilli avec enthousiasme. L'Allemagne possédait déjà, en Klopstock, la première pierre d'une littérature nationale, et elle encourageait tout ce qui lui paraissait propre à achever cet édifice, qui devait se construire de tant de matériaux divers, et au milieu d'une confusion que l'on pourrait presque comparer à celle de Babel. La cause de cette diversité et de ce désordre est dans la nature même des ouvrages de Klopstock. En chantant l'affranchissement de l'espèce humaine dans la *Messiade*, et celui de l'Allemagne dans la tragédie de *Hermann*; en rappelant la valeur des anciens Germains dans les *Bardites*, il avait allumé dans tous les cœurs allemands une piété héroïque, un poétique besoin d'indépendance, et un patriotisme belliqueux qui, ne trouvant point d'aliments dans le monde politique où tout était alors calme et réglé, se manifesta dans le domaine de la littérature, par un désir immodéré de produire. Le public surexcita ce désir en accueillant favorablement les productions de cette foule de jeunes littérateurs qui, rejetant toute théorie, toute règle, tout système, écrivirent selon leurs inspirations et leurs penchants, et fondèrent ainsi la célèbre école romantique, source de tant de bien et de tant de mal, non-seulement en Allemagne, mais dans tout le monde littéraire, où elle causa une révolution complète.

Gleim peut être regardé comme la seconde étoile de ce nouveau firmament poétique, et il était facile de voir que Herder serait la troisième; car, dès son arrivée à Riga [1], où il fut appelé pour remplir les fonctions de prédicateur et de professeur, il publia les *Fragments sur la nouvelle littérature allemande*, les *Forêts critiques*, et plusieurs autres ouvrages qui annoncèrent le savant critique, le pieux philosophe, le grand poète que, plus tard, Jean-Paul compara à un isthme fleuri entre la Grèce et l'Orient.

La réputation qu'il s'était acquise décida la famille du jeune prince de Holstein-Eutin à le choisir pour accompagner ce prince dans les voyages qu'on lui avait ordonné de faire, dans l'espoir de l'arracher à la mélancolie dont il était atteint. Herder accepta avec empressement un poste qui lui fournissait le moyen de compléter ses études par la connaissance pratique des hommes et des pays.

Après avoir visité une partie de l'Allemagne, il s'embarqua avec le jeune prince pour la France. Le spectacle de la mer donna un nouvel essor à son génie poétique, et il composa, pendant ses voyages, le *Traité sur Ossian* et les *Chants des anciens peuples*.

De Nantes, où il était débarqué, il se rendit à Paris. Il y fit la connaissance de plusieurs encyclopédistes, mais il ne lui était pas donné d'apprécier leur mérite; il était Allemand, et Allemand d'une époque de réaction. En France, il était encore de bon ton d'exprimer hautement un profond mépris pour les Allemands; mais les Allemands, qui, pendant si longtemps, n'avaient opposé à ce mépris qu'une profonde admiration pour leurs dédaigneux et brillants voisins, commençaient enfin à entrevoir la possibilité de compter pour quelque chose dans le monde intellectuel; Herder, surtout, leur avait communiqué le sentiment de sa dignité. Cette dignité était toute nationale et toute chrétienne; la nation allemande n'était donc pas dans les conditions nécessaires pour entrer dans la voie du progrès par le secours de la philosophie qui, à cette époque, dominait en France.

Cette philosophie s'occupait spécialement des questions religieuses que les Allemands envisageaient sous un point de vue tout-à-fait différent : ils les jugeaient avec leur cœur beaucoup plus qu'avec leur raison; aussi pouvaient-ils balancer entre le déisme chrétien basé sur les traditions et les documents bibliques,

---

[1] En 1764.

et le déisme pur qui a la morale pour révélation et l'honneur pour culte; mais l'absence de toute croyance religieuse leur paraissait un mot vide de sens. Herder était à la fois la personnification et le moteur de cette tendance de son pays. Ces conditions d'époque excluaient naturellement tout lien sympathique entre les encyclopédistes français et le jeune poète allemand qui, joignant à la force vitale des anciens Grecs la rêverie contemplative des Indiens, apparaissait à l'Allemagne comme un poème épique de l'antiquité, jeté au milieu de la vie vulgaire des temps modernes.

Herder quitta Paris sans regret; et il allait suivre le prince en Italie, lorsqu'une ophthalmie, maladie à laquelle il était sujet depuis son enfance, le força de s'arrêter à Strasbourg. Goëthe, de quelques années plus jeune que lui, habitait alors cette ville, où il faisait son droit[1]. Ce fut là que ces deux hommes, qui devaient faire tant d'honneur à l'Allemagne, se rencontrèrent pour la première fois.

Goëthe donne tous les détails de cette rencontre dans un ouvrage intitulé : *Poésie et réalité, ou Épisodes de ma vie*. Son récit n'est pas seulement le tableau fidèle du présent, il est aussi le miroir magique des temps qui ne sont pas encore. On y voit ces deux grands hommes tels qu'ils étaient alors, et tels que le temps les a faits depuis; on y reconnaît que Herder a formé Goëthe, dans le même sens que, quelques années plus tôt, Hamann avait formé Herder.

Cette influence que les hommes de génie exercent les uns sur les autres, est une étude psychologique qui dévoile bien des mystères littéraires, scientifiques et politiques. Au reste, on aime toujours à entendre un grand écrivain raconter les impressions que le contact d'un homme de génie, au début de sa gloire, a produites sur lui lorsqu'il n'était encore qu'un jeune homme obscur. Je crois donc faire plaisir à mes lecteurs en donnant ici la traduction des passages où, tout en peignant Herder, Goëthe s'est peint lui-même.

. . . .

« . . . . L'activité de ces deux grands hommes (Klopstock et Gleim) avait atteint son plus glorieux période, lorsque le désir de nous utiliser à notre tour s'empara violemment de nous autres jeunes gens. J'étais sur le point de me laisser aller à cet échange d'éloges complaisants et sans restriction, que les amis se prodiguent entre eux sur leurs productions mutuelles. Dans la

[1] En 1770.

sphère où je vivais, j'étais toujours sûr d'être applaudi, car les femmes, les parents et les protecteurs ne blâment jamais ce que l'on rime pour leur plaire. Mais cette complaisance conduit peu à peu à une satisfaction de soi-même au milieu de laquelle l'énergie et l'individualité s'assoupissent entièrement, si aucun stimulant ne vient les réveiller. Aussi ne puis-je assez me féliciter du hasard qui me fit faire la connaissance de Herder. Cette rencontre inattendue, qui fut suivie de relations intimes et durables, mit tout ce qu'il y avait alors en moi d'orgueil, de vanité et de complaisance pour moi-même, à une épreuve d'autant plus rude et plus sensible, que je n'y avais pas été préparé par l'esprit de l'époque.

« Herder, qui voyageait avec le prince de Holstein-Eutin, dont rien ne pouvait guérir la sombre mélancolie, venait d'arriver à Strasbourg. Dès que nous en fûmes instruits, nous autres jeunes gens, nous éprouvâmes le plus vif désir de faire sa connaissance; je devais jouir le premier de ce bonheur, et d'une manière fort imprévue.

« J'étais allé à l'auberge du Saint-Esprit, pour rendre visite à un des illustres voyageurs dont elle était alors encombrée; je ne me souviens plus lequel. Au bas de l'escalier, je rencontrai un étranger qui, ainsi que moi, se disposait à monter. Son costume annonçait un ecclésiastique. Ses cheveux poudrés étaient relevés en grosses boucles; il portait un habit noir et un long manteau de soie de la même couleur, dont les pans relevés étaient enfoncés dans ses poches. Cette élégance un peu affectée, et l'affabilité gracieuse répandue sur toute sa personne, que j'avais entendu décrire tant de fois, ne me permirent pas de douter que je me trouvais devant le célèbre Herder, et je lui adressai la parole de manière à lui prouver que je le connaissais. Il me demanda mon nom, et je m'empressai de le lui dire, quoique je susse fort bien qu'il ne pouvait avoir aucune importance pour lui. La franchise confiante avec laquelle je l'avais abordé lui avait plu, sans doute, car il me traita avec bienveillance, et, pendant que nous montions l'escalier ensemble, une conversation animée s'engagea entre nous. Au moment de nous séparer, je lui demandai la permission d'aller le voir chez lui, et il me l'accorda fort gracieusement.

« Je m'empressai de profiter de cette permission, et mes visites devinrent très-fréquentes, car je me sentais fortement attiré vers lui. Ses manières, sans être précisément gracieuses, avaient quelque chose de doux, d'avenant, et sa physionomie répondait à ses manières. Il avait le visage rond, et son beau front élevé était plein d'expression. Son nez était un peu écrasé et ses lèvres relevées, mais l'ensemble de sa bouche annonçait une aimable individualité. Sous ses noirs sourcils brillaient deux yeux d'un noir de charbon, et qui ne manquaient jamais l'effet qu'ils voulaient produire, quoique l'un d'eux fût presque toujours rouge et enflammé.............

« .... Les questions bienveillantes qu'il aimait à m'adresser l'avaient initié à tout ce qui me concernait. J'étais naturellement communicatif, et, pour lui surtout, il m'eût été impossible d'avoir un secret, car l'influence qu'il exerçait sur moi devenait de plus en plus irrésistible. Bientôt cependant je devais sentir l'effet de ses facultés répulsives qui m'impressionnèrent bien désagréablement................

« Dans nos entretiens intimes, je lui rendais compte des fantaisies et des travaux qui avaient occupé ma première jeunesse[1], ce qui m'amena à lui parler d'une collection de sceaux que j'avais classés d'après l'almanach d'État. Par là je m'étais familiarisé avec les généalogies des grands potentats, des princes et de la noblesse en général. La facilité avec laquelle ma mémoire avait retenu tous ces signes héraldiques, m'avait été plus d'une fois fort utile, et j'en parlai avec une grande satisfaction de moi-même. Herder ne partagea pas mon opinion à ce sujet; il ne se borna pas à blâmer l'intérêt que j'y prenais, il le tourna en ridicule, ce qui me dégoûta presque d'un savoir dont je croyais pouvoir tirer vanité. Mais ce n'était là que la première déception qu'il me préparait...............

« .... Herder venait de se séparer du prince pour s'arrêter à Strasbourg et se faire guérir, par le célèbre chirurgien Lobstein, de son mal d'yeux, qui est une des incommodités les plus pénibles que je connaisse, et dont on ne peut se débarrasser que par une opération fort douloureuse, dont le succès est toujours incertain. Combien je m'applaudis alors des efforts que j'avais faits naguère pour surmonter cette sensibilité outrée qui, en nous mettant hors d'état de voir souffrir les autres, nous empêche de les soulager. Me sentant assez fort pour assister à l'opération et aux douloureux pansements qui la suivi-

[1] Gœthe avait alors vingt-un ans.

rent, j'eus le bonheur de rendre plus d'un important service à un homme si haut placé dans mon estime. Son courage et sa patience me pénétrèrent d'admiration, car, dans ces cruels moments, il semblait souffrir beaucoup moins que nous; mais, le reste du temps, il nous tourmentait cruellement par les brusques changements de son humeur; je dis nous, parce que je trouvais toujours près de lui un chirurgien russe nommé Peglow[1], qui était venu à Strasbourg pour se perfectionner dans la chirurgie sous la direction de Lobstein. Au reste, nous nous partagions en amis les soins qu'exigeait l'état de notre cher malade. . .
. . . .

« . . . Quand Herder le voulait, il nous charmait par ses manières séduisantes et sa conversation spirituelle, mais il lui était tout aussi facile de nous blesser et de nous affliger. Ce pouvoir qui attire et repousse tour-à-tour est commun à tous les hommes, quoiqu'à des degrés différents. La plupart cachent les facultés répulsives; il n'en est point qui sachent les dominer entièrement. Quant à Herder, j'ai toujours attribué l'ironie amère et l'esprit contrariant qui le prenait si souvent, à son état maladif, état dont, en général, on n'approfondit pas assez les résultats moraux. On ne porterait pas tant de faux jugements sur certains caractères, si on n'admettait pas que tous les hommes sont en parfaite santé, et que, par conséquent, ils doivent penser et agir comme tels. . . . .

« . . . Pendant tout le temps que dura le traitement de Herder, je le visitais chaque matin et chaque soir, parfois même je passais des journées entières près de lui. Peu à peu je m'habituai à ses perpétuelles gronderies, car j'appris en même temps à apprécier ses nobles qualités dans toute leur étendue ; et l'ascendant que ce bienveillant bourru exerçait sur moi était aussi illimité qu'important. Il avait cinq ans de plus que moi, différence très-sensible à l'âge où nous étions alors; et, comme je l'acceptais pour ce qu'il était en effet, ainsi qu'il l'avait déjà prouvé par ses écrits, je me trouvais tellement au-dessous de lui, qu'il me dominait sans restriction. . . . .

« . . . Jusque-là, les personnes supérieures avec lesquelles je m'étais trouvé en contact, avaient cherché à me former avec une douceur et une indulgence qui m'avaient gâté peut-être, tandis qu'il m'a toujours été impossible, quoique j'aie pu

[1] C'est ce même chirurgien qui avait été le premier protecteur de Herder, et qui l'avait envoyé à Kœnigsberg pour y étudier la chirurgie.

faire, d'obtenir l'approbation complète de Herder. La lutte constante entre les sentiments d'admiration et d'amitié qu'il m'inspirait et le déplaisir qu'il me causait sans cesse, me jeta avec moi-même dans une contradiction fort désagréable, et que je n'avais encore jamais éprouvée. . . . .

« . . . . Sa conversation était si instructive, que, chaque jour, il éclairait mon intelligence par quelque nouveau trait de lumière. La vie que j'avais menée à Francfort et à Leipsik n'avait pas été propre à étendre mes connaissances sur la littérature allemande; et mon penchant pour les sciences occultes avait achevé de me plonger dans une région ténébreuse qui m'avait laissé entièrement étranger à tout ce qui se passait dans le monde littéraire. Herder m'initia tout-à-coup au mouvement qui s'y opérait, et auquel il avait puissamment contribué par ses *Fragments sur la nouvelle littérature allemande*, par ses *Forêts critiques*, et par plusieurs autres ouvrages remarquables qu'il avait déjà fait paraître. Si l'on songe à tout ce qu'il a fait depuis en faveur de ce mouvement intellectuel et moral, on comprendra quelles étaient alors les tendances de son génie, et quelle fermentation d'esprit cachait son calme apparent. . . .

« . . . . Dès les premiers temps de notre liaison, Herder me confia son intention de concourir au prix que l'Académie de Berlin avait proposé pour le meilleur ouvrage *sur l'origine des langues*. Son travail était presque fini, et il me communiqua son manuscrit, que je lus facilement, car il avait une très-belle écriture.

« Jamais encore ma pensée ne s'était arrêtée sur de semblables sujets; le milieu des choses m'avait occupé trop vivement pour qu'il m'eût été possible de songer à leur commencement ou à leur fin. Au reste, la question, par elle-même, me paraissait oiseuse. Il me semblait que, puisque Dieu a créé les hommes, le don de la parole devait être inné chez eux, aussi bien que la faculté de marcher la tête levée; et qu'il devait leur être aussi facile de s'apercevoir que, par la langue, les lèvres et le gosier, ils pouvaient exprimer leurs pensées, que de sentir qu'il leur suffisait de leurs deux pieds pour se transporter d'un lieu à un autre. Je me disais : Si l'homme est d'origine divine, la langue l'est aussi; s'il n'est qu'un produit naturel dans la sphère de la nature, la langue est également naturelle. En un mot, il ne m'était pas plus possible de séparer l'homme de la langue, que de séparer l'ame du corps. Silberklang, qui, malgré son réalisme un peu cru, avait de l'idéalisme dans l'imagination, s'était décidé pour l'origine divine, c'est-à-dire qu'il a fait jouer à Dieu le rôle de maître d'école de nos premiers parents. Le traité de Herder tendait à prouver que l'homme pouvait et devait, par sa seule qualité d'homme, arriver à un langage combiné sans autre secours que celui de ses propres forces.

« J'avais lu son manuscrit avec beaucoup d'intérêt, mais je n'étais pas assez haut placé par le savoir et le penser, pour motiver un jugement; je me bornai donc à lui témoigner mon approbation mêlée de remarques fondées sur mes sensations. L'une ne fut pas mieux reçue que les autres; avec lui j'avais beau louer ou blâmer, j'étais toujours sûr d'être réprimandé. . . . .

« . . . Pendant sa longue et douloureuse cure, son esprit ne perdit rien de sa vivacité naturelle; malheureusement elle se manifestait trop souvent par des railleries amères. C'est ainsi qu'il me demanda en vers fort ironiques, quelques uns des nombreux livres que j'étalais pompeusement chez moi. Il s'était aperçu que je ne les lisais jamais, et personne ne haïssait plus que lui l'ostentation et les fausses apparences. Une autre fois je lui vantai la beauté de quelques tableaux de la galerie de Dresde, et il me railla sans pitié sur mon peu de connaissance en peinture. Il est vrai qu'alors je n'avais encore aucune idée de l'élévation et de la noblesse de l'école italienne, et Dominico Feti était pour moi un grand artiste, parce qu'il représentait avec goût les paraboles du Nouveau-Testament. Mais l'hébraïque Herder, qui était doué de l'instinct le plus savant et le plus délicat de l'art, ne voyait que de plates parodies dans les tableaux de ce maître, qui ravalait les plus sublimes mystères au niveau des scènes de la vie vulgaire.

« Je pourrais citer une foule de leçons de ce genre, qui toutes me furent très-utiles, quoiqu'elles blessassent au vif ma vanité. Heureusement je savais apprécier ce qui pouvait m'éclairer sur le danger des opinions et des penchants que j'avais nourris dans ma première jeunesse; aussi ne se passait-il pas un seul jour sans que je profitasse de quelque chose dans la société de Herder. . . . .

« . . . Il ne me livrait pas seulement l'immense trésor de ses connaissances, il me communiquait encore plusieurs nouvelles productions littéraires, telles que *Le vicaire de Wakefield*, dont il nous faisait lui-même la lecture.

« Sa manière de lire avait quelque chose de particulier et de si individuel, qu'il est impossible de s'en faire une juste idée, à moins de l'avoir entendu prêcher. Son débit était grave et simple, et il évitait avec tant de soin tout ce qui pouvait ressembler à la déclamation, qu'il n'avait pas même cette variété d'inflexions qui empêche de confondre les personnages parlants, et qui sépare le récit de l'action. Cependant il n'était pas monotone; mais quand il lisait rien n'était présent, tout devenait historique, comme si les ombres des êtres poétiques dont il parlait glissaient doucement devant sa pensée au lieu de l'émouvoir et de s'identifier avec elle. Je dois ajouter que ce singulier débit avait un charme puissant dans sa bouche; il sentait vivement les beautés de ce qu'il lisait, et les faisait valoir dans leur ensemble; tandis qu'une manière de lire trop animée attache aux détails et nuit à l'effet que doit produire cet ensemble. . . .

« . . . Si l'on voulait savoir ce que nous pensions alors de la littérature anglaise, et surtout de Shakespeare, que Herder nous fit connaître, il faudrait lire son bel ouvrage *Sur l'art en Allemagne*, qu'il a publié depuis. . . . .

« . . . Cependant Herder détruisit une à une toutes mes anciennes affections et le plaisir qu'elles m'avaient causé. Ma prédilection pour les *Métamorphoses* d'Ovide, par exemple, fut pour lui un sujet de blâme sévère. J'avais beau défendre mon favori en m'appuyant sur l'opinion de plusieurs hommes de mérite, et sur l'expérience de mes propres sensations qui m'avaient prouvé que rien n'est plus agréable pour une jeune imagination que d'errer dans les délicieuses et fantastiques contrées des dieux, et d'être témoin des mouvements tumultueux où les jettent leurs passions, il soutenait que toute cette poésie était dépourvue de vérité, qu'on n'y trouvait ni le cachet de la Grèce, ni celui de l'Italie; qu'elle n'appartenait ni au monde primitif, ni au monde civilisé; qu'elle n'était qu'une imitation maniérée de tout ce qui avait déjà été fait, dit et vu; enfin il fit si bien, qu'il me dégoûta des *Métamorphoses* d'Ovide; car il n'est point de penchant qui puisse résister au blâme perpétuel d'un homme de mérite. . .

. . . .

« Il déchira également sans pitié le rideau qui m'avait caché jusque-là la pauvreté de la littérature allemande, renversa sans ménagement les préjugés qui me flattaient le plus, et ne laissa qu'un petit nombre de soleils sur le firmament national, car il me fit voir clairement que tous ceux que j'avais regardés comme tels, n'étaient que des étoiles filantes. Quant aux espérances que j'avais fondées sur moi-même, il les affaiblit au point que je commençai à douter de ma capacité. Ce fut alors qu'il m'entraîna sur la magnifique et large route qu'il suivait lui-même, et, m'initiant à ses auteurs favoris, parmi lesquels Hamann occupait le premier rang, il me releva aussi énergiquement qu'il m'avait abattu.............

« .... Il me révéla toutes les beautés de la poésie hébraïque dont il s'occupait déjà avec science et amour, et il m'excita à recueillir en Alsace toutes les traditions des anciennes poésies des peuples sur lesquelles il composait le beau travail qu'il a publié depuis. Par là, il me fit voir enfin que la poésie n'est pas la propriété individuelle de quelques hommes distingués, mais un don inné dans tous les peuples de la terre. Je dévorai ces instructions si nouvelles pour moi; et plus j'avais de plaisir à les recevoir, plus il mettait d'empressement à me les prodiguer...........

« .... Pendant toute la durée de ces rapports quotidiens, Herder déploya devant moi le germe des grandes choses qu'il a faites depuis, et me força, pour ainsi dire, à repasser tout ce que j'avais appris et pensé jusque-là. Ces rapports m'eussent encore été plus utiles, s'il avait mis plus de méthode dans la direction qu'il me donnait, mais alors il était plus disposé à examiner qu'à guider. C'est ainsi qu'en me communiquant les écrits de Hamann, il s'amusait des efforts bizarres que je faisais pour saisir le sens des *Feuilles sibylliques*, au lieu de me le faire comprendre par une démonstration graduée. Aussi ne pouvais-je apprécier que fort vaguement le mérite de cet esprit extraordinaire; ce qu'il y avait de bon en lui m'attirait, et je me laissais aller à cette attraction, sans savoir d'où elle partait et où elle devait me conduire. Il n'en était pas de même de Herder : ce qui émanait de lui était, parfois, peu agréable, mais toujours instructif, clair et puissant. C'est ainsi que son écriture même exerçait sur moi un pouvoir magique; et je ne me souviens pas d'avoir jamais, dans tout le cours de ma vie, déchiré ou égaré une feuille de papier qui portait cette écriture, pas même l'enveloppe d'une lettre. Au reste, ce n'est pas sur moi seul, mais sur tous ceux qui l'ont connu, qu'il a constamment exercé cet empire presque surnaturel............

« .... La cure s'était prolongée au-delà du terme fixé, et Lobstein finit par désespérer de la guérison complète dont il avait flatté son malade.

« Si j'avais admiré le courage de Herder pendant l'opération et les pansements, sa résignation, quand il apprit que tant de souffrances n'auraient pas le résultat qu'il en avait espéré, lui valut l'estime et l'admiration de tous ceux qui l'entouraient. Cette résignation était, en effet, admirable. Presque fiancé à une jeune personne de Darmstadt, il ne s'était décidé à se faire opérer que parce qu'il ne voulait pas s'unir pour toujours à sa bien-aimée tant qu'il resterait sujet à une pareille infirmité.

« Convaincu enfin de l'inutilité d'un plus long séjour à Strasbourg, il se hâta de quitter cette ville, » etc.

En se séparant du prince de Holstein, Herder se trouva sans emploi; sa maladie avait absorbé toutes ses économies, et sa position était très-fâcheuse. A cette époque[1], le général comte de la Lippe venait d'arriver de Portugal, où le marquis de Pombal l'avait appelé pour organiser et discipliner l'armée portugaise. L'exemple de ce grand ministre lui avait sans doute appris à apprécier les hommes de mérite, car il s'empressa d'attirer Herder près de lui, en le nommant prédicateur à sa petite cour de Bukebourg. Ce fut dans cette ville que Herder acheva la plupart de ses ouvrages sur la littérature et sur les arts, et qu'il commença les *Idées sur la philosophie de l'histoire de l'humanité*[2]. Ce fut là aussi qu'il eut le bonheur de voir son *Traité sur l'origine des langues* couronné par l'académie de Berlin, et qu'il devint l'époux de mademoiselle Flachsland, qui consentit à l'épouser malgré son œil rouge et enflammé.

La comtesse de la Lippe était atteinte d'une maladie de langueur qui lui rendait les consolations de Herder indispensables. Après la mort de cette dame, le pieux devoir qui l'avait retenu à Bukebourg n'existant plus, il quitta cette ville pour aller remplir à Gœttingue une chaire de théologie qu'on lui offrait depuis longtemps. Mais déjà la calomnie avait fait douter de son érudition et surtout de son orthodoxie; et il allait être réduit à subir l'affront d'un examen avant de pouvoir paraître dans la chaire qu'on l'avait prié d'accepter, lorsqu'il fut tout-à-coup appelé à Weimar, pour y exercer les fonctions de prédicateur de la cour, de président du consistoire, et d'inspecteur des écoles publiques[3].

---

[1] En 1771.

[2] Cet ouvrage, d'abord publié par fragments dans divers recueils, ne parut dans son ensemble qu'en 1786, c'est-à-dire quinze ans plus tard.

[3] En 1776.

Goëthe commençait déjà à être l'âme de cette brillante cour de Weimar, et il est probable que Herder lui dut l'avantage d'y avoir été appelé si à propos. S'il en fut ainsi, jamais protégé ne fit tant d'honneur à son protecteur. Comme président du consistoire et inspecteur des écoles, il réforma une foule d'abus, et créa un grand nombre d'établissements utiles qui lui ont survécu; comme critique savant, comme poëte inspiré, comme théologien éclairé et philosophe chrétien, il a enrichi la littérature allemande d'une foule d'ouvrages qui tous iront à la postérité[1], mais dont on n'a traduit jusqu'ici que les *Idées sur la philosophie de l'histoire de l'humanité*. Si leur auteur vivait encore, il s'estimerait heureux d'avoir eu pour interprète un homme tel que M. Edgard Quinet.

Ce brillant essai a suffi pour faire apprécier Herder dans le monde savant; j'ose espérer que ma traduction de l'*Histoire de la poésie des Hébreux*, le fera connaître d'un plus grand nombre

[1] Après la mort de Herder, Heyne et Jean-Georges Müller, ses amis, publièrent une édition complète de ses œuvres. Pour mettre plus d'ordre dans cette édition, ils la divisèrent en trois séries comprenant, savoir : la première, les ouvrages sur la littérature et les beaux-arts; la deuxième, les ouvrages sur la religion et la théologie; la troisième, les ouvrages sur la philosophie et sur l'histoire.

La première série renferme : *Les Fragments sur la nouvelle littérature allemande; les Chants des anciens peuples; les Forêts critiques; les Romances du Cid; les Légendes; les Paraboles; les Paramythies; Traité sur Ossian; Traité sur l'influence des belles-lettres et des sciences; Traité sur les causes de la corruption du goût; Sur la langue allemande, son caractère et son perfectionnement; Sur les rapports de la poésie allemande avec celle des Orientaux et des Grecs; Sur l'emploi et sur l'imitation de la littérature latine dans la nouvelle littérature allemande; Traduction des anthologies grecques; Traductions d'Horace, de Perse, de Pindare, etc.; Remarques sur la littérature française et anglaise; Causes de la différence du goût chez les divers peuples; Traité sur l'origine des langues; Histoire et examen de la poésie et de l'art du dessin; Sur l'art en Allemagne; Adrastée, recueil périodique de mélanges sur la philosophie, les arts, la morale et la littérature.* L'*Adrastée* forme à elle seule cinq volumes.

La deuxième partie contient : *Ses sermons et ses homélies; les Lettres sur la théologie; Commentaires sur le Cantique des cantiques et sur l'Apocalypse; Éclaircissements sur le Nouveau-Testament d'après des sources nouvellement découvertes dans les traditions orientales; Traité sur l'élégie hébraïque; Traité sur le fils de Dieu; Traité sur les plus anciennes races humaines.*

La troisième série comprend : *Les ruines de Persépolis; les Lettres sur le progrès de l'humanité; Lettres sur Spinosa et Schaftesbury; le Sophron, ou recueil de ses discours prononcés dans les écoles; la Métacritique de la critique de la raison; Cailligone; Sur le sublime* (ces trois derniers ouvrages sont une réfutation du système de Kant); *Idées sur l'histoire de la philosophie de l'humanité; Histoire et esprit de la poésie des Hébreux*, etc., etc.

de lecteurs. Je suis loin de prétendre que cet ouvrage soit supérieur aux *Idées sur la philosophie de l'histoire de l'humanité*, mais il est d'un intérêt plus général et plus varié. Il tient le milieu entre la poésie, l'histoire et la philosophie religieuse, et peut être regardé comme la mise en action de la formation du langage de nos premiers pères, de leurs idées sur Dieu, sur la Création, sur le Ciel, sur l'Empire des morts; sur tous ces objets enfin que Herder dépeint comme passant alternativement devant le sentiment, l'imagination et la raison des peuples, c'est-à-dire devant les trois formes invariables de l'intelligence humaine, qui, en se personnifiant matériellement par les nations, et intellectuellement par l'esprit des temps, subit toutes les conditions imposées aux existences individuelles; tandis que, dans son action générale, elle est indépendante et immuable, parce qu'alors elle est l'essence primitive de notre espèce, un principe fondamental de la création.

Après avoir dit sur la langue hébraïque tout ce qu'il était indispensable de savoir pour apprécier sa poésie, Herder initie ses lecteurs aux gracieux mystères de la Genèse, à cette magnifique idylle de l'enfance de l'espèce humaine. Quant aux quatre autres livres de Moïse, qui en sont l'épopée, il déchire d'une main puissante les voiles dont la malveillance, les préjugés ou le fanatisme, ont enveloppé les trésors de morale, de sagesse et de philosophie qu'ils contiennent. Par ses traductions et ses commentaires, le livre de Job se développe majestueux et simple comme un cours poétique de cette philosophie naïve que les Arabes ont puisée dans l'étude de la nature. Le livre des Juges, ce poème héroïque des temps les plus poétiques des Hébreux, nous apparaît également sous son véritable jour.

Mais c'est Moïse, surtout, que Herder éclaire de tous les rayons de sa haute raison. Il le montre tel qu'il était en effet, c'est-à-dire comme le plus grand, le plus humain et le plus démocratique des législateurs; comme le seul homme digne d'avoir reçu de Dieu lui-même une vocation spéciale; comme un héros doué de tout le courage nécessaire pour la remplir; comme un poète sublime qui voit dans la poésie une trinité sainte, résultat de la fusion de ces trois principes fondamentaux, *la justice, la raison et la morale*, donnés par Dieu lui-même à l'espèce humaine. Et il nous prouve que pour se manifester aux hommes, cette trinité emprunte chez tous les poètes hébreux, et surtout chez Moïse, le langage des anges, autre trinité composée de la *contemplation*, de la *sensation* et de *l'image*, qui, en se balançant sur les ailes de l'harmonie, cette fille aînée de Dieu, dont les lois immuables régissent toutes les œuvres de son père, touche, persuade et commande. C'est encore sous ce point de vue poétique et religieux qu'il nous montre les psaumes et les prophètes.

L'ouvrage finit à la captivité, c'est-à-dire à l'époque où Israël cessa d'être Israël ; car, au retour de l'exil, le nom de juive donné d'abord à la seule tribu de Juda, devint celui de la nation tout entière ; et les voix poétiques qui se firent entendre encore, n'étaient plus que l'écho affaibli du passé.

Pendant que Herder faisait imprimer la première partie de cet ouvrage[1], Müller était venu passer quelques mois avec lui. Ce savant, si accoutumé aux études sérieuses et constantes, fut surpris de l'ardeur et du zèle que son ami mettait à ce travail : « Jamais, dit-il[2], je n'oublierai Herder tel que je l'ai vu alors. Sa pensée ne se manifestait plus que par les sentences des patriarches et des prophètes ; toutes les grandes figures bibliques passaient sans cesse devant ses regards, même pendant son sommeil. Job, surtout, l'absorbait ; et lorsqu'il me récitait les plaintes de ce noble affligé, ses yeux étaient pleins de larmes..... »

C'est avec la naïveté qu'il conserva jusqu'au dernier moment de sa vie, qu'il écrivit à Hamann, en lui envoyant un exemplaire de la première partie de son travail *sur la poésie des Hébreux* : « Le voilà enfin cet ouvrage que, depuis mon enfance, je porte dans mon cœur ; personne ne le sait mieux que toi qui as toujours lu dans ce cœur. Quand je pense que je pourrai bientôt trouver assez de loisir pour le terminer, je me réjouis comme un enfant...... » etc.

Un livre dont l'auteur se préoccupait ainsi, ne pouvait manquer de produire un grand effet. Aussi, son succès surpassa-t-il toutes les prévisions, car il parlait à tout le monde. Les cœurs affligés y trouvèrent la peinture touchante d'une providence qui veille spécialement sur eux comme sur ses enfants chéris, qui les protège contre les forts, et les venge du mal qu'ils leur font, puisque tôt ou tard elle punit l'oppresseur et récompense l'opprimé. Les gens du monde y puisèrent des renseignements faciles sur les matières les plus abstraites, au point de pouvoir en causer avec

---

[1] Dans le cours de l'hiver de 1781 à 1782.
[2] Préface de Jean Müller à la première édition des ouvrages de Herder publiée après sa mort.

les savants, ce qui flatte toujours agréablement la vanité. Les croyants (je ne parle ici ni des fanatiques ni des hypocrites qui ont toujours été les ennemis de Herder), les croyants, dis-je, lui pardonnèrent sa haute raison en faveur de sa foi, et les sceptiques lui pardonnèrent sa foi en faveur de sa haute raison.

Dans le monde savant, surtout, l'*Histoire de la poésie des Hébreux* fraya une route nouvelle à l'étude des antiquités classiques. Grand poète lui-même, Herder avait rendu la poésie de la Bible avec toute sa naïveté sublime, sa simplicité imposante, ses images majestueuses et ses brillantes couleurs locales. Hébraïsant aussi consciencieux que savant, il ne s'était jamais écarté de la lettre du texte. Historien philosophe et érudit, il a trouvé dans la poésie des Hébreux la solution de tous les problèmes de leur histoire ; et cette solution satisfait à la fois le cœur et la raison. Pour nous redire l'écho de la voix du Père céleste qui, dans Éden, instruisit ses enfants à l'ombre de l'arbre de la science et de l'arbre de vie, et qui s'entretenait avec les patriarches comme un ami avec ses amis, il semble avoir dérobé la harpe de David. Mais c'est avec le burin de l'histoire qu'il marque chaque pas que fait l'humanité sur sa première route de perfectionnement, route qui commence au départ du jardin d'Éden, et qui finit avec la captivité d'Israël, pour être reprise par d'autres peuples sur d'autres points de la terre. En un mot, l'heureux choix des morceaux qu'il a traduits, les commentaires dont il les a accompagnés, les considérations de morale et les développements historiques qu'il en a fait découler, ont débarrassé le terrain où s'élève l'arbre de la poésie hébraïque, des hautes herbes qui le voilaient à nos yeux. Grâce à lui, ce bel arbre est là maintenant devant nous avec toute la richesse de ses branches robustes, de ses fleurs brillantes et de leurs suaves parfums.

Un pareil résultat, que jamais encore personne n'avait obtenu avant lui, excita un vif enthousiasme pour la langue et pour la poésie des Hébreux ; Herder eut de nombreux imitateurs en Allemagne, mais pas un ne l'a égalé, pas un n'a osé faire la troisième partie qui devait compléter son magnifique travail sur *la poésie hébraïque,* par le commentaire et la traduction de tous les passages du Nouveau-Testament qui reproduisent encore quelques unes des beautés de cette poésie.

L'Apocalypse devait être surtout l'objet d'un examen spécial, car c'est là que l'esprit des anciens prophètes renaît un instant pour ne plus jamais reparaître, ni dans le monde moral ni dans le monde littéraire. Malheureusement Herder est mort sans avoir pu réaliser ce projet; mais les deux parties qu'il a terminées n'en sont pas moins une œuvre complète, ainsi qu'on a pu le voir par la rapide analyse que je viens d'en faire.

J'ajouterai que l'*Histoire de la poésie des Hébreux* est à fois un livre de salon et de collège; qu'il est aussi nécessaire à la consolation des ames pieuses et à l'amusement des gens du monde, qu'il est indispensable pour l'étude de la littérature, de l'histoire et de la théologie; en d'autres termes, c'est l'anthologie de l'Ancien-Testament formée et commentée par un philosophe chrétien, tel que Fénélon ou Pascal.

On s'étonnera peut-être qu'un ouvrage aussi généralement utile, n'ait pas encore été traduit. Pour en expliquer la cause, je dois dire que Herder appartient au petit nombre d'auteurs allemands que Jean-Paul déclare intraduisibles, parcequ'ils ne peuvent être parfaitement compris que par des Allemands; ce que ce célèbre critique regarde, à juste titre, comme une preuve de supériorité. En effet, un écrivain n'est réellement grand que lorsqu'il s'est approprié le génie de sa langue, au point de la soumettre à son individualité; que lorsqu'il représente les tendances nationales les plus secrètes, les plus mystérieuses, et qu'il les exprime dans un langage national. Pour suivre la marche de la pensée d'un tel homme, il faut être de sa nation à lui, tandis qu'on ne saurait le faire passer dans un autre idiome sans appartenir à la nation qui parle cet idiome. Les ouvrages de Klopstock, de Jean-Paul, de Herder, une partie de ceux de Goëthe, etc., présentent cette difficulté, c'est-à-dire que, pour les bien traduire, il faut être à la fois Allemand et Français.

La traduction de l'*Histoire de la poésie des Hébreux* demande non-seulement cette double nationalité, mais encore quelques connaissances de la langue hébraïque. Cette dernière condition ne s'applique pas aux passages que Herder a traduits de la Bible: sa fidélité est si généralement reconnue, qu'il suffit de reproduire exactement sa version allemande, pour être certain qu'on ne s'est pas écarté de l'original. Mais les notes nombreuses dans lesquelles il explique et justifie ces versions, contiennent une foule de mots hébreux accompagnés de remarques, qu'on ne saurait traduire si on ne comprenait pas les mots qui en sont le sujet.

Puisque j'ai signalé les deux grandes difficultés qui s'opposaient à la traduction de cet ouvrage, et devant lesquelles je n'ai pas reculé, je m'exposerais à être accusée de présomption, si je ne m'empressais pas de dire que le hasard de la naissance s'est chargé d'annuler pour moi la première de ces difficultés : je suis née en Allemagne, et j'y ai passé ma première jeunesse. Depuis, j'ai fait tout ce qui était en mon pouvoir pour me perfectionner dans la langue de cette belle France, aujourd'hui ma véritable patrie ; car mon plus cher désir a toujours été de lui faire connaître tels qu'ils sont en effet, les grands écrivains de l'Allemagne, dont la plupart ont été les amis de mon père, et les guides de mes premières études.

Quant à la seconde difficulté, je me borne à dire qu'avec de la persévérance et du temps, tout le monde peut apprendre le peu d'hébreu qu'exige la traduction des notes dont je viens de parler.

Pour prévenir les reproches que l'on pourrait m'adresser sur les mots et les phrases, sur les idiotismes et les images inusitées qui se trouvent çà et là dans les morceaux traduits de l'hébreu, je dois répéter ici qu'ils sont la reproduction exacte des versions de Herder. Au reste, la langue allemande se prête merveilleusement à la traduction littérale de l'hébreu. Il n'en est pas de même de la langue française. Éminemment logique, elle veut qu'on obéisse avant tout aux règles qu'elle impose. Son exigence sur ce point est telle, que toutes les beautés dont la riche imagination d'un écrivain peut embellir son style, sont comme non avenues dès qu'il enfreint ces règles. En un mot, le génie de la langue française est tellement opposé à celui de la langue allemande, que les traductions trop littérales des grands écrivains de l'Allemagne les parodient au lieu d'en donner une juste idée. Par ces traductions, le sublime devient grotesque, le naïf niais, le naturel trivial ; elles blessent le goût de la nation pour laquelle on traduit, et l'autorisent à accuser d'absurdité les auteurs qu'on lui fait connaître ainsi, et à étendre ce faux jugement sur la nation à laquelle ils appartiennent, puisqu'elle approuve et admire des œuvres dont la traduction littérale a fait des platitudes ou des extravagances. Aussi, dans les traductions que j'ai publiées jusqu'ici, me suis-je moins attachée à la lettre qu'à l'esprit du texte, c'est-à-dire que j'ai cherché à reproduire les images et les pensées de l'auteur avec leurs couleurs locales, et à suivre tous les mouvements, toutes les allures de son style, au lieu de rendre les mots par les mots.

L'accueil que le public a bien voulu faire à mes traductions, m'autorise à croire qu'il approuve le système que j'ai suivi : je le suivrai donc toujours. Si je m'en suis quelquefois écartée dans cet ouvrage, pour les morceaux traduits de l'hébreu, c'est parce que ces morceaux sont un monument antique et sacré que les langues modernes doivent se borner à reproduire avec une fidélité religieuse. Toute modification dénaturerait ce monument, puisque nous n'avons rien qui puisse nous guider dans ces modifications. Lorsque le traducteur d'un ouvrage écrit dans un idiome vivant, remplace les équivalents matériels des mots et des phrases par des équivalents intellectuels, les seuls véritables, il a pour juges les deux nations, qui ne manquent jamais de relever les erreurs qu'il peut commettre. Mais pouvons-nous faire sortir de leurs tombes Moïse, Job, David, Isaïe, etc., pour nous dire : Là, vous vous êtes trompés ! Ce mot qui, d'après vos manières de voir, est ridicule ou plat, et dont vous avez cru rendre le véritable sens par un mot à votre usage et selon votre goût; cette phrase que vous avez reconstruite selon les règles de votre langue, n'avaient pas pour nous la signification que vous leur donnez. Non, certes, cela n'est pas en notre pouvoir. Il faut donc s'attacher à rendre aussi fidèlement que possible la lettre de l'antique poésie des Hébreux; son esprit est si puissant, si sublime, qu'il est impossible de le méconnaître, et qu'il nous inspire un saint respect, une pieuse admiration, alors même qu'il viole les règles de nos langues modernes, et blesse les susceptibilités de notre goût. Mais, je le répète, elle seule est en ce cas; traduire ainsi toute autre œuvre littéraire, serait en faire une parodie.

Les nombreux ouvrages de Herder, dont je n'ai indiqué que les plus importants dans cette notice, ont forcé même ses adversaires à reconnaître en lui un grand poète, un critique savant; mais ils lui ont contesté le titre de philosophe, parce qu'il n'a pas créé de système proprement dit. C'est qu'ils n'ont pas voulu voir que sa philosophie était incompatible avec tout système, et qu'elle se bornait à jeter une clarté nouvelle sur toutes les branches de l'intelligence humaine, et sur cette intelligence elle-même. Herder nous la montre marchant sans cesse vers le perfectionnement; les temps d'arrêt et même les marches rétrogrades de cette intelligence, qui ont découragé tant de grands hommes, ne sont, à ses yeux, que la preuve qu'elle est essentiellement libre dans ses allures; car l'étude du passé lui a fait voir qu'elle ne manque jamais de revenir à temps sur ses pas, parce qu'elle est d'origine divine, et, par conséquent, soumise aux lois du progrès que, dans son ensemble, elle est forcée de suivre, jusqu'à ce qu'elle soit arrivée au degré de perfection qui est le but de son existence.

Sa philosophie philanthropique, sa piété éclairée, son respect pour la dignité de l'homme et sa sainte colère contre tout ce qui peut l'empêcher de la sentir; l'originalité de son esprit qui lui faisait unir à la foi la plus confiante toute la hardiesse des conjectures sur Dieu et sur la nature, la douceur à l'ironie, le courage d'un héros à la candeur d'un enfant, la harpe des anges qui chantent les mystères des cieux, à la baguette du magicien qui conjure les mauvais esprits de son époque, lui suscitèrent de nombreux ennemis.

Faut-il s'étonner qu'on l'ait taxé d'ingratitude, parce qu'il s'était déclaré l'adversaire de Kant, qui, à l'université de Kœnigsberg, lui avait témoigné une amitié sincère? Mais l'amitié enchaîne-t-elle la pensée? Herder a-t-il jamais attaqué le caractère du célèbre philosophe? Non, il n'a pas même attaqué ses principes; il ne les partageait pas parce qu'il craignait les conséquences funestes qu'on pouvait en tirer; et il ne les a signalés au présent que dans l'espoir d'en garantir l'avenir. Si ses craintes étaient exagérées, il ne faut pas en chercher la cause dans une vanité jalouse, incompatible avec sa belle ame, mais dans la nature même de cette ame.

L'audacieux et sublime génie de Kant sondait les abîmes sans fond de la métaphysique; mais la douce et haute raison de Herder se bornait à étudier la marche et la nature de l'intelligence humaine. Cette étude lui prouva que, dans le cours des siècles, toutes les sciences, toutes les philosophies meurent, se transforment et renaissent, parce que l'esprit humain change et se modifie, tandis que la poésie ne change jamais; car elle est la voix du cœur, et le cœur est toujours le même, comme tout ce qui est essence primitive, principe fondamental, émanation du ciel enfin.

Herder cependant était savant, mais dans la plus noble acception du mot. La plupart des hommes ne cherchent dans la science que l'inconnu, le curieux; aussi la science est-elle pour eux ce qu'est le lierre pour l'arbre qu'il enlace : en l'ornant il l'étouffe. Herder ne chercha dans la science que le vrai et l'utile, et la science l'entoura comme la vigne entoure l'arbre qu'elle semble enrichir de ses fruits. C'est dans ce sens élevé qu'il était poète, c'est-à-dire la personnification du génie de l'humanité qui lui révèle le secret de son avenir, et qui, dans l'accomplissement de cette tâche, n'est soumis qu'à une seule loi générale, celle de faire de cet avenir l'éternité du ciel et non l'éternité de l'enfer ou le néant.

La malveillance seule pouvait accuser un tel homme d'ingratitude ou d'insensibilité. Sa vie entière n'a été qu'un long enchaînement de tendres affections pour sa famille, pour ses amis, pour tout ce qui l'entourait, et jamais rien n'a pu le consoler de la perte d'Hamann.

« Avec la tombe de Hamann, dit-il lui-même, tout un monde d'amitié s'est fermé pour moi!... »

Peut-être Herder fut-il trop sensible aux attaques de ses adversaires : les plus grands hommes de l'Allemagne lui avaient voué un culte d'admiration; la nation, dans son ensemble, le vénérait, et les souverains eux-mêmes lui donnaient les témoignages d'estime qu'ils croyaient les plus flatteurs. C'est ainsi que l'électeur de Bavière lui envoya des lettres de noblesse pour lui et pour ses descendants, et que le duc de Weimar l'appelait son ami. Gœthe lui adressait, sur chacun de ses ouvrages, des éloges dont je crois devoir donner une idée en traduisant quelques lignes d'une lettre par laquelle il le remerciait de l'envoi d'un exemplaire des *Idées sur la philosophie de l'histoire de l'humanité*.

« Mes sincères et vifs remerciements pour *les Idées*; elles sont pour moi un véritable évangile.... Que de bonnes choses n'as-tu pas réveillées en moi par ce livre, dont cependant je n'ai encore lu que la moitié. Il résume les études les plus intéressantes de ma vie, et me rend clair et palpable ce qui n'avait été jusqu'ici pour moi qu'un objet de doutes, de recherches et de tourments.... » etc.

Les calomnies que, malgré tant d'illustres suffrages, on publia contre Herder, ne sauraient s'expliquer que par la guerre que lui déclara l'université d'Iéna, parce qu'il avait osé penser d'après ses propres convictions, et non d'après le système de Kant, qui, alors, faisait la gloire de cette université. Il serait difficile de trouver une autre cause du refroidissement de Gœthe pour l'ami de sa jeunesse. Dans son journal, il parle avec chagrin de ce refroidissement, et assure que la première communion de son fils, faite sous la direction de Herder, avait amené entre eux un rapprochement sincère; cependant il est facile de voir que cette sincérité n'existait que dans le cœur de Herder.

Goëthe cependant n'était pas un partisan de Kant, mais il craignait de se mettre en opposition avec l'université d'Iéna, dont l'admiration enthousiaste flattait son orgueil. Cette faiblesse d'un ancien ami, d'un compatriote, paraît plus inexcusable encore quand on la compare à la noble impartialité d'un philosophe français, qui, sans partager les opinions de Herder sur Kant, ne lui en a pas moins rendu justice.

« Herder, dit-il [1], est un grand monument élevé à l'idée du progrès de l'espèce humaine en tout sens... »

Jean-Paul, ce brillant météore du nouveau ciel littéraire de l'Allemagne, oubliant pour Herder seul sa dédaigneuse ironie, lui demanda la place que la mort de Hamann avait laissée vide dans son cœur, et que lui seul peut-être était digne de remplir. Mais rien ne put l'arracher à la sombre tristesse qui le consumait. Naturellement mélancolique et rêveur, on aurait pu le comparer à un de ces purs esprits exilés sur la terre, et qui, pendant cet exil, ne peuvent ni oublier les régions d'où ils sont descendus, ni vaincre le désir d'y retourner. Les perfides attaques de ses ennemis augmentèrent sa mélancolie, qui, jointe à un travail opiniâtre et à des embarras financiers (car le désintéressement et une noble fierté ne conduisent jamais à la fortune), lui occasionnèrent une maladie nerveuse. Il y succomba après plusieurs années de souffrance, et à l'âge de 59 ans [2].

Sur ce nombre d'années, quarante ont été consacrées à des travaux littéraires qui embrassent toutes les connaissances humaines, et que résument, pour ainsi dire, ces trois mots : *Lumière, Amour, Vérité*, que le duc de Weimar fit graver sur la tombe de Herder.

Le deuil de ses amis fut morne et silencieux. Devant sa tombe encore mouvante, pas un d'eux ne se sentit le courage de parler du génie et des vertus de l'homme qu'elle renfermait ; pour y déposer des couronnes, ils voulaient attendre qu'elle se fût affermie et couverte de gazon. La calomnie seule ne respecta point cette mémoire vénérée. Alors des voix amies s'élevèrent et tracèrent autour de l'ombre de Herder le cercle de la vérité, que la haine et l'envie n'osèrent plus franchir. La voix de Jean-Paul fut la plus puissante et la plus énergique. Dans le dernier chapitre de son cours sur le beau intellectuel dans la littérature, publié sous le titre d'*Esthétique* [3], il parle d'un de ses jeunes

---

[1] M. Cousin, *Introduction à son cours de philosophie*.

[2] Herder mourut à Weimar le 18 décembre 1803.

[3] Jusqu'ici, on n'a pas même essayé de traduire ce magnifique ouvrage, qui dé-

élèves, auteur d'un écrit contre Herder. Jean-Paul, qui avait déjà reconnu en ce jeune homme un mérite naissant, lui prouva qu'il s'était laissé égarer par l'esprit de parti, dont il était, sans le savoir, devenu l'aveugle instrument. Tous deux se rencontrèrent un soir dans un jardin où ils s'entretinrent ensemble des mérites du grand homme.

« La mort, dit le savant professeur à son jeune élève, jette ordinairement sur tous les hommes illustres son saint tissu de glorification; et cependant Herder ne me semble pas plus brillant, dans les hauteurs où il plane maintenant, qu'il ne l'était lorsqu'il vivait encore à mes côtés. Quand je me le figure au-delà des étoiles, je sens qu'il occupe enfin sa véritable place, et je crois qu'il n'a subi d'autre transformation que celle d'un être qui n'est plus sujet à souffrir.

« Pur ami des Esprits! célèbre joyeusement là-haut la fête des moissonneurs; et que les rayons de ton soleil à toi changent enfin en légères guirlandes de fleurs la lourde couronne d'épis dont tu as ici-bas surchargé ta tête! Qu'elles s'accomplissent, ces paroles que, dans ton chant de nuit, tu as toi-même adressées à ton corps assoupi :

« Sommeille en paix, indolent fardeau de mon pèlerinage sur
« la terre! La nuit te couvre de son manteau, mais au-dessus de
« toi, dans la tente sacrée, elle allume ses lampes éternelles! »

« Jeune homme, continue Jean-Paul, lève tes regards vers ce ciel étoilé; n'est-il pas moins brillant et plus froid depuis que la nuit de la mort a fermé le calice de la plus sublime des fleurs?... Pardonne à ma douleur, jeune homme!... Hélas! celui qui ne l'a connu que par ses écrits, celui-là ne l'a point perdu! Mais l'homme qui a vécu avec lui, l'homme qui l'a connu, qui l'a aimé, celui-là ne saurait trouver de consolation dans l'idée que Herder est immortel; il lui faut la conviction de l'immortalité de l'espèce humaine tout entière! Si elle n'existait pas, cette immortalité, la vie ne serait que le crépuscule du soir, et il n'y aurait point d'aurore! Si l'esprit suivait la di-

---

voile tous les mystères de la littérature allemande, et jette un jour nouveau sur l'école romantique, tout en rendant justice à l'école classique. Le style de Jean-Paul est si imagé, il a quelque chose de si original et de si pittoresque; la marche de sa pensée suit une route si neuve, que non-seulement les étrangers, mais encore la partie des lecteurs allemands que le travail de la réflexion fatigue, le regardent comme inintelligible. Les passages que j'ai cru devoir traduire ici, parce qu'ils se rapportent à Herder, suffiront sans doute pour prouver qu'il est possible de le rendre parfaitement clair, sans dénaturer ses pensées, sans affaiblir ses images.

rection des cordes qui descendent le cercueil dans l'abîme du tombeau, je ne sais pas pourquoi nous ne ferions pas par désespoir ce qu'un instinct grossier de l'espérance faisait faire aux peuples sauvages; pourquoi nous ne nous précipiterions pas, comme ils le faisaient, dans la tombe d'un être qui nous fut cher. Par là, du moins, nous étoufferions d'un seul coup les exigences insensées de notre cœur, qui veut absolument battre pour quelque chose de divin, d'éternel !...

« Autour de ce globe terrestre, de cette tombe immense, pourquoi donc tout est-il si tyranniquement silencieux ?... Tais-toi, bon jeune homme ; je sais qu'il est, moins que tout autre, sujet à la douleur que nous éprouvons en ce moment... S'il était encore là, à mes côtés, il m'indiquerait du doigt la marche silencieuse des étoiles au-dessus desquelles il habite maintenant ; il m'engagerait par un geste à écouter la voix mélancolique du rossignol, qui chante pour nous, qui ne chante plus pour lui !... Et cependant il serait plus ému qu'il ne se permettrait de le paraître.

« Jeune homme ! esprit vivant ! dis-moi pourquoi tout est silence autour de la mort ?...

« Autour du brûlant et vivifiant équateur, me disait-il naguère, règne toujours un calme plat.

« Jeune homme ! chérissons ensemble cette grande et belle ame, et lorsque son souvenir nous affectera trop douloureusement, nous lirons ensemble les écrits par lesquels cette ame nous a révélé son essence divine et son immortalité ! »

Puissent ces paroles d'un noble ami trouver de l'écho dans tous les cœurs ! puisse l'*Histoire de la poésie des Hébreux* populariser en France l'Isaïe du dix-huitième siècle. Oui, Herder est le *voyant* des temps nouveaux ! Il s'est désaltéré à la source du fleuve de la poésie primitive; il a marché sur les eaux du déluge et sondé les ruines de Babel ! Il a compté chaque rayon de la face resplendissante de Moïse ; il a nommé chaque fleur de la couronne lyrique que David plaça au-dessus de sa couronne royale. Ses pieds ont foulé les sentiers solitaires où les prophètes des temps antiques marchaient sous l'œil de Jéhovah.

L'ange de la face de Jéhovah l'a conduit sur les monts sacrés où l'espèce humaine, encore enfant, bondissait comme le faon rassasié de verdure naissante. Là, il souriait au passé de cet enfant de l'Éternel, et pour lui, toutes les fleurs mystérieuses de ce passé ouvraient leurs calices embaumés. Là, il gémissait devant l'aride désert du présent qui s'étendait à ses pieds ; mais ses yeux, levés vers le ciel, suivaient la marche des nuages, ces feuilles éparses du livre des temps où le doigt de Jéhovah inscrit les secrets de l'avenir! Et il savait la lire, cette écriture sainte, comme le savait Isaïe, le royal prophète, quand il s'écriait :

¹ Réjouis-toi, désert aride! Pays dévastés, poussez des cris d'allégresse! Contrées arides et dévastées, fleurissez toutes comme fleurit le lis dans la vallée! Rives du Jourdain sillonnées par tant de ruisseaux limpides, fleurissez, réjouissez-vous, poussez des cris d'allégresse! La magnificence du Liban descendra sur vous; les parures du Carmel et de Saron vous couvriront, car ils verront Jéhovah dans toute sa gloire, ils contempleront notre Dieu dans toute sa puissance, les nouveau-nés de l'avenir! Relevez vers le ciel vos bras affaiblis, redressez-vous sur vos genoux fatigués; fortifiez votre voix et criez au-devant de tous ceux qui se découragent : Espérez! espérez! le voici qui approche, le Dieu rémunérateur! il arrive, le Dieu de la justice! Et alors elles s'ouvriront, les paupières des aveugles! et alors elles s'ouvriront, les oreilles des sourds! et ils bondiront, les boiteux, légers et rapides comme l'âne sauvage au milieu de sa forêt natale. Et alors les muets entonneront des chants de gloire, et des sources abondantes jailliront du sein des rochers arides! Le sable brûlant du désert ne trompera plus les espérances du voyageur altéré; il sera un lac immense où nageront des îles fleuries. Les réduits du chacal se convertiront en riants pâturages, et l'herbe chétive que le caillou arrête dans sa naissance, s'élèvera à la hauteur de l'ondoyant roseau. Et là-haut une route bien tracée nous apparaîtra, et on l'appellera *la route sacrée!* Le pécheur ne la délaissera plus jamais, pas un insensé ne s'y égarera, car Dieu lui-même nous y guidera tous! Oui, Jéhovah nous sauvera tous, et tous ceux qu'il aura sauvés retourneront à Sion leur céleste patrie! Ils chanteront des hymnes de gloire, l'auréole des félicités éternelles ceindra leur front; le bonheur et la joie marcheront à leurs côtés; et ils se seront évanouis pour toujours, les soupirs et les souffrances, les vices et les crimes!

Tels étaient aussi les vœux et les espérances de Herder pour l'avenir de l'espèce humaine. Tantôt il les chantait sur le psaltérion des prophètes ou sur la lyre d'Homère et de Pindare, et tantôt il parlait comme Socrate, Démosthènes ou Platon, car son génie prenait toutes les formes du beau, du grand. En le lisant,

---

¹ Imitation libre d'Isaïe, chap. 35.

on croit puiser dans l'inépuisable corne d'abondance de l'ancienne Grèce, remplie de fleurs et de fruits cueillis sous le ciel de l'Orient, et que le génie des temps modernes est venu déposer à l'ombre d'un chêne de l'antique Germanie.

Paris, le 20 octobre 1844.

Baronne ALOYSE DE CARLOWITZ.

PLAN DU LIVRE.

Tout le monde connaît et apprécie l'ouvrage de l'évêque Lowth, intitulé : *De sacra poesi Hebræorum*. Notre livre n'est ni une traduction, ni une imitation de cette belle œuvre, ainsi qu'il sera facile de s'en convaincre par son contenu. Nous espérons, toutefois, qu'à côté de cet ouvrage célèbre, ou du moins après lui, le nôtre pourra encore être agréable aux amateurs de la plus simple et de la plus sublime poésie; peut-être même ne sera-t-il pas sans utilité pour les personnes qui aiment à remonter au point de départ de la marche de nos connaissances sur les choses humaines et divines.

Avant d'entrer en matière, nous examinerons les trois points principaux sur lesquels la poésie des Hébreux s'est fondée dès son origine :

1° La structure poétique et la richesse de leur langue;

2° Les idées primitives qui leur ont été transmises par les temps les plus reculés, et qui forment, pour ainsi dire, une cosmologie aussi noble que simple et poétique;

3° L'histoire de leurs patriarches jusqu'au grand législateur, et les points principaux de cette histoire qui ont servi de fondement aux traits caractéristiques de l'ensemble de la nation, de ses écritures et de ses poésies.

L'ouvrage proprement dit commence avec le grand législateur de cette nation. Nous nous demanderons : quelle est l'influence qu'ont exercée sur l'esprit de son peuple et de ses descendants, ses actions, ses lois, et la reproduction de ces lois et de ces actions, par une poésie et par une histoire qui leur sont propres? Quelles sont les idées antérieures qu'il a avancées ou modifiées? Sous quel aspect a-t-il montré à son peuple les pays et les nations dont il était entouré? Par quel moyen a-t-il fait de la poésie de ce peuple, une poésie qui est à la fois le chant du pâtre et de l'agriculteur, et la voix du sanctuaire et des prophètes?

Les causes de ces effets se développent d'elles-mêmes avec la marche de l'histoire; et leurs résultats seront mis en évidence par les exemples les plus saillants que fournissent les siècles qui ont succédé à cette époque.

Après cet examen, nous continuerons l'histoire du peuple hébreu, depuis son législateur jusqu'au plus puissant de ses rois; car c'est sous ce roi et sous son fils que commence et fleurit la seconde phase de la poésie hébraïque. Ses plus belles productions seront expliquées par les causes de l'origine de cette poésie; et nous nous efforcerons de la montrer dans l'éclat de sa lumière orientale, tout en expliquant son action continuelle à travers la marche du temps.

On comprendra sans peine qu'il sera indispensable de citer parfois, et pendant tout le cours de l'ouvrage, les morceaux les plus gracieux et les plus instructifs de la poésie hébraïque; nous chercherons à rendre ces traductions faciles à lire, sans jamais nous écarter de l'esprit du texte.

C'est en suivant cette route, que nous arriverons à la troisième période de la poésie hébraïque, qui précéda la chute de la nation, c'est-à-dire à la voix des prophètes. Tout en développant avec soin le caractère de ces instituteurs divins et patriotiques du peuple, nous donnerons des éclaircissements sur leurs écrits, et nous continuerons à insérer les morceaux les plus touchants et les plus sublimes de ces écrits.

Nous passerons ensuite à l'époque où résonna la voix plaintive qui accompagna la chute de la nation, et qui se fit entendre quelque temps encore sur ses ruines; nous redirons les chants d'espérance qui l'encouragèrent et l'excitèrent à se relever; nous montrerons les effets de ses écrits réunis qui commencèrent à se mêler avec les écrits des autres langues, surtout à ceux de la langue grecque, et nous ferons connaître l'influence qu'ils ont exercée jusqu'à nos jours, à l'aide des écrits et des enseignements du christianisme.

Il n'y a ni vanité, ni jactance dans cette exposition du plan de notre livre; nous n'avons eu d'autre intention que celle de donner à nos lecteurs une juste idée du but que nous nous sommes proposé. *In magnis voluisse sat est*. Telle est et sera toujours notre devise.

HERDER.

PRÉFACE DE L'AUTEUR.

L'exposé qui précède me dispense de parler ici du but et du plan de mon livre; je me bornerai donc à indiquer succinctement comment j'ai exécuté ce plan dans le premier volume.

Ce premier volume contient tous les traits caractéristiques et fondamentaux de la poésie des Hébreux, leur cosmologie, leurs premières idées sur Dieu, sur la création, la providence, les anges, les Élohim, les chérubins et sur les autres objets isolés de la poésie et de la nature. Nous y avons ajouté, avec un soin particulier, les *dires* des pères, qui, chez tous les peuples et surtout chez le peuple hébreu, sont les bases fondamentales de l'édifice de son intelligence, et, par conséquent, le génie de sa poésie. Il est indispensable de présenter et de développer ces *dires* sous leur véritable jour, car ils ont presque tous par eux-mêmes une couleur poétique qui leur est propre, ce qui, malheureusement, les fait trop souvent mal interpréter.

Je n'ai épargné ni peines, ni fatigues pour être aussi concis que possible, et surtout pour ne pas répéter pour la centième fois ce qui a déjà été dit quatre-vingt-dix-neuf fois. Dans le cas où l'enchaînement de l'ensemble me faisait un devoir de ces répétitions, je me suis borné à les indiquer légèrement, car s'il est peu agréable de lire des lieux communs que tout le monde connaît, il est très-fatigant de les écrire.

Je me suis attaché de préférence à la recherche des traditions les plus obscures sur le paradis terrestre, sur la chute du premier homme, sur la construction de la tour de Babel, sur le combat avec l'Élohim, etc., et sur plusieurs fictions et personnifications mythologiques. Ce sont là autant d'exemples qui mettent le caractère de la poésie hébraïque en évidence, et qu'il est toujours utile de citer et de connaître, car il faut connaître les choses avant de raisonner sur leur laideur ou sur leur beauté. La juste appréciation des mots, des images et des objets, suffit pour donner l'idée du beau à tous ceux qui en ont le sentiment; celui qui ne l'a pas, ne le puisera ni dans les longs discours, ni dans les louanges emphatiques, ni dans les citations des passages analogues empruntés à d'autres poètes; il le trouvera encore moins dans des considérations générales sur la poésie et ses divers genres. Aussi n'ai-je rien mis de semblable dans mon livre.

J'ai traduit, aussi souvent que possible, les plus beaux morceaux de la poésie hébraïque, et j'espère qu'on ne m'accusera pas de les avoir prodigués. Ces morceaux sont le point le plus important de mon travail, les étoiles de ce firmament qui sans eux serait sombre et désert, les fruits de l'arbre dont mon livre n'est que l'écorce. Si j'ai réussi à les reproduire dans leur dignité antique et leur belle simplicité, je n'aurai pas manqué mon but; car, à ce sujet, je pense qu'il faut laisser les prophètes sur leurs sièges élevés, et qu'assis à leurs pieds, nous devons écouter ce qu'ils disent, et non répéter ce qu'ils entendent dire.

Dans mon examen de la période des prophètes, le livre de Job, surtout, m'a été d'un grand secours, et je m'estimerais heureux si je pouvais avoir rendu une partie des sensations dont mon ame a été pénétrée en étudiant cette sublime, cette naïve composition artistique, la plus ancienne peut-être que l'on connaisse. *Ardua res est, vetustis novitatem dare, novis auctoritatem, obsoletis nitorem, obscuris lucem, fastiditis gratiam, dubiis fidem, omnibus vero naturam et naturæ suæ omnia.* Mon plus cher désir est d'avoir atteint quelques uns de ces résultats dans mon travail sur les patriarches, sur Job et sur Moïse.

Je n'ai pas voulu surcharger mes versions de notes érudites, ni de citations du texte. Elles sont toujours inutiles pour les lecteurs illettrés; quant aux savants versés dans la langue de l'original, et, par conséquent, capables de comparer les versions anciennes avec les nouvelles, ils trouveront facilement en eux-mêmes le moyen de suppléer à cette omission volontaire. Les jeunes savants, surtout, me sauront gré de leur avoir laissé des recherches, des comparaisons et des réflexions à faire. J'ai consulté tous les philologues modernes sans relever leurs erreurs, ni faire parade de la conformité de leurs opinions avec les miennes. Puissent-ils accepter comme un témoignage de ma reconnaissance, l'usage silencieux que j'ai fait de leurs travaux; dans les cas où je ne pouvais être de leur avis, j'ai été du mien.

Le besoin de m'effacer autant que possible, m'a fait choisir la forme du dialogue, peu usitée en ces sortes de matières. Je sais que par là j'ai augmenté les difficultés de ma tâche. Si j'avais eu la prétention d'imiter la grâce des dialogues de Platon, de Shaftesbury, de Diderot, de Lessing, j'aurais commis une haute folie. Je n'avais ni situation heureusement choisie à exposer, ni caractères neufs à développer; il ne s'agissait pas même de faire sortir par des combinaisons adroites, des idées nouvelles de l'ame de celui qui répond, ce qui, dans le dialogue didactique, est la perfection de l'art. Je n'avais, en général, rien à inventer, mais j'avais tout à expliquer, à démontrer, à trouver. Le démonstrateur et celui à qui il démontre, le maître et le disciple, devaient donc nécessairement parler seuls entre eux. Le modèle que j'ai cherché à imiter dans les passages les plus importants de mes dialogues, n'est point Platon, mais le livre de Cosri et même le catéchisme.

Je crois devoir expliquer plus amplement pourquoi j'ai choisi la forme du dialogue, car j'y ai été décidé par plusieurs motifs.

1° La forme du dialogue est la plus concise. Un alinéa, la lettre initiale d'un nom propre, une simple question, telle que : Pourquoi? Comment? suffit pour exprimer ce qui, dans le débit dogmatique, demande de longues périodes, et parfois même des pages entières. Cette même forme dispense également de ces ennuyeuses formules de transition, telles que : On pourrait objecter, on a objecté, etc.

2° Elle m'a fourni le moyen d'éviter le ton monotone, toujours affirmatif et parfois déclamatoire de la chaire, dont il est si difficile de se garantir, quand on écrit des volumes sur des matières abstraites. Le dialogue le plus froid, pourvu qu'il ne soit pas trop long, anime ces matières, leur donne de la variété, et les met, pour ainsi dire, à la portée de tout le monde.

3° Elle m'a aidé enfin à échapper à la cruelle nécessité de contredire, de discuter, de citer, et j'en remercie sincèrement le ciel, car c'est éviter un grand mal.

Alcyphron et *Eutyphron* s'entretiennent ensemble : le premier parle souvent comme le public à cent têtes, mais enfin tous deux ne s'adressent que l'un à l'autre; ils ne reprennent, ils ne contredisent personne au monde qu'eux-mêmes. Que celui de mes lecteurs qui ne voudra pas accepter les opinions d'*Eutyphron*, partage celles d'*Alcyphron*, ou qu'il conserve les siennes..... Et puis, il faut bien que je l'avoue, plus j'avance en âge, et plus il m'est difficile de prendre le ton de l'enseignement. Qui instruit-on quand on s'adresse au public? Où demeure-t-il? De quelle voix faut-il lui parler, afin qu'elle ne soit ni trop haute, ni trop basse?..... J'ai fait parler ensemble deux individus isolés; que celui qui veut les entendre les écoute, les corrige, s'instruise avec eux ou les éclaire.

M'est-il permis de dire quels lecteurs je choisirais pour mon livre, si j'en avais le pouvoir? Alcyphron est un jeune homme; il étudie la poésie hébraïque, non parce qu'on l'y contraint ou pour se faire une carrière qui doit lui fournir de quoi vivre, mais parce qu'il l'aime. C'est donc un amateur des Écritures, un amateur de la poésie la plus naïve, la plus proche du cœur, et de l'histoire la plus ancienne de l'esprit humain..... Je voudrais avoir pour lecteurs des hommes jeunes, neufs, sans malveillance, à l'humeur aimante et douce comme lui.

C'est devant les enfants et les jeunes gens, qu'il est agréable de parler de l'enfance, de la jeunesse de l'espèce humaine. L'époque antérieure à la servitude établie par Moïse ne peut être appréciée et sentie que par des cœurs qui n'ont pas encore gémi sous le joug des convenances, et qui, dans l'aurore du monde, voient l'aurore de l'âme. Si mon livre vaut quelque chose, que celui qui se sent mon ami le fasse passer, sans éloge et sans blâme, dans les mains de pareils lecteurs. Au reste, tout le monde n'est-il pas libre de laisser de côté ce qui ne lui plaît pas dans mon ouvrage? C'est pour faciliter ce choix que j'ai fait le sommaire de chaque dialogue.

Si mon désir se réalise, il y aura des théologiens parmi mes jeunes lecteurs; qu'il me soit permis de leur adresser quelques observations spéciales. La Bible est la base de la théologie, l'Ancien-Testament est la base du Nouveau, et il est impossible de bien comprendre le dernier sans une connaissance parfaite du premier. Le christianisme est sorti du judaïsme; le génie de la langue hébraïque est dans les Écritures de l'un et de l'autre; et le génie d'une langue ne s'apprend jamais mieux que dans sa poésie, surtout dans sa poésie primitive. Il est faux, il est dangereux même de faire étudier aux théologiens le Nouveau-Testament au détriment de l'Ancien: sous le rapport scientifique même, l'un ne saurait être intelligible sans l'autre. L'Ancien-Testament est une galerie d'histoires, d'images, de caractères et de scènes qui nous représentent le crépuscule du matin avec ses nuances infinies, et le lever du soleil dans tout son éclat. Dans le Nouveau-Testament, cet astre est arrivé à son apogée quotidien, et tout le monde sait quelle est l'époque du jour la plus salutaire et la plus fortifiante pour l'œil humain.

Lors même qu'on ne verrait dans l'Ancien-Testament qu'un recueil profane de poésies antiques, si on l'étudie avec zèle et amour, on ne tardera pas à être frappé de la pureté de son éclat et de sa beauté surnaturelle. Que l'on cherche donc à s'approprier les richesses infinies de l'Ancien-Testament, et l'on ne sera plus jamais exposé à se perdre en raisonnant sur le Nouveau, dans un parlage vide de sens, absurde ou sacrilège.

Weimar, le 9 avril 1782.

HERDER.

HISTOIRE
DE LA
POÉSIE DES HÉBREUX

PREMIÈRE PARTIE.

PREMIER DIALOGUE.

DE LA LANGUE.

Préjugés contre la langue et la poésie des Hébreux. — Causes de ce préjugé. — De l'action dans leurs verbes qui donne de la poésie à la langue. — Les noms aussi représentent des actions. — Leur richesse en noms, et dans quelles sortes de noms il faut la chercher. — Leur richesse en noms qui désignent les objets de la nature, en synonymes, en noms de nombre, en mots qui désignent les parures et les objets de luxe des peuples voisins. — Pourquoi la langue des Hébreux ne s'est-elle pas perfectionnée comme celle des Arabes? — Des racines des verbes: elles réunissent l'image et la sensation. — Formation des mots par les habitants du Nord et du Sud. — Différence de la prononciation des uns et des autres. — De la dérivation des racines. — Désir et besoin d'un dictionnaire philosophique. — Des temps des verbes et de leur génie poétique. — Réunion de plusieurs idées en un seul mot. — Images qu'offrent les lettres. — Comment on peut s'accoutumer à les déchiffrer. — Du parallélisme. — Il est fondé sur l'eurhythmie que l'oreille aime toujours. — Du parallélisme dans le rhythme grec. — Comment il se trouve dans la nature du discours et dans les passions. — Ressemblance du parallélisme chez les peuples du Nord. — Pourquoi les Hébreux l'ont spécialement cultivé. — Son effet et son utilité. — Les Hébreux ont-ils toujours eu autant de conjugaisons régulières? — Étude de la langue hébraïque sous le rapport de la poésie. — Étude de leurs poèmes.

Supplément : Poème sur la langue et l'écriture.

ALCYPHRON. — Je vous trouverai donc toujours occupé de cette langue si pauvre et si barbare! Vous me prouvez de nouveau combien il serait utile d'épargner à la jeunesse le poids de tout le fatras du passé; car lorsqu'on en a été surchargé une fois, on ne peut plus s'en débarrasser.

EUTYPHRON. — Je reconnais bien là le langage des réformateurs modernes, qui voudraient affranchir les hommes de tous les préjugés de l'enfance, et de l'enfance elle-même, si cela était possible. Connaissez-vous cette langue si pauvre et si barbare? et pourquoi vous paraît-elle ainsi?

ALCYPHRON. — Je ne la connais que trop. En me forçant à l'apprendre, on en a fait le tourment de ma première jeunesse, et ce tourment dure encore. L'étude de la théologie, de la philosophie, de l'histoire, de tout ce que je veux approfondir enfin, me renvoie l'écho de ses hautes extravagances. Oui, le tintamarre des cymbales et des timbales, toute cette musique de janissaires que l'on est convenu d'appeler le parallélisme oriental, résonne sans cesse à mes oreilles. Il me semble toujours que je vois danser David devant l'arche d'alliance, ou que j'entends le prophète appeler un ménestrel, afin qu'il l'inspire.

EUTYPHRON. — Je vois bien que vous vous êtes familiarisé avec la langue hébraïque, mais certes ce n'a pas été par bienveillance pour elle.

ALCYPHRON. — Ce n'est pas ma faute; je l'ai apprise méthodiquement, et d'après toutes les règles de Danz[1]. Je pourrais même citer toutes ces règles, dont cependant je n'ai jamais compris le véritable sens.

EUTYPHRON. — Tant pis! et cela m'explique votre aversion pour cette langue. Mais dites-moi, mon ami, une mauvaise méthode doit-elle nous faire haïr la science que nous avons appris à connaître par cette méthode? Jugerez-vous l'homme d'après son vêtement, surtout si ce vêtement lui est étranger, et qu'on l'en ait revêtu malgré lui?

ALCYPHRON. — Non, sans doute; je suis même très-disposé à revenir de mes préventions, pourvu qu'on me prouve qu'elles sont injustes. Je crois que cela ne serait pas facile par rapport à la langue hébraïque, car j'en ai sévèrement examiné la lettre et l'esprit.

---

[1] Célèbre théologien allemand du XVIIe siècle. On a de lui un grand nombre d'ouvrages sur la langue et sur les antiquités hébraïques. Il est aussi l'auteur d'une grammaire hébraïque. *(Note du Traducteur.)*

Eutyphron. — Essayons toujours, et nous verrons lequel de nous deux éclairera l'autre. Ce serait une bien triste chose que la vérité, si les hommes ne pouvaient s'entendre sur son essence; et je maudirais les impressions de ma jeunesse, si elles ne devaient jamais être pour moi que des chaînes d'esclave. Au reste, mon opinion sur l'esprit poétique de la langue hébraïque n'est point une impression de jeunesse. On m'a enseigné cette langue d'après la méthode dont vous venez de vous plaindre; aussi a-t-elle été longtemps pour moi ce qu'elle est encore aujourd'hui pour vous. Plus tard enfin, j'ai appris à l'aimer, et je suis arrivé par degrés à voir en elle une langue sacrée, la mère de notre civilisation primitive, de nos plus nobles connaissances, et qui, marchant à travers le temps sur un des plus étroits sentiers de ce monde, est arrivée jusqu'à nous sans notre participation.

Alcyphron. — Cela marche à grands pas vers la divinisation.

Eutyphron. — Ce n'est pas mon intention. Envisageons-la comme une langue purement humaine, et examinons-la humainement. Pour vous prouver que je ne veux ni vous surprendre ni vous séduire, parlons-en comme de l'instrument d'une antique poésie. Cette manière vous plaît-elle? Vous conviendrez, en tous cas, qu'elle n'a rien de dangereux.

Alcyphron. — J'ajouterai même que je la trouve très-agréable. J'aime à m'occuper des langues antiques, car elles sont les formes sous lesquelles les pensées humaines se sont bien ou mal développées; elles nous fournissent, en outre, les traits les plus importants du caractère et des manières de voir des divers peuples; ce qui est toujours utile, car on ne s'instruit que par la comparaison. Entretenez-moi donc de l'idiome de ces Hurons orientaux: sa pauvreté nous enrichira, en nous suggérant des idées nouvelles.

Eutyphron. — Quelles sont, selon vous, les qualités les plus indispensables à une langue poétique, qu'elle soit parlée par des Hurons ou par des Otaïtiens? Il me semble que c'est l'action, la représentation, la passion, le chant et le rhythme.

Alcyphron. — Cela est incontestable.

Eutyphron. — Et celle qui réunit ces qualités au plus haut degré est la plus poétique. Vous savez, mon ami, que les idiomes des peuples les moins civilisés peuvent posséder ces qualités, et que, souvent même, ils surpassent, à cet égard, les langues modernes, que le raffinement d'une civilisation trop délicate a privées de ces qualités primitives. Je n'ai pas besoin de vous rappeler à quelle époque et sous quel peuple ont chanté Homère et Ossian.

Alcyphron. — Cela ne prouverait pas, du moins, que chaque nation barbare ait eu son Ossian ou son Homère.

Eutyphron. — Plusieurs, peut-être, avaient des hommes plus grands encore, mais pour elles seulement et pour leurs idiomes, et non pour les autres peuples et pour les autres langues. Pour juger une nation, il faut étudier son époque et son pays, et entrer dans le cercle de ses pensées, de ses sensations ; il faut, pour ainsi dire, la regarder vivre ; se demander comment elle a été élevée, quels sont les objets qui frappent le plus souvent ses regards, et lesquels de ces objets elle aime avec passion ; il faut analyser la construction de ses organes, sa danse et sa musique, l'air qu'elle respire et le ciel qui l'éclaire ! Et ce travail, il ne faut pas s'y livrer en étranger, en ennemi, mais en compatriote, en frère ; et alors on peut se demander si elle avait un Homère, un Ossian à sa manière et selon ses besoins. Il est peu de peuples que nous ayons voulu ou pu soumettre à un pareil examen ; chez les Hébreux, il est possible, il est facile même, car les poésies de ce peuple sont devant nous.

Alcyphron. — Oui, mais quelles poésies, et dans quel idiome ! Que cet idiome est imparfait ! quelle pauvreté dans les noms et dans les rapports que les choses ont entre elles ! quelle incertitude, quel vague dans les temps des verbes ! c'est au point que l'on ne sait jamais au juste s'il est question de la veille ou du lendemain, d'un passé ou d'un avenir de mille ans ! Les adjectifs, si indispensables pour peindre avec quelque énergie, manquent presque totalement, et sont remplacés par un misérable rapiéçage de mots qui semblent avoir été mendiés de tous côtés. La signification des racines est incertaine et forcée comme les dérivés : aussi cette langue abonde-t-elle en catachrèses épouvantables, en images outrées, en unions monstrueuses entre les idées les plus opposées. Son parallélisme est monotone ; c'est une éternelle tautologie, dépourvue de toute mesure de mots et de syllabes qui pourrait du moins le rendre agréable à l'oreille. *Aures perpetuis tautologiis lædunt*, dit un des écrivains les plus versés dans cette langue, *Orienti jucundis, Europæ invisis prudentioribus stomachaturis, dormitaturis reliquis*; et cela est rigoureusement vrai, nous en trouvons la preuve dans tous les récits, dans tous les cantiques marqués du cachet de la langue hébraïque. Enfin, elle n'a point de voyelles, car celles que nous lui connaissons sont une invention moderne. En la considérant dans son antiquité, elle est là, devant nous, comme un vieil hiéroglyphe mort, dont la clef nous manque souvent quand il s'agit d'en déchiffrer le sens, et presque toujours en ce qui concerne la prononciation et les règles du rhythme. Peut-il, à ce sujet, être question d'Homère ou d'Ossian? En vérité, ce serait vouloir chercher ces grands hommes au Mexique ou sur les rochers déserts de l'Arabie.

EUTYPHRON. — Je vous remercie de l'heureuse tournure que vous donnez à notre entretien. La matière est riche, et vous venez de la classer avec l'ordre et la sagesse d'un habile linguiste. Commençons par examiner la structure de la langue hébraïque.

N'avez-vous pas dit vous-même que l'action et la représentation étaient l'ame de la poésie? Quelle est la partie du discours qui peint ou plutôt qui représente l'action? le nom ou le verbe?

ALCYPHRON. — Le verbe.

EUTYPHRON. — Il est donc incontestable que la langue riche en verbes qui peignent et représentent l'action, est une langue poétique, et elle l'est d'autant plus, qu'elle possède plus de noms propres à être convertis en verbes semblables. Le nom ne représente jamais que l'objet mort et immobile ; le verbe le met en action, et l'action éveille la sensation; car elle est toujours animée. Souvenez-vous des observations que Lessing fait sur Homère, dans son *Laocoon*: Chez lui, dit-il, tout marche, tout se meut, tout agit; c'est là le secret de la vie de ses œuvres et de l'effet qu'elles produisent; car c'est là l'essence de la poésie. Eh bien ! dans la langue hébraïque, tout est verbe, c'est-à-dire tout se meut, tout agit; chaque nom peut devenir un verbe; il est presque déjà verbe par lui-même, car on a saisi l'action de la naissance de sa racine pour le former semblable à un être vivant. Voyez de quels grands effets poétiques sont susceptibles les idiomes modernes, où le nom n'est pas encore trop éloigné du verbe, et où il peut le redevenir. Les langues allemandes et anglaises sont dans ce cas; celle dont nous parlons est un gouffre de verbes, une mer agitée où l'action pousse l'action, comme la vague pousse la vague.

ALCYPHRON. — Selon moi, le verbe doit rester en harmonie avec les autres parties du discours: quand tout est en action, il ne reste plus rien qu'on puisse voir agir : le *sujet*, l'*attribut*, la *copule*, ainsi le veut la logique.

EUTYPHRON. — Oui, c'est là la classification que demande la logique, et surtout son chef-d'œuvre, le syllogisme; pour lui, la copule est tout, les autres parties du discours ne sont que des accessoires, des auxiliaires. Il n'en est pas de même de la poésie: qui aurait le courage de lire un poème syllogistique ? Je conviens que le penseur abstrait ne doit pas trouver la langue hébraïque très-parfaite, mais sa forme agissante la rend la plus favorable au poète. Tout en elle nous crie : Je vis, je me meus, j'agis ! je n'ai pas été créée par le penseur abstrait, par le philosophe profond, mais par les sens, par les passions ! je conviens au poète, car je suis la poésie!

ALCYPHRON. — Mais que devient le poète hébreu, quand il a besoin de noms, d'adjectifs surtout?

EUTYPHRON. — Alors il les trouve. Il est facile de voir que chaque langue possède tout ce dont elle a besoin; mais, pour nous convaincre de cette vérité, il ne faut pas la juger d'après les besoins de la nôtre. Une foule de noms de choses manquent à la langue hébraïque, parce que les Hébreux ne connaissaient et ne possédaient pas ces choses; elle en a une foule d'autres qui nous manquent par le même motif. Elle est pauvre en abstractions, mais riche en images; elle abonde en synonymes, parce qu'elle aime à désigner chaque objet dans ses divers rapports, et à le peindre avec l'entourage varié des circonstances qui l'accompagnent. Si les langues orientales, et surtout la langue arabe, la plus formée de toutes, ont plusieurs mots pour désigner un lion, un serpent, un chameau, etc., c'est parce que chaque individu désignait d'abord ces objets selon ses manières de voir et de sentir; plus tard, cette multitude de petits ruisseaux ont fini par se réunir en un seul. La surabondance de noms pour les objets matériels est très-visible dans la langue hébraïque. Nous comptons plus de deux cent cinquante termes de botanique dans le peu de fragments que nous avons de ses livres, dont le sujet est très-uniforme, puisqu'il roule presque toujours sur l'histoire et la poésie du temple. Que cette langue nous paraîtrait riche, si nous pouvions la juger dans ses poésies sur la vie vulgaire, dans ses peintures des scènes de cette vie; si nous possédions seulement les livres dont il est parlé dans ceux qui nous restent! Les Hébreux ont, sans doute, suivi la destinée de tous les peuples antiques: ils n'ont pu soustraire au déluge du temps que ce qui pouvait entrer dans l'arche de Noé.

ALCIPHRON. — Il me semble qu'il nous en est resté assez; car, dans le peu de livres que nous possédons, les mêmes choses sont répétées plus d'une fois. Mais nous nous éloignons de la question que nous voulions traiter. La langue hébraïque a pu s'enrichir lorsque d'autres peuples s'en sont emparés; les Arabes, par exemple, l'ont portée à un haut degré de perfection, et les Phéniciens ont dû la doter d'une foule de mots désignant des nombres et des marchandises; mais ce pauvre peuple de mendiants et de pasteurs, que pouvait-il faire de sa langue?

EUTYPHRON. — Tout ce qu'exigeaient son génie et ses besoins. Il serait injuste de lui demander la nomenclature mercantile des Phéniciens, ou les raisonnements spéculatifs des Arabes, puisque son génie ne le portait ni vers les entreprises commerciales, ni vers les spéculations philosophiques. Il n'en est pas moins évident que la langue contenait les racines des mots nécessaires aux unes et aux autres; car le phénicien, le chaldéen, l'arabe et l'hébreu ne sont au fond qu'un seul et même idiome. Les Hébreux ont beaucoup de noms de nombre que nous ne pouvons rendre que difficilement; ils ont en outre une quantité de mots pour désigner les produits de la nature et même les divers objets de luxe, de parure et de raffinement de volupté. Ces mots ont dû s'introduire de bonne heure dans leur langue, parlée alors par les Phéniciens, les Ismaélites, les Égyptiens, les Babyloniens, en un mot par les peuples les plus civilisés de l'ancien monde, qui la plaçaient, pour ainsi dire, au centre de la civilisation de cette époque, et la forçaient à en prendre les allures. Si elle eût continué à vivre, elle aurait pu, semblable à la langue arabe, qui est restée une des plus belles et des plus riches du monde, devenir le point de départ d'une immense chaîne de perfectionnements.

Alcyphron. — Les rabbins n'ont pas manqué d'y ajouter des anneaux.

Eutyphron. — Malheureusement ils n'étaient pas toujours d'or, et ce qui est pis encore, ils étaient très-peu en harmonie avec le génie antique de la langue. Le pauvre peuple hébreu a fini par être dispersé à travers le monde, et la plupart de ses tribus devaient nécessairement modeler leur langage sur l'idiome de la contrée où elles vivaient; de là est résulté un triste mélange dont il ne saurait être question ici. Nous parlons de la langue hébraïque, de la langue vivante de Canaan, à l'époque de sa fleur la plus belle et la plus pure, c'est-à-dire avant son mélange avec les autres langues. Vous conviendrez qu'alors, du moins, elle était un naïf et doux langage de pasteurs, une gracieuse et belle villageoise, et qu'on peut lui pardonner d'avoir imprudemment emprunté des parures à ses voisines.

Alcyphron. — Je consens à l'accepter comme telle, et je conviens que les traits de naïveté que l'on rencontre, surtout dans les scènes intimes, m'ont, dès mon enfance, agréablement impressionné. Vous me permettrez toutefois d'ajouter que ces traits sont rares, et qu'ils se reproduisent avec une fatigante monotonie. Point de contours arrêtés, point de descriptions déterminées, point de peintures finies.

Eutyphron. — Selon moi, leurs descriptions surpassent la plupart de celles de nos poëtes, sinon en finesse, du moins en force et en vie. Nous avons déjà parlé suffisamment de leurs verbes: nous savons qu'ils sont tout action, tout mouvement; leurs racines sont des images, des sensations. Les noms, encore en état de verbes, sont presque toujours des personnages agissants, et nous apparaissent comme au milieu d'une éternelle fiction de personnes. Le pronom occupe le rang élevé qui lui appartient de droit dans le langage de la passion; l'adjectif est remplacé par des mots composés de manière que la qualité de l'objet indiqué devient encore un être spécial et agissant. Toutes ces particularités réunies font de la langue hébraïque la langue la plus poétique de la terre.

Alcyphron. — Je crois que ce que vous auriez de mieux à faire serait de me citer quelques exemples : commencez par la racine des verbes.

Eutyphron. — Je vous ai déjà dit qu'elles sont des images, des sensations; et je ne connais point de langue qui les unisse les unes aux autres d'une manière plus simple, plus facile, et en même temps plus sensible. J'ajouterai, toutefois, que cette union ne peut être sentie par des oreilles qui n'ont jamais entendu que les sons des langues du Nord. Mais vous, mon ami, vous qui connaissez la formation des mots grecs, ne pourriez-vous faire quelques pas de plus, et vous identifier avec la création du langage oriental? Ce langage est énergique, mais il serait injuste de dire qu'il est grossier. Je le répète, les mots les plus rudement exprimés, sont des images, des sensations; la langue a été formée par des poitrines profondes et des organes neufs et robustes, mais sous un ciel pur et léger, et par une pensée vive et pénétrante, qui, saisissant toujours la chose elle-même, la marque du sceau des passions.

Alcyphron. — Images et sensations? repos et passions? force et légèreté dans les sons? En vérité, vous faites là de singuliers rapprochements!

Eutyphron. — Eh bien! divisons ce que j'ai rapproché. Toutes les langues du Nord imitent les sons de la nature, mais avec rudesse, et tels qu'ils se manifestent; elles craquent, bruissent, sifflent, pétillent comme les objets dont elles imitent les divers bruits. Les bons poëtes usent sobrement, et les mauvais abusent de ces particularités, dont on ne peut trouver les causes que dans le climat et dans la construction des organes des habitants des pays où l'on parle ces langues. Plus ces pays approchent du Sud, plus l'imitation des sons de la nature est subtile. Les vers les plus sonores d'Homère ne sifflent, ne craquent point, ils résonnent; car les mots passés par le médium délicat de la sensation, et formés, pour ainsi dire, dans la région du cœur, ne sont plus des imitations grossières des sons, mais des images auxquelles le sentiment a imprimé un cachet plus tendre, puisqu'il les a entièrement modifiées. Les langues orientales fournissent seules, dans la racine de leurs verbes, le modèle de cette union du sentiment intérieur et de l'image extérieure par le son.

ALCYPHRON. — Comment pouvez-vous comparer ces rudes et barbares sons gutturaux, au tintement argentin de la langue grecque?

EUTYPHRON. — Je ne fais point de comparaison ; je sais que toutes les langues y perdent. Chaque nation a des jouissances d'oreille, et, par conséquent, des inflexions des organes du langage qui lui sont particulières. Nous autres Allemands, par exemple, nous trouvons que rien n'est plus agréable que d'articuler entre la langue et les lèvres, et d'ouvrir à peine la bouche, comme si nous vivions dans une atmosphère de brouillard et de fumée. Le climat, l'habitude, les mœurs le veulent ainsi, et l'idiome s'est formé peu à peu pour cette prononciation. Il n'en est pas de même des Italiens, et surtout des Grecs. La langue des premiers abonde en voyelles; celle des seconds en diphthongues; les uns et les autres prononcent *ore rotundo*, sans pincer les lèvres. Les Orientaux vont chercher les sons au fond de leur poitrine, de leur cœur; ils parlent comme *Elihu*, quand il dit :

« Je me sens rempli de paroles! la respiration oppresse ma poitrine.

« Je sens quelque chose fermenter en moi, semblable au vin nouveau quand il brise l'outre nouvelle où l'on vient de l'enfermer. Je veux parler pour me donner de l'air, je veux entr'ouvrir mes lèvres et répondre. »

Et certes, lorsque ses lèvres s'entr'ouvraient ainsi, il en sortait des sons pleins de vie, et ce souffle du sentiment était l'image des choses. Voilà, selon moi, l'esprit de la langue hébraïque. Elle est la respiration de l'âme, elle ne résonne pas comme la langue grecque, mais elle respire, elle vit. Oui, c'est ainsi qu'elle nous apparaît, à nous qui, dans ses lettres phonétiques, ne voyons que des sons gutturaux impossibles à rendre. Certes, dans les temps d'une sauvage antiquité, la parole des Hébreux, surexcitée par la plénitude de leur ame, ne pouvait manquer d'être vivante; c'était, comme ils le disent eux-mêmes :

« L'esprit de Dieu qui parlait en eux, le souffle du Tout-Puissant qui les animait. »

Alcyphron. — Vous voilà encore tout près de l'apothéose. Ce que vous venez de dire sur le son du sentiment formé par la contemplation et la conscience de l'objet lui-même, peut être vrai; mais comment défendrez-vous les dérivés des racines formés de cette manière? Ne ressemblent-ils pas aux buissons d'épines qui encombrent le sol d'une île que jamais encore aucun pied humain n'a foulée?

Eutyphron. — C'est ainsi, en effet, que nous les voyons dans les mauvais dictionnaires; et plus d'un savant philologue hollandais qui, en nous précédant la hache à la main, croyait frayer la route, n'a fait qu'en augmenter les difficultés. Mais le temps viendra où ces buissons confus seront une délicieuse forêt de palmiers.

Alcyphron. — Voilà une comparaison toute orientale.

Eutyphron. — Comme l'objet lui-même. Mais poursuivons cette comparaison. Dans cette forêt, la racine de l'expression-mère occupera le centre, et les dérivés seront rangés autour d'elle comme les rejetons d'une même souche, comme les enfants d'une même famille. A force d'application et de persévérance, le bon goût et la saine raison, soutenus par une confrontation consciencieuse des divers dialectes, arriveront à distinguer, même dans les dictionnaires, ce qu'il y a d'essentiel ou de fortuit dans la signification; ils parviendront à indiquer les transitions les plus délicates, à montrer dans l'application des métaphores le véritable art créateur de l'esprit humain, et la logique des hiéroglyphes et du langage figuré des temps primitifs. Je jouis déjà, en imagination, de ce premier dictionnaire qui réalisera mon espoir. En attendant, j'étudie avec soin les savants qui se sont occupés de ces matières, tels que Castelli, Simonis,

Cocceji, ainsi que leurs collaborateurs, Schultens, Schrœder, Storr, Scheid, et tous ceux qui contribuent isolément ou collectivement à ces importants travaux.

ALCYPHRON. — Il paraît que nous ne sommes pas encore près d'aller nous promener dans la forêt de palmiers de votre dictionnaire oriental. Ne voudriez-vous pas, en attendant, me citer quelques exemples des dérivés ?

EUTYPHRON. — Vous en trouverez dans tous les dictionnaires, même tels qu'ils sont aujourd'hui. Cherchez la première racine venue, et vous verrez que tous les dérivés de la racine : *Il s'est en allé*, en découlent naturellement. Une foule de mots exprimant la perte, la disparition, la mort, les vains conseils, les peines et les travaux infructueux, marchent à sa suite comme autant de transitions aussi douces que raisonnables. Si vous pouviez vous transporter, par la pensée, à l'époque des émigrations, à celle de la vie errante et pastorale, vous entendriez résonner, dans la signification la plus éloignée du point de départ, quelque chose qui vous rappellerait le son primitif du mot et l'image de la première sensation. Si la langue hébraïque est toute sensitive, si sa poésie touche et saisit, c'est parce qu'elle est remplie de semblables racines. Au reste, tous les commentateurs le prouvent à satiété; et, s'ils se trompent souvent, ce n'est pas par un examen trop superficiel, mais trop brutal de ce bel arbre; car ils ne peuvent s'empêcher d'en mettre à nu les racines et les veines, même dans les cas où l'on ne devrait voir que les fleurs et les fruits.

ALCYPHRON. — Il paraît que ces commentateurs sont les nègres de votre plantation de palmiers.

EUTYPHRON. — Ce sont des hommes nécessaires et utiles ! Nous leur devons de la reconnaissance ; s'ils vont parfois trop loin, leurs intentions sont toujours bonnes. Avez-vous encore quelques observations à me faire sur les verbes hébreux ?

ALCYPHRON. — Oui, et beaucoup même. Qu'est-ce qu'une action qui ne marque aucun temps ? Car les deux temps des Hébreux ne sont que des aoristes, c'est-à-dire des temps indéterminés flottant entre le passé et l'avenir, et qui, par conséquent, ne forment qu'un seul mode.

Eutyphron. — En faut-il davantage pour la poésie? Est-ce que pour elle tout n'est pas présence, représentation, action, soit qu'elle parle du passé, de l'avenir ou du présent? Ce défaut que vous lui reprochez peut, en effet, en être un pour l'histoire ; aussi voyons-nous toujours les langues qui aiment les temps déterminés se perfectionner dans le style historique. Chez les Hébreux, l'histoire n'est que de la poésie, c'est-à-dire la tradition d'un récit rendu présent comme si le fait se passait sous nos yeux ; et l'indécision, ou plutôt le mélange idéal et vacillant des modes, est très-favorable pour faire sentir vivement et clairement la présence des choses qu'on raconte, qu'on décrit ou qu'on prédit. Cette présence indéterminée n'est-elle pas éminemment poétique? N'auriez-vous jamais senti, mon ami, avec quel charme les poètes ou les prophètes varient les temps? avec quelle grâce un hémistiche indique le passé et l'autre le futur? On dirait que le dernier mode rend la présence du sujet durable, éternel; tandis que le dernier donne au discours un cachet de passé déterminé, comme si déjà les temps étaient accomplis! Enfin, l'un augmente la valeur du mot pour ce qui sera, l'autre pour ce qui a été, et tous deux préparent ainsi à l'oreille une agréable variation qui rend la présence de l'objet représenté sensible, même à cet organe. Rappelez-vous, en outre, que les Hébreux, semblables aux enfants, veulent tout dire à la fois, et qu'ils ont le pouvoir d'exprimer par un seul son les personnes, les nombres et les actions. Combien un pareil pouvoir ne contribue-t-il pas à la reproduction subite d'une image complète! Il leur suffit presque toujours d'un seul mot, là où il nous en faut cinq ou six. Chez nous, des monosyllabes inaccentués précèdent ou suivent en boitant l'idée principale; chez les Hébreux elles s'y joignent comme intonation ou comme son final, et l'idée principale reste dans le centre, semblable à un roi puissant; ses serviteurs et ses valets l'entourent de près, ne forment avec lui qu'un seul tout qui surgit spontanément dans une harmonie parfaite, et forme ainsi une petite région métrique accomplie. De pareils avantages ne suffisent-ils pas pour rendre à vos yeux une langue poétique? Des verbes résonnants et qui renferment tant de perceptions à la fois, ne sont-ils pas la plus belle, l'unique force du rhythme et de l'image? N'est-il pas plus beau et plus poétique d'exprimer par une intonation pleine et unique cette pensée : *Comme il m'a donné*, que de la morceler en récitant plusieurs petits mots les uns après les autres?

ALCYPHRON. — Je dois vous dire que, sous le rapport de l'effet que cette langue produit au regard, je l'ai souvent considérée comme une collection d'hiéroglyphes à déchiffrer, à peu près comme une écriture chinoise. Alors je plaignais les enfants et les jeunes gens condamnés à l'apprendre, et que l'on ne veut pas accoutumer à déchiffrer par l'analyse des yeux. Selon moi, elle serait beaucoup plus utile que les règles lourdes et compliquées dont on surcharge leur mémoire. J'ai lu plusieurs livres dans lesquels on cite des jeunes gens qui, à l'aide de ce procédé, faisaient des progrès rapides, surtout chez ceux dont l'organe de la vue est doué d'une certaine force contemplative. Nous n'avons eu ni l'un ni l'autre le bonheur de faire l'essai de ce procédé.

EUTYPHRON. — Nous sommes toujours à même de nous procurer ce bonheur, en faisant, à cet effet, l'éducation de nos yeux et de nos oreilles. Servez-vous-en tels qu'ils sont à présent, et vous sentirez tout ce qu'il y a d'harmonique dans la distribution des voyelles et des consonnes, et comme les particules et les avant-sons s'adaptent merveilleusement au sens principal. Ces mots, si riches en sons, contribuent particulièrement à la détermination exacte que les régions métriques ont entre elles ; ils établissent entre les deux hémistiches une sorte de symétrie qui oppose le mot au mot, la perception à la perception, et forme une variété qui est à la fois un parallèle d'où il résulte un rhythme libre et simple, mais très-agréable à l'oreille.

ALCYPHRON. — Nous voilà enfin arrivés à ce parallélisme tant vanté, et sur lequel je partagerai difficilement votre opinion. Que celui qui a quelque chose à dire l'énonce d'un seul trait, ou que du moins il achève régulièrement son image, mais qu'il ne se répète pas éternellement. Lorsqu'on est forcé de se répéter, on prouve que l'on ne s'est exprimé, la première fois, qu'à demi et qu'imparfaitement.

EUTYPHRON. — N'auriez-vous jamais assisté à des danses?

N'auriez-vous jamais entendu parler des chœurs des Grecs, de leurs strophes et de leurs anti-strophes? Que diriez-vous si la poésie hébraïque n'était qu'une danse, un chant en chœur, simple et court?

Alcyphron. — Ajoutez-y les sistres, les cymbales et les timbales, et nous aurons, au grand complet, les chants et les danses des sauvages.

Eutyphron. — Et lors même qu'il en serait ainsi, le nom doit-il nous effrayer quand la chose est bonne par elle-même? Le rhythme, la danse, l'euphonie, toutes les grâces, toutes les beautés de la forme et des sons ne découlent-elles pas de la symétrie, mais d'une symétrie facile à saisir, et de la simplicité de la mesure?

Alcyphron. — C'est une vérité que je ne saurais nier.

Eutyphron. — Le parallélisme des Hébreux n'est-il pas la mesure la plus simple des divers membres des poèmes, des images, des sons? Ils ne scandaient, ils ne mesuraient pas exactement les syllabes, ils ne les comptaient pas même toujours, mais l'oreille la moins délicate sent la symétrie de leur langage.

Alcyphron. — Soit! mais cette symétrie ne saurait-elle exister qu'aux dépens du bon sens?

Eutyphron. — Bornons-nous, pour l'instant, à approfondir la question des jouissances de l'oreille. La prosodie grecque, la plus artistique et la plus délicate que les langues humaines aient pu produire jusqu'ici, est entièrement basée sur la mesure et sur l'harmonie. L'hexamètre employé dans les poèmes les plus anciennement chantés n'est, dans ses sons, qu'un parallélisme continuel et varié. Pour le rendre plus sensible encore, on a ajouté, surtout pour l'élégie, le pentamètre, qui, avec ses deux hémistiches, est un parallélisme visible pour tout le monde. C'est le parallélisme qui fait le principal mérite des plus belles odes; on pourrait dire même qu'une strophe n'est réellement bonne que lorsqu'on y entend une variété perpétuelle de parallélisme léger et agréable à l'oreille. Pour vous le prouver, il suffirait de vous citer la construction des vers saphoïques et alcéïques, ou le choriambe. Toute cette prosodie est une ronde artistique, une belle couronne de mots et de sons heureusement enlacés. Dans l'Orient, ces deux rangs de perles n'ont pas été tressés en couronnes, ils sont restés naïvement suspendus l'un à côté de l'autre. On n'a pas le droit de demander à un chœur de bergers d'exécuter des danses savantes, dont les gracieuses figures rappellent les mille détours du labyrinthe; de pareils hommes se bornent à se répondre, à s'adresser des cris de joie, et à danser en face les uns des autres. Il me semble que cette simplicité n'est pas sans beauté.

ALCYPHRON. — Quel rapport cette beauté peut-elle avoir avec le parallélisme?

EUTYPHRON. — Les deux parties se fortifient, s'élèvent, s'inspirent mutuellement, soit qu'elles enseignent, soit qu'elles expriment la joie, la tristesse ou l'amour. Dans les chants d'allégresse, ce résultat est si visible qu'il est inutile de le signaler; dans les lamentations, il découle de la nature des soupirs et de la plainte. Une respiration profonde et réitérée console et fortifie l'âme; et lorsqu'une partie du chœur partage notre douleur, cette partie devient l'écho, ou, comme disent les Hébreux, *la fille de la voix de cette douleur*. Dans l'ode didactique, une sentence vient à l'appui de l'autre: on croit entendre un père qui parle à son fils, et une mère qui répète ses sages paroles; cette répétition donne au discours quelque chose de vrai, d'intime et d'affectueux. Dans les chants d'amour, elle naît du sujet; car l'amour veut un doux partage, un échange perpétuel de pensées et de paroles du cœur. En un mot, les deux parties de la sensation que renferme le parallélisme, sont unies entre elles par un lien si naïf et si fraternel, qu'on pourrait leur appliquer cette ode hébraïque si remarquable par sa douceur:

« Qu'elle est agréable et pleine de charmes la vie des frères quand ils habitent ensemble!

« C'est ainsi que la douce huile répandue sur la tête, coule et descend sur la joue; c'est ainsi qu'elle descend sur la joue d'Aaron, et coule jusqu'à l'ourlet de sa tunique; c'est ainsi que la rosée d'Hermon coule et descend sur les monts d'Israël qu'elle bénit, qu'elle bénit éternellement. »

ALCYPHRON. — Vous êtes un grand défenseur du parallélisme. Mais lors même que l'oreille s'y façonnerait, la raison peut-elle, doit-elle s'accoutumer à ce qui l'arrête, la retient et ne lui permet pas d'avancer?

Eutyphron. — La poésie ne s'adresse pas exclusivement à la raison, son premier soin est de parler au sentiment; et comment le sentiment pourrait-il ne pas aimer le parallélisme? Quand le cœur s'ouvre et s'épanche, la vague presse la vague: voilà le parallélisme. Le cœur n'a jamais tout dit, il a toujours quelque chose de neuf à dire; à peine la première vague s'est-elle doucement écoulée, ou superbement brisée contre un rocher, qu'une vague nouvelle lui succède. Ce battement des artères de la nature, cette respiration du sentiment, vous les trouverez dans tous les discours que la passion inspire, et vous voudriez les interdire à la poésie, qui est et qui doit être le langage de la passion!

Alcyphron. — Il est cependant des cas où elle est, où elle doit être le langage de la raison.

Eutyphron. — Alors elle retourne la médaille et nous en montre l'envers; elle commente, elle explique les sentences ou les grave plus fortement dans le cœur, et c'est du parallélisme. Quel est le vers qui, dans notre langue, vous paraît le plus propre à la poésie didactique?

Alcyphron. — Le vers alexandrin, cela est incontestable.

Eutyphron. — Ce vers cependant est encore du parallélisme. Demandez-vous pourquoi il imprime si fortement les enseignements qu'il contient, et vous reconnaîtrez qu'il doit cette puissance au parallélisme. C'est encore lui qui est l'ame des chants les plus simples, et de tous les chants d'église; la rime elle-même, cette grande jouissance des oreilles du Nord, n'est qu'un parallélisme continuel.

Alcyphron. — Mais la rime, ainsi que l'uniformité des chants d'église, nous ont été apportées par les Orientaux. La première est due aux Sarrasins, la seconde aux Doxologiens, et nous aurions fort bien pu nous passer de l'une et de l'autre.

Eutyphron. — Croiriez-vous, en effet, ce que vous venez de dire? En ce cas, rappelez-vous qu'on ignorait encore en Europe l'existence des Sarrasins, quand on y connaissait déjà la rime et les assonances qui suivent ou précèdent les mots, selon les exigences de l'oreille ou de la langue des divers peuples. Les Grecs, eux-mêmes, avaient des hymnes et des chœurs tout aussi simples que nos monotones chants d'église. Il est vrai que le parallélisme hébraïque a, sur nos langues du Nord, l'immense avantage de mettre dans le plus bel ordre possible, avec son petit nombre de mots, les phrases qu'il finit par exhaler magnifiquement dans les airs; aussi est-il presque intraduisible pour nous. Quand il lui suffit de trois mots, il nous en faut plus de dix; nos monosyllabes se traînent et se confondent, et donnent toujours à la fin d'un chant un cachet de dureté ou de fatigue. Nous devons donc plutôt chercher à étudier le parallélisme qu'à l'imiter. Nos langues demandent de la suite dans les images, et de la rondeur dans la construction des phrases, car nous nous sommes accoutumés aux nombres des Grecs et des Latins. Il faut les oublier quand on traduit les Orientaux, sous peine de leur enlever leur simplicité primitive, et d'ôter à leur langue sa dignité et son élévation. En ce cas aussi on peut dire :

« Il parle, cela se fait; il ordonne, c'est fait ! »

ALCYPHRON. — Ce laconisme ne me paraît pas sans élévation.

EUTYPHRON. — J'en conviens, mais il n'est ni affectueux, ni poétique. Nous voulons, même dans les ordres des monarques, voir les effets de ces ordres, ce qui établit naturellement le parallélisme, c'est-à-dire le commandement et ses conséquences. Au reste, la concision de la langue des Hébreux fait presque toujours du parallélisme un ordre suprême. Ils ignoraient complétement les nombres oratoires de la période grecque ou latine; le souffle de leur ame n'exhalait qu'un petit nombre de mots qui se rapportaient les uns aux autres; et comme ils avaient naturellement peu d'inflexions, ces mots ne pouvaient manquer de se ressembler. La place qu'ils occupaient, leurs sons, et l'uniformité du sentiment de l'ensemble, les convertissaient naturellement en rhythmes. C'est ainsi que les deux hémistiches sont devenus parole et action, cœur et main, ou, comme disent les Hébreux, l'entrée et la sortie; c'est ainsi enfin que s'est achevé ce léger édifice des sons! Avez-vous encore quelque chose à objecter contre le parallélisme?

Alcyphron. — Ce qui me reste à vous dire serait plutôt en sa faveur. Oui, je l'avoue, j'ai souvent remercié le ciel d'avoir donné ce guide à notre intelligence. Comment pourrions-nous, sans lui, saisir le sens de certains passages tellement obscurs, que nous ne pouvons parvenir à les deviner qu'à l'aide du parallélisme? Il ressemble à la voix d'un ami qui, du fond d'une épaisse forêt, nous crie : Par ici! c'est par ici que demeurent des hommes! Malheureusement on est presque toujours sourd à cette voix. Voyant une individualité dans l'écho, on va à sa recherche, c'est-à-dire que l'on veut toujours trouver dans la seconde partie de la phrase un sens nouveau et merveilleux.

Eutyphron. — Laissons ceux qui se trompent ainsi s'avancer au hasard, et tâchons de rester dans les bonnes voies. Quant à votre forêt sauvage, elle est une comparaison aussi exagérée que celle dont vous vous êtes servi dès le commencement de notre entretien, quand vous appeliez la langue hébraïque un hiéroglyphe mort, sans voyelles et même sans clef. Croiriez-vous, en effet, que les Orientaux écrivaient sans voyelles?

Alcyphron. — Beaucoup de personnes le prétendent.

Eutyphron. — C'est une prétention qui se réfute d'elle-même. Qui pourrait tracer des lettres dépourvues du souffle qui les anime? C'est de ce souffle que tout dépend, et l'on peut dire même que son indication offre, en général, moins de difficultés que celle des diverses inflexions des organes. Puisqu'on avait fait le plus difficile, il est naturel de supposer qu'on n'a pas négligé la partie la plus facile, et qui est en même temps la plus importante.

Alcyphron. — Mais où donc sont ces voyelles?

Eutyphron. — Lisez l'introduction à l'Ancien-Testament par Eichhorn. Cet ouvrage donne des éclaircissements précieux sur ce point, et sur plusieurs autres concernant l'antiquité de la langue hébraïque. C'est le premier traité de ce genre où le bon goût s'unit enfin à l'érudition. Il est presque certain que les voyelles hébraïques que nous connaissons ont été fabriquées par les rabbins modernes; mais selon toutes les probabilités, cette langue, dès son origine, en avait du moins quelques unes, et les *matres lectionis* me semblent des débris de ces voyelles primitives. Il est vrai que, dans les temps primitifs, on s'occupait peu de l'exactitude grammaticale, et la prononciation hébraïque était peut-être tout aussi indisciplinée que celle de la langue allemande du temps d'Otfried, qui lui reproche si amèrement ce défaut. En tout cas, qui pourrait inventer un grammataire qui rendrait l'inflexion de chaque voyelle, de chaque dialecte? et qui pourrait en avoir besoin et s'en servir? Les voyelles ne sont que des signes généraux dont chacun modifie les sons selon ses organes. Une longue série de règles grammaticales sur les modifications des voyelles, sur les étymologies, les conjugaisons, etc., n'offrirait que des paroles vides de sens.

ALCYPHRON. — Et cependant on se plaît à tourmenter la jeunesse avec de pareilles règles! Je n'ai jamais pu croire qu'une langue aussi barbare que celle des Hébreux eût tant de conjugaisons régulières, et si distinctes entre elles par leurs significations[1]. J'ai été affermi dans cette conviction par les anomalies et les défectuosités de ces divisions. Elles ont presque toutes été empruntées aux autres langues orientales, d'après lesquelles les rabbins ont jugé à propos de modifier la leur. Il est vrai qu'on n'a apporté, sous la petite tente hébraïque, que ce qu'elle pouvait contenir.

EUTYPHRON. — Sur ce point comme sur tout autre, gardons-nous de l'exagération. Il est aujourd'hui utile, indispensable même, de chercher à saisir la forme artistique de la langue; mais il n'est pas probable que cette forme ait existé dans les temps antiques, et que surtout elle ait été sentie et comprise par les Hébreux. Avons-nous beaucoup d'écrivains, même parmi les meilleurs, qui se soient pénétrés de la forme de leur langue et de tous ses traits les plus délicats, au point de ne jamais se rendre coupables de la plus légère déviation? Et lors même qu'il y aurait eu de tels hommes, est-ce que chaque siècle ne change pas la structure de la langue? En vérité, nous devons nous estimer heureux de voir enfin des savants qui daignent réfléchir sur le grammataire hébraïque.

---

[1] Herder dit, dans son *Origine des langues*: Plus une langue est barbare, plus elle a de conjugaisons. (*Note du Traducteur.*)

Alcyphron. — Il me semble que chacun devrait se faire soi-même sa grammaire philosophique. Si l'on supprimait parfois des voyelles et d'autres signes, les conjugaisons marcheraient plus près les unes des autres, et l'on ne serait pas obligé de tourner et de retourner plusieurs fois chaque mot avant de lui faire adopter une forme.

Eutyphron. — En suivant cette route on s'exposerait à devenir un Masklef, un Hutchinson. Croyez-moi, ce qu'il y a de mieux à faire, c'est d'exercer ses yeux par le paradigme, et ses oreilles par le son, afin de les réduire ainsi à se seconder mutuellement. Par ce moyen on abrège l'étude des règles, et l'on se pénètre du génie de la langue, qui, alors, cesse de nous rappeler l'école et les rabbins, pour nous apparaître dans toute sa beauté. C'est par les poésies de cette antique langue hébraïque qu'il faudrait réveiller les enfants et récompenser les jeunes gens ; e alors, j'en suis convaincu, non-seulement les jeunes gens, mais encore les vieillards aimeraient la Bible comme ils aiment Homère et Ossian, car ils sentiraient les beautés qu'elle contient.

Alcyphron. — J'apprendrais peut-être à les sentir, si vous vouliez continuer à en raisonner avec moi.

Eutyphron. — Nous pouvons nous en occuper pendant nos promenades, et surtout pendant celles du matin. La place de la poésie hébraïque est sous la voûte du ciel, et, autant que possible, en face de l'aurore.

Alcyphron. — Pourquoi cela ?

Eutyphron. — Parce qu'elle est l'aurore de la civilisation du monde, l'enfance de l'espèce humaine. Elle nous montre les contemplations primitives et les perceptions les plus simples de l'âme, dans leurs liaisons et leur marche naïves. Lors même qu'on n'ajouterait aucune foi aux récits merveilleux de cette poésie, si on la connaissait telle qu'elle est on serait du moins touché de ce langage de la nature, et l'on aimerait à voir de près les choses qui lui ont fourni tant de sujets d'enseignement. Oui, cette poésie expose aux yeux de tout le monde la première logique des sens, l'analyse la plus simple de la morale, et, pour tout dire en un mot, l'histoire la plus ancienne de l'esprit et du cœur humain. Une pareille poésie, fût-elle celle des cannibales, pourrait-elle vous paraître indigne de votre attention?

ALCYPHRON. — Nous nous reverrons demain.

EUTYPHRON. — En attendant, lisez ce petit poème sur les merveilles et les bienfaits d'une langue qui, partie des temps les plus reculés, résonne encore aujourd'hui à notre oreille.

SUPPLÉMENT.

LA LANGUE ET L'ÉCRITURE [1].

« Gloire à toi, invisible enfant du souffle humain! Douce langue, sœur des anges! sans ton secours fidèle, le cœur succomberait sous le fardeau de ses sensations; pas un chant parti du haut des autels ne viendrait visiter l'oreille humaine; le passé serait muet; le pas de l'homme, comme celui de la brute, se perdrait dans le vide, et le cœur du sage serait la tombe de sa pensée!

« Dieu tout-puissant! toi qui unis la langue et le cœur, toi qui daignes prêter au souffle fragile, au son le plus simple, la pensée et le sentiment, et le pouvoir magique de résonner au-delà du temps! tu donnes des ailes à la pensée, tu la dotes de la puissance de créer son semblable, et de la puissance plus belle encore d'inonder l'âme d'un frère par des torrents de lumière, de la rafraîchir par le doux son d'un chant immortel!

« Dieu mystérieux! la plus simple de tes actions est incompréhensible pour nous! Ma langue attend, elle s'apprête à suivre, à hâter le cours impétueux des flots de l'âme; mais comment le pourra-t-elle? Mon cœur a besoin de s'épanouir, il a besoin de se consoler, de se développer dans une oreille humaine, et l'oreille reçoit le son et le redit à l'âme! La source de mon cœur bouillonne toujours plus haut, mais elle reste inépuisable. La lumière de la parole enflamme mon esprit, la force du son élève mon âme, un souffle insignifiant donne à la pensée fugitive une durée éternelle!

[1] Ce petit poème est imité, en partie, de l'anglais: *Introduction of the Works of the Caledonian bards*.

« Car, ô créateur ! dans ta bonté infinie tu as livré le second secret de ton art divin à l'intelligence humaine, tu lui as appris à fixer le son, à lui donner une forme, à l'enchaîner par les traits délicats de l'écriture des anges ! Quand l'esprit silencieux l'interprète tout bas, cette écriture des anges, il parle à un esprit absent, à un esprit étranger, et trouve en lui-même des pensées qu'il ne doit ni au trait, ni à l'image. Il s'élance vers des zones lointaines, il pénètre dans les replis les plus profonds du cœur d'un monde qui n'est plus ! Devant lui se dressent les formes les plus divines, son regard plonge dans le sein des sages, et il entend, et il écoute encore vos chants immortels, à toi sublime Homère, à toi noble Ossian !

« Êtes-vous donc si profondément ensevelis dans la terre, aïeux sacrés de notre langue, de nos chants, de nos écritures ? Oh ! vous premiers sages, vous à qui Dieu lui-même ouvrit la bouche et dessilla les yeux pour le voir celui qui est invisible partout, pour le nommer celui qui est innommable, pour le dépeindre à son peuple celui qui n'a point de formes, et que la force du son peut seule rendre accessible à nos sens ! Êtes-vous donc oubliés, vous à qui Dieu lui-même dirigea la main pour détruire le royaume de l'oubli ? Vous qui pouvez nous redire ce qu'il vous a fait voir et ce qu'il vous a dit ; pour nous votre harpe n'a-t-elle plus de notes ? pour nous votre aurore n'a-t-elle plus de rayons ?

« Je les vois ! oui, je les vois ! Ils sommeillent là, dans leurs tombes sacrées ! Ma main osera-t-elle soulever le sombre voile qui couvre ces vénérables morts ? Approchons ! leurs visages étincellent ! Oh ! que leur sommeil est beau !... Des accords de harpe, des chants glorieux résonnent à mon oreille... Les voilà ! ils passent devant moi dans tout l'éclat de leur majesté : Isaïe, Job, Moïse et le Pasteur, tous gracieusement couronnés des palmes d'Israël ! Des harpes sont suspendues dans leurs bras, ils psalmodient comme les étoiles du matin autour du trône de leur créateur. Et muets de surprise, le ciel et la terre sentent de nouveau le pouvoir de la main qui les a tirés du néant pour célébrer sa gloire.

« Archanges du chant ! poursuivrez-vous le vol ondoyant qui

vous conduit toujours plus loin, toujours plus haut, sans me laisser après vous une vibration de votre harpe, un son de votre poitrine, un souffle de la tempête qui porte la flamme de Dieu? L'hymne de la toute-puissance doit-il dormir longtemps encore comme une image engourdie? La couronne cueillie sur l'arbre de vie de la création, ne doit-elle donc être pour nous qu'un emblème rongé par le temps, dont le parfum égare l'esprit, dont la poussière obscurcit le regard?

« Venez, ombres sacrées! Venez sanctifier mes lèvres, bénir ma langue! Il n'est point de langues indignes de redire vos chants, car toutes célèbrent la gloire de Dieu! Secondez-moi, faites que je puisse du moins rendre les traces de vos pas, l'ombre de vos images, l'écho de vos sons! Faites que je déchiffre fidèlement et les traits antiques de l'écriture de Dieu, et le sens simple et sublime de vos cœurs! J'indiquerai ce que ma bouche saura taire, et j'ensevelirai votre puissance au fond de mon cœur! »

DEUXIÈME DIALOGUE.

IDÉES PRIMITIVES SUR DIEU.

Lever de l'aurore. — Elle est l'image de la création — Contemplation primitive de la nature. — Première conscience du grand Esprit, considéré comme être tout-puissant. — Cette conscience était-elle fondée sur une crainte d'esclave ou sur une stupidité de brute? — Origine probable des idées du terrible dans les anciennes religions. — Preuve des idées pures sur Dieu comme tout-puissant et sur sa sagesse. — Des Elohim. — Leur origine probable. — Ont-ils donné lieu à l'idolâtrie? — En quoi l'idée d'un seul Dieu est-elle nécessaire à l'esprit humain? — Mérite de la poésie qui étend et fortifie cette idée. — Le parallélisme du ciel et de la terre. — Quels sont les avantages que la poésie orientale a tirés de la réunion du ciel et de la terre? — Comment cette poésie peint Dieu, tantôt en repos et tantôt en action. — Parole de Dieu. — Idées primitives sur les anges. — Images de Dieu considéré comme père de famille et régisseur infatigable de la création.

Supplément : Hymne oriental à la louange de Dieu.

Les deux amis se rencontrèrent, avant le point du jour, sur la colline où ils s'étaient donné rendez-vous la veille. De ce point élevé on jouissait d'une vue agréable, mais sous le voile épais qui enveloppait encore la contrée, tout semblait assoupi et sans formes.

Le souffle de la nuit s'agite enfin et l'aurore paraît. La douce lumière s'avance comme le regard de Dieu sur un monde nouveau : entourée par l'éclat du seigneur, elle consacre le ciel, ce temple superbe et silencieux ; à mesure qu'elle s'avance, l'azur doré se purifie, laisse tomber sur la terre les vapeurs et les brouillards, et paraît enfin brillant comme un océan du ciel, comme un saphir lamé d'or. A mesure qu'elle s'élève, la terre s'éveille, les sombres masses qui reposaient sur sa surface se divisent, disparaissent, et, parée de feuilles et de fleurs, semblable à la jeune fiancée au pied des autels, elle attend la bénédiction de Jéhovah: L'ame humaine se purifie comme s'est purifié le ciel du matin, elle s'éveille comme s'est éveillée la terre.

Il n'est point de spectacle plus imposant, plus sacré que le développement de la lumière, l'apparition du crépuscule, l'instant enfin où, comme disent les Hébreux, l'aurore, les genoux et la tête courbés, attend sa délivrance, tandis que sa biche combat encore contre les ombres. A cet enfantement d'un jour nouveau, un doux frémissement fait tressaillir tous les êtres, car ils sentent plus distinctement la présence de Dieu. Les peuples les plus anciens ont toujours séparé la lumière de l'aurore de la lumière du soleil; car ils voyaient en elle un objet non créé, un reflet de l'éclat du trône de l'Éternel, qui retourne à sa source dès que le soleil terrestre s'éveille. Osons le dire, cette lumière est le représentant de Dieu, depuis que Dieu s'est caché à nos regards.

EUTYPHRON. — Célébrons cet instant sublime, mon ami, il était l'aurore des connaissances humaines, et peut-être aussi le berceau de la première poésie de la première religion de la terre.

ALCYPHRON. — Vous partagez l'opinion de l'auteur du plus *ancien document* [1]; mais songez à toutes les oppositions qu'il a rencontrées.

EUTYPHRON. — Il n'y en a point, et il ne pourra jamais y en avoir qui concernent le sujet que nous traitons, du moins tant que l'aurore sera l'aurore. Ne venons-nous pas d'assister à toutes les grandes scènes de la création, depuis les noirs et mouvants tableaux de la nuit, jusqu'au magnifique lever du soleil, dont la seule présence semble réveiller tous les êtres qui vivent dans l'air et dans les eaux, sur la terre et au fond des mers? Peut-on objecter que le soleil ne paraît pas en même temps que la lune et les étoiles, ainsi que cela s'est fait à l'époque de la création? En vérité, il ne manquerait plus que de dire que chaque jour a son aurore complète, tandis que la création est divisée en six journées de travail. Mais ne prodiguons pas ainsi cette précieuse heure matinale. Les premiers récits de la création, les

---

[1] *Le plus ancien document de l'espèce humaine.* Manuscrit sacré et très-ancien découvert et publié en 1774.

hymnes des Hébreux, et presque tous les noms des magnifiques objets que nous avons en ce moment sous les yeux, ont été, pour ainsi dire, formulés par la vue de ces objets. C'est ainsi que naquit la plus ancienne poésie de la nature.

ALCYPHRON. — Quand et par qui ces noms ont-ils été formulés ?

EUTYPHRON. — Je l'ignore. Ma raison ne veut ni ne peut sonder le berceau de l'intelligence humaine. Les racines poétiques de la langue et ses hymnes existent ; heureusement nous possédons aussi l'esquisse primitive du tableau de la création [1], qui semble avoir servi de modèle à ces racines et à ces hymnes. Si nous nous occupions des premières idées, nées de la contemplation de la nature, de l'enchaînement et de la marche de ces idées au milieu des diverses scènes de cette nature, nous les trouverions toutes dans cette belle et filiale poésie hébraïque. Je crois que nous ne saurions mieux employer notre matinée.

ALCYPHRON. — J'y consens de tout mon cœur, et je suis convaincu que ce travail de notre pensée sera un hymne agréable pour le grand Être qui nous entoure et remplit nos cœurs. Le matin de ce jour nous rappellera celui du monde, et donnera à notre âme la jeunesse de l'aurore. Oui, la poésie reçoit toujours le cachet du climat où elle a pris naissance : sous un ciel bas, froid et nébuleux, les images sont basses, froides et nébuleuses ; sous un ciel vaste, pur et libre, l'âme se sent au large et portée sur des ailes immenses.

EUTYPHRON. — Je pourrais bien vous faire quelques objections, mais elles seraient inutiles en ce moment. Je ne veux vous mener ni sur le Mont-Sinaï, ni sur le Mont-Thabor ; mais, si cela était possible, je vous conduirais sur le mont des monts, sur la première hauteur qui s'est dressée au milieu de l'œuvre de la création, afin que, de là, vous pussiez assister à la naissance de la première matinée, de la première poésie du monde. Ce vol, sans doute, vous paraîtrait trop haut, et la contrée trop terrible, trop solitaire. Eh bien ! arrêtons-nous où bon vous semblera, et la place où nous sommes en ce moment ne vaut pas moins qu'une autre. Partout la nuit est la nuit, et le matin est le matin ;

[1] Moïse, liv. 1er, chap. 1er.

partout nous voyons le ciel et la terre, partout nous sentons l'esprit de Dieu qui emplit le ciel et la terre, qui anime et élève l'homme et rend son cœur et sa tête accessibles à la poésie de la nature, en mettant sous ses yeux le tableau de cette terre, de ce ciel.

Alcyphron. — Commencez donc par les idées primitives de l'espèce humaine.

Eutyphron. — Et par où pourrais-je commencer, si ce n'est par le nom de celui qui, dans cette antique poésie, enchaîne et anime tout? Ces poètes de la nature l'appelaient le *Puissant*, le *Fort*, car ils voyaient partout sa puissance et sa force, et un frémissement de vénération leur faisait sentir sa présence partout où ils ne le voyaient pas. Ils le respectaient, ils juraient par son nom, ils le nommaient *Lui*, lui, ce *grand Esprit* qu'aujourd'hui même tous les peuples sauvages et neufs de la terre adorent, sentent et cherchent encore. Oui, mon ami, convenez-en, la présence de ce grand Esprit invisible donne de l'élévation à la poésie des peuples les plus barbares. Vous connaissez les voyages de *Carver*, et vous vous rappelez, sans doute, ce jeune Américain qui se met en route pour voir la grande cataracte? Il en est loin encore, mais déjà le bruit imposant des eaux le frappe, et il parle au grand Esprit; il s'avance, il s'approche, il se prosterne, il adore! Ce n'est pas une crainte d'esclave ni une terreur stupide qui le domine; non, c'est la conviction qu'en face de cette grande et merveilleuse production de la nature, il est plus près du grand Esprit, et il lui offre ce qu'il a de meilleur en lui: la douce prière d'un enfant sans crainte. L'histoire de cet Américain est celle de tous les peuples antiques, de leurs langues, de leurs hymnes, des noms qu'ils donnaient à Dieu, et des divers usages de leurs cultes. Les ruines du monde primitif nous fournissent à ce sujet une foule de monuments et de preuves que vous connaissez sans doute?

Alcyphron. — Oui, je les connais, et je sais aussi que les philosophes donnent une autre origine au frémissement de vénération dont vous venez de parler. La crainte et l'ignorance, disent-ils, ont inventé des dieux que les hommes, dominés par une terreur servile et une stupidité brutale, ont acceptés comme des êtres puissants, mais aimant le mal, c'est-à-dire comme des démons invisibles, et ils se sont mis à leur offrir des sacrifices en conséquence. Ces mêmes philosophes prétendent que le nom de toutes les religions est dérivé du mot qui signifie peur, et ils citent comme exemple et comme preuve, la liste des noms que les Hébreux donnaient à Dieu.

EUTYPHRON. — Cette hypothèse est fort ancienne, comme toutes celles du même genre, et je crains beaucoup qu'elle ne soit aussi fausse qu'ancienne. Les penseurs froids, et qui, à force de vouloir creuser toujours plus profondément, s'égarent tantôt d'un côté, tantôt de l'autre, ne se trompent jamais plus facilement que lorsqu'il s'agit des plus simples sensations du cœur humain. Pour moi, chaque ruine, chaque tradition de l'antiquité est une preuve de la pureté de ce besoin inné chez l'homme, qui le porte à l'adoration d'une puissance suprême. Comment pourrais-je voir, dans ce besoin, la terreur d'un esclave ou la stupidité d'une brute, puisque lui seul vous distingue de la brute? Chez tous les peuples de la terre, vous trouverez l'idée prédominante que notre existence est un bienfait et non un châtiment; que le grand Être est bon, et qu'il ne faut pas mêler à l'hommage qu'on lui offre, la terreur que le démon seul doit inspirer.

ALCYPHRON. — Vous ne pouvez pas ignorer que la plupart des cultes ont des sacrifices terribles et des usages affreux. L'ouvrage de Boulanger doit vous être connu, et vous devez savoir qu'il fait découler toutes les idées religieuses des inondations du globe et de la crainte du renouvellement de semblables désastres.

EUTYPHRON. — Laissons dormir cet homme en paix. Il était chargé de l'inspection des ponts et des étangs, et sa philosophie devait, par devoir d'état, être tout aquatique. Ses livres sont si mauvais, son érudition est si incertaine, et son imagination est si confuse, qu'on peut, sans injustice, comparer tout ce qu'il a dit et écrit aux eaux du déluge. Restons sur la terre ferme. Il est incontestable que la crainte et la terreur comptaient pour beaucoup dans les religions de plusieurs anciens peuples, surtout chez ceux qui habitaient des contrées stériles, hérissées de volcans, ou sur les bords d'une mer sauvage où ils ne trouvaient d'autres refuges que des cavernes et des creux de rochers. Les nations qui voulaient perpétuer le souvenir de quelque évènement terrible, de quelque grand désastre, se trouvaient dans le même cas; mais ce sont là des exceptions, car la terre n'est pas un Vésuve toujours enflammé, et les eaux du déluge ne viennent pas la submerger à chaque instant. La religion des peuples qui habitaient des contrées tempérées et fertiles est toujours douce, et les nations les plus féroces admettent l'existence d'un esprit tout-puissant et bon. Les terreurs et les superstitions les plus dangereuses appartiennent aux époques récentes, et semblent avoir été inventées par les prêtres. Les idées fondamentales de la religion primitive sont grandes et nobles, car l'espèce humaine a été dotée d'un beau trésor de connaissances simples et pures; ce n'est que lorsque les émigrations et les malheurs l'ont fait dégénérer, qu'elle a mêlé à ce trésor du clinquant et des pierres fausses. La raison cependant finit toujours par reprendre son empire et par séparer le faux du vrai, l'utile du nuisible. Mais laissons toute cette foule de nations qui ont passé sur la terre; nous ne voulons nous occuper que d'un seul peuple, que d'une seule langue.

ALCYPHRON. — Et les plus anciennes dénominations de Dieu, dans cette langue, ne présentent certainement pas des idées d'amour et de bonté, mais de force et de vénération.

EUTYPHRON. — Cela devait être ainsi. Le premier sentiment que l'homme dut éprouver en pressentant l'existence de son incompréhensible créateur, ne saurait être que la conscience du pouvoir illimité de ce créateur. Comment ne pourrait-il pas sentir combien il est au-dessous de celui qui lui a donné le souffle et qui peut le lui retirer, puisque sa vie n'est qu'une conséquence de la volonté, du pouvoir de ce maître invisible. Chaque feuillet du livre de Job est une preuve de ce sentiment:

« [1] Je sais que cela est ainsi : qu'est-ce qu'un homme en face de Dieu ? de ce Dieu si sage de cœur, si puissant en force ? Qui pourrait lui résister et espérer encore quelque repos ? lui qui déplace les montagnes sans qu'elles s'en aperçoivent; lui qui

---

[1] Job, chap. 9.

les bouleverse dans sa colère! Il soulève les fondements de la terre, et les colonnes de la terre frémissent! Il parle au soleil, et le soleil ne se lève point, et les étoiles scellées par lui restent immobiles dans leurs demeures! Lui seul étend les cieux, il marche sur les hauteurs de la mer! Le charriot et l'étoile du Nord, et les pléiades et les étoiles qui brillent dans les profondeurs du Midi, c'est lui qui les a faites! Ses œuvres sont grandes, incommensurablement grandes; elles sont merveilleuses, et leur nombre est infini! Regarde! il passe près de moi et je ne le vois point; il va repasser et je ne l'apercevrai pas! Ce qu'il arrache, ce qu'il entraîne! qui oserait le lui faire rapporter? Qui oserait lui dire : Que fais-tu? »

Ne croyez-vous pas que ce sentiment profond soit celui de la nature, et que plus un peuple sent clairement l'étendue et la puissance de Dieu, plus il y a d'énergie et de vivacité dans l'expression de ce sentiment? Tout en ce Dieu, tout, jusqu'à la sagesse avec laquelle il a créé les êtres sentants, est pour un pareil peuple une immense mer de forces intellectuelles dont les profondeurs sont pour lui des gouffres où il s'abîme et se perd. Votre mémoire ne vous retracerait-elle aucun passage de la poésie hébraïque que l'on pourrait citer à l'appui de cette assertion?

ALCYPHRON. — Vous me rappelez mon psaume de prédilection. Eh bien soit! qu'il devienne en ce moment ma prière du matin.

« [1] Jéhovah! tu m'examines, tu me pénètres, tu me connais! Que je reste assis ou que je me lève, tu le sais; et tu as déjà vu ma pensée quand elle est encore loin de moi.

« Que je marche ou que je sois couché, Seigneur, tu m'entoures sans cesse [2]. Toutes les routes que je suis te sont familières. Si ma langue veut cacher quelque chose, toi, Seigneur, tu le sais d'avance.

« C'est toi qui m'as formé tout entier, ta main s'est posée sur

---

[1] Psaume 139.

[2] Le texte hébreux dit : Tu me vannes, tu me cribles. Cette image, trop inusitée dans les langues modernes, doit nécessairement être modifiée; car, en la laissant ainsi, elle nuirait au sentiment qui règne dans ce psaume.

toutes les parties de mon être! Ton intelligence est pour moi une merveille; elle est trop haute pour moi, je ne saurais m'élever jusqu'à elle.

« Où pourrai-je aller, Seigneur, pour échapper à ton esprit? Où pourrai-je fuir, Seigneur, pour me soustraire à ta vue? Si je m'élançais vers le ciel, tu es là; si je me préparais une couche au milieu des abîmes, tu es là. Si je m'élevais sur les ailes de l'aurore, si je me fixais sur les bords de la mer la plus lointaine, là aussi ta main me guiderait, là aussi ta droite me dirigerait. Lors même que je dirais: Que les ténèbres guettent autour de moi [1], que la nuit soit ma lumière; les ténèbres ne me voileraient point à tes yeux! Pour toi, la nuit a tout l'éclat du jour, pour toi il n'y a point de différence entre les ténèbres et la lumière.

« Tu me possèdes dans toutes les profondeurs de mon intérieur, et dans le sein de ma mère déjà tu m'entourais. Je te glorifie parce que je suis; mon existence est une merveille, toutes tes œuvres sont des merveilles, mon ame le sent profondément.

« Tu connaissais déjà la structure de mes ossements, lorsque je me formais encore sous mon enveloppe; lorsque dans la nuit profonde du centre de la terre, je fus brodé comme une œuvre d'art. Les fils de ce tissu étaient encore roulés en peloton, et déjà tu me voyais tel que je suis. Tout ce que je devais être était inscrit sur ton livre; chaque jour de mon existence y était désigné.

« Comme tes pensées, ô mon Dieu, pèsent sur moi! Leur nombre me surcharge et m'accable! Comment pourrai-je les compter? Elles sont plus nombreuses que les sables de la mer! Quoiqu'à peine réveillé comme d'un rêve profond, je suis encore tout entier près de toi. »

EUTYPHRON. — Vous avez vaillamment combattu contre l'expression du texte, et vous devez nécessairement sentir qu'on chercherait en vain, chez les autres peuples, des hymnes où respire une théologie naturelle aussi suave. Le psaume que vous

---

[1] Si שׁוּף a, en effet, cette signification, ce mot peint très-vivement l'effet sensible des ténèbres. La construction des vers prouve que les onzième et douzième versets sont des antithèses.

venez de citer, renferme les idées les plus pures sur la divinité, sur son omniscience et sa prescience, sur sa connaissance intime de l'ame humaine, sa toute-présence et l'excellence du pouvoir de sa pensée dans la formation de notre individu, comme dans la formation et la conduite de toutes choses. L'idée dont plus d'un philosophe se glorifie, l'idée que Dieu ne saurait être comparé à aucun des objets existants en ce monde, et que, pour lui, la nuit éclaire comme le jour, se trouve dans plus d'un passage de Job et des prophètes; elle est même dans le mot *sanctifié*, qui la représente d'une manière aussi incomparable que précise. Enfin, je ne connais pas de déisme plus pur que celui qui règne dans l'Ancien-Testament.

ALCYPHRON. — N'oubliez pas que tous ces beaux passages sont modernes, et que, dans les plus anciens hymnes de la création [1], il est encore parlé des Elohim...

EUTYPHRON. — Que sans doute Moïse a trouvés dans cet antique tableau de la création; car ce grand adversaire du polythéisme et de tout ce qui pouvait l'autoriser, ne l'y aurait certainement pas introduit.

ALCYPHRON. — Je le crois comme vous; et peut-être ne leur a-t-il adapté le mot *créé* au singulier, que pour éviter le polythéisme. C'est la sagesse des Elohim que le serpent fait envier à Ève [2]; il paraît qu'elle croyait qu'ils s'étaient mis en possession de cette sagesse en mangeant du fruit défendu de l'arbre de la science. Vous savez que l'Orient aime à peupler l'univers d'êtres invisibles; il a une race particulière d'esprits subtils qui se nourrissent des exhalaisons des arbres, guerroient contre de méchants géants, et protègent les plantes, les arbres, les fleurs, les montagnes, les éléments, les étoiles, etc. Ce polythéisme est commun à tous les peuples peu civilisés; comment la riche imagination des Orientaux aurait-elle pu s'y soustraire? Pour eux tout était vivant; tout devait donc se peupler d'êtres vivants. Voilà l'origine des Elohim, des Adonim et des Schadim des Hébreux, des Izeds des Parses, des Lahes des Tibétanes (le nom de ces derniers offre même quelque ressemblance avec celui des

---

[1] Moïse, liv. 1er, chap. 1er.
[2] Moïse, liv. 1er, chap. 3.

Elohim). Telle est aussi l'origine des démons qui figurent dans les hymnes orphiques; en un mot, celle de tous les dieux et de tous les esprits du monde incivilisé.

Eutyphron. — Et lors même qu'il en serait ainsi, pourquoi une créature faible et née d'hier, telle que l'homme qui admire partout la beauté du monde, et ne voit nulle part distinctement l'auteur de ce monde; une créature qui se sent entourée d'une sagesse, d'une puissance, d'une force créatrice se reproduisant sans cesse et qui s'attache aux beautés isolées; pourquoi ne pourrait-elle pas donner à ces beautés isolées un créateur, un conservateur, un rénovateur invisible et particulier? Pour l'œil matériel, la scène du monde est vide de causes et encombrée d'effets; aussi était-il facile de s'imaginer qu'il existait des créateurs isolés, dont l'un a formé un arbre, une plante; l'autre, un animal ou tout autre objet, avec une prédilection d'autant plus fondée, qu'il avait la connaissance exacte des besoins de l'objet créé par lui, et des plaisirs que cet objet serait susceptible de goûter. En reconnaissant que, dans la plus petite parcelle de la créature, le créateur se manifeste avec un intérêt plein d'amour, l'opinion générale a dû nécessairement métamorphoser, tantôt la plante en génie, tantôt le génie en plante. De là on est arrivé à croire que le génie de chacune de ces œuvres vivantes périssait et se rajeunissait avec elles. En un mot, les Elohim étaient des génies contemporains de la création, auxquels les mythologies antérieures ont rattaché une foule de contes tout-à-fait étrangers, sans doute, aux croyances primitives. Les anges, dont nous ne tarderons pas à parler plus amplement, affaiblirent bientôt l'autorité des Elohim. Les premiers, vrais princes du ciel, entouraient le trône de Dieu; les seconds, simples génies de la nature, protégeaient leurs créatures sur la terre et se trouvaient relégués au rang d'esprits subalternes. Toutes les mythologies orientales contiennent une foule de fables sur les relations qui existaient entre ces deux sortes d'esprits, et sur leurs querelles perpétuelles. Ces fables nous montrent les génies de la nature cachés derrière le rideau du grand roi du ciel, et surprenant les secrets des anges réunis au conseil; elles nous parlent de la surveillance dont ils étaient l'objet, et des châtiments qu'on leur faisait subir. Mais revenons aux Elohim de la Genèse ; s'ils étaient tels que je viens de les décrire, que pouvait-il y avoir de plus innocent, et que m'objecterez-vous contre eux ?

Alcyphron. — Rien ; du moins sous le rapport humain et poétique. Je dirai même qu'ils flattent agréablement l'imagination ; on aime à vivre dans un monde où tout vit et respire avec nous ; où chaque fleur, chaque arbre, chaque étoile partage nos joies, possède son génie à lui et se sent vivre. Mais ce qui plaît à l'imagination ne convient pas toujours à la raison.

Eutyphron. — Et pourquoi pas ? Jamais, même dans les temps les plus reculés, ces idées n'ont dégénéré chez les Hébreux en polythéisme. Un psaume de David nous prouve qu'on ne voyait dans les Elohim que des esprits parfaits, sans doute, mais d'une perfection qu'il n'était pas impossible à l'homme d'atteindre ; et l'unité de Dieu est très-positivement énoncée dans le premier tableau de la création. C'est à cette unité que la poésie hébraïque doit l'élévation et la vérité, la simplicité et la sagesse des croyances qui sont heureusement devenues les guides du monde. Il est impossible d'énumérer toutes les richesses de l'espèce humaine qui étaient prédestinées à se rattacher au trésor intellectuel et moral contenu dans la seule idée de Dieu. Cette idée détourne les superstitions, les idolâtries, les vices et les horreurs privilégiées qui naissent naturellement de la pluralité des dieux ; elle seule nous montre partout l'unité du but des choses existantes ; elle seule nous fait reconnaître partout la loi naturelle d'une sagesse, d'un amour, d'une bonté infinis, et nous accoutume à mettre de l'ensemble dans la variété, de l'ordre dans la confusion, de la lumière dans l'obscurité. A mesure que la conviction de l'existence d'un seul créateur a fait du monde un *seul tout* (κόσμος), la sensation humaine, le reflet de ce créateur est devenu unité, et s'est soumis à des enseignements généraux sur la sagesse, sur l'ordre et sur la beauté. La poésie qui a le plus puissamment contribué à cet enseignement a été la plus utile, et la poésie hébraïque se trouve dans ce cas. Elle est la plus ancienne digue connue contre l'idolâtrie, et c'est elle encore qui a jeté le premier rayon de lumière, la première pensée d'ordre et d'unité sur le chaos de la création. Par quel moyen a-t-elle produit ce grand effet?

ALCYPHRON. — Oui, par quel moyen?

EUTYPHRON. — Par le plus simple de tous: par le parallélisme du ciel et de la terre. Il fallait séparer, classer les êtres; plus cette séparation était facile, vraie, belle et étendue, plus elle pouvait aspirer à devenir une forme éternelle, et elle l'est devenue.

ALCYPHRON. — Où?

EUTYPHRON. — Dans la poésie hébraïque, que, par cette seule raison, on peut appeler la poésie du ciel et de la terre. Le plus ancien tableau de la création avec la division de ses travaux de chaque jour, semble avoir été esquissé d'après les exigences de ce parallélisme. Le ciel s'élève, la terre s'étend et se pare; l'air et les eaux se peuplent, et la terre aussi se couvre d'êtres vivants. Le parallélisme du ciel et de la terre se perpétue à travers tous les hymnes qui se fondent sur ce tableau de la création, à travers les psaumes qui en appellent à la nature entière pour glorifier le Seigneur, et à travers les invocations solennelles de Moïse et des prophètes; ce parallélisme, enfin, est le vaste coup d'œil qui embrasse l'ensemble de la poésie et de la langue.

ALCYPHRON. — Ce partage, cependant, me paraît hors de toute proportion. Qu'est-ce que la terre auprès du ciel? Qu'est-ce que le ciel auprès de la terre?

EUTYPHRON. — N'oubliez pas que le but de la poésie hébraïque est de peindre l'immensité des cieux et l'élévation de ses habitants, en les opposant aux grains de poussière qu'on appelle la terre et à notre néant. Toutes les racines de la langue, toutes les descriptions indiquent ce but. Ne vous souviendriez-vous d'aucun passage qui pût servir d'exemple à ce sujet?

ALCYPHRON. — Je pourrais vous en citer une infinité; en voici un d'abord:

« Le ciel est mon trône! La terre est mon marche-pied. »

EUTYPHRON. — Cette image est si grandiose que je serais tenté d'y ajouter:

« L'infini est le bord de ma tunique. »

Mais il vaut mieux dire avec Job :

« [1] Veux-tu approfondir la sagesse d'Eloah ? Veux-tu sonder la profondeur de la puissance primitive de Schaddaï ? Elle est dans la hauteur des cieux ; mais que feras-tu dans les cieux ? Elle est dans les abîmes des abîmes ; mais que sais-tu des abîmes ? Leur mesure est plus longue que celle de la terre, elle est plus large que celle de la mer ! »

Ne retrouvez-vous pas là l'idée de l'infini du monde accessible à nos sens ? Les peuples antiques ne connaissaient point ce que nous appelons aujourd'hui *univers*. Le mot monde ou *aeon* est devenu, plus tard, pour eux, la signification de ce qui est petit, fragile et sujet à disparaître. Selon eux, les cieux vieillissaient et se renouvelaient comme un vêtement ; la terre n'était qu'un théâtre où apparaissaient des fantômes et des visions, qu'une tombe immense ! Mais le Dieu qui existait avant les montagnes et qui voyait les cieux se renouveler, était éternel : c'était le créateur des cieux et de la terre, et c'est devant lui que les cieux s'enfuient, et que la terre, semblable à un grain de poussière, disparaît dans l'incommensurable.

ALCYPHRON. — Je ne vois pas trop ce que la poésie peut avoir gagné à ce parallélisme disproportionné.

EUTYPHRON. — Selon moi, elle lui doit beaucoup. C'est par lui qu'elle a été amenée à comparer l'infini au fini, à rattacher l'incommensurable au néant. Chez les Orientaux, tout ce qui est beau, grand, noble, vient du ciel ; tout ce qui est vil, faible, petit, tient à la poussière de la terre. Toutes les forces descendent du ciel ; tout ce qui existe ici-bas est dirigé, classé, mû par des liens d'en haut, invisibles, mais tout-puissants. C'est en haut que brillent les étoiles éternelles, qu'on voit le ciel le plus pur, que s'arrondit l'azur sacré ; ici-bas tout est variable et mesquin, tout est poussière et destruction. Plus l'âme humaine s'exerce à réunir cette double image et à l'embrasser d'un seul et même regard, plus ce regard devient grand, juste et sage. Plus elle s'identifie avec ce qui est grand et élevé, plus elle apprend à déterminer, à mesurer, à compter ce qui est bas et petit ; et ce fut en s'élevant au-dessus de ce monde qu'elle trouva enfin le point

[1] Job, chap. II.

d'où elle peut le gouverner, le diriger. Une poésie toute terrestre, quel que soit son mérite, ne sera jamais qu'un misérable vermisseau ; toute poésie qui agrandit et ennoblit, a le ciel pour but.

Alcyphron. — Il me semble que c'est la terre, cette bonne et tendre mère, qui donne à toutes les formes leurs contours, et, par conséquent, la beauté dont elles sont susceptibles.

Eutyphron. — Sans doute, et voilà pourquoi les Orientaux l'ont unie au ciel. C'est au ciel que leur poésie emprunte l'élévation, l'étendue, la lumière, la force ; résultat qui s'explique facilement, car il nous suffit de lever les yeux vers le ciel pour percevoir des idées d'élévation et de grandeur. Cette même poésie fait de la terre la fiancée du ciel, l'instrument et le théâtre de ses œuvres ; mais cet instrument, ce théâtre ne sont pas éternels comme lui. L'homme aussi réunit dans son essence le ciel et la terre ; il doit son corps à l'une ; son âme est le souffle vivant qui vient de l'autre. Si le grain de sable sur lequel nous marchons est entouré de toutes parts par le ciel, notre étroite visibilité nage dans une incommensurabilité éternelle, pleine de force, d'éclat et de pureté. Il me semble qu'on peut l'appeler grande, la poésie qui nous maintient dans la contemplation de ce que nous sommes et de ce que nous ne sommes pas ; dans la contemplation de la bassesse et de l'élévation, de la force et de la faiblesse. Et si elle ne nous montrait qu'un côté de cette double relation, si elle cachait ou mutilait l'une aux dépens de l'autre, alors seulement on pourrait lui reprocher d'être fausse ou trompeuse. Le sublime demande l'infini, l'incommensurable, les cieux enfin ; ce qui n'est que vrai et beau veut des limites arrêtées, la terre enfin.

Alcyphron. — Vous justifiez votre parallélisme avec beaucoup de bonheur ; je serais curieux cependant de le poursuivre jusque dans les poésies de Job, des Psaumes et des Prophètes, afin de me convaincre que, là aussi, toutes les belles choses dont vous venez de me parler s'y rattachent, et que ce n'est pas seulement par emphase que, dans la poésie hébraïque, on s'écrie à chaque instant :

« Entendez, ô cieux ! entendez mes chants ! Et toi, terre, écoute les paroles de ma bouche ! »

Montrez-moi comment cet unique Dieu du ciel et de la terre les rassemble et les unit dans cette poésie.

Eutyphron. — Il les unit tantôt par le repos, et tantôt par l'action. Par le repos, lorsque, en roi de l'Orient, il trône dans les cieux et crée par la seule puissance de sa parole. Dans ce cas aussi, le premier, le plus sublime parallélisme est devenu la forme fondamentale de la représentation des temps à venir; en voici un exemple bien connu :

« Dieu dit : Que la lumière soit! et la lumière fut. »

Cet imposant langage de Dieu est, dans la poésie hébraïque, une forme qui, en se reproduisant sans cesse, crée des images aussi variées que fortes et concises, et dont le sens se réduit toujours à cette pensée :

« Il parle, cela se fait; il ordonne, c'est fait! »

Plus la chose que Dieu ordonne ainsi, et qui se fait d'après cet ordre, est inattendue, inexplicable, plus l'expression est belle et merveilleuse :

« Il dit à la neige : sois sur la terre! Il parle à la pluie, et la pluie tombe à torrents! »

Un psaume que l'on a trop souvent interprété spirituellement, complète cette image :

« Il envoie [1] sa parole sur la terre, et sa parole court et se précipite! Il envoie la neige, et la neige tombe comme des flocons de laine! Il sème le givre comme une couche de cendres! Il jette la glace par morceaux! Qui pourrait résister devant son froid terrible? Il envoie de nouveau sa parole, et les glaces se fondent; son haleine souffle, et les eaux se remettent à couler. »

Vous voyez que, dans ce passage, la parole de Dieu est une messagère; la poésie hébraïque abonde en personnifications de ce genre.

Alcyphron. — Et elle fait bien. Si l'on se bornait à répéter toujours le commandement et ses résultats, la poésie élevée deviendrait bientôt d'une monotonie et d'une uniformité insupportables.

Eutyphron. — Ce n'est pas le défaut de la poésie hébraïque. On dirait que c'est pour multiplier les personnifications, qu'on

---

[1] Psaume 147.

voit se mouvoir en elle le service actif des anges. Dans le principe, on ne se les figurait pas rangés autour du trône de Dieu comme autant de créatures inutiles, sans autre occupation que celle de chanter ; la parole de Dieu faisait, au contraire, de chaque objet de la nature un ange, un être animé. C'est ainsi qu'il est dit :

« Les vents sont ses messagers, les éclairs flamboyants ses serviteurs ! »

Le livre de Job est plein de ces personnifications. Les étoiles, surtout, ont fourni les premières et les plus belles idées sur les anges, comme messagers de Dieu. Leur beauté imposante, leur éclat invariable, leur marche éternelle éveillèrent des idées de musique, de danse, d'hymnes de gloire ; et l'on fit des étoiles, tantôt les filles de Dieu qui exécutent autour de son trône des rondes joyeuses, tantôt des armées vaillantes rangées dans un brillant ordre de bataille, et tantôt le symbole de ses messagers et de ses serviteurs. Job nous fournit des exemples d'autant plus magnifiques de cette dernière personnification, qu'il leur oppose, comme contraste, la petitesse et la misère des serviteurs de Dieu. Enfin, ce Dieu des Élohim, c'est-à-dire de tous les Génies de la création, finit par s'élever encore, en devenant le roi des anges et des légions célestes ; et c'est alors qu'on l'appelle Jéhovah Sabaoth. Il est vrai qu'on ne l'envisagea sous ce point de vue que beaucoup plus tard.

ALCYPHRON. — Et pourquoi ne conçut-on cette idée que plus tard ?

EUTYPHRON. — Parce que, dans les temps antiques, Dieu n'était pas regardé comme un oisif souverain du ciel, mais comme un père de famille, un administrateur infatigable. Si, dans le premier tableau de la création, il n'y a rien de si petit qu'il n'ait daigné appeler à l'être, dans celui de son règne primitif sur cette création, on le voit sans cesse ranger et créer de nouveau. Chaque jour, lui seul déploie les cieux, comme il les déploya pour la première fois, et se rend, en marchant sur les hauteurs de la mer, à l'extrémité de l'horizon où il dresse sa tente. Chaque jour, l'aurore arrive à son appel, comme elle fit la première fois ; et, chaque jour, il distribue la pluie et ouvre tous les magasins qui contiennent les richesses de son ménage. Il noue et ferme l'extrémité des nuées, comme on noue et ferme les outres que l'on vient de remplir; il creuse des canaux dans les cieux et donne des ordres aux éclairs; il habille les fleurs et nourrit les plantes; il fait tomber la rosée et prend soin de tout ce qui est sous le ciel. Le livre de Job et les Psaumes abondent en images naïves sur l'activité de ce père de famille, qui ne dédaigne pas de s'occuper spécialement de chaque créature de la terre, quelque petite, quelque chétive qu'elle puisse être. Il est plus facile de sentir que d'expliquer tout ce que ces images donnent à la poésie hébraïque d'affectueux et de tendre, et combien elles fortifient et étendent la confiance en Dieu. Au reste, ce n'est pas seulement dans la poésie des Hébreux, mais dans celle de tous les Orientaux, qu'on trouve ces candides louanges de la divinité, qu'il serait difficile de surpasser, parce qu'elles sont fondées sur une confiance sans bornes dans sa bonté, et sur une soumission complète à sa volonté.

ALCYPHRON. — Est-ce bien là une base solide, et utile surtout? Quand l'homme voit son Dieu agir seul dans la nature jusque dans les plus petits détails, ne doit-il pas nécessairement devenir indolent et inactif? Si les phalanges de Dieu campent partout, veillent et travaillent sans cesse, à quoi peuvent servir le travail et la sagesse de l'homme?

EUTYPHRON. — Nous traiterons cette question une autre fois. Déjà le soleil est haut, et si nous ne voulons pas nous rendre coupables de la faute que, selon vous, la poésie orientale doit faire commettre, allons à notre travail quotidien, chacun de notre côté. La matinée de demain nous réunira de nouveau; en attendant, lisez cet hymne qui célèbre le grand père de famille, le créateur de toutes choses; ce petit poème vous donnera une juste idée des chants dont l'Orient possède un nombre infini.

SUPPLÉMENT.

HYMNE IMITÉ DU PERSAN.

Gloire au nom de celui dont le nom est un refuge, dont la louange fait l'ornement des langues éloquentes ! Gloire au nom du Très-Haut, de l'Unique, de l'Éternel ! de celui qui sait tout, qui donne de la force aux faibles, qui console les délaissés !

Pour orner les cieux, il leur donna des légions d'étoiles ; pour parer la terre, il la peupla d'hommes aussi nombreux que les étoiles du ciel. Il arrondit la voûte des sphères mouvantes, il fit surgir les quatre éléments.

Il donne au sein du bouton de rose son doux parfum ; il couronne la tige-mère d'une gracieuse famille de fleurs ; il tisse une robe de noces pour toutes les fiancées du printemps ; il apprend au cyprès à balancer sur le rivage élevé de la mer, sa tête altière et belle !

Il couronne de succès les intentions louables, et abaisse la présomption et l'orgueil ; il veille avec le solitaire auprès de sa lampe nocturne, et passe les journées à consoler les enfants de l'affliction.

Les eaux de ses mers donnent naissance à la nuée printanière qui humecte à la fois et les roses et les épines. C'est de son jardin que part le frais souffle d'automne, qui parsème d'argent le vert gazon.

Quand il paraît, le cercle du jour s'enflamme, et chaque atome de poussière puise en lui sa force et sa vie. S'il voilait sa face, les sphères puissantes, les immenses lumières se perdraient dans le néant !

Depuis la voûte des cieux jusqu'au fond des abîmes, quelle que soit la route que prenne notre pensée, qu'elle descende ou qu'elle s'élève, elle ne trouvera nulle part un atome de poussière qui ne soit plein de sa puissance.

Notre sagesse s'égare quand elle médite sur son essence ; il n'est pas au pouvoir humain de sonder ses desseins ! Devant lui les anges rougissent de leur ignorance, et les cieux s'étonnent de la marche qu'il leur a prescrite.

TROISIÈME DIALOGUE.

IDÉES PRIMITIVES SUR LE CIEL ET SUR LA TERRE.

La nuit et le crépuscule considérés comme le séjour de ceux qui ne sont pas encore nés. — Description de la nuit antique, par Job. — Le chaos est-il dans les idées des Orientaux ? — Leurs images sur l'état primitif de la terre. — L'Esprit de la nuit qui régnait sur les eaux. — Origine des idées accessibles aux sens, qu'on s'est formées sur cet Esprit. — La voix de l'Esprit de la nuit entendue par Job. — Apparition de la lumière. — Les tableaux de joie et de bonheur qui la suivent. — La richesse de ces tableaux dans la poésie orientale. — Personnification de la lumière et de l'aurore. — Image poétique du ciel regardé comme une voûte formée avec de l'eau, ou comme un magasin de provisions et de rafraîchissements, comme un saphir, une forteresse et une tente paternelle et hospitalière. — Géogonie poétique des Orientaux. — Sa coïncidence avec l'histoire naturelle de la terre. — Animation des plantes. — L'étendue et la délicatesse de sentiment qu'elle donne à la poésie. — Pourquoi les Hébreux n'avaient-ils aucun hymne sur le soleil ni sur les autres astres ? — Personnifications. — Le noble et bel usage que les Hébreux en ont fait dans leur poésie. — Représentation des étoiles comme anges, comme filles de Dieu, comme armée et comme troupeau de brebis gardé par le pasteur du ciel. — Poésies isolées sur ce sujet. — Intérêt vivant que la poésie orientale prend aux animaux. — De Dieu, comme père de famille universel. — Pourquoi les animaux ont été parfois préférés aux hommes ? — Des hommes. — Hymne de David sur la création.
Supplément : Hymne de Milton sur la lumière.

Le jour suivant, Alcyphron s'empressa de se rendre à son poétique rendez-vous matinal.

Aujourd'hui, lui dit Eutyphron, je vous conduirai devant un tableau plus riche que ne l'était celui de *la vie humaine* de Cébès [1], car nous ne nous arrêterons pas, comme nous l'avons fait hier, devant des objets isolés. Le voile grisâtre qui enveloppe encore tous les êtres, et sous lequel ils semblent attendre l'apparition de la lumière, n'éveille-t-il aucun souvenir en vous ?

ALCYPHRON. — Vous voulez, sans doute, me rappeler les croyances des Orientaux sur l'état des morts ?

---

[1] Ce philosophe grec, qui vivait dans le IVe siècle avant l'ère chrétienne, était disciple de Socrate. Il a composé un dialogue intitulé : *Tableau de la vie humaine.*
(*Note du Traducteur.*)

EUTYPHRON. — Rien ne serait plus déplacé que de faire d'un pareil sujet le début de notre entretien. Je pensais, en effet, à un Schéol, mais à celui qui contient les êtres qui ne sont pas encore nés; ils attendent la lumière, et avec elle, non le malheur et les souffrances, mais la joie et le bonheur. Souvenez-vous de la nuit pendant laquelle Job maudit l'heure de sa naissance. Dans cette heure dorment bien des journées, bien des nuits à naître! Dieu les regarde du haut de son trône; il appelle tantôt l'une, tantôt l'autre, selon son bon plaisir, et toutes se réjouissent de pouvoir enfin se joindre au chœur de leurs compagnes, et d'entrer avec elles dans la ronde des années. Laissons parler Job lui-même :

« Qu'il[1] s'anéantisse le jour où je naquis! Périsse à jamais la nuit où il fut dit : un fils vient de naître! Que ce jour se convertisse en ténèbres! que jamais Dieu ne demande d'en haut : qu'est-il devenu? que jamais aucun rayon de lumière ne brille au-dessus de lui!

« Que l'obscurité, que la nuit de la mort le saisissent! Que de sombres nuées demeurent sur lui! que toutes les terreurs l'effraient à la fois!

« Et la nuit? Eh bien! que les ténèbres l'anéantissent! qu'elle ne s'unisse jamais à un jour de l'année, qu'elle ne compte jamais dans le nombre des lunes!

« Cette nuit? qu'elle soit une nuit solitaire! que pas une voix joyeuse ne résonne en elle! qu'elle soit maudite par tous ceux qui maudissent le jour, et qui sont toujours prêts à réveiller des monstres assoupis!

« Que l'aube de ses étoiles s'obscurcisse! Qu'elle espère la lumière, et que la lumière ne vienne jamais! qu'elle ne voie jamais s'entr'ouvrir pour elle les paupières de l'aurore, car elle n'a point fermé le sein de ma mère; elle n'a point dérobé à mes yeux les souffrances que j'endure! »

Avez-vous jamais vu un tableau plus terrible de la nuit antique pendant laquelle l'infortuné regrette son premier jour; ou de toute autre obscurité sans étoiles, triste, solitaire, et qui espère en vain l'arrivée du matin? Aucune voix joyeuse ne vibre

---

[1] Job, chap. 3.

à travers son silence; on n'y distingue que le sourd murmure des formules magiques de ceux qui maudissent le jour, qui voudraient qu'il ne vienne jamais, parce qu'il les trouble dans leurs noires œuvres. Vous savez que, lorsque Shakespeare décrit de pareilles nuits.....

ALCYPHRON. — Il ne le cède en rien aux Orientaux. Mais il me semble, mon ami, que, dans ce passage de Job, il n'est point question des enfants qui ne sont pas encore nés.

EUTYPHRON. — Leur séjour est silencieux et sans formes comme la nuit, et il se développe *dans la nuit profonde du centre de la terre*, ainsi que le dit le beau psaume que vous m'avez cité hier. Là, ils attendent la lumière, comme tout, en ce moment, attend l'aurore; puis l'heure de la naissance sonne, l'heure que Dieu vient d'appeler.

ALCYPHRON. — Cette image est presque palpable.

EUTYPHRON. — Toutes celles de la poésie hébraïque ont ce caractère. On y chercherait en vain le chaos où, avant la formation du monde, tourbillonnaient des millions d'atomes. Cette fiction appartient tout entière aux Grecs. Les Hébreux croyaient à une mer ténébreuse, sur laquelle marchait le souffle mouvant de Dieu; et cette image est d'autant plus belle qu'elle est vraie. On trouve, dans la structure même de la terre, la preuve qu'elle est restée, pendant la durée de plusieurs aeones, ainsi submergée, jusqu'à ce que le miracle de la création l'eût rendue de nouveau habitable et habitée. Le tableau hébreu, sur l'état primitif de la terre, a du naturel et des bornes; ce qui manque au monstrueux chaos des Grecs.

ALCYPHRON. — Je me suis toujours senti frémir de respect devant l'Esprit qui planait sur cette déserte et profonde mer nocturne.

EUTYPHRON. — Il a fourni aux Orientaux la première et la plus naturelle image du principe de vie, de force et de mouvement, qui s'est manifesté dans la création; car la perception de cet Esprit tire son origine de la sensation que fait éprouver le vent, surtout pendant la nuit, et quand cette sensation s'associe à celle de la voix et à la conscience de la force.

ALCYPHRON. — Vous me rappelez l'Esprit de la nuit qui apparut à Job. C'est une image, et pourtant ce n'en est pas une ; non, ce n'est qu'un souffle, un murmure, c'est le langage du vent ; mais il a aussi la force du vent et la force de l'Esprit ; il fait dresser les cheveux, il pénètre l'ame de terreur ! *He harrows up the soul with fear and wonder :*

« Une parole légère s'est glissée furtivement près de moi ; un son bas et doux a frappé mon oreille ; c'était à l'heure terrible des visions nocturnes, à l'heure où le sommeil pèse plus lourdement sur les mortels. Le tremblement de la peur m'a saisi, et j'ai senti tressaillir mes os ! Un esprit a passé près de moi, et tous mes cheveux se sont hérissés ! Il s'est arrêté, je ne l'ai pas reconnu ; je n'avais devant les yeux qu'une ombre ! Puis une voix a murmuré tout bas : Comment l'homme peut-il ?... etc. »

Eutyphron. — C'est bien là, comme vous venez de le dire, à la fois une image et une ombre, le silence et la voix ; et cette figure sans forme ne pouvait manifester sa puissance que par ses effets puissants. Plus les traits d'un pareil tableau sont enchaînés, plus ils sont faibles : car alors on étend, pour ainsi dire, les mains vers cet esprit ; on sent qu'il a des formes, et par conséquent des limites, et cela ne doit pas être. Cet esprit est un fils du vent, il doit donc s'envoler et disparaître avec lui..... Regardez autour de vous ! Que la matinée est belle ! Laissons dormir les visions nocturnes, adorons le Père de la lumière.

« Jéhovah ! ô toi, mon Dieu ! que tu es beau, que tu es magnifique, que ta parure est riche et brillante ! Il s'est enveloppé dans la lumière, son vêtement de chaque jour ; il a étendu les cieux, comme on dresse une tente. »

Lorsqu'il se leva, le premier rayon de la première aube du jour, tu dis toi-même, ô Créateur ! que la lumière était bonne ; et tu la consacras, afin qu'elle fût toujours pour nous le symbole de ta présence et de ta beauté, l'emblème des félicités les plus pures, de la sagesse, de la bonté et des joies du ciel. Oui, Dieu demeure dans la lumière, et c'est par elle qu'il nous sourit avec la douce satisfaction d'un bon père ; il la fait régner autour de ce qui est bon. C'est lui qui jeta, au milieu des ténèbres de la nuit, le premier rayon de clarté ; c'est lui qui jeta, au milieu des ténèbres de la mort et du malheur, le premier rayon éternel de joie et d'espérance ! Sa plus grande gloire, comme Dieu, est d'avoir créé la lumière ; sa plus grande gloire, comme père, est de l'avoir créée aussi dans le cœur de l'homme, afin qu'elle puisse le conduire des ténèbres de ce monde dans la lumière éternelle ! Y a-t-il dans la création un objet plus digne de servir de vêtement à Jéhovah, lui qui, d'après la nature de son être, demeure, pour nous du moins, dans les ténèbres ? La lumière est sa plus rapide messagère ; et portée, pour ainsi dire, par l'essor de la toute-puissance, les images de la pensée divine sont ses ailes.

ALCYPHRON. — Je crois, en effet, qu'il peut y avoir de belles images de la lumière dans la poésie hébraïque.

EUTYPHRON. — Il n'est pas de poésie qui, sur ce point, puisse lutter avec celle des Hébreux. Le seul mot *lumière* sonne haut dans leur langue ; il est le symbole de toutes les joies, de toutes les félicités. Plus leur poésie rend les ténèbres effroyables et terribles, plus elle donne d'éclat aux yeux brillants du jour, et de charmes aux douces paupières de l'aurore. Toutes les peintures du crépuscule se rattachent à des pensées d'attente, d'espoir, de désir, que l'aurore vient réaliser. L'étoile du matin, qui brille encore en ce moment devant nous, est, dans cette poésie, la brillante fille du crépuscule ; chez elle, tout, dans la nature, et par conséquent la lumière et les ténèbres, a sa demeure particulière, son palais inaccessible. Job fait de l'aurore une héroïne qui, en déchirant le manteau des ténèbres, disperse les malfaiteurs, et leur enlève leur force et leur appui ; donne des formes à tous les objets, et les métamorphose, pour ainsi dire, en leur imprimant un cachet nouveau. C'est au sein de cette même aurore que naît la rosée, phalange innombrable de brillants enfants. Voyez, elle nous apparaît, cette gracieuse mère, qui mêle si tendrement la lumière aux ombres. Comme la tente du ciel s'éclaircit et s'arrondit par degrés :

« Il est assis au-dessus de la sphère terrestre ; pour lui les habitants de ce monde ne sont que des sauterelles. Il étend les cieux comme la peau d'une bête fauve, il les déploie comme la tente que l'on veut habiter. »

Mais vous préférez peut-être entendre quelques passages concernant la mythologie du ciel?

Alcyphron. — Il paraît que les Orientaux ont beaucoup discuté sur l'étendue dont parle Moïse, et qui sépare les eaux d'avec les eaux. On prétend que cette étendue a été regardée tantôt comme une tente, tantôt comme un toit, parfois même ils en ont fait un plancher en verre, sur lequel voltigeaient les oiseaux du ciel.

Eutyphron. — Toute discussion sur un pareil sujet serait complètement inutile. La plupart des images de la poésie hébraïque n'ont rien d'inusité, et toutes sont justes et nobles. La supposition d'un plancher en verre se réfute d'elle-même, du moins pour les temps primitifs, car le verre n'a été inventé que fort tard, et ce n'est que bien plus tard encore que l'on aurait pu s'en servir pour paver. La plus ancienne mythologie construit la voûte du ciel avec de l'eau, et consolide le trône de Dieu en mêlant de l'obscurité à ces eaux. Dans un des plus célèbres hymnes de David, il est dit:

« Il déploie le ciel comme une tente, il arrondit les eaux et en construit les salles voûtées de son palais. Les nuages forment son char, il est porté par les ailes des vents. »

Vous voyez que, même à cette époque, il n'était pas question d'un plancher de verre, mais d'une tente et de salles célestes construites avec de l'eau. Cette image est conforme à toutes les traditions des Arabes; d'après ces traditions, Dieu a fait sortir le ciel des eaux, et ce ciel n'est qu'une fumée, qu'une vapeur, ce qui s'accorde parfaitement avec l'histoire naturelle.

Alcyphron. — J'ai toujours aimé cette image, et surtout les descriptions des nuages, des éclairs et de la pluie. On dirait que ces Orientaux, sans cesse dévorés par la soif, ne voyaient dans le ciel qu'un réservoir de rafraîchissements, que le climat refusait trop souvent à leur sol desséché.

Eutyphron. — Et ils reproduisaient cette pensée sous des formes aussi variées que gracieuses. Tantôt le céleste père de famille ferme et noue les nuages comme des outres, et ce léger tissu d'air qui contient l'eau, c'est-à-dire la vie des hommes et des animaux, ne se déchire point sous sa main; tantôt il pousse ses outres pleines, ici ou là, partout enfin où il veut ranimer une contrée ; et il la ranime avec tant de libéralité, que même le désert où ne croît pas un brin d'herbe, où n'habite pas un être vivant, est arrosé. De combien de manières les Hébreux ne décrivent-ils pas sa marche merveilleuse dans ces eaux. De tous côtés, Dieu vole au secours des pays altérés, et presse du pied les vagues toujours enflées du ciel. Là haut, dans ses mystérieuses demeures, il a d'immenses réservoirs ; pour conduire leurs eaux, il sillonne le ciel de fossés et de canaux, parfois même il déchire sa tente et fait tomber de douces pluies, ou bien il fend le ciel, ou bien encore il ouvre les fenêtres de sa forteresse pour rassasier la terre par des torrents d'eau. Cette dernière image est plus récente, et date de l'époque où l'on était déjà arrivé à voir en lui le roi du ciel.

ALCYPHRON. — Il me semble qu'on se l'est toujours représenté ainsi.

EUTYPHRON. — Dans les premiers temps, il n'était qu'un chef de famille, père des hommes et des animaux. Voyez les psaumes et plusieurs passages des prophètes ; que de magnifiques prières pour obtenir de l'eau ! Tous les yeux l'attendent, et quand elle tombe, toutes les langues desséchées se raniment et expriment la joie et le bonheur. La pluie et la rosée fournissent les plus beaux tableaux sur la libéralité, la bonté et la prévoyance de Dieu ; la prière ardente et l'espoir de la voir exaucée sont comparés à la soif, à la soif qui brûle et dévore :

« Mon âme languit après toi, comme le cerf languit après la source abondante et fraîche. Mon âme a soif de Dieu, du Dieu vivant ! Quand serai-je près de lui, quand pourrai-je voir sa face ? »

De semblables images unissent les hommes, les animaux, les plantes, tout ce qui existe enfin, par un sentiment commun ; et ce sentiment est la certitude que le chef de la grande famille est le père de tous les membres de cette famille.

ALCYPHRON. — Comment a-t-on pu arriver à regarder le ciel comme une forteresse ?

EUTYPHRON. — Sa ressemblance avec le saphir, son éclat, sa solidité et sa beauté, peuvent avoir fait naître cette idée. Peut-être s'est-on imaginé d'abord que cette forteresse était de glace, et voyait-on dans la grêle, la poussière que le vent détachait de ses murailles. Il est certain du moins que, dans la plupart de leurs descriptions, les Arabes font de l'éclair une étincelle qui jaillit du saphir de la forteresse céleste. Lorsqu'on convertit enfin le ciel en temple, en palais de Dieu, l'azur devint le plancher de ce temple, de ce palais, et le toit de la demeure des mortels. Il me paraît cependant que le peuple dont les premiers pères ont vécu sous des tentes, a toujours préféré à toutes les autres, l'image qui fait du ciel une tente. Chaque jour Dieu déploie sa tente céleste, et l'attache à l'extrémité de l'horizon contre les piliers du ciel, c'est-à-dire contre les plus hautes montagnes de la terre. Cette tente a toujours été, aux yeux des anciens Hébreux, un asyle sûr, tranquille, hospitalier, où Dieu habite avec toutes ses créatures.

ALCYPHRON. — Mais comment se représentaient-ils la terre?

EUTYPHRON. — Si vous voulez lire le psaume dans lequel David trace quelques traits du tableau de la création, vous y trouverez la réponse à cette question.

ALCYPHRON. — « [1] Il a consolidé la terre sur ses fondements, elle ne vacillera jamais! Il l'a, de toutes parts, entourée de flots comme d'un ample vêtement! Les eaux s'élevaient au-dessus des montagnes : elles se sont retirées devant ton murmure; devant ta voix menaçante, elles se sont précipitées dans les abîmes!

« Et les monts se sont élevés, et les vallées se sont assises plus bas, toujours plus bas, jusqu'à la place que tu leur avais assignée.

« Et tu as imposé des limites aux flots, afin qu'ils ne puissent plus se dépasser eux-mêmes, afin qu'ils ne puissent plus revenir et couvrir la terre entière.

« Tu as fait jaillir des sources au fond des vallées, leurs eaux ruissellent entre les monts; elles désaltèrent les troupeaux des champs, elles étanchent la soif des bêtes fauves. Les oiseaux se perchent au-dessus de ces sources, et leurs chants résonnent à travers le frais feuillage de la ramée.

[1] Psaume 104.

« Les vagues inépuisables de tes salles d'eau arrosent les montagnes, et le monde entier se nourrit du fruit de ton travail [1]. Tu fais pousser l'herbe pour les troupeaux, et prospérer la semaille afin que l'homme puisse tirer son pain de la terre [2], et que des mets onctueux fassent reluire son visage. Tu fais pousser la vigne afin qu'il cultive et prépare le vin qui réjouit le cœur de l'homme, comme le pain fortifie le cœur de l'homme.

« Par lui chaque arbre se remplit de sève ; le cèdre du Liban qu'il a planté pour que les oiseaux puissent y construire leurs nids, et le sapin la demeure du vautour, tiennent leur vigueur de lui. Il a créé pour le bouc sauvage les monts élevés, et creusé pour le rat des montagnes des asyles dans les rochers. »

Eutyphron. — Quel joyeux regard le poëte promène dans ce morceau sur la surface de la terre ! Pour lui, cette terre est la verte montagne de Jéhovah, que Jéhovah a fait surgir des eaux ; elle est un lieu de plaisance qu'il a consolidé au-dessus de la mer pour abriter une foule d'êtres vivants. La suite d'images que trace le poëte est, pour ainsi dire, l'histoire naturelle de la terre. Les eaux submergent les monts ; mais, effrayées par le commandement de Dieu, elles se précipitent dans les profondeurs, et les monts s'élèvent à travers les flots qu'ils brisent, et les vallées s'abaissent à travers les flots qu'elles séparent. Dieu finit par poser des limites à l'eau, et le sol s'affermit, et les sources jaillissent dans les vallons, et les fleuves coulent entre les montagnes dans les lits qu'ils s'étaient creusés d'avance ; et sur leurs bords s'attroupent les animaux des champs, les bêtes fauves des forêts, et les oiseaux y font entendre leurs voix, car les premiers arbres se sont élevés sur les bords des fleuves. Nous trouverons dans Job des tableaux plus nobles de la structure de

---

[1] *Du fruit de ton travail*, c'est-à-dire de tous les produits de la création. N'est-ce pas là un touchant tableau de Dieu, comme père de famille, comme administrateur qui travaille et s'occupe sans cesse pour satisfaire les besoins de tous les enfants de la terre ?

[2] Le soin de tirer le pain de la terre n'appartient plus à Dieu, il en a spécialement chargé l'homme ; il a créé la semence, afin que l'homme puisse la semer et se procurer du pain. J'ai changé le distique des quatorzième et quinzième versets, ce qui donne à l'ensemble plus d'ordre et de symétrie, non-seulement pour la pensée, mais encore pour l'arrangement des mots.

Alcyphron. — Je conviens qu'il n'y a pas de beauté parfaite sans le naturel et le vrai. A quoi servent les mythologies qui n'apprennent rien? Quel fruit puis-je tirer de l'Edda du Nord qui me parle du ciel comme du crâne d'un géant tombé dans les combats, qui fait de la terre les ossements de ce géant, et voit l'origine des fleuves et de leurs sources dans les flots de sang qu'il a répandus? La poésie doit unir le vrai au beau, et animer l'un et l'autre par un sentiment d'intérêt commun; à cette condition seule, elle est à la fois la poésie du cœur et de la raison.

Eutyphron. — Il me semble que celle des Orientaux remplit cette condition sous tous les rapports. Quel tendre intérêt, par exemple, ne nous inspire-t-elle pas pour les fleurs et pour les plantes? En les animant, en les personnifiant, elle fait de Dieu le père de ces fleurs, de ces plantes; elles ont leur part de sa bénédiction afin qu'elles puissent se propager et se semer; pour elles aussi tombe la pluie qui les rafraîchit; pour elles aussi renaît le printemps qui leur donne une vie nouvelle. La renaissance de la verdure est devenue le plus beau symbole de la résurrection des morts; comme la conservation des végétaux est un témoignage palpable d'une prévoyance universelle et incompréhensible. Leurs amours et leurs mariages ont été de bonne heure observés et chantés par les Orientaux. Le palmier, le cèdre, la vigne et l'olivier ont fourni à la poésie hébraïque plus d'une belle et noble image. Malheureusement il ne nous en reste que des traits isolés. Si nous possédions plusieurs fables telles que celle de Jotham, plusieurs morceaux tels que le cantique des cantiques, nous y trouverions, sans doute, des images et des personnifications plus naïves et plus gracieuses que les dialogues de nos poëtes entre la rose et le zéphyre, ou les dialogues des poëtes persans entre la rose et le rossignol, le voyageur et la tourterelle. Sachons, toutefois, nous contenter du recueil de chants où respire le parfum de la rose, où résonne le roucoulement de la tourterelle. Ce sont les hymnes de l'amour salomonique..... Mais voyez, mon ami, le soleil est haut, la matinée s'avance.

ALCYPHRON. — Ne me quittez pas encore; citez-moi quelques personnifications du soleil; donnez-moi quelque hymne en l'honneur de cet astre. Je crois que la poésie hébraïque n'en possédait pas.

EUTYPHRON. — Si elle avait consacré des hymnes au soleil ou à quelque autre objet de la nature visible, elle serait tombée dans l'idolâtrie, et vous savez avec quel soin scrupuleux elle a toujours cherché à éviter cet écueil. Job dit à cette occasion :

« Si en contemplant le soleil et son éclat éblouissant, si en suivant du regard la marche superbe de la lune, mon cœur s'était enflammé en secret, si je leur avais jeté un baiser de ma bouche, j'aurais commis un forfait horrible, j'aurais renié le vrai Dieu du ciel ! »

Avec de pareils sentiments, tout hymne en l'honneur des corps célestes était impossible. La poésie hébraïque combattait d'autant plus vivement cette sorte d'idolâtrie, qu'elle était plus chère aux Orientaux; leur cœur avait pour ainsi dire besoin d'un roi, d'une reine des cieux. C'est pour satisfaire ce besoin que les poètes hébreux ont fait du soleil et de la lune des serviteurs de Dieu, et il est facile de se convaincre que, sur ce point aussi, ils ont su unir l'éclat à la vérité, la justesse à la beauté.

« Dieu dit que deux grandes lumières brillent au haut du ciel, qu'elles soient les reines des temps ! et il les suspendit sur sa grande forteresse, et elles sont les reines des temps ! »

On pourrait ajouter qu'elles sont les souveraines du monde, mais sous les ordres de Dieu, c'est-à-dire ses administrateurs, ses créatures, ses messagers. C'est ainsi que cette poésie utilisa les corps célestes.

ALCYPHRON. — On pourrait dire plutôt qu'elle ne les utilisa point.

EUTYPHRON. — Elle en tira, au contraire, un immense et important avantage. Le soleil, la lune, les étoiles se sont animés par elle, et c'est elle qui leur a désigné dans les cieux des demeures et des tentes particulières que ces astres occupent encore aujourd'hui dans les croyances des Arabes et dans celles des autres peuples de l'Orient. Écoutez ce beau passage, et vous conviendrez que la poésie grecque n'en a point qui soit digne de lui être comparé :

« Il a dressé dans les cieux une tente pour le soleil, et le soleil sort de cette tente radieux, comme le nouveau marié sort de la chambre nuptiale; et il suit sa marche joyeuse et fière comme le héros suit sa route triomphale. Il part de l'extrémité du ciel, il va jusqu'à l'extrémité opposée, et remplit le monde de son ardente chaleur. »

La lune et les étoiles ont également des habitations spéciales; Dieu les y scelle quand il lui plaît de les priver de leur lumière; et quand Jéhovah paraît et les éblouit par son éclat, elles se retirent et se cachent d'elles-mêmes. C'est ainsi que le prophète Habacuc fait arriver Dieu sur son char de bataille, pour conquérir et distribuer le pays. Le soleil et la lune surpris et effrayés reculent jusqu'à l'extrémité de leurs tentes; les éclairs de l'Éternel fendent les nues, ses flèches volent de tous côtés; et devant cette étincelante toute-puissance, le soleil et la lune humiliés achèvent de se retirer dans leurs demeures :

« Elles t'ont vu, les montagnes, et elles ont frémi ! Les eaux se sont enfuies, les abîmes ont gémi, les hauteurs ont élevé leurs mains jointes, le soleil et la lune se sont arrêtés à l'entrée de leurs tentes; et quand ils ont vu briller tes flèches et voler tes javelots étincelants, ils se sont retirés avec précipitation. »

Selon moi, il serait impossible de trouver des personnifications plus sublimes. La nature entière écoute, attend; la rapidité s'immobilise, l'étincelant s'obscurcit. C'est ainsi que les étoiles deviennent les armées vaillantes, les joyeuses filles de Dieu; car tout ce qui est beau, pur, immortel, leur est comparé; elles servent même à personnifier les anges.

ALCYPHRON. — Mais à quoi bon ces brillantes phalanges, et pourquoi sont-elles mises en mouvement?

EUTYPHRON. — Pour tout ce que Dieu juge à propos d'ordonner à ses serviteurs. Le nom même du soleil indique sa qualité de messager, et jamais les Hébreux ne l'ont révéré comme la source de toutes les richesses, de toutes les beautés de la terre. On ne lui attribue pas même l'accroissement et le développement des plantes; c'est Dieu lui-même qui les nourrit en leur distribuant l'air, la rosée et la pluie. Le soleil ne fait marcher à sa suite que le temps; il est le roi de la terre, mais sous les ordres du roi du ciel. Quand les étoiles sont les armées de Dieu, elles se mettent en campagne et combattent. On leur attribue les pluies battantes et les inondations. Le chant de Débora fournit un bel exemple de cette personnification. Quand les étoiles représentent des anges et remplissent les fonctions de messagères de Dieu, elles peuvent se tromper, voilà pourquoi elles causent des inondations et autres calamités. Enfin, Dieu reconnaît souvent qu'elles suivent de fausses routes; aussi ne se confie-t-il jamais entièrement à leur sagesse; leur lumière n'est pas toujours sans tache; en un mot, devant lui, la lumière du ciel n'est point parfaite. Mais lorsque, dans les jours à venir, il commencera son véritable règne, le soleil sera sept fois plus brillant, et la lune aura l'éclat du soleil. La poésie qui envisage la nature d'un point de vue si élevé, unit tous les objets de cette nature, d'après les règles d'un hymne immense, et les fait entrer en chœur dans un seul et même chant. Elle représente Dieu comme le berger des cieux, qui connaît et appelle par leurs noms chacune des étoiles ses brebis, qui les fait paître en différents groupes sur la prairie azurée du ciel, qui attache à Orion sa brillante ceinture, qui console la mélancolique promeneuse nocturne de la perte de ses enfants[1], qui noue le lien fraternel des pléiades, et cache ses plus secrets trésors étoilés dans les profondeurs du Sud; la poésie qui enfante de pareilles images de la nature et de Dieu, est la fille du ciel et de la terre. Lorsque nous nous occuperons spécialement de l'examen du livre de Job, nous y trouverons des vues astronomiques dont l'élévation vous surprendra.

ALCYPHRON. — J'attends cet examen avec impatience. Je commence à me réconcilier avec l'antique poésie du monde; elle sympathise avec toutes les créatures vivantes, et je me souviens que, dès mon enfance, j'aimais les passages où elle parle des animaux comme s'il ne leur manquait que la parole pour être les frères des hommes. Je trouvais qu'il était juste de n'appeler *vivants* que les habitants des champs et des forêts, car les animaux domestiques ne font, pour ainsi dire, que vé-

---

[1] C'est par cette image pittoresque que la poésie hébraïque désigne la constellation de la Grande-Ourse. (*Note du Traducteur.*)

géter dans une muette inaction. Les expressions énergiques de la langue hébraïque imitent si bien les cris des animaux! elles font croasser le prophète avec le corbeau; elles le font roucouler avec la tourterelle, ou gémir avec l'autruche du désert. Aussi avaient-elles pour moi un charme particulier. Je m'attachais surtout aux descriptions du cerf, du lion, du taureau, etc., car elles ne me donnaient pas seulement une juste idée de leur forme extérieure, mais encore de leur vitesse, de leur fierté, de leur force. Enfin, j'apprenais à connaître leurs mœurs et leurs caractères, et je ne puis m'empêcher de regretter de ne pas trouver, à la place de plus d'un cantique, une fable, une parabole, une énigme sur tel ou tel animal. En un mot, je voudrais que ces Orientaux n'eussent composé que des poésies sur la nature, parce que c'est là surtout qu'ils se montrent nobles et grands.

Eutyphron. — Le nom de Dieu est inséparable de cette nature vivante, puisqu'il en est le grand administrateur. Il distribue de la nourriture partout et à tous; il réjouit tous les yeux qui attendent son arrivée; il entend les cris de la jeune famille du corbeau et lui donne sa pâture; il est le protecteur de la chèvre sauvage, il compte les semaines de sa grossesse et l'assiste à l'heure solitaire et douloureuse de l'enfantement; il vit avec chaque animal dans la sphère où il l'a placé; il connaît ses souffrances et remplit ses désirs, car il les a fait tous ce qu'ils sont. Pour lui, rien n'est sauvage, rien n'est brut ni méprisable. Sa voix résonne dans le rugissement du lion qui demande une proie; son regard brille dans les yeux étincelants que, du haut de son castel de roc, l'aigle dirige vers la plaine. Il a donné à l'âne sauvage la prairie où il se nourrit, et c'est guidé par son intelligence à *Lui*, que le faucon fuit le chasseur. Il règne dans les abîmes des eaux et sur l'empire des monstres. L'affreux crocodile est aimé par lui, et le béhémot marque ses premiers pas dans la voie de la création des êtres vivants. Une profonde vénération pour la nature, la conscience de la bonté de Dieu et de l'ordre qu'il fait régner dans son vaste empire, se manifestent dans chaque vers de la poésie hébraïque; c'est que la nature a été sa nourrice, et qu'elle a grandi sur les genoux de cette noble mère.

Alcyphron. — Vous me rappelez une particularité de cette poésie qui m'a plus d'une fois scandalisé : elle place souvent les animaux au-dessus des hommes. L'ânesse de Balaam, par exemple, semble être pour l'ange un objet plus important que le prophète qu'elle porte. Dans le livre de Job, Dieu s'applaudit d'avoir créé le cheval et le lion, il est fier du béhémot et du léviathan, mais il ne parle pas de l'homme.

Eutyphron. — L'homme n'est point oublié dans cette poésie ; il est l'image de Dieu, le chef-d'œuvre de la création, un des Élohim visibles de la terre. Nous traiterons cette question une autre fois ; achevez l'hymne que vous avez commencé ; celui que je vous donnerai en échange terminera notre entretien matinal.

Alcyphron. — « [1] Il a créé la lune pour être la régulatrice du temps ; le soleil sait quand il doit descendre sur l'horizon.

« Tu crées les ténèbres, et voilà qu'il fait nuit ! Les bêtes fauves de la forêt s'agitent, et le lionceau mugit ; il attend une proie, tout demande sa nourriture à Dieu. Le soleil se lève, et les bêtes fauves de la forêt s'enfuient et se retirent dans leurs cavernes. L'homme alors paraît, il sort, il se rend au travail, il va jusqu'au soir cultiver la terre.

« Que tes œuvres, ô mon Dieu, sont nombreuses ! Tu les as toutes accomplies avec sagesse ; la terre est remplie des trésors que tu entasses dans ton ménage.

« Que la mer est grande ! qu'elle est large et spacieuse ! comme tout y fourmille ! Là, qui pourrait compter ? Tout y est vivant, le grand, le petit ! Là, les navires vont et reviennent ; là badine le léviathan, formé par toi pour qu'il joue dans les grandes eaux de la mer du monde !

« C'est en toi qu'espèrent tous les êtres vivants ; tu leur distribues à tous, et dans son temps, la pâture qu'ils demandent. Tu donnes, ils recueillent ; tu ouvres ta main, ils sont rassasiés de biens.

« Tu détournes ta face, toutes les créatures s'effraient ; tu retires ton souffle, elles meurent, elles retournent dans la poussière ! Ta respiration fait de nouveau circuler ton souffle ; elles sont créées de nouveau, et l'aspect de la terre se renouvelle.

[1] Psaume 104.

« Elle est éternelle, la gloire de Jéhovah! Jéhovah se glorifie dans ses œuvres; il regarde la terre, et la terre tremble! Il touche les montagnes, et les montagnes fument! Tant que durera ma vie, je veux chanter Jéhovah; tant que j'existerai, je veux louer Dieu! Ils seront doux mes chants en son honneur, et je me réjouirai en Jéhovah. Que par toi le seigneur soit loué, ô mon ame. Alleluia! »

Eutyphron. — Je vous donnerai une autre fois un chant en échange du vôtre; mais puisque vous demandez un hymne, en voici un rempli d'images orientales. Selon moi, il n'y a plus, dans toutes les langues vivantes de l'Europe, qu'un seul ton qui convienne véritablement à l'hymne, et ce ton est celui de Job, celui des prophètes et des psaumes. Il sonne haut et noblement dans le poëme immortel de Milton; Thomson l'a répété d'une voix plus faible, et notre Kleist l'a embelli en l'unissant à celui de la philosophie. C'est à la simplicité hébraïque que nous devons ces grands poëtes et leurs chefs-d'œuvre.

SUPPLÉMENT.

INVOCATION A LA LUMIÈRE, IMITÉE DE MILTON.

Gloire! gloire à toi lumière! premier enfant du ciel, coéternel rayon de l'Éternel; car Dieu est la lumière! sa demeure, éternellement inaccessible, est dans la lumière! Oui, brillante effusion d'un éclat incréé, c'est en toi qu'il réside de toute éternité!

Te serait-il plus doux de t'entendre appeler un pur fleuve d'éther? Mais la source de ce fleuve, qui l'indiquera? Avant qu'il ne fût, le soleil, avant qu'ils ne fussent, les cieux, toi, tu étais! et docile à la parole du Créateur, tu revêtis d'un habit de fête le monde, lorsque, conquis sur le vide, il s'éleva au-dessus de l'abîme des ténèbres!

Échappé du gouffre qui m'a retenu longtemps dans ses noires profondeurs, et plus longtemps encore dans cette vague obscurité qui sépare les enfers de ce monde, je reviens à toi d'un vol plus hardi, car lorsque je chantais la nuit et le chaos sur une autre lyre que celle d'Orphée, une muse divine m'apprit à reprendre mon élan du fond des abîmes vers la lumière du jour. Retour difficile et rare! Sorti intact, enfin, de tant de périls, je te visite de nouveau, et je sens l'heureuse influence de la lampe éternelle de la vie. Mais elle ne vient pas éclairer mes yeux : ils roulent dans leurs orbites, ils cherchent en vain un de tes puissants rayons, ils ne trouvent pas même la douce lueur du crépuscule. Une goutte épaisse est tombée sur eux, elle les a obscurcis, elle les a enveloppés du voile des ténèbres!

Et cependant, je dirige toujours mes pas incertains vers la source argentée et les frais ombrages, vers les collines que dore le soleil et qu'habitent les muses, car mon cœur est encore atteint par la flèche d'amour des chants sacrés!

Et toi! toi surtout, Sion, avec tes fleuves fleuris qui baignent tes racines sacrées et coulent en chantant; je te visite chaque nuit, et, près de toi, je me souviens de l'aveugle Thamyris et de l'aveugle Homère! je leur ressemble par le malheur; que ne puis-je les égaler en gloire! Je me souviens aussi de Tirésias de Phinée, de tous les prophètes du monde antique; et, nourri de pensées qui coulent sans effort en douce harmonie, je chante comme le rossignol qui veille dans l'ombre et remplit les bosquets de ses chants nocturnes!

Avec les années, les saisons reviennent, mais pour moi le jour ne reviendra jamais! Pour moi point d'aube matinale, point de crépuscule du soir! Il est perdu pour moi le doux aspect du printemps dans sa fraîche parure de fleurs nouvelles; je ne les reverrai plus, les brillantes roses d'été! Et vous, troupeaux qui paissez dans les champs, et toi surtout, face divine de l'homme, d'épais nuages vous dérobent à ma vue qu'environnent des ténèbres sans fin. Me voilà jeté en dehors des sentiers pleins de charmes que suivent le reste des mortels. A la place du grand livre de la science universelle, il n'y a plus devant moi qu'une feuille immense, mais vide! Elles s'y sont effacées, éteintes pour moi, les œuvres de la nature! Il a été sévèrement défendu à la sagesse d'arriver jusqu'à moi par cette route sur laquelle elle vient au-devant des autres hommes.

Redouble donc ton éclat, ô lumière du ciel; brille plus fortement en moi, pénètre mon esprit de ta puissance, chasse tous les nuages de mon ame, donne-lui des yeux afin que je puisse voir et redire des choses qui n'ont jamais été vues par un œil mortel.

QUATRIÈME DIALOGUE.

EXAMEN DU LIVRE DE JOB.

Livre de Job. — La meilleure manière de le lire. — Description de Dieu comme juge des étoiles, créateur du monde et dominateur des orages sur la mer. — Caractère d'Élihu dans ses discours. — Extrait de ses discours. — Paroles de Dieu sorties du sein de l'orage. — Éclaircissements sur les images sublimes de la nature dans la poésie hébraïque. — Sur la poésie de la nature en général. — Est-elle de la poésie proprement dite, ou n'est-elle que de la poésie morte? — But de cette poésie. — La personnification et l'animation sont ses premiers ressorts. — Exemples tirés du livre de Job. — Les descriptions des temps antiques sont-elles, en effet, sous ce rapport, supérieures aux descriptions des temps modernes, et quelle est la cause de cette supériorité? — La poésie de la nature est, pour ainsi dire, l'interprète de cette nature. — Cette faculté devient le second de ses moyens. — Exemples tirés du livre de Job. — Influence de la poésie de la nature sur le sentiment. — Son troisième moyen consiste dans son plan et dans son but. — Exemples tirés du livre de Job.
Supplément : Plusieurs personnifications imitées d'Ossian.

Lorsque Eutyphron fut visiter son ami, il le trouva occupé à lire le livre de Job.

Me voilà définitivement votre disciple, lui dit le jeune homme, car je lis ce livre avec plaisir. Il est vrai que je n'ai pas encore pu me faire à ces longs discours, à cette suite monotone de plaintes et de justifications, et surtout à ces interventions de la Providence qui ne remédient à rien. En un mot, je n'ai pas saisi le fil des divers dialogues de ce livre, mais je sens que ses descriptions de la nature et ses paroles simples et nobles sur les qualités de Dieu et sur son gouvernement universel, élèvent l'âme. Si vous voulez m'écouter, je vous ouvrirai les trésors de mon cœur, pour parler le langage des Hébreux, et je vous lirai les passages qui m'ont particulièrement frappé. Vous m'éclairerez ensuite sur le but de ce livre, sur son auteur, et sur l'époque à laquelle il peut avoir vécu.

Eutyphron. — Vous faites bien de vous occuper d'abord de

quelques passages isolés, car la lecture suivie d'un pareil ouvrage serait une nourriture trop forte pour nous. Nous demandons de la concision dans les dialogues, de la suite, de la clarté dans les idées, tandis que les Orientaux écoutent toujours avec patience. Ils aiment les longs discours, surtout lorsque ce sont des vers comme ceux du livre de Job, que l'on peut comparer à des perles tirées du fond de la mer, négligemment enfilées, mais précieuses. Toute la sagesse, toute la science des temps antiques est renfermée dans ce livre.

Alcyphron. — Mais la sagesse de quel temps ? En vérité on ne sait que penser d'un livre où l'on trouve tant d'idées justes sur la nature, tant d'expérience raisonnée unie à tant d'enfantillages et de pauvretés.

Eutyphron. — Ne vous occupez ni de l'auteur ni de son époque ; attachez-vous à l'œuvre avec ses richesses et ses pauvretés. Il est incontestable que ce livre nous vient d'un temps fort éloigné ; aussi n'est-ce jamais qu'avec un saint respect que je me hasarde à en chercher le véritable sens. Il me semble que j'entends une voix qui me parle à travers les pays et les siècles les plus éloignés, une voix qui a passé sur les ruines de plus d'une grande révolution du goût, une voix de trois ou quatre mille ans peut-être ; et alors, au lieu de vouloir la juger ou la mettre à l'unisson avec celles de notre époque, je me dis :

« Nous sommes nés d'hier, et nous ne savons rien ; notre vie ici-bas n'est qu'une ombre vaine ! Nos pères nous l'ont dit, ils nous l'ont enseigné ; et ces sages paroles, ils les ont puisées dans leurs cœurs. »

Commencez par les passages qui parlent de Dieu et de la nature. Mon oreille est prête à saisir les idées les plus anciennes de l'enfance du monde.

Alcyphron. — « [1] La force et l'effroi l'entourent, il est juge souverain dans les hauteurs des cieux ! Ses phalanges ne sont-elles pas innombrables, et sa lumière ne les surpasse-t-elle pas toutes en puissance ? Comment l'homme pourrait-il paraître juste devant Dieu ? Le fils de la femme pourrait-il être sans tache devant lui ? Regarde ! quand il paraît, la lune elle-même

---

[1] Job, chap. 25.

s'enfuit et disparaît de sa tente. Pour son regard, les étoiles ne sont pas assez pures ; comment l'homme pourrait-il l'être ? l'homme, ce ver, cet enfant de la terre, ce vermisseau !.... »

Eutyphron. — Que ces idées sur Dieu sont grandioses ! Il est le juge souverain des cieux ; c'est lui qui juge les démêlés des étoiles et des anges. Ses phalanges sont innombrables et brillantes, mais il les surpasse en éclat, c'est-à-dire ses jugements sont si lumineux, si purs et si justes, que les corps célestes s'y soumettent sans murmurer ; devant ces jugements, la lune et sa tente disparaissent, et les étoiles ne sont pas assez pures. Et quand, de ces hauteurs étincelantes du ciel, la pensée retombe sur l'homme qui veut interroger Dieu et lui demander compte de ces arrêts, voici quel est cet homme :

« Un ver, un enfant de la terre, un vermisseau !.... »

Alcyphron. — J'aime votre interprétation de ces obscures paroles du texte : « Il maintient la paix dans les hauts lieux... Sur qui sa lumière ne se lève-t-elle pas ?.... Devant lui, la lune n'ose déployer sa tente... »

Il me semble que je vois le juge de l'Orient prononcer ses arrêts sur les anges et sur les étoiles. Quelle gracieuse fiction poétique que cette lune obscurcie ; elle a fait disparaître sa tente des cieux, elle s'est cachée aux regards du juge !

Eutyphron. — Continuez la lecture de Job ; le chapitre suivant surpasse celui que nous venons de voir.

Alcyphron — « [1] A qui prêtes-tu ton assistance ? A celui qui n'a point de force. Qui as-tu hâte de sauver ? Celui qui ne saurait se sauver sans toi. A qui donnes-tu tes conseils ? A celui qui manque de sagesse, et tu l'as richement et loyalement conseillé. Mais qui veux-tu instruire par tes discours, et d'où vient le souffle qui sort de toi ? »

Eutyphron. — A qui, selon vous, se rapporte ce passage ?

Alcyphron. — Il me semble que c'est à Dieu. Job finit par s'adresser à lui-même les deux derniers vers, pour dire que Dieu n'a pas besoin d'être justifié par lui, puisque le souffle qui sort de sa bouche est celui de ce Dieu, et que la faible créature ne saurait plaider la cause de son créateur.

[1] Job, chap. 26.

Eutyphron. — Continuez, je ne vous interromprai pas davantage.

Alcyphron. — « Les ombres s'éveillent ; ils s'éveillent les abîmes et leurs sombres habitants ! La décomposition agit sans voile devant lui ; devant lui la destruction se montre à découvert ! Et il étend l'aquilon sur le vide, et il suspend la terre au-dessus du néant ! Il ferme et noue ses nuages pleins d'eau, et les nuages ne se déchirent point sous sa main. Il consolide les fondements de son trône et l'entoure d'épaisses nuées. Il mesure au compas la plaine des eaux, et leur donne pour limites le point où la lumière se perd dans les ténèbres ! Les colonnes du ciel frémissent, elles tremblent à sa voix irritée ! Sa toute-puissance frappe les mers et les partage, sa sagesse dompte l'orgueil des vagues, puis d'un souffle il rend aux cieux leur beauté ; sa main n'a frappé que le dragon qui fuyait !

« Regarde ! ceci n'est qu'une partie de sa route, qu'une seule de ses paroles fugitives à peine arrivée jusqu'à nous. Qui oserait décrire le tonnerre de sa puissance ? Qui pourrait le comprendre ? »

Eutyphron. — Vous vous êtes montré poète, laissez-moi maintenant remplir le devoir de commentateur. Dans ce morceau, Job surpasse et défait ses adversaires, comme il les surpasse et les défait toujours et partout. Il ne trace qu'un seul tableau de la puissance de Dieu, mais il va le chercher jusque dans le plus profond abîme du terrible, pour l'élever jusqu'à la plus haute région du grand et du beau. Le royaume du vide comparaît devant Dieu, et les gouffres du néant et de la destruction se dévoilent. Ces derniers, ainsi que nous l'avons déjà vu, sont toujours comparés aux profondeurs d'une mer déserte, sauvage et silencieuse ; le premier, ce vaste empire de ce qui n'est pas encore, fait entendre son affreux tumulte, les ombres frémissent, les images sans formes s'agitent et attendent ; l'abîme où ne pénétra jamais un rayon de lumière rejette ses voiles épais ! La création commence, et c'est encore le ciel et la terre qui marchent ensemble et se forment à la fois. Le créateur étend les cieux au-dessus des profondeurs immenses du vide et du néant, et c'est encore au-dessus de ces gouffres qu'il consolide la terre ; c'est là son point d'appui, c'est là qu'il veut qu'elle soit suspendue ; au reste, l'imagination a toujours placé au-dessous de la terre le séjour des ombres, des ténèbres et de la destruction. Puis il met tout en ordre dans les cieux pour se faire de la place, il noue les nuages pour y enfermer les eaux au milieu desquelles il construit et charpente son trône. Quand il a attaché ce trône avec des crampons, quand il l'a entouré d'un épais tapis de nuages, le voilà qui mesure au compas l'étendue du ciel et des eaux, et fixe leurs limites au point où la lumière se mêle à l'obscurité, c'est-à-dire là où finit l'horizon. La puissance de Dieu se manifeste par le tonnerre, et, pour rendre la scène plus imposante encore, elle se passe sur la mer, au milieu de la tempête. Dans les vagues en fureur, nous voyons des sujets révoltés qu'il chasse devant lui et qu'il sait dompter d'un mot. Un souffle de sa bouche, et la mer s'apaise, et les cieux reprennent leur éclat et leur beauté : sa main n'a frappé que le serpent qui fuyait ! le serpent, le dragon, le crocodile ou le monstre marin de cette partie du globe, car toutes ces images sont également employées dans la poésie des Hébreux. Peut-être Job ne voulait-il désigner que les vagues elles-mêmes, d'abord écumantes et furieuses, puis aplaties, affaissées tout-à-coup par la main de Dieu. Qu'importe ! le tableau se termine par un silence aussi imposant, aussi magnifique que le tumulte de son début était confus et terrible. Et tout cela, dit Job, n'est qu'un faible son de la voix merveilleuse de Dieu :

« Le tonnerre de sa puissance, qui pourrait le comprendre ? »

Chaque matinée nouvelle qui vient chasser la nuit, chaque orage, surtout lorsqu'il nous surprend sur l'océan, fait, pour ainsi dire, dérouler sous nos yeux le magnifique tableau de Job. Me lirez-vous quelqu'autre passage ?

Alcyphron. — Je choisirai le dernier hymne de l'enthousiaste Elihu, avant le dernier et magnifique oracle de Dieu.

Eutyphron. — Soit ! mais n'oubliez pas qu'Elihu n'est qu'une ombre destinée à faire ressortir l'éclat de l'oracle de Dieu. Elihu a une haute opinion de son savoir ; il parle bien, et cependant, ainsi qu'il en convient lui-même, il n'est encore que du vin nouveau qui déchire l'outre où l'on veut le contenir. Ses images sont belles, mais interminables; elles ne font que répéter ce que Job et ses amis ont dit avec plus de concision; aussi ne lui répondent-ils presque jamais. Il prépare et annonce, sans le savoir, l'avenir déjà arrêté dans la pensée de Dieu. C'est ainsi qu'en décrivant tous les phénomènes d'un orage qui se forme et éclate, il peint l'arrivée du juge souverain.

ALCYPHRON. — Je n'ai jamais remarqué cet enchaînement et cette gradation des images.

EUTYPHRON. — Mais sans cet enchaînement, sans cette gradation, les discours d'Elihu ne seraient qu'une tautologie insupportable. Celui que vous voulez me lire est fort long, je crois donc qu'il ne faut le commencer que par ces mots : Regarde ! Dieu est grand, etc. Quand vous serez fatigué, je vous remplacerai.

ALCYPHRON. — « [1] Regarde ! Dieu est grand dans sa puissance ! Où est le sage qu'on pourrait lui comparer ? Qui oserait sonder ses voies, qui oserait lui dire : Là, tu t'es trompé ?

« Pense à cela, et admire ses œuvres ; tous les hommes les chantent, tous les hommes les voient, mais l'homme, dans sa faiblesse, ne les voit que de loin.

« Regarde ! Dieu est grand ; nous ne savons pas combien il l'est, et le nombre de ses années personne ne le connaît. Il fait monter vers lui, en vapeurs diaphanes, les gouttes d'eau qui retombent en pluie, qui coulent comme des ruisseaux sur les hommes et partout autour d'eux.

« Et qui pourrait comprendre l'étendue de ses nuages et le craquement de sa tente ? Regarde ! il la couvre de toutes parts de ses éclairs, il cache les racines de la mer avec ses flots. Voici comment il châtie les peuples, voici comment il donne de la nourriture en abondance.

« Il prend l'éclair dans ses mains, il lui donne des ordres ! En quel lieu va-t-il tomber ? Dieu lui désigne le malfaiteur ; le méchant devient la proie de sa colère ! »

EUTYPHRON. — Nous retrouverons toutes ces images dans le discours de Dieu, mais plus belles et plus concises. Je

[1] Livre de Job, chap. 36, verset 22.

vais continuer le discours d'Elihu. Il peint l'orage qui se forme.

« Mon cœur se trouble et s'émeut, il tressaille dans ma poitrine. Écoutez sa voix; écoutez en tremblant la parole qui sort de sa bouche; elle cerne le ciel tout entier! Sa lumière saisit les ailes de la terre, et le mugissement du tonnerre la suit de près : c'est la voix de sa puissance, mais sa voix à lui, nous ne la connaîtrons jamais! Quand elle résonne, c'est un son merveilleux qui produit des merveilles, et nous n'en savons rien! Il dit à la neige : sois sur la terre ; à la pluie : coule à torrents, et tous les hommes réunis ne pourraient empêcher les hommes de reconnaître que voilà les œuvres de la puissance de Dieu! »

Alcyphron. — J'aime l'explication de ces mots : « Il scelle du sceau de sa puissance la main de tous les hommes ; » c'est-à-dire les hommes enchaînés par une puissance irrésistible restent surpris et immobiles, ils reconnaissent leur néant. Chaque orage ne vous fait-il pas éprouver cette sensation?

Eutyphron. — Je continue le discours d'Elihu et la description de l'orage :

« Les bêtes fauves se retirent dans leurs cavernes, elles s'y tiennent muettes et immobiles. Elle vient, elle arrive du sud, la tempête; le septentrion envoie ses frimas, le souffle de Dieu les convertit en glaces, et la vaste mer devient une plaine solide. L'éclair dissout la nuée, la lumière la disperse au loin, elle tourbillonne en longs sillons, elle suit la route que Dieu lui désigne, elle part pour exécuter les ordres que son regard lui a donnés ; elle arrose ici le buisson et là le pays que Dieu veut ranimer. »

Les Orientaux seuls pouvaient apprécier à ce point les bienfaits de la pluie, et suivre la marche des nuages avec cette attention soutenue qui leur permettait de la peindre avec tant de fidélité. Elihu décrit ce qu'il a sous les yeux. Mais continuez.

Alcyphron. — « Écoute, Job, écoute encore ceci : Comprends-tu les merveilles de Dieu, et sais-tu pourquoi il les a faites ? Sais-tu comment il allume ces nuages, et sais-tu par quel moyen ils nagent dans les airs? Comprends-tu la merveille de la sagesse suprême, quand elle fait venir du midi le souffle brûlant qui réchauffe la terre au point que tes habits te paraissent trop chauds? Lui aideras-tu à répandre partout cet éther qui est là, devant toi, solide et dur comme l'airain? Apprends-nous ce que nous devons lui dire? Où trouver des paroles dans les ténèbres qui nous entourent? Quelqu'un pourra-t-il lui répéter ce que je dis? Et s'il le pouvait... regarde! l'Éternel est parti! Sa lumière est invisible, son éclat est là, derrière ce nuage; le vent souffle et le purifie, le septentrion envoie son or étincelant : c'est la magnifique, c'est la terrible parure d'Elohah. Nous ne pouvons le trouver nulle part, le Tout-puissant, le Dieu fort, le juge souverain, celui dont la justice universelle est inexprimable. Vénérez-le, fils de la terre, il n'est pas un sage d'entre vous qui puisse le voir. »

Eutyphron. — Vous voyez jusqu'à quel point le jeune sage pousse son erreur. Il déclare impossible ce qui va arriver à l'instant même. Il est convaincu que la sombre nuée sépare éternellement les hommes de leur dieu, et que pas une oreille mortelle ne saurait entendre la voix de ce Dieu infini; et aussitôt Dieu paraît et parle. Que Jéhovah est loin de ressembler au portrait qu'Elihu vient de faire; son discours n'est qu'un diffus bavardage d'enfant auprès de la majestueuse parole de Dieu. Ce Dieu ne discute pas, il fait passer devant Job une suite d'images, il l'accable de sa création vivante et de sa création inanimée; lisez et vous verrez.

Alcyphron. — « [1] Jéhovah parle à Job du sein de l'orage et lui dit : Quel est cet homme qui ose obscurcir les paroles de Dieu par des paroles sans sagesse? Ceins tes reins! sois homme! Je veux t'interroger, instruis-moi! Où étais-tu lorsque je consolidais les fondements de la terre? Dis-le-moi, si tu le sais! Qui a déterminé sa mesure? qui l'a nivelée au cordeau? sur quoi reposent ses fondements? le sais-tu? Quelle main a posé sa première pierre angulaire au milieu des hymnes de joie que l'étoile du matin et tous les enfants de Dieu chantaient en chœur?»

Eutyphron. — Oublions les lois de la physique et de la géométrie, et ne voyons dans ces images que la plus ancienne

[1] Job, chap. 38.

poésie de la nature. Elle construit la terre comme on construit une maison ; tout est mesuré au compas, tiré au cordeau. Et quand les fondements sont posés, quand la première pierre angulaire est placée, tous les fils de Dieu et leurs sœurs, les étoiles du matin, entonnent un chant de gloire pour célébrer l'œuvre du maître, et l'apparition de leur jeune sœur. Reprenez votre lecture, et nous verrons succéder à la naissance de la terre celle de la mer.

Alcyphron. — « Qui ferma par des écluses la mer quand elle jaillit à torrents du sein maternel ? Je lui ai donné les nuages pour vêtements ; je l'ai enveloppée dans les langes des ténèbres ! j'ai prononcé mon arrêt sur elle ! j'ai dressé devant elle des portes et des verroux ; j'ai dit : Tu n'iras pas plus loin ! c'est ici que se briseront tes vagues fougueuses ! »

Eutyphron. — Je crois qu'il est impossible de donner de cet élément une idée plus grande que celle que nous en fait concevoir l'image qui nous le représente comme un enfant s'élançant des gouffres de la terre comme du sein d'une mère, et que, presque au même instant, le Créateur du monde enveloppe de langes. Le régulateur de toutes choses parle à cet océan comme à un être vivant, à un fier conquérant de la terre ; il ne lui adresse que peu de mots, et l'océan se tait et lui est éternellement soumis ! Voulez-vous continuer.

Alcyphron. — « As-tu, dans le cours de ta vie, une seule fois donné des ordres à l'aube matinale ? As-tu désigné à l'aurore la place où elle doit paraître, où elle doit saisir les coins de la terre et la secouer pour en faire tomber les brigands qui s'y étaient glissés pendant la nuit ? Regarde ! les choses changent de formes comme si elles étaient pétries de limon ; tout s'embellit d'une parure nouvelle ; le malfaiteur seul a perdu sa lumière, son bras audacieux vient d'être brisé ! »

Eutyphron. — Il est fâcheux que nos versions ne puissent pas exprimer plus clairement encore, que l'aurore est une gardienne, une messagère du Souverain des cieux, envoyée par lui sur la terre pour disperser les hordes de malfaiteurs. Que cet emploi est différent de celui que les habitants de l'Occident donnent à la déesse par laquelle ils personnifient l'aurore ! Toutes les peintures que les Hébreux font du brillant phénomène qui précède le lever du soleil, désignent la crainte que leur inspiraient les brigands, et l'espoir de les voir se disperser avec les premiers rayons du jour, ce qui ne manquait jamais d'arriver. Aujourd'hui même encore, les Arabes ne prolongent jamais leurs brigandages au-delà du lever du soleil. Voyons la suite du discours de Dieu.

ALCYPHRON. — « As-tu marché sur les gouffres de la mer? Es-tu descendu dans les profondeurs des abîmes? Les portes de la mort se sont-elles ouvertes devant toi? As-tu vu l'entrée de l'empire de la destruction? Ta science s'étend-elle jusqu'aux extrémités de la terre? Parle, les connais-tu?

« Où réside la lumière? Quel sentier conduit à sa demeure? Et les ténèbres, où séjournent-elles? Va les saisir à leurs dernières limites; tu sais dans quelle direction j'ai placé leur maison. Oui, tu le sais, tu connais la route par laquelle les arrêts du juge conduisent à cette noire maison; car alors tu étais déjà né; le nombre de tes jours est si grand! »

EUTYPHRON. — Dans ce passage tout est personnifié; la lumière, la nuit, la mort, la destruction. Les unes ont des palais fermés par des verroux, les autres une maison, un empire, des limites! Quel monde poétique, quelle description poétique du monde!...

« ALCYPHRON. — As-tu pénétré dans les lieux où je tiens mes provisions de neige? As-tu vu les trésors de grêle que je réserve pour mes jours de calamité, pour mes jours de guerre et de bataille? »

EUTYPHRON. — Cette amère ironie est le cachet dominant du discours de Dieu. Il feint de craindre les attaques de ses ennemis; pour s'en garantir, il entasse là haut des dépôts de grêle et de neige dans de vastes magasins qui sont ses arsenaux; dans les nuages et dans les abîmes, tout est plein de poésie.....

ALCYPHRON. — « Sur quelle voie se divise la lumière quand le vent de l'ouest se disperse à travers le pays? Quelle main creuse les conduits des eaux du ciel et trace leur route aux nuées chargées d'orage? Qui les fait fondre en douce pluie, là où il n'a y pas d'hommes? Qui arrose les déserts que personne n'habite, et y fait germer l'herbe jeune et tendre?

« Quel est le père de la pluie? Les gouttes de rosée, qui les a créées? De quel sein maternel est sortie la glace? Le givre du ciel, qui l'a fait naître? Les eaux s'amoncellent et se pétrifient; la surface des vagues s'enchaîne elle-même. »

Eutyphron. — Comme la richesse de cette poésie embrasse à la fois le ciel et la terre! Là haut s'épanchent des ruisseaux de lumière que le vent de l'ouest pousse au-dessus de tous les pays, et le Père céleste creuse des canaux à la pluie et trace la route des nuages. Ici-bas l'eau se convertit en rochers, et la mer s'immobilise sous les chaînes glacées du froid; la pluie, la rosée, le givre, tout a un père, tout a une mère. Reprenez votre lecture, et nous allons voir le monde sous un point de vue aussi beau qu'élevé.

Alcyphron. — « As-tu formé le lien fraternel des pléiades? Peux-tu dénouer le nœud d'Orion? Est-ce toi qui fais arriver en son temps chaque signe du zodiaque? Apparaît-elle à ta voix, la grande ourse et sa famille?

« Connais-tu les lois qui régissent les cieux là-haut, et les as-tu inventées ici-bas, sur la terre? Ta parole s'élève-t-elle jusqu'au plus haut des nuages, et marche-t-elle avec lui au milieu des torrents d'eau? Tu envoies les éclairs, et ils marchent; ils te disent : nous voici!

« Qui a donné une intention à la marche des nuages? Qui a donné de l'intelligence aux météores? Qui sait sagement compter les gouttes d'eau, et les faire tomber du ciel en douce pluie? Qui arrose la poussière afin qu'elle s'unisse, que la motte se joigne à la motte? »

Eutyphron. — Ce trait termine ce que l'on est convenu d'appeler la création inanimée, et cependant ce n'est pas ainsi que nous venons de la voir. Un lien indissoluble unit les sept gracieuses sœurs qui annoncent et précèdent le printemps; Orion, ou quelle que soit la constellation désignée par le mot *Chesil*, est un vaillant homme armé qui apporte l'hiver; les divers signes du zodiaque viennent chacun, à leur tour, s'élever au-dessus de la terre, comme les fleurs d'une couronne qui tourne sans cesse autour d'elle dans le même sens. Vers le pôle du nord, le père du ciel fait paître la grande ourse avec ses petits, ou, selon d'autres passages et d'autres commentateurs, la voyageuse nocturne mère des étoiles qui cherche ses enfants perdus; et il la console, sans doute, en lui amenant des étoiles nouvelles à la place de celles qui ont disparu. Qui pourrait voir la plus grande étoile de la constellation de la grande ourse, se tourner pendant toute la nuit sur le ciel, comme si, en effet, elle y paissait avec ses enfants? qui pourrait voir la ceinture si merveilleusement brodée du zodiaque, s'avancer sur l'horizon comme pour régler la marche des saisons, sans se rappeler les temps où un peuple pasteur, campé sous la voûte de son riche ciel oriental, voyait, chaque nuit, passer sur sa tête ces magnifiques images qu'il animait au gré de ses rêveries pastorales et de ses affections paternelles? Ce souvenir, mon ami, peut seul donner aux passages que nous venons de lire, l'auréole étoilée dont ils brillent dans le texte, et que la précision de leur symétrie rend presque intraduisibles. Nos verbes *nouer* et *dénouer* ne donnent qu'une faible idée de ce texte. Il en est de même du morceau où Dieu prête de l'intelligence aux abîmes ténébreux, aux cortèges errants des nuages, aux météores aériens: ces fictions imagées, personnifiées et symboliques disparaissent ou s'affaiblissent en passant dans une autre langue. Et cependant, ces ordres donnés aux éclairs et leurs réponses laconiques, la marche de Dieu dans les nuages, son exactitude à compter les gouttes de pluie qui tombent doucement et en abondance, tout cela est une si belle poésie de la nature.....

ALCYPHRON. — Dont vous semblez être un amateur passionné. Nos critiques cependant la déclarent morte. Ils soutiennent même que ce n'est pas de la poésie, mais une froide description de choses et de formes impossibles à décrire.

EUTYPHRON. — Si elle n'était que cela, je conviens qu'elle ne mériterait pas le nom de poésie. Celui qui peint le printemps, la rose, le tonnerre, les glaces, l'hiver en traits vulgaires, froids et ennuyeux, n'est ni bon poète, ni bon prosateur. La poésie de la nature a d'autres ressources que celles d'une faible description de détails, dont, au reste, elle ne s'occupe jamais.

ALCYPHRON. — Et quelles sont ces ressources?

Eutyphron. — La poésie! Elle seule anime tout et met tout en action. Voyez le livre de Job : la terre est un palais, le père de famille pose la première pierre angulaire de ce palais, et tous ses enfants entonnent aussitôt un chant de bonheur; l'océan naît comme un enfant, et son père l'emmaillotte de nuages; l'aurore agit, les éclairs partent! L'image qui remplace l'image est une personnification nouvelle qui donne de la vie à la poésie. L'ame se représente vivement les objets, et elle est entraînée par eux quand elle en voit les résultats ; les longues descriptions l'éloignent de ces objets et détendent ses forces, car ces descriptions ne lui donnent qu'un misérable bagage de mots, que les ombres morcelées des formes, à la place des êtres vivants et réels que la poésie hébraïque fait mouvoir devant elle.

Alcyphron. — Mais, mon ami, qui pourrait, qui voudrait imiter les fictions des Orientaux? Qui voudrait faire de l'océan un enfant en maillot? sillonner le ciel de canaux? y construire des arsenaux pour y entasser la neige et la grêle?

Eutyphron. — Rien ne serait plus déplacé; car chaque idiome, chaque nation, chaque climat a des sources poétiques qui lui sont propres. Faire des emprunts à un peuple si loin de nous, serait donner la preuve d'une pauvreté honteuse; mais nous devons marcher sur la route qu'il a suivie, puiser aux sources où il a puisé. L'homme qui ne sent pas que devant ses regards et aux battements de son cœur la nature s'anime, qu'elle lui parle, qu'elle agit, celui-là ne sera jamais son poète; elle est morte pour lui, et tout ce qu'il pourra en dire ne sera qu'une lettre morte.

Alcyphron. — En ce cas, les siècles d'ignorance avaient un grand avantage sur les siècles éclairés par l'étude et la connaissance exacte de la nature. Les premiers abondent en poésie, tandis que les autres ne savent faire que des descriptions.

Eutyphron. — Je crois que nous n'avons pas les mêmes opinions sur ce que vous appelez les époques d'ignorance. Chaque peuple de ces époques connaissait la nature qu'il chantait, et, sous certains rapports, il la connaissait mieux que les savants qui l'étudient d'après les classifications de Linnée. Ces classifications sont indispensables pour donner une juste idée de l'ensemble des espèces ; mais, si on les prenait pour base de la poésie, il vaudrait tout autant composer un poème épique avec le *Dictionnaire des rimes* de Hübner. Je les aime, moi, ces poètes des temps antiques qui envisageaient la nature sous un point de vue moins étendu, mais qui la voyaient vivre, parce qu'ils la regardaient avec les yeux du cœur, et qu'ils y cherchaient sans cesse des analogies avec l'homme. Aussi s'attachaient-ils beaucoup moins à l'étudier qu'à la contempler.

ALCYPHRON. — Voudriez-vous voir revenir les époques d'ignorance où la contemplation tenait lieu de tout ?

EUTYPHRON. — Chaque époque peut et doit poétiser convenablement ses idées sur le système général des êtres ; et, si elle ne le fait pas, elle doit trouver, du moins, dans les mensonges poétiques sur la nature, des beautés que la vérité systématique n'aurait pu lui fournir. Ne croyez-vous pas, mon ami, que les systèmes de Copernic, de Newton, de Buffon, de Priestley, pourraient, tout aussi bien que les idées les plus simples, fournir de nobles poèmes sur la nature ? Et n'est-il pas étonnant que nous n'en ayons point ? Pourquoi les fables si naïves et si touchantes des anciens peuples ignorants, ont-elles plus d'attrait pour nous que l'exactitude et la vérité de la science moderne ? N'est-ce pas parce que ces peuples voyaient tout vivre de leur propre vie, tout, jusqu'à Dieu qu'ils se figuraient semblable à eux ; jusqu'à l'univers qu'ils resserraient dans les bornes étroites d'une maison où ils animaient tout, tantôt par l'amour et tantôt par la haine ? Le premier poète qui étendra ce charme sur le monde de Buffon ou de Newton, produira, avec des idées vraies, les mêmes effets poétiques que les anciens peuples ont produits avec leurs étroites fictions. Espérons qu'il naîtra bientôt un tel homme ; mais tant qu'il ne paraîtra pas, tâchons d'oublier ce qui nous paraît ridicule dans les sublimes beautés poétiques de ces anciens peuples, parce qu'ils ne connaissaient pas encore nos lois physiques et mathématiques. La plupart de leurs allégories et de leurs personnifications contiennent plus de vérités palpables qu'il n'y en a dans nos savants raisonnements ; au reste, tout ce qui part du cœur se fait entendre par lui.

ALCYPHRON. — Cette antique poésie de la nature, cependant,

ne me paraît pas aussi touchante que vous voulez bien le dire.

Eutyphron. — Les impressions qu'elle fait naître sont plus douces et plus durables que celles de toute autre poésie. Quelle fiction, par exemple, pourrait surpasser celle qui nous représente Dieu comme l'administrateur infatigable de sa création, dont il nous retrace l'image par chaque jour nouveau, par chaque saison nouvelle? Peut-il y avoir un langage plus puissant que celui qui nous rappelle, lors même que ce serait d'une manière laconique et tronquée, ce que nous sommes, et ce que notre existence a de joies et de douleurs? Ne vivons-nous pas tous dans cette grande maison de Dieu, et n'y puisons-nous pas tous nos sensations et nos idées, nos souffrances et nos plaisirs? Je la trouve noble et sacrée, la poésie qui me donne des yeux pour contempler la création dans son ordre admirable, et dans ses rapports avec moi! je la trouve noble et sacrée, la poésie qui, par des paroles inventées pour ainsi dire à cet usage, me fait voir, avec les yeux de l'imagination, l'amour, la sagesse et la toute-puissance qui ont procédé à cette création! Où est le malheureux qui, lors même que son ame serait en proie au désespoir, pourrait lever les yeux vers le ciel étoilé de la nuit, sans se sentir plus tranquille, plus calme? Pourrait-il regarder ces lumières étincelantes et silencieuses, sans se rappeler instinctivement les paroles si simples que Dieu adresse à Job: « As-tu noué le lien fraternel des pléiades? » Et ne croirait-il pas entendre Dieu lui-même répéter ces paroles du haut des cieux?... Ce sont là les effets que produit toute véritable poésie, toute interprétation naïve de la nature. Un trait, un mot nous rappelle souvent des scènes imposantes dont nous avons été témoins, et les fait revivre, non-seulement à nos regards, mais encore dans notre cœur. Ce dernier résultat était immanquable, quand le poète de la nature avait lui-même un cœur sensible et bon, ainsi que cela arrivait presque toujours.

Alcyphron. — Eh quoi! tous les poètes de la nature étaient sensibles et bons?

Eutyphron. — Du moins tous ceux qui méritaient réellement ce titre; car, sans la bonté, sans la sensibilité, il est impossible de devenir un observateur clairvoyant, un interprète puissant de la nature. Le poète qui ne s'occupe que des actions des hommes, si souvent blâmables et viles, qui sonde, avec une activité vive, puissante, mais malintentionnée, les profondeurs impures du cœur humain, arrive tôt ou tard à corrompre ses lecteurs, et à se corrompre lui-même. La véritable poésie de la nature, celle qui a Dieu pour objet et pour but, ne produit jamais ces funestes résultats. Elle élargit le cœur et le regard ; elle donne à l'un de la force, de la liberté, de la joie, à l'autre du calme et de la pénétration ; elle inspire des sentiments d'amour et de tendre intérêt pour tout ce qui existe ; elle exerce l'esprit en le conduisant à la recherche des lois de la nature, et fait marcher la raison sur sa véritable route. C'est ainsi qu'agit toute poésie de la nature, et surtout celle des Hébreux.

ALCYPHRON. — Même aux chapitres de Job que nous venons de lire ?

EUTYPHRON. — Sans doute. Il serait extravagant de juger certaines images poétiques d'après nos modernes découvertes scientifiques, et de faire un crime à Job de n'avoir pas pensé, à son époque, comme pensent les philosophes et les naturalistes de nos jours. Mais l'idée principale, qui fait de l'univers la maison de Dieu, où tout est soumis à des lois générales et gouverné par Dieu lui-même avec la prescience des plus petits évènements et avec une bonté inépuisable, cette idée principale est noble, utile et vraie. Elle se manifeste dans la poésie hébraïque par des exemples d'actions qui, toutes, contribuent au but de l'ensemble ; car les phénomènes les plus merveilleux n'y sont que les œuvres ordinaires et quotidiennes de l'infatigable père de famille. Donnez-moi un poème où notre physique, nos découvertes et nos opinions sur la structure de l'univers soient exposées par des images aussi concises, par des personnifications aussi vivantes, par des interprétations aussi justes, et d'après un plan entraînant qui soit à la fois un modèle d'unité et de variété ; enfin, donnez-moi un poème qui réunisse toutes ces qualités à un aussi haut degré que le livre de Job, et je le préférerai à plus d'une épopée héroïque. Il est vrai que j'exige, avant tout, l'animation des objets pour les sens, l'interprétation de la nature pour le cœur, et, pour la raison, un but arrété dans la composition comme dans l'exécution. Ce dernier point surtout manque entièrement à la plupart de nos modernes poètes de la nature.

ALCYPHRON. — Il me semble que vous demandez l'impossible. Le but de la plupart des scènes de la nature est un mystère pour nous. L'empire de cette mère toute-puissante est si vaste, sa marche est si lente, ses vues si infinies...

EUTYPHRON. — Que les poèmes qu'elle inspire devraient être vastes, lents et infinis comme elle? Eh bien! vous vous trompez. Si cette bonne et noble mère ne nous offre ni plan, ni unité dans ses pensées, si nous ne voyons que l'envers du savant tissu de cette Pénélope, n'aspirons pas à l'honneur d'être son poète. Mais si elle se dévoile devant vous, si elle vous montre sa face divine, oh! alors, parlez, chantez, car tout en elle vous paraîtra enchaînement, ordre, bonté, intelligence! Votre poème sera, comme la création, κόσμος, une œuvre régulière et complète; il aura son plan, ses contours, son intelligence, son but; l'ensemble plaira à la raison, les détails parleront au cœur et frapperont les sens par leur animation. Tout est enchaînement dans la nature; mais le regard humain ne peut saisir cet enchaînement merveilleux que par des analogies humaines. Il a besoin de comparer les diverses époques du jour et de l'année aux diverses époques de notre vie; il a besoin de voir dans l'homme un lien qui unit les pays et les climats; il a besoin de voir en Dieu un créateur, un principe éternel qui unit les époques et les générations. Alors ce Dieu, ce créateur devient l'œil du monde, qui, sans lui, ne serait qu'un vide incommensurable; et cet œil unique fait du tout un seul point de vue. Je me vois encore forcé de vous ramener à la poésie de la nature des Hébreux. Appelez-la riche ou pauvre, que m'importe; il est certain qu'elle nous a donné les premières notions sur l'unité de l'intelligence qui gouverne le monde; car les Hébreux voyaient partout le Dieu du ciel et de la terre. Voilà ce que vous chercherez en vain chez les Grecs, chez les Celtes, chez les Romains; aussi, combien, sous ce rapport du moins, Lucrèce n'est-il pas inférieur à Job et à David!

ALCYPHRON. — Vos manières de voir sont un peu trop orientales, surtout en ce qui concerne les personnifications. Relisez nos critiques, et vous verrez qu'ils nous recommandent d'user avec la plus grande sobriété de ces sortes d'ornements.

EUTYPHRON. — Et ils ont raison; car ils ne parlent que d'ornements, mais moi je parle de l'ame et de l'animation. Ossian n'est pas un poète oriental; il n'est pas même le poète de la nature dans toute l'acception du mot, et cependant, chez lui, tout est plein de mouvement et de vie; tout est personnifié, depuis le souffle du vent, depuis la vague de la mer jusqu'à la barbe du chardon. Pour lui, le soleil est un jeune homme plein d'ardeur, la lune est une gracieuse jeune fille qui a plus d'une sœur dans le ciel; l'étoile du matin est un aimable adolescent qui arrive, jette un regard curieux autour de lui et s'enfuit. Sous ce rapport, on peut appeler Ossian le frère de Job. En voici quelques exemples, lisez-les avec attention; j'espère qu'ils vous réconcilieront avec les poétiques personnifications de l'Orient.

SUPPLÉMENTS.

INVOCATIONS D'OSSIAN.

I.

Au Soleil couchant.

« Vas-tu quitter ta carrière[1] d'azur, fils du ciel à la chevelure dorée ? L'Occident t'ouvre ses portes, c'est là qu'est ton lit de repos. Les vagues viennent contempler ta beauté, elles relèvent timidement leurs têtes tremblantes, elles admirent ton gracieux sommeil, et se retirent en frémissant de crainte ! Dors, ô soleil, dors au fond de ta grotte ombragée, et que ton retour soit pour le monde un gage de bonheur ! »

II.

Au Soleil levant.

« O toi qui roules là-haut, rond comme les boucliers de mes

[1] Le mot *carrière* est employé, dans les poésies d'Ossian comme dans les Psaumes, pour exprimer les grandes actions des héros.

pères, d'où viennent tes rayons, ô soleil? d'où vient ta lumière permanente? Tu parais dans ta sublime beauté, et les étoiles se cachent dans le ciel, la lune froide et pâle se plonge dans les vagues de l'Occident, et toi, tu marches, tu avances seul dans ta carrière! Qui oserait t'y servir de compagnon?

« Ils tombent, les chênes de la montagne; les montagnes disparaissent avec les années! La mer se dessèche, se retire et grossit de nouveau; la lune elle-même s'égare dans les cieux, toi seul tu es toujours le même, joyeux et fier de l'éclat de ta carrière!

« Quand la tempête tient le monde enchaîné sous ses ténèbres, quand le tonnerre mugit et que les éclairs volent, toi, toujours beau, tu regardes à travers les nuages, et tu ris de la tempête.

« Mais hélas! c'est en vain que tu laisses tomber un regard sur Ossian; il ne voit plus tes rayons, il ne sait pas si ta chevelure d'or se baigne dans les vagues de l'Orient, ou si tu tressailles en franchissant le seuil des portes de l'Occident.

« Peut-être, toi aussi, n'es-tu, comme moi, que pour un temps! pour toi, peut-être aussi, les années auront un terme! Alors tu dormiras sur ton lit de nuages, sourd à la voix du matin qui t'a réveillé tant de fois!

« Réjouis-toi donc, ô soleil, puisque tu es encore dans la force de la jeunesse, car la vieillesse est triste et sombre. Elle ressemble aux vacillants rayons de la lune qui nous arrivent à travers des nuages brisés, à travers la brume qui dort sur la colline, quand le souffle du nord passe sur la plaine, et que le voyageur tressaille sur sa route. »

III.

A la Lune.

« Tu es belle, ô fille des cieux! ton silence est doux et bienveillant; et quand tu nous arrives, ta marche est gracieuse et pleine de charmes! Les étoiles t'attendent et comptent à l'Orient les traces de tes pas d'azur. Les nuages se réjouissent de ta présence, ô lune! car tu embellis leurs sombres bords d'un reflet doré.

« Qui peut t'égaler dans les cieux, fille de la nuit? A ta vue, les étoiles se sentent humiliées et se hâtent de détourner leurs yeux étincelants.

« Mais quand ta face se voile de ténèbres, en quel lieu dérobes-tu alors ta carrière? As-tu, comme Ossian, un sombre portique où tu demeures à l'ombre du noir chagrin, parce que tes sœurs sont tombées du ciel? Naguère elles s'y réjouissaient avec toi pendant la nuit; maintenant elles ne sont plus!

« Oui, elles sont tombées[1] ces douces lumières, voilà pourquoi tu vas si souvent pleurer en secret. Mais toi-même?...... Une nuit viendra où tu ne paraîtras plus, où ton bleu sentier restera désert dans le ciel!

« Et alors elles redresseront leurs têtes, elles triompheront, les étoiles que ton éclat humilie aujourd'hui.

« Tu es belle encore, et parée de tes plus doux rayons. Viens nous regarder à travers ton céleste portail; haleine des vents, déchire les nuages, afin qu'elle puisse nous voir, la belle enfant de la nuit. Que les monts et les bosquets reflètent sa lumière, et que sous ses rayons l'Océan roule des vagues bleuâtres! »

IV.

À l'Étoile du soir.

« Étoile de la nuit descendante! elle est belle, ta lumière qui brille à l'ouest! Tu relèves fièrement ta tête chevelue au-dessus de ton nuage, et tu gravis ta colline d'un pas noble et hardi.

« Qu'est-ce donc que ton regard cherche dans la plaine? Les vents impétueux se sont apaisés, le murmure du fleuve vient de loin, et il est plus loin encore le roc superbe que les vagues courroucées gravissent en hurlant. Les moucherons du soir se balancent sur leurs ailes fragiles; pour eux, les champs où ils bourdonnent sont la carrière[2] du combat.

---

[1] Ossian emploie toujours le verbe *tomber* à la place du verbe *mourir*.

[2] Dans les poésies d'Ossian, les moucherons, comme les guerriers, ont leurs exercices et leurs batailles.

« Que cherche-t-il, ton regard, belle lumière? Tu souris, et déjà tu nous échappes! Les vagues t'entourent avec joie et baignent ta gracieuse chevelure! Adieu, silencieux et fugitif rayon; adieu! »

CINQUIÈME DIALOGUE.

SUITE DE L'EXAMEN DU LIVRE DE JOB.

Vie et mouvement de la création dans le livre de Job. — Couleur principale des images. — En quel lieu vivait Job? — Était-ce dans la vallée de Gutte, près de Damas? — Motifs qui autorisent à regarder les sentences de ce livre comme le résultat de la sagesse des enfants d'Édom. — Sur le caractère égyptien des images contenues dans ce livre. — Son auteur était-il Égyptien? — Étendue de ces images. — La dénomination de béhémoth s'applique-t-elle à l'éléphant ou à l'hippopotame? — Moïse est-il l'auteur de ce livre? — L'a-t-il traduit de l'arabe? — L'aurait-il découvert pendant son séjour près de Jéthro? — A quelle époque ce livre a-t-il été apporté en Judée? — N'est-il qu'une imitation que les Hébreux ont fait passer dans leur poésie? — L'introduction historique contenue dans les deux premiers chapitres de ce livre, est-elle aussi ancienne que le livre lui-même? — Le Satan dont il est parlé dans ce livre, est-il une conception chaldéenne? — Idée de Job sur la justice du ciel et sur celle de la terre. — Plan du livre considéré comme un traité de la science du droit, et un combat de la sagesse personnifiée. — Les amis de Job ne sont-ils que des indications de caractères? — Leurs discours ont-ils de la suite et de l'enchaînement? — Ce livre n'est point un drame, mais une discussion entre plusieurs sages dans le genre oriental. — Est-il fondé sur un fait historique? — Sa composition poétique.

Supplément : Considérations sur le livre de Job.

ALCYPHRON. — Je suis impatient d'examiner avec vous la seconde partie du discours que Dieu adresse à Job, car c'est là que les animaux sont mis en scène comme s'ils étaient des créatures humaines. Je me charge de la lecture; vous ferez les interprétations et les commentaires. Le roi des animaux paraît le premier :

« Chasses-tu une proie pour le lion? Apaises-tu la faim des lionceaux quand ils restent étendus dans leur caverne, ou quand ils sont à l'affût dans leur embuscade?

« Qui donne la pâture au corbeau quand ses petits crient vers Dieu, et qu'il erre de tous côtés pour leur trouver de la nourriture?

« Connais-tu l'instant de l'enfantement de la chèvre sauvage? et songes-tu à soulager les douleurs de la mère du faon qui va naître? As-tu compté le nombre de lunes pendant lequel elles sont forcées de porter leur fardeau? et sais-tu quand elles doivent le déposer? Elles se tordent, elles gémissent, elles poussent violemment hors d'elles les enfants de leurs douleurs! Et ils prospèrent ces enfants, ils se multiplient dans le désert, ils partent, ils vont au loin et ne reviennent plus jamais auprès de leurs mères. »

Eutyphron. — La cruauté du lion, la laideur des jeunes corbeaux, dont cependant Dieu prend également soin, leurs voix gémissantes dépeintes avec tant de concision, sont des images qui parlent d'elles-mêmes. Nous avons déjà mentionné la prévoyance paternelle de Dieu pour la chèvre sauvage et pour les autres mères du désert. Voyez maintenant comment Dieu les dédommage de leurs douleurs : leurs petits prospèrent et ne leur donnent plus aucune peine. Nous trouverons dans la peinture de plusieurs autres animaux les preuves nouvelles de cette sagesse, qui place toujours une compensation à côté de chaque souffrance. Le morceau suivant va vous en fournir un exemple.

Alcyphron. — « Qui rend libre l'âne sauvage? qui brise pour lui les liens de la servitude? Je lui ai donné le désert pour maison, et les contrées arides pour demeures. Là, il se rit du tumulte des villes ; là, les cris menaçants de l'ânier n'arrivent point jusqu'à lui. Il trouve l'herbe verte partout où elle germe. »

Eutyphron. — Comme les bienfaits de la liberté se mêlent naturellement à la description de cet animal timide. Il habite les lieux déserts et arides ; mais combien ces lieux ne sont-ils pas préférables au tumulte des villes! Tandis que son frère asservi tressaille à la voix de l'ânier, il lui est permis, à lui, d'élever son regard vers les hauteurs verdoyantes, et d'aller partout chercher de la verdure naissante. Sa vie au désert est sobre, mais libre et joyeuse. Voulez-vous continuer?

Alcyphron. — « Peux-tu réduire le taureau sauvage à te servir? le contraindras-tu à passer la nuit au râtelier de tes étables? Attache-le au trait de la charrue; essaie de lui faire labourer la vallée à ta place. Repose-toi sur lui, car il est fort! repose-toi sur lui pour ton travail; laisse-lui le soin de rentrer les moissons et de remplir les aires. »

EUTYPHRON. — Le taureau sauvage est comparé ici au taureau domestique, pour prouver que le premier ne se courbe jamais sous le joug que le second supporte patiemment, et qu'enfin chaque créature a sa vie, son bonheur à elle. Passons aux descriptions de l'autruche, du cheval et de l'aigle, qui terminent si magnifiquement le tableau des sept animaux que Dieu trace à Job.

ALCYPHRON. — « Au milieu de cris d'allégresse, des ailes joyeuses s'agitent, se meuvent là-bas ! Est-ce l'aile, est-ce le plumage de la cigogne ?

« Elle confie ses œufs à la terre, et, pour les échauffer, elle les couvre de sable brûlant, et elle ne songe point que le pied de l'homme ou celui d'une bête fauve peut les écraser en passant. Impitoyable pour ses enfants comme s'ils ne lui appartenaient pas, elle ne recueille jamais les fruits de la maternité, et ne s'en chagrine point, car Dieu a voulu qu'elle oubliât de penser. Il ne lui a pas donné sa part du don précieux de la réflexion ; mais, quand elle s'élève et s'excite à la course, elle se rit du cavalier et de son coursier.

« As-tu donné au cheval sa vigueur ? as-tu orné son cou d'une crinière flottante ? et le fais-tu bondir comme bondit la sauterelle ? Son hennissement superbe répand l'effroi ; il frappe et creuse la terre de son pied et s'enorgueillit de sa force. Quand le bruit des armes retentit de toutes parts, ses narines se gonflent de joie ; il rit de la peur, il ne tremble jamais ; il ne recule pas quand le glaive menace sa poitrine ! Les flèches volent autour de lui, les lances et les piques étincellent, et il frappe plus fortement la terre, et il la creuse avec fureur ! Il ne croit pas que déjà la trompette a sonné ; elle sonne plus haut ; à cet appel belliqueux, il renâcle de colère, il flaire de loin la bataille, il se précipite dans la mêlée, à travers le cri de guerre des chefs et des combattants !

« Est-ce ton intelligence qui fait planer l'autour dans les airs et qui lui fait déployer ses ailes à tous les vents ? Est-ce d'après tes lois que l'aigle plane dans les nues, et qu'il construit son nid si haut ? Il habite les rochers ; c'est là qu'il passe ses nuits ; c'est sur leurs pointes aiguës qu'est sa forteresse. De là, son regard domine la plaine et cherche une proie. Ses enfants savourent du sang! et il est partout où il y a des corps morts! »

EUTYPHRON. — Avez-vous bien senti tout ce qu'il y a de grandiose dans ces descriptions? L'autruche excite tant d'admiration, sa course est si triomphante qu'il devient inutile de la nommer. Cette géante du désert se peint elle-même par son cri d'allégresse et par sa course ailée. Sa stupide insouciance est un don précieux dont la sagesse du Créateur l'a gratifiée pour lui rendre plus facile la vie périlleuse et sauvage du désert. Si l'autruche était prévoyante et tendre, quelle ne serait pas sa douleur lorsqu'elle est forcée d'abandonner ses petits pour échapper au chasseur, contre lequel elle n'a d'autres armes que son cri effrayant et sa course rapide comme le vol. Quant à la description du cheval, il n'en existe pas de plus noble : au reste, la contrée où cette description a été faite, produit la plus noble race de ces animaux. Dans le passage que vous venez de lire, le cheval est peint tel que l'Arabe le voyait et le voit encore, c'est-à-dire comme un être pensant, courageux et belliqueux, qui prend part à toutes les chances d'une bataille; son hennissement est inséparable du cri de guerre du héros. L'aigle, enfin, termine ce tableau; l'aigle, avec son vol hardi, son regard royal, sa demeure inaccessible, l'aigle altéré de sang, qui étend sur toute une contrée son brigandage altier, l'aigle qui est le roi de l'empire des êtres ailés, comme le lion est le monarque absolu des animaux qui vivent sur la terre! Le béhémoth et le léviathan, ces deux immenses monstres marins, viennent après lui.

ALCYPHRON. — Je lirai seul le passage qui les concerne. Donnez-moi plutôt quelques éclaircissements sur le sens et le but de cette description, sur l'enchaînement des dialogues, et, si cela était possible, sur l'époque et le lieu où vivait l'auteur.

EUTYPHRON. — Mais où chercher ce lieu, puisque nous ne connaissons pas l'auteur? Nous ne pouvons donc que nous demander, tout au plus, dans quelles contrées se sont passées les scènes que ce livre retrace. Si l'introduction de cette histoire est digne de foi, et certes elle en mérite davantage que les inventions modernes, Job habitait le pays de Huts. Mais où était situé ce petit pays?

ALCYPHRON. — Dans l'agréable vallée de Gutte, près de Damas, du moins à ce que l'on prétend.

EUTYPHRON. — En ce cas, l'introduction du livre n'est pas d'accord avec le livre lui-même; car les scènes qu'il rapporte n'ont rien de syrien; leur caractère est, au contraire, entièrement arabe et égyptien. Il n'y a rien dans ce poème de particulier à la Syrie; la nature de ce pays cependant est riche en phénomènes qui lui sont propres; renonçons donc à une supposition qui, au reste, ne se fonde que sur une ressemblance de prononciation moins ancienne que le livre. Cherchons des données plus certaines dans les récits des Hébreux. Il y est question d'un Huts, qui passe pour le fondateur de Damas; mais n'en connaissez-vous point d'autre? Voyez les chapitres 28 et 36 du livre Ier de Moïse.

ALCYPHRON. — C'est juste; un des enfants d'Édom portait ce nom.

EUTYPHRON. — Et dans quel pays Jérémie nous montre-t-il la fille d'Édom [1]?

ALCYPHRON. — « Fille d'Édom, tu demeures dans le pays de Huts. »

EUTYPHRON. — Il me semble que rien ne saurait être plus clair. Et de quel pays sont les amis qui viennent visiter Job, et qui, par conséquent, ne pouvaient demeurer fort loin? Du temps de Moïse déjà, Éliphas et Theman figurent au nombre des fils d'Ésaü [2]; et d'après plusieurs passages des prophètes [3], Theman était un pays ou une ville d'Édom, connue par la sagesse de ses habitants, qui étaient de fort bon conseil; et c'est sous ce point de vue que se montre Éliphas de Theman. Bildad de Suhah, Tsophar de Naemah, Elihu de Butz sont tous du voisinage de l'Idumée. Suhah était un proche parent de Dedan [4], et Dedan demeurait près de l'Idumée : toutes les autres villes [5] se trouvent dans la même contrée. En général, les mœurs du livre de Job sont arabes et iduméennes.

---

[1] Lamentations de Jérémie, chap. 4, vers. 21.

[2] Moïse, liv. 1, chap. 36, vers. 11 et 12.

[3] Jérémie, chap. 49, vers. 7; Obadias, chap. 8, vers. 9.

[4] Moïse, liv. 1, chap. 25, vers. 2 et 3; Jérémie, chap. 49, vers. 8; Ézéchiel, chap. 25, vers. 13.

[5] Josué, chap. 14, vers. 21; Jérémie, chap. 25, vers. 23.

ALCYPHRON. — Est-ce qu'il y aurait déjà eu tant de civilisation chez les Iduméens à une époque aussi reculée?

EUTYPHRON. — S'il n'en avait pas été ainsi, le poëte aurait commis une grande faute; car les scènes qu'il peint doivent toujours représenter les lieux et l'époque où elles se passent. Mais je crois que, sous ce rapport, il était meilleur juge que nous; car, si nous en étions les maîtres, nous renierions l'antiquité de ce livre, en soutenant qu'il est trop rempli de sagesse et de connaissances en histoire naturelle pour être si ancien. Heureusement, la plupart des prophètes contiennent des passages qui rendent cette dénégation impossible.

ALCYPHRON. — Quels sont ces prophètes?

EUTYPHRON. — Tous ceux qui, même de leur temps, où déjà Édom avait été soumis tant de fois, regardaient encore ce petit pays comme le refuge de la sagesse orientale, c'est-à-dire de la sagesse purement arabe. La prudence des habitants de Theman et la sagesse de ceux d'Édom semblaient être devenues proverbiales [1]. Mais en quoi consistait la pure sagesse arabe? Tout le monde le sait: en poëmes, en sentences, en images, en énigmes, tels que nous les trouvons dans le livre de Job. Ajoutez à cela que les scènes et les mœurs sont tout-à-fait dans le caractère iduméen. Job est un émir ainsi que ses amis et tous les princes d'Édom, dont on trouve les noms dans les livres de Moïse. Il donne le nom de Jourdain à un fleuve; quant à ce qui concerne les lois de Moïse, il n'en fait aucune mention dans son livre; on y trouve, il est vrai, un savant enchaînement de pensées judiciaires; mais toutes ont la forme orientale d'une juridiction d'émir. Cette manière de voir se sent depuis le premier jusqu'au dernier chapitre; elle est, pour ainsi dire, l'âme du livre.

ALCYPHRON. — On y trouve cependant beaucoup d'images égyptiennes. Par exemple, le Nil y est, comme partout en Égypte, appelé la mer. Il est souvent question du roseau à papier (*papyrus*), du crocodile, des îles où résident les morts......

EUTYPHRON. — Et du béhémoth, qui, selon toutes les probabilités, était non l'éléphant, mais le cheval du Nil (*hippopotame*),

[1] Jérémie, chap. 49, vers. 7; Obadias, chap. 8, vers. 9.

et du tombeau des rois, et de l'éléphantiasis, cette horrible maladie originaire d'Égypte, etc.; mais qu'est-ce que tout cela prouve ? Certes, Job n'a pas vécu en Égypte; ou, en d'autres termes, son livre n'est égyptien ni sous le rapport de l'action, ni sous le rapport de la pensée. La mythologie qui règne dans ce poème est hébraïque ou purement orientale, si nous acceptons cette dénomination pour désigner les notions principales qui dominent dans toutes les langues dérivées de celle des Hébreux. Les notions sur Dieu, sur le monde, sur la création, sur les hommes et sur leurs destinées énoncées dans le livre de Job, portent le cachet hébraïque; car, dans aucune autre langue de l'univers, elles n'auraient pu se formuler ainsi. Si les conversations détaillées que nous avons eues jusqu'à présent sur ce sujet, ne suffisent pas pour vous convaincre de cette vérité, relisez ce livre avec attention, et vous trouverez, à chaque page, des preuves convaincantes. Après ce nouvel examen, vous reconnaîtrez que les images égyptiennes ne sont qu'une richesse empruntée à un pays lointain. Au reste, il est impossible de ne pas s'apercevoir que les comparaisons et les descriptions scientifiques ont été prodiguées et décorées avec une magnificence asiatique. Nous trouverons, dans un autre moment, toute l'étendue de la richesse orientale réunie sur un point de ce poème où on l'y attendait le moins, c'est-à-dire dans un hymne à la sagesse. Il en est de même d'une foule d'autres descriptions qui ne figurent là que parce que les objets sur lesquels elles portent sont inconnus et fournissent au poète le moyen d'étaler son érudition. Les descriptions de l'autruche, du béhémoth et du léviathan en sont une preuve incontestable. Si ces deux derniers animaux avaient existé dans le pays de Job, aurait-il pu en faire un tableau aussi gigantesque et aussi solennel ? Non, sans doute; ils n'ont été mis en scène qu'en qualité de monstres étrangers : c'est là le but de leur apparition.

ALCYPHRON. — Il serait donc possible de déterminer le cercle des connaissances de l'auteur de ce livre, et de dire lesquels des objets qu'il décrit lui étaient familiers ou étrangers?

EUTYPHRON. — Oui, jusqu'à un certain point, du moins. Les descriptions de la manière de vivre, de siéger en juges suprêmes, et de rendre des arrêts sans appel ; l'état de la richesse et de la prospérité du juge ou de l'émir, tout cela est personnel à Job et fait la base fondamentale du poème. Il connaît les sacrifices, mais à la façon des patriarches ; car il remplit lui-même, dans sa maison, les fonctions de sacrificateur. Ce n'est qu'autour de lui qu'il a pu trouver les couleurs si vraies de ces déserts arides, de ces ruisseaux qui se dessèchent, de ces caravanes qui passent, de ces hordes de brigands, de ces habitants des cavernes, de ces lions, de ces ânes sauvages, de ces lois qui demandent le sang pour le sang ; enfin de tous ces usages de la justice arabe, et d'une foule de détails trop longs à rapporter, qui, tous, témoignent que l'action s'est passée, en effet, dans l'Idumée, où la transportent, non-seulement l'introduction historique du livre, mais encore les commentaires des Septante. Les curiosités égyptiennes et la magnificence mauresque ne sont, ainsi que je vous l'ai déjà dit, que des ornements étrangers qui témoignent de l'érudition du poète. Le léviathan et le béhémoth, placés à la fin du livre, représentent, pour ainsi dire, les colonnes d'Hercule, le *nec plus ultrà* d'un autre monde.

ALCYPHRON. — Vous venez de dire que le béhémoth n'est autre que l'hippopotame ; d'après l'opinion généralement admise, c'est l'éléphant.

EUTYPHRON. — Je ne me chargerai pas de motiver cette opinion toute moderne ; les anciens croyaient que ce monstre était le rhinocéros, et ils ont pour eux, non-seulement des autorités respectables, mais encore les principales descriptions bibliques qui en font un animal amphibie ; car, selon ces descriptions, il faut compter parmi les qualités merveilleuses dont il était doué, celle de manger de l'herbe comme les taureaux, de trouver comme eux sa nourriture sur les montagnes, et de voir bondir autour de lui les animaux des champs. Il dort, est-il dit, au milieu des roseaux, et se cache dans les marais du rivage, ce que l'éléphant ne fait jamais. Il va au-devant du courant des fleuves, comme s'il voulait boire toute l'eau qu'ils contiennent ; en faut-il davantage pour prouver qu'il s'agit d'un animal aquatique ? « Sa vigueur est dans ses reins, sa force est dans son nombril. »

Et c'est là précisément où l'éléphant est le plus vulnérable. « Ses os sont des tuyaux d'airain, son échine est une barre de fer; celui qui l'a fait l'a doté du harpon. » Cette dernière image s'applique aux dents saillantes de l'hippopotame, et non aux défenses de l'éléphant. Au surplus, béhémoth paraît être dérivé du mot égyptien *P-Ehe-Motuh*, qui signifie taureau marin; car les Hébreux, comme les Grecs, avaient l'habitude de changer tous les mots étrangers, pour les plier aux exigences de leur langue. J'ajouterai qu'il se trouve, ainsi que le crocodile, opposé aux animaux indigènes; qu'il figure seul dans une partie du discours de Dieu, en qualité de monstre étranger, et qu'enfin c'est par lui que se termine la description des animaux. Tant de considérations réunies m'autorisent à croire que mon opinion deviendra bientôt l'opinion générale. En attendant, lisez à ce sujet *Bochart*, *Ludolf*, *Reimarus*; et vous verrez que les descriptions bibliques du béhémoth, ou plutôt de l'hippopotame, sont aussi exactes qu'il était possible de les faire d'un monstre étranger.

ALCYPHRON. — Mais la trompe qu'il allonge semblable à un cèdre?

EUTYPHRON. — Il n'est pas question d'une trompe, mais d'une queue, et la comparaison ne porte pas sur la longueur, mais sur la courbure des branches du cèdre. Pour vous en convaincre, relisez le texte, et même les plus anciennes versions des passages qui parlent de cet animal. Les courbures des branches du cèdre sont, au reste, une image assez fidèle des mouvements de ce massif monstre amphibie. Mais en voilà assez sur ce sujet. Quel est, selon vous, l'auteur du livre de Job?

ALCYPHRON. — On prétend que Moïse l'a composé pendant son séjour chez Jéthro.

EUTYPHRON. — Je suis fâché de me trouver de nouveau en opposition avec les idées accréditées. Certes, Moïse est à mes yeux un grand poète, mais il n'est pas plus l'auteur du livre de Job, que Salomon n'est celui de l'Iliade, ou des Euménides d'Eschyle. Je puis dire, sans toutefois m'en enorgueillir, que j'ai consciencieusement étudié le caractère de toutes les poésies hébraïques. Je fais la part des changements que les circonstances, les années et la différence des positions peuvent faire subir à l'imagination d'un poëte ; et cependant les livres de Moïse et le livre de Job seront toujours à mes yeux aussi loin les uns de l'autre, que l'orient l'est de l'occident. La poésie de Job est toute משל, c'est-à-dire concise, pleine de sens, forte, héroïque, et toujours hissée, s'il était permis de s'exprimer ainsi, sur le point le plus élevé de l'expression et de l'image. La poésie de Moïse, même dans les passages les plus nobles, a quelque chose de coulant, de doux ; en un mot, les allures de son style et la pose de ses images sont entièrement opposées au style et aux images du livre de Job. La voix qui résonne à travers ce livre est rude et saccadée ; on dirait qu'elle n'est arrivée jusqu'à nous qu'en passant de rochers en rochers ; comment aurait-elle pu se moduler ainsi dans la plate Égypte ? Toutes les pensées, dans les contours de l'ensemble comme dans les traits de détails et de prédilection par lesquels l'auteur se caractérise spécialement, sont d'un Arabe, d'un Iduméen. L'imagination du poète se forme toujours d'après les objets qui ont entouré sa première jeunesse ; ces impressions ne s'effacent jamais et se reproduisent dans toutes ses compositions. Aussi Job abonde-t-il en images de la double vie de chef de famille et de juge suprême, qui est celle d'un émir. Comment pourrait-on douter qu'il a été élevé dans cette sphère, puisque c'est la seule qu'il conçoit, car il y place Dieu lui-même. Moïse n'a aucune idée de cette existence ; pas un de ses ancêtres, depuis longtemps établis en Égypte, n'y a joui de l'autorité d'un prince oriental. Ce serait donc un véritable miracle, si, à côté de ses poésies et de ses lois, toutes empreintes du cachet de son caractère, il avait composé un livre rempli de manières de voir qui lui étaient inconnues, et de peintures de mœurs étrangères pour lui, un livre où respire l'âme d'un autre peuple que le sien ; en un mot, s'il avait pu créer dans ses poésies un monde qui, pour lui, n'existait pas. Il serait trop long de vous citer des exemples à l'appui de cette opinion ; vous pourrez facilement les trouver vous-même.

ALCYPHRON. — Et si Moïse avait traduit ce livre de l'arabe lors de son séjour chez Jéthro ?

EUTYPHRON. — Je lui accorderais volontiers l'honneur d'avoir popularisé ce poème chez les Hébreux ; mais comment le prouverions-nous? Selon moi, ce n'est pas une traduction, mais une composition hébraïque, et je ne sais sur quel raisonnement on pourrait appuyer un avis contraire. Les formes poétiques se rapprochent de celles des Arabes, mais cela est fort naturel, car l'Idumée touchait à l'Arabie; les mœurs et les allures poétiques ne pouvaient donc manquer de se confondre. Comment la ressemblance des formes pourrait-elle justifier l'hypothèse d'une traduction, quand, surtout, les passages les plus importants n'ont rien d'arabe?

ALCYPHRON. — Peut-être Moïse a-t-il trouvé ce livre pendant qu'il demeurait chez Jéthro?

EUTYPHRON. — Il paraît que vous ne voulez pas lui laisser garder tranquillement les moutons de ce Jéthro. Votre supposition me plaît, et cependant, je dois vous le dire, elle est invraisemblable. Si le livre de Job, ce recueil de poésies et d'images incomparables, avait été transmis aux Hébreux par l'autorité toute-puissante de Moïse, il aurait eu de nombreux imitateurs. Voyez comme les prophètes se succèdent et se pressent, comme dans leur cercle étroit ils s'empruntent mutuellement des images que chacun exécute et embellit à sa manière, tandis que la vénérable pyramide de Job est restée intacte dans son ensemble; elle est aujourd'hui encore inimitée, peut-être parce qu'elle est inimitable.

ALCYPHRON. — Il me semble pourtant que l'on trouve dans les psaumes des imitations.....

EUTYPHRON. — De quelques passages, de quelques figures isolées, c'est possible. Au reste, ne voyez-vous pas que du temps de David le peuple d'Israël pouvait plus facilement communiquer avec celui d'Édom que du temps de Moïse?

ALCYPHRON. — Oui, parce que David soumit Édom.....

EUTYPHRON. — Tandis que les Édomites avaient refusé à Moïse jusqu'à la permission de passer sur leur territoire. En tout cas, il n'entrait pas dans les vues de ce législateur d'emprunter des poésies ou des idées religieuses aux nations voisines de la terre de Canaan; son principal but était, au contraire, d'isoler son peuple aussi complètement et aussi longtemps que possible. A l'époque où régnait David, tout avait changé de face. Lorsqu'il *jeta son soulier à Édom* comme à un valet, toutes les forteresses de ce pays, tous ses trésors, sans en excepter ceux de la science, furent à la disposition du vainqueur ; et ce vainqueur, qui se glorifiait autant de ses poésies que de sa couronne, devait nécessairement s'occuper des productions poétiques des nations qu'il soumettait. Il est donc très-probable qu'il s'empara du poème par lequel les Édomites célébraient la sagesse et la piété constante d'un de leurs anciens émirs. Et certes, ce poème était digne d'être lu, et conservé par un poète à la fois souverain et père de famille tel que David. S'il a cherché à imiter une partie des beautés du livre de Job dans ses derniers psaumes, les seuls où l'on remarque quelque ressemblance avec certains passages de ce livre, il a prouvé par là qu'il était capable d'apprécier la haute poésie et de la marier heureusement au genre lyrique, vers lequel le portait son génie. Ces imitations, en tout cas, sont fort rares dans les psaumes, et encore plus dans les livres des prophètes. Ézéchiel est le premier où l'on trouve le nom de Job, et encore le place-t-il après celui de Noé et de Daniel. En un mot, mon ami, je m'en tiens à la plus ancienne notion que nous possédions sur ce livre, et que l'on trouve jointe à la version des Septante. Voici un extrait de ce document :

« Ce livre est traduit du syriaque d'après un manuscrit écrit
« en caractères de cette langue. Job vivait dans le pays d'Ausétis,
« sur les confins de l'Idumée et de l'Arabie. Son véritable nom
« était Jobab. Il descendait, du côté de son père, des enfants
« d'Ésaü, le cinquième depuis Abraham. Les rois d'Édom étaient
« Balak fils de Béor, Jobab dit Job, etc. Les amis qui venaient
« le voir étaient Éliphas, un Édomite, prince de Théman ; Baldad, émir de Suah ; Tsophar, roi des Minéens, etc. »

Ce document ne saurait être entièrement controuvé, surtout parce que rien dans l'ouvrage lui-même ne le contredit. Il est vrai que le changement du nom de Jobab en celui de Job, provenant d'une ressemblance de son, n'est fondé que sur la généalogie des Édomites par Moïse. Mais il est impossible d'arriver à des preuves irrécusables lorsqu'il s'agit de choses aussi anciennes. Heureusement que ces preuves ne sont nullement nécessaires à l'intelligence du livre.

Alcyphron. — Croyez-vous que l'introduction historique soit aussi ancienne que le reste?

Eutyphron. — J'en ai douté quelquefois, mais je me suis convaincu que c'était à tort. Cette introduction est écrite avec une simplicité patriarchale, une concision entraînante, une élévation silencieuse qui la rendent digne de l'auteur du poème. Le premier chapitre est évidemment la base fondamentale de tout l'ouvrage.

Alcyphron. — Mais Satan? N'est-ce pas là une idée bien antérieure à cette époque reculée?

Eutyphron. — Le Satan qui est mis en scène au commencement de ce livre me paraît, au contraire, une conception très-ancienne. Il fait partie des anges, c'est-à-dire des gens du prince souverain; sa tâche consiste à s'assurer de ce qui se passe dans le monde, et à en rendre compte au maître; il agit en conséquence, et c'est Dieu lui-même qui dirige son attention sur Job. Il ne dépasse pas ses pouvoirs, et tout ce qu'il fait n'est qu'une épreuve que Job doit subir. Dieu a toujours raison aux dépens de Job, il est vrai; mais à la fin du livre, il n'est plus question de Satan. Son rôle d'ange entièrement soumis à Dieu, dont il n'est que le messager, est si loin des idées chaldéennes sur Satan, que je ne puis m'expliquer comment *Heath* et plusieurs autres ont cru voir dans cet ange une création si complètement chaldéenne, qu'ils se sont crus autorisés à regarder tout le livre comme une production poétique de cette nation. Quelle étrange méprise! Le Satan des Chaldéens est la cause primitive du mal et l'opposé d'Ormuzd, tandis que le Satan du livre de Job ne pourrait pas même être comparé au Typhon des Égyptiens, ou à ce que les anciens appelaient le mauvais génie d'un homme, car il n'est que l'ange justicier de Dieu, qui l'envoie pour découvrir et punir le mal. Je vous ai déjà dit que des idées de droit judiciaire dominaient tout le livre.

Alcyphron. — Ce qui m'a beaucoup étonné.

Eutyphron. — Et pourquoi? Chaque époque, chaque nation ne prête-t-elle pas toujours ses mœurs au ciel et à l'enfer? D'après les données du premier chapitre de Job, Dieu siège dans le ciel comme un émir sur la terre; il rassemble à certaines époques autour de lui ses anges et ses serviteurs qui lui donnent des nouvelles de la terre; Satan est envoyé en qualité de valet de justice afin d'éprouver Job, et de s'assurer s'il est en effet un sincère adorateur, un fidèle partisan de Dieu. Pendant toute la durée du poème, Job est assis sur de la cendre comme un accusé; innocent sans avoir pu se justifier, il est puni sans avoir été interrogé. Il ne demande qu'à voir son juge et à plaider sa cause devant lui; ses amis sont les avocats de ce juge suprême et tout-puissant en face de sa victime injustement frappée, et ils cherchent au hasard leurs moyens de défense. Le juge paraît enfin, et interpelle majestueusement l'infortuné Job; Job se tait, et Dieu le dédommage magnifiquement du mal qu'il a souffert sans l'avoir mérité. Voilà le plan du livre.

ALCYPHRON. — Je voudrais le voir exécuté ainsi dans ses détails.

EUTYPHRON. — Voulez-vous lire un petit travail que j'ai fait à ce sujet? Il vous aidera à suivre le fil des dialogues, à saisir l'enchaînement des caractères.

ALCYPHRON. — Il existe donc, en effet, une coïncidence dans les discours, une suite dans les dissertations?

EUTYPHRON. — Sans doute, mais pas selon nos usages et nos manières de voir. Job débute par des lamentations et des plaintes[1]. Trois adversaires lui opposent leurs opinions, et il les réfute. Ces conférences se renouvellent trois fois[2], avec la seule différence que Tsophar ne paraît pas à la troisième; et Job, après avoir eu constamment raison contre ses amis, reste enfin seul sur le champ de bataille, où il expose sa cause en sentences que l'on peut compter parmi les plus beaux passages du livre[3]. Il point son ancienne prospérité, sa misère, ses souffrances actuelles et son innocence en termes si touchants, qu'il finit par s'écrier :

« Ah! que n'ai-je quelqu'un pour m'écouter, car je viens de la prononcer la parole qui me justifie! Si le Tout-Puissant pouvait me répondre! Si quelqu'un voulait faire un écrit sur ma position, je l'étendrais sur mes épaules comme un manteau royal,

---

[1] Job, chap. 5.
[2] Job, chap. 4.
[3] Job, chap. 27.

cet écrit; j'en ornerais mon turban comme d'un diadème! J'indiquerais à l'homme qui composerait cet écrit toutes les traces de mes pas, et je comparaîtrais devant lui grand comme un héros! »

Et c'est ainsi, en effet, qu'il se pose devant nous; il laisse parler Élihu [1] jusqu'à ce que Dieu daigne enfin se montrer en prince, en sage [2].

ALCYPHRON. — En ce cas, le livre de Job serait un drame?

EUTYPHRON. — Il ne l'est pas, d'après nos idées sur ce genre de composition; et comment serait-il possible de faire un drame d'après ces idées avec un pareil sujet? Tout y est immobile, tout y est discours et sentences. La narration, à son début comme à son dénouement, n'est que du prologue et de l'épilogue, c'est-à-dire introduction et conclusion. Mais ne discutons pas sur des mots: je conviens qu'il y a une certaine division dans les dialogues, mais appliquer à ces divisions le nom de scène serait un abus, une méprise. Le livre est une discussion de sages qui traitent le pour et le contre de la justice du monarque du monde, une lutte de la sagesse humaine qui veut décider entre la cause de Job et celle de Dieu; mais ce n'est pas un drame.

ALCYPHRON. — Vous admettez donc que ce livre est fondé sur un fait véritable?

EUTYPHRON. — Cela m'est fort indifférent. Sa poésie profonde et énergique en fait une histoire vraie comme il y en a fort peu; car c'est l'histoire des souffrances auxquelles tous les honnêtes gens sont soumis sur cette terre. Je conviens, au reste, qu'il m'est agréable de croire qu'un homme tel que Job, un homme doué d'une ame aussi forte, d'un esprit aussi élevé, ait réellement existé. Si cela est, cet homme a obtenu le monument qu'il désirait, un monument plus durable que ceux que l'on taille dans les rochers, que l'on coule en bronze, car son nom s'est gravé dans tous les cœurs en sentences sublimes; il s'est inscrit en images ineffaçables sur les tables de la mémoire.

ALCYPHRON. — Mais les discours, tels que nous les trouvons

[1] Job, chap. 32.
[2] Job, chap. 38.

en ce livre, l'apparition et le jugement de Dieu, le personnage de Satan, les sujets de la plupart des images, ne sauraient être historiques. Il n'est point d'homme qui puisse improviser de semblables discours, surtout quand il est affligé de tant de maux physiques.

EUTYPHRON. — La composition, depuis le commencement jusqu'à la fin, est toute poétique, cela est hors de doute; mais c'est une de ces poésies qui reproduisent la nature. Les Orientaux aiment les discussions savantes et les discours fleuris; ils les écoutent avec patience et y répondent de même. Ce משל est leur sagesse, l'ornement de leur éloquence et de leur poésie. L'auteur du livre de Job s'est conformé à ce penchant pour les discours fleuris et les luttes de sagesse, et il a fait des discours fleuris, et il a célébré la lutte de la vertu souffrante et de la sagesse humaine à la fois triomphante et vaincue. La vérité historique, c'est-à-dire la preuve que tout cela s'est réellement passé ainsi, n'est pour nous d'aucune utilité. Le poète a élevé, agrandi les matériaux qui étaient à sa disposition, et il en a fait une composition artistique qui est peut-être une des plus anciennes, une des plus belles du monde.

ALCYPHRON. — Ces questions m'intéressent toujours plus fortement, et je serais curieux de savoir comment les plus anciens sages parlaient de la providence de Dieu et des destinées humaines.

EUTYPHRON. — Il faudrait d'abord examiner les traditions orientales sur la création de l'homme et sur le but dans lequel il a été créé. Cet examen, si vous avez le courage de le faire, nous conduira dans le jardin des anciennes idées poétiques, où nous reconnaîtrons plus d'une fleur, plus d'un fruit dont la couronne de la poésie moderne s'est embellie. Avez-vous envie de m'y suivre? Vous connaissez déjà le prix que les Orientaux et tous les peuples qui jugent plutôt d'après leurs sensations que d'après le raisonnement, attachent aux traditions de leurs pères. Toute la poésie primitive, et par conséquent celle du livre de Job, s'est formée sur ces traditions.

ALCYPHRON. — Je vous accompagnerai avec plaisir dans ce jardin du monde primitif des Hébreux.

EUTYPHRON. — En attendant cette promenade, voici sur Job le travail dont je vous ai parlé.

SUPPLÉMENT.

CONSIDÉRATIONS SUR LE LIVRE DE JOB.

La scène de ce livre est double, car elle embrasse le ciel et la terre. Dans le ciel on agit, sur la terre on parle; et sur la terre on ignore les décrets du ciel, aussi y juge-t-on à tort et à travers. N'est-ce pas là l'image de toutes les philosophies, de toutes les théodicées du monde?

Le héros du livre est un homme qui souffre même physiquement, et qui n'a pas mérité son malheur. On lui pardonne les plaintes et les soupirs; le plus grand héros ne pourrait s'empêcher de gémir, quand des souffrances corporelles l'accablent. Job voit la mort devant lui, il est réduit à la désirer : son existence est empoisonnée, pourquoi ne se plaindrait-il pas?

Job souffre pour la gloire de Dieu, ses tourments lui ont été prédestinés; c'est par rapport à lui que Dieu a engagé sa parole. Est-il possible de donner aux souffrances humaines un but plus élevé? C'est ce noble but qui fait du livre de Job la théodicée du monarque de l'univers, et non les discours des sages de la terre qui, malgré les beautés qu'ils contiennent, n'agitent jamais qu'un côté de la question.

Ces discours, loin de consoler Job, l'irritent; les descriptions qu'il fait de la puissance et de la sagesse divine surpassent beaucoup celles de ses amis; mais il n'en reste pas moins misérable : résultat ordinaire des vaines consolations des hommes. La terre est si étroite, si ténébreuse, qu'on ne peut que chercher dans la poussière la cause des évènements dont on devrait demander les explications au-delà des étoiles; mais qui pourrait s'élever si haut? Pas un des amis de Job ne devine que la cause des souffrances de ce malheureux est celle qui se trouve exposée dans l'introduction historique.

Comme elle est glorifiée, la cendre sur laquelle Job est assis! Les anges et toutes les légions célestes l'entourent. Il reste fidèle à la vertu; il défend les arrêts du Créateur, et Dieu tient suspendue au-dessus de sa tête la couronne qu'il lui destine. Cette double action, et les spectateurs invisibles placés là pour être témoins de la manière dont Job supporte son infortune, font de ce livre une œuvre sacrée.

L'homme, qui doit être dans le ciel le modèle de la force et de l'intégrité humaine, se trouve engagé, sur cette terre, dans une lutte de sagesse, et il s'y comporte comme le peut un mortel. Le poëte lui a donné un caractère ardent et vif; aussi s'emporte-t-il à la première observation d'Éliphas, qui, pourtant, ne manque pas de douceur. Cette impétuosité est le ferment de sa vertu et de tous les dialogues, qui seraient aussi ennuyeux que peu instructifs, si Job se bornait à gémir, et ses amis à le consoler.

Un fil délicat traverse tous ces dialogues et les unit entre eux. Les trois sages parlent chacun selon son caractère; Job les surpasse, et comme sage, et comme poëte. Éliphas est le plus modeste des trois amis: s'il sermonne Job le premier, il ne donne pas la leçon comme venant de lui, il l'attribue à un oracle[1]. L'attaque de Bildad est plus vigoureuse, mais Tsophar ne fait que renchérir sur les discours de Bildad : aussi disparaît-il le premier de la scène.

Le combat est divisé en trois attaques[2]. A la fin de la première, Job se sent déjà assez victorieux pour en appeler judiciairement à Dieu contre ses accusateurs[3]. A la seconde, les fils se mêlent, le nœud des dialogues se serre, et Job finit par répondre à Tsophar qu'en ce monde le bonheur est réservé aux méchants[4], propos qui lui échappe dans la chaleur de la discussion. Éliphas cherche adroitement à donner un autre caractère à l'entretien, mais les esprits se sont aigris, et Job persiste dans son dire. Bildad discute faiblement[5], Tsophar ne trouve plus de réplique, et Job reste vainqueur. Alors, semblable au lion qui voit ses ennemis étendus sans vie autour de lui, il rétracte ce que la colère

[1] Job, chap. 5.
[2] Job, chap. 4, 15 et 22.
[3] Job, chap. 13.
[4] Job, chap. 21.
[5] Job, chap. 26.

lui a fait dire[1], et prononce des sentences que l'on peut appeler la couronne du livre[2].

Ces discussions si monotones en apparence, sont aussi riches en ombres qu'en lumières. La confusion, le désordre augmentent de dialogue en dialogue, jusqu'au moment où Job revient à lui-même et modifie ses assertions. Le lecteur qui ne sent pas cette marche du raisonnement, qui ne voit point que Job fait constamment tomber de la main de ses adversaires la flèche qui devait l'atteindre, qui ne sent pas qu'il parle toujours mieux qu'eux, ou fait tourner leurs raisonnements à son avantage, celui-là ne parviendra jamais à concevoir une juste idée de la vie, de la gradation, en un mot de l'esprit de ce livre.

Job débute par une belle élégie[3], et termine presque tous ses discours par une de ces plaintes touchantes qui, semblables aux chœurs de la tragédie grecque, généralisent les paroles du héros et les mettent à la portée de tout le monde.

Quand Job a vaincu les sages, un jeune prophète vient se jeter sur la scène[4] : semblable à tous les enthousiastes de ce genre, il est présomptueux, téméraire, et se croit seul sage. Il trace des tableaux grandioses, mais sans fin et sans but; aussi ne lui répond-on jamais. Il est là, entre Job et Dieu, comme une ombre parlante; Dieu ne lui réplique que par sa subite arrivée, et l'impuissant défenseur de ce Dieu disparaît comme une ombre. Rien n'est plus sage ni plus instructif que ce personnage si adroitement associé à la composition de l'ensemble.

Dieu apparaît d'une manière aussi magnifique qu'inattendue, et au moment où le jeune prophète peint, sans le savoir, toutes les circonstances de cette apparition que cependant il avait déclarée impossible. Sans accorder la moindre attention aux sages qui l'ont défendu, Dieu ne parle qu'à Job, non en juge, mais en sage; car il pose, à celui qui a vaincu tous ses adversaires et épuisé la sagesse de la terre, des questions concernant la création et le gouvernement du monde, et le sage de la terre reste muet.

---

[1] Job, chap. 27.
[2] Job, chap. 28.
[3] Job, chap. 23.
[4] Job, chap. 32.

Dieu fait passer devant lui sept espèces d'animaux sauvages, et termine ce cortège par deux monstres marins, que lui, père du monde, a créés, et dont il prend soin chaque jour comme s'ils étaient ses favoris. Il demande à Job pourquoi ils existent, ces animaux; car ce n'est pas pour l'utilité de l'homme, puisqu'ils lui sont presque tous nuisibles; et le sage de la terre, humilié, continue à garder le silence. Se soumettre à la raison infinie, aux vues impénétrables et à la bonté visible du père de famille qui nourrit le crocodile et les petits du corbeau, telle est la seule réponse possible aux questions que le souverain du monde, qui a pour paroles l'orage, et pour témoins les œuvres de la création, adresse lui-même à Job sur le gouvernement et sur les destinées de l'univers. Oui, la véritable théodicée de l'homme est dans l'étude de la puissance, de la sagesse, de la bonté de Dieu, qui se manifestent dans la nature, et dans l'humble et sincère conviction que la raison et les vues de ce Dieu sont au-dessus de notre intelligence.

Aussi Dieu ne daigne-t-il pas dire à Job pourquoi il l'a si sévèrement éprouvé; il le dédommage de tout ce qu'il a souffert; un simple mortel ne saurait en espérer davantage. Les lieux communs débités par les prétendus défenseurs de Dieu, loin d'obtenir une récompense, ont besoin d'être rachetés par un sacrifice que Job lui-même doit offrir.

Je n'ai retracé que quelques faibles traits du plan sublime de ce livre. S'il n'a pas été écrit par un prince, son auteur était digne de l'être; car sa manière de voir et de sentir est royale, divine. Dans cet ouvrage, Dieu agit constamment en roi, en sage, en père de la création; l'ange et l'homme, le corbeau et le béhémoth, sont égaux devant lui. On y trouve, presque à chaque page, des descriptions admirables des qualités de Dieu et de son gouvernement, des discours consolants et d'éloquentes discussions pour et contre la providence et le destin. Mais les plus fortes consolations, les plus hauts enseignements résultent du cadre même du livre. Ce cadre en fait l'épopée de l'humanité, la théodicée de Dieu, non en paroles, mais par des évènements prédestinés, et par une action silencieuse et tranquille. *Ecce spectaculum dignum ad quod respiciat intentus operi suo*

7

Deus. Ecce par Deo dignum vir fortis cum mala fortuna compositus.

Où est-il ton sépulcre, sage des temps passés ? toi qui as créé cette épopée, cette théodicée; toi qui l'as transportée sur un amas de cendres, et vivifiée par l'action calme et silencieuse d'un malheureux prédestiné à souffrir; toi qui l'as embellie et couronnée par les sentences ailées qui s'échappent de la bouche de ce malheureux comme les brillantes étincelles de son ame ardente? Où est-il ton sépulcre, poète sublime, confident du conseil divin où siègent les anges et les ames des mortels? toi qui embrasses d'un seul regard le ciel et la terre, toi qui as su élever ton esprit, ton cœur et ton génie poétique, depuis les gémissements que les malheureux poussent dans le royaume des ombres, jusqu'aux étoiles, que dis-je! plus haut que les étoiles? Le cyprès, à la verdure éternelle, fleurit-il sur la terre où tu reposes? ou dors-tu dans une retraite inconnue, inconnue comme ton nom que le passé s'obstine à nous taire? Veux-tu que ton livre seul nous parle de toi, tandis que, planant au-dessus de l'immense amas de cendres sur lequel gémissent tant de malheureux, tu chantes, avec l'étoile du matin, autour du trône de celui que tu nous as montré comme le régent du monde?

Mais peut-être étais-tu l'historien de tes souffrances, de ton triomphe à toi, de ta sagesse victorieuse et vaincue! Peut-être étais-tu toi-même le plus heureux des malheureux, celui qui a tant souffert et qui en a été si richement récompensé! En ce cas, tu as deux fois soulagé ton cœur par la plus sublime des plaintes, tu as étendu ta victoire sur tous les siècles, sur toutes les parties du monde! De ta cendre est sorti un phénix, un jeune palmier dont les racines boivent l'eau des sources sacrées! Ainsi que tu l'as désiré tant de fois, tu es descendu dans la tombe! le parfum de la myrrhe et de l'encens s'est répandu au loin; il a fortifié plus d'un faible, il en fortifiera beaucoup encore jusqu'à la fin des temps!.....

Tu fais descendre le ciel sur la terre, tu fais veiller les légions célestes au pied du lit du malade, et ses souffrances deviennent un spectacle édifiant pour les anges, une épreuve que Dieu fait subir à sa créature, et que son regard scrutateur suit de près, comme s'il y cherchait la vérification de ses arrêts !

« ¹ Voyez ! nous les saluons bienheureux, ceux qui ont souffert ! Vous avez entendu parler de la patience de Job, et vous avez vu quelles étaient à son égard les fins du Seigneur ; car le Seigneur est miséricordieux, il est tout miséricorde. »

¹ Épître catholique de saint Jacques, chap. 5, vers. 11.

SIXIÈME DIALOGUE.

LE PARADIS TERRESTRE.

Du Paradis. — De ses scènes de jeunesse, d'amour et de vie champêtre. — A-t-il existé? — Pourquoi Moïse l'a-t-il placé dans une contrée lointaine et presque enchantée? — Pourquoi cette contrée a-t-elle donné lieu à tant de fables? — De l'arbre de vie. — Les beaux idiotismes de la poésie hébraïque sur cet arbre. — Les images du Paradis tendent-elles à ramener les hommes aux impressions des sens? — Ont-elles contribué à plonger les Orientaux dans un repos oisif? — De la conversation d'Adam avec les animaux. — Description de l'âge d'or pendant lequel tous les animaux vivaient en paix ensemble. — De l'amour dans le Paradis. — Il est devenu le type de tous les chants d'amour. — Adam, en recevant Ève, est-il allé au-devant d'elle en chantant des hymnes et en débitant des prophéties? — Développement délicat, dans ce vieux *dire*, du penchant qui rapproche les deux sexes. — De l'arbre de la science. — Que signifie la connaissance du bien et du mal? — Pourquoi le serpent pouvait-il manger impunément des fruits de cet arbre, qui étaient défendus à l'homme? — Le serpent représenté comme un animal prudent et rusé, comme un séducteur. — Pourquoi les hommes voulaient-ils être semblables aux Elohim? — Différence entre la véritable et la fausse science. — La tradition de l'arbre de la science est-elle une fable dans le genre de celles d'Ésope? — Développement de cette tradition considérée comme un *dire* des temps primitifs. — Effets de l'arbre défendu. — Passage de l'homme à une situation différente. — Analogie de cette histoire avec nous-mêmes. — Divers germes des poésies orientales que contient cette histoire. — Des chérubins. — Ont-ils la même signification que les chevaux du tonnerre? — Du char de bataille de Dieu dont il est question dans Habacuc. — Des chérubins tels qu'ils sont décrits par Moïse, Salomon et Ézéchiel, comme ornements du temple. — Du chérubin d'Ézéchiel sur la montagne des dieux. — Tradition relative au plus ancien animal fabuleux du monde primitif, qui gardait les trésors du Paradis. — Les chérubins de Moïse étaient-ils des sphinx? — Comment ont-ils été élevés de l'arche d'alliance jusque dans les nuages, où ils ont fini par ne plus être que des visions prophétiques? — Composition des chérubins. — Origine de cette mythologie. — De la montagne des dieux dans l'Orient. — Du char d'Élie et du char de guerre de Dieu dans le désert. — Des plus anciennes images du tonnerre.

Supplément : Quelques poésies hébraïques sur les chérubins et sur le tonnerre.

Eutyphron. — Qu'elle est belle, l'heure matinale qui nous réunit aujourd'hui!

Alcyphron. — J'en conviens, et je serais presque tenté de croire qu'elle a voulu se mettre en harmonie avec notre entretien. Vous m'avez promis de me ramener à l'enfance de l'espèce humaine, et, par conséquent, au paradis de mon enfance à moi, car il me semble que les espèces, comme les individus, ont leur âge caractéristique. Oui, cette matinée évoquera chez moi de beaux souvenirs.

Eutyphron. — Des souvenirs de votre propre jeunesse?

Alcyphron. — Sans doute, car alors mon imagination errait avec bonheur dans les régions de l'innocence céleste et des beautés enchantées du Paradis. J'aimais tant à suivre pas à pas les aventures de nos premiers pères, que je chérissais et que je plaignais tour-à-tour! J'avais sans doute été préparé à ces sensations par la lecture des grands poètes qui ont traité ces sujets sublimes; nous avons le bonheur d'en posséder plusieurs.

Eutyphron. — Chaque peuple a les siens. A moins qu'une nation soit entièrement abrutie, on y entend murmurer la voix affaiblie de l'écho qui redit les félicités de l'âge d'or primitif. Les poètes au cœur tendre et naïf, et qui sont pour ainsi dire les plus jeunes enfants des muses, recueillent ces *dires*; car la jeunesse surtout en est avide; elle se les approprie et en fait le sujet de ses plus douces rêveries que chaque printemps rappelle et ramène périodiquement. C'est ainsi que les idylles, les pastorales, les descriptions poétiques des temps primitifs, les scènes et les tableaux du Paradis, ont pris naissance; et ils resteront toujours les pensées favorites de la jeunesse. Au reste, quel est et quel peut être le but des désirs de l'homme, si ce n'est le Paradis; c'est-à-dire la beauté et le repos, la santé et l'amour, la simplicité et l'innocence?

Alcyphron. — Malheureusement, la plupart de ces belles images ne sont que des rêveries, qui ne tardent pas à se montrer ainsi à nos yeux. L'antique Paradis est perdu, le paradis du printemps et de la jeunesse passe rapidement; et nous nous sentons poussés en avant sur la terre du labeur et dans le brûlant été des peines et des soucis. Si parfois, en ce monde, une nation, une famille jouit de l'innocente paix du Paradis, le serpent s'y glisse aussitôt, et la pousse à remplacer ses douces félicités par des maux qu'elle se crée elle-même. Oui, à côté de l'arbre de vie, fleurit toujours pour l'homme l'arbre d'une science funeste dont il ne peut s'empêcher de goûter les fruits mortels!..... Telle est notre destinée ici-bas.

Eutyphron. — Vous êtes un éloquent interprète des *dires* dont nous nous sommes proposé de parler ce matin ; il serait impossible de se pénétrer plus profondément de leur sens délicat et fin.

Alcyphron. — Cela ne m'empêche pas d'y trouver plus d'un sujet de doutes. Ce Paradis a-t-il jamais existé? Est-il autre chose qu'une fiction poétique? Moïse en parle comme d'un pays lointain qui lui est inconnu, d'un pays de féeries enfin ; et il le place dans la région où les fables de toutes les nations placent leurs merveilles, c'est-à-dire auprès des fleuves qui charrient de l'or, auprès de la Phase qui arrose la Colchide, auprès de l'Oxus qui entoure le Cachemire, auprès de l'Indus et de l'Euphrate. Dans cette vaste étendue de pays qu'il appelle Éden, pays du bonheur, Dieu plante un jardin ; mais sur quel point de cet espace immense était-il situé? L'arbre de vie et l'arbre de la science y croissaient, mais où sont-ils? ces arbres enchantés ont-ils jamais fleuri? Et les chérubins qui défendent l'entrée de ce jardin, en quel lieu sont-ils placés? Tout cela ne ressemble-t-il pas à des fables?

Eutyphron. — Cette ressemblance est une nécessité inévitable. Voyons maintenant comment et où la fable se sépare de la vérité, c'est-à-dire où commence la fiction, où finit l'histoire. Vous avez remarqué avec beaucoup de justesse que Moïse ne désigne que vaguement la situation géographique du Paradis, et qu'il le place dans la contrée que toutes les nations du monde ont choisie pour théâtre de leurs merveilles, telles que le bélier à la toison d'or, les arbres aux pommes d'or, l'arbre de l'immortalité, etc. Ce pays était aussi le jardin de leurs plus belles divinités, de leurs plus grands génies, le jardin des Dsinns, des Péris, des Néris et de plusieurs autres êtres surnaturels. Tous ces contes, antérieurs à la Genèse, ne prouvent-ils pas qu'il a existé d'abord un *dire* simple et uniforme, fondé sur un fait véritable et important du monde primitif? Lorsque tant de récits différents nous ramènent tous sur un même point de la terre, il est permis de croire qu'il s'y est réellement passé quelque chose de conforme à ces récits. L'histoire politique de l'espèce humaine, comme celle de sa civilisation, prouve qu'elle ne s'est répandue sur la terre que par degrés; il faut donc qu'elle ait eu un commencement sur un point quelconque de cette terre. Pourquoi ce point ne serait-il pas celui qui est désigné comme tel par les *dires* de toutes les nations; par l'histoire et même par la géologie? Il est la partie la plus haute de l'Asie où se trouvent les sommets les plus élevés de l'ancien monde ; là, la nature prodigue produit d'elle-même, et va, pour ainsi dire, au-devant des désirs de l'homme. Quant à l'incertitude des indications de Moïse, j'y vois une preuve de sa véracité; il n'a pas voulu dire plus qu'il ne savait, car il n'a jamais visité cette contrée primitive. Et, lors même qu'il y serait allé, il n'y aurait certainement pas trouvé les archives du Paradis; ce qu'il a fait est donc tout ce qu'il pouvait faire. Au reste, mon ami, notre intention n'est pas de nous faire les champions de l'histoire. Laissons planer la tradition au-dessus de nous comme un *dire* du monde originaire, et examinons ses résultats comme racines de la poésie hébraïque.

ALCYPHRON. — Cette poésie est un arbre surchargé de branches et de fleurs. La tradition du Paradis se perpétue à travers les prédictions les plus hardies des prophètes, et l'arbre de vie fleurit encore dans le dernier livre des Écritures; la tradition du Paradis est donc à la fois le commencement et la fin de la poésie hébraïque.

EUTYPHRON. — Quel superbe commencement! quelle fin magnifique! Comme les prophètes l'ont ennobli, ce Paradis d'Adam! Ils l'ont élevé jusqu'au temps du Messie, et les écritures du Nouveau-Testament ont été plus loin encore : elles le placent dans le ciel! C'est là que fleurit l'arbre de vie; c'est vers ce pays que nous naviguons tous pour y chercher, au-delà des fleuves et des mers de ce monde, le vieux pays de l'or, les éternelles îles fortunées! Chez les Arabes, chez les Persans, dans toutes les poésies orientales enfin, les tableaux du Paradis sont l'idéal des félicités humaines; ils renferment leurs rêves d'amour et de jeunesse, leurs espérances pour ce monde et pour l'autre :

« Là, rien n'est plus ni futile ni périssable; là, le souvenir cesse de peser péniblement sur nous. Tout y est stable et plein de charmes ; c'est une aurore éternelle, une éternelle couche nuptiale du premier jour ! l'eau y coule en doux parfums; l'ombre des arbres qui ne se fanent jamais est toujours fidèle et ne varie point. »

ALCYPHRON. — Est-ce que ces sortes d'images n'avaient pas l'inconvénient d'attacher trop fortement les hommes aux plaisirs des sens ?

EUTYPHRON. — Pourriez-vous imaginer, pour ce monde ou pour l'autre, un plaisir inaccessible à nos sens ? Il existe ici-bas une sensualité noble et pure, et nous n'en connaissons point qui soit au-dessus d'elle. Au reste, la pensée du monde primitif était toute sensuelle; si des hommes enclins à la volupté y ont puisé des ivresses funestes, si Mahomet a peint les joies du Paradis d'après des penchants fondés sur une sensualité grossière, il faut en accuser l'abus du principe, et non le principe lui-même. Je dois ajouter que l'on a été souvent injuste à ce sujet, même envers les mahométans; car on trouve chez leurs poètes et chez leurs philosophes autant d'idées métaphysiques sur le Paradis, que chez les poètes et chez les philosophes des contrées du Nord. Il faut, en général, savoir pardonner quelque chose à l'esprit des nations orientales, surtout lorsqu'il s'agit du choix des expressions. Elles sentent et jouissent avec plus de délicatesse et de raffinement que les autres nations; il est donc bien naturel que leurs poésies sur l'amour, sur le bonheur, sur les désirs et les espérances, soient empreintes d'un certain esprit de volupté épurée.

ALCYPHRON. — Je ne les en blâme pas; j'aime, au contraire, à trouver cet esprit dans les poésies qui ont l'innocence et le printemps pour objet. Mais je crains que ces sortes de tableaux du Paradis ne servent qu'à bercer l'homme trop mollement, et à le plonger dans un repos apathique, qui n'est que trop naturel aux Orientaux.

EUTYPHRON. — Et lors même qu'il en serait ainsi, n'y a-t-il donc pas déjà dans la vie réelle assez d'agents qui commandent la corvée ? et pourquoi la poésie pastorale aussi remplirait-elle ces tristes fonctions ? J'aime à la voir, dans son aride et brûlant pays natal, reconnaître un débris du Paradis dans chaque coin de terre où croissent des arbres touffus, où murmure une source vivante, où coule un fleuve rafraîchissant. J'aime à l'entendre appeler ce point-ci, l'Éden, celui-là, le siège du repos, et cet autre, le château du bonheur. Voudriez-vous que les Orientaux eussent, à l'exemple des peuples du Nord, converti le Paradis en une salle de festin dorée, où les ombres des héros se gorgent de bière et d'hydromel? et qu'ils nous eussent dépeint la guerre comme l'état naturel de l'espèce humaine? Selon moi, la poésie doit adoucir l'homme et non le rendre féroce; et, certes, rien n'est plus propre à atteindre ce but que les images d'un Paradis où l'on trouve, au sein même de la nature, l'amour, le plaisir et l'innocence.

ALCYPHRON. — Mais les deux arbres enchantés?

EUTYPHRON. — L'arbre de vie est à coup sûr une des images les plus agréables de la poésie orientale, lors même qu'on n'y verrait qu'un idiotisme particulier à la langue hébraïque. Si nous savions où il fleurit, ne nous empresserions-nous pas d'y faire un pèlerinage? Pourquoi aurait-il moins d'attraits pour nous, parce que nous savons qu'il n'est que la représentation de la crainte de Dieu, de la modération et de la sagesse dont nous devons tous recueillir les fleurs précieuses? Quant à l'arbre de l'immortalité, souvenez-vous comment il est dépeint dans le dernier livre du Nouveau-Testament. D'après ce livre, nous devons, à la fin de notre carrière et de nos luttes, le trouver dans le Paradis de Dieu, où il a été placé pour ranimer les combattants épuisés, et pour guérir toutes les nations par son feuillage impérissable, par ses fruits toujours jeunes et sans cesse renaissants. Quand aucun fruit de la terre ne pourra plus rafraîchir ma langue desséchée, oh! qu'alors mon âme puisse quitter ce monde avec la certitude de se reposer sous l'ombre de cet arbre!

ALCYPHRON. — Et l'arbre de la science?

EUTYPHRON. — Nous en parlerons plus tard; occupons-nous en ce moment de ce beau tableau du Paradis, où Dieu fait passer tous les animaux devant Adam, afin qu'il les voie et qu'il les nomme. Ne pensez-vous pas que rien n'était plus propre que cet examen et cette reconnaissance des choses vivantes, pour développer les forces contemplatives, les facultés comparatives et abstractives, la raison et le langage de l'homme? Les premiers mots de son vocabulaire devaient nécessairement être des cris d'animaux modifiés par ses organes et par ses sensations. Ce fut encore dans cette revue qu'il puisa ses premières intuitions sur la différence des caractères et des penchants; car les traits du visage des animaux, leur démarche, leurs allures, leurs mœurs, sont le cachet positif et invariable de leur individualité. Dieu daigna donc mettre en action, sous les yeux de l'homme, une fable perpétuelle dans le genre de celles d'Ésope. Aussi, tous les *dires* poétiques du Paradis ont-ils soin de nous représenter Adam conversant avec les animaux; il est leur roi, leur maître, leur frère aîné; ils vivent tous en paix entre eux, et soumis et attachés à l'homme.

Alcyphron. — Vous conviendrez que c'est là un âge doublement fabuleux?

Eutyphron. — Dites plutôt un âge d'or; écoutez un des traits du tableau qu'en fait Isaïe.

« Le même toit abrite le loup et l'agneau; le bélier dort à côté du léopard; les veaux et les lions forment un troupeau docile, un faible enfant le conduit.

« La mère des génisses et la mère des oursons paissent côte à côte, et leurs enfants s'étendent pêle-mêle sur les guérets où broutent le lion et le taureau.

« Le nourrisson joue avec la vipère; l'enfant à la lisière étend sa main dans la fente du rocher où dort le basilic; rien ne blesse, rien n'est funeste dans ce pays sacré. Ce pays est plein de la science de Jéhovah; c'est ainsi que l'eau remplit l'Océan. »

Vous trouverez chez tous les prophètes une foule d'images semblables, dont l'application intellectuelle...

Alcyphron. — Que direz-vous sur l'amour dans le Paradis? Il est vrai que Milton en a fait une belle description.

Eutyphron. — Milton n'est pas le seul. La description de l'amour dans le Paradis est la première et la plus simple de ce genre, comme cet amour lui-même est le premier et le plus simple de tout amour. La sensation nouvelle et mystérieuse de l'homme qui souffre de se voir seul, et qui ne peut exprimer ce qu'il désire, s'exhale en plaintes si douces, qu'on croit entendre résonner l'écho de cette plainte dans le cœur du divin père de cet homme. Son sommeil, les rêves qui l'agitaient sans doute, l'apparition de la femme, formée avec une partie de son sein et de son cœur à lui, Dieu qui lui présente cette femme et les bénit tous deux, l'ardeur avec laquelle il l'embrasse, ses cris de joie, leur nudité qui ne leur cause ni honte ni désir; tout cela est si délicatement exprimé, et représenté avec tant de charmes et de concision, que, lors même qu'on n'y verrait que de la poésie, on serait encore forcé de convenir qu'elle est divine. Un pareil amour ne pouvait germer que dans le Paradis; c'est le premier réveil d'un jeune cœur, c'est le rêve doré du matin de la vie! Je suis convaincu qu'il est impossible de composer des poésies quelconques sur ce sujet, sans s'inspirer du charme silencieux d'Éden, et des sensations innocentes et simples qu'y éprouvaient nos premiers parents. Toutes les productions des poëtes orientaux sur l'amour et sur la jeunesse, portent ce cachet. Le Cantique des cantiques semble avoir été chanté dans le Paradis, et on y retrouve partout le reflet de ce chant de bonheur d'Adam. « Tu es un second moi-même, tu m'appartiens, tu es à moi ! »

ALCYPHRON. — Vous ne croyez pas sans doute qu'Adam ait prononcé les paroles qu'on lui prête, et que surtout il y ait attaché un sens prophétique[1] ?

EUTYPHRON. — Qu'il les ait dites ou non, qu'importe ; elles sont l'expression de ce qu'il éprouvait alors; car, sans cela, ni le *dire*, ni l'écrivain qui l'a recueilli, n'auraient pu les lui attribuer. Qu'il ait manifesté ses sensations par la voix ou par le geste, et probablement ce fut par l'une et par l'autre, elles n'en restent pas moins les sensations les plus simples et les plus complètes qui, en s'unissant à l'innocence et à un sentiment prophétique, peuvent être regardées comme le véritable Paradis du cœur. D'après ce même *dire*, le développement d'un sentiment moins pur est le résultat du fruit de l'arbre défendu, et devient, pour ainsi dire, le premier pas vers la sortie d'Éden. Vous savez comment ce qui s'ensuivit fut imposé à la mère de l'espèce humaine.

ALCYPHRON. — Vous analysez fort ingénieusement l'histoire du Paradis; mais, en commentant ainsi ce vieux *dire*, vous conformez-vous à son esprit ?

EUTYPHRON. — Je me conforme du moins à un esprit secondaire

---

[1] Moïse, liv. 1er, chap. 2.

que la marche de la narration, si riche en sentiments délicats, indique clairement. « Ils étaient nus, et n'en avaient pas de honte ! » Mais à peine ont-ils mangé le fruit de l'arbre défendu, qu'ils voient leur nudité et en rougissent. Le juge paternel paraît et leur annonce leur future destinée, qui n'est autre que le mariage, la vie de cabane et de famille ; la Divinité elle-même leur donne des vêtements. L'époque des sensations telles que le Paradis seul pouvait les donner, est passée ; une nouvelle période de la vie commence, et nos premiers parents apprennent à connaître les peines et les fatigues...

ALCYPHRON. — Il me semble que vous vous rapprochez...

EUTYPHRON. — Est-ce que votre pensée se préoccuperait d'une hypothèse honteuse [1] ? La langue et les allégories orientales lui sont entièrement opposées, ainsi qu'à toutes celles du même genre qui, pour être plus récentes, n'en sont que plus mauvaises et plus forcées. Les Orientaux n'ont aucune idée des allusions qui pourraient faire croire que l'arbre de la science était ce que prétend cette hypothèse. Une pareille fiction est un conte obscène des temps modernes, indigne du récit antique, si plein de pureté et de naïveté enfantine. Lorsque Adam connaît sa femme, ce récit le dit aussi clairement et aussi franchement qu'il dépeint les sensations qu'ils ont éprouvées tous deux après avoir mangé du fruit défendu. C'étaient des sensations nouvelles et désagréables qui les poussaient à fuir et à se cacher derrière les arbres ; la voix du père les arrache enfin aux vertiges d'une attente pénible. Vous savez le reste ; certes, s'il y a là quelque chose qui ressemble à l'heure du berger, il serait possible alors de trouver tout ce qu'il y a de plus noir dans la blancheur la plus pure.

ALCYPHRON. — Si vous vouliez commenter aussi franchement l'arbre et le mobile de la séduction, vous m'expliqueriez peut-être la plus ancienne fable, le plus ancien hiéroglyphe du monde.

EUTYPHRON. — Nous verrons plus tard si ce récit n'est qu'une

[1] Herder fait allusion ici à l'ouvrage de Beverland intitulé : *Peccatum originale*. Ce livre contient des explications fort indécentes sur le fruit de l'arbre défendu.
(*Note du Traducteur.*)

fable, qu'un hiéroglyphe; pour l'instant, bornons-nous à y voir un *dire* de l'enfance de l'espèce humaine. Qu'était, selon vous, l'arbre de la science? et quelle signification attachez-vous à ce dernier mot?

ALCYPHRON. — Tout ce que je sais, c'est que chez les Orientaux, il signifiait la connaissance du bien et du mal. Ils se servaient aussi de ce mot pour désigner l'âge où l'homme jouit de la plénitude de son entendement; parfois aussi ils l'appliquaient au jugement moral, et aux facultés qui donnent ce jugement; en un mot à la raison pratique.

EUTYPHRON. — Ainsi donc, lorsque l'homme arrive à l'âge de raison, il sait distinguer le bien du mal, distinction que jusque-là on lui avait enseigné à faire, et qu'il fait en effet tant qu'il reste fidèle à son devoir. Dès qu'il commet une faute, il subit la punition qu'il s'est attirée, parce qu'il n'a pas distingué le bien du mal; et alors seulement, il apprend à connaître le bien et le mal. Voilà toute l'histoire et les diverses significations de l'arbre de la science. En défendant à l'homme le fruit de cet arbre, Dieu lui impose un devoir; c'est la première et la plus facile pratique de la distinction du bien et du mal. Les fruits de tous les arbres étaient le bien, car ils étaient permis; ceux de ce seul arbre étaient le mal, car ils étaient défendus: c'est la première signification. Le serpent en prête une autre à la défense de Dieu; il dit: « On vous a défendu les fruits de cet arbre, parce qu'il donne la connaissance du bien et du mal, c'est-à-dire la plus haute science; mangez-en, et, d'enfants que vous êtes, vous deviendrez des hommes! plus que des hommes, des Élohim! » C'est la seconde signification. Les habitants du Paradis mangent en effet de ce fruit, et les voilà instruits; ils reconnaissent qu'ils ont mal fait, et éprouvent des sensations qu'ils auraient préféré ne jamais connaître. Le créateur profite de ces sensations pour leur imposer d'autres devoirs et les soumettre à des expériences nouvelles; il les place dans une situation différente, et leur aide à faire les premières inventions qu'exigent les besoins les plus urgents de cette situation. C'est la troisième signification. Après cela Dieu pouvait dire, soit en raillant, soit sérieusement: « L'homme est devenu semblable aux Élohim; il sait distinguer le bien du mal. » Telle est la marche de la narration; la même idée y est présentée sous toutes ses phases, sans subir la moindre altération. Un développement aussi simple, aussi clair, n'est-il pas admirable?

ALCYPHRON. — Sans doute, s'il s'agissait d'une fable; mais il est question ici d'une histoire de la plus haute importance. A combien de millions d'individus n'a-t-il pas donné la mort, cet arbre dont le fruit n'a été cueilli que parce que le serpent a donné une fausse interprétation à la signification de l'arbre de la science!

EUTYPHRON. — Les conséquences dogmatiques n'en restent pas moins les mêmes. En tout cas, nous ne nous occupons en ce moment que d'un *dire* de l'enfance de l'espèce humaine, et que, par conséquent, il faut examiner avec l'esprit de cette époque. Si vous voulez continuer à l'analyser sous ce point de vue, nous y trouverons toutes les idées primitives de la poésie morale de l'Orient.

ALCYPHRON. — Très-volontiers, puisque nous devons arriver à de semblables résultats.

EUTYPHRON. — Procédons avec ordre. Un devoir a été imposé à l'homme et non aux animaux qui, sans doute, mangeaient les fruits de cet arbre, et prêchaient ainsi l'homme par un langage bien persuasif, celui de l'exemple. Manger de ces fruits n'était pas une faute pour eux; pour l'homme c'était un péché. Sentez-vous cette différence?

ALCYPHRON. — Sans doute, et je me souviens en même temps que les Orientaux partageaient tous les êtres en créatures libres et en créatures dépendantes. Les animaux appartenaient à la première division; car aucune défense ne pesait sur eux, tandis que l'homme était lié par la loi, par le devoir.

EUTYPHRON. — Cette distinction jette un grand jour sur le sujet que nous traitons. Le serpent agit d'après sa nature en mangeant des fruits de l'arbre de la science; l'homme se met en opposition avec son devoir en suivant, contrairement à la loi qui lui a été donnée, le conseil et l'exemple de cet animal. Vous rappelez-vous ce que nous venons de dire à l'occasion des rapports d'Adam avec les animaux?

Alcyphron. — Qu'ils étaient pour lui un sujet d'enseignement. Mais dans le cas dont nous parlons, ils lui enseignèrent à faire le mal.

Eutyphron. — Et quel est l'animal que Dieu choisit pour devenir l'occasion fortuite de la première erreur des facultés contemplatives et imitatives de l'homme ? et pouvait-il en choisir un plus convenable ? La prudence et la ruse sont les traits caractéristiques du serpent ; il agit et parle suivant ce caractère, devient l'emblème de la séduction, et subit le châtiment réservé au séducteur.

Alcyphron. — Cette histoire m'apparaît tout-à-coup sous un jour nouveau. Oh ! si c'était une fable, elle serait bien belle !

Eutyphron. — Nous pouvons la regarder comme telle, du moins sous le rapport de la forme. Oui, c'est une fable en action. Vous connaissez, sans doute, toutes les peintures du caractère du serpent et de l'anathème porté contre lui, que l'on trouve dans les fables de Lokman et d'Esope ?

Alcyphron. — Oui. Au reste, les Orientaux sont riches en fables et en *dires* de ce genre, et ils attribuent au serpent une foule d'artifices et de sciences. Selon eux, cet animal possède le grand art tant envié par l'homme, de se rajeunir, de recouvrer la vue dans la vieillesse, et de dérober à tous les dangers sa tête, le siège de sa force et de sa vie. Ils vont jusqu'à dire qu'il pénètre tous les secrets de la nature, et qu'il est animé par un génie particulier. J'ai lu une foule de contes dans lesquels le serpent guérit les malades, écoute la voix des enchanteurs bienfaisants, repousse celle des mauvais, prête l'oreille à la musique, obéit à la volonté des prêtres, etc. Enfin, lorsqu'on a lu tous ces contes, on éprouve malgré soi un certain désordre dans l'esprit.

Eutyphron. — Quelques unes de ces fables doivent être considérées comme l'histoire naturelle de cet animal que nous connaissons trop peu ; les autres ne sauraient être que les fragments des anciennes traditions, auxquelles chaque génération qui les transmet à la génération suivante, ajoute quelque chose de merveilleux et d'incroyable. Ces sortes de traditions finissent toujours par devenir des croyances populaires, que l'art et la ruse des poètes, des magiciens et des prêtres exploitent à leur profit. Qu'il nous suffise de savoir que, sur tous les points de l'Orient, le serpent est connu comme un animal rusé et artificieux; et nous savons suffisamment par nous-mêmes, qu'il est vil et nuisible. Voyez maintenant avec quelle fidélité le *dire* du Paradis peint les divers traits qui caractérisent le serpent: paraissant d'abord comme un séducteur sage et brillant, il se montre bientôt comme un vil trompeur qui nous poursuit sans cesse en rampant à nos pieds. A son début il se nourrit du mets des dieux, connaît les forces secrètes de la nature, et communique avec les Élohim; bientôt après il se traîne sur son ventre et se voit condamné à manger de la poussière. Il a cessé d'être immortel, car l'homme peut lui écraser la tête, et il ne lui reste d'autre moyen de se venger que de le mordre au talon. D'abord l'ami d'Ève, il lui promet de la convertir en déesse; mais il devient aussitôt son ennemi et celui de tous ses enfants, au point que la mère du serpent peut être regardée comme l'ennemie naturelle de notre première mère. Un seul animal peut-il offrir des contrastes plus instructifs? Un vil reptile aurait-il pu enseigner la sagesse à l'homme? En vérité, une pareille supposition n'est bonne qu'à mettre la folie humaine en évidence.

ALCYPHRON. — Il est certain que l'homme voit toujours son séducteur, lorsque la faute où il a voulu l'entraîner est commise, tel que le *dire* du Paradis nous montre le serpent quand l'anathème de Dieu l'a frappé. La narration est conduite avec art, et si le fait est réellement arrivé, on ne pouvait faire jouer à l'homme, dans un apologue, un rôle plus instructif. L'arbre, le serpent, l'action enseignent; et les paroles ne servent qu'à développer ce que, malheureusement, l'expérience ne tardera pas à prouver. Je sens maintenant tout ce qu'il y a d'extravagant dans les méprises où tombent les érudits qui se mettent l'esprit à la torture pour savoir si le serpent avait des pieds, s'il était doué de la raison humaine afin de pouvoir comprendre l'importance d'un anathème, etc.

EUTYPHRON. — Les rabbins se perdent dans des folies plus grandes encore. Mais laissons-les en paix, et revenons aux tableaux du Paradis, qui nous offrent plus d'un trait instructif à analyser. Le serpent promit à l'homme que le fruit de l'arbre défendu lui ouvrirait les yeux et lui donnerait la sagesse des

Élohim. Mais pourquoi promet-il précisément cette sagesse? et pourquoi, surtout, trompe-t-il l'homme par cet espoir? Vous souvenez-vous de ce que nous avons dit des Élohim?

ALCYPHRON. — Je vous comprends. Le serpent promet la sagesse des Élohim, qui, supérieurs à l'homme, pénètrent les secrets de la nature et voient, cachés derrière leur rideau, l'action des forces mystérieuses...

EUTYPHRON. — Oui, telles étaient, à leur égard, les croyances de ces Orientaux, qui étaient aussi infatigables à la recherche du pouvoir caché de la nature, que nous le sommes à celle de la pierre philosophale. L'héritage des *dires* et des fables sur la science occulte, que les temps antiques nous ont légué, est incalculable. Tantôt cette science fleurit sur un arbre, tantôt elle est une figure, un sceau, un talisman enfoui dans les entrailles de la terre; parfois les oiseaux du ciel l'enseignent, plus souvent des esprits, des génies qui se nourrissent du parfum des fleurs et qui savourent avec ce mets des dieux la science de la nature, la communiquent à quelques mortels isolés assez savants pour les y contraindre; car cette communication n'est jamais volontaire. Ces *dires* ont donné un cachet particulier à la morale des Orientaux, à leurs poèmes, à leurs sentences.

ALCYPHRON. — Même à leurs sentences?

EUTYPHRON. — Oui, car toutes recommandent de se tenir en garde contre les sciences occultes, fausses, pernicieuses, et à les distinguer de la science unique, simple et véritable. Je pourrais vous citer une foule de ces sentences, qui ordonnent en même temps de craindre Dieu et les démons, d'obéir à Dieu et de fuir les enchantements et les fausses sciences. La vraie science est regardée comme l'arbre de vie, les fausses sciences comme l'arbre défendu de la science des dieux, pernicieuse pour les hommes. Mais revenons à notre narration. N'est-il pas vrai que vous voudriez n'y voir qu'une fable?

ALCYPHRON. — Je ne le conteste pas.

EUTYPHRON. — Je serais curieux de voir comment, en ce cas, vous pourriez trouver des conséquences entre les causes et les effets; car le propre de la fable est de s'accorder dans toutes ses parties, et de représenter intuitivement tout ce qu'elle met en action. Considérez l'arbre défendu d'après les diverses acceptions que lui donne le *dire*, et il vous restera toujours quelques traits inutiles, contradictoires. Est-il l'arbre de l'obéissance et de la mort, ainsi que Dieu le dit lui-même ? Mais il ne donne pas la mort, et produit, au contraire, des effets que la défense de Dieu n'avait point annoncés. Est-il l'arbre de la science, tel que le serpent le prétend ? Alors Dieu n'a point dit la vérité, et, sous quelques rapports du moins, la promesse du serpent seule s'est réalisée, car Adam et Ève apprennent à voir, ils deviennent semblables aux Élohim ; Dieu lui-même l'assure. Pourquoi donc Dieu leur avait-il défendu de manger des fruits de cet arbre ? Et comment, surtout, accorderez-vous cette sagesse des Élohim nouvellement acquise, avec les douleurs de l'enfantement, avec les ronces et les épines qui couvrent la terre d'exil, avec la nécessité de la labourer péniblement pour lui arracher des produits utiles ? Pourquoi les nouveaux Élohim sont-ils forcés de quitter le Paradis ? N'auraient-ils pas dû, au contraire, y rester toujours auprès des véritables Élohim dont ils étaient devenus les frères ? Dieu aurait-il eu réellement peur qu'après avoir mangé des fruits de l'arbre de la science, ils ne s'avisassent de lui dérober les fruits de l'arbre de vie, et ne devinssent ainsi, malgré lui, des Élohim immortels, comme ils étaient déjà devenus malgré lui des Élohim savants ? Voyons, tâchez de sauver votre fable de cette alternative.

Alcyphron. — Je vous laisse ce soin.

Eutyphron. — Je ne puis rien pour la fable ; mais il me sera facile de tout enchaîner, de tout déduire naturellement, si vous acceptez cette fable comme la tradition d'un fait instructif qui s'est réellement passé entre les pères et les enfants de l'espèce humaine. Reprenons nos commentaires où nous les avons laissés. « Ils étaient nus, et n'en avaient pas de honte. » L'homme pouvait-il toujours rester dans cet état ?

Alcyphron. — Certains enthousiastes le prétendent. Ils soutiennent même qu'Ève n'avait ni conçu, ni enfanté, comme conçoivent et enfantent nos femmes en punition du péché d'Ève, et comme un équivalent de la peine de mort dont Dieu l'avait menacée.

Eutyphron. — Alors Ève n'était pas faite comme nos femmes que leur organisation prédestine à devenir mères. Au reste, la première bénédiction que Dieu prononça sur le premier couple, le consacra à se multiplier et à peupler la terre. La terre a été créée pour être habitée, et, certes, le Paradis, situé à la source de quatre grands fleuves, ne pouvait se retrouver dans des climats rudes. L'homme devait cultiver la terre à la sueur de son front, comme la femme devait enfanter douloureusement. Un jour, peut-être, les enthousiastes dont vous venez de parler découvriront une autre terre, une autre espèce humaine que celle que nous connaissons, et par laquelle se manifeste si visiblement la première bénédiction qu'elle reçut de son créateur. D'ici-là, laissons-les rêver qu'Adam avait un corps de verre, et qu'il y a un Paradis terrestre sous le pôle du nord.

Alcyphron. — Vous croyez donc que Dieu a créé les hommes pour vivre dans l'état où ils se trouvent actuellement?

Eutyphron. — Et quelle autre puissance aurait pu les créer à cet effet? Ce n'est pas celle du démon, sans doute? Dieu, qui a fait l'homme de poussière, devait nécessairement prévoir toutes les conséquences de son œuvre. En prenant cette poussière dans sa main, il savait ce qu'elle deviendrait; il avait mesuré la force de l'âme humaine, et connaissait d'avance les fautes qu'elle pourrait commettre. Nier cette vérité serait insulter la raison, l'humanité, l'univers entier! Il n'est point de philosophie plus détestable que celle qui cherche à nous crever les yeux, afin que nous ne puissions nous voir nous-mêmes; vous ne trouverez rien de pareil dans la poésie hébraïque, ni dans la philosophie de l'Ancien et du Nouveau-Testament. Aucun psaume, aucun livre des prophètes ne mentionne l'histoire du Paradis de manière à autoriser les conséquences que la fausse philosophie voudrait en tirer. Adam, disent les Écritures, a péché le premier, nous péchons tous comme lui; voilà pourquoi nous sommes forcés de mourir comme lui. Ève a été tentée, et nous sommes tous exposés à succomber à la tentation, et à perdre notre simplicité d'esprit. Voilà, je vous le répète, ce que disent les Écritures, toujours et partout; et vous ne trouverez nulle part que, « du nombril aux pieds, nous sommes autrement faits qu'Adam; que le péché a changé sa nature et lui a fait éprouver dix mille *actus* et *raptus* pour lui et ses descendants, sous le rapport de l'intelligence, de la volonté, des sens et des membres. » L'Écriture dit clairement ce qu'il a éprouvé et perdu.

ALCYPHRON. — Mais qu'a-t-il perdu ? et quels sont les effets de l'arbre et de la défense de manger de ses fruits?

EUTYPHRON. — Admettons que cet arbre était nuisible et non mortel. Dieu donne le nom de mort aux effets de ses fruits, autant par opposition à l'arbre de vie, que parce que l'idée de la mort était la plus propre à éloigner l'homme d'un pareil arbre. Lui qui prévoit tout, ne pouvait ignorer la faute qu'il ferait commettre; mais il eût été extravagant de créer des hommes, pour en éteindre la race presque au moment de leur création : aussi a-t-il mis à leur portée un arbre destiné à servir, pour ainsi dire, d'introduction à l'état futur de l'espèce humaine; état qui, alors déjà, entrait dans ses plans, et existait dans sa pensée tel qu'il est aujourd'hui.

ALCYPHRON. — Je ne vous comprends pas.

EUTYPHRON. — Le propre du fruit de l'arbre défendu était d'exciter des désirs, d'enflammer le sang et de causer, par conséquent, de la surprise, de l'inquiétude, de la crainte, et même de l'effroi aux enfants désobéissants qui en avaient mangé malgré la défense de leur père. Le père profite de ce trouble pour montrer à ses enfants les suites que leur première faute devait avoir pour eux et pour leur séducteur. D'abord, il leur fait prendre ce séducteur en horreur; puis il les prépare à commencer une existence nouvelle. Il faut que la vierge du Paradis devienne la mère de l'espèce humaine. Celle qui n'avait été jusque-là que la fiancée d'Adam, l'*hommesse* enfin, sera désormais Ève, la femme de la cabane, la servante des vivants à qui elle donnera le jour. Le tranquille habitant du Paradis, qui devait passer sa première jeunesse dans ce jardin de la civilisation primitive, est condamné à des travaux pénibles, mais nécessaires à sa vocation. Le mot cruel : *mort!* est enfin prononcé sur lui, et il marche doucement vers ce dénoûment inévitable. En un mot, ainsi que je vous l'ai déjà dit, sa faute n'était qu'une introduction à l'état où il devait entrer, et le châtiment de Dieu n'était qu'une bénédiction nouvelle, moins douce, moins facile, mais tout aussi paternelle que la première. Et comment Dieu pourrait-il punir autrement? Enfin, tôt ou tard, la porte de la cabane devait s'ouvrir devant l'homme; son péché la lui ouvrit.

Alcyphron. — Le récit du Paradis se présente maintenant à ma pensée sous un jour nouveau; tout s'explique, rien n'y est déplacé, l'accent de l'anathème même est paternel; c'est une continuelle et naïve histoire naturelle de l'espèce humaine. Le père choisit la place la plus douce pour y laisser tomber son enfant, et cet enfant cueille lui-même la pomme de ses souffrances, de ses douleurs à venir. C'est sa faute s'il est forcé de quitter le Paradis que, du reste, il ne pouvait, il ne devait pas habiter éternellement. Il a voulu avoir une volonté à lui, il a agi en conséquence; par là il s'est détaché de la maison paternelle, il est devenu son maître, et, à ce titre, il doit naturellement être chargé du soin de pourvoir à ses besoins.

Eutyphron. — Ne voyez-vous plus rien dans cette histoire? n'offre-t-elle aucune analogie avec notre situation actuelle?

Alcyphron. — Cette analogie, au contraire, est générale et frappante. Nous passons par toutes les phases, par toutes les variations qu'Adam a subies; nous péchons comme lui, et comme lui nous sommes punis, c'est-à-dire poussés malgré nous à un état plus dur, mais nécessaire.

Eutyphron. — Et vous n'y trouvez pas de solution? pas de définition positive du mal?

Alcyphron. — Le mal consiste à se laisser détourner de la candeur primitive par des motifs trompeurs et vicieux. La loi est permanente, soit en dedans, soit en dehors de nous, et elle nous parle par nos sentiments intimes ou par des devoirs positifs; mais le serpent séducteur ne manque jamais de se trouver sur notre chemin: c'est tantôt la convoitise de nos sens, et tantôt l'erreur de notre raison, souvent même l'une et l'autre. Les conséquences de nos fautes sont toujours les mêmes; et j'ai assez de confiance en la bonté divine pour croire que la punition qu'elle inflige à la créature qui s'est rendue coupable d'une erreur, est un bienfait de père, une combinaison qui la conduit vers son bien à elle, mais par un sentier plus aride que celui qu'il lui aurait fait suivre si elle n'avait pas commis de faute.

EUTYPHRON. — Vous voyez enfin, mon cher ami, l'arène de l'espèce humaine se dérouler devant vous, telle que nous la trace la poésie hébraïque : la nature, le Paradis, l'amour, l'innocence, l'autorité royale sur les diverses espèces d'animaux, en un mot tout ce qui flatte l'imagination de la jeunesse ; et au milieu de tant de félicités s'élève l'arbre de l'obéissance, auquel la morale de la poésie orientale rapporte toujours tout. L'instant où les fruits de cet arbre ont été cueillis est celui où commence le règne des souffrances, de la servitude, des maladies, de la mort ! de toutes les calamités enfin sur lesquelles gémit l'auteur des psaumes, et qui ont inspiré à Job tant de touchantes élégies. L'histoire du Paradis est renfermée dans un petit nombre de chapitres fort courts, et que cependant on pourrait appeler l'encyclopédie de l'espèce humaine. Je voudrais pouvoir me représenter à moi-même, soit en vers, soit en prose, chaque situation de ce récit avec la clarté qui le caractérise. Que la fable de Pandore et de Prométhée est pauvre et futile à côté de ce récit ! Il contient encore une figure admirablement poétique...

ALCYPHRON. — Vous voulez sans doute parler des chérubins avec leurs glaives flamboyants ? Mais ces chérubins ne sont autre chose que les chevaux du tonnerre.

EUTYPHRON. — Les chevaux du tonnerre ? et à une époque aussi reculée ? Une pareille fiction suffirait pour rendre invraisemblable la tradition tout entière ; cependant plus on l'étudie, plus on reconnaît que tout est conforme à l'esprit du temps. Adam connaissait-il les chevaux du tonnerre ? Quelle idée en avait-il ? Comment aurait-il pu se former une semblable image ? et dans quel but ? Qu'est-ce que des chevaux du tonnerre, armés de glaives flamboyants pour défendre l'approche de l'arbre de vie ?

ALCYPHRON. — Vous m'embarrassez avec vos questions. Cependant j'ai toujours été convaincu que les chérubins de la poésie hébraïque n'étaient autre chose que les chevaux du tonnerre.

EUTYPHRON. — Je ne connais pas un seul passage qui le dise ou qui puisse même le faire présumer. Habacuc, l'un des derniers prophètes, donne, il est vrai, des coursiers à Dieu ; mais des coursiers ne sont pas des chérubins. Dans ce passage du prophêto ¹, Dieu paraît sur un char, et l'idée du char entraîne naturellement celle des chevaux. Mais représenté ainsi, Jéhovah ne fait pas entendre son tonnerre; debout sur son char, il mesure le pays qu'il distribue aux Israélites; la peste marche devant lui, les oiseaux de proie planent sous ses pieds. Il regarde, et les peuples se dispersent, une terreur panique se répand sous les tentes des Madianites; il tend son arc, la flèche part, elle vole, elle frappe! elle extermine! Enfin Dieu se sert de toutes les armes des arsenaux de ces temps reculés; puis il part majestueusement, les coursiers de son char de triomphe se retirent par la même route qu'ils avaient suivie pour arriver sur le champ de bataille : ils traversent la mer et la vase des grandes eaux. Y a-t-il ici quelque chose qui ressemble à des chevaux du tonnerre ou à des chérubins?

ALCYPHRON. — Les Grecs pourtant ont donné des chevaux du tonnerre à leur Jupiter, et Virgile en a fait plus d'une magnifique description.

EUTYPHRON. — Jupiter est-il Jéhovah? les Grecs sont-ils des Hébreux? et Virgile est-il un poète hébreu? Les Péruviens voient dans le tonnerre le bruit d'un vase que la belle déesse de la Pluie tient à la main, et que son frère le Vent, qui vient au-devant d'elle, fait voler en éclats. Cette ingénieuse explication de l'orage de la mythologie péruvienne pourrait-elle nous servir de guide pour commenter les poésies hébraïques? Au reste, cette poésie ne nous parle-t-elle pas assez clairement des chérubins? Ne nous en donne-t-elle pas des idées précises, même sous le point de vue artistique?

ALCYPHRON. — Examinons les passages où elle les représente comme œuvre d'art, et commençons par les chérubins placés sur l'arche d'alliance ².

EUTYPHRON. — Dans ce passage, ils ont des ailes et des visages, ils regardent sur l'arche et ombragent le propitiatoire. Ce n'est là ni la forme, ni la position des chevaux du tonnerre; est-il probable que les chérubins tissés dans les tapis avaient la même forme et la même attitude? C'est ainsi qu'on les retrouve dans

---

¹ Habacuc, chap. 3, verset 8.
² Moïse, liv. II, chap. 25, vers. 17 et 18; chap. 36, vers. 8 et 35.

le temple de Salomon, mais plus grands et plus magnifiques ; à cette seule différence près, la description est la même [1].

ALCYPHRON. — Cette description cependant est très-incomplète. Combien de formes ne peut-on pas donner à des visages et à des ailes ?

EUTYPHRON. — Passons au temple d'Ézéchiel [2]. Dans la description qu'en fait ce prophète, les chérubins ont une tête qui tient à la fois de l'homme et du lion ; mais il n'est nullement question du cheval. Les chérubins lui apparaissent dans les nuages [3] ; un d'eux étend la main vers lui : c'est une main d'homme, et elle saisit du feu. Chaque animal ou chérubin a quatre faces, celles du taureau, de l'homme, du lion et de l'aigle ; et l'on voit l'une ou l'autre de ces faces selon le côté par où on le regarde. Ces quatre faces se trouvent aussi dans l'Apocalypse ; seulement, saint Jean ne les réunit pas sur un seul et même animal. Ainsi donc...

ALCYPHRON. — Mais quels sont les résultats de ces visions ?

EUTYPHRON. — Que les chérubins étaient un composé de plusieurs animaux, et qu'aucune forme de cheval n'entrait dans cette composition.

ALCYPHRON. — N'y a-t-il pas encore quelque autre passage relatif à ce sujet ?

EUTYPHRON. — Il y a en a un surtout qui me paraît décisif. Ézéchiel [4] donne le titre de chérubin au fier roi de Tyr qui habite l'Éden, le jardin des Élohim sur la montagne sacrée où il marche à travers des pierres enflammées. Le prophète emploie cette image pour donner la plus haute idée possible de la puissance et de la domination de ce roi. L'éclat des pierres précieuses lui sert de parures, son existence est un long jour de bonheur, et il se montre à nous dans ses œuvres comme une créature parfaite, mais fière. Ces exemples suffiront pour nous prouver quelles étaient dans le monde antique et chez les Orientaux de cette contrée, les figures d'animaux consacrées à servir de symbole à la magnificence et à l'orgueil, et qui devaient né-

---

[1] Liv. 1er des Rois, chap. 6, vers. 23 ; Chronique, liv. II, chap. 3, vers 7.
[2] Ézéchiel, chap. 41, vers. 18.
[3] Ézéchiel, chap. 10, vers. 14 ; chap. 1er, vers. 10.
[4] Ézéchiel, chap. 28, vers. 14.

cessairement entrer dans la composition des chérubins. Il est incontestable que ces figures d'animaux étaient le lion, le taureau, l'homme et l'aigle. Vous connaissez, au reste, ce proverbe des Hébreux, qui dit que les quatre superbes de ce monde sont : « Le lion parmi les bêtes féroces, le taureau parmi les animaux domestiques, l'aigle parmi les volatiles, et l'homme qui est au-dessus d'eux tous.

ALCYPHRON. — Il me semble que ce proverbe ne saurait s'appliquer aux premiers temps de la poésie hébraïque; car les détails dans la composition des chérubins y varient...

EUTYPHRON. — Comme toutes les compositions artistiques qui, surtout lorsqu'elles sont des objets d'ornements, suivent le goût de l'époque. Il est vrai que l'esprit de la composition n'en est pas moins toujours le même. Ézéchiel place son roi de Tyr sur le point où se tenaient les plus anciens chérubins, c'est-à-dire sur la montagne de Dieu dans le Paradis, et il en fait un être brillant, sage, terrible et magnifique. La première idée de ce tableau lui a sans doute été suggérée par la vision dans laquelle lui apparaissent des chérubins sous la forme de créatures effrayantes et terribles, chargées de défendre l'approche de l'arche de vie. Les descriptions d'Ézéchiel, jointes aux diverses traditions orientales, nous dépeignent avec tant de précision les merveilleuses figures de ces chérubins, qu'il serait extravagant de songer à la possibilité d'y trouver les chevaux du tonnerre.

ALCYPHRON. — Mais quelles sont donc les traditions auxquelles vous venez de faire allusion ?

EUTYPHRON. — Ne connaissez-vous aucun animal fabuleux habitant les plus hautes montagnes du monde primitif, dans la même contrée où le plus ancien *dire* hébraïque place le Paradis, et où cet animal gardait les trésors de ce monde antique ?

ALCYPHRON. — Est-ce que vous voudriez me parler des dragons ou des griffons qui veillaient sur l'or, ou plutôt sur les pommes d'or ?

EUTYPHRON. — Ces traditions sont beaucoup plus récentes, et appartiennent en grande partie aux peuples du Nord. Les Orientaux croyaient à un animal ailé qui avait choisi sa demeure sur le mont Kaf, et qui soutenait de longues et rudes guerres contre les géants du monde primitif. C'était un animal raisonnable et religieux; il parlait toutes les langues, il avait la sagesse du sphinx, la ruse des griffons, et gardait les trésors du Paradis. En un mot, c'était une des plus merveilleuses créatures de Dieu, que l'on ne pouvait vaincre ni par la force ni par la ruse. Le sphinx des Égyptiens, le dragon des Grecs, le griffon des peuples du Nord, ne sont que des variantes de cette composition, modifiée par l'influence du climat et par l'esprit des temps. Relisez les fables et les contes plus récemment inventés sur les gardiens de l'arbre de l'immortalité à la porte du Paradis, et sur les brillantes et terribles figures qui, debout sur le mont sacré, font tourner en tous sens les flammes qui jaillissent de leurs glaives. Vous reconnaîtrez que tous ressemblent aux chérubins d'Ézéchiel, et que chaque nation les a fait passer, à sa façon, dans ses poésies et dans ses traditions [1]. Bornons-nous, pour l'instant, à poursuivre l'histoire des chérubins à travers la poésie hébraïque. Ils apparaissent d'abord un glaive enflammé à la main, en qualité de gardiens et non en celle de destructeurs du Paradis, comme on a cherché à le faire croire, quoique la lettre des Écritures dise précisément le contraire. Bientôt après, nous les retrouvons dans le tabernacle de Moïse, qui les place sur l'arche d'alliance, et fait exécuter cet ornement dans le style égyptien, sans doute parce qu'il a remarqué une grande ressemblance entre ces chérubins et le sphinx. De l'arche ils passent dans les nuages; et puisque là, la gloire de Dieu descendait sur eux, il est naturel qu'on n'ait pas tardé à les choisir pour porter cette gloire dans les nues. C'est ainsi qu'ils sont devenus pour les Hébreux, d'abord une image poétique, et bientôt après les figures principales des visions de leurs prophètes. Cette transformation des chérubins, œuvre artistique placée sur l'arche, en chérubins, créatures vivantes portant et soutenant le trône de Jéhovah dans les nuages, est clairement annoncée par ces mots : « Dieu qui trône

---

[1] Herder fait sans doute allusion ici aux fables de Simorg-Anka, de Soham, etc., et aux animaux fabuleux dont parlent Bochart, Herbelot, etc., et qu'on trouve dans toutes les poésies orientales. (*Note du Traducteur.*)

au-dessus des chérubins, » titre d'honneur qu'on lui donnait déjà dans les livres de Samuel [1]. Cet emploi des chérubins ouvrit des voies nouvelles à l'imagination des poètes, et leur permit de faire entrer ces merveilleuses créatures dans leurs descriptions du ciel. Selon toutes les probabilités, David est le premier qui ait osé tracer un pareil tableau [2]. Son chérubin, cependant, n'a rien de commun avec les chevaux du tonnerre, et pourrait plutôt en écarter l'idée, si d'autres passages l'avaient fait naître. C'est une créature ailée sur laquelle Dieu vole dans les nuages, un parallélisme opposé aux ailes du vent; le tonnerre et les éclairs sont décrits par des images spéciales. A l'époque d'Isaïe [3], le Dieu trônant au-dessous des chérubins n'était encore que la répétition de l'antique phrase de Moïse que l'on retrouve dans les livres de Samuel et dans les psaumes; il n'y a point de chérubins dans le tableau que ce prophète fait de l'apparition de Dieu qui se montra à lui [4]. Ce ne fut que beaucoup plus tard, et loin de la Judée, du temps du captif des bords du Kébar, que cette ancienne image poétique devint une vision de prophète [5]. Alors seulement, les chérubins apparaissent dans tout leur éclat, mais ils ne traînent pas le char du tonnerre; ils portent le siège de la gloire du Seigneur, et au-dessus d'eux on ne voit que du saphir, c'est-à-dire un ciel pur et serein; tout brille autour d'eux comme l'arc-en-ciel quand il se dessine sur les nuages. C'est bien là l'image la plus silencieuse, la plus magnifique, la plus éclatante, mais ce n'est pas un tableau de l'orage et du tonnerre.

ALCYPHRON. — Selon vous, les chérubins auraient eu trois époques : ornements artistiques du temple, figures poétiques dans les nuages, et visions des prophètes.

EUTYPHRON. — Ajoutez qu'ils ont commencé par être des figures mythologiques dans les traditions du Paradis; car cette première forme est la base de toutes les autres. Si Moïse n'avait pas trouvé les chérubins dans les *dires* du Paradis, ils n'auraient

---

[1] Samuel, liv. 1er, chap. 4, vers. 4; liv. II, chap. 6, vers. 2.
[2] Psaume 18, vers. 11.
[3] Isaïe, chap. 37, vers. 16.
[4] Isaïe, chap. 6, vers. 1er et 8.
[5] Ezéchiel, chap. 1er et 10.

jamais été placés par lui sur l'arche d'alliance, et ils n'auraient pas passé de là dans les nuages et dans les visions des prophètes. Maintenant, vous comprenez sans doute que les chérubins devaient nécessairement changer de formes, puisqu'on a changé l'usage qu'on en a fait. Dans les *dires* les plus anciens, ils étaient des créatures merveilleuses et vénérables; dans le tabernacle ils ne sont plus qu'une œuvre d'art morte; dans les psaumes et dans les poésies, ils sont des images; dans les visions des prophètes, ils redeviennent ζῶον, c'est-à-dire des êtres célestes, les porteurs de la gloire de Dieu. Ezéchiel explique cette différence de l'usage qu'on en a fait et des sphères où on les a placés; car lorsqu'il les dépeint dans les nuages, il les fait vivre et leur donne quatre faces merveilleuses et magnifiques; dans le temple, ils n'en ont que deux, soit que, pour éviter l'idolâtrie, il n'ait pas voulu y introduire une figure humaine, soit qu'il n'ait pas eu assez de confiance dans le talent des artistes chargés de couler ces chérubins en or. Ces deux motifs réunis s'appliquent au tabernacle de Moïse, où la représentation des chérubins devait nécessairement être très-simple.

ALCYPHRON.—Il paraît que l'idée principale et constante qu'on s'était formée sur leur compte en faisait des créatures merveilleuses, des compositions de plusieurs animaux?

EUTYPHRON. — Cela est incontestable. Joseph puise encore dans les anciennes traditions les descriptions dans lesquelles les chérubins étaient des êtres vivants et ailés (ζῶα), d'une forme qui ne ressemble à rien de tout ce qui a été vu par le regard humain; une composition fabuleuse du magnifique, du puissant, du terrible et du merveilleux. Il est probable, cependant, que ce composé tenait toujours plus ou moins à ces quatre types de l'orgueil du ciel et de la terre : l'aigle, le taureau, l'homme et le lion, selon la fantaisie du poète qui voulait créer une image, ou l'habileté de l'artiste qui voulait la reproduire. Les traditions arabes parlent aussi des chérubins de l'arche, et leur donnent la forme humaine, avec des ailes et des regards étincelants comme la flamme; en temps de guerre ils faisaient souffler des ouragans terribles sur les ennemis; fables dont on trouve l'origine dans la Bible.

Alcyphron. — Mais quelle est donc, selon vous, l'origine de la plus ancienne mythologie des chérubins, lorsqu'ils n'étaient encore que les gardiens des portes du Paradis?

Eutyphron. — On trouve dans les traditions de tous les peuples sur ce sujet une foule de données dont la plupart ne sont point sans probabilités. Toutes confient aux chérubins le soin de garder l'arbre de vie, l'arbre de l'immortalité et les jardins des Hespérides. Ezéchiel et tous les *dires* de l'Orient nous prouvent que les chérubins des Orientaux habitaient une montagne où ils se promenaient à travers des pierres enflammées. Cette montagne fait partie du groupe des monts de l'Asie, derrière lequel se cache le Paradis; et elle se trouve dans la même contrée où Moïse place son paradis à lui. Ne connaîtriez-vous aucune autre mythologie qui parle d'une brillante montagne des Dieux?

Alcyphron. — Je ne m'en souviens pas.

Eutyphron. — Elle est pourtant accréditée chez tous les peuples de l'Orient, depuis le Thibet jusqu'à la mer Rouge. Quelques unes de ces traditions, adoptées par la poésie hébraïque, placent vers le nord cette montagne habitée par des dieux, des Lahes, des Élohim, des démons, des bienheureux, etc. Quel était ce roi qui, dans le chant satirique d'Isaïe, dit :

« Je veux m'élever jusqu'aux cieux, je veux construire mon trône au-dessus des étoiles de Dieu! Et je siégerai dans le conseil des dieux, sur la montagne sacrée, au plus haut point du nord! »

Cette mythologie ne pouvait prendre racine chez les Hébreux, car ils avaient leur Sinaï et leur Sion, et vous savez avec quel enthousiasme Isaïe élève la montagne sacrée de Sion au-dessus de toutes les montagnes de la terre. Quand Élihu dépeint à Job l'apparition de Dieu, il le fait partir du septentrion qui étincelle d'or et de rubis; ce Dieu se lève et quitte l'assemblée sacrée des dieux; c'est ainsi que chez les Hébreux il part du Mont-Sinaï. Cette montagne septentrionale était peut-être celle des chérubins, où, selon Ézéchiel, le roi de Tyr se promenait devant le jardin de Dieu au milieu de pierres enflammées.

Alcyphron. — Mais quelle a été l'origine de la première idée de ces chérubins sur leur mont étincelant?

EUTYPHRON. — Elle était sans doute d'abord aussi simple que la tradition du Paradis. Les hommes ont été chassés de ce Paradis ; de hautes montagnes s'élevaient sans doute entre eux et le bienheureux asyle de leur enfance. Ces montagnes étaient peut-être peuplées d'animaux inconnus, dont quelques voyageurs assez téméraires pour chercher les portes du Paradis dans ces agrestes solitudes, ont fait des tableaux exagérés et terribles. Des nuages toujours orageux se groupaient au-dessus de ces montagnes ; peut-être même vomissaient-elles des flammes. En faut-il davantage pour expliquer les glaives flamboyants qui se tournaient et se retournaient sans cesse, et qui, d'exagération en exagération, ont fini par devenir des animaux fabuleux, un composé de fantômes ? Il est même possible que le premier couple, en se tournant vers le Paradis, dont il venait d'être chassé, ait vu des météores de feu et des bêtes féroces. Le souvenir qu'ils ont dû nécessairement en conserver, s'est perpétué par la vue lointaine de la montagne, par les rapports des voyageurs, des héros et des poètes qui, en faisant passer ces météores et ces bêtes féroces dans les traditions universelles, les ont convertis, sans le savoir, en êtres surnaturels. Ce qu'il y a de certain, c'est que l'homme n'a pas été conduit hors du Paradis par un chérubin, ainsi que l'ont sans cesse chanté les poètes, mais par Dieu lui-même ; car les chérubins n'ont jamais figuré, en ce Paradis, qu'en qualité de gardiens.

ALCYPHRON. — Vous conviendrez, du moins, que le char enflammé qui transporta Élie au ciel, était traîné par des chevaux ?

EUTYPHRON. — Je dois, avant tout, vous faire remarquer que ce n'était ni le char mythologique du tonnerre, ni un chérubin ; mais un char de guerre et de triomphe. Élisée le comprit ainsi, lorsqu'il vit paraître la vision, car alors il s'écria, en s'adressant à Élie :

« Tu fus la force d'Israël, sa cavalerie et son char de guerre ; voilà pourquoi on t'accorde l'honneur d'une ascension héroïque et guerrière. C'est en vainqueur que tu feras ton entrée dans les régions célestes ! »

Il en est de même lorsque, dans un passage des psaumes, ce

char est appelé mille fois mille[1]. Tout l'ensemble de ce morceau prouve que cette image est empruntée au char de guerre et de triomphe. Dieu part du Mont-Sinaï pour marcher devant Israël et conquérir le pays. Les montagnes tremblent, les rois s'enfuient, Dieu distribue le butin, il élève son char toujours plus haut dans les nuages, il traîne les prisonniers à sa suite, en signe de victoire, et fait des dons à chacun. La même image se retrouve dans Habacuc, et nous la développerons plus tard, lorsque nous parlerons de la conquête du pays d'Israël, et des magnifiques chants de triomphe auxquels cette conquête donna lieu.

ALCYPHRON. — Puisque vous voulez absolument m'enlever les chevaux du tonnerre, quelle autre image de ce tonnerre me donnerez-vous en échange?

EUTYPHRON. — La voix du père qui gronde. Cette image-là est comprise par tous ses enfants, et elle est clairement indiquée dans ce passage de la naïve narration du Paradis, où l'on a voulu trouver les chevaux du tonnerre :

« Ils entendirent la voix de Jéhovah qui se promenait au jardin à l'heure du jour, où l'air se rafraîchit. »

Selon toutes les probabilités, cette voix n'était autre que celle du tonnerre, et l'impression qu'elle fit sur ceux qui l'entendirent pour la première fois, perpétua dans la poésie hébraïque cette première image du tonnerre. Il me serait, au reste, impossible d'expliquer comment un récit si antique, si simple et si naïf, pourrait en même temps être l'expression d'une idée beaucoup plus récente, plus compliquée et plus artistique. Je crois vous avoir fait une démonstration généalogique des chérubins; c'est là tout ce que l'on peut demander sur la conception mythologique d'une poésie déjà si loin de nous. — Voici quatre petits poëmes que j'ai traduits pour vous; lisez-les, et comparez-les les uns aux autres. Ils achèveront de détruire vos doutes sur les chérubins. Ces superbes et savantes créatures énigmatiques portent le ciel qui sert de point d'appui au trône de Dieu. Et par qui un pareil fardeau pourrait-il être plus dignement porté que par ces symboles de tout ce qu'il y a de

---

[1] Psaume 68, vers. 18.

grand, de terrible sur la terre, uni à l'idée de tout ce qu'il y a d'inconcevable et d'inaccessible dans la science et dans la sagesse interdites à l'homme?

SUPPLÉMENTS.

I.

APPARITION DE DIEU AU-DESSUS DES CHÉRUBINS,
Traduit d'Ezéchiel.

« J'ai regardé, et voici ce que j'ai vu! Un tourbillon arriva du nord [1], nuée immense qui se roulait dans la flamme! Tout étincelait autour d'elle! Son centre ressemblait au minerai d'argent quand il rougit au feu. Dans ce centre s'agitaient quatre choses quatre fois vivantes. Quelques unes de leurs formes tenaient de l'homme. Chacune de ces choses avait quatre faces, elle avait aussi quatre ailes; ses jambes étaient droites, et ses pieds ressemblaient aux pieds des veaux [2]. Toutes brillaient, semblables à l'airain poli, et leurs ailes cachaient des mains d'hommes. Chacune de ces choses avait quatre côtés avec ses quatre faces et ses quatre ailes. Toutes se serraient ailes contre ailes, pas une ne revenait sur ses pas; elles s'avançaient toujours vers le côté qu'indiquaient leurs faces [3].

« Et leurs faces? A droite elles étaient celles de l'homme et du lion; à gauche, elles étaient celles de l'aigle et du taureau [4]. Vers le haut, ces faces se partageaient, et les ailes se partageaient aussi. Elles agitaient deux de ces ailes, et des deux autres elles se couvraient le corps [5]. Chacune suivait tout droit la direction de sa face; cha-

[1] Dans ce passage, comme dans le livre de Job, chap. 37, vers. 22, l'apparition arrive du nord. Dieu part sans doute de la montagne des dieux, dont parle Isaïe, chap. 14, vers. 13 et 14. Dans la vision de Zacharie, chap. 6, vers. 1er et 8, les chevaux qui ont fait le tour du monde vont se reposer au nord; c'est là qu'est leur demeure.

[2] La ressemblance du chérubin avec le sphinx est frappante; ce dernier seulement a été modifié par la mythologie et par l'art des Egyptiens.

[3] Ceci est une allégorie à la toute-présence du trône de Dieu et à l'irrévocable marche de son influence sur l'univers.

[4] Ce que le prophète appelle ici face de taureau, il le nomme ailleurs face de chérubin. Cette expression était sans doute la plus généralement admise, ce qui fait présumer que cette face dominait dans la composition. Cette particularité constitue un nouveau point de ressemblance avec le sphinx.

[5] Dans la vision d'Isaïe, chap. 6, il est également parlé de cette action de se

cune allait là où la poussait son esprit, et elle ne revenait plus jamais!

« En contemplant ces quatre figures, on croyait voir des charbons ardents! L'éclat des torches et d'un foyer embrasé voltigeait au milieu d'elles, et le brasier lançait des éclairs! A mesure qu'ils scintillaient les éclairs, les figures allaient çà et là; elles étaient partout et de tous côtés [1].

« Au-dessus de leurs têtes s'étendait un ciel immense, cristal d'une pureté terrible! Leurs ailes, qui s'élevaient tout droit, touchaient à ce ciel, et les ailes touchaient les ailes! Deux ailes les portaient, deux ailes cachaient leurs corps; et j'entendis le bruissement de ces ailes : ainsi bruissent les torrents, ainsi mugit le tonnerre de la voix de Schaddaï [2]. Et quand elles marchaient, leurs pas résonnaient comme la marche d'une légion guerrière qui passe; et quand elles s'arrêtaient, elles laissaient retomber leurs ailes. Alors le ciel au-dessus d'elles résonnait, et elles se tenaient debout silencieuses et les ailes baissées.

« Au-dessus d'elles, au-dessus du ciel, là-haut, brillait l'éclat du saphir! C'était un trône, et sur ce trône était assis une forme semblable à celle d'un homme! celui qui était assis là, lorsque je le contemplai, me parut semblable au minerai d'argent en fusion! Du feu au dehors! du feu au dedans! tout était du feu! De ses reins, vers le bas, vers le haut, tout était du feu! et tout brillait comme l'arc qui brille dans les nuages pendant les jours de pluie. Tel était l'éclat qui resplendissait autour de lui.

voiler le corps. C'est une allégorie pour prouver que ces chérubins se sentent indignes de l'honneur de servir le Seigneur de la création.

[1] J'ai supprimé la description des roues qui se trouvent sous le char en forme de trône. Saint Jean, dans son Apocalypse, chap. 4, les passe également sous silence. Ces roues cependant contribuent à prouver que les chérubins ne traînaient pas le trône de la magnificence en qualité de chevaux, mais qu'ils étaient des créatures ailées qui portaient ce trône. Dans ce morceau, les chérubins et les roues vivantes forment des parallèles parfaits, autant par l'élan que par la marche de la phrase.

[2] Ce passage prouve que le tonnerre est entièrement séparé de la détonation, et que, surtout, il n'a rien de commun avec les chérubins. Il n'est ici qu'une image de comparaison comme les torrents et la marche des phalanges guerrières, et il s'appelle la voix de Schaddaï, nom qu'on lui donne dans presque toutes les poésies hébraïques. C'est précisément quand les chérubins se tiennent immobiles et les ailes baissées, qu'il tonne dans le ciel au-dessus d'eux. Dans l'Apocalypse, le tonnerre part également du trône, et les chérubins n'y sont pour rien. Ils sont les porteurs de la magnificence de Dieu, le symbole de toutes les richesses de sa création, ses serviteurs qui le louent sans cesse.

« C'est ainsi qu'elle m'apparut la vision de la majesté de Jéhovah ! Je la vis, et je tombai la face contre terre, et j'entendis la voix d'un être qui parlait, et il me dit : » etc., etc.

II.

LAMENTATION SUR LA CHUTE DU ROI DE TYR, REPRÉSENTÉ SOUS LA FORME D'UN CHÉRUBIN [1].

« O toi ! création parfaite d'un art merveilleux ! toi qui possédais la science et la beauté [2] ! tu étais jadis dans Éden, dans le jardin des Élohim. Le rubis et le smaragdite, le diamant et l'hyacinthe, le jaspe et l'onyx, le saphir et l'or t'ont servi de parure. Le jour où tu as été formé, les trompettes et les timbales ont célébré ta bienvenue [3] !

« Je t'ai placé à côté du chérubin qui s'étend et couvre le jardin d'Éden ; je t'ai placé sur la montagne de la gloire des Élohim, et là, tu as marché au milieu des pierres enflammées [4] ! Depuis le premier jour de ton existence, tu as suivi des voies glorieuses ; tes méfaits ont été découverts enfin. Maintenant je connais ta perfidie et la perversité de tes actions ! Voilà pourquoi je te chasse de la montagne des Élohim, toi, chérubin, qui t'agrandis et te détends ; je te bannis du mont des pierres enflammées ! Ta parure a gonflé ton orgueil, ta sagesse s'est évanouie dans l'éclat qui t'entourait ! Voilà pourquoi je veux te jeter sur la terre, afin que tu serves d'exemple aux rois [5] ! Tes attentats sont nombreux,

---

[1] Ezéchiel, chap. 28, vers. 12. Ce chant est une imitation de la lamentation d'Isaïe sur le roi de Babel, dont on verra la traduction dans un des dialogues suivants. Nous n'avons placé ce morceau ici qu'à cause de la description du chérubin qu'Ezéchiel, ce grand peintre d'images, trace dans tous ses détails.

[2] Tyr était une des plus riches villes commerçantes de cette époque. Les travaux des Phéniciens étaient alors désignés par le nom de travaux d'art merveilleux. On ne pouvait donc mieux célébrer celui dont on voulait plaindre la chute, qu'en le présentant sous la forme d'une création de cet art.

[3] Ceci est, sans doute, une allusion à la situation de Tyr, qui semblait avoir été prédestinée par la nature au commerce et à la magnificence. D'après les usages des Orientaux, l'inauguration d'un monument quelconque était toujours accompagnée de musique, dans laquelle les trompettes et les timbales jouaient un grand rôle.

[4] Je ne sais si ces pierres enflammées étaient des pierres précieuses ou des flammes comme celles qui ont donné lieu au dire du glaive flamboyant. Je désire beaucoup que des traditions plus amples sur la mythologie de la montagne des dieux puissent un jour éclaircir ce point, et j'espère que ce désir se réalisera.

[5] Isaïe, chap. 14, vers. 16.

et ta perfidie a couvert d'opprobre ta gloire divine ! Il sortira de ton propre sein, le feu qui va te consumer[1] ! tu ne seras plus qu'un amas de cendres aux yeux de tous les peuples d'alentour ; et ils seront frappés de surprise en te voyant ainsi, tous ceux d'entre les peuples qui te connaissent ! Tu fus l'orgueil de la terre, tu ne le seras plus jamais ! »

III.

TABLEAU DU TONNERRE[2],
Traduction du psaume 18.

« Les vagues de la mort m'entouraient, et je tremblais déjà sur les bords du fleuve Bélial ! Les lacs de la tombe m'enlaçaient, et je voyais devant moi les réseaux de la mort !

« Au milieu de ma détresse, je me suis dit : Je veux implorer le Seigneur, je veux que mes cris s'élèvent jusqu'à mon Dieu ; il m'entendra du haut de sa forteresse ; mes cris d'angoisse arriveront jusqu'à son oreille.

« Tout-à-coup la terre s'est émue, elle a tremblé ! les montagnes ont vacillé sur leurs fondements, elles ont frémi, car il était en colère !

« De sombres vapeurs se sont échappées de ses narines[3], le feu

---

[1] Ce trait me semble également emprunté à l'image du chérubin avec son glaive flamboyant. Il entre dans la manière d'Ezéchiel de finir un tableau dans tous ses détails. Le feu qui rend d'abord le chérubin si redoutable finit par le dévorer lui-même.

[2] Je place ce morceau ici à cause de la mythologie du tonnerre et du chérubin. La marche de ce psaume est fort belle. David, en danger de mort, ne veut en appeler qu'à Dieu ; Dieu l'écoute et le sauve par un orage, sans doute au moment où, dans une bataille, il allait succomber sous les coups de ses ennemis. Mes lecteurs savent déjà que les Hébreux représentaient presque toujours la mort comme un chasseur muni de filets et de lacs. Quant aux autres images, telles que le fleuve de Bélial et l'empire des morts, elles seront développées dans le dialogue suivant.

[3] L'orage, qui peut-être était accompagné de tremblements de terre, est décrit ici avec tous ses phénomènes. La terre s'agite, une épaisse vapeur sort de la narine de Jéhovah ; c'est la tempête qui précède l'orage ; les éclairs commencent, les cieux s'assombrissent et s'abaissent, Dieu semble descendre vers la terre ; la tempête souffle, elle bouleverse ; la nuit devient plus épaisse, les éclairs la sillonnent, le tonnerre gronde, les éclairs redoublent, Dieu leur donne des ailes, etc., etc. Tout ceci n'est qu'un vêtement mythologique et gradué. Tantôt Dieu en colère fait naître la tempête par le souffle de sa narine ; tantôt sa bouche jette un feu si dévorant que les glaives des cieux se convertissent en charbons ardents, que la voûte céleste s'abaisse et semble vouloir s'unir à la terre ; tantôt il s'entoure d'une nuit épaisse, à travers laquelle il lance des flèches et des éclairs auxquels il a donné des ailes.

qui sortait de sa bouche dévorait tout autour de lui, et devant lui les charbons s'embrasaient!

« Il abaissa les cieux et descendit avec eux; les ténèbres étaient sous ses pieds! Assis sur le chérubin, il arriva d'un vol rapide; il arriva d'un vol rapide sur les ailes de la tempête!

« Le voilà qui s'entoure de la nuit! L'obscurité des nuages entassée sur l'obscurité des nuages, l'enferme de toutes parts! Chassée par son éclat, la nuée obscure s'enfuit! et elle tombe, la grêle; la grêle mêlée de charbons ardents!

« Il tonne dans les cieux, le Seigneur! Le Tout-Puissant fait entendre sa voix, et elle tombe, la grêle; la grêle mêlée de charbons ardents!

« Il lance des flèches au loin, il double les éclairs, il leur donne des ailes! Les gouffres des eaux s'entr'ouvrent, les abîmes de la terre rejettent leur enveloppe devant la voix menaçante du Seigneur, devant la tempête du souffle de sa narine!

« Et de sa hauteur terrible, il tendit la main vers moi; il me saisit et me retira des eaux profondes; il me sauva de mes puissants ennemis et de ceux qui me haïssaient et qui étaient trop forts pour moi... » etc., etc.

IV.

LA VOIX DE JÉHOVAH,
Traduction du psaume 29.

« Serviteur des idoles, glorifiez Jéhovah; rendez gloire à la magnificence de Jéhovah! Donnez à Jéhovah les louanges glorieuses que mérite sa grandeur! prosternez-vous devant Jéhovah, dans son éclat royal!

« La voix de Jéhovah est sur les eaux[1]! le Dieu superbe tonne

---

Au milieu de cette richesse d'images du tonnerre, le chérubin ailé n'est là que par opposition aux ailes de la tempête, ainsi que le prouve le parallélisme. Le poète dit que Dieu plane sur les ailes du chérubin, comme il dit ailleurs qu'il marche sur les ailes de la tempête. Dans ce psaume aussi, l'image principale du tonnerre consiste à faire de ce tonnerre la voix de Dieu qui gronde, expression qui, dans le seul psaume 29, revient sept fois.

[1] Le parallélisme prouve que ces eaux ne sont point celles de la mer Méditerranée, mais celles du ciel, renfermées dans les nuages qui donnent la pluie. Je dirai plus tard pourquoi Jéhovah est représenté presque toujours en Dieu du tonnerre. Il est facile de voir que ce psaume n'est qu'un tableau gradué de l'orage.

dans les hauteurs ! Jéhovah tonne sur les grandes eaux ! La voix de Jéhovah résonne avec force ! la voix de Jéhovah résonne avec magnificence !

« La voix de Jéhovah brise les cèdres ! Jéhovah brise les cèdres du Liban ! Il fait sauter le Liban comme saute le veau joyeux ; il fait bondir le Sirion comme bondit le jeune taureau sauvage !

« La voix de Jéhovah sème la flamme ! la voix de Jéhovah fait trembler le désert ! Jéhovah fait enfanter le désert de Kadès ! la voix de Jéhovah fait faonner la biche ; elle dépouille les bosquets de leur feuillage.

« Jéhovah s'est assis, il verse des torrents d'eau ! Jéhovah siège sur son trône ; il est le roi éternel ! »

SEPTIÈME DIALOGUE.

L'EMPIRE DES MORTS.

Dire sur l'origine des hommes. — Racines des dénominations qui désignent la fragilité, la faiblesse, la terre. — Élégie de Job sur la destinée de l'homme. — Du souffle de Dieu, symbole de la force dans la pensée, dans la parole, dans l'action. — Hymne sur la force de la nature humaine et sur sa ressemblance avec la divinité. — Son rôle élevé dans la création. — Sur quelle notion pouvait se fonder une épopée sur la nature humaine physique et morale? — Jusqu'à quel point la poésie de la Bible a-t-elle développé cette question? — La Genèse est-elle trop pure, trop divine? — Pourquoi fallait-il que la première morale et la première poésie morale de l'homme fussent divines? — A quoi ce cachet divin a-t-il été utile? — Origine des idées sur l'empire des morts. — Élégie sur cet empire. — Etait-il contraire au dogme de l'immortalité de l'ame? — Ou fait-il plutôt supposer que ce dogme existait déjà? — Vue poétique des tombeaux, et de la vie des morts dans ces tombeaux. — Fictions sur l'empire des ombres chez les Hébreux, les Celtes et les autres nations. — Quelle est l'origine probable des idées gigantesques des Orientaux sur l'empire des morts? — Pourquoi des villes, des royaumes entiers dorment-ils dans cet empire? — De Bélial, roi des ombres; du schéol, son palais ou son empire. — Quelles images ces idées ont-elles fourni au Nouveau-Testament? — Influence de ces idées sur l'intelligence humaine. — Langage de Dieu sur l'immortalité dans la nature et dans l'Apocalypse. — Réception d'Énoch dans le ciel. — Est-elle le fragment d'un poème ou l'écho de sa mort prématurée? — Réception des pères dans le ciel, comme vrais amis de Dieu. — Effet des idées sur l'empire des pères. — Deux psaumes avec leurs commentaires. — Preuve que le seizième psaume est de David, et qu'il contient des notions sur une demeure éternelle auprès de Dieu. — Les Israélites ont-ils emprunté aux Égyptiens l'idée des îles fortunées qu'habitent les morts? — Les connaissaient-ils déjà? — Origine des idées sur la résurrection des morts.

Suppléments: Description de l'empire des morts par Job. — Extrait d'un poème arabe sur la mort de la mère d'un héros. — Le pays des pères, d'après les notions des Israélites et les faits de leur histoire.

Les entretiens des deux amis avaient été interrompus pendant quelque temps. La mort avait enlevé à Alcyphron un de ses meilleurs amis; une muette et sombre tristesse pesait sur l'ame du jeune homme. Un soir qu'il se promenait avec Eutyphron, et qu'il vit le soleil couchant refléter dans toute sa beauté l'image de notre départ de ce monde, il adressa à son compagnon ces mélancoliques paroles :

ALCYPHRON. — Il me semble, mon cher Eutyphron, qu'en m'exposant le beau *dire* sur l'origine de l'espèce humaine, vous avez oublié cette sentence qui peint toute notre destinée ici-bas : *La terre retourne à la terre!* Adam est sorti de la terre, et il s'est en allé dormir dans le sein de cette mère qui l'avait enfanté!.... *La terre retourne à la terre!* Voilà l'écho de la vie humaine ! Il a résonné à mes oreilles avec la dernière pelletée de terre qui est tombée sur le cercueil de mon ami !... Depuis ce jour douloureux, je me suis rappelé avec un triste plaisir plus d'un passage de la poésie orientale, qui naguère n'avait eu aucun attrait pour moi. Là, chaque épithète donnée à l'homme me désigne sa fragilité, son néant. Tantôt on l'appelle une cabane de terre, que les mittes et les vers rongent sans cesse, et tantôt une fleur qu'un rayon du soleil flétrit, qu'un souffle du vent fait tomber ! Aucune autre poésie ne saurait peindre avec un charme aussi touchant ces images de fragilité, d'ombre et de mort! Elles semblent tenir aux racines de la langue hébraïque, comme autant d'idées primitives sur le but de la destinée humaine. Écoutez cette plainte de Job[1] :

« Est-ce une jouissance pour toi d'affliger, de dédaigner ainsi l'œuvre de tes mains ? Songe que je crie vers toi, que je t'implore ! Oh! souviens-toi que tu m'as formé de terre, et que bientôt je serai forcé de retourner dans la poussière ! »

Tout est silencieux autour de nous; le crépuscule succède à la clarté du soleil, ce surveillant inexorable qui nous pousse sans cesse au milieu des peines et des travaux de ce monde. Tout ce qui respire célèbre cette délivrance momentanée de la lourde servitude des vanités terrestres! Laissez-moi profiter de ce moment solennel pour vous lire une élégie dont je n'ai pas toujours assez vivement apprécié les beautés. Je le sens maintenant, Job n'était pas seulement un grand poète, il était aussi un grand philosophe. Il a compris tout ce que la vie humaine est et n'est pas ; il a deviné ce que nous pouvons espérer quand nous sommes arrivés à son terme.

« [2] L'existence de l'homme sur cette terre n'est-elle pas celle de l'esclave? Et ses jours ne s'écoulent-ils pas comme ceux du

---

[1] Job, chap. 10.
[2] Job, chap. 7.

mercenaire? Semblable à l'esclave, il soupire après l'ombre et le repos; semblable au mercenaire, il attend son salaire. J'ai reçu en partage bien des lunes fâcheuses; beaucoup de nuits funestes m'ont été comptées. Lorsque je m'étends sur ma couche, je me demande en soupirant : quand me relèverai-je? Et la nuit s'étend et s'allonge pour moi; elle me rassasie de rêves cruels, avant que l'aube matinale ne renaisse.

« La moisissure et les vers servent de vêtements à ma chair. A peine ma peau s'est-elle refermée, que des plaies nouvelles la déchirent de nouveau! Mes jours se sont déroulés plus vite que la trame dans la navette du tisserand; ils se sont abîmés dans le gouffre où finit l'espérance!

« Songe que ma vie n'est qu'un souffle; mes yeux ne reviendront plus pour voir les félicités de la terre! Le regard qui me cherchera ne me trouvera pas; ton œil me cherchera et je ne serai plus!

« Semblable à la nuée qui fuit et disparaît, l'homme descend dans l'empire des ombres, et il n'en remonte plus jamais! Il ne revient plus dans sa maison; les lieux qu'il habitait, il ne les revoit plus jamais!

« Aussi ne chercherai-je plus à sceller ma bouche; je veux exprimer les angoisses de mon esprit, je veux exhaler la tristesse de mon âme! Suis-je le Nil et son crocodile, pour que tu m'entoures de toutes parts de gardes inexorables? Si je me dis : que mon lit me serve de consolation, que ma couche me soulage, oh! alors, tu m'écrases par des rêves, tu m'effraies par des visions si terribles, que là, mon âme appelle la mort, la mort pour mes ossements!

« Je suis rassasié de vie, aussi ne vivrai-je plus longtemps. Cesse de m'accabler, mes jours ne sont que du néant! Qu'est-ce donc que l'homme, puisque tu le trouves assez grand pour placer en lui les affections de ton cœur? pour le visiter de nouveau chaque matin? pour le soumettre à chaque instant à une épreuve nouvelle? Quand cesseras-tu d'arrêter tes regards sur moi? Quand m'accorderas-tu enfin quelque repos pour que je puisse reprendre haleine? Ai-je péché? Qu'ai-je fait qui te soit contraire, à toi qui ne détournes jamais tes regards de l'homme? Pourquoi m'as-tu fait le but de tes attaques? Pourquoi m'as-tu rendu à charge à moi-même? Pourquoi n'oublies-tu point mes forfaits? Pourquoi ne fais-tu point rentrer mes fautes dans le néant? Un instant encore, et je serai couché dans la poussière! Un matin, tu me chercheras et je ne serai plus! »

Telle est la destinée de l'espèce humaine tout entière : *La terre retourne à la terre!* premier et unique oracle que Dieu ait prononcé sur nous. Eh! que peut-elle demander de plus, l'orgueilleuse cabane de terre qu'habite un souffle fugitif?

EUTYPHRON. — Vous oubliez, mon ami, que ce souffle, habitant d'une cabane de terre, était le souffle de Jéhovah; dans l'haleine de Dieu s'agite l'esprit de l'immortalité et de toutes les forces de la terre. N'auriez-vous jamais remarqué que, dans les images touchantes de notre fragilité, dont se pare la poésie hébraïque, le souffle de Dieu est la représentation de la force, des merveilles, de la pensée et de la volonté? qu'ainsi que le dit la lettre du texte, ce souffle est à la fois une consolation et une animation divine? Vos regards troublés par la tristesse ne se sont arrêtés que sur un côté des destinées humaines; la poésie hébraïque dépeint l'autre avec autant de charme, avec autant de force.

ALCYPHRON. — Avec autant de force? Mais qu'est-ce donc qu'un souffle? Vous n'avez sans doute pas la prétention de vouloir y chercher l'ame métaphysique de nos philosophes?

EUTYPHRON. — Non, grâce au ciel; je n'y cherche pas même un démembrement de ses forces. Mais ce que la poésie hébraïque prouve clairement, c'est que le souffle dont elle parle est la substance première et éternelle de l'ame qui vient de Dieu et qui doit retourner vers lui; que dans sa cabane de terre elle manifeste des forces divines, et que, dans cette fragile demeure, elle dépend entièrement de la parole de Dieu, d'un souffle de sa bouche.

ALCYPHRON. — Chez les Hébreux ces sortes d'idées étaient vagues, et elles n'appartiennent qu'aux temps postérieurs de ce peuple. Un livre fait pendant la captivité en Chaldée [1], dit pour la première fois, que le souffle qui anime l'homme retourne vers Dieu, dont il l'a reçu. Il est facile de voir que c'est là un principe

---

[1] Ecclésiaste, chap. 12, vers. 7.

de la philosophie chaldéenne, rattaché à l'antique *dire* du Paradis; car l'on chercherait vainement ce principe dans le livre de Job ou dans les psaumes.

EUTYPHRON. — Voulez-vous que nous examinions ensemble les idées sur l'immortalité de l'homme, sur sa force et sur sa faiblesse, en acceptant cet idiotisme : *souffle de Dieu,* pour ame? Il me semble que vous avez oublié plus d'une puissante considération, ou que vous vous êtes laissé égarer par les opinions nouvelles; et cependant cette matière est de la plus haute importance pour l'espèce humaine tout entière.

« L'esprit de Dieu souffle sur moi! L'haleine du Tout-Puissant m'anime! Devant Dieu ma face est semblable à la tienne, et comme toi je suis formé de terre!... Tant qu'il y aura un souffle dans ma poitrine, tant que l'haleine de Dieu s'agitera en moi, aucune parole injuste ne passera sur mes lèvres; ma langue n'articulera point de calomnie. »

Est-ce là une peinture de la faiblesse ou de la force?

ALCYPHRON. — Si l'on voulait y trouver de la force, elle serait, tout au plus, dans les expressions.

EUTYPHRON. — Chez les Orientaux, la pensée, la volonté, toutes les facultés de l'ame enfin sont dans les expressions. Ils ont compris de bonne heure tout ce qu'il y a de merveilleux dans l'ame qui pense, dans la langue qui parle, dans la main qui agit, dans l'intellection qui comprend, qui se fait comprendre et obéir par un simple souffle de la bouche. Ils ne connaissaient rien de plus grand, de plus sublime, de plus digne de servir d'attribut à la divinité, que le souffle et la parole. Ils comparaient l'un et l'autre à la flamme, au marteau qui fend et bouleverse les rochers. Lors même que tout aurait péri, le souffle de Dieu n'aurait jamais cessé d'être et d'agir... D'agir comme le vent qui rafraîchit, comme la pluie qui ranime et fertilise.

ALCYPHRON. — C'est le souffle de Dieu dans la nature, la volonté immédiate de sa toute-puissance; mais le souffle de Dieu dans l'homme?

EUTYPHRON. — Là aussi il est tout-puissant, parce que là aussi il est divin. C'est par cette raison que l'homme est devenu une antithèse perpétuelle, résumée dans ces deux mots : *la chair et l'esprit*, c'est-à-dire la faiblesse humaine et la force divine. Souvenez-vous de ces paroles mises dans la bouche de Dieu lui-même avant le déluge:

« Mon esprit ne demeurera plus éternellement dans les hommes, car ils sont de chair. »

Vous savez comment on a expliqué ces derniers mots en les appliquant à une corruption générale, causée par la sensualité et la faiblesse? Revenez à la première pensée que nous fournit la poésie hébraïque, sur la manière dont Dieu introduisit l'homme dans le monde. Il devait être l'image des Élohim, l'empreinte visible des forces invisibles qui les font agir et créer à la place qui leur a été assignée. Puisque vous vous êtes complu à me citer une élégie sur le néant de l'espèce humaine, souffrez que je vous dise un psaume qui célèbre sa force et sa puissance; un psaume qui, par le bégaiement de la faiblesse, construit à la gloire de Dieu un fort contre lequel tous ses ennemis viennent échouer; un psaume qui pose la couronne de la dignité et de la magnificence des anges, sur la tête de l'homme, roi de la terre et triomphateur placé au-dessus de toutes les œuvres de Jéhovah ; car c'est par lui seul que peuvent et doivent résonner sous ce vaste ciel étoilé, qui se déroule en ce moment au-dessus de nos têtes, des chants semblables à ce psaume[1].

« Jéhovah ! notre Dieu ! que ton nom est grand et beau partout l'univers! Ta louange résonne encore au-dessus des cieux!

« C'est avec la voix des enfants et des nourrissons que tu t'es construit une forteresse glorieuse, devant laquelle tes ennemis s'arrêtent et succombent !

« Je contemple ton ciel, œuvre merveilleuse de tes doigts; je contemple la lune, les étoiles que tu as faites, Seigneur !

« Qu'est-ce que l'homme, pour que tu aies daigné penser à lui? Qu'est-ce que l'enfant de l'homme, pour que tu l'aies si richement doté?

« Tu l'as placé à côté des Élohim, tu l'as couronné de gloire et d'honneur ; tu l'as fait le maître de tes œuvres; tu as tout mis à ses pieds!

« Ils sont à lui, les troupeaux d'animaux domestiques, depuis

[1] Psaume 8.

le plus grand jusqu'au plus petit! les bêtes fauves des champs et des forêts sont à lui! les oiseaux du ciel et les poissons de la mer, et tout ce qui suit la marche des flots lui appartient! Seigneur notre Dieu, combien ton nom est glorieux partout l'univers! »

Ramenez cet hymne pindarique à l'histoire de la création où il a été puisé, et l'homme vous apparaîtra dans tout l'éclat de sa majesté! Quand tout est créé, Dieu s'arrête, il se consulte, et va, pour ainsi dire, chercher sa propre image au fond de son cœur; la création, restée sans couronne, attend son Dieu visible. Serait-il possible de faire, sur l'espèce humaine, une épopée basée sur une idée plus noble et plus significative?

ALCYPHRON. — Vous conviendrez que la poésie hébraïque ne nous a pas légué une pareille épopée.

EUTYPHRON. — Elle ne devait pas même se proposer ce but, du moins dans le sens matériel, car l'homme est, par ce qu'il a de bien et de mal en lui, sa propre épopée. Que n'a-t-il pas fait et inventé sur cette terre? où n'a-t-il pas été? que n'a-t-il pas essayé, tenté? Le poète qui voudrait chanter les principaux faits historiques, aurait un thème admirable, car il pourrait décrire les inventions de l'esprit et les œuvres de la main de l'homme, que sa volonté rend presque toute-puissante. Mais, je le répète, le but de la poésie hébraïque n'était pas de donner l'idéal de l'homme matériel, mais celui de l'homme spirituel. Combien de hautes et belles pensées cette poésie n'a-t-elle pas développées, dans l'Ancien comme dans le Nouveau-Testament, par l'image de Dieu que reflète la forme humaine! Adam était le fils de Dieu; Énoch, Abraham et les plus chéris des patriarches étaient les amis de ce Dieu. Un second Adam parut, afin de montrer de nouveau à ses frères la forme d'un fils de Jéhovah, et de relever l'espèce humaine, en réveillant en elle le sentiment de sa dignité et de sa beauté divine. Il me semble que la poésie et la prose du monde entier ne sauraient donner une idée plus pure et plus noble du but de l'humanité.

ALCYPHRON. — Elle est trop pure, trop noble pour nous. Que savons-nous sur Dieu? Comment un homme peut-il imiter Dieu, sans succomber sous le poids de sa propre force? La sphère de nos destinées et de notre morale doit être humaine et non divine.

Eutyphron. — La morale de la poésie hébraïque s'étend sur l'une comme sur l'autre de ces deux sphères. Ainsi que vous l'avez dit vous-même, elle peint avec une vérité admirable la faiblesse et le néant de l'homme. Notre corps ne nous permet pas d'être les fils de Dieu, selon les pures notions orientales, car Dieu n'a point de forme, et nous sommes faits avec de la terre. Mais ses doigts nous ont pétris, et sur notre bouche et sur notre visage les lèvres de Jéhovah ont fait passer un souffle d'amour; il plane encore sur ce visage qu'anime l'esprit de Dieu. La poésie hébraïque, loin de chercher à tromper l'homme, en lui inspirant une orgueilleuse satisfaction de lui-même, lui rappelle sans cesse sa faiblesse; mais elle ne se laisse point dominer par cette faiblesse, au point de méconnaître nos hautes et nobles destinées; elle fait de l'homme un enfant de Dieu, créé pour l'éternité; mais cet enfant est encore faible et soumis à la mort.

Alcyphron. — Oh! oui, c'est un enfant, et la poésie des Hébreux est aussi enfantine que leur morale. Chaque pensée est sans cesse ramenée à Dieu, et tout découle de Dieu, ce qui finit par détendre la volonté de l'homme, par anéantir sa faculté d'examen, par l'amener à une résignation aveugle et stupide, à l'islamisme enfin.

Eutyphron. — « [1] Le papyrus croit-il sans sève? et le nénuphar peut-il vivre sans eau? Quoique vert encore, il se flétrit pendant que les autres plantes sont en fleurs. Tel est le sort de celui qui oublie son Dieu; ainsi meurent les espérances de celui qui renie son Dieu! Elle tombe et s'écroule l'espérance de l'impie! le palais de l'araignée lui sert d'appui. L'araignée se confie à sa maison, mais elle ne la soutient point; elle s'y attache plus fortement; c'est en vain, la maison n'a point de durée! Ainsi fait l'impie; plein de sève le matin, il étend ses rameaux au-dessus des jardins, il enlace la racine des rochers, il entoure de vastes murailles.... Tout-à-coup il disparaît du lieu où il était, et ce lieu lui dit: « Je ne t'ai jamais vu!... »

---

[1] Job, chap. 8, vers. 11.

Alcyphron. — C'est là une grande et longue image, mais ce n'est pas une réponse.

Eutyphron. — Cette image est, au contraire la meilleure des réponses. Sans Dieu, toute poésie n'est que l'orgueilleux papyrus privé d'eau ; sans lui, la morale est une plante parasite. Les fleurs de cette plante sont belles en paroles, ses branches s'étendent de tous côtés, elles enlacent chaque pli de l'ame humaine ; mais le soleil se lève, et la plante n'est plus ! l'homme qui l'a inventée la renie ; et la place où elle était ne sait plus qu'elle a existé ! Je n'ai pas l'intention de contester le mérite et la valeur des recherches et des descriptions psychologiques ; mais la morale primitive ne pouvait être de la psychologie ; si elle avait eu ce caractère, elle serait éternellement restée un labyrinthe inextricable de préceptes. Il en est de l'antique poésie morale comme de la poésie de la nature : les notions sur la divinité pouvaient seules lui donner de la simplicité et de la clarté, de la délicatesse et de la dignité. Elle rattache l'enfant à la parole du père, et forme le fils d'après la pensée de son créateur ; la crainte de Dieu, qui ne se raisonne pas, est ici, comme partout ailleurs, le point de départ de la sagesse humaine.

Alcyphron. — Le point de départ, soit ! Je conçois que cette morale puisse et doive guider nos premiers pas ; mais de quel droit veut-elle se faire notre compagne inséparable ? L'enfant que l'on mène toujours à la lisière n'apprend jamais à marcher seul. Les Hébreux ne sont-ils pas en ce cas ? L'obéissance filiale du monde primitif est devenue cette terreur servile qu'institua Moïse. L'esprit humain, au lieu de s'élever, de s'épurer, est tombé, il s'est avili. Pourquoi ? parce qu'au lieu de chercher à se connaître, il ne s'est occupé que de Dieu...

Eutyphron. — Quant à ce qui concerne la servitude instituée par Moïse, nous nous en occuperons en temps et lieu. Pour l'instant, gardons-nous de mêler les idées postérieures à celles des temps primitifs, où des sources de lait et de miel coulaient avec le fleuve de la morale. Il est utile à l'enfant d'obéir à son père. Dans la poésie morale des Orientaux, l'idée de Dieu est un soleil qui éclaire tout l'horizon de l'existence humaine ; et plus tard encore, elle marque sur son cadran solaire certaines relations, certains devoirs, avec la puissance et la netteté d'un rayon. Maintenant ce soleil nous paraît trop ardent, mais il fallait qu'alors il fût ainsi. Dérivée de l'autorité de Dieu, qui lui sert de base, et destinée à guider les premiers pas des peuples sur la terre, cette morale devait être naïve et simple, mais sévère et venue d'en haut. Dieu était le père et le directeur des hommes, en ce monde et dans l'autre.

ALCYPHRON. — Dans l'autre aussi? Vous venez de ramener notre entretien à son point de départ. Ce n'est que par degrés et fort tard, que l'homme a conçu l'espoir de son immortalité. Et cet espoir, il l'a puisé dans des circonstances presque insignifiantes, dans des conclusions forcées, dans des preuves hasardées; on pourrait ajouter même dans des désirs et des pressentiments aveugles. Adam savait qu'il n'était que de la terre, et il ne se flattait point d'être immortel. Il vit couler le sang d'Abel, et ce premier mort fut pleuré comme ne le sera sans doute plus jamais aucun autre mort; et cependant il ne parut point d'ange pour consoler les affligés en leur donnant la certitude de l'immortalité. L'âme d'Abel s'était dispersée avec son sang répandu sur la terre; de là, il cria vengeance vers le ciel, puis on enfouit dans la terre cette âme et ce sang qui ne faisaient qu'un. Telles étaient les croyances des temps antiques, même après le déluge [1]: les pères s'endorment, ils ont fini d'être, on compte, on nomme les jours qu'ils ont vécu, voilà tout; ou bien on dit qu'ils se sont en allés dans l'assemblée des pères, c'est-à-dire dans la tombe. C'est de cette assemblée que l'on fit plus tard l'empire des ombres. Pour vous en convaincre, lisez toutes les plaintes douces et poétiques, mais désespérantes et sombres que l'Ancien-Testament fournit sur cet empire; ou permettez-moi plutôt de vous en citer une que j'ai consacrée à la mémoire de mon ami. S'il pouvait être près de nous, il y serait en ce moment; mais, hélas! l'hymne de deuil le dit clairement: De l'empire de la mort, il n'y a point de retour possible.

« [2] Ils sont riches en peines et peu nombreux, les jours de l'homme né de la femme! L'homme passe comme la fleur qui s'é-

---

[1] Moïse, liv. 1ᵉʳ, chap. 9, vers. 4 et 6.
[2] Job, chap. 14.

panouit et se fane, il fuit comme l'ombre qui ne s'arrête jamais !

« Et cependant tu daignes jeter ton regard sur lui, et tu l'appelles devant ton tribunal. Parmi tant de coupables, en est-il un sans reproche? Non, il n'en est pas un !

« Et quand tu as mesuré ses jours, quand tu as compté les lunes, quand tu as marqué le but que jamais il ne peut dépasser; oh! alors, tu te détournes de lui afin qu'il se repose, comme à la fin de sa journée se repose le mercenaire !

« Il conserve l'espérance, l'arbre que l'on abat : il peut reverdir, il peut pousser des jets nouveaux. Que sa racine vieillisse dans la terre, que son tronc tombe en poussière; que lui importe? la vapeur de l'eau développe ses germes naissants, de verts rameaux paraissent comme s'ils étaient nouvellement plantés.

« L'homme que la mort a frappé est étendu sans force sur la terre, il en disparaît pour toujours ! Où va-t-il ?

« Les eaux s'enfuient de la mer, les fleuves se dessèchent et deviennent une terre aride; l'homme est toujours étendu sans mouvement, il ne se relève point; les cieux vieillissent, et il ne se réveille point; rien ne saurait l'arracher à son terrible sommeil !

« Hélas ! si tu ne voulais que me cacher dans l'empire des ombres, m'y cacher jusqu'à ce que ta colère se soit apaisée ! Si tu voulais ensuite assigner un nouveau but à l'arène de ma vie, et penser une seconde fois à moi !... Mais non, quand il est mort, l'homme, il ne peut plus revivre !

« Tant que durera ma douloureuse existence, je veux espérer une chance heureuse; je veux croire que tu finiras par m'appeler, que je pourrai te répondre, et que tu retrouveras quelque affection pour ta malheureuse créature ! Je veux espérer qu'alors, toi qui comptes aujourd'hui chacun de mes pas, tu ne te souviendras plus des fausses routes que j'ai pu suivre. Il sera scellé, le livre de mes péchés ! tu auras roulé la liste de mes méfaits, car tu m'en auras acquitté !

« Mais hélas ! la montagne tremble et s'écroule ! le rocher est jeté loin de sa place ! l'eau creuse la pierre, elle entraîne au loin la poussière, image fugitive de l'homme ! C'est ainsi que tu anéantis les espérances humaines !

« Tu luttes avec l'homme jusqu'à ce qu'il se soit perdu ! tu altères, tu enlaidis son visage, puis tu le renvoies ! Ses fils seront-ils heureux et grands ? il l'ignore. Que la honte et le malheur les accable, que lui importe ; il n'en saura jamais rien ! »

Serait-il possible de trouver des expressions plus fortes, plus énergiques, pour désigner l'impossibilité d'un retour du royaume de la mort ? pour prouver qu'il n'y saurait pénétrer aucun renseignement sur le bonheur ou le malheur des nôtres ? que là, enfin, tout est ténèbres, silence, oubli éternel ?

EUTYPHRON. — Vous avez parfaitement raison, mon ami. Mais de quel retour croyez-vous qu'il soit question dans cette plainte poétique ? Évidemment d'un retour à la vie d'ici-bas, d'un retour aux jouissances, aux plaisirs de cette terre dont Job n'a pas eu le temps de se rassasier. L'impossibilité de ce retour, selon moi du moins, n'exclut point l'idée de l'immortalité. Quel est le mort dont l'ame ait pu revenir sur la terre pour goûter de nouveau les biens qu'elle offre ? Il est certain que Job croyait à quelque chose d'impérissable, qui ne descendait point dans le royaume de la mort, car il prie Dieu de le cacher dans ce royaume jusqu'à ce que sa colère se soit apaisée, et de le faire revivre ensuite ; mais trouvant aussitôt ce vœu trop téméraire, il y renonce. Examinons de plus près les opinions des Orientaux sur l'empire des ombres ; voyons quelle en a été l'origine, et sur quelles idées elles se sont primitivement appuyées.

ALCYPHRON. — Ces opinions ne devaient avoir eu d'autre origine que le tombeau, demeure éternelle des morts. Mais guidés par une douce illusion, on se figurait ses pères continuant à vivre dans leurs tombes ; voilà pourquoi on les appelait maisons de repos, maisons permanentes de la paix. J'ai lu plusieurs poésies arabes, où les vivants vont rendre visite aux tombes de leurs amis morts, comme s'ils étaient établis dans une habitation nouvelle ; ils leur parlent, arrosent la poussière de ces lugubres demeures, et les embellissent en y plantant des fleurs. Ces idées, généralement répandues en Orient, et qui se sont longtemps conservées parmi les Hébreux, ont donné lieu, chez ce peuple, à plus d'une tradition sur de douloureux entretiens avec les morts, sur des apparitions et des visions, et même à de longs voyages pour aller visiter des tombeaux de famille. Persuadés que les ames n'étaient plus que des ombres, que des souffles vivants, on leur assignait pour demeures des lieux souterrains où régnaient un repos éternel, une égalité parfaite. Dans ses touchantes lamentations, Job dit clairement qu'après la mort, les rois et les esclaves, les oppresseurs et les opprimés sont tous libres et égaux, mais sans force et sans vigueur. Tout cela n'était que de douces erreurs; on aimait tant les siens, que, même après les avoir vus descendre au tombeau, on ne pouvait les croire entièrement morts. Mais la vie de force et d'action était terminée; on errait sans formes, sans membres, dans les profondeurs du royaume de la mort. Là coulaient tristement des fleuves silencieux, là trônait le roi des ombres vaines; là, les conquérants, ne pouvant se détacher des rêves de la terre, représentaient des scènes de triomphe; mais ce n'étaient que des scènes d'ombres! Combien de fois David ne demande-t-il pas à Dieu de lui donner beaucoup de joie et de victoires, car dans le royaume de la mort on ne chante plus d'hymnes de gloire après la défaite de ses ennemis. Le philosophique auteur de l'Ecclésiaste que vous m'avez cité, comme s'il témoignait dans ses écrits de l'immortalité de l'ame, dit avec autant de justesse que de concision :

« Ce que ta main trouve à faire, fais-le promptement pendant que tu as encore la force; car il n'y a ni travail, ni art, ni science, ni sagesse dans le royaume des ombres où tu seras forcé de descendre un jour [1]. »

Souvenez-vous d'Ossian et de ses celtes. Les pères de ces héros qui avaient placé dans les nuages le royaume de la mort, brandissaient encore leur glaive, mais ce glaive n'était plus que de l'air ou une nuée rougeâtre; le bras lui-même qui le tenait n'était qu'une ombre, qu'un souffle qui se confond avec l'haleine des vents. Chaque peuple de l'antiquité avait un séjour pour l'ame de ses pères, où chacun continuait le métier qu'il avait exercé sur la terre. Chez les uns, on se réunissait au milieu d'une verte prairie, chez les autres dans les nuages, afin de voir et de juger les hauts faits des générations présentes.

[1] Salomon, Ecclésiaste, chap. 9, vers. 10.

Fidèles à leurs premières notions sur les tombeaux, les Hébreux creusèrent l'empire de la mort dans la terre ; mais, je le répète, ce ne sont là que d'agréables rêveries, et non des idées précises sur l'immortalité de l'ame ; une ombre fugitive comme le sujet de ces douces poésies.

Eutyphron. — L'ombre suppose l'existence d'un corps ; l'erreur elle-même n'est que l'ombre de la vérité. Les erreurs sur l'immortalité de l'ame auraient-elles pu devenir si générales, ainsi que vous en convenez vous-même, si elles n'étaient pas le reflet d'une vérité contenue au fond de notre cœur, et dans les traditions sur les temps primitifs de l'espèce humaine ?

Alcyphron. — Il y a dans tous les cœurs des vœux, des affections, des espérances, qui non-seulement ont enfanté ces rêves si doux, ou plutôt si douloureux, mais qui, selon toutes les probabilités, les ont convertis en traditions universelles. L'homme doit-il périr comme la brute ? Et n'est-il pas naturel de vouloir revivre avec nos pères, nos enfants qui se sont endormis avant nous ? Le déluge a dû nécessairement fournir aux Orientaux la plupart de leurs poétiques images sur le royaume de la mort. Quelle influence n'a pas dû exercer sur les traditions à venir, cette catastrophe terrible qui engloutit tout le monde vivant ?

« Alors vivaient ces dompteurs de l'univers que les filles des hommes avaient enfantés avec les fils des Dieux ! Ils étaient tout-puissants ces célèbres héros des temps antiques [1].

Ces héros étaient les Rephaïm, les géants qui gémissaient sous les eaux, et dont, sans doute, on croyait reconnaître la voix dans le mugissement des vagues, dans les hurlements de la tempête ; dont les mouvements désordonnés causaient les tremblements de terre et soulevaient les flots de la mer.

Ces mêmes héros étaient les premiers habitants de l'empire de la mort, qui, avec le temps, devint la silencieuse assemblée

---

[1] Moïse, liv. 1er, chap. 6, vers. 4. Ce mot שְׁאוֹל désigne quelque chose qui s'abîme, l'abîme lui-même et les profondeurs de la mer. Dans plusieurs images, le schéol est représenté comme le fond d'un monde écroulé ; et dans le livre de Job, comme dans la plupart des prophètes, les Rephaïm et toutes les figures d'ombres ont toujours quelque chose de gigantesque. *Scheid* a fait un extrait de tous les passages relatifs aux schéols, et il les a accompagnés de commentaires. (*Diss. ad cantic. Hiskiæ.*)

décrite par Job et par plusieurs autres poètes hébreux. Dans cette assemblée, cependant, erraient encore des ombres de héros; et des ombres de rois siégeaient sur des ombres de trônes.

On y trouvait même des villes, des royaumes entiers, et des légions de guerriers morts dans les combats; car, chez les Orientaux, tout était animé, jusqu'aux objets de l'orgueil et de la vanité des hommes. Plus tard, on donna un souverain à l'empire souterrain; Bélial devint le roi des ombres. Sans forces et sans formes, le schéol se convertit en palais, en fort imprenable, avec des portes et des verroux d'airain qui ne rendaient jamais la proie sur laquelle ils s'étaient fermés; rien ne pouvait racheter une ame devenue captive en ce terrible lieu! Les traces de cette mythologie se retrouvent encore dans le Nouveau-Testament, où elle a donné lieu à une foule d'idées sur des rois vainqueurs de la mort et des enfers, qui forcèrent des portes que personne ne pouvait ouvrir, qui se firent obéir par des puissances que personne ne pouvait dompter, qui délivrèrent des ames que personne ne pouvait sauver. En voulant appliquer ces idées à nos notions actuelles sur l'enfer et sur la mort, on arrive à des interprétations absurdes; mais l'image des héros et des maîtres du monde est sublime et grande, quand on reste dans le véritable sens de la fiction antique. Le dominateur des ames, lui qui disposait des forces de la mort, n'était qu'un usurpateur cruel; l'oint du Seigneur lui arracha ses victimes! Vous le voyez, mon ami, les hommes se sont trouvés, pendant quatre mille ans, sans protecteur contre ces ombres terribles; ils n'étaient que des esclaves qui, enchaînés par la peur, tremblaient toute leur vie devant la mort! De là tant de plaintes lugubres dans le genre de celles d'Ezéchias; de là ce découragement complet en face de la mort, que les autres nations bravaient en héros. Sous ce rapport, les Hébreux sont encore aujourd'hui le peuple le plus pusillanime de la terre. Les tristes images de l'empire des ombres les tourmentaient toujours sans jamais les consoler; elles sont, en effet, plus décourageantes que ne pourrait l'être l'idée d'une destruction complète.

Eutyphron. — Je vous ai écouté avec plaisir, mon ami. Votre résumé historique du royaume de la mort ressemble aux soupirs d'un affligé qui aime à nourrir sa douleur, en errant au milieu d'ombres chéries. Il paraît que vous avez fait une étude profonde de ce royaume ; mais, croyez-moi, levez plutôt les yeux vers les étoiles, c'est le livre de l'immortalité que chaque nuit Dieu déploie devant tous les peuples de l'univers ; cédez au charme bienfaisant du matin, et vous comprendrez que Dieu nous offre, au commencement de chaque jour, le symbole de la résurrection, après nous avoir donné, par le sommeil, l'image de la mort. Ce symbole, cette image, parlent haut, et leur langage est intelligible partout, et pour tout le monde. Au reste, ne connaissez-vous aucun passage qui aurait pu révéler de bonne heure à l'espèce humaine un espoir propre à la garantir des terreurs de la tombe ? De qui est-il dit, même longtemps avant le déluge : « [1] Il vivait intimement avec Dieu, et parce qu'il vivait ainsi avec Dieu, il disparut ; Dieu le prit avec lui ? »

ALCYPHRON. — Est-ce que vous verriez dans ce *dire*, qui n'est sans doute que le fragment d'une antique chanson, le récit de l'ascension d'Énoch ? Pour moi, ce n'est que le doux écho d'un soupir donné à un mort chéri qui n'est point arrivé à l'âge avancé qu'ont atteint ses pères et ses frères. Lorsque les enfants n'ont encore aucune idée d'une autre vie, on leur dit : « Ton petit frère, qui vient de mourir, est avec Dieu. Dieu l'a pris sitôt, parce qu'il l'aimait ; car ton frère était pieux et bon. » Les hommes de cette époque n'étaient encore que des enfants.

EUTYPHRON. — J'en conviens avec vous ; oui, alors une mort prématurée devait être envisagée avec cette candeur d'enfant. La plupart des peuples antiques disaient et croyaient qu'un fier et beau jeune homme, une douce et innocente jeune fille, avaient été enlevés par un Dieu ou par une déesse, lorsqu'ils mouraient à la fleur de leur âge. Permettez-moi cependant de vous assurer que la modification des mots n'est pas une explication suffisante de la disparition d'Énoch. Les traditions de cet évènement, qui ont passé par toutes les nations, y attachent d'autres idées plus riches en espérances, et que la poésie hébraïque surtout a perpétuées en s'appuyant sur elles. Pour désigner le sort des favoris de Dieu dans l'autre monde, on disait : Dieu l'a pris

[1] Moïse, liv. 1er, chap. 5, vers. 24.

avec lui, Dieu l'a reçu dans sa demeure. Ces locutions ne pouvaient tirer leur origine que de la disparition d'Énoch, et elles se rapportaient toujours à ce premier ami de Dieu. Il vivait à une époque de perversité, et se montra défenseur ardent de la gloire de l'Éternel. Selon toutes les probabilités, il fut honni et persécuté, comme le fut plus tard le prophète Élie, à qui Dieu accorda une faveur à peu près semblable; si l'introduction d'Énoch dans la demeure céleste fut moins brillante, il est certain, du moins, qu'elle fut accompagnée de marques visibles de la protection de Dieu. C'est ainsi que saint Paul interprète le passage qui raconte ce fait; c'est ainsi que le dernier livre des saintes Écritures [1] le reproduit par l'image des deux témoins qui montent au ciel sur une nuée; c'est ainsi enfin que l'Orient tout entier l'a compris. Les Arabes ont une foule de fables sur la sagesse et la piété, sur le zèle et la puissance prophétique d'Idris, nom par lequel ils désignent Énoch. Ces fables peignent l'isolement dans lequel il vécut et les persécutions que les méchants lui firent subir, jusqu'au moment où Dieu l'appela et l'installa à côté de lui dans son Paradis. D'autres peuples le placent sur le haut de l'Albordi, sur ce mont brillant où se réunissent les Dieux; et, dans toutes ces traditions, on le met en rapport journalier, non avec Jéhovah, mais avec les Élohim. Vous le voyez, cet enlèvement est tantôt un idiotisme plein d'espérance, particulier à la langue hébraïque, et tantôt l'image prophétique de l'enlèvement de plusieurs autres amis de Dieu...

Alcyphron. — Et lesquels? Je ne connais pas d'autre exemple que celui d'Élie.

Eutyphron. — Abraham était, comme Énoch, un ami de Dieu, et vous savez que l'on prit insensiblement l'habitude de dire: le Dieu d'Abraham. Or, Dieu n'est point le Dieu des morts, mais le Dieu des vivants, car c'est par et pour lui que tout existe, que tout vit [2]. Ces patriarches sont morts sans avoir vu, en ce monde, la réalisation des promesses que Dieu leur avait faites,

[1] L'Apocalypse.

[2] Il n'est pas question ici des différents textes du Nouveau-Testament, tels que ceux de saint Matthieu, chap. 22, vers. 32, de saint Paul, épître aux Hébreux, chap. 11, vers. 13 et 16. Ces chapitres tirent, au contraire, toute leur force de l'Ancien-Testament dont ils perpétuent les notions.

mais ils sont entrés dans la demeure de leur céleste ami, dans une terre promise, meilleure que celle de Canaan. L'assemblée des pères était donc une expression filiale et nationale, par laquelle les Hébreux désignaient l'empire des morts, ou plutôt le séjour de ceux qui vivaient d'une vie plus heureuse que celle d'ici-bas. Ils étaient, ainsi qu'Abraham et Énoch, dans le Paradis de leur ami.

ALCYPHRON. — Jusqu'ici, j'avais pensé que cette réunion des pères après leur mort, ne désignait que le dépôt de leurs corps dans les sépulcres de famille.

EUTYPHRON. — Un peuple partagé en tribus et religieusement attaché à ses ancêtres, fondateurs de ces tribus, devait nécessairement tenir à l'usage qui lui faisait déposer ses pères dans des cavernes, dont chacune était réservée à une famille spéciale. Ce même usage les fortifiait dans leurs douces croyances, et les rendait, pour ainsi dire, palpables à leurs yeux; mais rien ne prouve que ces croyances se bornaient à la réunion dans les tombeaux de famille. Abraham est allé rejoindre ses pères, et cependant il n'a pas été enterré près d'eux; Jacob demandait à passer dans l'empire des ombres, auprès de son fils chéri, tout en croyant que ce fils avait été dévoré par des bêtes féroces. Vous venez de me dire que tous les peuples, même ceux que nous appelons sauvages, croient à une réunion dans l'empire des ames, et, certes, rien n'est plus touchant que la joie avec laquelle, dans cet empire, le père accueille son fils, le fils son père, la mère son enfant, et l'ami son ami. Comme preuve de cette opinion, je vous communiquerai un de leurs hymnes de mort : au reste, il n'est point de voyageur qui, dans ses relations, ne nous donne des détails plus ou moins curieux sur ces sortes de croyances. Mais comme tous ces peuples marchaient dans l'ombre, et ne pouvaient bâtir que sur d'anciennes traditions, chacun d'eux s'est formé une assemblée des pères, un Paradis des morts, selon ses manières de voir et de sentir. Le peuple hébreu seul est resté fidèle aux notions transmises par ses ancêtres; et comme il fondait sa plus grande gloire sur l'idée qu'Abraham et les autres patriarches avaient été les amis de Dieu, il ne pouvait supposer que ce Dieu, après avoir guidé et consolé ses amis jusque sur le bord de la tombe, les abandonnerait dans le triste empire des ombres. N'était-ce pas là plutôt l'instant de leur prouver son amitié en leur ouvrant sa lumineuse et hospitalière demeure? Telle était leur conviction, qui a donné lieu à cette belle et touchante phrase que l'on retrouve même dans les psaumes : *Dieu l'a pris avec lui.*

ALCYPHRON. — Je me rappelle un de ces psaumes, mais fort vaguement.

EUTYPHRON. — Nous pouvons en lire quelques uns ensemble, car nous voici à ma porte; entrons... Voyez, le premier qui me tombe sous la main ressemble à une prière du soir; on l'a même souvent regardé comme une épitaphe que le poète s'est composée.

« [1] Que tous les peuples écoutent! que tous les habitants de la terre prêtent l'oreille! Et vous, enfants des hommes, vous, fils de héros, et vous, riches et pauvres, soyez attentifs.

« Les paroles qui vont sortir de ma bouche seront pleines de sagesse. Mon cœur cherche de prudents enseignements; mon oreille attentive écoute de hautes et divines sentences. C'est en chantant que je donnerai le mot d'une énigme incompréhensible [2].

« Que pourrai-je craindre dans les jours de malheur, quand pèsera sur moi l'injustice de mes ennemis; de mes ennemis qui se confient à leur force, qui se glorifient de leurs grandes richesses?

« Un seul d'entre eux peut-il racheter son frère de la mort? Pourrait-il payer pour lui une rançon à l'Éternel? Non; elle est trop chère l'âme humaine, et il lui sera éternellement impossible de trouver une rançon pour elle.

« Qui pourrait faire vivre toujours son frère? Qui pourrait l'empêcher de ne jamais voir sa tombe? Il est forcé de la voir. Les sages aussi meurent; ils meurent comme le fou, comme l'homme privé de sens [3]. Ils laissent leurs biens à des étrangers;

---

[1] Psaume 49.

[2] Le poète, qui tient sa lyre à la main, écoute comme si les cordes devaient lui révéler son chant. A cette époque, la poésie lyrique, le chant et la musique instrumentale ne faisaient qu'un seul et même art. L'énigme dont le poète va donner le mot concerne le bonheur dont jouissent les méchants, ainsi que l'indique la strophe suivante.

[3] Le fou, l'homme privé de bon sens sont ici des synonymes, ainsi que le prouve le dernier vers du psaume.

la tombe est leur demeure éternelle; elle est devenue leur tente pour l'infinité des temps!

« Et lors même qu'ils auraient donné leurs noms à des pays entiers, l'homme couvert de gloire en ce monde [1] n'y reste pas éternellement. Quand la mort l'a frappé, il n'est pas plus estimé qu'une brute, il faut qu'il parte.

« Voilà leur destinée à tous, tous tombent ainsi! Et leur postérité?... elle chante des hymnes à leur mémoire [2]. Semblable aux troupeaux qui vont à l'abattoir, on les pousse dans le royaume des ombres où la mort les ronge. Au matin, les justes règneront sur eux. Leurs images sont chez les ombres vaines; c'est là qu'ils demeurent [3].

« Dieu rachètera mon âme du royaume de la mort; il me recevra dans sa demeure.

« Ne te décourage donc pas quand un homme devient puissant et riche, et quand l'éclat de sa maison va toujours en grandissant. Il n'emportera rien de tout cela dans la tombe; sa magnificence n'y descendra pas avec lui. Tant qu'il vit, il jouit de

[1] L'homme couvert de gloire, signifie un de ces héros célèbres qui donnent leurs noms à de vastes contrées.

[2] Je ne sais s'il est question ici de panégyrique ou de satire; mais il est certain que, dans le royaume des ombres, on ne s'occupe ni des uns ni des autres.

[3] J'aurais voulu pouvoir trouver une version plus heureuse pour les mots מוכל לו. Le psaume 49, vers. 15, est un des passages les plus difficiles et les plus sujets à diverses interprétations. A en juger par l'ensemble, le poète veut dire que l'éclat des biens terrestres ne saurait empêcher ces riches insensés de partager la destinée commune à l'espèce humaine. Semblables aux brebis, ils sont divisés par bandes destinées à la boucherie, et que la mort fait pâturer en attendant qu'elle les égorge, au matin (לַבֹּקֶר), c'est-à-dire bientôt, en fort peu de temps. Le pied des hommes justes qu'ils avaient opprimés jadis (יְשָׁרִים) pèsera sur eux, sur leur tombe ou sur leur cadavre; (רדח), fouler, fouler sous les pieds, se trouve ici dans sa véritable signification, comme chez le prophète Joël, chap. 4, vers. 13, où ce mot est employé pour désigner une cuve qu'on foule. Les mots opprimer, dominer, ont une signification dérivée. Leurs rochers, leurs demeures dans le rocher (on peut lire צוּרָם, au lieu de צִירָם), vieillissent (לבלות) dérivé de כלה, vieux, usé, tombé par le temps). Il ne reste donc pas même sur la terre un refuge de mort; l'empire des ombres devient leur demeure, c'est désormais leur unique demeure. זְבֻל ou וּזְבוּל, demeure, le מ devant זְבֻל peut appartenir à la valeur du mot; on pourrait donc traduire le passage de la manière suivante : « On les a marqués comme des brebis pour le royaume des ombres; la mort les fait paître. Le matin, l'homme pieux les foule aux pieds, le rocher tombe de vétusté, l'empire des ombres est leur demeure. »

son bien-être, il t'approuvera si tu sais profiter du tien. Bientôt il entrera dans la demeure de ses pères, dans la maison éternelle, et il ne verra plus jamais la lumière! On le voit maintenant dans l'excès de son bonheur, plein d'orgueil et privé de bon sens. Bientôt, semblable à la brute, il ne sera plus ! »

ALCYPHRON. — Je n'ai jamais aussi nettement saisi l'ensemble de ce psaume.

EUTYPHRON. — Je suis resté fidèle à la lettre du texte, et il est facile d'y reconnaître la différence des idées sur la mort, dont nous nous occupons en ce moment. Les ames des êtres arrogants, fiers de leurs prospérités, sans raison et n'estimant que les plaisirs des sens, sont poussées dans le royaume des ombres comme le bétail marqué pour la boucherie. Là, la mort les ronge ; image effroyable ! Mais les ames des justes sont rachetées par Dieu qui les reçoit dans sa demeure. Tandis que les ames arrogantes deviennent la proie de la mort, celles des justes viennent régner sur elles au matin, c'est-à-dire bientôt, comme l'éclat du jour succède aux ténèbres de la nuit. Cette différence est encore plus clairement indiquée dans le psaume suivant. Là, Dieu lui-même protège les corps morts de ses élus, et leur montre le chemin mystérieux qui, de la nuit des tombeaux, conduit à son éclatante demeure.

ALCYPHRON. — Ce psaume m'a toujours paru aussi inintelligible que le précédent. Plusieurs savants y voient la prière d'un prêtre malade qui, recevant de Dieu une nourriture abondante, lui demande une prompte guérison.

EUTYPHRON. — Ainsi que tous les autres, ce psaume est une prière de David ; chaque vers, chaque expression porte le cachet de son caractère.

« Protège-moi, ô mon Dieu ! car c'est à toi que je me confie. J'ai dit à Jéhovah : Tu es mon Dieu, tout mon bonheur dépend de toi [1].

« Je les estime haut [2], les lieux saints et les monuments sacrés de ton pays ! Mon cœur tout entier y est attaché.

---

[1] Au lieu de בַל, il faudrait peut-être lire בַל, surtout si l'on n'a pas envie de préférer cette locution כָּל כְּלָעֶרִיךָ.

[2] Je lis : לִקְדוֹשִׁים אֲשֶׁר־כְּאַדְצוֹ חֵמָה אֲרִירִי. Je n'ai transposé que ך, ce qui a donné de l'ensemble à tout le passage.

« Que d'autres servent les idoles et leur prodiguent des dons ; ce sont des sacrifices de sang ! Je ne veux pas offrir de semblables sacrifices ; je ne veux pas que des noms d'idoles passent sur mes lèvres.

« Jéhovah est mon héritage, il est ma coupe ! Tu m'as richement distribué mon lot ; j'ai reçu de belles prairies, de vastes champs ! elle est brillante la part qui m'est tombée.

« Je veux louer Jéhovah qui m'a si généreusement doté ! Pendant la nuit même, ma poitrine bat au-devant de lui.

« Jéhovah est toujours présent à mes yeux, il est mon soutien, voilà pourquoi je ne chancèle point, voilà pourquoi mon cœur est joyeux ! Des cris d'allégresse résonnent au-dedans de moi.

« Mon cadavre aussi sera un jour en lieu de sûreté, car tu n'abandonneras point mon ame à l'empire des ombres ! Tu ne laisseras pas contempler à ton fidèle serviteur la fosse de la destruction, tu me montreras le chemin de la vie ; je trouverai des joies nombreuses devant ta face ; je trouverai des plaisirs infinis près de toi, dans ton éternité ! »

Il me semble que le sens de ce poëme est parfaitement clair, surtout lorsqu'on se représente le caractère de David. Ce bel héritage (la royauté dans le pays de Jéhovah), et qu'il ne doit point à ses pères, lui a été accordé par Dieu ; voilà pourquoi il tient si fortement à Dieu, qu'il le demande sans cesse, qu'il estime haut ses saints lieux, et soupire après lui, même pendant la nuit ; voilà pourquoi il ne veut rien avoir à démêler avec les idoles des rois étrangers, et avec les sacrifices qu'ils leur offrent. Jéhovah est son héritage et sa coupe, c'est-à-dire la coupe d'or, ce précieux bien de famille qui faisait l'ornement, la gloire et la joie d'une maison ; héritage précieux qu'il n'échangerait pas contre tous les trésors du monde. Toutes ces expressions ne caractérisent-elles pas complètement David, ainsi que le prouvent chaque trait de sa vie, chaque passage de ses autres psaumes[1] ?

---

[1] Le Nouveau-Testament fait voir que, dans ce psaume, David s'est montré comme un emblème du Messie, circonstance qui n'a rien de commun avec mon sujet. Je ne parle ici que du caractère de la personne qui parlait alors, et du sens que présente ce psaume dans son ensemble.

ALCYPHRON. — Continuez ces explications, mon ami.

EUTYPHRON. — Le Dieu qui, en ce monde, était son ami, son père, son héritage, ne l'abandonnera pas dans la nuit du tombeau; c'est là que son corps reposera sous la protection divine. Dieu ne livrera point son fidèle *Chasid* au terrible empire de la mort; il lui montrera, au milieu des ténèbres de cet empire, le chemin de son palais lumineux, où il le recevra hospitalièrement, comme un père, un ami, reçoit un fils, un ami. Ne retrouvez-vous pas là toutes les notions suggérées par la disparition d'Énoch, confirmées par la réunion des *chasidimes*, des amis de Dieu, tels que Abraham, Moïse, etc.? L'enlèvement d'Élie a fortifié toutes ces idées, qui ont fini par amener à celles du Paradis, de la demeure des pères, de l'éternel festin dans le sein d'Abraham. Dans le Nouveau-Testament, ces mêmes idées y ont été spiritualisées, expliquées et noblement consolidées, surtout dans le dernier et poétique livre des saintes Écritures.

ALCYPHRON. — On prétend que les Hébreux avaient adopté les rêveries mythologiques des Égyptiens, sur les îles fortunées habitées par les morts?

EUTYPHRON. — Moïse et Job, ces deux poëtes amis des images égyptiennes, n'ont qu'une seule fois parlé d'un passage rapide en bateau pour l'autre monde; et vous ne trouverez pas cette expression employée une seconde fois. Une pareille mythologie ne pouvait, au reste, prendre racine chez les Hébreux, car ils avaient de meilleures et plus belles images dans leurs *dires* nationaux. Jamais il n'est question chez eux d'un Caron ou d'un juge des enfers; Bélial ne ressemble ni à l'une ni à l'autre de ces deux figures; c'est le roi des ombres, sans force et sans pouvoir; le schéol, c'est-à-dire l'enfer, est sa demeure, son empire. Certes, ce n'est pas aux Égyptiens que les Hébreux ont emprunté leur demeure des pères auprès de Dieu.

ALCYPHRON. — Et la résurrection des morts?

EUTYPHRON. — Elle appartient à l'empire du Messie; elle a été préparée et fortifiée par les images des prophètes. Nous en parlerons une autre fois; il est tard, séparons-nous. Je vous souhaite une bonne nuit; nous allons tous deux nous abandonner au sommeil, c'est l'image de la mort; mais d'après les fictions analogues des temps modernes, l'ame du juste est déjà, pendant son sommeil, dans le Paradis de Dieu.

SUPPLÉMENTS.

I.

DESCRIPTION DE L'EMPIRE DES MORTS, PAR JOB [1].

« Pourquoi ne suis-je pas mort dans le sein de ma mère? Pourquoi, dès mon entrée en ce monde, n'ai-je pu m'endormir? Pourquoi un giron est-il venu au-devant de moi pour me recevoir? Pourquoi ai-je appris à sucer des mamelles?

« Je serais tranquille maintenant, je me reposerais, je dormirais en paix auprès des rois et des maîtres de la terre qui se sont fait un mausolée du désert! auprès des princes riches en or, et qui encombrent leurs tombes de trésors. Que n'ai-je été enseveli dans la terre comme l'avorton, comme l'enfant qui n'a jamais vu un rayon du soleil!

« Là, les méchants cessent d'opprimer, et l'homme accablé de fatigue se repose. Là, les captifs entonnent des hymnes de liberté, et ils n'entendent plus la voix de leurs gardiens; là, les grands et les petits sont égaux, et le valet ne dépend plus de son maître.

« Ma vie n'est-elle pas courte et vaine? Qu'il se détourne donc enfin de moi; qu'il me laisse prendre quelque repos avant que je m'en aille, pour ne plus jamais en revenir, dans le pays des ténèbres, de la nuit, de la mort! dans le pays de l'obscurité et des ombres vaines, où règne la confusion, où le matin est encore la nuit! »

II.

EXTRAIT D'UN POÈME ARABE SUR LA MORT DE LA MÈRE D'UN HÉROS [2].

« Nous les tenons toujours en arrêt nos lances et nos glaives,

---

[1] Job, chap. 3, vers. 11; chap. 10, vers. 20.

[2] J'ai placé ici ce petit poème pour prouver combien sont faibles et pauvres les consolations des peuples que ne soutient aucun espoir d'immortalité. La tombe est une demeure éternelle, les morts sont les habitants de la poussière qui nous attend tous pour nous couvrir tous; là, leur voix n'est plus que le lugubre gémissement de l'agonie, etc. Telles sont les pensées dominantes de tous les poèmes arabes de ce genre. Quelle différence avec les belles idées et les enseignements utiles que la poésie hébraïque développe lentement et toujours progressivement! Le morceau que nous

et cependant le destin nous tue avant de nous avoir attaqués. Nos coursiers rapides sont toujours en haleine, et cependant ils ne peuvent nous soustraire à la malice rapide du sort!

« Qui de nous peut dire qu'il n'a point aimé ce monde? Et cependant tout bonheur d'amour y est impossible. Ton tendre intérêt aux objets de tes affections dans cette vie, n'est que le fol intérêt que nous prenons aux fantastiques visions des rêves.

« Que la miséricorde de Dieu soit le hanuth [1] de ton visage, dont la beauté s'est voilée. Ton corps, qui se décomposera dans le sein de la terre, restera frais et beau dans notre mémoire. Le tapis d'honneur a été répandu sur toi, car elle fleurira toujours, la puissance de ton fils.

Que la douce pluie échappée de la nuée matinale, douce comme le fut naguère ta main, arrose la terre devenue ton lit de repos [2]. Tu es partie pour te rendre dans un lieu où ni le vent du nord, ni le vent du midi ne pourront t'apporter ni un souffle rafraîchissant, ni la suave fumée des parfums.

« Tu t'es rendue dans une demeure où chaque habitant est toujours un étranger. Là, éternellement bannie de ton pays, tous les liens qui t'y attachaient sont rompus!

« C'est là qu'elle demeure! nous l'y avons soigneusement déposée, elle qui était pure comme la rosée dans les nuages du ciel! Ses discours étaient discrets et véridiques; le médecin de toutes les douleurs l'a guérie pour toujours!

« Nous nous ensevelissons tous les uns les autres; le monde à venir marche sur la tête du monde passé! Plus d'un œil brillant que jadis on couvrait de baisers, est maintenant rempli de sable et de cailloux. Les yeux audacieux qui ne se détournaient devant aucun danger, se sont fermés à jamais! Vaillant Saiphoddanlah, appelle la patience à ton secours! Ton immuable confiance n'a-t-elle pas surpassé celle des montagnes? Que de

avons placé à la suite de ce petit poëme sera une preuve aussi simple qu'évidente de cette différence.

[1] Nom de la poudre parfumée que les Arabes répandaient sur le visage de leurs morts. Le voile dont il est question ici ne saurait être que le linceul.

[2] Tous les Arabes désiraient que la pluie vînt arroser la tombe de leurs morts pour les rafraîchir. Ils plantaient sur ces tombes des arbres toujours verts, que les femmes venaient arroser pendant les jours de fêtes.

changements n'as-tu pas vu s'opérer; et au milieu de tant de variations du sort, ton courage seul est resté le même ! »

III.
LE PAYS DES PÈRES,
D'après les idées des Israélites et les évènements dont ils ont été témoins.

« Il a disparu, l'ami des Élohim ! En quel lieu est-il passé ? Nous ne le retrouvons plus, l'ami des Élohim. Dieu l'a pris avec lui; c'est auprès de son Dieu qu'il est maintenant [1].

« Elle sera engloutie, la race des méchants [2] ! elle s'abîmera dans les gouffres de la mer ! Là, ombres honteuses d'elles-mêmes, et comme pour se moquer de ce qu'elles furent ici-bas, elles s'agiteront encore dans l'abîme affreux du vide de l'enfer !

« Mais après elles viendront les cohortes des justes, des pères; et elles feront leur entrée au Paradis de Dieu, dans la céleste Canaan que Dieu leur avait déjà promise ici-bas, où ils n'étaient encore que des étrangers [3].

« Là Élie [4] paraîtra un jour; notre ami, ce vainqueur rapide, paraîtra devant les portes du ciel ! Il sera porté haut, toujours plus haut, par des chevaux de feu semblables aux tiens, Jéhovah !

« Et il ne les abandonnera pas non plus à la poussière des tombeaux, ses serviteurs fidèles et silencieux, lui, leur ami, leur protecteur [5]; et il ne les livrera pas au royaume des ombres; il les introduira dans la lumière.

« Guidé par ta main, Jéhovah, je traverserai la sombre vallée de la mort [6] ! Cette main me soutiendra, elle me fera monter jusque dans ta salle d'honneur.

« La terre et les cieux peuvent disparaître à mes regards;

---

[1] Moïse, liv. 1, chap. 5, vers. 24 (la disparition d'Énoch).

[2] Moïse, liv. 1, chap. 6, vers. 17 (le déluge, origine probable des Rephaïm dans le royaume des morts); Job, chap. 26, vers. 5 et 6.

[3] Moïse, liv. 1, chap. 25, vers. 8 (assemblée des pères. Comparez ce passage à saint Matthieu, chap. 22, vers. 32, et à son épître aux Hébreux, chap. 11, vers. 13 et 16).

[4] Rois, liv. II, chap. 2, vers. 11 et 12; comparez au psaume 68, vers. 18, et à Habacuc, chap. 3, vers. 8

[5] Psaume 16, vers. 10 et 11.

[6] Psaume 23, vers. 4 et 6; psaume 73, vers. 23 et 24.

mon corps et mon ame peuvent succomber à la langueur, à la souffrance; tu me resteras, Seigneur, je te retrouverai là-haut dans les belles régions du ciel[1] !

« Ils seront arrachés à l'enfer et aux ténèbres, les malheureux captifs; ils en seront arrachés par celui qui fut forcé de descendre lui-même dans le noir empire des ombres. Ils le suivent, ils marchent après lui; déjà je les vois briller dans la lumière ! Oh ! mort ! où est-elle ta victoire[2] ? »

[1] Psaume 73, vers. 25 et 26.
[2] 1re épître de saint Paul aux Corinthiens, chap. 13, vers. 55.

HUITIÈME DIALOGUE.

IDÉES PRIMITIVES SUR LA PROVIDENCE.

De la poésie sur la Providence. — Réduit-elle, en effet, ce monde à un échiquier dont Dieu fait mouvoir les figures? — Ses contrastes ne sont-ils que des moyens pour assoupir l'âme humaine? — Développements de quelques *dires* qui ont donné lieu à divers tableaux de la Providence. — Dieu considéré comme vengeur du péché secret. — Histoire de Caïn. — Traits poétiques et touchants de cette histoire. — Justice et douceur de la vengeance de Dieu. — Transmission à la poésie des temps postérieurs de plusieurs personnifications outrées. — Du péché accusateur. — De l'oiseau qui demande le sang pour le sang, etc. — Du sang qui crie vengeance. — Explication des paroles que Dieu adressa à Caïn. — Du déluge considéré comme punition. — Comment il faut juger les évènements de cette nature. — Dans quel esprit les *dires* de cet évènement ont-ils été conçus? — Renouvellement de la surface de la terre après le déluge. — Les géants. — Les fils des dieux. — Le journal tenu dans l'arche. — La feuille de l'olivier. — L'arc-en-ciel. — La fumée du premier sacrifice sur la terre rajeunie. — Pourquoi l'arc-en-ciel était-il le signe d'une nouvelle faveur divine? — De l'arc-en-ciel dans la poésie du Nord, qui en fait un pont pour les géants. — La tour de Babel. — But et esprit de ce récit. — Que signifiait cette expression: *un puissant chasseur devant le Seigneur?* — Railleries cachées dans ce *dire*. — Caractère de toutes les poésies et récits sur la tour de Babel. — Hymne de mort d'Isaïe sur le roi de Babel. — Dieu l'effroi des tyrans. — Explication des contrastes dans les poétiques descriptions de la Providence. — Effets de ces poésies sur le cœur humain. — Comparaison des diverses poésies de ce genre à d'autres poésies orientales. — Tableau de la Providence, par Job. — Les avantages que cette poésie a procurés à l'espèce humaine.

Suppléments : Plusieurs psaumes et le plus ancien éloge pindarique de la seule et véritable sagesse humaine.

Un jour, dans une nombreuse réunion d'amis, la conversation tomba sur l'intervention de la Providence. On cita l'exemple de plusieurs personnes qui, grâce à des avertissements presque merveilleux, avaient échappé à de grands malheurs, et d'enfants pauvres et délaissés qui avaient été recueillis par des riches bienfaisants. On raconta comment des crimes cachés avaient été découverts de la manière la plus inattendue, afin que les méchants subissent la loi du talion, et comment la prière du juste était souvent exaucée. Chacun paya son tribut à cet entretien, en racontant un fait de ce genre dont il avait été témoin; et l'on se sépara dans une disposition d'esprit douce et pieuse. Alcyphron, qui était resté seul avec son ami, s'empressa de lui communiquer les pensées que cette conversation lui avait suggérées.

ALCYPHRON. — Ne trouvez-vous pas, mon ami, que les opinions qu'on vient d'émettre resserrent l'espèce humaine dans des limites trop étroites? Quand on voit dans chaque évènement fortuit un décret de la Providence, quand on rapporte à Dieu toutes les suites funestes ou heureuses des actions que nous avons faites avec connaissance de cause, il me semble qu'autour de moi tout se rapetisse et se rétrécit. Nous avons souvent discuté sur ce sujet, et vous m'avez plutôt charmé que convaincu. Malgré vos éloquents plaidoyers en faveur de la poésie hébraïque, je crois toujours que cette poésie ne voit dans les hommes que les figures d'un échiquier mu par le joueur invisible qui les fait marcher, non selon leurs désirs, mais d'après sa volonté à lui. Cette manière peut, ainsi que vous me l'avez fait remarquer l'autre jour, donner à la poésie hébraïque une dignité simple et naïve; mais je crains bien que ce mérite n'existe que dans les paroles, et que son véritable effet n'ait quelque chose d'assoupissant, et, par conséquent, de nuisible. Oui, la poésie hébraïque ne sert qu'à affaiblir l'homme, au point qu'il finit par se résigner à la volonté de Dieu, à le louer et à chanter des hymnes à sa gloire, au lieu d'agir. Oui, tous ces nobles contrastes, tous ces tableaux sublimes des actions et du gouvernement de Dieu, me semblent des sons qui engourdissent les oreilles, l'opium de l'ame enfin. Cette poésie célèbre les œuvres de Dieu, mais elle oublie de peindre les traits caractéristiques de l'espèce humaine dans sa marche à travers les prospérités et les vicissitudes de la vie; elle l'inonde de l'éclat de la lumière divine, et l'éblouit sur elle-même. Si parfois elle fait de l'homme un juge qui, d'après les mesquines proportions de son entendement, veut sonder les voies divines, combien alors ce juge est vain, borné, égoïste et dur! Pour s'en convaincre, il suffit de comparer la poésie des Orientaux avec leur histoire. Cette dernière rampe, l'autre vole; l'histoire ne fait rien, ou elle fait mal; la poésie console de tout, en attribuant tout à Dieu. Aussi ne puis-je croire qu'elle ait contribué à développer, à élever l'entendement humain. Il me semble plutôt qu'elle en a arrêté l'essor; car tantôt elle le couvre du manteau royal de ses pompeuses descriptions de la divinité, et tantôt elle le monte sur les échasses des contrastes du gouvernement de cette divinité. Comment l'homme aurait-il pu apprendre ainsi à marcher, puisqu'il devait nécessairement tomber à chaque pas?

Eutyphron. — Je vois avec chagrin, mon ami, que vous avez conservé le germe de vos anciens préjugés. Tant que vous ne l'aurez pas entièrement extirpé, nos discussions sur les beautés de toutes les poésies de la terre, seront complètement inutiles. A quoi la poésie pourrait-elle être bonne, si la plus noble, la plus sublime de toutes, n'est que l'opium de l'ame, un voile qui nous empêche de voir la marche réelle des évènements, la véritable forme des choses? Réfléchissez, et dites-moi sous quel point de vue il faudrait envisager des idées sur l'intervention de la Providence, dont on vient de parler si longuement devant nous? Ces idées ont eu pour point de départ les faits principaux du monde antique; et leur application à tous les faits subséquents découle du même point. Remontons donc à la source de ce fleuve; car, je l'avoue, lorsqu'il s'agit de choses d'un intérêt général, je n'aime pas à raisonner en l'air.

Alcyphron. — Ni moi non plus. L'histoire de Caïn et d'Abel, celle du déluge et des assiégeants du ciel, de Sodome et Gomorrhe, la vie des patriarches, pourraient nous fournir des exemples qui, selon toutes les probabilités, ont donné naissance à ces sortes d'idées.

Eutyphron. — Commençons donc par l'histoire d'Abel. Elle s'offre à nous semblable à une blanche fleur du ciel panachée de sang; et elle est si poétique dans sa simplicité, qu'on peut la regarder comme un témoignage naïf de la justice exécutive et providentielle de Dieu :

« ¹ Où est ton frère Abel? qu'as-tu fait de lui? La voix des flots du sang de ton frère, crie vers moi du fond de la terre!

« Sois maudit ! sois banni de cette terre qui a ouvert sa gueule

---

¹ Moïse, liv. 1, chap. 4, vers. 9.

pour boire les flots du sang de ton frère, de ce sang versé par ta main!

« Et quand tu voudras l'ensemencer, cette terre, elle n'aura pour toi ni jeunesse, ni force productive. Tu seras toujours banni et fugitif sur la terre! »

On ne sait ce qu'il faut admirer le plus dans ces paroles de Dieu; est-ce la sévérité du juge ou la clémence paternelle? Ici la vengeance ne pouvait être exercée que par Dieu. Le père pouvait-il demander, en expiation du sang de son fils, le sang de son autre fils? Et cependant, si le sang d'un frère était resté sans expiation comme celui d'un vil bétail, un pareil exemple aurait à jamais perverti l'espèce humaine. Que serait-il advenu, si le meurtrier avait caché son crime à son père, ou si, poussé au désespoir, il s'était révolté contre lui? La terre ne pouvait révéler ce premier forfait au premier homme, elle l'a révélé à Dieu, et le sang qu'elle avait bu cria vengeance! Voyez comme tout est naturellement et fortement mis en action. Le sang dans lequel on a, pendant fort longtemps, placé notre âme, crie vengeance; la terre lui sert d'écho, et cette mère nourricière qui a reçu de la main d'un de ses fils le sang de l'autre qu'elle a bu avec horreur, n'aura plus pour le meurtrier ni jeunesse, ni force productive! Sentez-vous toute la justice, toute la sagesse de cet anathème, qui n'est que le développement des résultats naturels du péché? Le meurtrier ne pouvait plus demeurer dans la maison paternelle, où il était un objet d'horreur pour lui et pour les autres. Comment aurait-il pu rester sur les lieux où il avait commis son crime? Là, le sang crie; là, le sol répète ce terrible cri; là, lui-même est forcé de se dire: « Tous ceux qui me rencontreront pourront me tuer! Je ne suis plus en ce monde qu'un banni, qu'un fugitif! » Et le juge miséricordieux fait ce que le coupable réduit au désespoir n'aurait pu faire; il l'éloigne de sa famille, et du pays de ses horribles souvenirs; il lui donne une autre terre montagneuse et peu fertile, sans doute, mais sûre pour lui, puisque le juge lui-même l'y cachera. Le sang du frère est apaisé sans effusion de sang, le vivant est conservé et puni. Cette histoire n'est-elle pas le modèle de la justice paternelle? Chaque détail qui en est arrivé jusqu'à nous n'est-il pas un avertissement doux, effrayant et utile ?

ALCYPHRON. — Croyez-vous qu'elle a réellement produit des effets salutaires ?

EUTYPHRON. — Rien n'est plus certain. Souvenez-vous du sang qui crie vengeance dans l'Apocalypse. Les âmes couchées sous l'autel sont l'emblème du sang répandu, comme Abel est celui de la victime expiatoire sacrifiée sur l'autel. Les âmes crient vengeance ; mais on leur met des vêtements blancs, on les retire du sang, et on les console en leur promettant qu'elles seront vengées au jour du jugement de Dieu. C'est ainsi que le sang des prophètes crie vengeance dans tous les livres de l'Ancien-Testament. Dieu s'est réservé le droit de les venger ; il est le juge de toutes les iniquités, et surtout des vices et des péchés cachés. Ce que personne ne dénonce est porté devant son tribunal ; ce que personne sur la terre ne veut ou ne peut punir, il le fait expier à l'espèce humaine en sa double fonction de père et de juge.

« [1] Il fait comparaître devant lui les péchés cachés ; les péchés que personne ne connaît, il les appelle à la barre de son tribunal. »

Ces idiotismes se reproduisent sans cesse dans la poésie biblique ; et certes, l'espèce humaine peut y puiser de hauts et utiles enseignements. C'est par de semblables idées que Dieu éveille les consciences assoupies, et les détourne du mal, si ce n'est par le repentir, du moins par la peur. Pour conserver nos mains pures de toute tache de sang, même du sang de la vengeance, il donne au crime une voix qui ne parle haut qu'à lui.

ALCYPHRON. — Mais ce but n'a pas été atteint. Le sang pour le sang, telle est encore aujourd'hui la loi dominante et terrible des Arabes. Chez les Hébreux, elle était si rigoureusement pratiquée, que Noé et Moïse furent obligés de lui opposer des lois plus douces.

EUTYPHRON. — Ceci ne prouve rien, sinon que le feu de la vengeance était si violent et si enraciné dans le cœur de ces peuples, que tout ce qui tendait à l'adoucir et à l'affaiblir, était essentiellement utile. Les chants arabes font jaillir le poison du

[1] Psaume 90, vers. 8.

basilic du cadavre de la victime; et ces chants résonnent jusqu'à ce que la victime ait été vengée, c'est-à-dire couverte de sang nouveau. L'oiseau du sang s'élève au-dessus de cette victime, et poursuit le meurtrier [1]. C'est ainsi que la vengeance du sang par le sang se perpétue de race en race, et que le vengeur devient à son tour la proie d'un vengeur nouveau. Chaque voix, chaque son qui, au milieu de cette sauvage passion de vengeance, tend à élever la pensée de l'homme vers le ciel, et à adoucir son cœur, doit être regardée comme une inspiration divine; et si ces voix n'ont pas été mieux écoutées, ce n'est pas la faute de la poésie; il ne faut en accuser que l'esprit de vengeance trop fortement enraciné chez les peuples arabes. Au reste, on trouve dans les psaumes et dans les écrits des prophètes plus d'un passage qui annonce une grande modération. Combien cette plainte de Job n'est-elle pas à la fois énergique et résignée :

« Les larmes ont obscurci mes yeux, déjà la nuit de la mort pèse sur mes paupières! Aucun larcin n'a souillé mes mains, et ma prière est pure. O terre! ne recouvre point mon sang, et que mes cris de détresse résonnent toujours; car regardez tous! mon témoin est dans le ciel, mon témoin demeure là-haut! Mes amis sont des discoureurs hypocrites; mes yeux ne versent des larmes que pour Dieu. »

De semblables sentiments doux et humains sont le plus beau résultat de la poésie, l'honneur de l'humanité.

ALCYPHRON. — Il me semble cependant que le juge aurait mieux fait de n'agir qu'en père, c'est-à-dire de prévenir le crime de Caïn. Et ne vaudrait-il pas mieux, en général, prévenir les crimes que de les punir?

EUTYPHRON. — C'est ce que Dieu a fait, et ce qu'il fera toujours; oui, il cherche sans cesse à prévenir le mal.

« Jéhovah n'arrêta point son regard sur le sacrifice de Caïn, et Caïn en fut offensé; il se mit en colère et baissa la tête. Alors Jéhovah lui dit : Pourquoi te mets-tu en colère, pourquoi baisses-tu la tête? Ne fais pas ainsi : si tu veux le bien, relève ta face;

---

[1] Ces sortes d'images et les pensées qui leur ont donné lieu se rencontrent à chaque instant dans le *Hamasa*, et même dans l'histoire des Arabes.

si tu veux le mal, regarde, et déjà tu verras le péché guetter à ta porte, semblable à un animal féroce altéré de sang[1]. Il va t'attaquer et tu dois le terrasser ! »

Voilà tout ce qu'on pouvait dire à Caïn. Dieu lui parle comme un bon père parle à un enfant indocile; il l'avertit que le mal dort en son cœur prêt à s'y réveiller, qu'il le guette devant sa porte comme pourrait le faire un lion, une bête féroce. Il était impossible de personnifier d'une manière plus terrible le péché prêt à se commettre. Ce que Dieu fit alors pour Caïn, il le fait encore pour chacun de nous, par la voix qu'il a placée dans notre cœur et que nous refusons d'écouter.

ALCYPHRON. — Soit! mais comment justifierez-vous le juge qui, pour punir quelques géants coupables, engloutit sous les eaux du déluge toute l'espèce humaine, et même les animaux? parce que, dit le texte : « Les animaux aussi étaient sortis des bonnes voies. » Comment, dis-je, justifierez-vous ce juge qui ne veut sauver que huit personnes et les bêtes qu'elles pourront renfermer dans leur arche? Ce *dire* ne donne-t-il pas sur Dieu les idées les plus étroites, et n'autorise-t-il pas à l'accuser de partialité?

EUTYPHRON. — Il n'est point de créature qui puisse sonder et comprendre les arrêts du juge de l'univers. Les évènements qui s'étendent sur toute la terre, découlent des lois de la nature auxquelles nous sommes tous forcés de nous soumettre. Il est difficile de philosopher sur les ruines d'une capitale renversée ou d'une partie du monde écroulée. Quant à ce qui concerne les animaux, ne suivent-ils pas toujours la destinée de l'homme? Et si on voulait se laisser aller à des spéculations philosophiques, on trouverait dans une foule d'abus le moyen de les exiler du monde, du moins en raisonnements. Ce n'est donc pas métaphysiquement, mais sous le point de vue physique et moral,

---

[1] רֹבֵץ est ici au masculin, ce qui demande pour חַטָּאת la construction masculine; il y a même dans le vers suivant deux masculins. Comme רבץ s'emploie dans la langue arabe pour désigner l'action d'un animal qui guette une proie, il n'est point douteux que le péché n'ait été personnifié ici par un animal féroce, tel qu'un lion ou un tigre affamés qui guettent Caïn devant sa porte. Il était également impossible de faire comprendre à Caïn la nécessité de vaincre le péché par une image plus convenable. Celle d'une femme impudique ne pouvait être employée ici, car il n'y avait pas alors de femme semblable.

qu'il faut envisager ce *dire*, et l'effet qu'alors il devait produire. Tous les récits sur la corruption de l'espèce humaine résonnent en lui avec autant d'énergie que de tristesse.

ALCYPHRON. — Parce qu'il a pour point de départ des *dires* de géants, et qu'il nous a été transmis par les victimes échappées à ce grand désastre.

EUTYPHRON. — C'est ce qui nous en constate l'authenticité. Chaque page du journal de l'arche est écrite avec une exactitude inquiète, qui ne nous permet pas de douter de la vérité des faits qu'il rapporte. Puis, comparez la durée de notre vie et l'étendue de nos forces, avec la vie et les forces de ces Titans, de ces premiers nés du monde antique, qui se sentaient encore pénétrés de l'énergie primitive de la création, et qui ne l'employaient que pour opprimer et pour se livrer à tous les excès des passions malfaisantes. Que ne peut encore aujourd'hui, pendant sa vie d'un jour, un méchant puissant et fort? Et que ne devait-il pas pouvoir alors, avec une existence de plusieurs siècles, et avec des forces proportionnées à la violence de ses désirs pernicieux, que secondait peut-être une haute civilisation? C'est avec bonheur que j'ai foi en cette vieille tradition, surtout quand elle dit :

« Jéhovah vit que la perversité des hommes était grande sur la terre; ils ne rêvaient, ils ne pensaient chaque jour qu'à des perversités nouvelles. Il se repentit alors d'avoir créé l'homme. »

C'est-à-dire des hommes qui, en si peu de temps, s'étaient si complètement corrompus. Vous le voyez, là comme partout, il a agi en juge et en père. Donnant à la terre une disposition nouvelle...

ALCYPHRON. — Une disposition nouvelle?

EUTYPHRON. — Cela est palpable. Après le déluge, la durée de la vie humaine diminue visiblement. Au reste, quelle que soit l'explication que l'on veuille donner à cette immense inondation, on ne saurait nier qu'elle était un résultat des lois naturelles qui régissaient le globe, alors encore dans la période de sa formation. Après s'être lentement formé sous les eaux, il en est sorti par degrés, et en a été couvert de nouveau, longtemps et à différentes époques. Ses premiers habitants étaient encore, et partout, sujets à de fréquentes inondations, ce qui fait présumer que les hauteurs seules étaient habitables, et que les bas-fonds étaient ensevelis sous les eaux, qu'une secousse ou tout autre phénomène de la nature pouvait faire remonter. Peut-être l'axe de la terre a-t-il subi quelques changements essentiels; car il est certain que notre globe prit tout-à-coup la marche régulière qu'il suit encore aujourd'hui. Selon toutes les probabilités, la première époque héroïque de l'espèce humaine devait être celle d'un développement poussé jusqu'au monstrueux, qui entrait dans les vues du créateur sur la transformation de la terre. Ce commencement de développement exigeait, pour la vie humaine, une durée qui ne conviendrait plus à notre état actuel. Après ce grand déluge, Dieu fit une nouvelle alliance avec l'homme, c'est-à-dire que le changement des saisons se fit dans un autre ordre; que notre vie devint plus courte, et que l'espèce humaine eut d'autres mœurs, d'autres lois. Alors seulement se lève l'aurore de ce qu'on peut appeler l'histoire. Les faits antérieurs résonnent à notre oreille comme des fables de héros et de géants, qu'un souffle mystérieux apporte par-dessus les flots sous lesquels dorment les ruines d'un monde écroulé.

ALCYPHRON. — J'ai toujours regretté que nous n'en sachions pas davantage sur ces fables de géants.

EUTYPHRON. — Cela ne devait pas être; je n'en demande d'autre preuve que l'abus que nous avons fait des vagues et rares données que nous possédons à ce sujet. Dans combien d'absurdes fictions ne nous sommes-nous pas égarés sur les fils de Dieu qui s'unissaient aux filles des hommes? Et cependant il est facile de voir que ces mots : *fils de Dieu*, signifiaient des héros, des hommes revêtus d'un pouvoir supérieur ou doués d'une grande beauté, d'une force extraordinaire, tels qu'on en trouve dans tous les *dires* héroïques. Mais ceci nous éloigne de notre but.

ALCYPHRON. — Je ne le crois pas. Puisque ce grand déluge était une conséquence des lois de la nature, comment a-t-on pu y voir la punition des géants et de leur union avec les filles des hommes? Comment Noé, surtout, a-t-il pu croire qu'il était le favori de Dieu, le seul homme sur la terre digne de trouver grâce devant lui?

EUTYPHRON. — C'est qu'il l'était en effet, et qu'il devait se regarder comme tel. Son nom annonce que c'est par lui que Dieu voulait donner du repos au monde et le délivrer des tyrans. Lui aussi avait été cruellement tourmenté par eux ; il fut sauvé d'une manière extraordinaire, terrible même ; mais enfin il fut sauvé seul avec sa famille. Comme il se sent mal à l'aise dans cette arche, où son ménage est si à l'étroit ; avec quelle anxiété il ouvre la fenêtre et laisse envoler les oiseaux ; que sa joie est vive quand il voit revenir la colombe et la feuille d'olivier qu'elle rapporte. Dans tout ce naïf récit, il n'y a pas un mot de raillerie ou de satisfaction malveillante sur le sort de tant de méchants engloutis dans les flots. On n'y trouve que la crainte, l'inquiétude d'une petite troupe miraculeusement sauvée, qui, dans le premier arc-en-ciel, voit un signe du retour du soleil, et de la miséricorde de Dieu ; et lorsque cette troupe se retrouve enfin sur la vieille terre encore couverte de vase, son bonheur est pieux, presque délirant.

« Jéhovah sentit le doux parfum de leur premier sacrifice, il bénit la terre, et promit de ne plus jamais la submerger. »

Est-il possible d'exprimer plus vivement ce que ces malheureux éprouvèrent alors, que d'associer, pour ainsi dire, Dieu lui-même à leurs sensations? Oui, Dieu lui-même regarde l'arc-en-ciel avec une joie paternelle, et il fait de ce reflet de sa bonté, de ce premier regard de l'œil de l'univers à travers les sombres nuages, le signe d'une alliance éternelle. Il entoure la vieille terre d'une nouvelle ronde d'heures fortunées, et c'est au milieu de leurs danses joyeuses qu'elle continue sa marche.

ALCYPHRON. — Je n'ai encore jamais envisagé ainsi le *dire* de l'arc-en-ciel, et je me suis souvent demandé comment on avait pu voir dans un si éphémère phénomène de l'atmosphère, le gage d'une alliance éternelle.....

EUTYPHRON. — Et inviolable, au point que les montagnes et les vallées s'écrouleront avant que Dieu oublie cette promesse, ainsi que le dit Isaïe, dans sa belle interprétation de ce grand épisode [1]. Les traditions du Nord font de l'arc-en-ciel un pont qui restera inébranlable jusqu'à la fin du monde, et qui ne pourra être brisé que par les derniers assiégeants du ciel. Cette variante glacée du naïf *dire* des Hébreux, n'en contient pas moins le sens. Il en est de même d'une autre opinion assez généralement répandue, et d'après laquelle la terre doit périr par le feu, puisque Dieu a promis de ne plus jamais la submerger. En un mot, mon ami, l'homme est une créature morale, il faut donc lui apprendre à tout considérer sous le point de vue moral. Les eaux du déluge devaient laver la terre de ses anciens péchés, et la tâche de la famille sauvée consistait à y revenir avec la conviction et le souvenir de la sévérité terrible avec laquelle Dieu châtie les pervers. Aussi les lois de Noé sont-elles énergiques et fortes. Elles attestent l'énormité des crimes du passé, et forment, pour ainsi dire, le premier code de droit commun pour les hommes, on pourrait même ajouter pour les animaux qui repeuplent la terre rajeunie. La construction de la tour de Babel est un reflet de l'ancienne et criminelle audace des héros et des géants; aussi, dès que cette audace reparaît, le juge céleste se réveille...

ALCYPHRON. — Vous abordez là une bien belle fable ! Tous les hommes parlaient d'abord un seul et même langage; et comme s'il eût été possible qu'une pareille uniformité pût durer toujours, il fallait qu'un miracle de confusion survînt tout-à-coup; il fallait que les hommes construisissent une tour dont les pointes menaçaient le ciel; il fallait que Dieu trouvât nécessaire de jeter les yeux sur cette construction, qu'il en fût sérieusement effrayé, et qu'il eût la conviction qu'il ne pouvait empêcher son achèvement qu'en frappant les lèvres et les langues des hommes par je ne sais quel enchantement, à la suite duquel il arriva ce qui n'eût pu manquer d'arriver, c'est-à-dire l'émigration d'un peuple trop nombreux pour se maintenir dans la contrée où il s'était aggloméré. Pardonnez-moi, mon ami, mais ce conte paraît stupide par lui-même, et surtout quand on veut nous le donner comme une preuve de la justice du juge céleste.

[1] Isaïe, chap. 54, vers. 7 et 10.

Eutyphron. — Envisagé sous ce point de vue, il est en effet absurde. Dites-moi d'abord quelle place occupe ce *dire* dans les livres de l'Ancien-Testament?

Alcyphron. — Il se trouve au milieu de généalogies [1].

Eutyphron. — Et ces généalogies indiquent déjà différents peuples, différents pays, et différents langages. Celui qui a recueilli ces généalogies était donc assez instruit pour savoir que, lorsque les peuples se séparent et émigrent, leur idiome aussi se modifie. Et ce fut, sans doute, pour nous apprendre l'accident qui met les hommes dans la dure nécessité de se séparer et d'émigrer, qu'il consigna le *dire* de la tour de Babel.

Alcyphron. — Et cette tour, véritable enfantillage, devait menacer le ciel?

Eutyphron. — Cette construction est en effet regardée comme un jeu d'enfant, et elle en a le dénouement. Parce que tous les hommes parlent la même langue, ils veulent élever un bâtiment aussi haut que le ciel; et pendant qu'ils élèvent ce bâtiment, chacun d'eux parle tout-à-coup une autre langue: ils ont voulu construire un monument en signe de leur indissoluble union, et, au même instant, ils sont dispersés de tous côtés. Il me semble que le sens moral de ce *dire* est fort clair.

Alcyphron. — Et la peur de Dieu? et sa descente du ciel?

Eutyphron. — N'est que de l'ironie. Le ton de toute la narration est celui de la moquerie. N'auriez-vous donc jamais lu ce psaume?

« [2] Pourquoi les peuples se déchaînent-ils? Pourquoi songent-ils à des choses vaines et sans importance? Les rois de la terre se sont réunis, ils tiennent conseil contre Jéhovah qui demeure là-haut, au ciel! Jéhovah rit et se moque d'eux. »

C'est là le meilleur commentaire possible du *dire* de la tour de Babel. Interrogeons le chapitre qui rapporte ce vieux *dire*. Par qui Babel a-t-elle été construite? Qui régnait dans cette ville?

Alcyphron. — « Nemrod, le puissant chasseur devant le Seigneur. »

---

[1] Moïse, liv. 1, chap. 11.
[2] Psaume 2.

Eutyphron. — Et pourquoi le nommait-on ainsi? Vous ne présumez sans doute pas que c'était parce qu'il chassait des renards et des lièvres devant le Seigneur dans la plaine de Senhar, où il n'y avait ni montagnes ni forêts? Au reste, on ne chasse pas des lièvres et des renards devant le Seigneur. Si le surnom de Nemrod n'avait pas eu une autre signification, il serait impossible d'en trouver un plus niais parmi tous les peuples de la terre. Voyons maintenant le sens que les Hébreux attachaient au mot chasseur.

Alcyphron. — Dans la langue hébraïque, ce mot signifie un homme qui dresse des pièges, des embûches, un guetteur.

Eutyphron. — Un puissant chasseur signifie donc un puissant guetteur, c'est-à-dire un homme qui dupe, qui trompe les autres par la ruse et par la force. Voilà ce qu'était Nemrod selon les traditions orientales, qui toutes parlent de lui; et voilà aussi ce qui rend authentique le *dire* dont vous venez de vous moquer. Nemrod trouva dans une vaste plaine des matériaux et des bras dociles pour lui construire une résidence, une tour royale qu'il voulait élever aussi haut que possible. Quant au gibier apprivoisé, c'est-à-dire les peuples qu'il réunit à cet effet, il leur fit croire que cette construction serait un gage de leur union, de leur sécurité; mais dans sa pensée à lui, elle devait être l'instrument de leur esclavage, le monument de son orgueil. Vous savez que, dans les temps antiques, le ciel a toujours été regardé comme la demeure de Dieu; tout ce qui s'élevait vers le ciel, s'élevait vers les régions de Dieu, et l'insultait pour ainsi dire sur son trône. Voilà précisément ce que dit la narration :

« Allons, courage, bâtissons une ville et une tour dont la tête touchera le ciel. »

Et Dieu imite humblement ce courageux langage; il dit :

« Allons, courage, descendons du ciel, jetons sur leurs lèvres le désordre et la confusion, car déjà ils sont à l'œuvre, et ils ne s'arrêteront point qu'ils ne l'aient achevée. »

Ne voyez-vous pas que l'ironie va toujours croissant?

Alcyphron. — J'en conviens, et je m'étonne de ne pas m'en être aperçu jusqu'ici.

EUTYPHRON. — L'ironie la plus amère est dans le dénouement de cette grande entreprise. Ils veulent monter jusqu'au ciel; Dieu les craint, il les croit assez persévérants pour ne jamais renoncer à leur projet gigantesque, assez forts pour l'exécuter, et cependant il ne fait que poser un de ses doigts sur leurs lèvres, il imprime un léger changement au mouvement de leur langue, et la terrible et menaçante construction n'est plus qu'une ruine délaissée; et cette ruine s'appelle Babel (confusion), en mémoire de l'orgueil humain qui s'est évanoui devant un rien. Le ton du récit devait nécessairement se mettre en harmonie avec l'esprit de l'évènement qu'il rapporte; aussi ce récit est-il un beau modèle de raillerie, ressortant naturellement d'un fait raconté avec une froide simplicité; car les contrastes les plus frappants, tels que la grandeur et la petitesse, l'action des hommes qui s'élèvent vers le ciel et celle de Dieu qui descend sur la terre; l'assurance et la témérité des hommes, l'incertitude et la peur de Dieu qui n'a plus qu'un seul moyen pour se sauver, tout cela est raconté avec ordre, mais sans commentaires. Pour faire sentir ces contradictions, il suffirait de les opposer les unes aux autres. Le souffle léger qui jeta tant de confusion dans les articulations de leurs lèvres, est plus puissant que l'éclair et le tonnerre. L'audacieux qui voulait usurper le trône de Dieu est tout-à-coup humilié, délaissé; son nom et celui de son siège royal ne sont plus que des sobriquets : « Voilà ce que fut le puissant chasseur qui traquait les hommes devant la face de Jéhovah ! » qui osa, pour ainsi dire, se mesurer avec lui; qui voulait escalader le ciel sous les yeux de Dieu, et en passant sur les épaules d'une foule de peuples trompés et opprimés par lui. Toutes les poésies hébraïques sur Babel témoignent en faveur de mon explication, car toutes ont le ton et les allures du *dire* primitif.

ALCYPHRON. — Le ton et les allures ?

EUTYPHRON. — Oui, toutes sont des satires sur Babel, dont le nom est devenu un synonyme de l'orgueil, de la magnificence, de la témérité, de l'oppression, de l'aveuglement des peuples, de la tyrannie des grands, de leur révolte contre Dieu, de leur désir de monter jusqu'au ciel, et de s'élever un trône au milieu des étoiles. Babel est aussi l'équivalent du désordre, de la destruction et du dédain railleur avec lequel Dieu anéantit les projets gigantesques et audacieux des hommes. Chez tous les prophètes, l'orgueilleuse reine tient à la main la coupe funeste dans laquelle elle fait boire à ses peuples l'ivresse qui, en les privant de l'usage de leur raison, les rend plus faciles à asservir ; puis elle est forcée de boire elle-même dans cette coupe, et alors elle s'appelle Babel !

ALCYPHRON. — Je conviens que toutes les poésies sur Babel ont ce caractère.

EUTYPHRON. — Les poésies sur les autres peuples ont des couleurs tout aussi tranchées, ainsi que nous le verrons plus tard. Quant à Babel, elle est encore, dans le dernier livre des Écritures, représentée telle que je viens de vous la montrer ; elle tient toujours à la main la coupe avec laquelle elle enivre les peuples ; son front est stigmatisé par les mots blasphème, révolte contre Dieu. Puis elle tombe au fond des eaux lourdement, comme une meule de moulin, et au-dessus d'elle résonne un chant d'ironie et de deuil entièrement dans le ton de l'ironique *dire* primitif sur Babel. La grande guetteuse du monde, la chasseresse d'hommes devant Jéhovah, finit toujours par périr couverte de honte et d'opprobre.

ALCYPHRON. — Vous me rappelez un passage d'Isaïe que mes recherches sur le royaume de la mort des Hébreux m'ont rendu familier. On y trouve la froide raillerie, les sons sourdement flûtés que vous venez de me faire remarquer dans le *dire* sur Babel. Semblable à un hymne de mort, ce morceau s'avance lentement en syllabes longues et traînantes ; mais, malgré ce rhythme élégiaque, il est plein de dérision et d'ironie.

EUTYPHRON. — Voulez-vous m'en faire la lecture ?

ALCYPHRON. «[1] Au jour où Jéhovah te donnera du repos, où il mettra un terme à tes angoisses, à tes tourments, à ton dur esclavage, ce jour-là tu entonneras un chant sur le roi de Babel ; c'est ainsi que tu chanteras :

« Comme il est tranquille maintenant le grand chasseur ! L'ex-

---

[1] Isaïe, chap. 14, vers. 3 et suivants.

torqueuse d'or est oisive! Jéhovah a brisé le sceptre de l'oppression! il a brisé la verge de la tyrannie!

« Elle a fouetté les peuples avec une colère enflammée, pas un n'a pu échapper à ses coups; elle a durement régné sur eux, personne n'a pu arrêter son oppression.

« Maintenant le monde est calme, il se repose, et les pays chantent des hymnes de fête; les hauts sapins se réjouissent, et les cèdres du Liban chantent : « Depuis que tu es tombée, per- « sonne ne monte plus vers nous pour nous abattre! »

« Le royaume de la mort qui, dans ses profondeurs, s'est ouvert devant toi en tremblant, est venu à ta rencontre lorsqu'il t'a vu arriver; les ombres se sont émues, tous les héros de la terre, tous les rois des nations se sont levés de leurs trônes devant toi; ils t'ont souhaité la bienvenue, ils t'ont dit : « Toi aussi, tu es « devenu ombre comme nous; toi aussi tu es devenu pareil à « nous. »

« Il a été abaissé ton orgueil, jusqu'au fond du séjour de la mort! Les sons de victoire de ta harpe y sont descendus! Des vers rongeurs forment ton lit, la moisissure est ta couverture.

« Tu es tombée du haut des cieux, étoile du matin! Fils de l'aube du jour, te voilà jeté sur la terre, toi qui as fait tomber tant de peuples!

« Tu t'es dit au fond de ton cœur : « Je veux m'élever jusqu'au « ciel! je veux construire mon trône au-dessus des étoiles de « Dieu, et je siègerai haut sur la montagne des dieux, au point « le plus élevé du nord!

« Je gravirai jusqu'au-delà des nuages, et je deviendrai sem- « blable au Très-Haut! » Et tu as été précipité au fond des enfers, dans l'abîme du tombeau!

« Et tous ceux qui peuvent te voir te regardent, ils abaissent leurs yeux jusqu'à toi et s'écrient : « Est-ce là l'homme qui a « fait trembler la terre? l'homme qui a renversé des royaumes?

« Autour de lui il a converti le monde en désert! il a détruit « les cités; jamais il n'a ouvert la porte des cachots à leurs pri- « sonniers! »

« Tous les rois des peuples dorment glorieusement, chacun

dans le tombeau de sa maison; toi seul tu as été jeté loin du sépulcre comme une branche pourrie[1]!

« Couvert des cadavres de tes victimes égorgées par le glaive et descendues dans la fosse au milieu des décombres, tu es là, gisant et écrasé! appât révoltant des oiseaux de proie! Tu ne devais pas partager la tombe des rois, car tu as dévasté ton propre pays, tu as égorgé ton propre peuple!

« Elle ne sera point éternellement nommée, la race des malfaiteurs! A cause des crimes de leurs pères, mettez les fils à mort, afin qu'ils ne puissent plus relever la tête, se faire déclarer héritiers du pays, et remplir de nouveau le monde de cités orgueilleuses!

« Je veux me lever et marcher contre eux, dit Jéhovah Sabaoth; de Babel je veux détruire le nom et la race, le fils et le petit-fils! Ainsi dit Jéhovah. Je veux en faire une demeure de hérissons, un marais fangeux; je veux la balayer au milieu d'un amas de ruines et de décombres! Ainsi dit Jéhovah Sabaoth. »

EUTYPHRON. — Vous venez de voir l'orgueilleuse chasseresse des peuples, qui veut prendre le ciel d'assaut et construire son trône au-delà des étoiles; mais l'ironie de Dieu la suit de près humiliée, jetée au fond de l'enfer, elle est étendue sur le gravier de la destruction. *La fille éperdue de Babel*, tel est le nom et le symbole de toutes les poésies bibliques sur Babel; plusieurs passages de l'élégie que vous venez de lire semblent avoir été faits sur Nemrod et sur la construction de la tour. Mais nous nous éloignons de notre véritable sujet. Je voulais seulement vous prouver que la poésie orientale s'attache, avant tout, à montrer comment la Providence du juge céleste brise l'orgueil des tyrans; comment elle précipite aux enfers ceux qui veulent s'élever vers le ciel.....

ALCYPHRON. — Et comment elle élève ceux qui s'abaissent? Nous voilà revenus à notre point de départ, c'est-à-dire à ces contrastes dans le domaine de la Providence, qui me paraîtront toujours d'une monotonie fatigante.

---

[1] Isaïe compare presque toujours une race avec un arbre, et un membre de cette race avec une branche de cet arbre.

EUTYPHRON. — Vous aviez d'abord la même opinion sur le parallélisme en général, et ces contrastes ne sont que du parallélisme ; le plus grand, le plus fort מָשָׁל, que l'on puisse faire ressortir de ces tableaux empruntés aux scènes universelles du monde. Au reste, les contrastes ne sont-ils pas dans la nature des choses ? et ne les voyons-nous pas partout ? Le monde n'est-il pas un flux et un reflux ? une élévation et un abaissement perpétuels ? Rien ne reste, rien ne peut rester au même point ; tout est mobile ici-bas comme les vagues de la mer. Notre globe, avec ses géants qui assiégeaient le ciel, qu'est-il aux yeux de Dieu ? une trombe d'eau qui se gonfle et crève ! Hésiode, Homère, Eschyle, Pindare, n'ont point d'autres images pour peindre l'immortalité du destin et l'instabilité des choses humaines ; on trouve même chez ces poètes des contrastes d'élévation et d'abaissement, de force et de faiblesse, qui semblent puisés dans la poésie hébraïque. Je conviens que le despotisme oriental rendait les grandes et subites révolutions des destinées humaines, plus fréquentes et plus visibles en Orient que dans les autres contrées ; mais, au fond, elles sont partout le dénouement nécessaire, le résultat inévitable de l'histoire de l'homme. Celui à qui elle ne rappelle rien, peut les trouver vides de sens ; mais celui qui sait y retrouver des faits et des souvenirs les regarde comme autant d'extraits poétiques de l'histoire universelle de notre globe et de notre espèce. C'est, sous ce rapport surtout, qu'on ne saurait trop admirer Job, les prophètes, les psaumes.....

ALCYPHRON. — Et sans doute aussi nos chants d'église, nos cantiques, qui, en cherchant à imiter les psaumes, bégaient sur les contrastes de la Providence ?

EUTYPHRON. — Oui, ces chants aussi méritent notre estime. Il est vrai qu'ils ont quelque chose de froid, de faible, d'étrange même. Au reste, ceux qui roulent sur les voies de la Providence sont les meilleurs, les plus intelligibles, et par conséquent les plus à la portée de tout le monde. Leur influence sur le cœur humain est incontestable ; les malheureux y trouvent de la consolation, et les pauvres de la force ; tous y puisent le repos de l'âme comme dans une voix céleste qui nous arrive à travers le désert. Le livre de Job et les psaumes contiennent un précieux trésor d'observations et d'applications morales sur la vie humaine, sur la fortune et l'infortune, sur l'orgueil et l'humilité, sur la vraie ou la fausse confiance en soi-même ou en Dieu. Et comme l'œil de Dieu est représenté veillant sans cesse sur la conduite des hommes, on peut dire que la poésie hébraïque a introduit dans les évènements historiques la même unité et la même simplicité que dans les scènes de la nature, ainsi que j'ai déjà eu occasion de vous le faire remarquer. L'artificielle poésie grecque n'est qu'une parure bigarrée, à côté de cette belle et naïve simplicité. Quant à la poésie celtique, que j'aime beaucoup cependant, je ne puis la lire sans me croire transporté sous un nuageux ciel du soir; les scènes qu'elle nous montre dans ce nuage ou sur la terre sont belles, mais sans soleil, sans Dieu, sans but final. Avec elle on se perd dans les nuées qu'un souffle léger disperse; avec la poésie hébraïque, on se sent inébranlable sur les roches du Dieu éternel.

« [1] C'est à Dieu que je veux m'adresser; je veux élever ma parole vers Dieu, il fait de grandes choses, elles sont impénétrables; il fait des choses merveilleuses, leur nombre est infini !

« Il fait tomber la pluie sur toute la terre, et envoie des torrents sur le désert aride; il porte les humbles sur les plus hautes sommités; il élève les affligés au comble du bonheur !

« Il prévient les pensées des artificieux et les empêche de réaliser leurs ruses; il prend les sages dans les filets de leur propre sagesse; il trouble les projets des intrigants et des perfides, au point que le jour n'est plus pour eux qu'une obscurité profonde, et qu'ils tâtonnent à midi comme s'ils étaient à minuit.

« C'est ainsi qu'il sauve les faibles du glaive des méchants, et qu'il délivre les délaissés de la main du fort; c'est ainsi qu'il devient l'espérance du pauvre et de l'opprimé; devant lui la méchanceté devient muette et immobile.

« Il est bienheureux l'homme que Dieu dirige ! Estime-les haut, les châtiments du Très-Haut; il fait des blessures et les panse; il frappe et guérit de la même main.

« Il te sauvera de six calamités différentes, et tu sortiras sain

---

[1] Job, liv. 5, vers. 8 et suivants.

et sauf de la septième. Si la famine règne, il te garantira de la mort ! En temps de guerre, il te protégera contre le bras qui manie le glaive !

« Tu ne te cacheras plus devant les coups de fouet de la langue[1] ; tu ne trembleras plus devant le destructeur ; tu iras en riant au-devant de la faim et du destructeur ; tu ne craindras pas les bêtes féroces !

« Pour toi, la pierre des champs est un hôte sûr et paisible ; et tous les animaux des champs vivent en paix avec toi ; tu es certain que ta tente est en sûreté, et quand tu y reviens, tu la retrouves calme et tranquille.

« Tu es certain que ta semence sera fertile, que ta race se multipliera comme l'herbe de la terre ; et puis, mûr d'années, tu entreras dans la tombe, comme la gerbe mûre entre dans la grange. »

Tâchons d'être de semblables favoris de la providence ; et, certes, nous serions bien coupables, si, pour le devenir, nous ne faisions pas tout ce qui dépend de nous. Je ne discute jamais sur les goûts, mais il me semble que ces légères antithèses, résultat d'observations naïves et pures, faites par des sages surchargés d'années, sur les évènements de ce monde, étaient indispensables pour élever et cultiver, à l'usage de l'espèce humaine, la plante délicate d'une poésie confiante en Dieu et en sa providence spéciale. C'est en Orient que cette poésie a été élevée et cultivée, cela est incontestable ; aussi, les plus anciennes poésies grecques sont-elles entièrement orientales. Ce n'était que sous cette forme simple qu'elle pouvait être comprise et sentie par le simple bon sens, et par les cœurs les plus affligés, qui, par conséquent, en avaient le plus urgent besoin. Elles sont le miroir du monde, et le résultat de la vie de nos plus sages aïeux. Les empires s'écroulent comme les montagnes vieillissent, et des prospérités nouvelles germent pour les hommes, comme le feuillage nouveau orne les arbres que l'hiver a dépouillés. C'est ainsi que s'enchaînent les saisons et les époques de la vie, les scènes

---

[1] D'après le parallélisme, les coups de fouet de la langue sont la morsure des animaux avides de sang. Le destructeur est le lion qui, dans le vers suivant, est uni à faim ; c'est donc un destructeur affamé et glouton. Le dernier vers explique clairement les trois précédents.

de la nature et celles du monde ; c'est ainsi que Dieu devient le directeur de tout. De nos jours encore, des sages expérimentés, chez lesquels la fougueuse sève de la vie a cessé de fermenter, parlent comme parlaient Job, les psaumes et les prophètes ; et le jeune homme incrédule ou trop prompt à juger, finit par reconnaître que ces sages ont dit vrai. La plupart des éloges de la providence découlent des images et des *dires* que nous venons de commenter, tels que le déluge, le renversement des projets humains, et la découverte des crimes cachés ; mais si c'est là leur point de départ, tous se terminent par une silencieuse crainte de Dieu, et par une modeste sagesse. Peut-il y avoir pour cette vie rapide et fugitive comme une ombre, un trésor plus précieux, un enseignement plus utile, une meilleure poésie enfin ? Je voudrais connaître un poème qui réunit les traits les plus frappants de l'histoire de l'espèce humaine, et de l'intervention de la providence dans cette histoire ; certes, plus ce poème serait simple, plus il serait oriental, du moins par son caractère général.

SUPPLÉMENTS.

I.

HYMNE SUR LA PROTECTION DE DIEU.

« Dieu est notre espoir, Dieu est notre puissance ! Il est un appui fidèle et fort qui jamais ne manque au besoin ! Voilà pourquoi nous ne craignons rien ! Qu'il chancèle, le monde, que les montagnes s'abîment au fond de la mer, nous ne craignons rien ! Laissez les flots résonner et mugir ; laissez les montagnes tressaillir devant la majesté de Dieu ! Les fleuves continueront à réjouir la cité divine, la haute demeure du Très-Haut ! Dieu est en elle, jamais elle ne vacillera, Dieu la soutient ; lorsqu'il en sera temps, il abaissera ses regards vers elle.

« Les peuples disparaissent, les royaumes s'abîment ! Il tonne ! la terre se dissout ! Il est avec nous Jéhovah, le Dieu des armées ; il est notre appui, le Dieu d'Israël ! Allez, contemplez ses œuvres, le œuvres du Très-Haut ! Le voilà qui convertit des pays fertiles en déserts arides! le voilà qui chasse devant lui les hordes guerrières! il les refoule jusqu'aux confins du monde, et leur impose le repos! Il brise les arcs, il casse les lances; son feu consume les chars de guerre des héros, et sa toute-puissance leur crie : Arrêtez! obéissez! je suis Dieu! je suis le roi des peuples! je suis le roi du monde!

« Jéhovah, le Dieu des armées, est avec nous; il est notre appui, le Dieu d'Israël! »

II.

HYMNE SUR LA PROVIDENCE.

« Alleluia!

« Chante, ô mon ame, chante les louanges de Jéhovah! Je veux chanter les louanges de Jéhovah pendant toute ma vie; tant que j'existerai, je chanterai les louanges de mon Dieu!

« Ne te confie pas au puissant, ne compte jamais sur aucun fils des hommes; le fils des hommes est faible, son esprit s'envole, et lui, il retourne dans la terre où il disparaît avec tous ses projets!

« Il est bienheureux celui que le Dieu de Jacob assiste, celui qui se confie à Jéhovah, son Dieu protecteur! Jéhovah a créé le ciel, la terre et la mer; il a créé tout ce que contiennent le ciel, la terre et la mer, et tout ce qui éternise la croyance en lui!

« Il fait rendre justice à l'opprimé, et donne du pain à l'affamé; Jéhovah dessille les yeux des aveugles, Jéhovah redresse l'infortuné voûté par le malheur! Jéhovah aime les hommes intègres! Jéhovah protège les étrangers; il compte les veuves et les orphelins; il anéantit les projets des oppresseurs!

« Jéhovah régnera éternellement; ô Sion, il sera ton Dieu de race en race!

« Alleluia! »

III.

HYMNE DE JOB SUR LA SAGESSE.

« L'homme a tiré l'argent de la terre, il a trouvé la place où était l'or qu'il jette en moule; il a tiré le fer de la poussière; il fait fondre la pierre et la convertit en airain.

« Il a mis des limites aux ténèbres et découvert les choses les plus cachées ; il découvre jusqu'à la pierre des ombres, la pierre de la nuit de la mort [1]!

« Un fleuve jaillit au fond de l'empire des oubliés [2]; ils le font sortir du pied de la montagne, et dirigent son cours loin des hommes.

« La terre produit du pain là-haut, sur sa surface ; là-bas, dans ses profondeurs, le feu la bouleverse; c'est là aussi que dort, au sein des rochers, le saphir jaspé d'or.

« La route qui conduit là, jamais aucun oiseau des montagnes ne l'a vue ; l'œil du faucon ne l'a point découverte ; pas un orgueilleux animal de l'enfer ne l'a foulée, pas un lion n'a marché sur cette route.

« La main de l'homme travaille le rocher et fouille la racine des montagnes ; il fait remonter les torrents du sein des rochers fendus ; son œil voit les trésors les plus précieux ; il épie la source profonde des fleuves, et fait monter au grand jour l'obscurité et l'oubli.

« Mais où peut-on trouver la sagesse ? En quel lieu gît la raison ? L'homme ne sait point où est leur siège, il n'est donc pas dans le pays des vivants. La mer dit : il n'est point en moi ! et l'abîme répond : il n'est point en moi !

« La sagesse ne s'achète pas avec de l'or ; il n'est point d'argent qui pèse le poids de sa valeur, et tout l'or de l'Ophir ne la vaut point ; l'onyx et le saphir précieux ne sont pas estimés aussi haut qu'elle.

« Le cristal et l'or ne peuvent pas même lui être comparés ; on ne saurait l'obtenir en échange du vase le plus précieux. Ramoth et Gabisch ne sont pas des noms assez grands pour être

---

[1] C'est sans doute la dernière pierre dans le domaine des connaissances minéralogiques de Job, la limite où commence l'empire des ténèbres de l'ancienne nuit éternelle. Le docteur Justi, un des éditeurs et commentateurs de Herder, pense que cette *pierre des ombres de la nuit de la mort* ne désigne que le minerai caché dans les entrailles de la terre, et que l'infatigable et savant mineur parvient à en retirer. (*Note du Traducteur.*)

[2] D'après ma manière de lire, la demeure des *oubliés*, c'est-à-dire l'empire des morts, est tellement profonde, que les plus habiles mineurs ne sauraient creuser aussi bas. D'autres fleuves jaillissent du fleuve de l'éternel oubli, et cependant l'homme parvient à les vaincre, à les détourner. Je dois convenir toutefois que, malgré tous mes soins, ce passage est toujours resté obscur pour moi.

placés près du sien. L'attrait de sa beauté est plus grand que celui des perles fines ; la topaze d'Ethiopie n'est rien auprès d'elle ; l'éclat de l'or le plus pur n'approche point du sien [1].

« Mais où peut-on trouver la sagesse ? En quel lieu gît la raison ? La sagesse s'est cachée aux yeux des vivants, elle s'est cachée même pour les oiseaux du ciel. La destruction et la mort s'écrient : Quelques bruits lointains nous sont arrivés sur son compte.

« Dieu seul sait le chemin qui conduit vers elle, lui seul connaît sa demeure ; car son regard dépasse les limites de la terre, il porte loin au-delà de tous les cieux.

« Et lorsqu'il pesa le poids du vent, et lorsqu'il donna aux eaux leur mesure, lorsqu'il imposa des lois à la pluie et traça la route des orages, il vit la sagesse et calcula son essence ; il sonda, il détermina son être [2], puis, il dit à l'homme : La crainte du Seigneur sera ta sagesse ; éviter le mal sera ta raison. »

---

[1] L'énumération de toutes ces richesses est une preuve nouvelle de l'origine iduméenne du livre de Job. Les Iduméens étaient de très-bonne heure maîtres du commerce d'Ezion, de Geber et d'Elath, dans le golfe Arabique, commerce dont les Israélites ne s'emparèrent que du temps de Salomon. Il est donc bien naturel que Job connût l'Éthiopie, l'Ophir et les pierres précieuses qu'on en retirait. Les passages qui parlent de la science des mines ont servi de prétexte pour révoquer en doute la haute antiquité de ce livre, mais ce prétexte n'a aucune valeur ; dès qu'on connaissait l'or et les pierres précieuses enfouis dans les mines, on devait nécessairement connaître la manière d'exploiter ces mines. Au reste, il est prouvé depuis longtemps que la minéralogie est une science qui remonte à la plus haute antiquité.

Beaucoup de commentateurs ont expliqué ce passage du livre de Job : *L'or arrive du nord*, en l'appliquant au commerce de l'or. Cette interprétation est entièrement erronée. Le commerce que connaissait Job se faisait au sud, sur la mer Arabique, et le parallélisme du passage en question parle de l'éclat de l'or, au milieu duquel Dieu arrive du nord ; particularité que j'ai déjà expliquée dans les dialogues précédents.

[2] Ici la sagesse n'est pas encore aussi complètement personnifiée qu'elle le fut plus tard, dans les proverbes de Salomon. La poésie de Job est beaucoup plus ancienne que celle de Salomon. La première est élevée ; la seconde est brillante, pleine de sens et sagement conduite ; mais elle n'a ni l'élan ni la force qui caractérisent le génie de l'antique livre iduméen. Aussi ne me suis-je jamais bien expliqué comment on a pu attribuer le livre de Job à l'auteur du Cantique des cantiques, ces deux œuvres les plus opposées par le sentiment, par la pensée et par la poésie.

NEUVIÈME DIALOGUE.

LES PATRIARCHES.

Reproches adressés aux Israélites concernant leurs manières de voir étroites, personnelles et exclusives; l'oisiveté et les vices des patriarches; la haine invétérée qu'ils nourrissaient contre tous les peuples de la terre, et qui s'étendait même sur les tribus de leur propre race. — Application de ces reproches à l'esprit de leur poésie. — Point de départ de ces reproches. — Manière de les expliquer et de les réfuter. — Du crime et de la punition de Cham. Quelle était cette punition ? — Jusqu'à quel point devait-elle retomber sur Canaan ? — Ivresse de Noé. — Voyages d'Abraham, et les privilèges qui lui avaient été accordés par les Cananéens eux-mêmes. — Sa conduite en Égypte, son caractère noble et généreux, son amitié et son commerce intime avec Dieu. — Abraham représenté comme l'idéal silencieux de l'espèce humaine. — Le but de l'élection d'un peuple, c'est-à-dire d'une nationalité. — Premier caractère de la poésie hébraïque considéré comme un lien d'amitié avec l'être suprême. — Passage d'Isaïe dans lequel Abraham est regardé comme un précurseur. — Les défauts des patriarches, surtout ceux de Jacob. — Est-ce en rêve qu'il avait reçu le surnom glorieux d'Israël ? — Explication de son combat avec Élohim. — Combat des mortels avec les dieux chez plusieurs autres nations. — Différence essentielle entre ces combats et celui de Jacob avec Élohim. Signification cachée de ce combat. — Le rêve de l'échelle de Jacob. — Ses idées sur les anges. — Y avait-il de la partialité dans les bénédictions que les pères donnaient à leurs fils ? — Bénédiction d'Ismaël. — Quelques traits de la vie errante d'Agar au désert. — Bénédiction d'Ésaü et de Jacob. — Un coup d'œil sur Canaan. — Second caractère de la poésie hébraïque, considérée comme poésie nationale et patriarchale.

Suppléments : Plusieurs passages du livre de Job dans lesquels il développe son caractère et se peint comme l'idéal de la félicité, de la moralité et de la vertu d'un prince oriental.

ALCYPHRON. — Je ne suis pas l'adversaire de la foi en la providence. Dans notre dernier entretien vous me l'avez montrée semblable à une belle fleur qui s'épanouit pour la félicité de l'espèce humaine, et qui ressort naturellement de l'histoire des Hébreux; je voudrais qu'ils l'eussent en effet développée sous ce point de vue. Malheureusement ils l'ont rendue si étroite, si exclusive, si nationale, qu'on pourrait plutôt l'appeler hostile que favorable à l'humanité. Depuis leurs premiers ancêtres, les Hébreux étaient l'unique peuple chéri de Dieu, et aucune bénédiction ne pouvait venir sur une branche nouvelle de cette souche, sans qu'une autre branche, lors même qu'elle eût été celle d'un frère, ne fût frappée de malédiction. Noé ne peut bénir Sem sans maudire Cham ; pour qu'Isaac soit béni, il faut qu'Ismaël soit banni de la maison ; Jacob ne reçoit la bénédiction paternelle qu'au détriment d'Esaü, et ainsi de suite. Pour conquérir à ce peuple chéri de Dieu un pays sur lequel les lois humaines ne lui donnaient aucun droit, Moïse et Josué égorgent les anciens et légitimes habitants de ce pays. Vous connaissez les railleries et les raisonnements par lesquels on a cherché à attaquer cette histoire. Je ne les approuve pas, car ils affligent les personnes simples qui n'ont aucune connaissance de l'esprit de ces temps reculés ; mais il serait difficile de réfuter l'idée principale qui a donné lieu à ces railleries, à ces raisonnements. J'ajouterai même qu'il serait impossible de nier que les Hébreux ont toujours eu des vues étroites, exclusives et présomptueuses, qui dominent leur poésie, et qui flétrissent les plus belles branches de cet arbre généalogique de l'espèce humaine, par la haine insensée qu'ils avaient vouée à tous les peuples. Leur présomption n'est pas même justifiée, en apparence du moins, par la supériorité du mérite de leurs ancêtres ; car toutes les autres nations les ont surpassés en actions héroïques. Sur quel grand nom peuvent-ils appuyer leur gloire ? Est-ce sur Noé ivre-mort ? sur Abraham, qui, en Égypte, renie sa propre femme ? sur le pusillanime Isaac, ou sur le rusé Jacob, qui trompe son père, son frère, ses cousins, tout le monde enfin ? Est-ce sur le vindicatif Siméon, ou sur l'incestueux Juda ? ou bien sur Moïse, cet impitoyable exterminateur des peuples ? Et de pareils hommes auraient fondé un peuple de Dieu, l'unique peuple de Dieu sur la terre ? C'était par eux que devait se perpétuer la bénédiction divine sur les autres races ? par eux qui les maudissaient toutes, quoiqu'ils les connussent à peine de nom ? Et cependant ils se réjouissaient lâchement, dans les nombreux chants de leurs prophètes, à la seule idée que leur futur roi les égorgerait toutes ! Leur poésie n'a point d'images plus agréables pour eux que celle de ce roi qui descend du Mont-Sinaï pour se baigner dans le sang des peuples, leurs proches parents, et qui compare ce roi au pressureur qui va fouler la cuve. Il faut que la terre tout entière soit dévastée, afin que leur race, méprisée de toutes les autres, puisse y régner seule. Répondez-moi, mon ami; mais, je vous en prie, point de raisonnement mystique ou théologique; car je me suis déjà fait à moi-même et à satiété ces sortes d'objections. Pourquoi Abraham n'est-il pas resté là où il était? De quel droit l'innocent Canaan a-t-il été puni parce que son père s'était rendu coupable d'une polissonnerie, ou du moins d'une espièglerie? Était-ce la faute du pauvre Esaü, si sa mère a été plus leste à faire cuire son ragoût de chevreau que lui à trouver du gibier? Et cependant, c'est à de pareils récits que ce peuple attache son antique gloire et le triomphe de ses prophéties. La plus belle poésie du monde ne deviendrait-elle pas vile et méprisable, si elle se fondait exclusivement sur des *dires* de cette espèce?

EUTYPHRON. — Heureusement que ce déluge de reproches ne tombe point sur ma race; je ne suis point Hébreu, et je ne défends point ce peuple par rapport à lui-même. Ce n'est pas son mérite qui l'a fait ce qu'il a été, et jamais personne ne pourra mieux dévoiler ses iniquités et les lui reprocher plus sévèrement que ne l'ont fait ses prophètes. Je conviens volontiers qu'il a constamment méconnu le but dans lequel tant d'avantages lui avaient été accordés; et que, par ses superstitions, ses idolâtries, son sot orgueil, son humeur à la fois présomptueuse et rampante, il a déshonoré le palladium dont il était si fier, c'est-à-dire sa foi en Jéhovah, le seul vrai Dieu. Mais il me semble que nous n'avons jamais eu l'intention de défendre ce peuple par rapport à lui, ou de justifier ses vices et ses préjugés nationaux. Nous nous sommes réunis pour chercher les intentions de Dieu dans l'histoire de ce peuple, et pour dévoiler et propager les fleurs de sa poésie qui a porté de si beaux fruits pour toutes les nations; ce qui est un fait avéré et non un article de croyance religieuse. Puisque nous parlons d'un peuple pasteur, reposons-nous sous ce bel arbre; figurons-nous qu'il est le térébinthe d'Abraham à Mamré, et causons avec calme et douceur, comme les patriarches causaient entre eux. Évitons, surtout, l'esprit satirique de Voltaire, et la noire malveillance de Bolingbroke et de Morgan. La nature silencieuse nous invite à la paix : tâchons donc de vivre en paix, même avec les antiques et simples figures des temps primitifs.

Revenons d'abord à Noé. Vous avez traité de légèreté et même de polissonnerie la conduite de Cham à son égard. L'une de ces deux qualifications pourrait être trop douce, et l'autre trop sévère; mais il n'en est pas moins incontestable que son père avait le droit de le punir.

ALCYPHRON. — De le punir?

EUTYPHRON. — Sans doute; et je ne vois pas pourquoi on ne remplacerait point un passage susceptible d'une interprétation fausse et choquante, par des expressions nettes et claires. Le père était alors roi dans sa maison, il avait même le droit de disposer de la vie de ses enfants; et Noé doit être regardé comme le père de l'espèce humaine, comme un second Adam. Sa famille devait nécessairement le vénérer comme une divinité, car c'était par lui et pour lui qu'elle avait échappé à la destruction générale; on ne pouvait donc lui faire une plus grande insulte que celle dont Cham s'était rendu coupable. Vous savez que pour les Orientaux, le respect filial et la pudeur domestique étaient des lois sacrées; et certes, à l'époque où vivait Noé, on devait les regarder comme inviolables. Les membres dont Cham avait osé se moquer étaient un objet de vénération; aussi scandalisa-t-il ses frères, et, permettez-moi l'expression, commit-il un crime de lèse-majesté paternelle. Mais ce crime ne concernait que la vie domestique, la punition devait s'y renfermer aussi. Cham a insulté son père, c'est dans son fils qu'il sera puni; ce fils perd ses droits d'enfant, descend au-dessous de ses frères, et devient le valet de la maison.

ALCYPHRON. — Est-ce que ce serait là, en effet, le sens des paroles de Noé?

EUTYPHRON. — Écoutez, et jugez vous-même:

« Maudit soit Canaan! qu'il serve de valet aux valets de ses frères! Gloire à Jéhovah, le dieu de Sem; que Canaan soit son valet; qu'Élohim protège Japhet et propage au loin sa race! Qu'Élohim habite dans les cabanes de Sem, que Canaan soit son valet! »

Il importe peu que Canaan ait ou non participé au crime de

son père, il devait partager sa punition ; car l'anathème qui frappait les pères retombait toujours sur les enfants, ainsi que cela arrive encore aujourd'hui dans les calamités de famille. Il me semble donc que Noé a puni selon l'esprit du temps ; et si la punition était sévère, du moins n'était-elle pas injuste. Honte pour honte, mépris pour mépris, moquerie pour moquerie.

ALCYPHRON. — Mais pourquoi Canaan, le plus jeune des fils de Cham, est-il seul nommé ? N'y a-t-il pas là une allusion au petit pays de Canaan ?

EUTYPHRON. — En ce cas, l'allusion n'aurait pu porter que sur un évènement plus proche. Vous savez que tous les droits des anciens peuples reposaient sur les traditions des tribus et de leurs rapports entre eux. Il en est encore de même aujourd'hui dans l'Orient, aux Indes et chez tous les petits peuples de la terre qui vivent en tribus. Quant à moi, je présume que Canaan avait pris part au crime de son père, ainsi que paraît l'indiquer cette phrase singulière :

« Noé apprit ce que son petit-fils lui avait fait. »

Au reste, le récit est trop court, trop bref, pour que l'on puisse y trouver quelque chose de décisif à ce sujet ; mais il ne justifie en aucune façon la haine des Hébreux pour les Cananéens, et leur ordonne encore moins de les égorger. Jacob maudit sur son lit de mort deux de ses fils, Siméon et Levi, parce que, pour venger le plus grand affront qu'on eût pu faire à leur maison, ils avaient répandu le sang d'une famille cananéenne.

ALCYPHRON. — Ce qui n'empêcha pas Josué de répandre ce sang à grands flots.

EUTYPHRON. — Bornons-nous pour l'instant à l'histoire des patriarches. Vous venez d'appeler Noé un ivrogne ; relisez sa vie, et vous révoquerez ce mot. C'était pour la première fois qu'il goûtait le produit d'une plante inconnue, et dont il ignorait les propriétés.

ALCYPHRON. — Oubliez l'expression dont je me suis servi, et dites-moi pourquoi Abraham n'est pas resté où il était ; car son émigration a été la cause de toutes les calamités dont sa race a été frappée par la suite.

EUTYPHRON. — Parce qu'Abraham était nomade, et qu'il est

dans la nature des nomades de passer de contrée en contrée. Malgré les trois mille ans qui se sont passés depuis cette époque, et qui ont dû nécessairement changer et modifier les mœurs de ce pays, on y retrouve encore aujourd'hui ce même besoin de voyager. Le père d'Abraham émigra avec sa famille comme l'avaient fait ses pères à lui. Le frère de Peleg avait conduit ses tribus jusque dans l'Arabie heureuse; les frères et les neveux d'Abraham s'étaient emparés des plus beaux pays d'alentour, tels que la Mésopotamie, la Syrie et la Chaldée. La part d'Abraham était donc matériellement la moins belle, aussi Dieu promit-il de le dédommager par une autre bénédiction. Au reste, dans le pays de Canaan, il ne fait de tort à personne, et personne ne lui en fait. Tantôt il s'établit ici et tantôt ailleurs, comme un souverain institué par Dieu lui-même. Il est généreux envers Loth et envers tous les rois indigènes qu'il protège et qu'il sauve; il pousse la justice envers les Cananéens, jusqu'à leur acheter une place pour son tombeau; ils veulent la lui donner pour rien, il refuse de l'accepter ainsi. Sentez-vous la portée du droit qu'on lui avait accordé en lui donnant une place pour son tombeau? C'était la possession du pays pour lui et pour ses descendants, car là où dorment les pères, les générations futures doivent dormir aussi; telle était la base du droit commun chez tous les anciens peuples. Lorsque attaqués par un ennemi puissant, ils étaient réduits aux dernières extrémités, ils criaient à cet ennemi :

« C'est auprès des tombeaux de nos pères que nous t'attendons ! »

Oui, celui qui voudrait accuser le noble Abraham de haine, de tyrannie, d'avarice, de petitesse de cœur et d'esprit, celui-là serait forcé de chercher quelque part une autre histoire de la vie de ce patriarche que celle que nous connaissons.

Alcyphron. — Il n'en est pas moins vrai qu'il renia sa femme en Égypte.

Eutyphron. — C'était moins sa faute que celle des Égyptiens déjà si avancés en civilisation, qu'un étranger était presque forcé de faire ce que fit Abraham. Si sa crainte était exagérée, elle n'était pas tout-à-fait sans fondement, ainsi que la suite le prouve. En tout cas, mon ami, il ne faut pas envisager un patriarche pasteur sous le point de vue d'un galant berger ou d'un intrépide chevalier, toujours prêt à mourir pour la dame de ses pensées. Abraham a commis une faute, et je vois avec plaisir que la tradition a osé rapporter la faiblesse et l'excès de prudence dont ce grand homme s'était rendu coupable. Mais il n'y a rien dans cette narration qui puisse justifier certaines calomnies inventées par des ignorants qui n'ont aucune idée des anciennes mœurs orientales. Ne soyons pas trop sévères envers le digne patriarche qui ne sait pas se conduire convenablement à la cour, et rendons justice à la franchise, à la bonté, à toutes les nobles vertus enfin dont il donne tant de preuves, quand il vit et agit sous sa tente. Avec quelle générosité il prie en faveur de Sodome, avec quelle chaleur il s'élève contre le vol et le pillage, dans ses discours avec le roi de Salem; avec quelle noble franchise il parle à Loth! La réception qu'il fait aux anges qu'il sert lui-même sous son arbre, est une touchante idylle. On croit lire le poème de Philémon et de Baucis, et l'on voudrait être un des anges assis devant la tente hospitalière du patriarche. Voyez surtout ses relations avec Dieu! Comme il lui sacrifie en silence et avec une résignation complète, ce qu'il a de plus cher au monde, l'objet de toutes ses espérances, le prix si longtemps attendu qui devait payer les nombreux travaux de sa longue existence, son fils Isaac enfin! Pardonnez-moi, mon ami; mais, selon moi, rien en ce monde n'est au-dessus de cette héroïque confiance, de cette tendre intimité entre un berger et son Dieu. Les poésies de tous les peuples de la terre n'ont rien de semblable; elles nous montrent des hommes privilégiés communiquant avec les dieux, les génies, les ombres des héros morts; mais jamais avec Dieu, le seul Dieu du ciel et de la terre! Que ces communications sont loin de la confiance intime, de la pure et paisible amitié qui règne entre Abraham et Jéhovah. Étranger dans le pays qu'il habite, il n'y a d'autre ami que Dieu qui l'a envoyé sur cette terre lointaine; et cet ami lui tient lieu de tout. Quelle tendresse dans certains passages de leurs entretiens! Dieu le console, il ranime son courage et lui donne tantôt des preuves d'alliance et d'amitié, et tantôt des noms nouveaux et des images prophétiques. C'est avec une tendresse paternelle qu'il lui demande à chaque instant de nouveaux témoignages d'amour filial.

« Ne crains rien, Abraham, je suis ton bouclier, je suis ta ré-
« compense ; la plus grande de toutes. » Puis il le conduit au
milieu des champs et lui dit : « Lève tes yeux vers le ciel, compte
« les étoiles. Peux-tu les compter ? Ainsi sera ta semence. » Et
« il eut foi en Jéhovah, et Jéhovah lui tint cette foi pour mé-
« rite. »

Tant que le cœur humain pourra apprécier tout ce qu'il y a de sublime dans une noble simplicité, on sentira la beauté de semblables passages. Il en est de même des morceaux qui peignent l'alliance d'Abraham avec Dieu ; qui montrent ce Dieu poussant la condescendance jusqu'à emprunter la forme de la fumée pour passer à travers la victime qui brûlait sur l'autel du sacrifice, et qui lui font sceller ensuite l'alliance par un serment, comme aurait pu le faire un simple mortel. Et cette alliance, ce pacte d'amitié devait faire d'Abraham et de son peuple le modèle des vertus les plus difficiles, et distinguer sa race de toutes les autres races, parce que toutes devaient être bénies par elle. N'y a-t-il pas quelque chose de grand dans cette intention de Dieu, de former un peuple modèle ? Et chez quelle autre nation pourrait-on trouver une semblable intention, même dans ses projets les plus abstraits ? Il n'en est pas un qui ait élevé ses tendances et ses désirs au-dessus du cercle étroit d'une organisation politique, et d'une puissance assez forte pour soumettre les autres nations à son joug.

ALCYPHRON. — Mais où et comment ce peuple justifie-t-il les intentions de Dieu à son égard ?

EUTYPHRON. — Ne nous éloignons pas d'Abraham ; lui, du moins, justifie ces intentions ; il est pour ainsi dire le symbole de l'alliance. Forcé de quitter la maison paternelle et de passer dans des pays étrangers, où il n'obtient jamais que la contrée la moins fertile, il attend longtemps et avec patience l'accomplissement des promesses de Dieu. Alors ce Dieu lui demande le sacrifice d'Isaac, de ce fils qui, seul, pouvait lui faire croire que ces promesses ne seraient pas toujours vaines. Ne voyez en tout ceci que le symbole de ce qu'aurait dû être le peuple allié de Jéhovah. Il devait devenir l'exemple de l'amour de Dieu, complet, mais difficile, car cet amour est une entière abnégation de soi-même. La vertu d'Abraham n'avait rien de saillant, et elle n'en était que plus noble, que plus belle; cette vertu s'appelait la confiance, la foi en Dieu, même pour les temps les plus éloignés. Abraham était un héros par la foi, c'est-à-dire, par la simplicité sublime de son âme, qui le mettait en rapport intime avec le plus grand des êtres; voilà ce que devaient être tous ses descendants. Combien un pareil héros n'est-il pas au-dessus de celui qui doit ce titre à la force de son poignet, à l'excellence de son armure, ou à ses ruses et à ses intrigues politiques!

Alcyphron. — Auriez-vous l'intention d'appeler la poésie hébraïque, une poésie d'alliance?

Eutyphron. — Ce serait bien là son véritable nom, mais je ne veux pas l'exposer à des interprétations théosophiques ou mystiques. N'y voyons qu'une poésie intime entre les hommes et Dieu, les rêveries enfantines des faibles mortels sur l'être paternel et tout-puissant qui les gouverne, et sur l'alliance qu'il a daigné contracter avec eux. C'est par cette poésie qu'ils se souviennent de sa parole, qu'ils célèbrent ses œuvres et se fortifient dans l'exercice des plus douces vertus; voilà pourquoi elle agit si puissamment sur les cœurs tendres des enfants et sur les âmes pures des héros, surtout dans les temps de calamités, et pendant les heures de tristesse et d'affliction où nous sommes poussés, malgré nous, à chercher des consolations dans la prière. Oui, la poésie hébraïque, seule, a pu former un lien invisible entre l'homme et le Dieu, le père de l'espèce humaine; toutes les autres poésies n'ont que des rapports imaginaires avec des dieux, des génies, des ombres imaginaires. Quel charme naïf dans les récits qui parlent des patriarches! Leur bonheur extérieur n'a rien de brillant; le dernier d'entre eux s'écrie que la vie est courte et pleine de calamités! Toujours errants, le repos semble leur avoir été refusé ici-bas; et des catastrophes domestiques les accablent sans cesse. Mais Dieu est toujours près d'eux, les anges les accompagnent, les Élohim les entourent, et leur présence semble sanctifier tous les pays où ils s'arrêtent; c'est sous leurs tentes que se conserve le trésor du monde primitif, c'est-à-dire la pureté des mœurs, la foi en Dieu, la simplicité de cœur, et la résignation. Sous ce rapport aussi, c'est à la poésie hébraïque que la postérité doit ses plus éloquents et ses plus magnifiques souvenirs. Voici des fragments de quelques passages de ce genre.

« [1] Écoutez-moi, vous qui recherchez l'intégrité, vous qui restez fidèles à Jéhovah! Contemplez ce rocher d'où vous avez été taillés [2]; contemplez cet abîme d'où vous avez été déterrés; contemplez votre père Abraham, et Sarah qui vous a enfantés! Je l'ai appelé mon Unique [3], et je l'ai béni, et il s'est multiplié! C'est ainsi que Jéhovah consolera Sion, qu'il consolera tout ce qui est désolé en elle; c'est ainsi qu'il convertira ses déserts en Éden. Ces déserts deviendront le jardin de Jéhovah, et la joie et l'allégresse habiteront ce jardin, et l'on n'y entendra que des hymnes de gloire et de reconnaissance. »

Avez-vous remarqué le titre glorieux qu'on donne ici à Abraham? l'*Unique*, c'est-à-dire le seul que Dieu aime, le rocher sur lequel il s'appuie, et la matière dont il se sert pour sculpter son peuple. D'autres applications de cette confiance intime en Dieu ont une couleur plus délicate et plus tendre:

« Regarde-nous du haut de ton ciel, du haut de ta demeure sacrée, du haut du siège de ta magnificence et de ta majesté!

---

[1] Isaïe, chap. 51, vers. 1°.

[2] Le discours de saint Matthieu, chap. 3, vers. 6, est probablement une allusion à ce passage. Le peuple d'Israël se fie à son titre d'enfants d'Abraham, et le prophète du désert lui dit que Dieu pouvait se sculpter des enfants nouveaux avec le premier rocher. Il est certain, en tout cas, que l'image était devenue familière aux Hébreux par Isaïe.

[3] Ceci explique ce passage obscur de Malachie, chap. 2, vers. 14 et 15, contre la répudiation des femmes : « Le Seigneur est témoin entre toi et la femme de ta jeunesse. Tu la méprises, tu la répudies, et cependant elle est ta compagne, elle est la femme de l'alliance. Il n'en a pas fait ainsi, l'Unique, et pourtant il désirait ardemment des enfants. Que faisait-il donc, l'Unique? il espérait en Dieu. » Le mot Unique d'Isaïe, déjà donné comme un titre d'honneur à Abraham, a encore plus d'importance dans ce passage. Il prouve qu'Abraham était l'unique, le seul homme d'où devaient, d'où pouvaient descendre toutes les races futures. Il était vieux, Sara était vieille aussi, et cependant il ne l'a point répudiée, il ne l'a point maltraitée : « Veillez ainsi vous-mêmes sur vos ardents désirs, et ne soyez point injustes envers la femme de votre jeunesse. »

Où est ton zèle bienfaisant, où est ta force ? Ton cœur paternel qui battait de compassion, il s'est endurci pour nous !

« Et cependant tu es notre père ; Abraham ne sait rien de nous, Israël ne nous connaît point ; toi seul, Seigneur, tu es notre père, tu es notre sauveur ! C'est là ton nom depuis les temps les plus anciens.

« Pourquoi nous laisses-tu abandonner tes voies et nous en égarer si loin ? Pourquoi nos cœurs, ô Jéhovah ! se sont-ils formés à la crainte de ton nom ? Oh ! reviens, reviens vers tes serviteurs, car, après tout, ils sont ton héritage. »

Ceci ne prouve-t-il pas clairement que Dieu s'était chargé de l'autorité paternelle ? que ce patriarche avait légué ses enfants à son ami, et qu'il y a eu entre eux un échange de cœurs et d'affections ?

ALCYPHRON. — Tout cela est fort bien, mon ami ; mais comment justifierez-vous les fautes dont les patriarches se sont rendus coupables ?

EUTYPHRON. — Je dirai que ce sont des fautes inséparables de la nature humaine ; et la naïveté avec laquelle leur histoire les rapporte, au lieu de les passer sous silence et de les excuser, fait de cette histoire de pasteurs la plus inappréciable des idylles. Le timide Isaac et le rusé Jacob y figurent avec tous leurs défauts. Il est vrai que Jacob se trouve d'abord fort mal de ses ruses ; mais, quand l'âge l'a mûri, il devient, pour ainsi dire, l'Ulysse des patriarches. Son histoire est un miroir instructif du cœur humain, et Dieu lui-même lave les taches de sa jeunesse que son nom rappelle sans cesse. Il lui dit : « Tu ne t'appelleras plus Jacob (trompeur), ton nom sera Israël (héros de Dieu). » Ce titre d'honneur peut s'appliquer à toute la poésie hébraïque, car il ne désigne point la force du corps, mais celle de l'âme, l'héroïsme sacré, la prière et la foi !

ALCYPHRON. — La poésie aurait-elle, à l'exemple de Jacob, gagné ce titre d'honneur dans un combat rêvé ?

EUTYPHRON. — Cette accusation n'a rien de neuf pour moi ; mais on aura beau la reproduire sous toutes les formes, elle n'en restera pas moins entièrement opposée à l'esprit du récit qui parle de ce combat. Craignant d'être surpris par son frère,

Jacob venait de diviser ses troupeaux et ses camps, et de les placer sur divers points; puis il s'éloigna de sa tente, non pour dormir, mais pour rester éveillé.

ALCYPHRON. — Et que fit-il alors ?

EUTYPHRON. — Les versets précédents[1] l'indiquent clairement. Il pria dans l'espoir de fléchir Dieu par sa prière, et il devait recevoir un symbole de la victoire, si sa foi héroïque venait à l'emporter. Élohim parut, et non Jéhovah; et vous savez que, dans l'histoire de Jacob, comme dans tous les *dires* antérieurs à cette histoire, on distingue avec soin ces deux noms, distinction dont je vous ai déjà expliqué les motifs. Les phalanges célestes se présentent à Jacob semblables à des bataillons de guerre; l'idée des anges était donc toujours restée gravée dans son cœur. Tout-à-coup il voit un héros, la figure divine d'un guerrier céleste, et ce guerrier lutte avec lui; il était apparu avec les ténèbres, il disparaît avec elles. Faites-moi le plaisir de lire la narration de cette vision nocturne, et vous verrez que, par le ton comme par la couleur, elle nage, pour ainsi dire, au milieu des pressentiments prophétiques qu'enfantent les ombres de la nuit.

ALCYPHRON. — « [2] Et Jacob resta seul pendant la nuit. Alors un homme lutta avec lui jusqu'à ce que l'aube parût; cet homme ne pouvait le vaincre, et voyant qu'il ne pouvait le vaincre, il lui toucha la jointure de la hanche. Pendant qu'il luttait, Jacob sentit la jointure de sa hanche se remuer, et l'homme lui dit : « Laisse-moi, l'aurore va paraître! » Jacob répondit : « Je ne te laisserai point que tu ne m'aies béni. » Et l'homme dit encore : « Quel est ton nom? » « Je m'appelle Jacob. » « Désormais, tu ne t'appelleras plus Jacob, ton nom sera : Héros de Dieu, car tu t'es conduit en héros avec les dieux et avec les hommes, et tu les as vaincus! » Jacob répondit : « Dis-moi donc aussi quel est ton nom à toi? » L'homme dit: « Pourquoi me demandes-tu mon nom? » Et il le bénit, et Jacob appela ce lieu *Pniel*, car c'est ici, dit-il, que j'ai vu un Élohim face à face, et que je suis sorti d'avec lui la vie sauve. Le soleil venait

---

[1] Moïse, liv. 1, chap. 32, vers. 10.
[2] Moïse, liv. 1, chap. 32, vers. 24.

de se lever lorsque Jacob quitta Pniel ; et il était devenu boiteux. »

EUTYPHRON. — Ce récit ressemble-t-il à celui d'un rêve, et n'a-t-il pas la même simplicité historique que lorsqu'il mentionne les diverses places que Jacob désigne à ses moutons et à ses tentes ? Un titre d'honneur pour le père de tout un peuple, et que, par la suite, ce peuple tout entier est fier de se donner, peut-il être le résultat d'un rêve ? Le rêveur se démet une hanche pendant son sommeil, et voilà pourquoi il prend le nom de héros de Dieu et le donne à sa race ; et voilà pourquoi Jéhovah daigne, plus tard, descendre du ciel, pour donner de nouveau à cette race un nom qui, d'après votre supposition, ne pourrait être qu'un sobriquet, un terme de moquerie. Une tradition de famille rapporterait-elle de pareilles choses ? Ne sentez-vous pas que, sous tous les rapports, la supposition du rêve est ridicule et fausse ?

ALCYPHRON. — Ce qui détruit surtout mes doutes, c'est le mot Élohim ; car, dans un de nos premiers entretiens, vous m'avez donné des idées très-nettes sur ces êtres surnaturels. A ces époques antiques, les combats avec des dieux, des génies ou quelques autres esprits, n'avaient non-seulement rien d'extraordinaire, mais ils étaient encore l'épreuve la plus forte que pût subir l'héroïsme humain. Tous les poètes sont d'accord à ce sujet. Chez Homère, les dieux et les hommes se battent sans cesse ; chez Ossian, Fingal lutte pendant toute une nuit avec une fantastique figure de géant ; chez les Orientaux, ces sortes d'images devaient être plus communes encore.

EUTYPHRON. — Leurs historiens et leurs poètes nous prouvent que ces sortes d'images étaient, pour ainsi dire, le costume de leurs héros qu'ils faisaient combattre sans cesse avec des esprits et des géants. Mais ne confondons pas les enflures et les fables des temps plus modernes avec ce naïf récit de l'antique poésie hébraïque ; admirons plutôt son cachet simple et pastoral. Le guerrier ne se nomme pas, il se borne à laisser deviner qui il est ; Jacob ne se pose pas en vainqueur glorieux, il ne raconte pas son aventure d'un air de triomphe ; il s'étonne candidement de ce qu'un simple pasteur ait pu se trouver face à face et lutter avec Élohim, sans perdre la vie dans cette lutte. Le plus grand mérite de cette narration, cependant, est dans son sens spirituel. Le craintif patriarche devait apprendre qu'il n'avait plus rien à redouter d'Esaü; c'est là, du moins, l'interprétation du prophète Osée[1], que confirme l'ensemble de la narration, l'esprit de l'époque, et la nature du lieu où le fait s'est passé.

ALCYPHRON. — Selon vous, ce fait devait être pour l'homme arrivé à l'âge mur, et trop accessible à la peur, une leçon semblable à celle que le timide jeune homme reçut par la vision de l'échelle céleste?

EUTYPHRON. — Sans doute, cette seconde leçon est plus sévère. Ce n'est plus par un rêve qu'il est encouragé; pour gagner le titre de héros de Dieu, il est forcé de soutenir une lutte réelle. Au reste, ce parallèle sur lequel vous venez d'attirer mon attention, est fort ingénieux, et mérite d'être examiné de plus près. Le rêve nous montre les idées que les jeunes pasteurs de cette époque avaient sur Dieu et sur les anges; c'est une gracieuse idylle; voulez-vous me la lire? L'instant est favorable; déjà la soirée s'avance, et là-bas, le soleil se couche avec un calme majestueux.

ALCYPHRON. — « Il arriva en un lieu où il passa la nuit, car déjà le soleil était couché. Et il prit une pierre de ce lieu, la posa sous sa tête pour s'en faire un oreiller, et s'endormit; puis il rêva. Voici ce qu'il rêva. Une échelle se dressait haut sur la terre, elle s'élevait jusqu'au ciel, et des messagers de Dieu montaient et descendaient. Sur le haut de cette échelle, Jéhovah se tenait debout et dit : « Je suis Jéhovah, le Dieu de ton père, etc.

« Réveillé de son rêve, Jacob dit : « En vérité, Jéhovah est en « ce lieu, je n'en savais rien. » Puis il eut peur et dit : « Que ce « lieu est plein d'une sainte terreur! Élohim y demeure; c'est « ici qu'est la porte du ciel! »

« Et dès que le jour parut, il prit la pierre, la dressa comme un monument, versa de l'huile dessus, et nomma ce lieu la maison de Dieu; puis il fit ce vœu : Si Dieu est toujours ainsi avec moi; s'il me garde sur la route où je vais marcher, s'il me donne du pain et des habits, si je reviens en paix dans la maison de mon père, Jéhovah sera mon Dieu, et cette pierre que j'ai

---

[1] Osée, chap. 12, vers. 4 et 5.

dressée comme un monument deviendra la maison de Dieu. »

Eutyphron. — Voyez comme la simplicité du jeune pasteur se peint dans chaque parole. Il ne croyait pas que le Dieu de ses pères pouvait être ailleurs qu'auprès des tentes de ses pères. La crainte est sa première sensation, lorsqu'il reconnaît qu'à son insu il a dormi sur une terre sacrée, dans le vestibule de la demeure de Dieu. Mais il a vu les portes de cette demeure s'ouvrir devant lui pendant son rêve, et il consacre le lieu où il a fait ce rêve; c'est pour lui la maison de Dieu, puisque Dieu l'habite spécialement. Là où des anges montaient et descendaient une échelle, là aussi un de ces anges, Élohim par la force et la dignité, pouvait bien lutter avec Jacob. Avez-vous encore quelque objection à faire contre cette naïve histoire de pasteur?

Alcyphron. — La grande partialité des pères dans les bénédictions qu'ils donnaient à leurs fils, me choque d'autant plus, que, selon eux, l'avenir de toute une race dépendait de cette dernière voix prophétique.

Eutyphron. — Et ne voyez-vous pas que cette voix ne dépendait pas de la volonté des pères? Isaac ne préférait-il pas Esaü à Jacob, et Abraham ne se serait-il pas fort bien contenté d'Ismaël? Quelle ne fut pas la douleur de Jacob, lorsqu'il se vit contraint de faire un passe-droit à ses trois premiers fils; et cependant, pas un de ceux que nous venons de nommer ne fut privé de biens matériels. Esaü alla au-devant de Jacob avec l'éclat et la dignité d'un prince, tandis que Jacob resta un étranger, un habitant des tentes. Ismaël vécut dans son désert, joyeux et libre comme l'âne sauvage, auquel la poésie hébraïque le compare sans cesse. Sa postérité regarda ce désert comme le pays que Dieu lui avait donné, et elle y vivait à sa façon, sans rien demander de mieux à la terre. C'est ainsi que les Ismaélites accomplissent presque littéralement cette prophétie : « Il sera une bête fauve devant les hommes; sa main leur sera opposée à tous, et leurs mains lui seront opposées, et il demeurera sous les yeux de ses frères. »

Laissez-moi vous faire la lecture de l'histoire touchante d'Agar, chassée et errante au désert; vous verrez qu'il n'y a rien dans ce fait qui ressemble à la haine et à la dureté de cœur.

« L'eau était tarie dans l'outre. Agar jeta l'enfant sous un arbre, puis elle s'éloigna et fut s'asseoir en face de lui, à la distance de la portée d'une flèche ; car, disait-elle, je ne veux pas voir mourir mon fils ! Assise en face de lui, elle éleva la voix et pleura. Déjà Dieu avait entendu les pleurs de l'enfant, et l'ange de Dieu dit à la mère, du haut du ciel : « Qu'as-tu, Agar ? Ne « crains rien, Dieu a entendu la voix de l'enfant de la place où tu « l'as couché. Lève-toi, aide-lui à se relever, et que ta main re-« prenne de la force en le touchant ; car de lui sortira un grand « peuple. »

« Alors Dieu lui dessilla les yeux : elle vit une source, y courut, remplit son outre et fit boire l'enfant. Et Dieu demeura avec cet enfant ; il grandit au désert, il en fit sa demeure, et devint un habile archer. »

L'histoire d'Esaü en pleurs parce qu'il n'a pu obtenir la bénédiction que le destin a fait tomber sur Jacob, est racontée avec la même naïveté. Lisons ces deux bénédictions l'une après l'autre, afin de mieux apprécier le caractère qui les distingue.

BÉNÉDICTION D'ISAAC, PRONONCÉE SUR ÉSAU.

« Ta demeure aussi sera sur une terre fertile, et cette terre sera humectée par la rosée du ciel ; tu vivras du produit de ton glaive, et tu seras soumis à ton frère. Mais il viendra, le temps de ta puissance, le temps où tu briseras ton joug. »

PROPHÉTIE D'ISAAC SUR LA DESTINÉE DE JACOB,
Contenue dans la bénédiction qu'il prononça sur lui en le prenant pour Esaü.

« Approche, mon fils, et embrasse-moi. Et il s'approcha et l'embrassa. Alors le père flaira les habits de Jacob, le bénit et dit : « L'odeur de mon fils est comme l'odeur des champs que Dieu a couvert de riches moissons. Que Dieu te donne en abondance la rosée du ciel et les produits de la terre ; qu'il te prodigue le blé et le vin nouveau ; que beaucoup de peuples te servent et se prosternent devant toi ; sois le maître de tes frères ; que le fils de ta mère te salue humblement. Maudit soit celui qui te maudira ; et celui qui te bénira sera béni. »

Ne reconnaissez-vous pas, dans ces deux morceaux, la voix

du destin qui domine celle du père ? Il faut qu'Isaac bénisse Jacob en le prenant pour Esaü, et qu'il prononce sur l'un les paroles qu'il destine à l'autre. Tous vos doutes sur la partialité de ces bénédictions disparaîtront, dès que vous aurez bien voulu remarquer qu'il ne s'agissait pas de la prospérité actuelle et personnelle du fils choisi pour être l'objet d'une bénédiction paternelle spéciale, mais de ses descendants, prédestinés à perpétuer le nom de Jéhovah, et à se courber sous la loi que devait leur donner Moïse. Plus d'une nation s'est applaudie de n'avoir pas une pareille bénédiction à porter.

Alcyphron. — Il est évident qu'alors déjà on avait des projets sur Canaan.

Eutyphron. — Et qu'était-ce donc que ce petit pays? Ne fallait-il pas que le peuple hébreu demeurât quelque part? Il est vrai que sa poésie a singulièrement élevé et ennobli ce chétif coin de terre; chaque montagne, chaque vallée, chaque ruisseau ont été chantés par elle; mais, remarquez-le bien, elle ne glorifie ce pays que parce que c'est le pays de Dieu, la terre promise, nom qu'elle doit aux nombreux vœux dont elle a été l'objet. Toutes les poésies cananéennes la peignent sous ce point de vue, et rapportent à Dieu et aux patriarches tout ce que contient cette terre. La montagne de Sion, le Liban et le Carmel, sont les montagnes de Dieu; dès qu'il s'est passé un évènement important sur le bord d'un fleuve, ce fleuve est celui de Dieu; le pays tout entier est une terre sainte, un sol foulé par Dieu et les patriarches, un gage donné par Dieu au peuple d'Israël, et qui lui prouve qu'il est un peuple élu. La poésie des autres nations nous fournit plus d'un exemple de certaines parties de leurs pays sanctifiées par le passage ou la présence de quelque Dieu; mais la poésie hébraïque seule a su faire de la pauvreté du sol une richesse divine, et convertir une terre rocailleuse et stérile en un théâtre imposant où se développe toute la majesté de Jéhovah. De nos jours encore toutes les espérances des tribus dispersées se dirigent de ce côté, parce que leurs *dires* primitifs, leurs lois et leurs poésies les y ramènent, et que, sans ce pays, leur arbre généalogique serait, pour ainsi dire, suspendu dans les airs.

Alcyphron. — En ce cas, il est fâcheux pour nous que nous ne soyons pas originaires de ce pays ; car il nous sera toujours impossible de lire avec un véritable enthousiasme national les malédictions que les prophètes hébreux lançaient sur tous les autres peuples. Leurs rêves dorés sur ce pauvre pays, quand il sera gouverné par ce roi si longtemps et toujours vainement attendu, nous semblent de hautes folies ; aussi la plupart de leurs poésies ne sont-elles, à nos yeux, que des tirades brillantes, mais vides de sens.

Eutyphron. — Nous traiterons cette question quand nous en serons aux prophètes. *Surgamus, solent esse graves sedentibus umbræ.* En attendant, je m'estimerais heureux si j'avais pu détruire quelques uns de vos doutes sur l'histoire originaire des Hébreux, et si j'avais réussi à vous faire sentir les traits caractéristiques de leur poésie qui découlent naturellement des antiques *dires* nationaux. C'est une poésie pastorale, une poésie d'alliance de famille et d'amitié avec Dieu ; puis elle devient cananéenne, en considérant ce pays comme une terre promise. Lisez-la et acceptez-la comme telle. Mais si vous voulez un autre type de la poésie orientale, un héros qui peut être regardé comme un modèle de sagesse, de prospérité et de vertus nobles et grandes, attachez-vous à Job. Voici quelques passages où son beau caractère brille avec le plus d'éclat. Quand vous les aurez lus, vous conviendrez avec moi qu'il serait à désirer que tous les émirs chrétiens pensassent et vécussent comme lui.

SUPPLÉMENTS.

I.

TABLEAU DU BONHEUR, DES FONCTIONS ET DE LA DIGNITÉ D'UN PRINCE ORIENTAL [1].

« Oh ! que ne suis-je encore ce que j'étais au temps passé, pendant les jours où Dieu était pour moi un Dieu protecteur, où sa lumière étincelait au-dessus de ma tête [2], où, guidé par ses rayons, je traversais hardiment les ténèbres !

---

[1] Job, chap. 29.
[2] Il y avait toujours une lampe suspendue dans les tentes orientales. Ici la lu-

« Que ne puis-je redevenir ce que j'étais dans ma jeunesse, quand Dieu siégeait avec moi sous la tente où je tenais conseil ; quand le Tout-Puissant était à mes côtés, et que mes esclaves se tenaient debout rangés autour de moi.

« Partout où je marchais coulaient des torrents de lait ; pour moi le rocher faisait jaillir des ruisseaux d'huile. Quand je sortais de ma maison pour me rendre aux assemblées publiques, je faisais étendre mes tapis sur la place du marché ; les jeunes hommes me regardaient et se cachaient, les vieillards se levaient et restaient debout, les princes interrompaient leurs discours et mettaient la main sur leur bouche. La voix mourait tout-à-coup sur les lèvres du chef du conseil, sa langue restait collée à son palais !

« Et tous ceux dont les oreilles pouvaient m'entendre célébraient mon bonheur, et tous ceux dont les yeux pouvaient me voir me louaient ; car je sauvais le pauvre qui criait vers moi, je protégeais l'orphelin qui, nulle part, ne pouvait trouver d'appui. J'ai attiré sur moi la bénédiction de tous les infortunés prêts à succomber.

« C'est par moi que le cœur de la veuve exhalait des chants joyeux. J'ai choisi la justice pour vêtement ; elle a été ma parure, le droit était ma robe et mon turban. J'étais l'œil de l'aveugle ; la jambe du boiteux c'était moi ! J'ai été le père de tous les pauvres, j'ai défendu même les droits de l'étranger ; j'ai cassé les dents de l'injuste, je lui ai arraché de la gueule la proie qu'il allait dévorer !

« Et je me suis dit : Je veux mourir dans mon nid ; [1] l'âge du phénix sera mon âge à moi. Mes racines boiront de l'eau en abondance, la rosée séjournera sur mes branches, la force se rajeunira en moi, et mon arc se renouvellera dans ma main.

« Tous m'écoutaient en silence, ils attendaient mes conseils. Après ma parole, personne ne parlait plus, car mes discours coulaient sur eux comme la rosée du ciel.

---

mière de cette lampe est remplacée par celle que le Dieu protecteur prête à Job. Ce Dieu l'éclaire dans les ténèbres, tient conseil avec lui, et le fait réussir dans toutes ses entreprises.

[1] Il est clair que Job parle ici du phénix. En profitant adroitement de la double signification de ce mot, l'image de l'oiseau devient celle du palmier. Ceci prouve que l'analogie entre ces deux objets a été remarquée et exprimée par tout l'Orient.

« Ils m'attendaient comme on attend la pluie, et ils ouvraient la bouche en m'écoutant, comme on l'ouvre pour recevoir la pluie du printemps. Quand je leur souriais, ils n'en abusaient point; pas un d'eux n'aurait voulu obscurcir mon visage souriant.

« Je décidais pour eux, car je siégeais à leur tête; j'étais au milieu des miens comme un roi puissant, comme un consolateur au milieu des affligés. »

II.

TABLEAU DE LA GÉNÉROSITÉ ET D'UNE CONFIANCE INÉBRANLABLE AU SEIN DU MALHEUR.

Lorsque tous les messagers qui viennent successivement instruire Job de la perte de ses biens et de ses enfants, se sont acquittés de leur tâche, le livre continue sur le ton de la narration :

« Alors Job se leva et déchira ses vêtements, et il se rasa la tête[1], et il se prosterna sur la terre, et il adora Dieu et dit : Je suis sorti nu du sein de ma mère, je retournerai nu dans le sein de ma mère[2]. Jéhovah m'a tout donné, Jéhovah m'a tout repris ; que la majesté de Jéhovah soit glorifiée ! »

Après avoir été sévèrement admonesté par ses amis, qui, à cause de ses iniquités cachées, lui ont prédit des châtiments plus sévères encore; après avoir été méconnu, méprisé et abandonné par sa famille et par ses serviteurs, Job continue en ces termes :

« Je suis devenu[3] un objet de dégoût pour tous ceux que mon cœur chérit ! Je les ai tant aimés, et les voilà qui se détournent de moi ! Mes os sont attachés à ma peau, à ma chair ! J'ai pu à peine emporter ma peau entre mes dents, comme une proie volée[4]. Ayez pitié de moi, ayez pitié de moi, mes amis; car la main de Dieu s'est durement appesantie sur moi. Pourquoi me

---

[1] Ce qui était en Orient, non un signe d'impatience, mais de deuil.

[2] Les Orientaux confondaient toujours, dans leurs images, le sein de la mère qui les avait enfantés, avec le sein de la terre où ils devaient retourner, et ils employaient alternativement l'une et l'autre image dans le même sens.

[3] Job, chap. 19, vers. 19.

[4] Cette image est empruntée aux bêtes féroces qui emportent leur proie entre les dents. Job appelle son corps ulcéré sa peau; et il n'est point question ici

poursuivez-vous ? Dieu ne me poursuit-il donc pas déjà assez ?
Pourquoi ne pouvez-vous vous rassasier de ma chair ? Ah ! si
maintenant quelqu'un devinait ma parole, s'il la consignait dans
un livre, s'il pouvait la mouler en caractères de fer, de plomb ! si,
en souvenir perpétuel, elle pouvait être gravée dans le roc !

« Je sais qu'il vit, le vengeur de mon sang[1] ; il finira par se
montrer dans l'arène ! — Laisse ceux-là ronger ma peau ; je
verrai mon Dieu, même pendant qu'elle durera encore la vie de
la chair ! Il m'apparaîtra en sauveur ; je le verrai de mes yeux,
de mes propres yeux, celui après qui mon cœur languit depuis
si longtemps.

« Alors vous vous direz à vous-mêmes : Pourquoi l'avons-nous
persécuté ? Et la racine de ma cause sera mise à découvert. Re-
doutez son glaive étincelant, c'est le glaive de la colère, qui
venge l'injustice ; il vous prouvera qu'il y a une justice suprême ! »

III.
MORALE D'UN PRINCE IDUMÉEN [2].

« J'ai fait une alliance avec mes yeux ; car si je les arrêtais
sur une vierge, que verrais-je en elle ? quelle part pourrais-je conserver à mon Dieu ? quel pourrait être mon héritage là-haut,
dans le ciel, auprès de ce Dieu ?

« La perdition ne suit-elle pas de près le sacrilège ? et les affronts
publics ne sont-ils pas le partage de celui qui pratique l'injus-

---

de la peau de ses dents et d'autres versions de cette nature. Ses amis sont comparés à des animaux féroces qui rongent sa peau, c'est-à-dire qui abrègent le peu de vie qui lui reste.

[1] Cette phrase, dans son ensemble, est si claire, que j'ai peine à m'expliquer comment on a pu la méconnaître et l'estropier si souvent. Les amis de Job se sont détournés de lui, mais il lui reste encore un ami, un parent, qui vengera son sang ; ce qui, en Orient, était un devoir sacré pour un ami ou pour le plus proche parent. Dans la pensée de Job, ainsi que la suite le prouve, cet ami, ce parent n'est autre que Dieu lui-même. C'est lui qui se lèvera au-dessus de sa poussière, et qui tirera pour lui le glaive du vengeur et du juge. Ce Dieu sera pour Job, et non pour ses amis ; car Job voit en lui son seul ami, son seul parent, quand tout sur la terre l'abandonne. Alors la racine de sa cause sera découverte, c'est-à-dire qu'on reconnaîtra son droit. Il me semble qu'il n'y a rien au-dessus de cette magnifique confiance de rocher qui, en partie du moins, a été justifiée. Je voudrais que tous les commentateurs pussent enfin s'entendre sur ce passage, au lieu de continuer à se perdre dans des subtilités qui ne servent qu'à entretenir et à augmenter les doutes.

[2] Job, chap. 31.

tice ? Voilà pourquoi j'ai pensé : La route où je marche, il la voit, et tous mes pas sont comptés par lui.

« Ai-je jamais foulé les sentiers de l'hypocrisie, et en quel temps mon pied s'est-il dirigé au-devant de la ruse et de la tromperie ? Que Dieu me pèse sur les sévères balances de sa justice, et lui-même reconnaîtra mon innocence. Mes pas se sont-ils jamais écartés du droit chemin ? Mon cœur s'est-il glissé à la suite de mes yeux ? Quelque objet est-il resté collé à ma main ? Qu'alors un autre mange ce que j'ai semé ; qu'un autre déracine ce que j'ai planté.

« Mon cœur auprès d'une femme s'est-il laissé aller à des désirs sensuels ? En ai-je guetté une à la porte de mon ami ? Qu'alors ma femme devienne l'esclave de l'étranger, qu'alors un autre me la déshonore ; car je serais vicieux même devant le jugement des hommes, j'aurais nourri en moi un feu qui brûle jusqu'à la consomption, un feu qui aurait brûlé mon bonheur jusqu'à la racine.

« Ai-je renié le droit de mes esclaves ou celui de ma servante, quand ils plaidaient contre moi ? Si je l'avais fait, que pourrais-je répondre quand Dieu m'accusera ? Quand il m'interpellera, que pourrais-je lui répondre ? Celui qui m'a fait, n'a-t-il pas fait aussi mon esclave ? et n'avons-nous pas été formés égaux dans le sein de nos mères ?

« Ai-je manqué d'exaucer les vœux des nécessiteux ? Les regards de la veuve m'ont-ils vainement demandé de la nourriture ? Ai-je pris seul mes repas sans en donner sa part à l'orphelin qui depuis son enfance a grandi avec moi, afin que je devienne son père, à l'orphelin que j'ai guidé depuis qu'il a quitté le sein de sa mère ?

« Quel est le malheureux sans vêtements, quel est le misérable qui n'avait pas de quoi se couvrir et que j'ai laissé marcher devant mes yeux sans que ses membres aient été couverts par moi, sans que la laine de mes brebis ne l'ait réchauffé ?

« Si j'ai jamais élevé la main contre l'orphelin parce que j'étais sûr d'avance de l'appui des tribunaux, oh ! qu'alors l'omoplate tombe de mon épaule, et qu'il se brise subitement l'os de mon bras ! Comme il me faudrait trembler maintenant devant le châtiment de Dieu, car je ne pourrais rien contre sa grandeur!

« Ai-je placé ma confiance en mes richesses, ai-je dit à l'or : Tu es ma garantie ? Me suis-je réjoui parce que je possédais de grands biens et que je trouvais tant de choses sous ma main ?

« Si en voyant le soleil si brillant et si beau, si en contemplant la marche superbe de la lune, mon cœur s'était égaré en secret, et si ma main leur avait jeté un baiser de ma bouche, j'aurais commis un méfait punissable devant toutes les justices, car j'aurais renié le Dieu du ciel !

« Me suis-je réjoui du malheur de mes ennemis? étais-je satisfait quand il leur arrivait du mal ? Non, jamais aucune mauvaise parole n'est échappée à ma langue ; je ne lui ai jamais permis aucune imprécation contre mon ennemi, même quand les hommes de ma tente disaient : Si nous avions sa chair, elle nous rassasierait [1].

« Jamais je n'ai laissé passer à l'étranger une nuit sans abri ; ma porte a toujours été ouverte devant le voyageur.

« Semblable aux hommes corrompus, ai-je caché mes défauts? m'a-t-on vu enfouir mes méfaits dans un coin, parce que je craignais le témoignage de la multitude? Le mépris de la famille m'a-t-il effrayé au point de garder le silence et de rester chez moi?

« Hélas ! où le trouver, le juge qui m'écoutera ? Regarde l'écrit de ma justification, et réponds-moi, mon Dieu! Oh! si quelqu'un voulait écrire ma cause tout entière, j'étendrais avec pompe cet écrit sur mes épaules [2], je le tournerais autour de mon turban comme un diadème; j'indiquerais tous mes pas à l'auteur de cet écrit, et je m'approcherais de lui comme d'un héros !

« Le pays crie-t-il contre moi? ses sillons pleurent-ils parce que j'ai mangé leurs fruits sans les payer? Ai-je torturé l'âme du laboureur? Oh! qu'alors la terre mûrisse pour moi des épines au lieu de blés, et des herbes malfaisantes au lieu de fruits savoureux ! »

---

[1] C'est-à-dire le plus terrible ennemi de sa maison, contre lequel tous les siens étaient irrités jusqu'à la fureur.

[2] Comme un vêtement d'honneur, un caftan.

DIXIÈME DIALOGUE.

LE DÉLUGE.

La langue hébraïque est-elle d'origine cananéenne, et les Hébreux l'ont-ils apprise des Cananéens? — Preuves contre cette opinion qui ressortent de l'histoire et de la langue des Sémites. — Les Phéniciens aussi étaient des nouveau-venus dans la terre de Canaan. — Quels étaient les droits des Sémites sur ce pays et sur l'Asie en général? — Jusqu'à quel point la religion est-elle intervenue dans ces évènements? — Différence entre les usages, la religion, la langue et les mœurs des Chamites et des Sémites. — Comment les anciens *dires* se sont-ils conservés chez les Sémites? — Histoire de Joseph et des pères jusqu'à Abraham. — Que savons-nous depuis Abraham jusqu'au déluge? — Rapports des différents membres de cette généalogie. — Moïse l'a-t-il inventée? — Comment est-elle devenue une carte généalogique? — Est-elle une carte complète des émigrations? — Aperçu de ces généalogies et de ce qu'elles devaient être dans l'origine. — Les renseignements sur le déluge nous viennent-ils de l'arche? — Le déluge était-il universel? — L'histoire avant le déluge se rattache à peu de noms significatifs. — Ces noms significatifs tirent-ils leur origine des prophéties, des traductions ou des transformations? — Est-il probable que ces mêmes noms aient donné lieu à l'invention de l'écriture en lettres? — Quelle est l'origine de cette écriture? — Par quel moyen se sont conservés les premiers *dires*? — Quel a été l'inventeur de l'écriture en lettres? — Il n'y a qu'un alphabet en lettres dans le monde, et cet alphabet est d'origine sémitique. — Le tableau de la création a-t-il été pris dans les hiéroglyphes égyptiens? — Les plus anciens *dires* sur le Paradis nous sont arrivés par degrés de la Haute-Asie. — Quels sont les évènements qui, dans ces *dires*, appartiennent à la fiction? — Est-ce la tour de Babel, la statue de sel, la lutte de Jacob avec Dieu? — Sur le chant de Lémech, le sens et la force de ce chant. — Sur le style des autres narrations. — Différences entre les *dires* sur Élohim et sur Jéhovah.

Supplément : Voix des temps primitifs.

ALCYPHRON. — Nous touchons enfin au point le plus important, et nous finirons, sans doute, par reconnaître que la peine que nous nous sommes donnée jusqu'ici pour faire descendre la poésie hébraïque des *dires* des patriarches, était complètement inutile. Ces *dires* ne sauraient être aussi anciens, car c'est de leurs plus cruels ennemis, c'est des Cananéens que les Hébreux ont appris la langue dans laquelle ils sont écrits. On les a donc recueillis et réunis au hasard, longtemps après les faits dont ils parlent; peut-être même Moïse les a-t-il entièrement inventés.

Eutyphron. — Vous supposez donc qu'avant son arrivée à Canaan, le peuple hébreu était muet et n'avait pas de langue?

Alcyphron. — Je ne dis pas cela ; mais Dieu sait de quel mélange confus de mots barbares elle se composait alors. Celle de leurs poésies est la langue de Canaan, la langue phénicienne enfin.

Eutyphron. — Et de qui les Phéniciens la tenaient-ils? N'existait-il pas une foule de dialectes parents de cette langue? et n'étaient-ils pas tous parlés par des Sémites tels que les Syriens, les Arabes, les Chaldéens, qui n'étaient que des tribus sémites descendues d'Abraham et de ses pères? Cette parenté pouvait-elle manquer de se manifester dans les langues? De nos jours, on s'obstine, je ne sais trop pourquoi, à regarder la langue hébraïque comme exclusivement originaire de Canaan, et comme n'ayant jamais été parlée que par les Cananéens. Cependant, l'histoire profane elle-même nous prouve que les Phéniciens habitaient d'abord près de la mer Rouge, et qu'ils se sont avancés peu à peu jusqu'à la Méditerranée, dont ils ont peuplé les côtes. Je ne déciderai point si, avant de s'être glissés ainsi au milieu des tribus sémites, ils ne parlaient pas un tout autre idiome. Il est également impossible de prouver que l'ancienne langue égyptienne était une sœur de la langue hébraïque ; cette opinion n'est qu'une hypothèse hardie des linguistes modernes. Quant à moi, je n'y trouve pas une ombre de probabilité, car il y a toujours eu une très-grande différence de mœurs, de religion, de caractère et de constitution politique, entre les tribus chamites et les tribus sémites ; il devait donc nécessairement en être de même pour la langue. Au reste, s'il est impossible d'éclaircir complètement ce dernier point, il est certain du moins que toutes les tribus alliées appartenant à la généalogie d'Abraham, se servaient de dialectes parents de la langue hébraïque. La tribu d'Abraham parlait donc aussi un pareil dialecte ; pourquoi enfin n'aurait-elle pas connu la véritable langue hébraïque, qu'elle aurait pu recevoir d'Héber, père d'Abraham? Les *dires* et les idées religieuses de cette tribu ont été, depuis les temps les plus reculés, pensés et composés dans un idiome parent de ceux que parlaient les Arabes, les Chaldéens et les Syriens, ainsi que le prouve le livre de Job, dont le dialecte iduméen ressemble si fort à celui de Canaan; les racines de tous les dialectes que je viens de nommer, appuient également mon opinion. Il est aussi étrange de prétendre que le chapitre de la création a été pensé en égyptien, que de supposer qu'il est d'origine mexicaine. Il en est de même de tous les *dires* suivants. Le mot Jéhovah a été apporté du monde primitif par les Sémites, et non par les Chamites ou les Mitsraïmiens; et c'est dans la langue des Sémites que ce nom s'est perpétué et qu'il est arrivé jusqu'à nous. Les Phéniciens n'ont point inventé leur alphabet; car tous leurs noms sont chaldéens et non africains. La langue hébraïque est donc la langue propre de la tribu de Héber, et non un idiome mendié ou emprunté. Les Phéniciens ont usurpé le leur, comme ils ont usurpé le pays où ils se sont fixés, parce qu'il était favorable au commerce.

ALCYPHRON. — Pourquoi les accusez-vous d'avoir usurpé ce pays? Le monde ne leur était-il pas ouvert? Les Sémites, qui n'étaient que des peuples pasteurs, se sont-ils jamais occupés de la navigation? et les côtes n'appartiennent-elles pas de droit à qui sait les utiliser?

EUTYPHRON. — Aussi n'a-t-on jamais songé à leur disputer la possession des côtes; mais la manière dont les peuples se sont séparés prouve qu'ils dirigeaient leur émigration plutôt vers un point que vers un autre, et qu'ils regardaient certaines régions, certaines contrées, comme une propriété qui leur était prédestinée, on ne sait trop pourquoi ni comment. Les tribus de Japhet s'étaient rendues vers le nord, au-delà des monts, où elles étendirent leurs tentes au loin, ainsi que l'indiquent leurs noms; pas un Sémite ne les suivit. De son côté, Cham se porta vers les contrées méridionales et les pays chauds, jusque dans l'Afrique; assertion que justifient les cartes généalogiques de Moïse, et la signification du nom de Cham. Si, ainsi que cela est arrivé en effet, quelques unes de ces tribus sont restées en Asie confondues avec les Sémites, elles se sont volontairement exposées à l'expulsion; l'antique droit des gens, fondé sur les *dires* originaires et les *dires* primitifs, le voulait ainsi. Vous voyez maintenant pourquoi les Israélites croyaient avoir des droits incontestables sur la terre de Canaan, car on ne saurait nier qu'ils se croyaient en effet ce droit; tous les écrits de Moïse le prouvent. L'origine et les *dires* du peuple se fondent sur cette croyance, et en découlent si naturellement, que le législateur, non-seulement n'aurait pas osé la révoquer en doute, mais qu'il ne supposait pas même la possibilité de partager la possession de ce pays avec toute autre tribu. Les Sémites voyaient dans les Chamites une tribu d'esclaves avec laquelle l'accommodant Abraham lui-même ne permettait aucun mélange. Éliézer et Jacob furent obligés d'aller chercher des femmes à Aram, afin de perpétuer dignement leur race; car pour les tribus sémites, un mariage avec une fille cananéenne était un déshonneur. En un mot, ces peuples différaient tellement sur les points les plus importants, qu'un lien fraternel entre eux était une impossibilité matérielle.

ALCYPHRON. — J'en suis fâché, surtout parce que, vers cette époque reculée déjà, la religion seule causait cette division instinctive. *Quantum religio*, dit Lucrèce, et il a raison de le dire.

EUTYPHRON. — C'est un mal dont il ne faut accuser que les Chamites. Depuis les temps les plus reculés, les tribus de Cham s'adonnaient à de noires superstitions et à toutes sortes d'idolâtrie, dont la tradition attribue l'origine à Cham lui-même. Il serait inutile de perdre notre temps à discuter cette question, et nous pouvons, sans autre examen, admettre comme un fait incontestable, que les descendants de Cham se sont toujours fait remarquer par le caractère sombre, parfois même cruel, de leurs croyances religieuses. Les Égyptiens, les Phéniciens, les Carthaginois, étaient, à coup sûr, les peuples les plus civilisés sortis de ces tribus, et cependant leur religion avait quelque chose de noir, de féroce même; chez d'autres peuples fixés en Afrique, elle a dégénéré en misérable culte de fétiches. Jetez maintenant un regard sur la religion et sur la langue des Sémites, car toutes les tribus, depuis l'Euphrate jusqu'à la mer Rouge, n'ont, au fond, qu'une même langue, qu'une même religion. Cette religion est claire et simple, le nom qu'ils donnent à Dieu se détache de toute sensualité; leurs notions sur l'homme et sur ses devoirs sont pures et douces. En examinant les Sémites après avoir arrêté sa pensée sur les autres tribus, on croit passer de la hutte de l'esclave sous la tente libre des enfants, des amis de Dieu. Oui, les Sémites, y compris les Arabes, ne l'oublions jamais, ont aux yeux du monde le mérite inappréciable d'avoir perpétué les idées sur l'unité de Dieu, les croyances religieuses analogues à ces idées, et les plus nobles images sur la création. On ne comprendrait jamais comment ils ont pu conserver un pareil dépôt dans toute sa pureté, si on ne se rappelait pas qu'ils en ont fait la base fondamentale de l'honneur de leur race. De leur côté, les Chamites les ont surpassés, en ce que nous sommes convenus d'appeler civilisation. Ils ont fondé des empires, bâti des villes, établi des règlements de police, et créé des relations commerciales ; tandis que les Sémites sont toujours restés un peuple pasteur, ou que du moins ils ont conservé des mœurs simples et pures, même au milieu d'une organisation politique bien éloignée de la vie patriarchale. Cette circonstance, surtout, a été d'une grande utilité pour la langue et pour les *dires* du monde primitif. Jamais cette langue n'a été artistement travaillée, enrichie ou corrompue ; simple et solitaire comme la tente du patriarche, elle est restée sous la tente l'héritage sacré des pères.

ALCYPHRON. — Vous venez de soulever une difficulté nouvelle. Quelle confiance peut-on accorder aux *dires* d'un peuple nomade et ignorant ? Comment un tel peuple aurait-il pu les conserver intacts pendant plusieurs milliers d'années ? Je vous avoue qu'il sera difficile de faire disparaître mes doutes à cet égard.

EUTYPHRON. — J'essaierai. Permettez-moi seulement de commencer par le dernier de ces *dires*, par l'histoire de Joseph. Il me semble que celle-là, du moins, ne pouvait tomber dans l'oubli, car elle rapporte un fait important, principal ; un fait qui explique et motive la translation de tout un peuple sur la terre d'Égypte. Tant qu'il est resté un Israélite en Égypte, il devait se souvenir de Joseph, sinon par reconnaissance, par affection, du moins par besoin, par nécessité. Cette histoire ne pouvait donc manquer d'être connue de Moïse, lors même qu'avant lui elle n'eût point été consignée par écrit. Tout en elle porte le cachet d'un document authentique, et sa couleur est tout égyptienne.

ALCYPHRON. — Elle est même pour l'Égypte un antique et irrévocable document, quoique la pensée en soit entièrement israélite.

EUTYPHRON. — C'est par des Israélites et non par des Égyptiens qu'elle a été conçue et racontée, circonstance qui témoigne en faveur de son authenticité. Indissolublement unie à l'histoire de Jacob, elle forme le *dire* le plus complet[1], non-seulement parce qu'elle se trouvait à la portée de l'historien qui l'a recueillie, mais parce que, par elle, se sont conservés tous les faits remarquables des douze fils de Jacob et de leurs descendants. Elle contient, il est vrai, un mélange visible de plusieurs traditions, mais on n'y trouve pas deux traditions différentes sur le même fait, ainsi que cela arrive parfois dans les *dires* plus anciens. Tout y est, autant que possible, prouvé par des noms, des localités, des monuments, des généalogies, même par celles des tribus voisines, qui, laborieusement compilées et intercalées dans ce *dire*[2], en font en même temps l'histoire de ces tribus. On peut, en général, regarder les généalogies comme les archives de l'Orient; les *dires* historiques sont les commentaires de ces archives. L'histoire de Jacob, son émigration avec ses femmes et ses enfants, portent un cachet si pastoral, si familier...

ALCYPHRON. — Mais en remontant plus haut...

EUTYPHRON. — L'histoire devient nécessairement moins riche en traits caractéristiques. Dans l'émigration d'Abraham en Égypte, on reconnaît une double tradition[3]; mais chacune d'elles reste si fidèle au fait, si conforme à l'esprit du temps et à la nature des lieux, qu'elles se distinguent facilement l'une de l'autre. Dans l'histoire d'Ismaël[4], par exemple, on reconnaît l'écho de la voix du désert. La longueur des récits sur les bénédictions et les mariages, prouve la haute importance qu'on attachait à ces cérémonies, qui étaient le point de départ des généalogies d'où dépendait tout le reste.

[1] Moïse, liv. 1, chap. 27, vers. 50.
[2] Moïse, liv. 1, chap. 36.
[3] Moïse, liv. 1, chap. 12, vers. 20.
[4] Moïse, liv. 1, chap. 21, vers. 16.

Alcyphron. — Et à travers tout cela on retrouve toujours l'espoir de posséder la terre de Canaan.

Eutyphron. — Comment aurait-il pu en être autrement? Cette terre était le but des émigrations d'Abraham et des promesses qui lui avaient été faites. On peut en même temps la regarder comme le théâtre où s'est déroulée l'histoire de tout ce peuple. Les localités et les familles étaient les témoins des faits isolés, et la longueur de l'existence des patriarches formait, pour ainsi dire, un buisson derrière lequel s'abritaient tous ces faits. Chaque tribu composait un tout, et jouissait d'une existence paisible ; les *dires* des pères, les bénédictions et les prédictions étaient l'ame de ces tribus et composaient leur nourriture spirituelle. Un peuple guerrier entonne des chants de guerre, un peuple pasteur raconte des histoires de pasteurs.

Alcyphron. — Quelles sont les données que nous possédons sur les époques antérieures à Abraham?

Eutyphron. — Quand on remonte de ce patriarche jusqu'au déluge, on s'aperçoit que l'histoire manque entièrement, car nous ne trouvons absolument rien qu'une table généalogique[1]. Au reste, le petit nombre de renseignements que nous avons sur cette époque est, selon moi, une preuve de leur authenticité. Toutes les tribus s'étaient mises en mouvement et se poussaient tantôt d'un côté, tantôt de l'autre. Ce n'est qu'après avoir pris de la consistance et retrouvé un peu de repos, qu'elles pouvaient faire parler d'elles. Si, entre Abraham et Noé, il n'y a qu'une liste de noms propres, ces noms sont de la plus haute importance, car ils composent la généalogie complète de tous les peuples de cette partie de l'Orient.

Alcyphron. — Si du moins cette généalogie s'appuyait sur des documents !

Eutyphron. — Elle doit se servir de documents à elle-même, et l'exactitude des rapports des individus, des tribus et des contrées qu'elle signale, lui donne en effet ce caractère. La postérité de Japhet est peu nombreuse; elle se borne à deux races[2] qui, semblables à une terre inconnue, à un mur d'airain,

---

[1] Moïse, liv. 1, chap. 10, vers. 11.
[2] Moïse, liv. 1, chap. 10, vers. 2 et 4.

se dessinent au-delà des montagnes. Cham a de nombreux descendants[1], et cependant les notions que nous avons sur eux ne dépassent pas les limites du territoire dans lequel se renferment toutes les traditions hébraïques, c'est-à-dire depuis l'Euphrate jusqu'à l'Égypte ; les autres noms ne se rattachent à ce territoire qu'en qualité de terrain connu. Les renseignements détaillés que nous possédons sur toute cette lignée, découlent de *dires* et de faits positifs, tels que les *dires* sur Nemrod et sur les Cananéens[2]. Ces rapports sont encore plus visibles dans la généalogie des enfants de Sem. La lignée de Heber se prolonge en descendant d'un côté par Peleg, et de l'autre par Joktan[3] ; celle d'Aram ne produit qu'une seule branche[4]. Quant aux autres frères, il n'en est fait aucune mention, parce qu'ils s'étaient trop éloignés du séjour de leurs pères pour que des renseignements sur leur compte aient pu y parvenir et être recueillis. Je le répète donc, la véracité de la généalogie des enfants de Noé ressort clairement des rapports que les branches de cette généalogie ont entre elles.

ALCYPHRON. — Vous ne croyez donc pas qu'elle ait été composée par Moïse ?

EUTYPHRON. — Cela me paraît tout-à-fait impossible. D'abord ce n'est qu'un simple registre généalogique. Quelle importance aurait-il pu avoir pour les contemporains, si Moïse l'avait inventé ? Au reste, les rapports qui existent entre les différentes branches de ce registre généalogique, indiquent clairement l'époque et la contrée auxquelles il appartient.

ALCYPHRON. — Je serais curieux de les connaître.

EUTYPHRON. — L'époque est celle où vivait Peleg, et la contrée, celle qu'il habitait. C'est vers ce temps que commença la grande émigration des peuples ; et le registre généalogique fut composé alors, afin de s'entendre sur le point vers lequel se dirigerait chaque branche principale, et de constater en même temps le nombre des branches secondaires qui émigraient avec elles. Voilà pourquoi ce registre ne dit que fort peu de choses sur les fils

---

[1] Moïse, liv. 1, chap. 10, vers. 6 et 14.
[2] Moïse, liv. 1, chap. 10, vers. 9, 12, 14 et 19.
[3] Moïse, liv. 1, chap. 10, vers. 24 et 29 ; chap. 11, vers. 10 et 29.
[4] Moïse, liv. 1, chap. 10, vers. 10 et 23.

aînés de Sem et de Japhet; et voilà pourquoi aussi presque tous les *dires* se renferment entre le Nil, l'Euphrate et le Tigre. C'est dans cette contrée que régna Nemrod, que se fixa Aram, qu'erra çà et là la race de Peleg et de Joktan; et les Cananéens la prirent pour but de leur émigration; ses limites devaient donc être en même temps celles du registre généalogique.

ALCYPHRON. — En ce cas, Moïse n'aurait contribué en rien à ce registre?

EUTYPHRON. — Il a cherché, autant que cela était en son pouvoir, à faire une carte géographique d'une liste de noms propres qu'il a trouvée toute faite. C'est-à-dire qu'il a ajouté à ces noms propres, les noms des pays vers lesquels, selon les anciennes traditions, les souches principales des antiques familles s'étaient dirigées pendant l'émigration générale. Comme il ne pouvait rien savoir de positif sur Japhet, il indiqua vaguement la demeure de ses descendants dans les sombres et noires régions du Nord, dont les habitants étaient alors entièrement inconnus. Mais lorsqu'il arrive à Nemrod, à Assur et aux Cananéens, ses indications géographiques sont précises et nombreuses, surtout à l'égard des Cananéens, parce que ce peuple était plus près de lui. S'il n'ajoute qu'un mot à la généalogie des enfants de Joktan, c'est parce que cette lignée, ainsi que la plupart des tribus sémites, lui étaient inconnues. Vous le voyez, les nombreuses lacunes de cette carte, à la fois géographique et généalogique, prouvent que Moïse n'a voulu consigner que ce qu'il savait en effet.

ALCYPHRON. — En ce cas, tous ceux qui ont voulu trouver dans ce chapitre une table complète de l'émigration des anciens peuples, et qui ont cru voir dans chaque nom propre la désignation d'un pays ou d'une ville, se sont donné des peines bien inutiles.

EUTYPHRON. — Je suis de cet avis. Cependant, toute recherche laborieuse est louable, surtout quand elle ne conduit pas sur une route entièrement fausse. En tout cas, qu'est-ce qui nous prouve que les familles les plus importantes, à l'époque de l'émigration, n'aient pas bientôt entièrement disparu? ou qu'elles se soient confondues avec d'autres à peine connues dans le principe? Qui nous dit qu'on peut retrouver encore les noms de toutes ces familles dans les noms des pays? Les patriarches antérieurs à Moïse ignoraient déjà presque entièrement ce qu'était devenu Japhet; ils ne connaissaient que vaguement les demeures de Sem et de Joktan, et nous voudrions être plus instruits qu'eux à ce sujet. D'autres tribus et d'autres territoires sont décrits avec cette exactitude minutieuse qui caractérise toutes les géographies; on dirait que ces hommes s'imaginaient alors que le monde se réduisait au petit coin de terre qu'ils habitaient. Qui nous répond que ces contrées, si soigneusement décrites, se soient conservées longtemps dans le même état? que tous les enfants de Joktan se soient en effet fixés dans les pays désignés? etc. Certes, on ne serait jamais tombé dans un aussi grand nombre d'erreurs, si on n'avait pas voulu voir une carte géographique complète dans le simple registre généalogique des tribus et des familles qu'un mouvement d'émigration a dispersées de tous côtés. Des commentaires postérieurs, mais toujours très-anciens par rapport à nous, désignent à peu près les lieux où les familles se sont fixées; mais prouvent-ils que chaque nom soit resté à sa place, ou qu'il n'ait subi aucun changement qui puisse le rendre méconnaissable? Ne vaudrait-il pas mieux accepter ce registre généalogique pour ce qu'il est? Il pourrait d'autant plus facilement nous suffire, que les commentaires ajoutés par Moïse ne sont pas seulement des indications géographiques, mais encore la table des années que vécurent les patriarches; ce qui forme une chronologie qui remonte jusqu'au déluge, et que nous ne trouvons dans l'histoire d'aucun autre peuple.

ALCYPHRON. — Le journal de l'arche est donc aussi, à vos yeux, un document digne de foi?

EUTYPHRON. — Si ce journal avait été composé ou inventé après l'évènement, comment aurait-il pu prendre les allures inquiètes et rétrécies qui le distinguent de toutes les autres narrations de la poésie hébraïque? La hauteur des eaux, par rapport aux montagnes, est calculée et indiquée chaque jour, à mesure que ces eaux augmentent ou décroissent; tout, en ce journal, porte le cachet du lieu où il a été écrit: c'est par fragments et d'un ton bref et saccadé qu'il donne le résumé de ce qui s'est passé avant, pendant et après le déluge. Un pareil récit ne peut avoir été fait qu'au milieu des évènements qu'il rapporte.

ALCYPHRON. — Et le déluge aurait été aussi universel que le prétend l'auteur de ce récit?

EUTYPHRON. — D'après le point de vue sous lequel nous l'envisageons, il nous importe peu qu'il ait été ou non universel. Il nous suffit de savoir que le narrateur le croyait, et qu'il n'a jamais connu de pays ni même entendu parler d'une terre que les eaux du déluge n'aient point submergée. Si, dans les lointaines contrées orientales, les hautes montagnes et derrière ces montagnes de vastes empires ont été épargnés, il ne le savait pas et ne devait pas le savoir. Les géants, et, avec eux, tout ce qui respirait dans le sud-est de l'Asie, étaient condamnés à périr; Noé seul avait reçu l'ordre de se sauver, lui, sa famille et diverses espèces d'animaux, afin de peupler de nouveau la terre dévastée. S'il y a dans les contrées orientales les plus éloignées du point qu'habitait Noé, quelques peuples sortis de sa souche, nous ne tarderons pas à les retrouver.

ALCYPHRON. — Comment le pourrons-nous, et à quel signe les reconnaître?

EUTYPHRON. — A la conformité de leurs langues, de leurs institutions et de leurs *dires*, avec la langue, les institutions et les *dires* qui ont eu le Mont-Ararat pour point de départ. Il est bien entendu qu'au premier abord, ces conformités ressemblent à des suppositions; mais elles ne le resteront pas longtemps.

ALCYPHRON. — Mais l'histoire avant le déluge?

EUTYPHRON. — Se borne à quelques noms significatifs, à des registres et à des *dires* généalogiques. En ce cas, comme dans les précédents, l'imperfection et la pauvreté sont une preuve de véracité. Cette histoire est imparfaite et pauvre, parce qu'elle n'a voulu dire que ce qu'elle savait, et qu'il lui importait de ne pas s'écarter du sentier étroit qu'elle devait suivre. Un simple registre généalogique [1], et les noms significatifs qu'il classe, voilà le pont sur lequel le monde primitif a passé les eaux du déluge, pour arriver au monde qui devait succéder à cette catastrophe.

---

[1] Moïse, liv. 1, chap. 5.

ALCYPHRON. — Qu'entendez-vous par noms significatifs ?

EUTYPHRON. — J'appelle ainsi les noms qui sont, pour ainsi dire, le résumé de l'histoire de ceux qui les ont portés. Commençons par Adam. Ce nom signifie : *homme de terre.* La vie d'Adam, du moins telle que nous la connaissons, n'est-elle pas tout entière en ce nom ? Il a été fait de terre, sa destinée était de cultiver la terre, et il est retourné dans la terre ; nous n'en savons pas davantage sur son compte. Abel signifie : *éprouver* ou *causer de la tristesse, des regrets, des douleurs ;* n'est-ce pas là toute son histoire ? Caïn veut dire : le *premier propriétaire*, et le nom de son fils Énoch exprime une pensée semblable. Noé signifie : *un homme qui délivre la terre du joug des tyrans et qui lui procure du repos ;* et ainsi de suite.

ALCYPHRON. — En ce cas, ils n'ont pas porté ces noms depuis leur naissance, car il n'est pas probable que tous ceux qui donnaient des noms à leurs enfants, fussent prophètes au point de connaître d'avance l'avenir de ces enfants. Ève pouvait-elle savoir ce qui adviendrait à son fils lorsqu'elle le nomma Abel ?

EUTYPHRON. — Je ne le crois pas ; mais la plupart de ces noms, tels que Caïn, Noé, etc., étaient susceptibles d'une double interprétation, et l'on y avait sans doute attaché, dans le principe, un autre sens. D'autres noms ont subi des modifications, des substitutions, tels que : Abram et Abraham, Saraï et Sara, Ésaü et Édom, Jacob et Israël, etc., etc. L'homme qui, dans le cours de sa vie, avait fait ou éprouvé des choses remarquables, changeait de nom ou modifiait le sien afin d'en faire le résumé de son histoire. Cette modification était très-facile dans une langue où les racines se groupent autour du substantif comme les branches d'un arbre sur son tronc. Énoch, fils de Caïn, attachait une autre signification à son nom que Énoch fils de Seth. Caïn, Mathusalem et plusieurs autres noms pouvaient également s'interpréter de différentes manières. Mais il nous importe peu de savoir si, avant le déluge, les pères et les mères étaient prophètes ou s'ils ne l'étaient pas ; ce qu'il y a de certain, c'est que tous les noms étaient des noms significatifs, le résumé de l'histoire de ceux qui les portaient, et souvent même celui de leurs descendants. Cette particularité se retrouve encore après le déluge, dans les noms de Cham, Sem et Japhet, qui se rattachent non-seulement aux principaux évènements de leur vie, mais aussi à l'avenir de leurs tribus. C'est donc à ces noms que l'histoire primitive doit son origine ; c'est par eux qu'elle a pris de l'ensemble et qu'elle s'est perpétuée. Les mœurs générales des Orientaux et leurs généalogies ne laissent aucun doute à ce sujet.

ALCYPHRON.—Ces généalogies contiennent pourtant des noms où l'on chercherait vainement une histoire.

EUTYPHRON.—Alors vous trouvez à côté de ce nom un chant, un *dire* qui remplit ce but. C'est par ce moyen qu'avec le nom de Lémech on apprend qu'il est l'inventeur du glaive, et qu'à côté de celui d'Énoch se trouve l'histoire de sa merveilleuse disparition. Les descendants de Caïn n'ont laissé d'autre nom significatif après eux, que celui de cet inventeur du glaive. Il est donc assez facile de remonter à la plus haute antiquité, en suivant cet étroit sentier de famille.

ALCYPHRON. — Croiriez-vous, en effet, que ces noms significatifs aient pu arriver jusqu'à nous dans leur langue primitive?

EUTYPHRON. — Cela ne doit pas nous inquiéter. Si nous ne les possédons que traduits dans un autre idiome, comme le nom de Moïse, par exemple, cette traduction n'est pour nous qu'une preuve de plus que ce nom était vraiment significatif.

ALCYPHRON. — Cette opinion vous met dans la nécessité de supposer que l'invention de l'écriture en lettres remonte à la plus haute antiquité; car, sans cette écriture, il eût été impossible de conserver les noms significatifs à l'aide de registres généalogiques.

EUTYPHRON. — Il est probable que les généalogies ne se composaient d'abord que de chiffres accompagnés d'un signe quelconque, qui représentait la signification du nom ; il n'en fallait pas davantage pour perpétuer cette signification, et, par conséquent, l'histoire de l'homme à qui elle avait été appliquée. C'est ainsi qu'ont toujours procédé et que procéderont toujours les peuples neufs. Sans marque, sans image significative à côté des chiffres, il eût été impossible de consigner et de retenir les noms. Près du chiffre d'Abel, se trouvait sans doute l'image d'un homme assassiné; près de celui d'Énoch, le symbole d'une ville, et ainsi de suite. Voilà comme on a dû procéder avant l'invention de l'écriture en lettres, invention que, au reste, je crois très-ancienne, car les registres généalogiques avec des marques significatives ont dû y conduire promptement.

ALCYPHRON. — Tout le monde la regarde cependant comme une des dernières et des plus difficiles.

EUTYPHRON. — Que cette invention soit faite depuis mille ans ou depuis quatre mille ans, il me semble qu'elle n'était pas plus difficile à une époque qu'à une autre. Dès que l'écriture par images et même les hiéroglyphes s'étaient assez perfectionnés pour exprimer les choses les plus strictement nécessaires, on devait s'en tenir là, sans songer à l'écriture en lettres, ainsi que le prouve l'exemple des Égyptiens et des Chinois. Les images peuvent conduire aux hiéroglyphes; mais les hiéroglyphes, lors même qu'on travaillerait pendant plusieurs milliers d'années à les modifier et à les perfectionner, ne conduiront jamais à l'écriture en lettres. La partie articulée d'un son ne sort point d'un fait représenté par un signe, par une image; ces signes, ces images éloigneront au contraire toujours davantage de la représentation d'un son articulé. Je crois donc que l'écriture en lettres a été inventée avant les hiéroglyphes, et dès les temps les plus reculés; sans cela, elle ne le serait pas encore.

ALCYPHRON. — Voilà une opinion diamétralement opposée à celle de tout le monde.

EUTYPHRON. — Il me semble que l'opinion de tout le monde n'a pas assez approfondi cette question. Les sujets les plus simples, les plus nécessaires, les plus déterminés, et que, par conséquent, il était impossible d'exprimer par des images, ont seuls pu donner lieu à l'invention de l'écriture en lettres. Les noms propres sont dans ce cas plus que tous les autres sujets. Les traditions du monde primitif ne sont que des noms propres, des registres généalogiques, c'est un fait avéré. Pour favoriser l'invention de l'écriture en lettres, il fallait non-seulement que le sujet fût simple, nécessaire et déterminé, mais encore généralement connu, et qu'il éveillât de nombreux souvenirs. Les noms significatifs, qui rappelaient la vie entière d'un homme, remplissaient parfaitement ces deux conditions. Une troisième était également indispensable pour arriver à l'écriture en lettres, c'est-à-dire un concours de circonstances propres à venir au secours de la mémoire et à jeter l'esprit sur la route où pouvait naître cette invention. Certes, rien n'était plus capable de conduire à ce but que la longue vie des patriarches, la simplicité de leur cœur, leur aversion pour les images et les symboles de la divinité. Au reste, la vénération qu'avaient pour ces patriarches toutes les lignées de leurs descendants ; les idées nobles et grandes qu'ils s'étaient formées sur leur origine, et qu'ils avaient puisées dans les révélations divines des temps primitifs, devaient nécessairement leur inspirer le désir de transmettre leurs noms par des signes mystiques aux populations à venir dont ils étaient les pères. Si ce premier besoin intellectuel n'avait pas éveillé les facultés intellectuelles de l'espèce humaine, c'est qu'elles auraient été condamnées à dormir toujours. Cela ne vous paraît-il pas ainsi ?

ALCYPHRON. — A peu près ; mais par qui l'écriture en lettres a-t-elle été inventée ?

EUTYPHRON. — Je ne le sais pas ; et qui peut le savoir ? Les traditions de plusieurs peuples appellent cet inventeur Seth, Thet, Theut, Thoit ; tout cela ne fait qu'un seul et même nom : sans doute celui de l'homme qui a élevé lui-même un monument éternel à son nom significatif ; car certes, l'invention de l'écriture en lettres est un monument éternel. Mais cette invention n'était pas aussi difficile qu'on pourrait le croire ; le point le plus important était d'en concevoir l'idée. L'inventeur commença sans doute par décomposer les sons de certains noms qui ne pouvaient se placer avec des signes significatifs sur la table généalogique ; puis il imita par d'autres signes le mouvement que faisaient les lèvres, ou la forme que prenait la bouche en articulant ces sons. Ce procédé constitue toute l'invention ; il ne s'agissait plus que de la perfectionner. Les enfants et les petits-enfants pour lesquels le souvenir des pères était une religion, et qui, à certains jours consacrés, se réunissaient pour célébrer ce souvenir, ne pouvaient manquer d'apprendre bientôt à reconnaître les noms de leurs pères dans les signes qui représentaient les sons articulés ; ce fut ainsi que l'invention se consolida autant que peut l'être une invention humaine. D'après cette hypothèse, le cinquième chapitre du premier livre de Moïse doit être regardé comme la première table de noms et de chiffres écrits en signes représentant des sons articulés ; ces signes s'étaient perpétués par Noé et par Sem, ainsi que le nom significatif de ce dernier semble l'indiquer.

ALCYPHRON. — Mais comment ont pu se perpétuer et se transmettre les *dires* primitifs ?

EUTYPHRON. — Par des images et par la tradition orale, du moins jusqu'au temps où l'écriture en lettres, devenue générale, se chargea de ce soin. L'histoire de la création est tout en images et en nombres. Sept tableaux de cette création, classés peut-être d'après le parallélisme de leurs rapports, pouvaient se perpétuer et se reconnaître facilement, surtout avec le secours du Sabbat, qui les conservait en les renouvelant sans cesse. Ces images, cependant, n'étaient pas la base de l'écriture en lettres, mais celle des hiéroglyphes. Il en est de même de l'histoire du Paradis. En traçant l'image d'un arbre, d'une femme et d'un serpent, on avait assez de signes de souvenirs pour le passé ; l'exil du Paradis se rappelait malheureusement chaque jour par lui-même, ou plutôt par les inconvénients de la vie qui en étaient la conséquence. Ne trouvez-vous pas dans les allures de ces premiers récits la preuve que c'est bien de cette façon qu'ils se sont conservés ?

ALCYPHRON. — Je voudrais pouvoir l'y trouver, car sans cela, tout ce que vous venez de me dire reste dans le domaine des suppositions.

EUTYPHRON. — A l'époque où vivait Énos, on commença à s'appeler du nom de Jéhovah. Quelle que fût l'idée qu'on attachait alors à ce nom, elle suppose une espèce de confession, de consécration comme dans les cérémonies religieuses et publiques ; car les commentateurs qui prétendent que par ce nom on désignait les fils de Dieu, unis aux filles des hommes, commettent une erreur qui ne s'appuie sur aucune probabilité. Ces êtres surnaturels, fils des Élohim, figurent dans les fragments des chants héroïques, où ils sont désignés par les noms de héros, de puissants, et ils agissent en conséquence. Ainsi, le passage qui dit qu'on commença à s'appeler du nom de Jéhovah, signifie qu'on s'avouait publiquement ses adorateurs. Ce fut probablement vers cette époque que Seth éleva, au nom et à la parole de Dieu, le monument de l'écriture en lettres, ce qui expliquerait au besoin l'antique fable des colonnes de Seth. Mais lors même que l'invention de l'écriture aurait eu lieu plus tard, je suis convaincu, du moins, que nous la devons, sinon au plus proche descendant de Seth, du moins à ceux de Sem. Tous les peuples orientaux dont la langue se compose de monosyllabes, ne connaissent que les hiéroglyphes. Le monde entier n'a qu'un seul alphabet en lettres, et les noms de ces lettres, même tels que les Phéniciens les transmirent plus tard aux Grecs, sont chaldéens, c'est-à-dire qu'ils appartenaient à la langue des Sémites. Les Phéniciens ne pouvaient les avoir inventés, car, ainsi que je vous l'ai déjà dit, ils avaient, selon toutes les probabilités, emprunté leur langue tout entière aux Sémites, au milieu desquels ils demeuraient. Les Chamites n'avaient pas d'écriture en lettres ; les Égyptiens eux-mêmes ne connaissaient que les hiéroglyphes, et lorsqu'ils adoptèrent enfin un alphabet en lettres, ce fut celui que l'opinion générale regarde faussement comme une invention phénicienne.

ALCYPHRON. — Vous ne croyez donc pas que le tableau de la création et le récit sur l'arbre de la science sont d'origine égyptienne ? et que Moïse les a puisés dans quelques hiéroglyphes découverts par lui ?

EUTYPHRON. — En vérité, mon ami, je ne conçois pas comment vous pouvez voir en tout ceci quelque chose d'égyptien ou de semblable aux hiéroglyphes des Égyptiens. Tout ce que ce peuple a voulu consigner historiquement par des monuments d'art, est devenu aujourd'hui, à juste titre, un objet de dérision, parce qu'on en a reconnu la fausseté et la tromperie. Voyons, sur quelle probabilité pourriez-vous fonder l'opinion que vous venez d'énoncer ? Où est l'hiéroglyphe découvert par Moïse ? La langue et la mythologie égyptiennes ont-elles des rapports, même très-éloignés, avec les idées hébraïques ? Vous m'objecterez, peut-être, que les idées des Hébreux sur la nuit, sur l'esprit, sur la lumière et sur l'éther, pourraient s'appliquer à certaines divinités égyptiennes ; mais qu'est-ce que cela prouve ? Mitsraïm tenait ses notions primitives de ses pères, et, par conséquent, de Noé ; mais voyez comme elles sont devenues noires et obscures dans la mythologie égyptienne. Je voudrais connaître un Esdras capable de retrouver dans le limon du Nil, le feu sacré des pures et primitives notions hébraïques sur la création ; je voudrais connaître un Jérémie qui aurait songé à les y cacher. Dans les langues des descendants de Sem, que nous appelons communément orientales, tout est visible, palpable ; elles se sont, pour ainsi dire, posées et classées d'après les racines des mots et les idées primitives, d'après le parallélisme entre le ciel et la terre, entre Dieu et les hommes, entre les êtres de la création vivante et de la création morte ; la formation d'une longue série de langues mères, basées sur des racines et des images qui découlent d'une seule et même pensée, n'est-elle pas un témoignage irrévocable en faveur de cette pensée ? La contrée qui a servi de point de départ à tous les *dires* recueillis par Moïse, tels que le Paradis, l'arbre de vie, les chérubins, le déluge, est aussi celle où le prophète place tous ces faits. Observez la marche de la civilisation, et vous la verrez s'avancer de l'Orient à l'Occident, du Gange vers l'Ararat ; vous verrez cette foule de peuples descendre des plus hautes montagnes de l'Asie, envahir toutes les vallées du monde antique, et s'emparer même de cette terre d'Égypte qui venait à peine de sortir de la vase du Nil. Tout cela n'est-il pas fort naturel, et surtout très-conforme à l'histoire universelle de la terre et de l'espèce humaine ? C'est autour des montagnes les plus hautes et les plus orientales de l'Asie qu'on trouve encore aujourd'hui les mythologies, les langues et les institutions les plus antiques. Là se parlent encore ces idiomes composés de monosyllabes que l'on peut appeler des idiomes d'enfants ; car tous les enfants commencent à parler par monosyllabes ; et, ce qui est plus remarquable encore, là, les peuples ne connaissent point l'écriture en lettres. Ils ont conservé leurs hiéroglyphes et leurs antiques institutions, basées sur le despotisme paternel, ce monument de l'enfance de l'espèce humaine que tant de milliers d'années n'ont pu détruire, sans doute parce qu'il doit vivre toujours dans la pensée des hommes. Si nous pouvions un jour examiner et étudier à fond les idiomes et les mythologies de ces contrées, nous y trouverions plus d'un trait de lumière sur l'histoire primitive de notre espèce, sur la marche des idées primordiales, et sur les modifications qu'elles ont subies. Au reste, ce que nous savons jusqu'à présent suffit pour nous prouver que l'Égypte n'est pas et ne peut pas être la patrie des traditions hébraïques; que ces traditions tirent leur origine des hauteurs de l'Asie, d'où elles ont été répandues par les Sémites; et qu'enfin elles se sont conservées dans la terre de Canaan, où le peuple semblait avoir été organisé exprès pour garder intact et pur ce vénérable dépôt.

ALCYPHRON. — Il paraît cependant que vous ne voyez pas, dans la langue hébraïque, l'idiome le plus ancien qui ait été parlé en ce monde, celui du Paradis, la langue-mère de toutes les langues possibles?

EUTYPHRON. — Elle ne pouvait pas l'être, du moins telle que nous la connaissons. Toutes ses racines sont soumises à des règles et se composent de deux syllabes; elle est même déjà, dans ses bases fondamentales, une langue travaillée. Des hommes qui vivaient des milliers d'années, devaient nécessairement avoir une autre constitution, d'autres organes, et, par conséquent, une autre langue que nous. Il est certain que ces hommes primitifs vivaient dans la Basse-Asie, et non sur les bords du Gange ou en Cachemire.

C'est donc dans le climat de la Basse-Asie que s'est formé cet idiome primitif, dont, selon moi, la langue hébraïque est la fille aînée. Sa régularité dans les racines ne me semble pas une cause suffisante pour rejeter cette opinion; car cette régularité est le résultat nécessaire de l'invention précoce de l'écriture en lettres. L'histoire de tous les peuples et de toutes les langues nous prouve que les idiomes ne se sont régularisés que par l'écriture en lettres; et que partout où on ne se servait que d'hiéroglyphes, les langues sont restées dans l'enfance et ont conservé un caractère sauvage qui les rend inaccessibles à l'examen de la raison.

ALCYPHRON. — Vous m'avez donné, sur ces matières, des vues

plus claires et plus étendues que toutes celles que j'avais eues jusqu'ici, et je vois qu'en cherchant tout en tout, on finit par ne plus rien y trouver. Je tâcherai de m'accoutumer à ne voir dans la poésie hébraïque que l'écho des temps antiques ; je ramènerai cet écho à son origine naïve et simple, et je ne lui demanderai pas de me faire entendre plus qu'il ne doit, plus qu'il ne peut dire. Il me semble cependant qu'il y a dans cet écho plus d'une fiction poétique appartenant à des temps moins anciens, tels que la tour de Babel, la destruction de Sodome, le combat de Jacob avec l'ange, etc.

Quant à la tour de Babel, vous m'avez démontré que ce récit est une satire contre les coupables tentatives du premier usurpateur. Il paraît que pendant la construction de cette tour, il s'est passé quelque chose qui a jeté le désordre et la mésintelligence entre les peuples, et les a forcés à laisser leur ouvrage inachevé. Dès que les uns ont pris le parti d'émigrer, tous ont dû imiter cet exemple ; c'est ainsi que la pelotte de neige grossit en s'unissant aux pelottes qui se forment autour d'elle. La grande émigration des peuples, au commencement de l'ère chrétienne, n'est sans doute que la répétition de celle qui se fit alors ; elle aussi partit du Mont-Ararat et de la Tartarie, contrée qu'on peut regarder comme une mère dont l'éternelle fécondité ne cesse d'enfanter des peuples barbares. La destruction de Sodome n'est sans doute qu'une fable ingénieuse de quelque poète hébreu, et la statue de sel une allusion à un monument artistique. Le combat de Jacob avec l'ange, même après l'explication que vous venez de m'en donner, ne me paraît qu'une paraphrase poétique de la prière qu'il adressa à Dieu pour le protéger contre Esaü. Le récit ne mentionne d'abord que la prière ; et la lutte nocturne pourrait fort bien avoir été empruntée à un autre *dire* tout poétique, et dont Élohim était le héros. Le prophète hébreu, que vous m'avez cité à cette occasion, semble avoir interprété en ce sens cette narration, car il dit : « Jacob lutta avec l'ange, et le vainquit, car il pleura et le supplia. » Or, ce n'est pas en pleurant et en suppliant qu'on se trouve dans une position favorable pour lutter corps à corps. Il y a sans doute, dans la poésie hébraïque, une foule d'allégories semblables que nous avons la bonhomie d'accepter pour des faits historiques.

EUTYPHRON. — Et lors même qu'il en serait ainsi, cela ne diminuerait en rien le mérite et l'importance de cette poésie ; cependant, je dois vous le dire, vos commentaires ne m'ont point convaincu. La diversité des langues est un phénomène qu'on ne saurait expliquer par l'émigration des peuples, par l'influence des climats et les changements que subissent les mœurs et les habitudes. Nous voyons souvent des peuples qui demeurent près les uns des autres, et qui ont une origine commune, parler des idiomes tout-à-fait différents. Une île, un petit coin de terre, fournit souvent un grand nombre de ces exemples, et les peuples les plus sauvages sont les plus riches en langues diverses. Nous pourrons, sans doute, nous former un jugement plus positif à ce sujet, lorsque nous aurons classé tous les peuples en trois lignées principales, et que nous aurons donné à chacune la civilisation, les idiomes et les mythologies originaires qui lui sont propres. D'ici là, je dois convenir que beaucoup de points importants de l'émigration me paraissent tout-à-fait inexplicables. Le problème de la diversité des langues ne porte pas sur des modifications, des changements, des perfectionnements, mais sur les contrastes, les oppositions les plus tranchées ; sur la confusion, sur Babel enfin. Les intelligences ne peuvent avoir été ainsi jetées tout-à-coup sur des routes différentes que par un fait positif, spontané ; les déductions philosophiques ne sauraient l'expliquer, et j'accepte l'explication surnaturelle du *dire*, parce que je n'en trouve pas de naturelle. Il en est de même de la destruction de Sodome. Ce récit contient des traits poétiques de la plus grande énergie, tels que celui-ci :

« Le soleil se leva au-dessus de la terre, et Loth atteignit Zoar. Alors Jéhovah fit pleuvoir sur Sodome et sur Gomorrhe ; et le soufre et le feu tombèrent de Jéhovah du haut du ciel. Il bouleversa ces deux villes ; la plaine tout entière fut détruite, et avec elle les habitants des villes et tout ce qui avait germé dans la terre. Et lorsque la femme de Loth se détourna pour regarder derrière elle, elle devint immobile et se transforma en sel. »

C'est-à-dire qu'elle brûla et devint un souvenir, un monument de destruction que les Orientaux représentent toujours par le sel. Il est possible que, plus tard, on lui ait élevé à la place où elle mourut, une colonne avec des morceaux de bitume entassés, selon les habitudes orientales. Cette colonne peut avoir porté le nom de *statue de sel*, ce qui est un de ces idiotismes particuliers aux Hébreux et qui donnent tant d'énergie à leur langage. La phrase dans laquelle il est dit d'abord que Jéhovah fait pleuvoir, et qui rend ensuite Jéhovah le point d'où découle cette pluie de feu et de soufre, est dans le même cas. Tous les commentaires sur ces sortes de locutions sont inutiles, dangereux même, car ils achèvent d'embrouiller la matière. Quant au combat de Jacob avec l'ange, c'est un récit tout historique, et non une paraphrase de sa prière. Mais il me semble que nous en avons assez dit sur ce passage.

ALCYPHRON. — Vous ne voyez donc rien dans tous ces *dires* antiques que l'on puisse attribuer à la poésie proprement dite ?

EUTYPHRON. — Cela dépend du sens que vous attachez au mot poésie. Dans les divers passages que nous venons d'examiner, il n'y a qu'un seul morceau qui puisse être regardé comme un petit poème, un chant, une composition poétique enfin, c'est ce que dit Lémech, l'inventeur du glaive. Le simple bon sens et l'esprit du *dire* ne permettent pas de voir dans ces paroles l'expression d'une folle allégresse inspirée par le meurtre de Caïn. On trouve dans ce petit morceau de la mesure, des assonnances et le parallélisme, ce qui prouve combien il est ancien. La poésie lyrique et la musique ont été nécessairement inventées en même temps, car l'une est la fille de l'autre, et toutes deux sont à jamais inséparables. Voici, au reste, la traduction du chant de Lémech, que, malheureusement, je ne puis rendre que dépouillé de la rime et de ses assonnances :

« Femmes de Lémech, écoutez mes discours, écoutez mes dires : Maintenant je tuerai celui qui m'aura blessé ! je tuerai le jeune homme qui m'aura meurtri ! Si Caïn doit être sept fois vengé, Lémech le sera sept fois septante fois. »

Voyez comme il sentait vivement la supériorité du fer et du glaive sur la massue de bois et les armes de guerre connues alors! Les autres *dires* ne contiennent pas de chants proprement dits, mais il y a toujours de la poésie dans la narration, dans la manière d'envisager les faits, et surtout dans les sentences et dans la morale. Le tableau de la création est, par sa marche brève, par son contenu majestueux, un poëme sublime, mais il n'est pas plus susceptible d'être chanté que les bénédictions des patriarches, qui sont des sentences pleines de parallélismes. Tous les récits, dans leur ensemble, sont tantôt des idylles, et tantôt des *dires* héroïques, simples et énergiques, que leur ton et les matières qu'ils traitent rendent la base fondamentale de l'histoire et de la poésie des temps postérieurs. En un mot, mon ami, nous avons franchi toutes les avenues, et nous allons entrer enfin dans l'édifice.

ALCYPHRON. — Permettez-moi encore une question. Avez-vous une opinion arrêtée sur la prétendue différence qui existe entre les *dires* dont Jéhovah est l'objet, et ceux qui roulent sur Élohim?

EUTYPHRON. — Cette différence est très-visible, surtout dans les passages les plus anciens. Eichhorn, dans son introduction à l'Ancien-Testament, l'a développée avec une exactitude qui ne laisse rien à désirer. Tout ce qu'on pourrait lui objecter, c'est que cette exactitude minutieuse est souvent nuisible, car elle sépare et divise des passages qui devraient rester unis, parce qu'ils appartiennent à la même époque, peut-être à la même main. Ce n'est certainement pas sans motifs que, dans les temps primitifs, on disait tantôt Élohim et tantôt Jéhovah. Élohim se trouve dans les morceaux les plus anciens, surtout dans ceux qui rapportent des faits qui ne sont pas entièrement en harmonie avec la dignité de Jéhovah. Dans les passages écrits plus tard, et probablement après les traditions orales, on ne voit plus que le nom de Jéhovah; peut-être y a-t-il été mis souvent à la place de celui d'Élohim, par les écrivains qui ont recueilli ces traditions. Il est impossible d'arriver à une certitude matérielle sur un pareil sujet; mais on ne saurait méconnaître que tous ces *dires*, soit que l'un ou l'autre nom y figurent, découlent d'une seule et même source: celle des traditions répandues et perpétuées par les tribus sémites.

SUPPLÉMENT.

LA VOIX DU MONDE PRIMITIF.

« D'où viens-tu ? où vas-tu, voix des temps antiques ? Comment ton souffle si doux a-t-il pu se conserver à travers la tempête des siècles et des années ?

« Viens-tu de l'arbre de vie et de la source sacrée d'Éden ? Nous apportes-tu des sensations prophétiques sur la création et sur le premier amour ? sur l'arbre trompeur et sur la cabane du père, où il vécut de la vie de travail et de souffrances ?

« Tu ne chantes pas, tu parles ! Eh bien ! parle-nous des vagues qui rompirent leurs digues, des géants qui assiégèrent les cieux !

« Dis, comment as-tu pu te soustraire aux flots pesants du jugement universel ? Dis-le, toi si délicate, si légère, comment as-tu pu résister au mouvement terrible qui dispersa les peuples sur tous les points de la terre ?

« Pendant que les ouragans et les orages dévastaient le monde, ton père t'aurait-il cachée dans son Paradis ? t'aurait-il envoyée vers son fils nouveau, avec la feuille d'olivier de la douce colombe, messagère de paix et d'alliance ?

« Oui, fille de Dieu et de la voix humaine, toi, gage précieux, sanctuaire de l'homme, écho de la voix de ses pères bienheureux, tu es entrée avec lui dans l'arche que balançaient les eaux du déluge.

« Les branches des arbres généalogiques t'ont servi d'abri ; les noms t'ont fourni un point d'appui, et tu es descendue jusqu'à nous, sous l'égide du nom sacré de l'Éternel !

« Traits brisés des tables de mémoire du monde primitif, je vous salue ! Soyez bénis, car vous avez donné à ce monde si grand la religion et l'écriture ! »

MOÏSE.

Quoique nous soyons séparés en ce moment, nous n'en examinerons pas moins ensemble le grand homme qui posa la base fondamentale de la constitution des Israélites, et qui utilisa le génie de leurs poésies. La cosmologie des plus anciennes traditions, les idées primitives de la religion et de la poésie, basées sur les *dires* des pères, nous ont fourni des matériaux d'autant plus précieux, qu'il faudra y recourir plus d'une fois pour expliquer les faits dont nous allons nous occuper.

La scène est entièrement changée; plus de peuples pasteurs, plus d'idées pastorales sur Dieu. Dans ce nouveau cercle d'activité, nous trouvons quelque chose de plus grand, de plus haut; nous y trouvons debout, devant nous, un homme né et élevé en Égypte; un homme qui fait de l'Arabie sa seconde patrie, le théâtre de ses hauts faits, de ses institutions et de ses prodiges. Avec lui et par lui, la poésie du peuple, dont il est l'âme, se forme et se développe dans un esprit nouveau.

Je m'élève vers toi, ombre grave et sacrée, toi qui fus le premier législateur, toi qui fus un des plus grands bienfaiteurs de l'espèce humaine! Ton visage étincelant ne m'éblouit pas au point de me voiler tes traits : je les vois, et je les ferai voir à mon jeune ami; je lui montrerai la lumière et la vérité que tu posas sur la poitrine des princes de ton peuple, pour en faire le sanctuaire de la justice.

La première destinée de Moïse offre des circonstances merveilleuses que, dans les temps antiques, on retrouve chez la plupart des législateurs et des grands hommes; ces imitations sont tantôt des faits historiques, et tantôt des fables. Cyrus, Romulus et plusieurs autres furent miraculeusement sauvés comme Moïse, qui reçut ce nom parce qu'il devait lui rappeler toujours que Dieu ne l'avait pas fait en vain retirer des eaux par la fille du prince sous lequel le peuple d'Israël gémissait dans l'esclavage. La providence paraît se faire un jeu du fil de soie, souvent bizarrement noué, par lequel elle arrache les grandes choses à la fange de notre néant, et fait accomplir ses vastes desseins par la main même de ses ennemis !

Moïse fut élevé à la cour de Pharaon. Versé dans toutes les sciences égyptiennes, il sut, sans doute, se faire initier aux mystères des prêtres, et, par conséquent, à l'organisation politique de l'Égypte, qui servit, plus tard, de modèle à l'organisation politique de tant d'autres peuples. Les *dires* font de Moïse un grand guerrier, l'histoire ne le désigne jamais comme tel.

La marche de la providence ne nous paraît ni moins grande, ni moins sublime, quand elle s'avance vers son but dans les voies humaines, et qu'elle fait accomplir ses œuvres par des instruments terrestres. Un peuple égaré au milieu des superstitions égyptiennes, et que le culte de Mitsraïm, qui touche de si près à l'idolâtrie, avait éloigné des mœurs de ses pères et rendu étranger à leur Dieu, devait, autant que possible, être ramené à ce Dieu et à ses mœurs primitives. Pour l'arracher à son avilissement, à sa corruption, il lui fallait un Égyptien assez savant pour faire servir les institutions égyptiennes au retour sincère de ce peuple à la religion de ses pères, telle qu'il pouvait la concevoir dans l'état où il était tombé. Après l'y avoir ramené, il fallait le tenir réuni autour de cette religion, occuper ses sens, flatter ses habitudes, et construire avec les vases et les bijoux de ce peuple superstitieux un tabernacle qui, malgré tout ce qu'il offrait de sensuel et d'imagé, deviendrait le premier sanctuaire politique de la plus pure institution de Dieu sur la terre.

Il serait extravagant de ne pas convenir qu'en instituant son sacerdoce, son temple et ses rites religieux, Moïse avait sans cesse dans la pensée les usages égyptiens au milieu desquels il s'était formé; car la ressemblance est frappante. Les sacrifices, les purifications, les vêtements sacerdotaux, l'espèce de bouclier qui décorait la poitrine du grand-prêtre, et une foule d'autres usages qu'il serait trop long de mentionner ici et de comparer à ceux de l'Égypte, prouvent clairement qu'il a voulu tout appuyer sur le sacerdoce, dont il a fait la classe privilégiée de l'État; mais l'esprit de la religion n'était pas égyptien. Son Dieu était Jéhovah, le Dieu de ses pères; dans toutes les cérémonies religieuses, il savait faire planer l'esprit au-dessus de la matière, et il s'opposait avec autant d'empressement que d'énergie à tout ce qui ressemblait aux superstitions, aux idolâtries de la sombre et servile Égypte.

Toute image d'idole était sévèrement interdite à son peuple; aussi fit-il consumer par le feu le veau d'or, cette imitation de la science et de la sagesse égyptiennes. Il fit plus, il contraignit les coupables à boire les cendres de cette idole, en signe d'horreur et de châtiment.

Aucune image ne décorait son temple; les chérubins n'y figuraient pas comme des sphinx égyptiens, mais comme des créatures significatives, merveilleuses, terribles, et dont l'existence lui avait été révélée par les *dires* de ses pères. Le front et la poitrine de son grand-prêtre n'étaient pas ornés d'hiéroglyphes et d'images d'idoles, mais des lettres de l'Écriture sainte. Ce grand-prêtre était consacré à Dieu et aux douze tribus du peuple de Dieu; cette consécration se faisait au nom de la lumière et de l'intégrité, c'est-à-dire au nom de la vérité qui éclaire. Le sanctuaire, dont il traça lui-même le plan, était le sombre et magnifique palais oriental d'un roi invisible, inimitable; les prêtres étaient les serviteurs de ce Dieu, et les armées formaient sa cour ambulante. Les sacrifices et les purifications s'éloignaient plus directement encore de tous les usages égyptiens; et les règlements sur la nourriture n'ont aucun rapport avec les productions de l'Égypte, si riches en animaux aquatiques. Enfin la législation de Moïse est le plus beau modèle, écrit en lettres, d'un code qui embrasse à la fois la santé, les mœurs, l'organisation politique et le culte religieux d'un peuple.

On ne saurait nier, toutefois, que l'ensemble de cette organisation ne fût un joug égyptien, nécessaire aux Israélites de cette époque, et favorable à la marche progressive de la civilisation; ce même joug cependant eût été funeste, si, à la façon de l'Égypte ou de la Chine, il avait pu, ou si seulement il avait voulu être un joug immuable, un frein à la tendance qui pousse l'espèce humaine toujours plus avant et dans des voies nouvelles. Mais telle n'a jamais été l'intention de Moïse; comme Lycurgue, il a été souvent forcé de rappeler sa loi au peuple barbare à qui il l'avait donnée; et si alors il appelait cette loi un pacte d'alliance éternelle, ce n'était qu'une locution que les circonstances rendaient nécessaire. S'il l'avait, en effet, regardée comme telle, il n'aurait pas lui-même annoncé à son peuple qu'après lui il y aurait des prophètes, c'est-à-dire des hommes sages, envoyés et éclairés par Dieu comme lui, et qui perfectionneraient son œuvre. Il a lui-même plus d'une fois modifié sa loi, selon les besoins et les circonstances, et il a fini par dire hautement que le véritable amour de Dieu n'était pas une crainte d'esclave, une servitude comme celle que les Égyptiens exigeaient des Israélites, mais la parole la plus intime du cœur, et le premier des commandements. La sévérité de ses punitions n'était qu'une triste exigence de son époque, une conséquence de la perversité de son peuple. Dans ses derniers discours si pleins de tendresse et de douceur, et même dans plusieurs autres passages, il rappelle sans cesse les bienfaits paternels de Dieu, et oppose la bénédiction à l'anathème, l'amour filial à la soumission de l'esclave. Son Dieu est plein de longanimité et de clémence, ce n'est qu'après avoir longtemps pardonné qu'il se décide enfin à punir; ses châtiments sont terribles, mais courts, car dès que les méfaits des hommes ne surchargent plus ses mains, il les étend pour bénir.

Homme divin! si tu avais pu reparaître à l'époque où l'on faisait de ta loi un filet pour pêcher des ames humaines et les retenir dans une enfance perpétuelle; à une époque où ta législation si vivante dans toutes ses parties n'était plus qu'un corps mort rongé par les vers; où la moins importante de tes institutions était devenue un veau d'or autour duquel le peuple dansait et chantait dans l'ivresse d'une idolâtrie hypocrite; oh! alors tu aurais toi-même brisé mille fois ton œuvre ainsi profanée, et mille fois tu en aurais fait boire les cendres aux profanateurs, aux idolâtres qui furent ton peuple!

Revenons à l'histoire de sa vie. Un trait d'héroïsme força, dès sa première jeunesse, le futur sauveur de son peuple à fuir de l'Éygpte. C'est que le contact de la civilisation égyptienne ne lui était plus nécessaire, et que l'heure de la délivrance d'Israël n'avait pas encore sonné. Les déserts de l'Arabie devaient être le séjour silencieux de son âge mur; il y vécut pendant quarante ans, entouré de peuples parents de celui d'Israël par la langue et par l'origine. La fable a voulu faire de l'émir ou du scheik Jethro l'instigateur et l'appui de ses plans politiques ; rien n'est plus opposé à l'esprit de l'histoire de Moïse. Jethro était un homme sage et prudent, mais il n'y avait pas en lui une étincelle de ce génie inspirateur qui força Moïse à se consacrer à une œuvre au-dessus de la portée de l'intelligence et du regard humain. Je dis qu'il y fut forcé, ainsi que me le prouve sa propre opinion sur la mission dont il se chargea malgré lui, à laquelle il était loin de s'attendre, et qui lui parut inopportune, inexécutable même.

Quelle épopée justificative pour l'ensemble de l'histoire sainte, que la simple et modeste mission de Moïse, sa conduite en Égypte avant la fuite des Israélites, et les prodiges qui protègent cette fuite ! La narration se borne à nous montrer sans bruit, sans exclamation, et même avec ses défauts et ses faiblesses, l'homme qui ne parle jamais de lui-même, que personne ne vante, et qui ne vit que par son œuvre, ses travaux et ses soucis.

L'apparition de Dieu dans le buisson ardent est toute arabe, comme les prodiges et les signes qui, alors, furent mis dans sa main, sont tous égyptiens. Il fallait qu'il y eût dans ce désert brûlant et rocailleux un buisson desséché dans lequel la présence de l'Éternel se révélât à lui pour le réveiller de son inaction. Le pouvoir d'opérer des prodiges était une arme indispensable contre les magiciens et les faiseurs de prodiges de l'Égypte. Il en est de même des plaies dont il frappa ce pays pour le forcer à laisser partir les Israélites. Tous ces miracles ont un cachet égyptien ; et les serpents, les insectes, le Nil, les monstres marins, les ténèbres, l'ange exterminateur, sont des tableaux génésiatiques et géographiques de l'Égypte.

Le bras levé au-dessus de son peuple, Dieu le conduit hors de l'Égypte. Il s'achète son serviteur, l'affranchit de l'esclavage et le retrempe dans les vagues de la mer Rouge, afin qu'il soit bien son serviteur acquis et soumis à toutes ses volontés. La primogéniture appartient à ce Dieu, car il a naguère sauvé les premiers nés ; et il faut que l'éternelle fête de la délivrance soit célébrée par le sang de l'agneau égorgé, et que ce sang fasse sur la porte de la demeure de chaque famille, une marque qui constate son droit sur ces familles et sur leurs descendants. Au-delà de la mer Rouge, et en face de l'ennemi englouti, résonnent, en deux chœurs séparés, le chant de triomphe de Moïse et celui de Miriam, modèles sublimes de tous les psaumes de reconnaissance, de tous les chants de triomphe du peuple.

C'est sur des ailes d'aigle que Dieu porte lui-même en avant son peuple sauvé. Il lui donne pour maison d'éducation un désert aride, où lui-même a soin de lui fournir à boire et à manger comme à son premier né. Ces bienfaits seront éternellement redits et chantés; que n'ont-ils atteint le but dans lequel le père les a prodigués à ses enfants! car, en les séparant de tous les autres peuples, en les jetant dans un désert où ils ne pouvaient vivre que par les dons visibles de sa main, il a voulu les constituer en un peuple digne de lui par ses lois, ses mœurs et ses usages.

La loi fut donnée au peuple d'Israël au milieu de circonstances terribles, et dans un désert terrible! L'effroi et la terreur furent les témoins de l'alliance à laquelle il a fallu tant de fois ramener ce peuple par des châtiments affreux, tels que des serpents de feu et des éboulements de terre.

Où étais-tu alors, douce influence du Dieu d'Abraham et de sa génération de pasteurs? du Dieu qui parlait aux pères de ce peuple comme un ami à son ami, comme un frère à son frère? du Dieu qui, sous la forme d'un ange, luttait avec Israël déjà béni par le rêve que, dans son adolescence, il avait fait descendre sur lui? Où étais-tu alors, temps d'innocence et de bonheur où la tente hospitalière du patriarche abritait les anges? où deux légions divines campaient autour d'une caravane de pasteurs? Maintenant le reflet de ces anges fait étinceler la montagne! maintenant le passage des célestes phalanges guerrières fait tressaillir la terre!

Il n'est personne qui ne soit frappé de la différence du langage qui existe dans le récit imposant des évènements qui se passèrent sous Moïse, et dans la narration naïve de la vie des patriarches. Une voix surnaturelle résonne à travers l'immense désert de l'Arabie: Dieu est devenu un rocher, un feu qui brûle et qui consume. Des frélons, envoyés par lui contre les peuples cananéens, le précèdent; il aiguise les éclairs de son glaive, il lance des flèches altérées de sang ! Les séraphins et les serpents de feu sont les anges vengeurs qu'il envoie lui-même contre son peuple ; sa main est sans cesse élevée vers le ciel, et sans cesse il jure par lui-même : Je suis Jéhovah ! je suis le seul Dieu ! ton Dieu à toi, perfide Israël qui ose me renier ! Je vivrai éternellement !....

Le passage de Moïse et du peuple d'Israël à travers le désert, les prodiges, les discours de Moïse, et surtout son dernier chant, ont donné lieu à la plus haute poésie, aux plus belles images des psaumes et des livres des prophètes. Il est facile de voir que ce dernier chant de Moïse est la prophétie fondamentale, le modèle canonique des prophètes. Dans tous leurs écrits on voit, comme dans ce chant, l'anathème mêlé à la bénédiction, les avertissements bienveillants du père aux arrêts terribles du juge. Isaïe et plusieurs autres ont imité jusqu'aux allures de ce chant, et ils mettent, dès leur début, le ciel et la terre en action. Il est probable que le premier chapitre d'Isaïe était l'introduction, le commencement d'une nouvelle ère de la poésie prophétique, qu'on peut appeler celle de Moïse. Les prophètes, ne pouvant diriger leurs tendances que vers la loi de Moïse, devaient nécessairement le prendre pour modèle.

Dans l'État que créa Moïse, tout était fixé, déterminé par lui ; et son influence sur la poésie s'appuie sur trois causes principales. La première découle de ses actions ; c'est-à-dire la fuite de l'Égypte, les voyages dans le désert, la conquête de la terre promise à l'aide de Dieu, qui marchait à la tête de son peuple et combattait pour lui. Tous ces faits merveilleux ne pouvaient manquer de devenir un inépuisable sujet de tableaux et de chants poétiques.

Le voyage dans le désert est resté le type de tous les miracles que Dieu fit en faveur de son peuple, l'image fondamentale par laquelle ce peuple représentait ses guerres et ses victoires, ses punitions et ses récompenses. L'institution du service divin et du sacerdoce fait, selon moi, partie de la série des actions par lesquelles Moïse modifia la poésie hébraïque. C'est par cette institution qu'elle devint un chant du temple, pur de tout hymne en l'honneur d'êtres créés ou fabuleux ; qu'elle associa le nom de Jéhovah à la pratique des plus petits devoirs de la vie publique et privée ; qu'en un mot, elle devint une poésie sacrée ! Le peuple célébra tous les actes de Dieu par des chants semblables à ceux que Moïse et Miriam avaient fait entendre sur les bords de la mer Rouge.

Puisque le gouvernement était sacerdotal, et que tout reposait sur des sacrifices, sur des cérémonies religieuses, la poésie devait nécessairement se parer des ornements des prêtres, de l'éclat du temple, de la pompe des cérémonies. David lui imprima encore plus fortement ce caractère, car il ressuscita tous les chants judaïques, et attacha tant d'importance à la richesse et à l'éclat du sanctuaire, que, dans ses psaumes, il décore la divinité elle-même d'ornements sacerdotaux. Les derniers prophètes seulement osèrent faire quelques efforts pour ramener le peuple à la pure et touchante alliance d'Abraham avec son Dieu. L'abus des sacrifices, la corruption des prêtres, l'idolâtrie qui s'était glissée dans les cérémonies religieuses, étaient si visibles et avaient amené tant de résultats fâcheux, que ces prophètes se crurent autorisés à rappeler les temps d'innocence aux Israélites dégénérés ; tâche téméraire que s'imposa surtout le grand Isaïe, cet aigle au regard de flamme, aux ailes puissantes, qui le portèrent plus haut, dans les régions éthérées, que tous les autres prophètes.

Les institutions de Moïse ont subi la destinée réservée à toutes les institutions de la terre : elles élèvent et ennoblissent d'abord les nations, puis elles leur imposent des limites trop étroites. En devenant la poésie de Dieu et de son temple, la poésie hébraïque s'éleva au-dessus de toutes les autres ; mais à peine avait-elle atteint cette hauteur, qu'on en abusa. L'arbre s'arrêta dans sa croissance ; les voûtes du temple l'avaient étouffé ! La voix sublime et primitive des temps antiques n'était plus qu'un écho vide de sens pour les temps présents, assoupis dans l'idolâtrie !

La seconde cause de l'influence de Moïse sur la poésie hébraïque est dans la peinture de ses actions, dans ses écrits, dans sa propre poésie enfin. Ainsi que je l'ai déjà dit, son dernier chant servit de modèle à tous les prophètes : le peuple l'apprit par cœur, il le vénère encore aujourd'hui, malgré les reproches amers qu'il contient. Son chant sur le bord de la mer Rouge fut le point de départ de tous les psaumes de louanges, de victoire et de reconnaissance, comme le psaume 90 sera toujours le type de tous les chants dont le but est d'enseigner et d'instruire.

Au reste, la poésie de Moïse porte toujours et partout l'empreinte de son caractère; elle a quelque chose de vaste, de dur, de grave et de solitaire; étincelante comme son visage, elle est couverte d'un voile comme l'était ce visage. Le génie qui l'inspire ne ressemble en rien à celui qui inspira Job, David et Salomon.

Les descriptions que Moïse fait de ses voyages et de ses institutions, appartiennent à la seconde cause de son influence sur la poésie hébraïque. S'il écrivit l'histoire de ses expéditions dans le désert, et fit de sa loi le canon des prêtres et le code des peuples; s'il chargea une tribu spéciale du soin de lire, de copier et de faire exécuter cette loi, soin qui la dispensa de tout autre travail; s'il bannit les images, les hiéroglyphes, et fit de l'écriture en lettres la parure du grand-prêtre et l'occupation de toute la tribu consacrée au sacerdoce; s'il recueillit les *dires* antiques de son peuple et les fit respecter comme un héritage sacré du monde primitif, comme la base des droits d'Israël sur Canaan; s'il plaça ces *dires* à la tête de son histoire, c'est qu'il voulait faire d'un peuple barbare un peuple littéraire, du moins par ses institutions fondamentales.

L'arche du tabernacle peut être regardée comme un trésor précieux des temps passés et un puissant moyen de civilisation, puisqu'elle était ornée d'écriture en lettres. Si ses tables de loi étaient arrivées jusqu'à nous, si nous pouvions découvrir le rocher où il fit, avant sa mort, graver une inscription en lettres, nous possèderions, à coup sûr, un monument inappréciable.

La troisième cause de l'influence de Moïse sur la poésie hébraïque dont il fit le chant sacré du temple, consiste dans les privilèges qu'il accorda aux prophètes. Ce sage législateur prévoyait qu'il viendrait un temps où sa loi serait ouvertement violée, et il opposa d'avance au scandale public qui devait nécessairement résulter de cette violation, une voix destinée à rappeler à leur devoir la nation et même les rois. Cette voix, qu'il plaça sous l'égide de son grand nom, était celle des prophètes. On peut donc regarder les prophètes comme les gardiens du peuple : quand il s'était assoupi, ils le réveillaient, et quand les prêtres se taisaient et se courbaient sous la tyrannie des grands, ils parlaient, enseignaient, consolaient, avertissaient au nom de Jéhovah. En un mot, c'est à Moïse que nous devons Élie et Élisée, Isaïe et Habacuc. Par eux, l'ombre de la figure du grand législateur a pu se reproduire ; par eux, le peuple d'Israël a pu entendre de nouveau, sinon la voix puissante de Moïse, du moins un digne écho de cette voix.

Pour comprendre les prophètes, il ne faut pas les regarder comme des rêveurs, des charlatans, ni même comme des hommes doués du pouvoir de prédire l'avenir. Ils étaient les successeurs de Moïse, les conservateurs de sa loi ; leur mission s'étendait jusqu'à renouveler cette loi quand elle était tombée dans l'oubli. Plusieurs d'entre eux étaient des sages, de profonds politiques, des orateurs, des poètes enseignants. Oui, il y a plus d'enseignements réels et utiles dans le livre d'Isaïe, que dans la République de Platon. Quant aux sentences et aux prophéties de Balaam, je ne les regarde pas comme l'œuvre de Moïse, car je n'y retrouve point son esprit ; leur auteur, je dois le dire, me paraît infiniment plus poétique. Moïse était plus grand législateur que grand poète, malgré la sublimité de ses poésies ; et lorsqu'on compare sa dernière bénédiction aux sentences de Jacob, on est forcé de reconnaître que la vieillesse lui pesait, et que son ame cherchait la tombe.

D'après le beau *dire* sur la mort de Moïse, il expira sur la bouche de Dieu, et Dieu l'enterra lui-même. Le fait est qu'il mourut sur une montagne qui domine le pays pour lequel il avait fait et souffert tout ce que les forces humaines peuvent faire et souffrir. Ses yeux devaient voir ce pays, mais il n'était pas permis à ses pieds d'en toucher le sol. Moïse, ce rocher de patience et de courage, avait eu un moment de faiblesse ; l'incrédulité et l'impatience avaient fait vaciller sa foi, et il fut condamné à ne jamais voir le terme de ses voyages, et à ne pas trouver le repos là où il voulait conduire son peuple. Cet arrêt de Dieu était juste et nécessaire. La main qui avait étendu la baguette au-dessus de la mer Rouge, qui avait reçu la loi divine descendue des nuages, et construit le sanctuaire de Dieu, ne devait pas se souiller du sang des Cananéens. Les mains de Moïse sont restées pures, et elles ne se sont élevées que pour prier, même dans le combat contre les Amalécites.

Quelle différence entre les deux frères! En comparant Aaron à Moïse, on sent que l'un était le corps et que l'autre était l'ame! « Qu'il soit ta bouche, tu seras son Dieu! » Avec quelle énergie ces paroles marquent la différence entre le prêtre et le prophète! Au reste, quel est l'État où les prêtres, lors même qu'ils seraient le corps enseignant et gouvernant, auraient le courage de s'opposer à la corruption? Lorsque le peuple d'Israël se pervertit sous les juges et sous les rois, la corruption ne commença-t-elle pas par les prêtres? Aaron assista et aida à la fonte du veau d'or, pendant que son frère parlait à Dieu sur le Mont-Sinaï. C'est ainsi qu'Élie gémit sur le Mont-Carmel, tandis que des milliers de prêtres de Baal s'engraissaient du produit de l'idolâtrie. De tous les prophètes, deux seulement étaient prêtres, et, certes, on ne saurait les placer parmi les prophètes les plus dévoués et les plus courageux.

Recevez, mon cher ami, avec ce faible aperçu sur Moïse, le dernier chant dans lequel il exhala son ame si cruellement tourmentée. Nous examinerons de plus près, une autre fois, les diverses influences de ses actions, de ses institutions et de ses écrits sur la poésie hébraïque. L'hymne que vous trouverez ci-joint vous montrera, dans tout leur éclat, et la montagne flamboyante, et la colonne qui marchait devant Israël et renfermait dans son sein l'ange de la face de Jéhovah.

SUPPLÉMENT.

DERNIER CHANT DE MOÏSE, AUX ISRAÉLITES RÉUNIS.

« Cieux, entendez mes discours, terre, écoute les paroles de ma bouche[1]! Mes discours coulent doucement comme la pluie, ma parole tombe goutte à goutte comme la rosée; comme la

---

[1] Moïse prend à témoin le ciel et la terre, exemple que tous les prophètes ont imité. Cet exorde si doux d'un chant qui finit en traits de flammes, a servi de modèle à l'exorde des chants composés postérieurement.

pluie coule doucement sur la jeune verdure, comme la rosée tombe goutte à goutte sur la plante naissante ! Je vais le proclamer hautement, le nom de notre Dieu ! Glorifiez Jéhovah ! notre Dieu !

« Il est un roc inébranlable [1], ses œuvres sont à l'abri du blâme [2], ses voies sont justes ! Dieu est la vérité, il ne sait point tromper, il est loyal et fidèle ! Mais eux ? ils ne sont plus les enfants de Dieu [3] ! Leurs souillures, leur mauvais vouloir, leurs malices, les ont entraînés loin de lui.

« Est-ce ainsi que tu remercies Jéhovah, peuple ingrat et fou ? N'est-il pas ton père, ton propriétaire ? Ne t'a-t-il pas formé ? N'es-tu pas son bien qu'il s'est acquis [4] ? Oh ! souviens-toi des anciens jours ! Écoute ce que disent les années de génération en génération. Demande à ton père ce qu'elles disent, il te l'expliquera ; demande-le à tes vieillards, ils te le raconteront [5].

« Lorsque le Très-Haut donna des pays aux nations, lorsqu'il sépara les enfants des hommes les uns des autres, il posa des

---

[1] L'image du roc, si souvent répétée qu'elle devient presque une figure ordinaire, est sans doute empruntée au Mont-Sinaï et aux autres rochers de l'Arabie, parmi lesquels le peuple d'Israël vécut si longtemps. C'est sur le Mont-Sinaï que fut formée l'alliance entre le peuple et son Dieu ; et de la part de Dieu, du moins, cette alliance était inébranlable comme un roc.

[2] Pendant son séjour au désert, le peuple blâma souvent les voies et les œuvres de Dieu. Moïse prit toujours la défense du Très-Haut, et prouva au peuple que Dieu n'avait pas oublié une seule des promesses qu'il avait faites à Abraham.

[3] Ce reproche sévère se reproduit souvent ; il est, pour ainsi dire, l'âme du chant. Dieu reste un père fidèle ; mais son peuple l'abandonne. C'est d'abord par leur mauvaise conduite que les Israélites cessent d'être ses enfants, et ce n'est que plus tard qu'ils sont condamnés à ne plus pouvoir l'être jamais ; ils ont d'abord méconnu leur père, et leur père finit par les méconnaître.

[4] On voit que Moïse s'est servi le premier d'une locution que les prophètes ont depuis employée fort souvent, et qui représente le peuple d'Israël comme ayant été adopté dans Abraham par Dieu, qui l'avait ainsi pris pour enfant, afin d'en former un peuple institué et instruit selon les désirs de ce Dieu. Sous Moïse, il le racheta de la captivité de l'Égypte et en fit sa propriété, son serviteur. Il a donc sur lui le double droit de père et de maître ; distinction que Moïse indique clairement, et qui caractérise en même temps l'esprit et les évènements des deux époques de l'histoire des Hébreux, c'est-à-dire celle des patriarches et celle des prophètes.

[5] Les vers suivants indiquent ce que les pères doivent raconter, et alors Moïse remonte à la division des peuples et au partage des pays par le Tout-Puissant. Pendant qu'il désignait ainsi à chaque nation sa demeure, il en mesurait sévèrement les limites, afin que la terre de Canaan, destinée aux douze tribus, pût rester l'échelle de proportion de son héritage. Par là, ce pays devint, pour ainsi dire, le point central de la terre ; toutes les nations de l'antiquité envisageaient leur sanctuaire sous ce point de vue. Nous parlerons plus tard de cette particularité.

limites à chaque peuple, afin qu'il pût trouver des demeures le nombre d'Israël [1]. L'héritage de Dieu, c'est son peuple, Jacob est toute l'étendue de sa propriété !

« Il l'a trouvé dans le désert [2], dans des solitudes où résonnaient les hurlements des bêtes féroces; et il l'a pris dans ses bras pour l'instruire, et il a veillé sur lui comme sur la prunelle de ses yeux. Semblable à l'aigle qui couvre son nid de toutes parts et plane sur sa couvée, qui étend ses ailes, y reçoit ses petits et les porte haut dans les airs, c'est ainsi que Jéhovah a guidé son peuple ! Jéhovah seul, pas une idole étrangère n'était avec lui.

« Il l'a conduit sur la cime des monts, et là, il lui a fait goûter les fruits de la terre ; pour lui, il a fait couler du miel du sein des rochers, il lui a donné de l'huile sortie de la pierre la plus dure, il lui a donné le beurre des vaches et le lait des brebis. Il l'a nourri avec la graisse des agneaux et des béliers du Basan, avec le gras rognon du bouc et le pain de froment [3]; il lui a fait boire le sang de la grappe, le vin fortifiant. Alors, Ischirun [4] est devenu fougueux, il a lancé des ruades de tous côtés. Tu étais trop gras, trop rassasié, trop bien nourri; tu as pris le mords aux dents devant ton Dieu qui t'avait fait peuple; il n'était plus rien pour toi, le rocher du salut [5] !

[1] C'est-à-dire le peuple nombreux d'Israël, auquel il a donné toute la place dont il avait besoin pour ses douze tribus. Je ne comprends pas comment ce passage si clair a pu donner lieu à tant de fables.

[2] Ceci fait allusion au passage du désert. Dieu trouva le jeune garçon, par lequel son peuple est personnifié ici, sur les bords de la mer Rouge, et le conduisit jusqu'au Mont-Basan, dont Moïse décrit ici les productions et les avantages. Ces mots : *Pas une idole étrangère n'était avec lui*, devaient rappeler au peuple d'Israël qu'il n'avait été conduit hors de l'Egypte, guidé et protégé pendant son voyage que par Jéhovah, et que ce peuple ne reconnaissait d'abord aucun autre Dieu. Il ne commença à s'adonner à l'idolâtrie, que lorsqu'il touchait déjà aux frontières de la terre de Canaan.

[3] Je me suis éloigné ici de l'interponctuation, parce que la *graisse du rognon du froment* m'a paru inintelligible, et que le véritable sens du mot se présentait naturellement. Ces détails sur divers fruits et divers mets prouvent en faveur de la vérité génésiatique de ce poëme. Le peuple qui avait si longtemps habité le désert, devait nécessairement regarder le Mont-Basan comme un Elysée, et voir dans ses fruits des mets dignes du Paradis.

[4] Ce mot est un nom favori donné au peuple d'Israël, lorsqu'on le compare à un petit garçon. Cette personnification a été employée par Moïse dans ce poëme, ainsi que dans la bénédiction du chapitre suivant. Isaïe s'en sert souvent, et alors il lui donne aussi ce nom favori.

[5] Ce passage fait remarquer de nouveau que, du temps d'Abraham, Israël a été

« Ils l'ont irrité contre les étrangers [1], ils ont excité sa colère par d'affreuses idoles ; ce n'est pas à Dieu qu'ils ont offert leurs sacrifices, c'est au démon, à des dieux qu'ils ne connaissaient pas, à de nouveau-venus, à des idoles nouvellement inventées [2], devant lesquelles nos pères n'ont jamais frémi [3]. Mais *Lui, Lui* le rocher inébranlable qui vous a engendrés, vous l'avez oublié [4] ! vous l'avez oublié le Dieu qui vous a mis au monde !

« Voilà ce que vit Jéhovah, et il les rejeta dans sa colère, ceux qui furent ses fils et ses filles, et il dit : Je veux détourner mon visage, je veux voir leur fin [5], car ils sont une race pervertie, des enfants de la plus mauvaise espèce !

« Ils m'ont rendu jaloux de leurs non-dieux, ils m'ont irrité par les parfums qu'ils brûlaient à leurs idoles. Je les exciterai à la colère par un non-peuple, une fumée de nation les irritera [6].

« La flamme de ma colère est allumée, elle brûlera jusqu'aux fondements du monde, elle consumera la terre et ses fruits, elle embrasera les entrailles des montagnes !

« J'entasserai sur eux misère sur misère, je lancerai sur eux toutes mes flèches. Et quand ils seront dévorés par la faim, dévorés par les vautours, dévorés par la peste amère, j'enverrai contre eux la dent des bêtes féroces, et le poison du serpent qui se traîne dans la poussière ! Au dehors, le glaive les rendra

ôlu en qualité de fils, et que, du temps de Moïse, le Dieu protecteur l'a acheté en qualité de valet.

[1] Ce passage est une preuve nouvelle des idées justes et sévères de Moïse sur l'idolâtrie. Les idoles étaient des *riens*, des objets d'horreur, des étrangers à Israël. La première dénomination était philosophique, la seconde morale, la troisième nationale. Le Jéhovah des Israélites était *l'Unique*, le Dieu protecteur, le Dieu des pères, pur et bon, avec lequel ils avaient fait une alliance nouvelle sur le Mont-Sinaï.

[2] Moïse voit sans cesse dans le Dieu de son peuple et de ses pères, un Dieu antique. Tout ce qu'il disait de ce Dieu et de ces pères, devait donc nécessairement être antique et dater d'époques bien antérieures à la sienne. Il se borna à changer leur ancienne religion de pasteurs et à faire de l'enfant un serviteur.

[3] Cette expression ne veut pas dire que les pères frémissaient devant le vrai Dieu, mais qu'ils éprouvaient de l'horreur devant le néant des démons et des idoles.

[4] Le mot rocher n'est point ici une image, il est mis à la place du Dieu d'alliance, du Dieu tutélaire, et ce Dieu tutélaire était leur père.

[5] C'est-à-dire ce qu'ils deviendront.

[6] Les idiotismes enfants et non-enfants, Dieu et non-Dieu, peuple et non-peuple, sont constamment employés dans tout ce morceau et semblent sortir de l'âme du législateur. A ses yeux, les institutions créées par lui étaient les seules bonnes, et il regardait les autres nations non comme des peuples, des États constitués, mais comme des hordes sauvages.

orphelins, au dedans [1] la terreur pèsera sur l'adolescent et sur la vierge, sur le nourrisson et sur le vieillard !

« Je dirais [2] qu'ils soient exterminés, et que leur mémoire s'efface d'entre les hommes, si je ne craignais pas la raillerie de l'ennemi, si je ne craignais pas que leur oppresseur méconnaisse mon œuvre et se permette de dire : Ce n'est pas la main de Jéhovah, c'est notre main puissante qui a fait cette grande action ! Ils sont un peuple dont le conseil est sacrilège, il n'y a pas de raison en eux.

« Ah ! s'ils étaient sages, s'ils pouvaient comprendre, s'ils pouvaient prévoir ce qui leur arrivera un jour ! Pourquoi, là-bas, un seul en poursuit-il plus de mille [3] ? Pourquoi deux en chassent-ils dix mille devant eux ? N'est-ce pas parce que leur appui les a délaissés, parce que Jéhovah les a abandonnés ? car autrefois il n'était pas, celui qui les poursuit, on ne le comparait pas à notre Dieu tutélaire ! Que nos ennemis eux-mêmes en soient les juges.

« Les ceps de leurs vignes viennent de la vigne de Sodome, ils ont cueilli leurs grappes dans les campagnes de Gomorrhe, des grappes empoisonnées ; les grains sont plus amers que le fiel, leur jus est le poison du dragon, le poison mortel du serpent !

« Mes secrets desseins ne sont-ils pas arrêtés en moi, ne les ai-je pas scellés au fond de mon trésor le plus caché ? Il est à moi, le temps de la vengeance, le temps des représailles ! Déjà leurs pieds chancèlent ; il approche leur jour de malheur, il s'avance en hâte leur futur destin !

« Jéhovah est devenu le juge de son peuple [4] ; il regrette d'en

[1] C'est-à-dire dans l'intérieur et à l'extérieur des villes et des maisons.

[2] Il est clair que Moïse introduit ici la divinité comme un personnage parlant, comme un Dieu tutélaire qui, en s'adressant aux dieux protecteurs des autres nations, leur parle avec la jalousie d'un homme.

[3] Le poëte envisage tout-à-coup la fin déplorable de ce peuple, et sa terrible prophétie s'est longuement et exactement réalisée. Le législateur de ce peuple a été obligé de faire lui-même une pareille prophétie, et de terminer sa vie épuisée par tant de travaux, en ayant devant ses yeux une image aussi désespérante. Une destinée semblable ne pouvait être supportée que par un rocher tel que Moïse.

[4] Les traducteurs qui rendent ce passage comme faisant allusion à des destinées heureuses, ont mal compris le sens des conjonctions. L'anathème continue jusqu'à la fin du poëme, et la bénédiction ne commence que dans le chapitre suivant. On ne peut s'empêcher de frémir en voyant que Dieu est forcé d'oublier sa qualité de père pour ne plus être qu'un juge, et que cependant il se souvient encore malgré lui qu'ils étaient ses enfants.

avoir fait ses enfants. Il regarde! leurs mains sont épuisées, il ne leur reste rien! plus rien! Alors il demande : Où sont vos dieux maintenant? où est le Dieu tutélaire en qui vous vous étiez confiés? Tous ceux qui ont mangé les grains des sacrifices, qui ont bu le vin offert à vos idoles, faites-les se lever aujourd'hui, qu'ils viennent vous protéger, qu'ils vous servent de couvertures!

« Vous le voyez enfin, je suis Moi! Moi seul je suis! et il n'est point d'autres dieux avec moi! C'est moi qui anime et qui tue, c'est moi qui blesse et qui guéris; il n'est rien qui puisse m'échapper!

« Je lève ma main au ciel et je dis : Moi! le vivant pour toute l'éternité! si j'aiguise l'éclair de mon glaive, si ma main saisit le jugement, c'est pour exercer ma vengeance sur mes ennemis, c'est pour user de terribles représailles contre ceux qui me haïssent[1]! Je veux enivrer mes flèches de sang! Je veux rassasier mon glaive de cadavres! je veux le rassasier par le sang des égorgés et des captifs, par la tête du chef de mes ennemis!

« Réjouissez-vous, idolâtres! vous êtes maintenant son peuple, il venge le sang de ses serviteurs, c'est sur ses ennemis que tombe sa vengeance; il purifie son pays et son peuple[2]! »

[1] Je ne puis expliquer ce passage qu'en l'appliquant toujours aux Israélites, autrefois ses enfants, maintenant ses ennemis, contre lesquels il exerce sa vengeance. Il les rejette, et adopte les païens pour son peuple.

[2] Ce dernier passage est resté obscur pour moi, parce que devant le mot peuple il n'y a, en hébreu, aucune particule d'union. Il paraît qu'on a voulu voir une bénédiction dans ce qui n'est, au contraire, qu'une malédiction, surtout parce que le chapitre suivant contient une bénédiction. Les païens, devenus le peuple de Dieu, sont appelés à voir le jugement de Jéhovah sur Israël; il venge le sang de ses serviteurs sur ce peuple qu'il absout en le purgeant de ses habitants. Je ne déciderai point si la particule devant le mot peuple est ל ou מ. La bénédiction de Moïse, ainsi que celle de Jacob, ont été traduites trop souvent pour qu'il soit nécessaire de les répéter ici. Je me bornerai à faire observer que le premier et le dernier des prophètes terminent leur carrière de la même manière, c'est-à-dire que tous deux annoncent au peuple d'Israël qu'il sera rejeté et banni.

HISTOIRE DE LA POÉSIE DES HÉBREUX

DEUXIÈME PARTIE.

AVERTISSEMENT.

J'ai renoncé, dans cette seconde partie, à la forme du dialogue, parce qu'elle aurait affaibli l'effet de l'examen des détails. Il vaut mieux que le lecteur se mette lui-même en rapport avec l'auteur, dont la marche lui sera d'autant plus agréable, qu'il pourra, en même temps, suivre le développement de ses propres idées. Je ne me flatte pas d'obtenir son approbation sur tous les points. Les résultats de quelques unes de mes recherches sont trop neufs pour trouver promptement une place dans l'opinion publique; mais ce qui ne se fait pas aujourd'hui se fera demain.

Si j'ai offensé quelqu'un, c'est sans le vouloir et sans le savoir. Je n'ai condamné personne, et je réclame pour moi la même modération; qu'on m'examine, qu'on me scrute, mais qu'on ne prononce pas sur moi une condamnation définitive. Laissant à chacun son mérite, sa couronne, je me borne à glaner des épis et à cueillir quelques fleurs, car je voudrais pouvoir être à la fois utile et agréable.

Ce serait pour moi une bien douce récompense de mon travail, s'il pouvait rendre plus facile et plus gracieuse l'étude des saintes Écritures. Les conséquences d'un pareil résultat s'étendraient plus loin que je ne pourrais le dire ni même le faire deviner.

Les lecteurs qui trouveront les notes trop arides pourront se dispenser de les lire ; je ne les ai faites que pour les hommes spéciaux, à qui je devais l'explication du principe d'après lequel j'ai traduit. Il n'y a pas une phrase, pas un mot dans mon livre qui m'aient été inspirés par le désir d'étaler de l'érudition ; je ne me suis pas proposé d'établir une lutte grammaticale et lexicographique sur la langue hébraïque, mais de rendre les livres écrits dans cette langue aussi intelligibles que possible, afin que tout le monde puisse profiter des trésors qu'ils contiennent, et qui sont trop longtemps restés enfouis dans le sanctuaire des études théologiques.

Weimar, le 24 avril 1783.

HERDER.

CHAPITRE PREMIER.

ORIGINE ET NATURE DE LA POÉSIE DES HÉBREUX.

La poésie hébraïque a pour origine :

1º *L'image et la sensation.* — Doit-on regarder cette origine comme divine ou comme humaine ? — Premiers exemples de la poésie chez les Hébreux. — La plus ancienne table d'images. — La langue et la poésie deviennent une imitation de la divinité qui crée et qui donne des noms aux objets qu'elle a créés. — Faut-il juger les images et les sensations poétiques d'un peuple antique d'après celles d'un autre peuple ? — Caractère de la plus ancienne poésie. — Peut-on en extraire des images isolées, et les comparer à d'autres ? — Description du cheval par Job, comme exemple de ces sortes d'images.

2º *La personnification.* — Son origine est dans l'ame humaine. — Quelle est son influence sur la morale et sur la poésie ? — Exemples tirés de la nature de l'histoire et des notions primitives sur la divinité.

3º *La fable.* — Son origine, son utilité pour le développement de la raison et pour l'enseignement des mœurs et de la sagesse. — L'estime dont elle jouit en Orient, son influence sur la poésie.

4º *Les dires.* — Différence entre les *dires* et l'histoire. — Exemples de *dires* généalogiques et poétiques.

5º *La fiction.* — Sa vocation. — Exemples du chérubin et d'autres fictions, tels que l'empire des morts, etc. — Collection de ce genre pour l'idée fondammentale du משל dans ses diverses variations.

Second genre de poésie : le chant. — Différence entre le chant et le langage imagé. — Le chant exprime des sentiments plus élevés, donne à l'ensemble un plan et une marche arrêtés, et demande des sons harmonieux. — Dans les temps les plus anciens, le chant s'exécutait toujours en chœur.

Réunion du langage imagé et du chant. — Génie de la poésie des Hébreux. — Passages tirés d'Henry Opitz [1]. — Origine et vocation de la poésie. — Psaume.

Supplément : Causes de l'origine subjective de la poésie hébraïque.

Nous nous sommes arrêtés jusqu'ici au pied des sommités les plus anciennes de la poésie hébraïque, et nous avons vu les objets tels qu'ils se sont présentés à nos regards. Arrêtons-nous un instant pour classer ce que nous avons vu et aperçu. On ne saurait se faire une idée juste sur les choses qu'en remontant à leur origine ; examinons donc l'origine de la poésie des Hébreux.

[1] Célèbre théologien et orientaliste allemand du xviiᵉ siècle. Il a composé un grand nombre d'ouvrages très-estimés sur la littérature orientale, et sur les antiquités hébraïques. *(Note du Traducteur.)*

I. En parlant des racines de la langue hébraïque, j'ai déjà dit que la poésie de cette langue tirait son origine des *images* et de la *sensation*; je vais maintenant développer cette opinion.

L'ame perçoit les images des objets extérieurs, la sensation leur imprime son cachet et cherche à les exprimer par des gestes, des sons et des signes. L'univers, avec ses formes et son mouvement, est, pour l'homme qui le regarde, une immense table d'images où toutes les figures agissent et vivent. Placé ainsi au milieu d'un océan de vagues vivantes, la source de vie qu'il porte en lui jaillit au-devant de ses vagues et agit avec elles. Tout ce qui coule ainsi vers lui, la manière dont il le sent et la manière dont il exprime ce qu'il sent, voilà ce qui fait le génie de la poésie, dans son origine.

On peut appeler ce génie divin ou humain, car il est l'un et l'autre. C'est Dieu qui a créé dans l'homme la source des sensations, qui l'entoure des vagues vivantes de l'univers, les fait couler vers lui et les mêle à la source de sensations qu'il porte dans son sein. C'est ainsi qu'il lui a donné des facultés et un langage poétique. Sous ce rapport, l'origine de la poésie est divine; elle est humaine par la mesure, par les propriétés de ces sensations et par la manière de les exprimer; car les organes humains seuls peuvent percevoir des sensations et les exprimer par un langage humain.

La poésie est le langage des dieux, mais elle ne nous apprend ni comment sentaient les Élohim, ni comment ils parlaient entre eux. Les sensations qu'ils ont fait éprouver aux hommes les plus divins, et qu'ils leur communiquaient par des influences surnaturelles, étaient et devaient nécessairement être en harmonie avec la nature humaine. Si nous avions quelques détails historiques et psychologiques sur les rapports des Élohim avec les premiers enfants de la création, nous pourrions, sans doute, nous former une opinion sur l'origine divine de leur langage et de leur manière de sentir. Mais puisqu'il n'y a rien de semblable dans la marche de l'esprit humain, nous devons nous borner à juger les causes par les effets, et les sensations intérieures par leurs résultats extérieurs; ce qui nous met dans la nécessité de considérer l'origine de la poésie comme humaine.

La première poésie n'était donc qu'un recueil d'expressions et de noms pleins d'images et de sensations ; et il n'existe point en ce monde de poésie où ce point de départ soit aussi visible que dans la poésie hébraïque.

Le premier morceau de cette poésie qui soit parvenu jusqu'à nous (la Genèse), est une grande table d'images, une vue de l'univers appropriée aux sensations humaines. Le premier mot que prononce le créateur est *lumière*, et la lumière est aussi l'organe de la divinité dans l'âme humaine. C'est par la lumière que la création s'ouvre et s'étend ; par elle, le ciel et la terre, le jour et la nuit, les astres du jour et ceux de la nuit, les êtres vivants sur la terre ou dans l'eau, deviennent accessibles aux regards de l'homme, qui les classe, les qualifie et les soumet à ses besoins, à ses qualités sensitives. La roue de la création tourne partout où le regard de l'homme peut atteindre, et elle ne s'arrête que près de lui et pour lui, car il est le centre de cette sphère d'action, le Dieu visible de la terre ; il classe, il nomme tous les objets, et devient ainsi l'imitateur de la divinité, un second créateur, et, par conséquent, ποιητής, poète.

Puisque l'on a dit que l'imitation de la nature était l'essence de la poésie, on pourrait, en poursuivant ce principe, aller plus loin encore, et appeler la poésie une imitation de la divinité créatrice. N'oublions pas cependant que les pensées de Dieu sont agissantes, même dans l'expression qui ne se manifeste jamais à nous que par des objets vivants. L'homme ne peut que nommer, classer ces objets et les diriger, sous certains rapports du moins ; les pensées humaines sont des images mortes, les paroles et les sensations humaines ne vivent point par elles-mêmes. Plus le regard par lequel l'homme contemple et classe la création est pur, plus le sentiment qui lui fait mesurer son analogie avec Dieu, d'après les plus nobles proportions de l'humanité, est grand et pur, plus, ne l'oublions jamais, la poésie est belle, parfaite, puissante.

On voit souvent les enfants surpasser les hommes faits en tout ce qui concerne cette beauté, cette grandeur naturelle ; et les nations les plus simples doivent aux images et aux sensations qu'elles puisent dans la nature, une poésie aussi sublime que touchante. Je doute qu'il soit possible de mieux exprimer cette origine de la poésie que par le mot hébreu משל *imprimer, imprégner* une image, une comparaison, *parler par sentence*. Les משלים de la poésie hébraïque sont, sans aucun doute, les plus hautes sentences. Le premier mot signifie un corps : *classer, décider, parler en roi, en juge, gouverner, régner, être puissant par la parole*. N'est-ce pas là la partie la plus puissante de la poésie ?

La manie de comparer a fait naître tant d'abus, que je me crois obligé de dire qu'il n'y a rien de plus dangereux que de juger, de blâmer ou de rejeter les images et les sentiments poétiques d'un peuple ou d'une époque, d'après les règles du goût d'un autre peuple, d'une autre époque. Si le créateur avait jugé à propos de nous faire naître tous à la fois sur un même point de la terre, avec une parfaite unité de sensations et d'organes, et entourés des mêmes objets, cette uniformité de goût tant vantée serait un fait incontestable. Mais y a-t-il rien de plus impressionnable et de plus varié que le cœur humain ? rien de plus subtil et de plus enlacé que le fil de ses sentiments et de ses passions ? La facilité avec laquelle la nature de l'homme se réorganise et se réforme, selon les exigences du climat, du temps et des mœurs, n'est-elle pas une preuve de sa perfection ? Le souffle léger de notre bouche que nous appelons langage, et qui porte sur ses ailes fragiles tout l'immense trésor des images et des sensations poétiques, n'est-il pas un véritable Protée ? Et, en ce cas, ne sommes-nous pas aussi orgueilleux qu'injustes, quand nous demandons aux nations des temps les plus reculés d'avoir parlé, pensé, senti, écrit selon nos manières de voir à nous ?

On a dit, depuis longtemps, que la marche de l'espèce humaine à travers les siècles et les révolutions, suit les mêmes phases que la vie humaine. Lors même que cette analogie ne serait qu'une rêverie poétique, il n'en est pas moins certain qu'un enfant ne saurait penser et sentir comme un homme fait. De quel droit demanderions-nous aux peuples de l'enfance du monde, la facilité que nous devons à une longue expérience, la variété que nous mettons dans nos images, les pruderies de notre goût blasé, et les raffinements de nos cœurs vieillis? Laissons ces peuples primitifs s'arrêter longtemps près des images les plus simples, les répéter, les contempler et les peindre en dimensions gigantesques; ils regardent, ils parlent, ils sentent, comme regardent, parlent et sentent les enfants. Avant d'apprendre à juger, ils devaient nécessairement contempler avec stupéfaction; car tout leur apparaissait dans l'éclat éblouissant de la nouveauté. Des causes inconnues agissaient sur leurs organes inexpérimentés, et, par conséquent, plus impressionnables que les nôtres; ils ne savaient pas encore comparer, c'est-à-dire rapetisser par analogie. Leur langue avait besoin de s'exprimer, et ils s'exprimaient énergiquement, parce que leur idiome n'avait pas encore été rendu faible et souple par des milliers de mots vides de sens, par des synonymes subtils.

Oui, toutes les nations ont dû parler d'abord comme les Orientaux et comme les Sauvages; et ce n'est que par degrés que la nature et l'art ont pu leur apprendre à parler comme des hommes policés et émoussés par la civilisation. Laissons-les profiter de leurs belles années, et trouvons bon que, pendant l'enfance du monde, le langage, la poésie et le bonheur aient été un langage, une poésie et un bonheur d'enfant.

Il est encore plus déplacé de séparer une image de tous ses accessoires et de comparer son coloris, qui, alors, ne serait plus que l'ombre d'une fleur effeuillée, avec le coloris des images d'un poète qui appartient à une autre époque, à une autre nation, et qui parle un autre idiome. Il n'y a pas, en ce monde, deux objets parfaitement semblables et faits pour être mutuellement comparés; les plantes les plus délicates se fanent plus vite que les autres, quand on les transplante sur un sol étranger. Toute image est un ensemble de sensations; sans cet ensemble, elle n'est plus qu'un mélange de couleurs sans intelligence, qui ne peut plaire qu'aux enfants par la vivacité de ses nuances.

Les poètes de l'Orient perdent beaucoup plus que tous les autres poètes, quand on en extrait des images pour les comparer aux nôtres; car ils sont les plus éloignés de nous, et datent, pour ainsi dire, d'un autre monde. Serait-il possible de comparer la description du cheval par Job à celle de Virgile ? Pourrait-on juger équitablement ces deux tableaux, si on ne se pénétrait pas du caractère du personnage qui parle dans le livre de Job? si on ne savait pas pourquoi il parle ainsi, et ce qu'était un cheval à Rome du temps de Virgile, et en Idumée du temps de Job? si on ignorait dans quel but ces deux poètes l'ont mis en scène? A ces diverses conditions, il faut encore ajouter la différence de l'esprit de la nation, de la langue, de la poésie [1]. Mais poursuivons notre examen.

II. L'*image*, accompagnée de la *sensation*, devient presque aussitôt, pour celui qui éprouve cette sensation, un être vivant ; la *personnification* est donc la seconde cause de l'origine de la poésie. Il est dans la nature de l'âme de tout rapporter à elle-même, et de se figurer tout semblable à elle. Ce qui nous est agréable doit nous aimer, ce qui nous est odieux doit nous haïr comme nous le haïssons ; les objets avec lesquels nous aimons à nous entretenir, nous parlent, car nos facultés poétiques convertissent les plus faibles sons en langage précis, et donnent une forme aux plus vagues manifestations de ces sons. Sous ce rapport, toutes les nations antiques se ressemblent. Leurs dictionnaires et leurs grammaires n'ont pu se former que lorsque la poésie leur avait représenté, d'après les analogies humaines, des noms des deux genres, et les divers évènements de leur vie, comme autant d'actions intellectuelles ou matérielles, faites par des êtres vivants.

La langue hébraïque est remplie de ces sortes de personnifications. Cette manière de participer à des sensations qui ne nous

---

[1] *Aikin*, dans son *Essay on the application of natural history to poetry*, a fait une semblable comparaison ; ce qui l'a conduit à des opinions fort étranges, même sur le léviathan et le béhémoth de Job. Le poète ne doit pas, par ses descriptions, fournir un supplément à la zoologie de Pennant ou au règne animal de Linnée ; car la tâche de la poésie ne consiste pas à désigner exactement des traits isolés, mais à donner de la force et de l'action à l'ensemble de sa composition. C'est sous ce point de vue qu'il faut envisager Job ; alors le gigantesque, l'énigmatique et le merveilleux de ses images, entrent dans le plan de son livre, et en font la beauté. L'Idumée est assez éloignée de l'Égypte pour que le cheval ait pu y être un animal rare et presque merveilleux. La description de ce prodige est donc parfaitement à sa place. Il ne l'est plus dès qu'on attribue ce livre à un Égyptien. Alors ces images sont exagérées, et par conséquent sans effet, car en Égypte tout le monde connaissait le cheval, le crocodile, l'autruche et l'hippopotame.

sont pas personnelles, et de nous identifier avec elles, est, sans contredit, la partie la plus vivante de tout discours, et l'essence primitive de toute morale.

Toutes relations, tous devoirs cessent dès que nous ne voyons plus rien de semblable à nous dans les autres créatures vivantes ; mais plus nous sentons leur ressemblance avec nous, plus nous y croyons fermement, et plus il nous est agréable de prendre part à tout ce qui les concerne, et d'agir envers eux d'après nos propres sentiments. La poésie la plus ancienne, cette grande civilisation de l'homme primitif, a profité de cette source abondante de sentiments pour en faire découler la commisération et la bonté. C'est ainsi que le cri du sang d'Abel est la voix de son ame ; c'est ainsi qu'Adam, lorsque Dieu fait passer tous les animaux devant lui, les croit animés de ses propres sensations, et cherche sa compagne parmi eux. Dans cette poésie, le soleil et la lune sont le roi et la reine du ciel, les serviteurs de Dieu, les régents du monde ; l'air est une colombe qui, étendue sur son nid, réchauffe ses enfants. Dieu lui-même, le créateur de toutes choses, est un maître qui contemple son œuvre avec satisfaction et la bénit ; et, ce qui est plus téméraire encore, ce Dieu est le père des hommes, et les pères de ces hommes sont ses représentants en ce monde.

Le froid déiste pourra trouver cette poésie exagérée, mais il sera forcé de convenir qu'elle est nécessaire à la faiblesse humaine. Si la création sans Dieu n'est qu'un éternel chaos, sans un Dieu mis au niveau de nos facultés, il ne nous eût jamais été possible d'établir des rapports d'amitié et de famille, de confiance et d'intimité avec cet être qui nous est à la fois si inconnu et si près. Voilà pourquoi cet être, dans sa bonté et dans sa condescendance infinies, a rendu nos premières notions sur lui aussi accessibles que possible à notre intelligence.

Dans le tableau de la création comme dans l'histoire des patriarches, l'amitié et la confiance sont la base des rapports de l'homme avec son Dieu, et de ce Dieu avec les hommes. Quand les peuples sont pasteurs, Dieu veille sur les troupeaux ; du temps des patriarches, il est père de famille, il visite ses enfants et se laisse convier par eux aux sacrifices domestiques qu'ils célébrent en son honneur. Il préfère Abel à Caïn, et il se plaît à respirer avec Noé le doux parfum de la terre rajeunie. Puis, il s'irrite de nouveau contre les tyrans, et se met en campagne pour abattre Nemrod, le grand oppresseur du monde, qui, semblable aux géants des temps primitifs, se propose d'assiéger le ciel. Chez Abraham, il est jaloux de l'affection du père pour le fils, et il se fait donner ce fils; plus tard, il lutte avec Jacob, afin de pouvoir lui octroyer un surnom héroïque.

En parlant du livre de Job, j'ai déjà développé une partie des personnifications par lesquelles les discours deviennent si saisissants et si animés; ce même développement s'applique à tout ce qui excite de la sympathie ou tout autre sentiment. S'il est vrai que la poésie primitive a exercé une grande influence sur le cœur humain, elle n'a pu le faire que par les personnifications. A notre époque, les cœurs ont perdu la souplesse et la naïveté du sentiment; voilà pourquoi, lorsque nous voulons mesurer ces personnifications d'après les règles géométriques de la froide raison, nous ne voyons, chez les Hébreux et même chez les Grecs, que des monstruosités poétiques.

La langue hébraïque tout entière se fonde sur les personnifications; les verbes, les noms, les conjonctions même, n'ont point d'autre point de départ; chaque mot de cette langue a, pour ainsi dire, une voix, une bouche, des mains, un visage. Quand la construction de la phrase s'empare des mots *fils* ou *fille*, qui sont un besoin pour toutes les langues orientales, il en résulte des idiotismes de la plus grande beauté et d'une vigueur inconcevable. Malheureusement ils ont souvent donné lieu à de fâcheuses interprétations. On peut, en général, poser pour principe que, plus une poésie, une fiction est hardie, originale, plus on la méconnaît, plus on en abuse.

III. Dès qu'une *personnification* est mise en action pour rendre un principe général plus accessible à nos sens, elle devient *fable*; il ne faut donc qu'un pas pour passer de l'une à l'autre: aussi l'Orient est-il aussi riche en personnifications qu'en fables.

Lorsque Dieu fit passer tous les animaux devant le premier homme, afin qu'il les vît et les nommât, il plaça l'homme dans l'école de l'apologue. Pour donner un nom à un animal quelconque, il fallait qu'Adam connût son caractère et ses instincts, c'est-à-dire qu'il observât ses mœurs et ses actions. En considérant ainsi les animaux dans leur ensemble, il dut nécessairement les rapporter à lui-même, et alors la moindre réflexion ne pouvait manquer de faire naître des hypothèses générales tirées de l'action des animaux; dès ce moment, l'idée de la fable naquit dans l'ame humaine, il ne restait plus à cette idée qu'à prendre une forme.

La certitude qu'Adam devait nécessairement avoir acquise qu'il n'existait pas un être semblable à lui, et surtout son premier entretien avec le serpent, prouvent qu'un pareil travail s'était, en effet, opéré dans son esprit; et ce travail peut être regardé comme le *ponctum saliens* de la fable. On pourrait ajouter que ce travail a enfanté la première morale, la première sagesse de l'enfance de l'espèce humaine, et que la fiction qui fait agir les animaux d'après les manières de voir et de sentir de l'homme, est l'institutrice de sa raison.

Pour arriver à ce genre de poésie, il a été obligé, non-seulement d'examiner la nature vivante, mais il lui a fallu trouver des rapports entre les actes de cette nature et les siens, c'est-à-dire apprendre à distinguer ce qu'il devait imiter et ce qu'il devait éviter.

Ce que nous appelons la chute de l'homme n'était qu'une première erreur de sa raison, l'imitation mal combinée de l'action d'un animal; et Dieu, son instituteur paternel, lui fit sentir les conséquences funestes de l'erreur, afin de rectifier sa raison, si prompte à s'égarer. Aujourd'hui, l'expérience du monde nous instruit; mais alors l'homme de la nature n'avait d'autre moyen de perfectionnement que l'exemple des animaux. Leurs instincts artistiques sont tout formés, et leur caractère est nettement développé, il est stable, déterminé et dessiné avec force: en étudiant les animaux, l'homme suivait donc une excellente école. La tradition nous dit que c'est en imitant les animaux qu'il a inventé les arts de première utilité; il est tout aussi vrai que ses premières réflexions sur les différentes manières de voir et d'agir lui ont été également suggérées par eux. Les premiers noms des divers caractères de l'homme sont des noms d'animaux ; et les premières sentences de morale et de sagesse découlent de la fable dont elles portent encore le cachet. Cette dernière assertion demande un plus ample développement.

Toute sentence générale est une abstraction de faits particuliers ; la plupart des sentences des Orientaux contiennent encore ces faits, et ne sont, pour ainsi dire, avec leurs images et leurs allégories resserrées, que des fables en abrégé. Il en est de même de la plupart des proverbes de tous les peuples, et même de ceux de Salomon ; je citerai pour exemple la leçon que la fourmi donne au paresseux, et celle de l'homme pesamment armé qui devance l'indolent.

La fable naquit d'un fait vivant, la morale en découla naturellement ; et ce fut pour aider à la mémoire et pour suppléer au défaut de pénétration, qu'on resserra cette morale dans une métaphore, dans un proverbe, parfois même dans une énigme. Tous ces divers modes de poésie n'en font qu'un seul par le fond : l'Orient est leur patrie commune et le lieu où elles sont plus particulièrement aimées. Là est née la fable, là vivent les proverbes, les sentences, les énigmes ; les racines des langues orientales même ne sont que des fables. Dans ces contrées, la poésie tout entière se pare d'un vêtement gnomologiquement allégorique, et qui ne ressemble en rien aux draperies à périodes dont nous costumons nos pensées ; là aussi se sont formés et développés les plus beaux et les plus riches modes de poésie. Je donnerais dix savantes narrations modernes, et qui souvent ne sont ni une fable, ni une histoire, pour un seul apologue de l'Orient, puisé dans le monde des animaux ou des arbres ; car on est sûr, du moins, d'y trouver toujours de belles et puissantes fictions. Tout le monde, au reste, connaît les rangées de perles précieuses des sentences orientales ; tout le monde sent qu'il y a quelque chose de royal, de divin, dans le magnifique tapis de sa haute poésie, qui étale, en se déroulant, un si grand luxe de fleurs brillantes. Nous parlerons plus tard, et plus amplement, des divers modes de la poésie orientale ; pour l'instant, je reviens à ce qui me reste à dire sur son origine.

IV. En Orient, l'histoire elle-même prend la forme de la fable ; et, lorsqu'elle repose sur les antiques traditions des pères, elle n'est presque plus qu'un *poétique dire généalogique*. Quiconque a lu, dans l'Ancien-Testament, les récits historiques des temps primitifs, sentira la justesse de cette remarque. Quant aux lecteurs qui se sont familiarisés avec le style historique de l'Orient par l'étude des diverses productions de ce genre, ils savent, depuis longtemps, que les narrations les plus simples contiennent des locutions poétiques tirées de quelques chants nationaux ou de la tradition primitive, pour laquelle la poésie a toujours été un moyen de force et d'énergie.

Toutes les narrations orientales sont fécondes par elles-mêmes en conjonctions, en répétitions et en autres figures qui constituent la simplicité poétique ; leurs contours et leurs principaux traits sont éminemment poétiques et reposent presque toujours sur un nom, sur un monument, sur un intérêt de race et de famille, comme la fable repose sur une sentence.

Cette particularité, loin de nuire à la vérité historique, la détermine et la fortifie, puisqu'elle laisse à la narration les contours et les allures du document sur lequel elle se fonde. Il faut donc, en ce cas, que le commentateur l'envisage sous ce seul point de vue et ne s'en écarte jamais, sous peine de méconnaître entièrement l'esprit et le but d'une semblable narration.

L'histoire du Paradis, celle de nos premiers parents, celle des patriarches, du déluge, de la tour de Babel, ne sont évidemment que des *dires* généalogiques et nationaux. La tradition en a fait des récits sacrés, une sorte de *fabula morata*, dont chaque trait prouve les faveurs spéciales que Jéhovah prodigua aux pères du peuple hébreu. Elle jette en même temps un trait de lumière sur les sources d'où ce peuple fait découler la sainteté de sa race, ses droits sur les pays qui ont été son berceau, et sa supériorité sur tous les autres peuples de la terre.

Toutes les nations ont, sur leur point de départ, des *dires* héroïques et merveilleux ; le peuple hébreu possède des généalogies, des monuments qui donnent un caractère authentique à ses *dires* de Dieu et des patriarches ; et ces *dires* nous apparaissent sous des formes et avec des parures si naïves et si simples, que nous ne pourrions pas même y supposer la possibilité d'une fiction artistique.

Si l'histoire de tous les peuples tire son origine des vieux *dires*, chez le peuple hébreu elle est restée un *dire*, par le style et par les allures, jusqu'à l'époque de ses derniers rois ; ce qui ne saurait s'expliquer que par le génie de sa langue, par sa manière de penser, et surtout par celle de ses écrivains sacrés, qui, tous, n'ont décrit que les temps de la plus haute antiquité.

V. Je passe maintenant à la véritable *fiction*, à celle qui consiste à composer par des images connues et caractéristiques, un objet inconnu et caractéristique. Le chérubin est un des meilleurs exemples de cette fiction. Le lion, le taureau, l'homme et l'aigle, étaient des images connues ; leur réunion en une seule image, qui devient un symbole, est de la fiction. En ce cas, elle ne saurait être le synonyme de mensonge, car, dans le domaine de l'intelligence, la signification d'un symbole poétiquement composé est une vérité. Au reste, chaque partie de cet ensemble était prise dans la nature. En tout cas, je ne connais point de composition dont les parties aient été puisées ailleurs ; voilà pourquoi il est difficile, presque impossible d'inventer des compositions tout-à-fait nouvelles. Sous ce rapport, les plus grands poètes se répètent ; et les nations les plus éloignées, les plus étrangères les unes aux autres, se ressemblent dans les principales formes des êtres poétiques que crée leur imagination.

Le chérubin est une des principales formes fictives de toutes les nations qui ont une poésie, peut-être même est-il la plus ancienne fiction du monde. Il est debout sur les ruines de Persépolis, dont les inscriptions et les ornements architectoniques remontent bien au-delà de toute histoire connue ; il est étendu, sous la forme de sphinx, sur les débris des temples égyptiens ; il est le héros de tous les contes indiens, thibétins, chinois, perses et arabes ; il figure dans les fables de l'ancienne Grèce et dans les *dires* antiques du Nord. La poésie du moyen âge elle-même l'a exploité ; que serait, au reste, la poésie sans un semblable être ailé, que chaque nation reproduit à sa façon ? Selon moi, du moins, les Hébreux possèdent les *dires* les plus simples et les plus purs sur cette merveilleuse composition, dont eux seuls aussi connaissaient l'origine toute naturelle.

Le chérubin était d'abord un des gardiens du Paradis; mais il devint presqu'aussitôt un symbole des mystères, c'est-à-dire des lieux consacrés et inaccessibles au vulgaire. Une légère modification suffit pour faire un mystère de chacune de ses parties, et, de son ensemble, la réunion de tout ce qu'il y avait de plus noblement vivant dans l'univers. Placé enfin sur l'arche d'alliance, il devient le porteur de la magnificence de Dieu, qui veille au-dessus de cet arche; de là il passe dans les nuages, où il finit par devenir une vision, d'abord poétique, puis prophétique.

Sous cette dernière forme, le chérubin n'appartient qu'à la poésie hébraïque. Tout le monde connaît la créature merveilleuse qui, dans les temps antérieurs à Moïse, gardait les trésors ou les secrets d'un passé inconnu. Mais le chérubin postérieur à Moïse, le porteur de la gloire de Dieu, celui-là n'est connu qu'en Judée, et par des transactions que j'ai développées dans le sixième dialogue de la première partie de cet ouvrage.

Enhardi par la création de ce chérubin, qui venait d'ouvrir une route nouvelle, l'imagination des Orientaux, si riche en images, déploya ses ailes et s'élança dans l'immense pays des fictions. Qu'on lise le sixième chapitre de Bochart, où il parle des animaux qui n'ont jamais existé que dans l'imagination des hommes; que l'on se souvienne de tous les animaux fabuleux qui figurent très-sérieusement dans les contes orientaux, et l'on reconnaîtra que chacune de ces fictions est une réalité naturelle; que l'on n'a rien imaginé, mais que l'on a ajouté des choses imaginaires aux choses réelles, et rendu ainsi inconcevable, merveilleux ou fabuleux, ce qui n'était d'abord que rare ou unique dans son genre. L'arbre de vie et l'arbre de la science du Paradis en sont une preuve incontestable : la tradition fit de ce *dire*, si naturel, si intelligible chez Moïse, un mystère merveilleux.

L'arbre de vie, robuste et chargé de fruits utiles, croissait d'abord auprès de celui de la science avec ses fruits défendus et mortels. Mais il ne tarda pas à devenir un arbre merveilleux produisant l'immortalité matérielle ; et l'arbre de la science, par lequel Dieu avait voulu éprouver l'obéissance de l'homme, devint, dès qu'on se perdit en fictions à l'égard du serpent, une production miraculeuse où mûrissait la sagesse des Élohim.

Cette tendance ascendante de l'imagination vers l'inconcevable, se trouve dans la plupart des poésies orientales. Le béhémoth et le léviathan de Job étaient des animaux qui existaient en effet ; mais ils vivaient loin de lui, ils étaient grands et extraordinaires, ce qui l'a autorisé à les désigner en traits si exagérés, qu'un degré de plus les eût fait dégénérer en animaux miraculeux, ou plutôt fabuleux.

Les prophètes parlent de quelques animaux fictifs, mais dont alors personne ne mettait l'existence en doute ; aussi la poésie hébraïque est-elle restée, en général, pure des monstruosités que les imaginations ardentes aiment à créer. Le propre de cette poésie est de tout remplir par Jéhovah ; aussi la composition de ses plus téméraires images tend-elle sans cesse vers ce Jéhovah. Le tonnerre est sa voix, et les poètes sacrés comprennent cette voix ; la lumière est son vêtement, il s'y enveloppe comme dans un ample manteau, et l'étend sur les ténèbres pour faire naître l'aurore ; les cieux sont sa tente, son palais, son temple, son château fort ; la nature entière est une innombrable légion d'êtres vivants consacrée à son service. La création tout entière est animée par des anges, et, certes, cette animation n'a rien d'indigne de la divinité. Chaque objet de la nature est un de ses messagers, un ange de sa face. Cette expression, mise dans la bouche de Dieu lui-même, et qui a été personnifiée de tant de manières différentes, n'est autre chose que son regard, son commandement, qui, au moment même où il émane du créateur, se fait sentir sur tous les points de la création.

Si, dans les premiers livres de Moïse, les dieux des païens sont représentés comme autant de démons, il ne faut en accuser que les peuples qui les adoraient et qui prétendaient presque tous qu'un esprit surnaturel les animait. Les prophètes d'Israël ont attaqué ces croyances corps à corps, et ont courbé ces idoles impures et faibles sous la puissance du vrai Dieu. Le grand Isaïe, rejetant toute croyance idolâtre, montra le néant des idoles en prouvant qu'elles n'étaient pas des faux dieux, mais des riens.

Satan lui-même n'était d'abord qu'un ange envoyé par Dieu. Dans le livre de Job, un autre ange lui est opposé et se charge de prendre la parole devant Dieu en faveur de l'accusé, dont il connaît l'innocence ; aussi la fiction de ce livre est-elle entièrement poétique et judiciaire.

L'empire des morts est une composition si naturelle, que je ne m'étonne pas de la trouver non-seulement chez tous les peuples, mais encore chez les Hébreux. On n'avait alors aucune idée d'une séparation métaphysique du corps et de l'âme ; voilà pourquoi l'on s'imaginait que les morts qu'on avait vu s'épuiser et s'éteindre, continuaient à vivre dans la tombe, mais d'une vie plus faible, plus sombre, plus languissante. Le sang des victimes tombées sous les coups d'un meurtrier, qui criait haut sur la terre ; la voix des morts qui résonnait dans le sein de cette terre ; le murmure timide des habitants des sépulcres ; toutes ces fictions enfin étaient des croyances aussi accréditées chez les Hébreux que chez les Arabes et chez la plupart des peuples antiques.

Comme dans l'Orient, les tombeaux sont de vastes cavernes où les morts dorment ensemble ; l'idée d'un empire des ombres souterrain et ténébreux fut, pour ainsi dire, suggérée aux Orientaux par l'organe de la vue. Dans cet empire, des familles entières rejoignaient leurs premiers pères ; les héros s'y engloutissaient avec les trophées de victoires ensevelis à leurs côtés. Les héros qui les y avaient précédés les accueillaient, et, tous réduits à l'état d'ombres vaines, continuaient à faire ce qu'ils avaient fait pendant leur vie, c'est-à-dire qu'ils poursuivaient une vapeur fugitive et vide appelée la gloire ! Bientôt on leur donna un roi, à ce roi un château, à ce château un portail, et à ce portail des verroux que personne sur la terre ne pouvait forcer ; car il n'y a pas de puissance en ce monde capable de ramener les morts à la vie.

Dans cet empire bruissent les lugubres torrents de la mort, parce qu'au milieu des montagnes de la terre on est souvent arrêté par des torrents, et qu'au fond des cavernes leurs gémissements viennent frapper nos oreilles. Le bruit de ces torrents est entendu par tous ceux qui vont quitter la vie, parce que l'expérience avait déjà prouvé que les sens abandonnent le mourant au milieu d'un bruissement semblable à celui des vagues qui s'entrechoquent. Puis on personnifia la mort sous la forme d'un chasseur armé de filets et de cordes, qui guette une proie. Mais bientôt l'aspect des cadavres qui se décomposent si affreusement dans la terre, fit naître l'idée que la mort était un monstre effroyable qui ronge et dévore ses victimes.

Telles étaient les causes naturelles de toutes ces fictions, qui, avec les variantes qu'entraîne la différence des climats et des pays, étaient les mêmes chez toutes les nations de l'antiquité.

Il serait inutile, sans doute, de multiplier les exemples. Nous venons d'examiner graduellement plusieurs genres de poésie qui découlent toutes du משל, c'est-à-dire à la parole riche en images et en sensations; et tout le monde a pu comprendre que la personnification, la fable, l'énigme, la sentence, et même la fiction proprement dite, appartiennent non-seulement à ce משל, mais qu'ils peuvent se manifester sous autant de formes différentes que la parole imagée a de modifications.

Dans les temps anciens, la scène était laconique, élevée, énergique, ainsi que les bénédictions des patriarches, les discours de Job et les oracles de Balaam nous en fournissent la preuve.

La manière des prophètes diffère de ces sentences, comme le faible se distingue du fort, comme ce qui est imité et souvent reproduit, s'éloigne toujours davantage du cachet et de la nature de l'original.

L'énergie et le laconisme de ce langage imagé varient chez les divers prophètes, et souvent chez le même prophète. De leur temps, la langue s'était déjà formée à l'usage; les enseignements et les images qu'elles peuvent fournir étaient moins rares, et l'esprit de la poésie ne pouvait plus atteindre la force et l'élévation qu'elle avait eues à son point de départ.

Il n'y a donc aucun motif raisonnable pour faire de la poésie des prophètes un genre à part. Il est vrai qu'elle n'est souvent que de la prose poétique, mais elle suit toujours la marche de l'ancienne poésie parabolique : quand elle adopte la forme de sentences isolées, elle est forcée d'être plus digne et plus concise. Nous trouvons des exemples de ce genre dans les proverbes de Salomon et dans le recueil d'énigmes qui leur sert de supplément. Ces énigmes ressemblent à celles qui nous restent de Samson; on y remarque le ton du parallélisme et du complet משל. Les unes et les autres appartiennent à la même classe, et le חידת des Hébreux, c'est-à-dire le discours *noué, enlacé*, est quelque chose de plus que la simple énigme. Toute sentence profonde et difficile à comprendre lui appartient; et la plupart des discours imagés de l'Orient tendent vers ce but, comme vers la première et la plus indispensable condition de la beauté.

Que ce discours imagé, sublime ou noué, traite tel ou tel sujet; qu'il blâme ou qu'il loue, qu'il exprime la haine ou l'amour, qu'il célèbre l'infortune ou le bonheur, qu'il soit long ou court, ces modifications ne sauraient suffire pour constituer divers genres de poésie; car cette poésie tout entière dépend et découle d'une même source, du discours imagé avec son monotone et sublime parallélisme.

Abordons maintenant le second mode poétique, c'est-à-dire le chant.

Avec l'invention de la musique, la poésie prit un nouvel essor, des allures cadencées et de l'harmonie; le discours imagé n'avait que des dimensions naturelles, les distoles et les diastoles du cœur et de la respiration, le parallélisme enfin. La musique lui donna des notes plus hautes, des cadences mesurées et même des rimes, ainsi que nous le prouve le chant de Lémech. Ce qui d'abord n'avait été que de la respiration, devint un son résonnant, une danse, un chant de chœur, la vibration des cordes de la sensation. Avec l'invention de la musique naquit le chant, et sans doute aussi la danse. Voyons maintenant ce que la poésie peut y avoir gagné ou perdu.

1. Toute poésie musicale demande des sensations élevées, surexcitées. Si elle chante des images, il faut qu'une passion quelconque les anime; ce qui maîtrise la marche fière et indépendante du discours imagé, et l'attire vers un genre d'harmonie plus élevé.

La nature de la passion qui anime le chant, règle sa marche et son harmonie. L'hymne contemplatif, l'ode fougueuse, la plaintive élégie ou le doux chant du bonheur, ne sauraient être modulés de la même manière. De là une foule de subdivisions qui, cependant, ne changent rien à l'idée principale du chant. L'élégie (קִינָה), le doux chant du bonheur et de l'amour (שִׁיר), l'hymne (תְּהִלָּה) et tous les autres genres, sans même en excepter ceux de la musique instrumentale, sont soumis au chant (מִזְמוֹר), qui doit son nom aux cadences et aux divisions que la musique lui a imposées.

Il est contraire à l'esprit de la poésie hébraïque, et je dirai même à l'esprit poétique en général, de classer le chant d'après la nature des objets extérieurs qu'il traite. Pourquoi, par exemple, donner le nom d'idylles aux chants qui roulent sur une certaine espèce d'objets? Chez les Grecs eux-mêmes, tous ceux qui célébraient ces objets n'étaient pas des idylles, et tout, dans l'idylle, n'était pas du chant. Dans le Cantique des cantiques aussi, tout n'est pas idylle, quoique tout en lui soit (שִׁיר) un chant doux. Le discours imagé (מָשָׁל) même le plus artificiel de tous (חִירָה), le discours *noué* ou *enlacé*, n'est pas toujours incompatible avec le chant; plusieurs psaumes nous en fournissent la preuve[1]. En un mot, ce n'est ni le contenu, ni le sujet, mais la manière de le traiter qui fait la diversité des genres.

2. Il résulte de là que le chant donne à l'ensemble d'un morceau de poésie, une sorte de mélodie, et, par conséquent, un plan, un but, une marche qu'on ne trouve dans le discours imagé que lorsqu'il découle naturellement du sujet. Je suis loin de prétendre qu'il faille aller chercher dans Horace ou dans Pindare des modèles pour mesurer les psaumes de David. Chaque sensation porte en elle sa mesure et son plan; aussi les véritables psaumes passionnés n'en manquent-ils jamais. Il n'en est pas de même des chants qui ne tendent qu'à enseigner quelque chose. Voilà pourquoi nous voyons souvent ces chants enchaîner les sentences par le premier moyen venu, tel que les lettres de l'alphabet, etc. Cette particularité est une preuve nou-

---

[1] *Voyez* psaumes 49, 78, etc.

velle que le chant ne saurait se passer ni de mesure, ni de contraste, puisque, faute de mieux, il va les chercher jusque dans l'A B C.

3. La musique exige de l'harmonie; selon toutes les probabilités, la musique hébraïque était encore loin de cet art qui fatigue et épuise, ce qui lui permettait de suivre les élans du cœur. Rien n'est plus difficile à traduire qu'un psaume hébreu, et surtout un chant de chœur ou de danse des temps primitifs. Là, les sons volent sur les ailes d'un rhythme indépendant et libre, tandis que les pieds lourds et les dures syllabes des autres langues se traînent dans la poussière; là, un seul mot aérien et vibrant est toute une région, tandis qu'il nous en faut au moins dix pour exprimer la même chose plus clairement, il est vrai, mais d'une manière lourde et guindée.

4. Toute la poésie instrumentale des Orientaux consistait en chants de chœur, souvent composés de plusieurs chœurs et accompagnés de danses. Je m'en remets à la sensibilité de mes lecteurs, pour qu'ils se fassent une idée de la surabondance d'une époque où aucune règle n'opposait encore son frein glacé à l'expression des passions. Cet enthousiasme devait être sans bornes quand tout un peuple, réuni par un noble orgueil ou une joie nationale, célébrait par ces chants la gloire de Dieu ou l'immensité d'un de ses bienfaits.

A l'époque où nous vivons, et au milieu de notre mélange confus de races et de nations, à cette époque enfin où il nous reste à peine un Dieu, fort peu d'intérêts généraux et point de patrie, on chercherait vainement une pareille poésie. Chez les Orientaux, la science était étrangère à la musique comme à la langue, dont le seul but était d'amuser et d'exalter; on ignorait encore les lourdes chaînes des bienséances, et les âmes et les sons n'étaient pas étouffés, sous ce beau ciel, par les épais brouillards qui pèsent sur les contrées du Nord. L'hymne de Moïse et celui de Miriam, chants de chœur d'une armée qui, sous le ciel de l'Arabie, célèbre son Jéhovah au son des trompettes et des cymbales, s'élevaient vers l'infini et se confondaient avec lui.

Aucun peuple n'a jamais eu de chants semblables; aussi devinrent-ils l'image et le modèle de tous les chants d'Israël dans les temps suivants.

Le discours imagé et le chant sont donc les deux colonnes principales de la poésie hébraïque; pouvait-elle, devait-elle en avoir davantage ? Cette poésie était pour les yeux et pour les oreilles, car c'était par les yeux et par les oreilles qu'elle calmait et enflammait les cœurs.

Dans le discours imagé, c'est un seul être qui parle; il enseigne ou punit; il console, instruit ou loue; il voit le passé et dévoile l'avenir. Dans le chant, c'est un ou plusieurs êtres qui se font entendre; ils chantent du fond du cœur et adoucissent tous les cœurs, ou leur font savourer de hauts enseignements avec le filtre enchanteur des sons. Ces deux genres de poésie étaient également sacrés chez les Hébreux : les plus nobles discours imagés étaient ceux des prophètes; les chants les plus sublimes étaient ceux du temple. Nous verrons plus tard si ces deux genres ont fini par s'adapter, chez eux, à des formes plus vastes, telles que le drame et l'épopée.

Il ne me reste plus, à ce sujet, qu'une seule particularité à mentionner, c'est que le discours imagé ne tarda pas à développer le sens secret du mysticisme; au reste, cette tendance caractérise non-seulement les Hébreux, mais encore les Arabes et les Persans. On pourrait, au besoin, trouver dans l'ode la plus amoureuse de Hafiz, un spiritualisme subtil dans lequel on finirait par découvrir, si on le voulait absolument, tous les trésors de la révélation. Ce trait caractéristique est une conséquence naturelle du génie, de l'origine et des racines de la poésie orientale. Une image sublime et obscure, une parabole sublimement embrouillée, une sentence en style d'oracle, un parallélisme énigmatique, toutes ces locutions enfin résonnent sourdement comme des échos lointains, et demandent des explications, une clef. Quand l'homme qui parle ainsi est enthousiaste et rempli de l'esprit de Dieu; quand il dévoile, au nom de ce Dieu, les destinées de l'avenir, il est bien naturel que ceux qui l'écoutent cherchent, dans ses discours, plus qu'il n'a voulu y mettre. Et qui n'aimerait pas à retrouver, dans les faits postérieurs, la réalisation de ces oracles, lors même qu'il ne possèderait pas cette tendance vers le surnaturel qui caractérise les Orientaux? C'est ainsi que la poésie hébraïque a été lue et jugée pendant une longue suite de siècles; et, il faut le dire à l'honneur de notre époque, elle seule, redoutant l'ivresse où les commentateurs et les interprètes ont plongé l'intelligence, cherche, avec une attention consciencieuse, mais calme, à saisir le sens simple et primitif des poètes hébreux; elle seule écoute, pour ainsi dire, leurs paraboles et leurs oracles, en se plaçant au point de vue et dans la sphère où ils ont été prononcés.

Je donne ici un morceau extrait d'Opitz[1] sur la plus ancienne poésie, et un psaume sur l'origine de la poésie.

OPINION D'OPITZ SUR LA PLUS ANCIENNE POÉSIE, ET SURTOUT SUR CELLE DES GRECS.

« La poésie n'était d'abord qu'une théologie secrète, qu'un enseignement des choses divines. Le monde antique était trop rude, trop grossier, trop brutal, pour accepter et comprendre des leçons de sagesse et des explications sur les choses divines; voilà pourquoi les sages ont été forcés de cacher par des rimes et des fables, que la populace est toujours disposée à écouter, tout ce qu'ils ont inventé pour engager les hommes à craindre Dieu et à se conduire honnêtement et décemment. Parce qu'ils débitaient beaucoup d'excellentes sentences, et que leurs paroles étaient liées par certaines rimes, par certaines mesures qui, en les empêchant de s'étendre trop au large ou de se resserrer trop à l'étroit, les forçaient de parler comme en cadence; et surtout parce qu'ils disaient des choses qui ressemblaient à des prophéties et à des mystères, les esprits simples et bornés se sont imaginés qu'il devait y avoir quelque chose de divin dans ces hommes. C'est donc moins par conviction que parce que ce beau langage poétique les séduisait, qu'ils se sont laissés conduire par lui sur le chemin des bonnes mœurs et de la vertu. Les an-

---

[1] Il est impossible de rendre la grâce et la naïveté de ce morceau. À l'époque où écrivait Opitz, la langue allemande avait un charme qui échappe à l'analyse, et dont la traduction ne peut donner qu'une faible idée. (*Note du Traducteur.*)

ciens sages ont dit que la poésie était la première philosophie, l'institutrice de la vie, qui, depuis notre jeunesse, nous enseigne la nature des mœurs, des mouvements de l'ame, tout ce qui concerne notre manière d'être et d'agir, » etc., etc.

ORIGINE ET VOCATION DE LA POÉSIE.

Psaume[1].

LE PRÉCHANTRE. — « Qu'il soit loué haut, le Seigneur! Il a donné la poésie à l'homme mortel, la poésie, image bornée, mais immortelle et brillante de son art immortel! Chantez, hommes d'élite, vous qui vous êtes voués aux vibrations des cordes de la harpe, célébrez la fille de l'Éternel, la divine poésie! Elle instruit les peuples, elle civilise les mondes!

LE PREMIER CHANTRE. — « J'ai toujours été à Jéhovah! Avant qu'il n'eût commencé sa marche à travers le temps, j'étais! et je faisais régner l'ordre sur les sentiers lumineux de la création. Les abimes n'existaient pas encore; pas une source ne jaillissait du sein de la terre, et moi j'étais! Je suis la source de la sagesse, je suis l'abime de la poétique de Jéhovah! »

« C'est ainsi qu'elle a parlé, la poésie : chantons la poésie comme elle a parlé.

LE DEUXIÈME CHANTRE. — « J'ai toujours été à Jéhovah! Avant qu'il ne l'eût construite, la terre; avant qu'il ne les eût assises sur leurs bases, les montagnes; avant qu'il n'eût consolidé la tente des cieux, et pendant qu'il traçait des limites à la mer; pendant qu'il donnait un rivage à l'eau, j'étais! Et je faisais vibrer devant lui les cordes de l'éternelle harmonie, et je dessinais ses plans! »

« C'est ainsi qu'elle a parlé, la poésie : chantons la poésie comme elle a parlé.

LE PREMIER CHANTRE. — « Et je faisais vibrer devant lui les cordes de l'éternelle harmonie! A travers le cours de l'éternité, il s'est réjoui en moi, moi la fille la plus gracieuse de son trône! Je conduis les danses des fils de la lumière, je conduis les chœurs des étoiles du matin autour du trône de l'Éternel! Ils les

---

[1] Imité des proverbes de Salomon. *Voyez* chap. 8, vers. 22 à 31.

(*Note du Traducteur.*)

chanteront éternellement, les anges; ils les danseront éternellement, les étoiles, les chants et les danses que je leur ai enseignés, moi la fille de Dieu ! »

Le deuxième chantre. — « Et je faisais vibrer devant lui les cordes de l'éternelle harmonie ! La terre nouvellement créée était mon Éden; fiancée de ses bien-aimés, j'ai été à leur rencontre, j'ai bégayé avec eux, et je leur ai rendu l'hommage de la fidélité. J'ai cueilli les plus belles fleurs de la création, et j'en ai couronné ses bien-aimés au jour des fiançailles; au jour de bonheur et de joie, je les ai couronnés de ces chants qui rapprochent et unissent. Elles fleuriront toujours, les fleurs des fiançailles; ils rapprocheront, ils uniront toujours, les chants de la poésie sociale ! »

Le premier chantre. — « Ouvre, ô poésie, ouvre mes yeux ! Tu donnes à l'œil mortel le regard des dieux, le regard qui s'élance là-haut, là où des torrents de lumière s'échappent de leur source éternelle, là où les soleils et les lunes, ces cordes des chants de l'Éternel, s'avancent en joyeuses vibrations.

« Et il accorda sa lyre et la mit à l'unisson avec la marche des soleils et des lunes; et il puisa dans sa source éternelle un rayon brillant, et il le versa sur les cordes! Alors les sons vibrèrent comme les flèches de la lumière, et, dans leur vol doré, ils s'avancèrent jusqu'à l'oreille du créateur !

Le deuxième chantre. — « Ouvre, ô poésie, ouvre mon cœur ! Tu donnes au cœur de l'homme la douce affection. Elle s'est épanouie dans la fleur; avec le cyprès, elle s'est élevée dans les cieux; avec les airs, elle s'est élevée dans les hautes régions, et là elle s'est mise à chanter, et au son de sa voix les forêts ont frémi de bonheur !

« Et il accorda son luth et le mit à l'unisson avec les affections de ses frères affectueux ! Comme elle gémissait alors, la douleur suspendue sur la corde vibrante ! comme il coulait lentement le long de cette corde, le ruisseau des douces larmes de la compassion ! Alors le cœur se fondit et coula en sons harmonieux ! »

Le premier chantre. — « Qu'il soit loué haut, le Seigneur ! Il a donné à la langue du sage son plus rapide éclair : la parole sortie de la bouche de Jéhovah ! Regarde, elle brise les cœurs ! du haut de l'autel, elle entasse les charbons ardents de Dieu à travers les ossements des pécheurs ! Fuis dans l'obscurité, maudit ! enveloppe ton ame d'épaisses ténèbres : qu'importe ! il te trouvera partout, le glaive sorti de la bouche de Jéhovah !

Le deuxième chantre. — « Grâces soient rendues au Dieu de bonté ! Il a posé sur les lèvres du sage les premières, les plus douces gouttes de sa rosée bienfaisante ; il verse un baume salutaire dans le cœur blessé de l'innocence ; il ranime par son souffle d'amour la faiblesse prête à succomber ! As-tu bu dans l'amer calice de la vie ? Oh ! alors, viens, viens savourer dans la coupe céleste le doux philtre des sons qui rafraîchit, qui fortifie d'éternité en éternité !

Le préchantre. — « Debout ! réunissez-vous, mes frères ; faites mollement couler ensemble les fleuves de l'harmonie ! Entonnez tous à la fois le chant que, au-dessus des dernières rives de la vie, exhalent haut et joyeux les échappés de ce monde !

Les deux chantres. — « Qu'il soit loué, l'Éternel, et célébrons notre bonheur à nous. Il est trouvé, le mot de la sombre énigme de la vie ! Nous l'avons trouvé dans les douces vibrations des cordes, nous le célébrons par les joyeuses vibrations de ces cordes. Nous le chantons, le mot de l'énigme, et ce mot sublime, voilà ce qu'il dit : « Gloire à Jéhovah ! et célébrons notre bon« heur à nous, êtres bienheureux ! »

« Gloire à Jéhovah ! et célébrons notre bonheur à nous, êtres bienheureux ! Il nous a donné ici-bas le langage des cieux ; en le bégayant, nous nous sommes exercés aux chants divins de la sagesse qui élève, qui ennoblit les ames ! Et nos cœurs se sont dissous en sons harmonieux qui laissent tomber goutte à goutte le baume consolateur de l'affliction.

« Gloire à Jéhovah ! et célébrons notre bonheur à nous, êtres bienheureux ! L'affliction a passé sur nous, ses derniers chants se sont fondus en accords de joie, de joie haute et puissante ! Maintenant nos chants sont des actions ; ce sont des chœurs éternels pleins de joyeuse harmonie, de fraternité active.

Le préchantre. — « Silence ! mes frères, célébrez le Seigneur par la pratique des vertus qui honorent l'espèce humaine ! »

SUPPLÉMENT.

CONSIDÉRATIONS SUR L'ORIGINE SUBJECTIVE DE LA POÉSIE DES HÉBREUX.

Tout ce que j'ai dit jusqu'ici sur la poésie hébraïque, prouve que son origine et son essence sont purement objectives, et que ce bel arbre a été destiné à tirer toutes ses branches de ses propres racines. Quelques uns de mes lecteurs éprouvent peut-être le désir de sonder le terrain qui nourrit cet arbre, c'est-à-dire de connaître les causes qui ont enrichi la langue hébraïque de tant d'images et de sentiments, et qui lui ont donné la faculté de se répandre ainsi en personnifications, en fictions, en *dires*, en chants et en sentences d'un genre si extraordinaire pour nous. Sur ce point comme sur tous ceux que je traite en cet ouvrage, je me bornerai à donner mon avis, sans chercher à l'ériger en système.

1. Un peuple sauvage ne saurait avoir des images et des idées telles qu'on en trouve dans les premiers chapitres de Moïse. L'homme couché sur le sol comme une motte de terre, et n'agissant que lorsqu'il est stimulé par les premiers besoins de la nature, n'a pu inventer les dénominations et les abstractions que les tableaux de la création nous fournissent dans un ordre et dans une symétrie proportionnés à nos facultés sensuelles. Quel que soit l'auteur de ces tableaux, ils sont, par leur nature et par leur but, l'œuvre d'un maître aussi sage que grand. Là, point d'Orphée qui apprivoise les tigres et les lions; point de Silène qui, en chantant le plus grand poème du monde, la cosmogonie, la travestit en fables. Ces sortes de compositions sont les enfants ou plutôt les avortons d'un esprit déjà vieux, et qui, pour se rajeunir, s'affuble de vêtements allégoriques. Dans la Genèse, au contraire, on dirait qu'un des Élohim s'est fait l'instituteur invisible de l'espèce humaine, dont il est le génie protecteur. Rassemblant les mesures et les classifications les plus simples des divers objets de la création, il chante l'homme comme un être semblable à son père, à son créateur invisible ; par là il l'élève jusqu'au rang de seigneur de la création, dont il lui fait imiter l'œuvre par la succession du repos au travail.

2. Ces idées délicates, même dans les proportions sous lesquelles elles nous sont présentées, se trouvent tout entières dans les racines de la langue, comme si ces racines avaient été plantées sur ces idées, comme si elles avaient grandi avec elles. La langue hébraïque, qui porte encore aujourd'hui en elle tant de signes visibles de l'enfance de l'espèce humaine, était donc déjà formée, lorsque sa première œuvre littéraire fut, je ne dirai pas exécutée, mais pensée. Il est certain que jamais les Sauvages n'ont articulé ainsi leurs sons, ni construit leurs phrases de cette manière. La langue hébraïque n'a point de sons allongés pour désigner de petits objets; on n'y trouve point cette forêt de dénominations vagues qui se nuisent mutuellement; tout tient à un seul fil, et la langue tout entière se rattache à des racines légères et faciles. Sous le rapport étymologique et grammatical (je ne parle ici ni de la syntaxe, ni de l'orthographe), l'ancienne langue hébraïque est un chef-d'œuvre d'ordre et de concision. Elle paraît avoir été faite par un Dieu, pour l'espèce humaine encore enfant, et qu'il voulait, en jouant avec elle, former à la logique primitive.

3. Une pareille langue devait naturellement être un trésor inappréciable pour le peuple qui la possédait. Elle contenait un si riche fonds de prénotions, tant en images qu'en sensations, que ce peuple pouvait s'en croire le propriétaire par droit d'héritage, et qu'en tout cas il ne lui restait plus qu'à l'employer utilement. Nous ne savons rien sur les antiques richesses linguistiques et philosophiques de l'Egypte, mais nous avons la certitude qu'un Phénicien apporta son alphabet en Grèce; que les Pélagiens et les Ioniens étaient des peuples originaires d'Asie, et que, selon toutes les probabilités, ils parlaient la langue phénicienne. Les documents de Moïse nous apprennent que cette langue de la Haute-Asie s'est propagée vers l'Euphrate, et nous pouvons voir par nous-mêmes que tout en elle exhale le climat brûlant de l'Asie. Ses idées abondent en contrastes énergiques, tels que l'ombre et la lumière, le repos et le travail; ce sont là aussi les traits caractéristiques du ciel de l'Orient, et du génie de ses peuples. Au Groënland, rien ne se serait développé avec tant de rapidité. Là où la nature semble fatiguée et pèse lourdement sur l'hom-

me, l'homme invente des arts difficiles et excelle dans les rudes exercices du corps; mais il est peu accessible aux idées hardies et libres, aux vues élevées, aux sensations qui s'étendent au large.

4. — La langue hébraïque, née sous un vaste ciel, s'est propagée chez un peuple pasteur, dont le genre de vie était très-propre à la formation et à la conservation des idées primitives et des *dires* qui les ont transmises à la postérité. L'état de pasteur est un des plus anciens de l'espèce humaine, et suppose, sinon une civilisation avancée, du moins un premier degré de civilisation; car il ne saurait exister sans certains arts, sans certaines institutions; mais tout y est doux et bienfaisant. C'est la vie de pasteur qui a formé les liens de famille, et consolidé l'autorité du père dans le gouvernement de sa maison; elle a apprivoisé les animaux et les a attachés à l'homme qui, par là, est devenu doux et bienveillant; elle a fait de l'amour de la nature un besoin que l'on retrouve encore aujourd'hui chez les Bédouins, qui ne voient dans les grandes villes que de grandes prisons.

Lorsqu'un peuple pasteur possède des notions sur Dieu et sur la nature, sur la mémoire des pères qui lui ont été chers autrefois, ces notions doivent nécessairement jeter chez lui des racines profondes, et prendre, pour ainsi dire, droit de cité dans son existence indépendante et toute domestique. Voilà pourquoi les *dires* sur le Paradis, sur les premiers patriarches, et sur les plus anciennes destinées de l'espèce humaine, doivent être considérés comme autant de *dires* de pasteurs, où il ne faut chercher que ce qui pouvait trouver place dans l'étroit cercle de l'activité de pasteurs, et réveiller quelques sensations analogues à leur manière de sentir et de penser. Il est certain que ce fut précisément cette manière de sentir et de penser qui développa les douces affections dont ces *dires* sont si fortement empreints, tels que l'amitié de Dieu pour les patriarches, et leur commerce intime avec les anges.

Métamorphosons le sacrifice d'Isaac en une maladie mortelle, dont cet enfant guérit contre toute attente. En rapprochant ainsi ce *dire* de nos mœurs, nous sentirons plus vivement le mérite de la pieuse fermeté du héros silencieux qui, pendant trois jours, voit son fils mort pour lui, sans se permettre le plus léger murmure. Qu'on ne voie dans la tour de Babel qu'un gouvernement despotique qui cherche à étendre sa domination sur toute la terre et même sur le ciel ; et cette altération de la vérité historique sera encore une fable aussi belle qu'instructive. Jacob qui, pendant la première nuit passée loin des tentes paternelles, voit les cieux entr'ouverts, et qui plus tard, quand un péril imminent le menace, combat et défait son ange gardien ; tous ces récits enfin, envisagés sous le point de vue poétique, ne sont-ils pas encore de délicieux *dires* de pasteurs? Ils rapprochent de leur Dieu les générations qui les répètent avec confiance, et maintiennent dans les familles la pureté de cœur, l'intimité et les tendres affections. Le belliqueux Iroquois et le Huron chasseur, ont-ils jamais eu de semblable poésie?

5. L'influence de la vie de pasteur devait nécessairement être plus puissante encore chez une race sans cesse refoulée sur elle-même, parce qu'elle se croyait trop noble pour se mêler à d'autres races. Mais sur quoi les Hébreux fondaient-ils l'idée de leur noblesse? Sur leur langue et sur leur origine, sur les *dires* de leurs mérites aux temps passés, sur les sentences et les bénédictions des pères dont ils avaient conservé les traditions.

Pourquoi les Sémites méprisaient-ils la tribu de Cham et celle de Canaan? Parce que le père de cette tribu l'avait avilie dès son origine, car le poids d'une mauvaise action pesait sur lui. Pourquoi Moïse avait-il tant de mépris pour les enfants d'Ammon et de Moab, et ne défendit-il de les exterminer qu'à cause de leur parenté avec les Israélites? Parce que ces deux peuples étaient des enfants de l'enfer, nés d'un inceste, qui, d'après les mœurs de cette époque, était une honte, une tache de famille ineffaçable. Pourquoi le peuple d'Israël était-il, même en Égypte, un peuple à part, au point que Joseph, devenu un des plus grands seigneurs de ce pays, compta, non parmi les Égyptiens, mais parmi les pauvres pasteurs d'Israël, les fils que lui donna sa femme, une des plus nobles filles de l'Egypte? S'il n'y a pas là de l'orgueil de race, il n'y en a nulle part. Ces pauvres pâtres descendaient de pères illustres ; Dieu lui-même leur avait promis des terres vastes et fertiles; ils possédaient une généalogie qui remontait jusqu'à Adam; et au milieu de l'esclavage le plus dur, ils avaient toujours parmi eux des ספרים (écrivains) qui continuaient ces généalogies.

Pourquoi Moïse, à peine instruit de son origine, préféra-t-il la honte et les persécutions qui l'attendaient avec son peuple, aux honneurs dont on voulait l'accabler en Egypte ? C'est que, pénétré de la noblesse de l'origine et de la justice des droits d'Israël, il comprit qu'il était plus glorieux de braver des dangers inouïs, pour devenir le sauveur de ce peuple, que d'accepter une position sûre et brillante, à la condition de l'opprimer.

Cet orgueil national et ces généalogies, titres de noblesse d'une race de pasteurs restée pure de tout mélange étranger, ont fait arriver jusqu'à nous les *dires* et la langue de cette race, qui se sont également conservés purs de tout mélange étranger ; car les Israélites méprisaient toute science qui ne venait pas de leurs pères, et ne voyaient que des superstitions et des idolâtries dans les mythologies des autres peuples. C'est encore cet orgueil et ces généalogies qui ont donné à leur poésie une marche originale et inimitable, parce qu'elle a pour point de départ les bénédictions prophétiques des pères.

Les peuples européens se sont trop souvent mêlés entre eux, pour qu'ils aient jamais pu avoir ces sortes de monuments antiques, et une aussi pure et aussi naïve poésie de famille. En Idumée, où la langue était évidemment d'origine hébraïque, la poésie avait cependant un caractère plus énergique, ainsi que le prouve le livre de Job; car là, les mœurs étaient plus rudes, et le gouvernement, confié à des princes chefs de familles, était plus sévère.

6. Sans l'écriture, la continuation d'une généalogie est impossible, et je crois déjà avoir suffisamment exposé les motifs qui autorisent à voir, dans ces généalogies, la véritable origine de l'écriture en lettres. Il fallait retenir des noms propres, base fondamentale de tout l'édifice; et comme l'image du fait principal de la vie d'un homme ne suffisait pas pour retracer son nom à la mémoire, on chercha à rendre cette image plus parlante par l'union du son. C'est certainement ainsi que se sont formés

les caractères du plus ancien alphabet et des plus anciens noms de la terre. *Beth* veut dire maison. Ce mot a presque la forme d'une maison, et les caractères retracent, à peu près, les articulations de la bouche que demande la prononciation de ce mot.

Il est impossible de douter de la haute antiquité de l'alphabet hébraïque, car tout nous prouve qu'il est né avec la langue elle-même. Je ne prétends point par là lui attribuer plus de mérite qu'elle n'en a en effet; c'est une langue d'enfant qui ne s'est point perfectionnée comme celle des Grecs et des Latins, mais dont la base est grande, déterminée et sage. Ses lettres ne sont que des signes imparfaits, plus propres à remémorer qu'à enseigner, et cependant elles ont réglé les racines, les déclinaisons et les allures de la langue.

Le langage de tous les peuples antiques a toujours été fortement accentué; la première prosodie se trouvait donc faite dès qu'on était parvenu à l'indiquer par quelques signes de première nécessité. Il est prouvé que les accents des langues antiques, loin d'avoir la même signification que dans les langues modernes, étaient des signes d'inflexion, semblables à nos notes de musique; dans les courtes périodes du parallélisme, ces signes suffisaient pour créer un rythme à la fois artistique et simple.

7. Les particularités et les avantages de la langue hébraïque nous autorisent à croire que le germe de la civilisation n'est pas le résultat des jeux du hasard ou des évènements qui ont pu survenir au milieu de troupeaux bêlants et de leurs stupides gardiens, mais qu'il est la conséquence d'une intervention paternelle et divine; et quoiqu'il soit impossible de prouver cette intervention, je n'oserais, pour ma part, ni la nier ni même en douter. Elle nous paraîtrait plus évidente, si nous trouvions chez d'autres nations quelques uns de ces monuments écrits, dont le peuple hébreu possède un si grand nombre. Si chez lui les évènements sont rapportés avec le ton naïf des pasteurs, nous trouverions sans doute ailleurs d'autres allures conformes à une autre marche de la pensée; mais il est certain que nous ne verrions partout que l'attestation des mêmes faits. Tout part de la première impulsion, et la race hébraïque n'a d'autre mérite que

celui d'avoir propagé cette impulsion avec le cachet que lui ont imprimé sa langue, ses mœurs et son climat, sans y avoir mêlé aucun raffinement, aucun artifice étranger. Telles sont, selon moi, les bases subjectives de l'origine de ce peuple, et il est impossible de ne pas y reconnaître la main de la providence.

CHAPITRE II.

VOCATION ET FONCTIONS DES PROPHÈTES.

Vocation de Moïse.

1º L'apparition de Dieu. — Le feu était resté le symbole de l'apparition divine. — Que signifient ces mots : *ange de Dieu, ange de la face de Dieu* ? — Dieu se montre à Moïse comme il s'est montré aux plus anciens d'Israël, comme il se montrera à Élie, à Isaïe, à Ézéchiel, à Daniel. — Ces apparitions comparées à celles des temps antiques. — Marche graduée de la poésie par le développement des images. — La poésie hébraïque n'avait pas de figure de Dieu à décrire. — Quelle est l'influence que cette particularité a exercée sur elle ?

2º Parole de Dieu adressée à Moïse et aux prophètes venus après lui. — Prophètes de la parole et de l'action suivant les circonstances. — Force de la parole des prophètes. — Est-il possible qu'ils aient parlé d'après leurs propres idées ? Forme nouvelle donnée à la poésie hébraïque par l'exaltation imposante et grave des prophètes. — Variantes de cette forme selon l'esprit des temps.

3º Prodiges de Moïse. — A quoi ont-ils servi ? — Sous quel point de vue les a-t-on considérés ? — Prodiges des prophètes qui l'ont suivi, tant sur eux-mêmes que sur ce qui les entourait. — Exemples tirés d'Isaïe.

Que signifiait, dans son origine, le nom de prophète ? — Comment la poésie et la musique ont-elles appliqué le nom de prophéties aux sentences divines ? — Les prophètes étaient-ils des visionnaires, des insensés ? — Passage traduit d'Isaïe. — Les prophètes, poème.

Supplément : Pourquoi les prophètes étaient-ils particuliers au peuple hébreu ?

———

La plupart des poëtes hébreux étaient des personnages sacrés, des sages, des prophètes enfin. Remontons à la source de cette vocation, en examinant quelques uns de ses traits caractéristiques.

Lorsque Moïse, exilé, gardait les troupeaux dans les déserts de l'Arabie, il arriva en Horeb jusqu'à la montagne de Dieu, et l'ange du Seigneur lui apparut dans la flamme du buisson ardent[1]. Alors Dieu lui parla du milieu de cette flamme, et se fit connaître à lui comme le Dieu de ses pères. Il le chargea de la délivrance de son peuple; et comme Moïse doutait encore, il se révéla par des prodiges. *L'apparition, la parole* et *les prodiges* sont donc chez ce premier prophète, comme chez tous ses suc-

[1] Moïse, liv. II, chap. 3.

cesseurs, les preuves de la vocation, et, par conséquent, l'ame de la poésie des prophètes; voilà pourquoi il est indispensable de développer ces trois points principaux.

I. *L'apparition* qui frappa d'abord Moïse n'était autre chose qu'une flamme au milieu d'un buisson. Quelle qu'ait pu avoir été la signification primitive de ce symbole, il ne saurait s'appliquer ici qu'à l'apparition de la divinité, qui, à une pareille époque et dans un pareil lieu, ne pouvait se révéler d'une manière plus simple et plus naturelle. Que pouvait-on trouver dans les déserts de l'Arabie, si ce n'est un arbre, un buisson isolé? et le feu n'a-t-il pas toujours été en Orient, et même chez la plupart des autres peuples, le symbole de la divinité? Son éclat et ses propriétés semblent le rendre digne de cet honneur; aussi est-il toujours, dans la poésie comme dans la loi de Moïse, l'unique symbole de Jéhovah; car on sait avec quelle sévérité cette loi rejette l'idolâtrie et même le culte des images. Moïse appelle souvent Dieu un feu dévorant, dont la colère brûle jusqu'au fond des abîmes. C'est sous cette forme imposante qu'il apparaît sur le Mont-Sinaï; c'est dans un nuage de feu qu'il marche devant Israël, et la flamme du sacrifice s'allume par le feu sacré qui tombe du ciel. Ces images se retrouvent à chaque instant chez les prophètes et dans les psaumes.

Le Dieu qui se révéla à Moïse dans le buisson ardent s'appelle tantôt Jéhovah, et tantôt l'ange de Jéhovah[1]. C'est Jéhovah qui marche devant Israël dans un nuage de feu, et cependant il est souvent nommé l'ange de Dieu, la face de Dieu.

Les doutes que ces divers idiotismes ont fait naître, et que l'on a poussés jusqu'à supposer que Moïse admettait des catégories d'anges de la face de Dieu, ne sont que le résultat d'une ignorance complète de l'esprit de ce prophète. Son Jéhovah est invisible, et, dès qu'il paraît dans le symbole d'un objet quelconque de la nature, cet objet devient l'ange de Jéhovah, c'est-à-dire son messager visible, ou, pour nous servir de l'expression de Moïse, *le nom de Dieu est dans cet objet*.

C'est précisément parce que, dans les livres de Moïse, il est dit si souvent et si énergiquement que personne ne peut ni voir,

---

[1] Moïse, liv. II, chap. 3, 4, 14, 33, 34, etc.

ni reproduire la face de Dieu, qu'il faut attacher une grande importance aux diverses dénominations dont chacune a sa valeur déterminée. Cette expression, par exemple, *la face de Dieu*, ne peut signifier que la prescience et la protection divine, qui marchent devant Israël; dès que Dieu se manifeste par un signe visible, ce signe est son envoyé, le messager de sa face.

Pour Moïse, l'apparition de Dieu n'était qu'un symbole, et la suite de son histoire nous prouve que ce Dieu qui lui parlait familièrement, comme un ami à son ami, a toujours refusé de se montrer à ses regards. Il s'est borné à passer devant lui, sans doute dans l'éclat d'un violent orage; et c'est une voix qui célèbre les qualités de ce Dieu pur esprit.

Selon moi, on chercherait en vain, dans toutes les poésies que l'espèce humaine a pu produire, des situations sublimes pareilles à celles qui résultent des rapports de Jéhovah avec son prophète, et qui sont décrites dans ce passage :

« [1] Moïse approche de la tente sacrée, et le haut nuage descend aussitôt; il s'arrête devant l'entrée de la tente, et il parle avec *Lui*. Le peuple tout entier voit le nuage arrêté devant l'entrée de la tente, et le peuple tout entier se lève, et chacun se prosterne devant l'entrée de la tente. Jéhovah parle à Moïse de la bouche à la bouche, comme l'ami parle à son ami.

« Et Moïse dit à l'Éternel : Écoute, voici ce que tu m'as ordonné : « Fais partir ce peuple! » Mais tu ne m'as pas indiqué celui que tu pourrais envoyer à mon secours; tu m'as dit seulement : Je connais ton nom, et tu as trouvé grâce devant ma face.

« Jéhovah répondit : « Ma face marchera avec toi, et te donnera du repos et de la sécurité. » Moïse reprit : « Si ta face ne marche pas avec nous, ne nous conduis pas plus loin, car comment pourrions-nous savoir que moi et ton peuple nous avons trouvé grâce devant toi? Nous ne pourrons le savoir que si tu marches avec nous, et nous prouves ainsi que moi et ton peuple, nous sommes séparés de tous les peuples de la terre! » Jéhovah dit : « Je ferai encore ceci pour toi parce que tu m'es cher, et que je te connais par ton nom, toi, mon fidèle serviteur.

[1] Moïse, liv. II, chap. 33, vers. 9 à 23; chap. 34, vers. 1 à 8.

« Eh bien! laisse-moi contempler ta gloire.

« Je montrerai à ta face toute ma magnificence, et elle sera proclamée devant toi la majesté de Jéhovah! car je prodigue de hautes faveurs à celui que je favorise; je répands des trésors d'amour sur celui que j'aime. Mais tu ne verras point ma face; il n'est point d'homme qui puisse la voir et vivre! »

« Et il dit encore : « Il y a une place à mes côtés; là-haut, sur le rocher, tiens-toi debout; mon éclat passera, et tu te tiendras debout à l'entrée de ce rocher. Et quand je passerai, ma main te couvrira; et quand je serai passé, je retirerai ma main, et tu me suivras du regard, car ma face, personne ne peut la voir! »

« Moïse se leva le matin avec le jour, il monta sur la montagne, ainsi que le Seigneur le lui avait ordonné, et il prit les tables de pierre dans sa main.

« Alors Jéhovah descendit dans le nuage et s'arrêta devant lui; il proclama la majesté de Jéhovah, et il passa. Jéhovah passa devant la face de Moïse, et une voix s'écria : « Jéhovah! Jéhovah! Dieu de miséricorde, Dieu de bonté et de patience, Dieu fidèle et clément qui conserve le bien à travers mille générations, qui porte l'injustice, le péché et les méfaits! la pureté même n'est point pure devant lui! Il remonte aux méfaits des pères et les fait expier aux enfants et aux enfants des enfants, jusqu'à la troisième et à la quatrième génération! »

« Et Moïse s'inclina aussitôt et se prosterna sur la terre. »

Les peintures de ces apparitions aux plus anciens d'Israël, prouvent qu'il est également resté pour eux un esprit invisible.

« Ils ont vu venir le Dieu d'Israël; à ses pieds tout était comme un saphir brillant, comme un ciel pur et sans tache! »

L'apparition du Dieu invisible ne se trouve pas dans l'ancienne théologie judaïque, car, dès qu'il apparaissait dans un symbole, on l'appelait l'ange de Jéhovah, représenté par ce symbole; et cependant l'idée de la divinité finit par devenir si familière à l'imagination des derniers prophètes, que non-seulement ils virent cette divinité, mais qu'ils en donnèrent des descriptions circonstanciées. Dans ces descriptions, on retrouve les traits principaux fournis par Moïse, qui resteront toujours la base fondamentale de ce grand édifice; seulement les traits isolés sont modifiés par l'esprit des temps et par l'individualité des prophètes.

La belle apparition qu'Élie, ce second Moïse, vit sur le Mont-Horeb, peut-être à la même place où se tenait le premier des prophètes, offre une ressemblance frappante avec celle dont on vient de lire le récit. Le voyage d'Élie dura quarante jours et quarante nuits, puis il arriva à la montagne de Dieu et se retira dans une caverne pour y passer la nuit. Alors, la voix de Dieu l'appela et lui dit : « Que fais-tu là, Élie ? » Le prophète répondit, et la voix reprit : « Sors de la caverne, monte sur le haut de la montagne, et présente-toi devant la face de Jéhovah ! »

« [1] Et voici : « Jéhovah passa devant lui ; une grande et terrible tempête, une tempête qui déchira les montagnes, qui fendit les rochers, précéda Jéhovah ! Mais Lui, Jéhovah, il n'était pas dans la tempête !

« Et après la tempête vint le tremblement de terre; mais Jéhovah n'était pas dans le tremblement de terre !

« Et après le tremblement de terre vint le feu ; et Jéhovah n'était pas dans le feu !

« Et après le feu vint un doux et tendre murmure qui frappa l'oreille d'Élie, et il se voila le visage de son manteau ; il sortit, il s'arrêta à la porte de la caverne, et la voix lui dit : « Que fais-tu là, Élie ? » etc.

Cette vision devait montrer à l'ardent prophète, qui voulait réformer le mal avec la violence de l'ouragan, que la marche de Dieu est douce, et que tout en lui est clémence et bonté. La même voix avait donné naguère un autre avertissement à Moïse, et voilà ce qui explique la différence entre ces deux visions.

Quant au royal prophète Isaïe, Dieu lui apparut comme un monarque trônant dans un sanctuaire, tenant du temple autant que du palais. Les premiers de sa cour l'entourent ; les chérubins, au-dessus desquels il siège dans les images plus simples des temps primitifs, sont transformés en séraphins, dont les principaux traits ont été empruntés aux serviteurs du trône et aux ministres du temple. Toute cette vision d'Isaïe porte le cachet de la magnificence et de la dignité royale.

---

[1] Isaïe, chap. 6, vers. 1 à 4.

« ¹ Dans le cours de l'année où mourut le roi Hozias, je vis Jéhovah siéger sur son trône solennel! L'éclat des pans de son vêtement remplissait le palais-temple, et les serviteurs de son trône étaient rangés autour de lui.

« Chacun d'eux avait six ailes² : deux leur cachaient le visage, deux leur cachaient les pieds ; et ils volaient avec deux seulement, et un de ces serviteurs s'écria, en se tournant vers les autres : « Qu'il soit glorifié ! qu'il soit glorifié ! qu'il soit glorifié, Jéhovah ! le Dieu des dieux ! la terre est couverte de sa majesté ! »

« Et les voûtes et les colonnes du temple tremblèrent dans leurs fondements aux accents de la voix qui parlait ainsi ; et le temple fut rempli de fumée ! »

Cette fumée était celle du sacrifice, dont faisaient partie les charbons ardents de l'autel et les hymnes des prêtres. Je le répète, Isaïe réunit dans cette vision l'éclat du temple à celui du palais des rois.

Chez Ézéchiel, Dieu se montre sur un trône en forme de char, roulant dans les nuages. Le fond de saphir qui s'étend à ses pieds appartient aux visions des anciens du temps de Moïse ; la forme de feu sous laquelle il apparaît, appartient à Moïse lui-même, avec la différence cependant que ce premier prophète ne vit jamais Dieu sous la forme humaine. De tous les prophètes qui lui succédèrent, Daniel osa, le premier, décrire la divinité revêtue de cette forme ; mais cette apparition n'est qu'une vision nocturne, et non une contemplation réelle ; elle n'est qu'une figure au milieu de la foule des figures symboliques de son rêve.

« ³ J'ai vu tout cela ! puis des trônes se sont élevés, et l'Ancien des jours passés siégeait devant moi ! Son vêtement était blanc comme la neige, sa chevelure ressemblait à la laine la plus pure ; son trône était une flamme ardente, et les roues de

¹ Rois, liv. 1ᵉʳ, chap. 19, vers. 11 à 13.
² Les ailes des séraphins ont été empruntées aux chérubins, mais leur nombre est augmenté, et leur forme et leur nombre ont été changés. Séraphin, d'après l'arabe שרף, signifie une figure noble, élevée ; un noble, un prince ; aussi ne voit-on en eux que la figure humaine. Les quatre ailes qui voilent la face et les pieds, sont une preuve de leur respect pour leur roi ; les deux ailes qui leur servent à voler, indiquent leur caractère de messagers rapides. Le génie d'Isaïe a composé ce tableau mais il en a trouvé tous les traits dans Moïse et dans les psaumes.
³ Daniel, chap. 7, vers. 9 et 10.

ce trône un feu dévorant! De sa face découlait un fleuve enflammé qui roulait au loin; mille fois mille serviteurs le servaient; dix mille fois dix mille se tenaient debout devant lui. Il siégeait en juge, on ouvrit les livres, » etc.

Les traits de cette image appartiennent également au Mont-Sinaï, tels qu'ils ont été développés par la bénédiction de Moïse, par les psaumes et par les visions d'Isaïe et d'Ézéchiel, qui osèrent les premiers, mais très-vaguement encore, indiquer la divinité sous la forme humaine. Ce fut ainsi que l'apparition de Dieu devint, par degrés, un tableau dont il n'existe pas un trait dans les temps primitifs. Chez Job, ce Dieu est l'*Inconcevable* qui parle dans l'orage, qui marche sur les mouvantes sphères célestes. Chez Moïse, il n'est visible que lorsqu'il a passé, et se manifeste par ses qualités et par des symboles brillants. Du temps des patriarches il était pasteur avec eux. Jacob endormi le vit comme un chef de famille habiter la chambre la plus élevée de la maison, d'où ses serviteurs descendaient par une échelle. Pour Abraham, ce Dieu était un ami qui venait visiter son ami; et comme il avait une forme déterminée, on l'appela l'ange du seigneur. Plus on remonte vers les temps primitifs, plus les symboles disparaissent, et plus, selon moi du moins, le respect silencieux pour l'Être infini, inconcevable, que pas un nom de la terre ne peut désigner, est imposant et digne de cet Être.

Au reste, les apparitions divines n'étaient pas une condition inséparable de la condition des prophètes. Dieu se contenta d'appeler Samuel, le premier successeur de Moïse, par une voix partie du haut de son siège sans forme, suspendu au-dessus des chérubins. La plupart des autres prophètes entendirent la parole de Dieu, mais il ne leur apparut pas; voilà ce qui distingue si visiblement la poésie des Hébreux de celle de tous les peuples idolâtres. C'est une poésie de sages et non de visionnaires mythologiques; elle n'a pas enfanté d'hymnes, d'épopées où s'agitent et combattent des dieux guerroyants; ses chants et ses cantiques célèbrent Dieu dans ses actes et dans la perfection de ses œuvres. Elle ne sépare que fort rarement les symboles des apparitions divines; et plus ces apparitions deviennent fréquentes et minutieusement décrites, plus cette poésie perd l'élévation sublime qui caractérise son point de départ.

II. Chez Moïse, *la parole de Dieu* était, plus que son apparition, la révélation du nom de ce Dieu et de la tâche qu'il imposait à Moïse en le chargeant de délivrer son peuple. Je reviendrai sur les apparitions quand je traiterai la législation, car il faut, avant tout, examiner *la parole de Dieu*, qui est l'ame de la vocation et de la poésie de tous ces poètes sacrés.

Cette parole était d'abord un ordre positif, et c'est ainsi qu'elle s'est manifestée au premier prophète; elle leur ordonne, non-seulement de parler, mais encore d'agir; aussi est-ce en ce sens que parlent Samuel, les *Voyants* du temps de David, Élie et Élisée. Tous demandent l'exécution d'une loi positive; voilà pourquoi je les appelle prophètes d'action, afin de les distinguer de leurs successeurs qui se bornent à donner des enseignements généraux et des consolations, à prédire des châtiments et à nourrir des espérances.

Cette différence, toutefois, tient à l'esprit du temps. Moïse, le premier et le plus grand des prophètes, pouvait unir l'action à la parole, car sa vie tout entière n'était que la parole de Dieu mise en action; il en fut de même de Samuel, juge souverain du peuple. Mais lorsque le pouvoir suprême passa dans les mains des rois, les prophètes ne conservèrent plus que l'autorité de la parole; et pourtant, cette parole ainsi réduite est encore dépeinte par eux comme l'action la plus vivante et la plus énergique; ce qui a donné lieu à une grande quantité d'images de la force de la parole des prophètes, images qui ne peuvent se rapporter qu'en général et par analogie à la force spirituelle de la parole de Dieu. C'est cette parole qu'ils appellent tantôt un feu ou un marteau qui brise les rochers, et tantôt une rosée et une pluie bienfaisante. On trouvera une preuve de ces diverses comparaisons dans ce beau tableau d'Isaïe.

« [1] Je ne pense pas comme vous pensez, je n'agis pas comme vous agissez; mes pensées et mes actions s'élèvent au-dessus de vos pensées et de vos actions, autant que le ciel s'élève au-dessus de la terre!

[1] Isaïe, chap. 55, vers. 8 à 11.

« La pluie et la neige qui descendent du ciel n'y retournent qu'après avoir humecté la terre, qu'après avoir développé les plantes et leur feuillage, qu'après avoir fait germer le grain afin de donner du pain à celui qui l'a semé. Il en est de même de ma parole; dès qu'elle est sortie de ma bouche elle ne me revient pas en vain; elle a fait ce que j'ai voulu qu'elle fît, elle a rempli la mission que je lui avais donnée! C'est ainsi que vous aussi vous parlez de moi avec une joyeuse assurance. »

Ces mots, *parole de Dieu,* signifient fort souvent chez les Hébreux, guide, conseil, direction, action.

Malheureusement Moïse reçut une double parole, celle de délivrer son peuple, et celle d'humilier d'abord la fière Égypte par toutes sortes de calamités. Cette double parole ou vocation se manifeste dans tous les écrits des prophètes; leurs oracles se divisent en tourments et en consolations, en châtiments et en délivrance; et les actions de Moïse s'y retrouvent presque mot à mot. Les prophètes qui lui ont succédé frappent et châtient les rebelles, tantôt par l'une et tantôt par l'autre des plaies de l'Égypte; ils sauvent, consolent et vengent les peuples restés fidèles, par l'espoir d'une terre promise, d'un âge d'or qui approche, images empruntées au voyage dans le désert sous la conduite de Dieu. C'est à cette particularité qu'il faut attribuer le faux jour sous lequel beaucoup de personnes ont envisagé les poètes hébreux, qu'ils accusent de nourrir une haine implacable contre tous les hommes, et un fanatisme farouche qui leur fait sans cesse lancer l'anathème. Je conviens que leurs expressions énergiques ont pu être mal comprises et mal imitées par quelques hommes orgueilleux de leur nation; mais il est faux de dire que chaque prophète, chaque poète hébreu pouvait, selon ses penchants, ses caprices ou ses vengeances privées, répandre les bénédictions et les malédictions.

La tâche de Moïse lui avait, pour ainsi dire, été imposée malgré lui; il en fut de même de la plupart des sages, et il fallut contraindre Ézéchiel, Jérémie et plusieurs autres à faire et dire ce qu'ils ont fait et dit. Comment pourrait-on prendre plaisir à annoncer des calamités? et n'est-il pas toujours plus agréable, plus doux, de prédire le bonheur? Aussi les prophètes souffraient-ils eux-mêmes des maux qu'ils étaient forcés d'annoncer; et comme ces maux étaient déjà pour eux des faits accomplis, ils en étaient plus affligés que les peuples qu'ils devaient frapper. Sous ce rapport, Jérémie, surtout, est digne de notre pitié. L'âme la plus tendre, la plus aimante, devait être témoin des temps les plus durs, et en prévoir de plus cruels encore.

« [1] Mes entrailles! oh! mes entrailles, comme elles me torturent! Mon cœur, comme il tressaille, comme il palpite d'angoisses! Et pourtant je ne puis me taire.

« Car mon âme entend le son des trompettes, elle entend des cris guerriers. Malheur! malheur! s'écrient-ils tous autour de moi; on ravage le pays, on ravage ma tente; comme il a été rapidement enlevé, le toit qui m'abritait!

« Jusqu'à quand verrai-je ce drapeau? jusqu'à quand les entendrai-je ces trompettes? J'ai beau voir, j'ai beau entendre, mon peuple est fou, il ne voit, il n'entend pas, lui. Il ressemble à des enfants sans jugement, il n'a point de raison; il a de la science pour le mal, il n'en a point pour le bien!

« Je contemple le pays : il est ravagé, il est désert! Je contemple le ciel : il n'a point de lumière! Je regarde les montagnes: elles tremblent, et déjà toutes les collines chancèlent!

« Je regarde encore, et je ne vois plus personne! les oiseaux mêmes se sont enfuis, il n'y en a plus sous la voûte du ciel!

« Je regarde encore : le Mont-Carmel est un désert! et toutes ses villes se sont anéanties devant le regard de Jéhovah, devant le regard enflammé de sa colère! Car il a dit ainsi lui, l'Éternel, » etc.

Un prophète qui prélude ainsi à son message de deuil, ne s'en acquitte pas pour satisfaire ses penchants haineux ou sa malignité innée; et ce n'est pas seulement Jérémie, mais presque tous les prophètes, qui se montrent ainsi pénétrés de sombres terreurs et de tendre compassion. Dès que l'orage est passé, leur âme s'épanouit comme une rose aux rayons du soleil, et leur instinct prophétique, débarrassé de la tourmente, repousse les nuages et prédit le bien sept fois sept fois.

Cette parole d'action, cette révélation de Dieu par la bouche

---

[1] Jérémie, chap. 4, vers. 19 à 27.

des prophètes, donne à la poésie hébraïque un cachet particulier qui, pour être senti, n'a pas besoin de commentaires. Ces prophètes regardaient leurs prédictions comme autant de certitudes avérées, de vérités vivantes; ils voyaient les évènements s'accomplir à mesure qu'ils les annonçaient, ce qui les a fait considérer, non-seulement comme voyant dans l'avenir, mais encore comme pouvant en faire sortir à leur gré le bonheur et le malheur.

Ils frappent le pays avec la baguette de leur parole, et cette même parole délivre le pays. Dieu dépose sur leurs lèvres l'annonce de sa volonté, et les anime de son feu céleste. Voilà pourquoi ils parlent souvent malgré eux et sans songer comment on accueillera leurs paroles; poussés par une force supérieure, ils lui obéissent sans songer aux punitions ni aux récompenses qui pourraient en être le résultat.

Ces sortes de prédictions ne se trouvent que rarement dans les poésies des autres peuples, et n'y ont jamais ce caractère d'impulsion irrésistible. Chez les Hébreux, rien n'a été fait dans le seul but de plaire et d'amuser; leurs poètes n'ont pas inventé la destruction de Babylone ou de Jérusalem, pour en faire le sujet de leurs chants, et le peuple ne voyait jamais dans ces chants une composition dramatique destinée à ses plaisirs. Si la poésie des sages de la Grèce s'était conservée dans sa pureté primitive, si nous possédions quelques fragments intacts de leurs anciens théologues et prophètes, nous y trouverions plus d'une de ces analogies qu'il est impossible de ne pas deviner dans les discours de Calchas, de Cassandre dans Eschyle, et dans les paroles de tous ceux qui prophétisaient en face de la mort ou d'une apparition quelconque.

Les prophètes des derniers temps des Hébreux puisaient leurs inspirations dans des images énigmatiques, et parfois même dans des rêves; aussi leur parole a-t-elle beaucoup moins de force et d'énergie que celle de leurs prédécesseurs. On a pu voir que Dieu a fait précéder la voix directe dans laquelle il parlait à Moïse, par des révélations préparatoires consistant en visions, en images énigmatiques et en rêves. La différence qui existe entre ces diverses communications, est très-clairement indiquée par la différence qui existe entre la longue suite des prophètes dont nous possédons les écrits. En un mot, il est évident que si les poètes hébreux sont, sous le rapport de la variété et du savoir-faire, inférieurs aux poètes des autres peuples, ils ont pour eux la dignité divine, le zèle sacré qu'on ne peut trouver que dans la certitude que ce que l'on dit est utile et vrai; considérés sous ce point de vue, ils resteront une merveille unique du monde intellectuel.

III. Le craintif Moïse a été revêtu du pouvoir de faire des prodiges destinés à frapper de surprise les Égyptiens, à la fois si superstitieux et si fiers de leur science. Ces mêmes prodiges devaient humilier les prêtres égyptiens qui croyaient avoir trouvé l'art de la magie dans l'étude de la nature. Comme c'était là leur unique but, il serait faux de les regarder comme inséparables des fonctions de prophètes. D'après les lois de Moïse, le plus grand faiseur de prodiges pouvait être mis à l'épreuve et condamné à mort, s'il enseignait quelque chose de contraire à la gloire de Jéhovah.

Les premiers successeurs de ce grand prophète, tels qu'Élie et Élisée, faisaient des prodiges, parce que le peuple d'Israël, faible d'esprit et toujours disposé à l'idolâtrie, avait encore besoin de ces victoires palpables du vrai Dieu sur les prêtres de Baal; comme du temps de Moïse, il avait besoin de voir ce prophète triompher des savants de l'Égypte.

Lorsque, plus tard, commence la série des véritables prophètes-poètes, les prodiges par lesquels ils annoncent leur vocation changent de caractère. Au lieu d'opérer des miracles en opposition avec les lois de la nature, les prophètes prédisent, en témoignage de la vérité de leur parole, des évènements extraordinaires qui se passent au loin, ou qui ne tarderont pas à arriver. C'est ainsi qu'Isaïe fait de la naissance d'un enfant le gage de la délivrance du royaume de Juda, délivrance qu'il fixe d'après le nombre des années de cet enfant; le merveilleux n'est que dans la coïncidence de ces deux faits, puisqu'elle dépasse les prévisions humaines.

Quand le prophète dit que l'ombre recule sur le cadran solaire d'Achaz, il indique que les années de la vie d'Hozias suivent la même marche, et garantit ainsi, par un fait présent, un fait à venir, c'est-à-dire qu'il opère un prodige. Ce mot n'a jamais eu une autre signification chez les Hébreux. Tous les évènements horribles et contraires aux lois ordinaires de la nature étaient attribués aux idoles; l'interprétation de ces évènements était sévèrement défendue; en se la permettant, on entrait dans la catégorie des faux prophètes. Les prodiges du vrai Dieu étaient toujours le gage de ses promesses, de ses bienfaits, ou un appel à la confiance en sa parole; aussi les réservait-il spécialement pour les époques d'incrédulité.

Parfois le prophète était lui-même un prodige, soit à cause de la destinée extraordinaire qu'il subissait, soit à cause des faits extraordinaires dont il était le symbole. Isaïe, Jérémie, Osée se trouvent dans ce dernier cas; Ézéchiel et Isaïe sont des exemples du premier. Ézéchiel perdit sa femme, la joie de ses yeux. Isaïe qui, pendant toute la seconde moitié de son livre, ne cesse de personnifier le peuple d'Israël en l'appelant le serviteur, l'enfant de Dieu, semble porter tout le poids des destinées de ce peuple, comme un personnage symbolique choisi à cet effet par Dieu lui-même. C'est sur lui que Dieu fait voir les résultats que les souffrances de son peuple dans la captivité doivent avoir sur les autres peuples. Et comme alors le prophète sent qu'il est lui-même un prodige, il développe l'avenir, qui est déjà une actualité pour lui, d'une manière si touchante, que les chapitres où se trouvent ces développements sont à mes yeux l'évangile de l'Ancien-Testament.

On a dit souvent que ces chapitres étaient si peu liés entre eux, que l'on finissait par ne plus savoir de qui ni de quoi il était question. Je parlerai plus tard d'Isaïe d'une manière plus détaillée; qu'on se souvienne alors de sa personnification du royaume d'Israël et de son individualité symbolique, qui représentait, pour ainsi dire, cette personnification. A l'aide de ces données, on reconnaîtra que, chez lui, tout est admirablement enchaîné, et que l'ensemble de ses écrits est un long trait de lumière jeté à travers les ténèbres de l'avenir.

Je crois avoir suffisamment démontré que les visions, les inspirations immédiates et les actions symboliques, étaient les traits caractéristiques des poètes sacrés qui, seuls, pourront nous aider à saisir l'esprit de leurs poésies.

Que signifie le mot prophète? Est-ce un synonyme de *vates* (poète)? Les prophètes étaient-ils, à leur point de départ, des musiciens, des improvisateurs ambulants, ou des insensés, des derviches nus autour desquels les femmes dansaient en rond? Remontons à l'origine du mot (נביא), non par des étymologies qui sont toujours incertaines, mais par les acceptions nettes et claires qu'on lui a données à diverses époques.

Le mot *prophète* est employé pour la première fois dans les temps les plus reculés, quand Dieu dit à Abimelech: Rends sa femme à cet homme, car il est prophète [1]. Abimelech connaissait donc la valeur de ce mot, supposition d'autant plus naturelle, que le peuple sur lequel il régnait était d'origine égyptienne, et les Égyptiens, tout le monde le sait, appelaient prophètes les grands-prêtres, les initiés aux mystères de la divinité, les interprètes de la nature, tous ceux enfin qui parlaient au nom des dieux. C'est en ce sens que le mot *prophète* est employé dans le plus ancien poème hébreu. En donnant le nom de prophète à Abraham, Dieu ordonnait au roi de voir en lui un sage, un confident de la divinité dont la personne est inviolable et sacrée, même en pays étranger. Dieu dit à Moïse: « Tu seras son dieu, Aaron sera ton prophète [2]. » Par là, il annonce clairement que le prophète parle avec la bouche de Dieu, qu'il est son orateur, l'interprète de ses secrets desseins. Cette première signification dont il est si souvent parlé dans Moïse et dans les autres prophètes, est la base fondamentale des privilèges de Moïse comme prophète [3]. Il est dit que Dieu éveillera un prophète qui parlera en son nom comme l'a fait Moïse, et qu'il ne fera rien avant d'avoir révélé son secret aux prophètes [4].

Il est facile de voir que, pris en ce sens, le mot prophète ne

---

[1] Moïse, liv. 1er, chap. 20, vers. 7.

[2] Comparez Moïse, liv. II, chap. 7, vers. 1, avec le chap. 3, vers. 16.

[3] Comparez Moïse, liv. IV, chap. 12, vers. 6, à Moïse, liv. V, chap. 18, vers. 15 à 20; chap. 35, vers. 10.

[4] Amos, chap. 3, vers. 7; Rois, liv. 1er, chap. 22, vers. 22 et 23. Jérémie, chap. 5, vers. 13 et suivants.

saurait rien avoir de commun avec celui de musicien ou de poëte. Abraham et Aaron n'étaient pas poëtes, et il n'est parlé en aucun endroit des productions poétiques de Samuel, de Gade, de Nathan, d'Élie, d'Élisée, qui tous, cependant, étaient regardés comme de grands prophètes, quoique leurs oracles ne fussent que de la prose claire et facile. David et Salomon, au contraire, étaient poëtes et ne furent jamais prophètes dans la véritable acception de ce mot. On a singulièrement abusé du passage dans lequel il est dit qu'Élisée fit venir un joueur d'instrument pour qu'il éveillât en lui le don de prophétiser [1]. Son intention n'était pas d'éveiller ce don, mais de calmer la colère qui le rendait incapable de parler le langage de la raison, et encore moins celui de Dieu. Si, du temps de Samuel et de David, on appelait les prophètes des *voyants*, c'était pour les distinguer des joueurs d'instruments, et pour indiquer qu'ils voyaient ce que l'avenir cachait au reste des hommes. Enfin, les prophètes étaient ce que nous nommons des sages.

La bouche de ces prophètes était celle de Dieu, soit qu'ils parlassent du passé, du présent ou de l'avenir. Aussi leur langage était-il presque toujours celui de la divinité, c'est-à-dire qu'il consistait en sentences et en discours imagés, ce qui constitue la haute poésie. Qui oserait parler, au nom de Dieu, d'une manière indigne de ce Dieu ? Où est l'inspiré qui s'est exprimé d'une manière froide et vulgaire ? La Pythie elle-même ne croyait-elle pas devoir répondre en vers, quoique ses vers fussent presque toujours fort mauvais ?

L'origine de cette seconde signification du mot prophète découle de la première, mais par induction seulement. Le mot *vates* peut indiquer les poëtes dans toutes les langues, mais on ne les appelait ainsi que parce que, chez tous les peuples, on leur attribuait la faculté de voir et de prédire l'avenir ; et il y a toujours eu, en effet, parmi les poëtes, des hommes nobles, sublimes, et dignes, par conséquent, d'être les interprètes de la divinité.

Il est donc bien naturel que, pour désigner un langage élevé, dont les choses divines sont le sujet, on ait fini par se servir du

[1] Rois, liv. II, chap. 3, vers. 15.

mot prophétiser, comme on emploie aujourd'hui celui de prêcher. Lorsqu'il est dit que Saül se mit à prophétiser quand le mauvais esprit se fût emparé de lui, il faut entendre par là que, dans sa démence furieuse, il tenait des discours en style élevé, mais insensés. La poésie et la musique avaient toujours eu beaucoup d'empire sur son esprit, et cet empire s'était encore augmenté pendant sa maladie. Les anciens d'Israël, tous disciples des prophètes, prophétisaient dès qu'ils se sentaient inspirés, c'est-à-dire qu'ils parlaient le langage élevé des prophètes. Miriam et Débora ont été appelées prophétesses, parce qu'elles étaient des poètes exaltés, et que la poésie exaltée et sacrée a toujours été regardée comme le langage des dieux.

A cette époque de l'âge du monde, la musique et la poésie étaient étroitement unies, et les poètes et les musiciens n'étaient presque jamais qu'une seule et même personne; l'art de parler le langage divin devait donc nécessairement tenir de près à la musique. Asaph et Héman prophétisaient en faisant résonner les cordes de leur harpe, c'est-à-dire qu'ils traduisaient en chants sacrés les sentences sublimes, ou, pour parler leur propre langage, ils devinaient les énigmes de la sagesse, à l'aide des vibrations des cordes de leur instrument. La puissance de la poésie augmente quand elle est soutenue par la musique; et la passion sacrée qu'excitent ces deux arts réunis ne saurait se désigner que par le mot enthousiasme. Il ne résulte cependant pas de là que chaque prophète portait un instrument avec lui, et que son nom et sa fonction de prophète en faisaient inévitablement un joueur d'instruments. Balaam prononça ses prophéties et ses sublimes discours sans être soutenu par un instrument quelconque; et lorsque, plus tard, la parole des prophètes descendit presque jusqu'à la prose, il eût été impossible de l'associer à la musique. Aussi a-t-on toujours soigneusement distingué le chant du discours prophétique.

Il serait encore plus faux de confondre la qualification de prophète avec celle d'insensé. Qui oserait méconnaître l'esprit élevé, la profondeur des vues politiques d'Isaïe et de plusieurs autres, jusqu'à ne voir en eux que des fous? Il est vrai que la plupart de leurs actions symboliques frappent par leur extravagance, mais ils avouent eux-mêmes que c'était là le but de ces actions. Cette apparente folie cachait une profonde sagesse, et s'il a jamais été permis de dire : *Insanire cum sapientia*, c'était en ce cas.

Les prophètes sont devenus fort souvent un objet de risée pour le peuple grossier, et de moquerie pour des rois impies. Quand Jéhovah lui-même était un objet de mépris, on ne pouvait voir qu'une preuve de démence dans les oracles prononcés en son nom; mais l'avenir consacrait toujours cruellement l'authenticité de ces oracles.

« [1] Jéhovah, mon Dieu, m'a donné la langue des savants pour dire à propos une parole consolante à celui que la fatigue accable. Il vient chaque jour m'éveiller le matin et exercer mon oreille à écouter, comme le disciple du sage écoute son maître.

« Jéhovah, mon Dieu, m'a parlé doucement à l'oreille, et je n'ai pas reculé, et je ne me suis pas préparé à la résistance! Non, j'ai porté mon corps au-devant des coups, j'ai tendu mon visage à ceux qui me raillaient; je n'ai point détourné ma face devant l'ignominie et les crachats!

« Jéhovah, mon Dieu, était près de moi, voilà pourquoi je n'ai point rougi de honte, voilà pourquoi ma face est dure comme le caillou; voilà pourquoi je savais que rien ne pourrait m'humilier!

« Il est près de moi, celui qui me justifie! Où sont-ils ceux qui osent me quereller? Comparaissons ensemble devant la justice suprême! Qu'il se présente celui qui pourra me reprocher quelque chose! Regardez! Jéhovah, mon Dieu, est près de moi! Osez m'accuser devant lui de perversité! Vous vieillirez comme les vêtements de votre corps, et comme ces vêtements aussi, vous serez dévorés par les vers!

« S'il en est parmi vous qui craignent Jéhovah, qu'ils écoutent la voix de son serviteur; qu'ils marchent dans les ténèbres, et qu'ils n'y voient point de lumière; qu'ils espèrent en Jéhovah, qu'ils se confient en leur Dieu!

« Voyez! vous tous qui battez les pierres, qui en tirez des étincelles pour allumer vos torches, marchez à la clarté des

---

[1] Isaïe, chap. 5o, vers. 4 et suivants.

feux, à l'éclat des torches que vous avez allumées ainsi. Un geste de ma main passe sur vous, et vous voilà jetés à terre, souffrants et immobiles ! »

Que ce passage est admirable ! Le prophète lève la main et les torches s'éteignent, et tous ceux qui les ont allumées sont étendus sur la terre en proie à la douleur et entourés de ténèbres !

LES PROPHÈTES.
Poème.

« Je vous salue, ô vous, confidents intimes de la divinité ! L'avez-vous trouvé enfin dans vos bosquets de palmiers, ce repos que ni le Carmel, ni Horeb, ni la divine Sion n'ont pu vous donner ?

« Que de dons précieux vous avez prodigués à vos temps antiques ! Les lois et la prière, la consolation et les commandements, la prospérité de l'État et la sagesse des mœurs ont coulé de vos lèvres comme autant de ruisseaux intarissables.

« Car vous étiez des cœurs nobles et grands ! Vous vous êtes élevés au-dessus de la paresse du présent et de l'esclavage du peuple ; vous vous êtes élevés au-dessus des vains plaisirs et des folles illusions. Et devant vous et derrière vous, vous la voyiez toujours, la grande lumière du temps !

« Du fond des abîmes de l'avenir et du passé, la grande lumière du temps s'est levée dans vos ames comme une flamme divine. Elle a brûlé longtemps dans de silencieuses ténèbres, cette flamme divine ; puis elle s'est montrée forte et puissante comme un phare de l'avenir !

« Dans vos cavernes sacrées, vous avez intimement prêté l'oreille aux doux murmures de la voix qui, avec l'heure de minuit et avec l'aube du matin, faisait vibrer les plus belles cordes de vos cœurs.

« Et les sons coulaient doucement comme la pluie du ciel, et, semblables à l'orage de Jéhovah, ils réveillaient le monde assoupi. On eût dit que ce qui parlait ainsi, c'était le temps passé, c'était le temps à venir !

« Ames pures, harpes divines qui, sous la main puissante de l'Éternel, rendiez des sons si harmonieux, soyez bénies ! Soyez bénis, vous qui fûtes les interprètes de sa volonté, les messagers des temps, la clef et l'esprit des lois !

« O toi qui, sur le Mont-Sinaï, t'élevas au-dessus des temps, au-dessus des peuples [1] ! toi qui, au milieu d'épaisses nuées, vis briller la sagesse parée de mille couleurs, et jaillir la lumière qui éclaire aujourd'hui le monde entier ;

« Et toi dont l'esprit de flamme ravit au ciel ses étoiles et à l'empire des morts le fils de la veuve [2] ! et toi qui vis Jéhovah dans sa magnificence royale, et qui décrivis l'éclat des purs esprits par la pompe majestueuse des rois [3] !

« Et vous qui saviez pleurer, vous dont les cœurs aimants et tendres se fondaient en lamentations [4] ; vous qui, au dernier rayon du dernier jour des prophètes, voyiez encore l'avenir à travers les ombres du crépuscule de votre temps [5] ;

« Vous tous qui, délivrés enfin de la douleur qui vous oppressait de toutes parts, marchez dans la lumière éternelle au milieu de vos bosquets de palmiers, jouissez en paix du repos que ni le Carmel, ni Horeb, ni la divine Sion n'ont pu vous donner !

« Que vois-je ! vous accueillez avec une bonté bienveillante les sages des autres peuples ? Oui, ils marchent intimement à vos côtés, les Pythagore, les Orphée, la troupe élue des Druides, et tous les confidents de la divinité sur la terre !

« Et lui aussi, le divin Platon, et tous ceux qui, comme lui, furent les pères du peuple, des sages, des législateurs ; tous ceux enfin qui ont prêté une oreille pure à la voix divine, qui ont fait de leurs cœurs un sanctuaire digne de la flamme céleste, ils marchent intimement à vos côtés ! »

[1] Moïse.
[2] Élie.
[3] Isaïe.
[4] Jérémie et plusieurs autres.
[5] Daniel et plusieurs autres.

SUPPLÉMENT.

POURQUOI LES PROPHÈTES ÉTAIENT-ILS UNE SPÉCIALITÉ PARTICULIÈRE AU PEUPLE HÉBREU ?

La réponse à cette question ressort naturellement de l'histoire de ce peuple. Il fondait son orgueil sur des ancêtres qui remontaient au commencement du monde, et qui avaient toujours été honorés par des témoignages irrécusables de la faveur de Dieu. Ces riches trésors de famille devaient nécessairement influencer la manière de penser et d'agir des patriarches les plus célèbres, tels que Seth, Noé, Sem et plusieurs autres. Chez Abraham, surtout, cette influence est visible; car c'est pour servir le Dieu de ses pères qu'il quitte son pays et se rend dans la contrée où vit Melchisédec. Plusieurs particularités viennent à l'appui de cette opinion.

1. Le père de famille était le grand-prêtre de sa maison, et, par conséquent, le gardien du sanctuaire de la famille et du service divin. Le nom de prophète, c'est-à-dire de confident, de prince de Dieu, n'a certainement rien d'exagéré quand il est appliqué à un homme d'un caractère tel que fut celui d'Abraham. Dans le livre de Job, il est également déjà question d'un prophète ; ce livre est en général plein de pensées religieuses, cachet sacré du monde primitif. En Orient, toute sagesse partait de Dieu, toute piété ramenait à lui.

2. Israël fut transplanté en Égypte, où déjà la religion était devenue une science politique; les prophètes égyptiens étaient une congrégation organisée de prêtres. Élevé par eux, Moïse fut éclairé tout-à-coup sur les véritables sources de l'intimité qui avait existé entre ses pères et Dieu. Lorsque ce Dieu lui apparut et lui ordonna d'exécuter ses desseins, il eût été impossible de désigner cette vocation par un mot plus noble que celui de prophète. Ce titre ne signifiait pas plus chez lui qu'il n'avait signifié autrefois chez Abraham, la faculté de prédire l'avenir; mais il qualifiait un homme qui parle et qui agit par et avec Dieu. Existe-t-il un mot plus digne pour nommer la plus sublime des vocations? La divinité peut-elle nous prouver sa présence parmi nous d'une manière plus noble, qu'en s'occupant

de notre perfectionnement? Et l'homme qui, dans les temps les plus reculés, a contribué à ce perfectionnement par sa parole comme par ses actions, qui, sans aucun secours humain, triomphe des obstacles qu'il rencontre à chaque pas, n'est-il pas l'homme de Dieu, le génie protecteur de l'humanité?

Il suffit d'arrêter un instant sa pensée sur les peuples arriérés ou rétrogrades, pour se convaincre du degré de perversité auquel l'espèce humaine peut descendre, quand on ne l'arrache pas malgré elle à sa noire apathie, quand on ne la contraint pas à marcher en avant sur la route du perfectionnement. Cette triste expérience est la plus belle preuve du mérite des premiers anges tutélaires de notre espèce.

Leur génie a servi de fanal aux peuples à venir, et leur cœur embrassait des nations entières que, par leur force gigantesque, ils ont ennoblies malgré elles. Dieu ne nous envoie que rarement de pareils hommes; les institutions humaines ne sauraient les faire naître, mais les besoins humains les réclament, et la divinité les fait briller comme ces astres éphémères et rares qui, en paraissant sur le ciel nocturne, ternissent l'éclat de toutes les autres étoiles. Pour ces grands hommes, la vie n'est rien quand il s'agit de la sacrifier à l'accomplissement de la parole et de l'œuvre qu'ils portent en eux, comme une vocation que Dieu leur a imposée. — *Animæ magnæ prodigi.* Qui pourrait douter que Moïse appartient à ces génies protecteurs de l'humanité?

3. Une partie de l'esprit qui reposait sur lui animait aussi tous ceux qui l'ont secondé, ainsi que les Écritures l'indiquent si naïvement par cette phrase : « Dieu prit de l'esprit de Moïse, et le posa sur eux. » Et le grand homme ne fut point jaloux de ce partage; il eût voulu, au contraire, que le peuple tout entier eût pu y participer.

Ce même esprit de Dieu animait les sages destinés à devenir les juges d'Israël, ainsi que les ouvriers qui travaillaient au sanctuaire, puisque leur art contribuait à l'accomplissement de l'œuvre. C'est encore lui qui donnait à Moïse, dont la législation était restée inexécutée, la certitude qu'un autre viendrait l'achever et la mettre à exécution. En un mot, tout ce qui contribuait à la prospérité, à l'instruction, à la liberté, à la puissance du peuple de Jéhovah, avait été, pour parler le langage de ce peuple, inspiré et secondé par l'esprit de Jéhovah. Peut-il y avoir un plus bel idiotisme national?

4. On abusa du nom de prophète, comme on abuse de tout en ce monde. D'orateurs de la loi, d'avocats de la patrie qu'ils devaient être, et qu'ils étaient d'abord, ils sont devenus des prêtres de Baal, des faux prophètes, au point qu'Élie et Michée étaient, à l'époque où ils vivaient, les seuls témoins du vrai Dieu. Amos déclina même le titre de prophète; enfin il arriva à cette fonction ce qui arrive à toutes, quand elles dégénèrent en métier.

5. Il serait donc injuste de trouver un motif de doute dans les visions et dans les prodiges des prophètes; car les unes et les autres n'étaient pas une condition inséparable de la vocation de prophète ou de sage. J'ai déjà prouvé que les descriptions des apparitions de Dieu augmentaient à mesure que les temps se corrompaient, et que l'esprit humain se pervertissait, au point qu'on ne pouvait le toucher ou le frapper que par de grandes images. On multiplia donc l'usage de la parole de Dieu, à mesure que cette parole perdit de sa force et de son influence.

Enfin, il ne faut jamais prendre les mots prodiges et miracles dans un autre sens que celui que leur donnaient les langues orientales. Ces langues appelaient prodiges, miracles, tout ce qui est extraordinaire, tout ce qui frappe et étonne. On appliquait ces mots à un livre, à une écriture, à un poëme, à une expression artistement combinée; comment alors ne l'aurait-on pas donné à un évènement inusité, à un phénomène de la nature? Les sages observaient ces évènements, ces phénomènes avec attention, et les mettaient au grand jour lorsqu'ils parlaient au peuple. Puisqu'ils étaient la bouche de la Providence, ils devaient nécessairement être attentifs aux signes et aux avertissements qu'elle leur donnait.

6. Au reste, les temps ont tellement changé, qu'il est impossible aujourd'hui de se faire une juste idée de la situation des prophètes. Vouloir pénétrer leur esprit, c'est troubler le sien; c'est s'égarer dans de vaines illusions ou dans des recherches qui, à force d'être subtiles et profondes, conduisent à des con-

clusions extravagantes. La nature des inspirations variait selon les temps et les caractères. Par quelles distinctions, par quelles nuances pourrions-nous désigner les distinctions et les nuances qui existaient entre l'ame de Moïse, et celle d'Élie ou d'Isaïe? nous qui ne connaissons pas même les principaux éléments des diverses inspirations de Pythagore, de Calchas, d'Homère, etc.

Oui, il est certain que nous ne possédons pas cette connaissance ; car, si nous la possédions, il dépendrait de nous de produire, surtout en ce qui concerne les matières divines, des œuvres semblables à celles d'Homère, d'Eschyle, de Pindare. Qu'il est profond et sublime, le respect de la divinité qui animait ces grands hommes! Aussi s'élèvent-ils parfois jusqu'à la dignité des prophètes.

Attribuer les qualités des prophètes à la force de l'imagination ou à la superstition, ce n'est pas expliquer leur nature exceptionnelle, c'est la méconnaître; c'est se mettre dans l'impossibilité de lire leurs écrits dans la disposition d'esprit qui, seule, peut nous les rendre intelligibles, utiles et agréables. Toute cette prétendue imagination n'est au fond qu'une sublime sagesse. Laissons donc à chaque prophète son individualité de style et de pensée, comme nous sommes forcés de lui laisser son époque, et, à cette époque, ses tendances, ses vues; et tâchons d'utiliser les fruits de l'esprit qui les animait au profit de notre époque à nous.

CHAPITRE III.

PASSAGES DE DIEU DANS LE DÉSERT.

L'histoire de Moïse considérée comme un sujet d'épopée. — Influence de cette histoire sur la poésie hébraïque. — Explication des idiotismes qui parlent de la délivrance au milieu des grandes eaux, des déserts fleuris, etc. — Sur le psaume 114. — Chant de victoire de Moïse sur les bords de la mer Rouge. — Apparition de Dieu sur le Mont-Sinaï. — Personnifications de la flamme que l'on voyait sur cette montagne ; ces personnifications étaient tantôt des anges, et tantôt des armées et des chars de guerre. — Dieu Zébaoth. — Origine de ce nom ; ce qu'il signifia plus tard. — Passages victorieux de Dieu. — Explication du psaume 68. — Qu'était-ce que la colonne de feu et de fumée, ainsi que le Mont-Sinaï tantôt couvert de nuages et tantôt étincelant de lumière ? — Le passage à travers la mer Rouge était-il une fable ? — Quelle application les Hébreux ont-ils fait de ce passage ? — Chant d'Habacuc sur le ton de la lamentation.

Supplément : Paraphrase du chant d'Habacuc. — Sur le merveilleux des voyages et de la législation de Moïse.

Il est très-étonnant que, parmi tant de poëmes héroïques que nos poëtes ont empruntés à la poésie des Hébreux, il ne se trouve pas une seule épopée sur Moïse. La délivrance de tout un peuple tombé dans l'esclavage, et l'éducation morale de ce peuple, éducation dont le but était la pureté du culte divin et la liberté de l'État, me paraissent un thème plus noble que des aventures arrivées au milieu des voyages et des batailles.

Le plus ancien législateur connu a mis en action des idées et des principes qui, sous plus d'un rapport, seraient encore aujourd'hui trop élevés, trop avancés pour nous. L'histoire de sa vie est pleine de changements brusques et merveilleux. Né et élevé en Égypte, il s'en exile lui-même par le plus haut degré de patriotisme. La vocation qui lui est révélée dans le désert, la lutte du Dieu de ses pères avec Pharaon et les sages de l'Égypte, la fuite à travers les flots de la mer, les colonnes de feu et de nuages, l'établissement d'une législation nouvelle, les miracles arrivés en Arabie, et cet espoir, ce regard qui domine tout, et qui, toujours et par-dessus tout, désire, espère, voit la terre de Canaan ; certes ce sont là des matières aussi riches que variées. La nature et l'art, la religion et les mœurs fournissent ces matières avec tant d'abondance et de variété, qu'elles sont, pour ainsi dire, elles-mêmes une épopée aussi riche que merveilleuse, c'est-à-dire un récit héroïque des mœurs de l'antiquité.

Ce léger aperçu des ressources que pourrait offrir un pareil sujet, s'adresse cependant beaucoup moins aux véritables Allemands qu'aux Allemands d'origine hébraïque. Pour eux, ce sujet serait national, et leur première et franche initiation aux poésies de leurs ancêtres, doit nécessairement leur donner une naïveté antique que les savants d'aucune autre nation ne pourront jamais atteindre.

Au reste, puisque nous possédons les livres de Moïse, nous n'avons qu'à supprimer les généalogies et les épisodes, rapprocher les faits les plus authentiques, qui sont en même temps les plus riches en poésie, et nous aurons l'épopée la plus vraie, la plus pure des actions et des lois de Moïse.

Je crois avoir suffisamment expliqué la vocation de ce grand prophète, pour passer à l'examen de la plus importante de ses œuvres : la fuite de l'Égypte, le passage de la mer Rouge, et les voyages dans l'Arabie. C'est là, sans aucun doute, la période héroïque de la poésie des Hébreux. Lorsque les psaumes embrassent toute la liturgie des actions que Dieu accomplit avec son peuple, ils commencent toujours, après avoir chanté l'œuvre générale de la création, par les bienfaits nationaux dont Israël fut l'objet, et parmi lesquels la délivrance de l'Égypte, le séjour dans l'Arabie, et la conquête de Canaan, occupent le premier rang.

Les psaumes 104 jusqu'à 107 forment un récit de ce genre, qui n'a été divisé ou interrompu que pour satisfaire les exigences du chant. Dans les psaumes 135 et 136, qui, selon moi, sont beaucoup plus anciens que les premiers, cette prédilection pour l'histoire de Moïse est beaucoup plus visible encore. Tous deux appartiennent à l'époque d'Asaph et de David, ainsi que le prouvent les psaumes 68 et 78, dont le contenu est le même que celui des deux précédents. Quant aux prophètes, il suffit de les lire avec attention pour se convaincre que les images qu'ils affectionnent le plus, et qu'ils se plaisent à développer longuement, portent le cachet de l'époque de Moïse, si riche en merveilles.

« [1] Lorsque Israël était encore un enfant, je l'aimais, et je l'ai fait sortir d'Égypte comme s'il eût été mon fils. J'ai guidé Éphraïm, je l'ai pris par le bras et je l'ai mené à la lisière. Je les ai soutenus sur leurs jambes d'enfant, je leur ai ôté le joug de la servitude !

« Du temps de l'Égypte j'étais déjà ton Dieu, jamais tu n'as connu d'autre Dieu que moi, jamais tu n'as eu d'autre sauveur ! Je t'ai fait paître dans le désert. Et ils se sont rassasiés dans leurs pâturages ; ils se sont rassasiés, leurs cœurs se sont gonflés, et ils m'ont oublié. »

Toutes ces images, ainsi que l'épithète favorite des Hébreux : *le premier né*, appartiennent à la poésie et à l'histoire de Moïse. Isaïe ne cesse de répéter avec amour, depuis le quarante-deuxième chapitre jusqu'à la fin de son livre, qu'Israël est l'enfant chéri de Dieu, l'élu de Dieu parmi tous les peuples de la terre. Les beautés les plus délicates de ces passages nous échappent dès que notre pensée se détourne de l'antique et merveilleuse histoire de ce peuple. Moi-même j'ai été longtemps étonné de trouver dans les psaumes et dans les prophètes, tant de gouffres et tant de mers d'où Jéhovah sauve son peuple, et tant de fleuves qu'il lui recommande de passer à gué ; car la terre de Canaan ne touche pas immédiatement à la mer et ne possède pas de grands fleuves. J'ai fini par reconnaître que toutes ces images découlaient de la manière merveilleuse dont Dieu avait fait passer à son peuple la mer Rouge et le Jourdain. Cette origine devait nécessairement faire de ces images des idiotismes particuliers à la langue des Hébreux.

David peint tous les dangers qu'il a courus ou qu'il a prévus, par cette phrase : Il m'a sauvé, il m'a retiré des grandes eaux ; et pour compléter ces tableaux, il ajoute la peinture de l'orage et de la main secourable de Dieu qui paraît au-dessus des plus épaisses nuées. Selon moi, les commentateurs ont très-tort de chercher dans ces traits caractéristiques, des allusions à des évènements particuliers de la vie de David ; car ces traits ne sont que le produit des idées nationales généralement reçues, et

---

[1] Osée, chap. II.

fondées sur l'histoire d'une victoire merveilleuse. Toutes ces locutions viennent de celles dont Moïse s'est servi pour dire que Dieu sacrifiera toutes les nations à son Israël chéri, comme il l'a fait à l'égard de l'Égypte ; sacrifice que les prophètes appliquent fort ingénieusement à une foule d'autres cas. Il en est de même du désert que Dieu change en plaines fertiles. Ces images servent, pour ainsi dire, de vêtement à la prédiction de la délivrance de toutes les captivités, et à celle du plus beau des âges d'or qu'ils entrevoyaient dans l'avenir. Je pourrais citer à l'appui de cette opinion, la plus grande et même la plus belle partie du livre d'Isaïe et de plusieurs autres prophètes.

Les images de la délivrance de l'Égypte, du passage de la mer Rouge, des fêtes du Tabernacle et de la terre de Canaan, ont été appropriées jusqu'aux espérances au-delà de cette vie ; elles sont surtout arrivées à un haut degré de perfection dans l'Apocalypse, ce subtil résumé des écrits de tous les prophètes.

Dès que je vois un jeune homme qui désire lire et étudier les psaumes et les prophètes dans le véritable sens génésiaque, je ne lui donne ni règle, ni méthode, mais je lui répète sans cesse : Lis Moïse, étudie l'histoire de Moïse. Là, un seul mot devient souvent le point principal des magnifiques développements poétiques de tout un chapitre. Enfin, Moïse est pour la poésie hébraïque ce qu'Homère est pour la poésie grecque.

Nous examinerons plus tard les plaies de l'Égypte, car avant d'entrer dans ces détails, je veux placer ici quelques chants de triomphe sur la merveilleuse délivrance d'Israël.

CHANT

Tiré de l'histoire héroïque d'Israël [1].

« Lorsque Israël sortit de l'Égypte, lorsque la race de Jacob se sépara d'un peuple étranger, Juda devint le sanctuaire de Dieu, Israël devint son empire. La mer le vit et s'enfuit !

« A son aspect le Jourdain remonta vers sa source, les montagnes s'élancèrent comme s'élancent les boucs, les collines bondirent comme bondissent les agneaux.

« Qu'avais-tu donc, ô mer ! pour t'enfuir ainsi ? Et toi Jour-

[1] Psaume 114.

dain, pourquoi es-tu remonté vers ta source? Qu'aviez-vous toutes, vous montagnes qui vous êtes élancées comme s'élancent les boucs, et vous collines qui avez bondi comme bondissent les agneaux?

« C'est devant le regard du Seigneur qu'elle a tremblé la terre! elle a tremblé devant le regard du Dieu d'Israël, du Dieu qui change le rocher en lac, et la pierre en source d'eau vive..... »

Ce psaume est une des plus belles odes qu'il soit possible de trouver en aucune langue. La concision brusque des peintures, l'étonnement, la surprise attribués à la mer et au Jourdain, et qui semblent augmenter encore par les questions que le poëte leur adresse; la conclusion sublime qui fait de ces phénomènes le résultat naturel d'un regard de Dieu, d'un regard qui perce à travers les nuages, et convertit les rochers et les pierres en lac et en source vive, achèvent de donner à cette petite ode le cachet important et majestueux d'un résumé fondamental de toute l'histoire du voyage à travers le désert.

Le passage de la mer Rouge a donné lieu au plus ancien et au plus sonore chant de victoire de la langue hébraïque qui soit arrivé jusqu'à nous. Selon toutes les probabilités, nous ne possédons que les passages chantés en chœur; une seule voix célébrait sans doute l'action par elle-même, et le chœur s'en emparait et la répétait en refrain avec des modifications plus ou moins considérables.

La construction de ce chant est d'une grande simplicité; il abonde en rimes et en assonances que l'on ne saurait faire passer dans un autre idiome sans forcer les expressions, car la langue hébraïque est, à cause de la simplicité de sa construction, pleine d'assonances sonores. Les mots légers, longs, mais peu nombreux, s'évanouissent, pour ainsi dire, dans les airs. La plupart de ces mots se terminent par un son sourd et composé d'une seule syllabe; ces terminaisons formaient sans doute le cachet guerrier du chant en chœur. Voici une faible imitation de ce chant intraduisible, qui est peut-être aussi le plus ancien chant de victoire du monde.

CHAPITRE III.

CHANT DE MOÏSE SUR LES BORDS DE LA MER ROUGE[1].

« Alors Moïse et les enfants d'Israël chantèrent cet hymne au Seigneur ; ils chantèrent ainsi :

« Je chante le Seigneur, car le Seigneur est grand ! Les coursiers et les charriots, il a tout précipité au fond de la mer ! Il est ma force, il est mon hymne de gloire ! Il est venu à mon secours, le Seigneur ! Je chante ses louanges, ses louanges à Lui, mon Dieu ; je le glorifie au-dessus de tout, le Dieu de mes pères !

« Jéhovah est un grand guerrier ; ce héros de la guerre, il s'appelle Jéhovah ! Les charriots de Pharaon et son armée, il les a jetés dans la mer ! Les premiers chefs de l'armée de Pharaon se sont abîmés au milieu des roseaux qui croissent dans la mer.

« Les vagues les ont couverts ces chefs, et ils se sont abîmés dans les gouffres comme s'abîme une pierre.

« Ta droite, ô Seigneur, s'est montrée magnifique et puissante ! Ta droite, ô Jéhovah, a brisé l'ennemi ! Par ta toute-puissance tu anéantis tous ceux qui te résistent ; quand tes narines exhalent la vengeance, ils se dispersent comme l'haleine des vents disperse la gloume du grain.

« Par la puissance de ton souffle les eaux se sont amoncelées ; elles se sont arrêtées en montagnes de flots transparents ! Les vagues se sont pétrifiées dans les profondeurs de la mer !

« L'ennemi a dit : Je veux les poursuivre, je veux les saisir, je veux les distribuer aux miens comme on distribue le butin. Je rafraîchirai ma fureur sur eux ! J'ai tiré mon glaive, je les anéantirai !

« Alors ton vent a soufflé, et la mer s'est étendue sur eux, et ils sont descendus comme du plomb dans l'abîme des vagues toutes-puissantes !

« Qui te ressemble à toi, Seigneur ? Parmi tous les dieux, lequel pourrait t'être comparé ? Où est-il celui qui t'égale en magnificence ? Qui est comme toi au faîte le plus élevé de la majesté divine ? Qui est comme toi plein de puissance mer-

---

[1] Moïse, liv. ii, chap. 15.

veilleuse et terrible, même quand on chante tes louanges ?

« Ta main s'est étendue, et la terre les a dévorés ! Pour guider ton peuple racheté, ta main s'est radoucie; c'est avec douceur et vaillance que tu l'as guidé jusqu'à ton sanctuaire.

« Les peuples l'entendent, et les voilà déjà tous qui frémissent ! La terreur s'empare du pays des Philistins, et les princes d'Édom tremblent ! Ils cèdent aux angoisses de la mort, les vaillants de Moab; les habitants de Canaan sont là, devant nous, anéantis par la terreur ! Fais-la tomber sur eux la terreur ! que les angoisses de la mort les saisissent devant ton bras tout-puissant ! Rends-les inertes et immobiles comme la pierre, ô Jéhovah ! jusqu'à ce qu'il soit passé ton peuple, jusqu'à ce qu'il soit passé ton peuple que tu as racheté pour toi !

« Guide-le, fais-lui prendre racine sur tes montagnes héréditaires, dans la demeure que tu t'es préparée toi-même, ô Jéhovah, dans la demeure qui est ton sanctuaire construit par tes mains ! Jéhovah règne, Jéhovah est le roi de l'éternité pour toute l'éternité ! »

Selon moi, le chant se termine ici, et la strophe suivante n'est qu'une courte répétition, qu'un résumé du tout :

« Ils se sont levés les chevaux et les charriots de Pharaon; Pharaon est entré dans la mer avec ses hommes à cheval. Voyez ! Jéhovah a fait tomber sur eux les flots de la mer ! La race d'Israël les avait traversés à pied sec, les flots de la mer ! »

Ce passage me semble un apophthegme, que chacun devait conserver dans sa mémoire en souvenir de ce grand évènement.

On a dit, parfois, qu'il y avait dans ce chant de Moïse des passages peu en harmonie avec la situation où se trouvait alors le peuple d'Israël, et que, par conséquent, on ne pouvait l'avoir chanté à cette époque. Cette observation se réfute d'elle-même quand on songe que le temple, le sanctuaire, la terre promise que Israël devait conquérir, toute la situation future de ce peuple enfin, existait déjà dans la pensée de Dieu et dans celle de Moïse; et que le voyage dans le désert, avec ses merveilles, n'était que la préparation aux futurs triomphes de ce peuple.

L'hymne dont je viens de reproduire un faible écho, est devenu le modèle de tous les chants de victoire des Hébreux, ainsi que le prouvent le chant de Débora et le psaume 68. Le rhythme est animé par la même pause et la même césure, par les mêmes assonances en signes de joie. Ces exclamations si souvent répétées :

« Gloire à Jéhovah ! chantez la gloire de Jéhovah ; »
les exhortations adressées à l'auditoire et souvent même aux chanteurs, qui divisent ou plutôt qui raniment le discours, peuvent être considérées comme autant de points d'appui à l'aide desquels le chant historique se relève sans cesse. Dans les psaumes, ces acclamations se sont changées en *alleluia*, vivifiants cris de joie des chœurs, connus par presque tous les peuples, et que les Hébreux ont spécialement conservés à leur *Jah* ou *Jéhovah*.

L'apparition de Dieu sur le Mont-Sinaï, déjà si imposante et si terrible dans le simple récit de Moïse[1], devait nécessairement devenir le sujet d'une poésie pompeuse. Dans sa bénédiction[2], le grand prophète rappelle cette apparition avec un calme digne et simple ; il parle en confident de Dieu qui, dans les évènements les plus terribles, n'a vu que le côté utile et agréable. Pour lui le Tout-Puissant, dans l'éclat de sa gloire et tenant les éclairs dans sa main, n'est que le père, l'instituteur de ses enfants réunis. Je reviendrai sur ce sujet ; pour l'instant je me bornerai à faire observer que l'apparition de Dieu sur le Mont-Sinaï a donné lieu à toutes les personnifications de la poésie hébraïque. C'est ainsi que l'éclat et les rayons de feu qui émanent de Dieu sont devenus des anges, des classifications, des phalanges au milieu desquelles la loi a été donnée.

David[3] fait de ces phalanges les cohortes enflammées de l'Éternel, et Daniel finit par convertir les *dix mille fois mille* dont Dieu est entouré, en véritables serviteurs de la volonté de ce Dieu[4].

Ce sont toutes ces personnifications qui ont donné lieu aux

---

[1] Moïse, liv. II. chap. 19, vers. 20.
[2] Moïse, liv. V. chap. 35, vers. 2.
[3] Psaume 68, vers. 18.
[4] Daniel, chap. 7, vers. 10.

commentaires raffinés par lesquels les rabbins des temps postérieurs ont voulu prouver que la loi avait été donnée et dictée par les anges.

Puisque Jéhovah part du Mont-Sinaï en dieu guerrier et prêt à combattre pour son peuple, ses cohortes devaient nécessairement l'accompagner; et c'est ainsi que le dépeint Débora dans son hymne de gloire, où les étoiles elles-mêmes sont rangées en bataille et combattent pour Israël [1]. Voilà sans doute aussi l'origine du nom de *Jéhovah Zébaoth*, par lequel les Hébreux désignent Dieu dans les occasions les plus solennelles. David emploie ce nom pour la première fois dans sa réponse aux Philistins [2], et il déclare en même temps que ce Dieu est celui des batailles rangées d'Israël, c'est-à-dire du Dieu qui combat pour Israël.

En faut-il davantage pour prouver que ce nom est tiré de l'histoire antique et des premiers chants de triomphe des Hébreux? Moïse, Débora et plusieurs psaumes, fournissent une foule d'exemples à l'appui de cette opinion.

Puisque Zébaoth, ce nom du Dieu des armées d'Israël, tire son origine des éclairs du char du tonnerre, de l'éclat de Dieu sur le Mont-Sinaï, et des légions d'étoiles qui combattaient avec lui pour son peuple, ce nom, semblable à tous les noms poétiques, devait nécessairement être alternativement appliqué à tous les attributs de Dieu, ce qui ne manqua pas d'arriver; et on lui donna même une signification si étendue, qu'on finit par s'en servir pour désigner toute la plénitude de la magnificence et de la beauté de la divinité. Dans les écrits des derniers prophètes, le mot צביות ne saurait plus se traduire par Dieu guerrier, Dieu des batailles, qui était sa première signification; car alors il exprimait l'idée de la grandeur, de la dignité la plus haute. Dans les cieux comme sur la terre, tout est soumis au Dieu Zébaoth, et dans la pensée des Hébreux, ce nom ne s'est jamais appliqué aux idoles des Sabéens.

Si les prophètes peignaient les étoiles comme autant de légions guerrières de Dieu, ce n'étaient là que des images par

---

[1] Juges, liv. v, chap. 4, vers. 20.
[2] Samuel, liv. 1er, chap. 27, vers. 45

lesquelles ils voulaient faire comprendre au peuple que tout, dans l'univers, est plein de la majesté de ce Dieu. Moïse, Débora, David et les psaumes, peuvent être considérés comme les degrés par lesquels ils se sont élevés à ces poétiques personnifications. Le psaume 68 est un exemple de la manière dont David s'inspire continuellement des passages de Dieu dans le désert, puisqu'il les applique même à un sujet qui ne paraît y avoir aucun rapport, c'est-à-dire à l'arrivée de l'arche sur la montagne de Sion. Cet évènement lui fournit cependant l'occasion de rappeler tous ces passages de Dieu, de montagnes en montagnes, de victoires en victoires. Il est facile de voir que l'hymne de gloire de Débora a servi de modèle à ce psaume que l'on pourrait appeler הליך ות יהודה, les passages de Dieu ; expression dont Habacuc se sert, et qu'il a empruntée à ce psaume.

PASSAGES TRIOMPHANTS DE DIEU DANS LE DÉSERT [1].

« Que Dieu se lève! et ses ennemis s'enfuieront de tous côtés! Devant son regard ils s'enfuieront ceux qui le haïssent! »

C'est ce cri de victoire que Moïse adresse à la nuée au moment où le peuple se met en marche.

« Disperse-les comme se disperse la fumée! Il faut que les méchants s'anéantissent devant le regard de Dieu, comme la cire se fond devant le regard du feu! »

Le feu et la fumée étaient les symboles de la présence de Dieu chez son peuple, pendant le passage du désert.

« Et les justes se réjouiront; ils tressailleront de bonheur devant le regard de ce Dieu; ils se réjouiront tout haut. »

C'est parce que Dieu voyage avec eux qu'ils se réjouissent ainsi. L'introduction de l'hymne se termine ici, et c'est sans doute un autre chœur qui répond :

« Chantez les louanges de Dieu! chantez sa majesté! Frayez-lui sa route à *Lui* qui passe dans le désert! Chantez-le par le plus merveilleux de ses noms, par le nom de *Jah!* et dansez devant *Lui!*

---

[1] Psaume 68.

« Il est le père des orphelins, il est le vengeur des veuves, il est le Dieu très-saint dans sa haute sainteté !

« Le Dieu qui a donné un pays aux délaissés, qui a délivré les enchaînés et les a conduits au bonheur! Les rebelles habitent le rocher aride et nu ! »

Que ces rebelles soient les Amalécites ou les Égyptiens qui s'opposèrent au passage de Dieu, les délaissés, les enchaînés sont certainement le peuple d'Israël, que, dans ce même passage, Dieu fait sortir de la servitude et conduit sur la riche terre de Canaan qu'il lui avait prédestinée. Un autre chœur reprend et peint le passage, presque dans les mêmes termes que Débora.

« Dieu ! lorsque tu t'es mis en marche devant ton peuple, lorsque tu as passé çà et là à travers le désert! alors la terre a tremblé, les cieux ont répandu leurs eaux devant le regard de Dieu, et le Mont-Sinaï aussi a versé ses eaux devant le regard de Dieu, du Dieu d'Israël !

« Tu l'as fait couler doucement ta pluie bienfaisante, tu as rafraîchi la terre altérée, et il pouvait habiter même le désert, ton petit troupeau d'élus! le désert que tu avais préparé pour ton pauvre peuple par ta libérale bonté, toi son Dieu !..... »

Le poëte arrive à ce tableau par celui de Débora. Cette prophétesse peint le ciel et le Mont-Sinaï qui se fondent en eau, et elle se fraie ainsi un passage jusqu'aux nuées d'où s'écoulent les eaux qui ont gonflé le Kison et le Kudimin, circonstance qui lui a procuré la victoire. David, dans sa douceur pastorale, détourne l'image héroïque de ce Sinaï fondant en eau; il convertit le désert en jardin, en séjour agréable des tribus qui continuent cependant leur voyage, ce qui fait succéder aussitôt à ces gracieuses peintures, des tableaux de guerre et de victoire.

« Il a donné le mot de guerre, le Seigneur ! les messagères de victoire formaient une grande armée! Les rois des armées se sont enfuis! Ils se sont enfuis, et l'habitante de la maison a partagé le butin.

« Pourquoi vous reposez-vous entre vos abreuvoirs? Le plumage du pigeon a le doux éclat de l'argent: de ses ailes jaillit le jaune étincelant de l'or ! Lorsque le Tout-Puissant dispersera les rois, la neige tombera sur Tsalmon. »

Cette dernière strophe vient sans doute d'un de ces anciens chants de triomphe qui étaient presque toujours des satires. Le tout est visiblement emprunté à l'éclatante victoire remportée par Débora. Alors, la liberté se levait sur Israël, au point le plus septentrional et le plus boisé de la Judée [1]. La saison des pluies favorisa la victoire; il est donc bien naturel qu'en célébrant cette circonstance, on n'oubliât pas de parler de la neige dont la fonte grossissait encore les eaux [2].

Les messages de victoires sont confiés à des femmes, parce que la victoire était due à Débora et à Jaël; et il est certain que les femmes n'auront pas manqué de faire valoir, jusque dans les générations les plus éloignées, la mémoire de ces deux héroïnes.

L'ironie concernant ceux qui se sont renfermés chez eux au lieu d'aller combattre, est également empruntée à l'hymne de victoire de Débora, mais elle est rendue en traits plus délicats. La prophétesse reproche, sans détour, aux tribus indolentes, de préférer le bêlement des troupeaux aux cris des batailles, de pousser la pusillanimité jusqu'à rester chez elles, même pendant les jours des plus rudes épreuves, et d'admirer le plumage argenté et les ailes à reflets d'or de leurs pigeons, tandis qu'une femme, l'*habitante de la maison*, Débora (ce nom signifie *abeille*), distribue le butin.

Cette phrase: *Il a donné le mot de guerre*, signifie qu'il a donné l'ordre de la guerre, qu'il a inspiré, éveillé des héros, et, par conséquent, donné lieu à des messages de victoires.

Jéhovah va diriger maintenant son passage vers les monta-

---

[1] Isaïe, dans son chap. 9, vers. 1, 2 et 3, fait allusion à ce passage.

[2] Ces mots: *La neige tomba sur Tsalmon*, font partie du début ironique de l'hymne de victoire de Débora. Les tribus restées en arrière craignent la rude saison de l'hiver, que l'héroïne trouve précisément favorable à ses projets. Puisque le Mont-Tsalmon, fort peu élevé et situé dans la partie la plus méridionale de la Judée, était couvert de neige, il devait y en avoir bien davantage sur les montagnes plus hautes qui étaient le théâtre de la guerre. Tel était le raisonnement des tribus établies au sud de la Judée; aussi sont-elles restées tranquilles auprès de leurs pigeons. On pourrait traduire ainsi ce passage du chant de Débora :

« Que faites-vous donc là, tranquilles et paisibles au milieu de vos troupeaux?
« Vous contempler, aux rayons du soleil, le plumage éclatant de vos pigeons, et le
« reflet d'or de leurs ailes étincelantes?
« Lorsque le Dieu des armées vainquit les peuples, lorsqu'il défit les héros de Ca-
« naan, oh! alors, oui, alors, j'en conviens, la saison était trop rude pour vous;
« la neige couvrait les hautes montagnes, elle couvrait même le Mont-Tsalmon. »

gnes. Il descend d'abord sur la petite Sion, tandis qu'il y avait là, tout près, tant de montagnes plus belles et plus fertiles qui ambitionnaient cet honneur. Il a cependant passé devant le riche Basan, et l'hymne de David s'adresse tout-à-coup à cette montagne, une des plus hautes du pays.

« Mont-Basan! mont de Dieu! et vous chaîne de collines, pourquoi regardez-vous avec mépris [1] sur le Mont-Basan? Vous, chaînes de collines, pourquoi regardez-vous ainsi sur ce mont que Dieu a choisi pour sa demeure? Il va l'habiter, Jéhovah l'habitera pour toujours! »

Ce passage tient à la fois de la louange et du blâme. Le Mont-Basan est nommé ici, parce qu'il se trouve au-delà du Jourdain, et que Dieu ne pouvait l'habiter, puisqu'il n'appartenait pas à la terre promise. La conquête de Sion était toute récente, et peut-être y avait-il encore à Jérusalem quelques restes des anciens Jébuséens. Dieu demeurait donc dans le voisinage de ses ennemis. Cette circonstance a donné lieu au morceau suivant, qui est un majestueux tableau des passages triomphants de Dieu, depuis son départ du Mont-Sinaï.

« Ils sont partis du Sinaï que remplissait la magnificence divine, les chars de guerre de Dieu au nombre de mille fois mille, de dix mille fois dix mille, et le Seigneur était au milieu d'eux!

« Tu as lancé ton char au sommet des hauteurs, tu as entraîné les captifs avec toi, et accepté des hommes pour présent de guerre; et maintenant tu acceptes des rebelles pour habiter avec toi, toi Jéhovah, notre Dieu!

« Qu'il soit loué notre Dieu, loué de jour en jour! Il nous impose des fardeaux et nous aide à les porter. Il est un Dieu de secours, un Dieu de salut! Les voies de la mort aussi appartiennent à Jéhovah.

« En vérité, Dieu fendra la tête de tous ses ennemis; il fendra le crâne de celui qui vivra sous des lois opposées aux siennes! Lors même que je devrais, a dit le Seigneur, le chercher sur les

---

[1] Le savant docteur *Justi*, dit que ce mot hébreu רצד n'indique pas le mépris, mais l'envie, et il traduit ainsi ce passage : « Chaînes de collines, pourquoi regardez-vous d'un air si envieux ce mont que Dieu s'est choisi pour son siège? »
Æquilla et *Théodosion* ont traduit ce mot dans le même sens, dans leur version grecque. (*Note du Traducteur.*)

hauteurs du Basan, le retirer du fond des abîmes de la mer.

« Ton pied passera à gué dans leur sang! tes chiens lècheront le sang de l'ennemi... »

En voilà assez, trop peut-être, pour le but que je me suis proposé. On a pu voir clairement dans quel sens ce dur psaume, plein d'orgueil guerrier, parle des *présents de guerre* que les hommes peuvent offrir à Dieu, et des bienfaits que ce Dieu du pays, établi enfin sur les montagnes nouvellement conquises, devait répandre encore sur ce même pays. Il est évident qu'on lui demandait d'achever de le purger des ennemis d'Israël, qui s'engageait à les lui offrir en sacrifices expiatoires.

Revenons à notre point de départ, et demandons-nous : « Et qu'était-ce que le Sinaï enveloppé de la fumée qu'il exhale? Qu'était-ce que la colonne de nuages et la colonne de feu? » car ces phénomènes ont donné lieu à une foule d'images brillantes.

Il ne peut plus guère nous rester de doutes sur la colonne de nuages et sur la colonne de feu. Elle était le feu sacré que, d'après une ancienne habitude, on portait à la tête de toutes les caravanes, afin de lui servir de guide et de signe de départ et de ralliement. Lorsque les Israélites sortirent de l'Égypte, ce feu les suivit et s'arrêta entre eux et les Égyptiens.

Je me souviens d'avoir lu un auteur païen qui mentionne cette circonstance, mais en la défigurant, car il dit que, dans leur fuite, les Israélites avaient placé entre eux et leurs ennemis les objets sacrés de leur culte, qui, si ma mémoire ne me trompe pas, consistaient, selon cet auteur, en animaux sacrés, auxquels les Égyptiens n'avaient pas le droit de toucher.

Dès le départ du peuple d'Israël, la colonne de feu et de nuages paraît avec des résultats merveilleux qui se renouvellent toujours et partout [1]. Quand le peuple se repose, la colonne s'arrête à la porte du sanctuaire ou devant la tente du chef, et c'est près de cette colonne que les chefs répondent aux questions que l'inquiétude et le doute inspirent au peuple. S'il se remet en marche, la colonne le précède et le guide; et elle con-

---

[1] Moïse, liv. II, chap. 14, vers. 19 et 20; chap. 33, vers. 9, 10 et 11. Moïse, liv. IV, chap. 9, vers. 13 à 23; chap. 10, vers. 34 à 36; chap. 12, vers. 10; chap. 14, vers. 10 à 14; chap. 16, vers. 19 et 35, 42 à 46. Moïse, liv. V, chap. 31, vers. 15.

tinue ce rôle tant que dure la traversée du désert. Une fois arrivé dans la terre de Canaan, c'est l'arche qui précède, qui dirige la marche, et il n'est plus question de colonne[1].

En un mot, cette colonne était le symbole de la divinité qui, chez le peuple d'Israël, n'était pas un simple symbole, mais une réalité qui se manifestait toujours par des résultats merveilleux et souvent même terribles. Ces deux caractères s'unissent si facilement, que je ne vois pas pourquoi on chercherait à les séparer. Dieu a voulu voyager avec son peuple, et lui servir de guide sous la forme d'un symbole appelé l'ange de sa face, c'est-à-dire le messager et le signe de sa surveillance spéciale; et voilà ce qu'était, en effet, la colonne en question : une nuée pendant le jour, une flamme pendant la nuit. Elle abritait le siège de la justice la plus sacrée, le tribunal suprême; lorsque Moïse et Aaron n'étaient plus en sûreté nulle part, ils trouvaient un refuge inviolable devant cette colonne, et le feu de Dieu les vengeait d'une manière palpable.

Après que le voyage fut terminé, le souvenir de la colonne passa sans doute dans le sanctuaire, où il s'est probablement perpétué fort longtemps; car il est, selon moi, l'origine de la fable des Juifs sur l'éternel nuage de fumée qui entoure les chérubins. Cette interprétation est à la fois naturelle et conforme à l'histoire; elle ne détruit aucun miracle, mais elle montre le moyen par lequel Dieu fait des miracles, et ce moyen est l'ange de sa face, ou, pour nous servir de l'expression d'Habacuc, l'enveloppe de sa présence.

Les plus brillantes apparitions du Mont-Sinaï ne s'étaient sans doute opérées qu'à l'aide de particularités locales et naturelles; car Dieu ne fait point de miracles en dehors des moyens et des forces de la nature. L'éclat éblouissant dont brillent parfois les plaines sablonneuses de l'Arabie, les nuages qui voilent la cime des monts, le bruit du tonnerre, que l'écho de tant de rochers bizarrement entassés répète d'une manière effroyable; tous ces magnifiques et terribles phénomènes sont devenus les symboles de l'apparition de Dieu. Nier ce qu'ils ont de merveilleux, serait vouloir renvoyer au domaine de la fable toutes les

[1] Josué, chap. 3, vers. 3.

descriptions du grand prophète, descriptions dont la majesté pleine de terreur se conçoit d'autant plus facilement, que l'affreuse et déserte contrée qui en est le sujet abonde en majestueux et terribles phénomènes.

Le passage de la mer Rouge est un évènement merveilleux, mais nullement impossible. Il est probable que Moïse voulait passer l'isthme, lorsqu'il reçut l'ordre de changer de direction. Le peuple ne pouvait donc pas être encore bien avancé, et le passage s'opéra sans doute près de Suez, c'est-à-dire un peu plus au sud que le passage des caravanes modernes. Si, ainsi que le prouve la disposition du terrain, le golfe remontait alors plus haut que de nos jours, il était assez large pour que, au milieu des ténèbres de la nuit et du bruit de l'orage, les Égyptiens aient pu se tromper de route, et pour que, dans la confusion d'une terreur panique, ils se soient précipités dans les profondeurs où les flots de la mer les ont engloutis. D'un autre côté, le golfe n'était pas assez large pour que les Israélites n'aient pu le traverser pendant la durée d'une nuit; les doutes qui, dans les temps modernes, se sont entassés sur cet évènement comme les flots s'entassent sur les flots, n'ont donc aucun fondement raisonnable. Les anciens monuments d'Israël, la fête instituée immédiatement après le passage de la mer Rouge pour en perpétuer le souvenir, le chant de triomphe de Moïse, les nombreux discours qu'il a adressés au peuple, et dont ce passage est le sujet, prouvent suffisamment qu'il a été accompagné de circonstances terribles et merveilleuses. Le prophète, au reste, décrit ces circonstances avec des détails conformes aux localités et aux phénomènes naturels de ces localités; il serait à désirer que nos cantiques à ce sujet ressemblassent à ceux des Hébreux.

Le passage de la mer Rouge était pour eux un bienfait national; et cependant ils ne le racontent pas, ainsi que nous en avons l'habitude, par des litanies éternelles; non, ils appliquent les anciens évènements à des faits nouveaux, les refondent et les chantent, pour ainsi dire, d'une manière pragmatique, ainsi que l'on peut s'en convaincre par l'hymne de Débora, par les plus beaux psaumes, et par plusieurs passages des prophètes.

Je donnerai ici pour exemple un des plus touchants poëmes hébraïques, où l'énergique tableau des victoires du monde antique devient une plaintive élégie.

PRIÈRE DU PROPHÈTE HABACUC [1],

Sur le ton de la lamentation.

« Jéhovah ! j'ai entendu les bruits qui parlent de toi, et je tremble encore [2] ! Que ton œuvre, Jéhovah, se montre avec les années [3]; avec les années fais-nous la connaître, et au milieu de ta colère, songe à la miséricorde !

« Lorsque Dieu arriva du Théman, lorsque le Très-Magnifique passa sur le Mont-Paran, alors les cieux étaient remplis de sa parure, et la terre pleine de sa louange.

« Son éclat était comme celui du soleil, les rayons jaillissaient de sa main ! et ce n'était là que l'enveloppe de sa puissance !

« Devant sa face marchait la peste ; les oiseaux de proie voltigeaient à ses pieds. Il s'est arrêté, et la terre a chancelé [4]; il a regardé, et les peuples ont fait des soubresauts. Sous ses pas, les montagnes éternelles se sont réduites en poussière ; et elles

---

[1] Habacuc, chap. 3.

[2] Ces bruits sont des *dires* sur les évènements merveilleux des temps antiques, et sur ceux qui devaient arriver au temps où vivait le prophète. Autrefois Dieu combattait pour son peuple, maintenant il va l'abandonner et le livrer à ses ennemis. Ces doubles bruits font le sujet du chant, et Habacuc cherche à découvrir les vues de Dieu dans la catastrophe qui menace ses contemporains. La prière qui succède à ce début ne saurait avoir un autre sens.

[3] Le parallélisme veut qu'on lise, au lieu de חיֶּיהָ *anime ton œuvre*, חַדֵּשׁ *fais la connaître*. Le poète avait peut-être aussi dans la pensée le psaume 90, versets 13 à 17, qui s'accorde parfaitement avec le désir de voir l'œuvre de Dieu s'accomplir et se faire publiquement connaître. Dans le chap. 2, vers. 3 et 4, Habacuc est renvoyé par Dieu à des temps futurs ; il est forcé d'attendre avec patience que l'Éternel lui dise ce qui arrivera. Voilà pourquoi, dans ce chant, il prie l'Éternel, ainsi que l'avait fait Moïse, de hâter cet instant en lui faisant connaître son œuvre.

[4] Plusieurs traducteurs ont adopté cette version, que le parallélisme semble exiger. Lorsque, au lieu de לִרְד, on adopte le son à peu près semblable מ, on a le véritable sens de וַיְמֹדֶד, *in sensu transitivo* ; le second hémistiche du vers en peint la suite : Les peuples font des soubresauts, ce qui prouve à quel point la terre est agitée.

se sont courbées les hauteurs du monde antique que jadis il avait traversées [1].

« J'ai vu les cabanes de Cusan se mouvoir d'angoisse [2]! Elles ont disparu les tentes de Madian!

« [3] Jéhovah est-il en colère contre les fleuves? Le souffle de ses narines passe-t-il sur les vagues? Son courroux s'adresse-t-il à la mer?

« Car tu es monté sur ton char de guerre, ô Dieu! Tu passes çà et là traîné par tes chevaux, toi, Dieu secourable! Tu tends ton arc et tu multiplies sept fois tes flèches [4]. Et les torrents

[1] Le psaume 68 donne à ces mots si mal interprétés, חליכות עולם, un sens facile à saisir. Il s'agit des antiques passages de Dieu, de montagnes en montagnes, que tant d'anciens chants de victoire ont célébrés, et que cette élégie chante de nouveau.

[2] *Ils travaillaient avec angoisse*, ce qui leur faisait arracher leurs tentes avec tant de précipitation, qu'en fort peu de temps le camp de tout un peuple avait disparu.

[3] La tournure singulière de cette question prouve l'effroi de celui qui voit tous ces évènements, et donne à l'ode une marche très-élevée. On trouve dans plusieurs psaumes ces questions imprévues qui interrompent tout-à-coup le récit. C'est là une des plus belles particularités de la poésie orientale.

[4] Selon moi, ce vers, qui est le désespoir des traducteurs, ne présente un sens que lorsque, à l'exemple des Syriens, on fait dériver שבעות de שבע; mais, dans ce cas, que signifie אמר? Lors même que je traduirais ainsi : « *Tu tendis ton arc, et les flèches du chef de l'armée se sont rassasiées de sang!* » on n'en sentirait pas moins que la liaison est dure et forcée. Une semblable construction serait vicieuse et inattendue, car dans ce passage Dieu est subitement nommé אמר parce que, pendant toute la durée du poème, il ne parle point en général oisif, mais il agit en héros; les flèches sont déjà rassasiées de sang, et ce n'est qu'après avoir poursuivi la marche lente de la description jusqu'au treizième vers, qu'il est question de leur emploi. J'ai donc tout simplement pris le mot שבעות pour l'adjectif de nombre, et le mot אמר pour le participe présent. Que ce mot אמר signifie multiplier, cela est hors de doute; il me semble donc que ma version rend ce passage si difficile d'une manière claire et conforme à la marche de cette grande et belle description. La multiplication des éclairs sous la forme de flèches, est une des plus belles images du dix-huitième psaume, et c'est cette image que le poète imite dans son élégie.

Mais pourquoi les fleuves inondent et dévastent-ils le pays, au moment où Dieu apprête ses flèches et son arc? Qu'on lise les vers suivants, et l'on verra qu'ils peignent ce frémissement général qui s'empare de la nature avant l'orage. Tout semble sentir la présence du créateur; le fleuve coule plus vite, les flots résonnent, les hauteurs gémissent et lèvent leurs mains dans une attente pénible, ainsi que Habacuc le dit ici. Toutes ces images sont, sans aucun doute, empruntées au passage de la mer Rouge et du Jourdain, aux merveilles du Mont-Sinaï, et à l'époque de Josué et de Débora, où les fleuves remontaient vers leur source, ou grossissaient leurs eaux selon que cela était nécessaire pour seconder les Israélites. Toutes ces images sont rapprochées selon les exigences de l'imagination du poète; il serait donc fort déplacé de vouloir expliquer chaque trait chronologiquement ou histori-

déchirent le sol; les montagnes l'ont vu et tremblent; les eaux coulent et envahissent tout sur leur passage; les vagues résonnent, les hauteurs gémissent !

« Et le soleil et la lune ? ils s'arrêtent dans leur cours [1] devant l'éclat de tes flèches qui volent, devant les éclairs de tes javelots !

« Et toi, plein de colère, tu as continué à marcher sur le pays [2] ! Dans ton courroux, tu as écrasé des nations entières ! car tu es sorti pour secourir ton peuple, pour secourir tes oints.

« Tu as abattu le sommet de la maison des méchants [3]; tu as découvert leur forteresse jusqu'au rocher qui lui servait de fondement. Tu as transpercé la tête des chefs de leurs phalanges de guerre [4]. Ces phalanges de guerre ont monté à l'assaut pour

quement. L'ensemble du tableau est la description de l'arrivée d'un héros et de la bataille. L'image de la terreur des eaux qui sentent l'approche de Dieu, est tirée du psaume 77, dont Habacuc développe les images dans plusieurs endroits de son livre.

[1] Cette image est empruntée à l'hymne de Débora. Là, le soleil et la lune se sont arrêtés, saisis de surprise, lorsque Dieu combattait; ici on leur attribue מסלות. Est-ce qu'il n'y aurait pas eu d'abord dans ce passage le même mot dont Débora s'est servie, mais au singulier seulement (במסלה) ? car cette manière ordinaire de lire זבלח laisse à désirer de tous côtés. Dans les versions grecques on semble l'avoir compris ainsi, surtout dans celle où l'on a traduit : ἐν τῇ τάξει αὐτῆς, c'est-à-dire de la même manière que cette même version rend le verset 20, chap. 5 du livre des Juges; ce qui donne à l'image du mouvement, de l'ampleur, et une beauté imposante. Le soleil et la lune s'arrêtent, saisis de surprise, dans leur cours et sur la route pavée qu'ils suivent éternellement; ils voient l'éclat des éclairs, et cet éclat les humilie et obscurcit leur lumière.

[2] Le tableau continue sa marche. Ici Dieu ne commence pas à marcher sur le pays, car son premier pas est décrit dans le sixième vers; mais il continue à marcher sur le pays, et chaque pas écrase des peuples entiers. Le poète continue à exploiter l'histoire ancienne, et arrive à l'époque des rois, et surtout à celle de David, ainsi que le treizième vers le prouve clairement; voilà pourquoi les images des vers suivants sont empruntées aux hymnes de David. Les treizième et quatorzième vers sont une imitation très-fidèle des psaumes 68, vers. 22, et 110, vers. 6, et de plusieurs autres passages dans lesquels David emploie cet idiotisme qu'il affectionne : écraser, fendre, transpercer la tête.

[3] Cette image est empruntée à une maison ou à un palais dont les fondements, posés sur un rocher, ont été mis à nu et bouleversés. Il est inutile de répéter que le mot ראש est fort souvent employé en ce sens dans les psaumes, et que la ruine d'une maison signifie, dans le style oriental, la destruction de toute une famille. Il ne faut pas se demander de quels ennemis de David il est question ici; toutes ces images doivent être prises dans un sens général, car il n'entrait pas dans les vues du poète de s'occuper des évènements privés ou particuliers du passé.

[4] On a fait beaucoup de suppositions sur le mot פרזי, פרזים ; selon moi, son premier sens, ainsi que le prouve le mot radical, signifie *rang, rangées, des maisons ou des phalanges* divisées par *rangs*. Dans l'hymne de Débora, ces rangs sont

m'anéantir; déjà elles se sont réjouies et se sont apprêtées à dévorer l'opprimé comme un monstre de l'enfer dévore sa proie ! Alors tes chevaux ont trépigné sur la mer ; ils sont arrivés avec les vagues grossissantes [1].

« Voici ce que j'ai entendu, et mon cœur a tressailli devant cette voix [2] ! mes lèvres ont tremblé [3] ! J'ai senti l'effroi pénétrer mes os, j'ai senti mes pieds chanceler ; moi qui dois attendre tranquillement le jour de calamités [4] où fondra sur nous le peuple destructeur !

« Alors le figuier ne fleurira point, et le cep ne donnera plus de fruits ; l'olivier trompera les espérances, les champs ne produiront plus rien pour faire du pain ! La brebis est arrachée du clayon ; il n'y a plus de bétail dans les étables !

« Et cependant je me réjouirai en toi, Jéhovah [5] ; je pousse-

des bourgs, ou des réunions d'hommes venus de ces bourgs, c'est-à-dire les états, les représentants de la nation. Ici ces rangs ne sauraient signifier que des ennemis rangés pour combattre, et qui, dans le vers suivant, montent à l'assaut pour anéantir un peuple sans défense, et se le partager comme un butin. Les versions grecques font de ce mot un mot collectif qui signifie les *chefs de ces rangs*, *de ces phalanges* (κεφαλὰς δυναστῶν) ; au reste, les titres d'honneur sont toujours employés collectivement dans toutes les langues. J'ai transposé ce mot, car, par ce moyen, le vers suivant devient plus clair et n'a plus besoin d'autres commentaires, surtout lorsqu'on le compare au neuvième verset du premier chapitre.

[1] C'est-à-dire en apportant du secours, ainsi que le prouvent les huitième et douzième vers. Le tableau finit comme il a commencé, ce qui est une très-grande beauté, parce qu'elle donne de l'unité à l'ensemble. Dans cette partie comme dans toute la disposition de l'ode, tout est d'un fini admirable.

[2] Maintenant commence une autre partie de l'ode qui ramène également au premier vers. Le poète a entendu parler des antiques miracles de Dieu en faveur de son peuple, et voit dans un avenir très-prochain des calamités affreuses et incompatibles avec ces miracles. L'inconcevable, le contradictoire, font le nœud de l'ode et des sensations du poète, dont les chapitres précédents de ce poète sont un touchant commentaire, surtout les vers. 1, 2, 12, 13 et 14 du chap. 1er, et les vers. 1, 2, 3 et 4 du chap. 2.

[3] Les langues modernes n'ont pas une seule expression assez noble pour rendre ce mot צללו, qui signifie le tremblement des lèvres. Dans ce qui suit je lis רךד au lieu de רקב, ainsi que l'ont fait beaucoup de traducteurs, et que cela se trouve en effet dans plusieurs manuscrits.

[4] Le mot אנוח s'explique par l'histoire du prophète, chap. 2, vers. 1 à 4. Dieu lui ordonne d'attendre tranquillement l'accomplissement des temps, voilà ce qu'il appelle *être obligé d'attendre tranquillement le jour des calamités*, le jour où viendra le peuple qu'il a décrit dans son premier chapitre ; il ne saurait donc être question ici d'une marche vers la Chaldée, mais de l'arrivée des Chaldéens, ainsi que le prouve le vers suivant. Le ל devant לעם n'est donc qu'un ל respectif, à moins qu'il ne soit dérivé de ה. Le vers suivant décrit la destruction complète du pays par les Chaldéens, une destruction que le ברד peint d'un seul trait.

[5] Ici l'ode se tourne brusquement vers le dénouement. Quoique tout soit sombre

rai des cris d'allégresse pour mon Dieu sauveur. Le Dieu Jéhovah est ma force; il me fera bondir comme un chevreuil, et je marcherai de nouveau fièrement sur mes hauteurs. »

PREMIER SUPPLÉMENT.
PARAPHRASE MÉTRIQUE DE LA PRIÈRE D'HABACUC.

La composition orientale est si loin de celle de toutes les autres langues, que, malgré les commentaires, l'enchaînement des idées conserve toujours quelque chose d'obscur et d'incohérent; c'est ce qui m'a rendu assez téméraire pour chercher à remédier à cet inconvénient par quelque intercalation. Je sais qu'en donnant ainsi à cette belle ode une marche et un caractère plus conformes à nos manières de voir, elle perd en concision et en élévation ce qu'elle gagne en clarté. Mais cet exemple servira du moins à prouver combien les beautés de la poésie hébraïque sont originales et inimitables :

« J'ai entendu parler de tes antiques miracles, Dieu puissant! Le bruit m'en est arrivé de bien loin, et je tremble encore! Fais-nous connaître enfin quels sont tes secrets desseins! Daigne-les accomplir, ô Jéhovah! et souviens-toi surtout, toi qui n'as plus pour nous que de la colère, souviens-toi, Seigneur, de ton ancienne clémence de père!

« Qu'ils étaient magnifiques, les temps où Dieu voyageait de monts en monts! où il passait de la hauteur du Théman sur les

autour de lui, le prophète se confie à la parole de Dieu, et se met à bondir de joie au nom de tout son peuple. Il est convaincu que le dénouement de la destinée de ce peuple sera heureux, quoiqu'il ne le voie pas encore, et qu'il désire ardemment le voir pour en faire le sujet de sa prophétie. (Comparez ce passage au chap. 1er, vers. 2, 3, 12 à 17; chap. 2, vers. 1 à 4; chap. 3, vers. 2.) L'ensemble du livre d'Habacuc forme un tout aussi beau et aussi complet que cette ode; voilà pourquoi je serais presque tenté d'appeler ce livre la couronne des chants lyriques de la poésie des Hébreux. Il est inutile de dire que le dernier vers est une allusion au cinquième livre de Moïse, chap. 33, vers. 29, et au psaume 18, vers. 34. David s'est appliqué à lui-même ce passage de Moïse; Habacuc l'applique au peuple tout entier. Il est certain que ce peuple remontera sur les antiques hauteurs où il remporta tant de victoires, et qu'il y bondira de joie comme un cerf. La Judée est un pays montagneux, voilà pourquoi on applique, même aux Chaldéens, ce mot עלות. Le dénouement de l'ode est plein de patriotisme et de noblesse, et le poète rassemble, pour ainsi dire dans sa poitrine à lui, toutes les sensations et toutes les destinées que peut éprouver le peuple dans la prospérité comme dans le malheur.

cimes du Paran! Alors son doux éclat remplissait les cieux, alors des chants de triomphe en son honneur retentissaient sur la terre. Son regard envoyait la peste sur les ennemis de son peuple, les oiseaux de proie voltigeaient à ses pieds! Il descendait, et la terre chancelait: il laissait son regard errer autour de lui, et les peuples tressaillaient! Les montagnes s'enfonçaient sous ses pas, et elles s'inclinaient les hauteurs du monde antique par où il passait jadis!

« J'ai vu les cabanes de Cusan s'agiter dans une muette angoisse; j'ai vu s'abattre et disparaître les tentes des Madianites. Les fleuves se sont enfuis! S'enfuient-ils ainsi parce que Jéhovah est en colère contre eux? Est-ce devant son courroux que la mer recule?

« Car tu es monté, ô Seigneur! sur ton char de guerre; tu es venu à notre secours contre les chevaux et les charriots de Pharaon. Je vois l'arc nu dans ta main, je vois les flèches se doubler sept fois! La nature entière sent que son maître arrive!

« Les fleuves se sont enfuis; les montagnes t'ont vu, et elles ont frémi! Les eaux se sont précipitées de tous côtés, les vagues ont mugi plus fortement, et, dans leur pénible attente, les hauteurs ont tendu les mains vers le ciel. Le soleil et la lune se sont arrêtés; dans l'attente de ce qui devait venir, ils ont suspendu leur cours!

« Et ils se sont enfuis, humiliés de leur impuissance, quand tu as fait voler tes flèches, quand tu as fait jaillir les éclairs de tes javelots! Tu as continué ta course qui écrasait les nations, tu as continué ta marche pour secourir ton peuple; pour le secourir, ce peuple oint par toi, tu as précipité ses ennemis au fond des gouffres!

« Tu as brisé la cime de leur demeure, tu l'as découverte jusqu'au roc aride qui lui servait de fondements! Tu as transpercé la tête des chefs de leurs cohortes, de ces cohortes qui se sont précipitées, avec des cris joyeux, à l'assaut sur moi, pour me disperser comme une poussière légère, pour me dévorer dans leurs cavernes!

« Alors j'ai entendu trépigner derrière moi sur les vagues de la mer en courroux: c'étaient tes chevaux de guerre qui venaient à mon secours. Voilà comme il en fut jadis, voilà la renommée de tes grandes actions d'autrefois venue jusqu'à moi. Et maintenant?... Mon cœur tressaille, mes lèvres frémissent devant les cris sinistres que j'entends circuler sur l'avenir de mon peuple.

« Mes os tressaillent, mes jambes chancèlent, et pourtant je dois rester tranquille jusqu'au jour des calamités! Mon Dieu l'a dit, je dois l'attendre en repos le jour de l'oppression, le jour où le destructeur tombera sur mon malheureux peuple, le jour où il l'abattra comme une branche sèche et sans force.

« Alors pas un figuier ne fleurira, le cep ne verdira point, l'olivier trompera l'espoir fondé sur lui, les champs tristes et déserts n'offriront point de nourriture! La brebis a été arrachée des claies, pas un taureau ne mugit dans les étables; partout ce pays si vaste est vide et désert!

« Et je dois rester tranquille? Oui, je veux, avec des cris de triomphe, me confier à la parole de mon Dieu; je veux être joyeux au nom de mon peuple. Dieu me sauvera, il me donnera des forces nouvelles! Bondissant comme un cerf, je monterai de nouveau sur mes hauteurs victorieuses[1]! »

[1] J'ai traduit avec toute la fidélité possible cette belle paraphrase, dans laquelle Herder rend les beautés de la poésie hébraïque, tout en se conformant au génie et aux exigences de la langue allemande, qui se prête avec une facilité merveilleuse, sinon à la construction de celle des poëtes hébreux, du moins à leurs images et à leurs pensées. Mais la langue française aussi, malgré son inflexible sévérité et son apparente sécheresse, peut se plier aux beautés naïves et antiques de cet idiome de nos premiers pères. Pour le prouver, j'ajoute ici une version, moins éloignée du texte que la paraphrase de Herder, et qu'à l'aide de quelques circonlocutions insignifiantes, et de quelques mots ajoutés qui sont sous-entendus dans l'hébreu, je crois être parvenue à rendre claire, sans avoir trop affaibli les beautés du texte, qui consistent surtout dans la concision, dans l'énergie et l'élévation des images, et dans l'imprévu de la marche.

Version de la prière du prophète Habacuc.

« J'ai entendu des bruits qui parlent de toi, Jéhovah! et je tremble encore! Qu'avec les années, ton œuvre s'accomplisse enfin, ô Jéhovah! avec les années fais-nous la connaître. Mais au milieu de ta colère, songe à la miséricorde!

« Lorsque Dieu arriva du Théman, lorsque le Très-Magnifique passa sur le Mont-Paran, alors les cieux étaient remplis de sa parure, et la terre était pleine de sa louange.

« Il brillait comme brille le soleil; des rayons jaillissaient de sa main, et cet éclat n'était que l'enveloppe de sa puissance!

« Devant lui marchait la peste, les oiseaux de proie voltigeaient à ses pieds! Il s'est arrêté, et la terre a tressailli! Il a regardé, et les peuples soulevés par les secousses

DEUXIÈME SUPPLÉMENT.

DU MERVEILLEUX DANS LES VOYAGES ET DANS LES LOIS DE MOÏSE [1].

Ne serait-il pas possible que toute la description des voyages à travers les déserts de l'Arabie, ne fût qu'une épopée composée dans les temps postérieurs, où déjà le merveilleux des fictions avait enveloppé et obscurci la vérité historique ?

de la terre ont bondi! Sous ses pas, les montagnes éternelles se sont réduites en poussière, et l'haleine des vents les a dispersées au loin! Elles se sont inclinées les hauteurs du monde antique, que jadis il avait traversées!

« J'ai vu les cabanes de Cusan se mouvoir d'angoisse, et elles ont disparu les tentes de Madian. Les fleuves se sont enfuis, les vagues ont mugi, la mer a reculé!

« Jéhovah est-il en colère contre les fleuves? Le souffle de ses narines passe-t-il sur les vagues? Son courroux s'adresse-t-il à la mer? Car tu es monté sur ton char de guerre, ô Dieu! Traîné par tes coursiers, tu es partout, toi, Dieu secourable! Tu tends ton arc, tu multiplies sept fois tes flèches, et devant l'éclat de tes flèches, devant les éclairs de tes javelots, le soleil et la lune humiliés et tremblants s'arrêtent dans leurs cours!

« Les montagnes t'ont vu et tremblent! les torrents déchirent le sol, les eaux coulent et envahissent tout sur leur passage; les vagues résonnent, les hauteurs gémissent et lèvent leurs mains suppliantes vers toi!

« Mais toi, inflexible dans ton courroux, tu as continué à marcher sur le pays; dans ta colère, tu as écrasé des nations entières, car tu es sorti de ta demeure pour secourir ton peuple, pour secourir tes oints!

« Tu as abattu le sommet de la maison des méchants, tu as découvert leur forteresse jusqu'au rocher qui lui sert de fondement. Ton glaive a fendu la tête du chef de leurs phalanges guerrières, de ces phalanges qui ont monté à l'assaut pour m'anéantir! Déjà elles se réjouissaient et s'apprêtaient à dévorer l'opprimé, comme les monstres de l'enfer dévorent leur proie.

« Alors j'ai entendu tes coursiers trépigner sur la mer, et ils sont arrivés avec les vagues grossissantes.

« Voilà les bruits qui parlent de toi. Mon cœur a tressailli, mes lèvres ont tremblé devant la voix qui me les a apportés. L'effroi a pénétré mes os, et cependant je dois attendre avec calme le jour des calamités, le jour où fondra sur nous le peuple destructeur.

« Alors le figuier ne fleurira point, et le cep ne donnera plus de fruits; l'olivier trompera les espérances fondées sur lui, et les champs ne produiront plus de moissons! La brebis a été arrachée du pâturage, pas un taureau ne mugitdans les étables!

« Et cependant je me réjouirai en toi, Jéhovah! J'aurai des cris d'allégresse pour mon Dieu sauveur, Jéhovah est ma force; par lui je bondirai de nouveau comme bondit le chevreuil dans la montagne; par lui je marcherai de nouveau, et le front levé sur les hauteurs, témoins de mes anciennes victoires! »

(Version du Traducteur.)

[1] Ce morceau ne se trouve que dans la première édition publiée par J.-G. Müller, immédiatement après la mort de Herder. J'ai cru devoir l'insérer ici, en lui conservant religieusement la place que Müller, ce sincère et fidèle ami de Herder, lui avait assignée.

(Note du Traducteur.)

On s'est souvent adressé cette question, et je regarde les doutes qu'elle a soulevés comme dépourvus de tout fondement; mais lors même qu'on y ajouterait quelque importance, elle serait nulle par rapport au but que je me suis proposé dans cet ouvrage. Quelle que soit l'opinion qu'on ait pu se former sur les voyages et les lois de Moïse, il est impossible de ne pas y voir la base de la législation et de la poésie hébraïque; et je n'ai d'autre intention que de développer le mérite incontestable de cette législation, et surtout les merveilleuses beautés de cette poésie.

Qu'on lise les descriptions des voyages et des actions de Moïse sans prévention, et l'on sera frappé de leur simplicité et de la concordance des faits avec les temps et les lieux. Chaque description nouvelle fait connaître une localité nouvelle; et, de nos jours encore, on retrouve les antiques récits de Moïse dans les traditions de ces contrées. Je sais qu'ils y ont été ranimés par la religion mahométane, qui les a pris pour base de son édifice; mais cette circonstance prouve combien ils étaient profondément enracinés. Le désert, en un mot, semble prédestiné à faire vivre à jamais, et par ses phénomènes naturels, et par les *dires* qui s'y rattachent, l'antique histoire de l'espèce humaine.

Si, dans les récits de Moïse, on sentait une intention poétique comme dans ceux d'Homère, la manière d'enchaîner et d'embellir les faits et les lieux pourrait nous faire reconnaître dans les déserts de l'Arabie, comme on reconnaît dans les chants troyens, le point où commence la fiction, où finit l'histoire, puisque la fiction ne serait qu'une conséquence des intentions poétiques. Mais, dans les livres de Moïse, rien n'annonce ces intentions. On n'y parle pas de passage à travers la mer à cause de l'hymne auquel il a donné lieu, car le passage est raconté avant l'hymne, et ce récit n'est qu'une description géographique d'une simplicité extrême, et dépourvu de tout ornement artistique. La manière dont la loi fut donnée sur le Mont-Sinaï est rapportée avec la plus grande uniformité et sans aucune espèce de recherche; le sublime, le terrible n'est que dans les faits. Il en est de même des miracles arrivés au désert : tous se rattachent aussi simplement à l'ensemble du récit que les longues descriptions des vases et des vêtements sacrés, de l'établissement du tabernacle et des cérémonies religieuses, qui sont à coup sûr, et aux yeux de tout le monde, d'incontestables documents historiques de cette époque.

Pourquoi ajouterions-nous foi à une partie de ce récit sans croire à l'autre? De quel droit prétendrions-nous qu'à cette époque reculée, les choses devaient se passer comme elles se passent aujourd'hui? Il s'agissait alors de fonder un enseignement et des lois qui devaient régir une foule de peuples pendant des milliers d'années. Moïse, malgré toute sa science égyptienne, secondée par celle des lévites, aurait-il pu accomplir une pareille œuvre en dépit d'un peuple nombreux et toujours prêt à se révolter? Aurait-il pu contenir ce peuple si longtemps dans le désert, s'il n'avait pas été inspiré, protégé par l'intervention immédiate de Dieu? Que celui qui prétend croire que cela aurait pu se faire sans cette intervention, nous en explique la possibilité; mais qu'il n'oublie pas surtout de se transporter entre le Mont-Sinaï et le Mont-Paran, à cette époque reculée, et au milieu d'un pareil peuple.

Il ne résulte cependant pas de là qu'il faille croire à des contes que l'histoire ne mentionne point et qui ont été inventés, plus tard, par des rabbins qui se sont égarés dans des commentaires trop subtils, ou qui croyaient que ces fictions étaient nécessaires pour atteindre le but moral qu'ils se proposaient.

Comme il n'y a qu'un Dieu maître de toute la nature, on ne saurait expliquer les miracles que par les effets et le concours de la nature. Théophraste, Pline et plusieurs autres grands hommes de l'antiquité, ont parlé de la manne dont il est question dans les livres de Moïse, qui sont infiniment plus anciens, et très-conformes aux notions qu'à cette époque on avait sur l'histoire naturelle. Les terribles orages dans les montagnes de l'Arabie; le simoun, ce vent brûlant qui arrêtait la respiration et qu'on appelait l'ange vengeur de Dieu; les divers effets du vent de l'ouest, qui font paraître les objets plus grands qu'ils ne le sont en effet, et donnent aux plaines de sable l'apparence d'une mer de feu, sont des phénomènes incontestables, et font du désert où le peuple d'Israël séjourna si longtemps, un lieu effroyable qui semble avoir été créé tout exprès pour imprimer à l'ame humaine des idées de terreur et d'obéissance.

Cependant, parmi toutes les découvertes de la science moderne sur les phénomènes de la nature, je n'en connais pas une qui ne puisse expliquer suffisamment les miracles constatés dans l'histoire des Israélites. Le désert de l'Arabie n'a point de forêts de chênes dont la manne aurait pu, pendant tant d'années, nourrir un peuple si nombreux, et les Israélites étaient trop accoutumés aux orages de leurs montagnes, pour ne pas distinguer le bruit du tonnerre de celui d'une voix surnaturelle.

Mais ce qui est surtout digne de notre admiration, c'est que toute cette vaste scène de miracles ne faisait pas partie de la terre de Canaan, et ne pouvait, par conséquent, exercer aucune influence sur la loi nouvelle. Le Mont-Sinaï était placé en dehors de la terre de Canaan; cette situation suffisait pour l'empêcher de devenir un lieu sacré, le séjour préféré de Dieu. Le peuple d'Israël voyait toujours passer les orages, et au-dessus de ces orages, leur maître; mais comme il ne s'était jamais arrêté sur aucune des montagnes de Canaan, son passage sur le Sinaï resta ce qu'il est, une antique histoire. Si parfois un Élie se réfugia sur ce mont pour y chercher des consolations en s'identifiant avec le sort de Moïse, ce lieu, du moins, n'a pas été indiqué sur la carte du grand prophète à la superstition du peuple, comme l'objet d'un culte idolâtre. Ses lois n'y envoient personne pour y entendre prononcer des oracles, et Mamré, Lutz, Bethel, tous ces lieux saints des patriarches, ne devaient pas devenir des sources d'idolâtrie. Lorsque des raisons politiques convertirent Bethel en un lieu de pèlerinage superstitieux, le prophète changea le nom de Bethel, qui signifie maison de Dieu, en celui de *Beth-Aven*, qui signifie maison de sacrilège. Il serait donc bien injuste d'accuser les institutions de Moïse, et même leurs parties miraculeuses, d'avoir voulu fonder, à l'exemple de bien d'autres législateurs, un culte superstitieux, destiné à enchaîner les peuples par une muette terreur et une obéissance passive.

CHAPITRE IV.

INSTITUTIONS DE MOÏSE.

Du nom de Jéhovah. — Quelle était son essence? — A quel développement a-t-il donné lieu? — Les psaumes 90 et 102. — Pureté des idées sur Dieu, sur la morale et les mœurs dans la poésie hébraïque. — Lois de Moïse :

1º Sur la liberté nationale et l'égalité qu'elles ont fondées. — Assemblées nationales et fêtes. — Chants qui célèbrent avec joie et orgueil cette liberté et cette égalité.

2º Jéhovah ne trône que sur des lois. — Chants nationaux sur ce sujet, sur les oppresseurs et sur les juges corrompus. — Les lois de Moïse comparées aux institutions de Dieu dans la nature. — Un chant sur ce sujet.

3º But et dignité de la tribu qui servait Dieu. — Sur les insignes représentant la lumière et le droit, qui ornaient la poitrine du grand-prêtre. — Images que la poésie hébraïque a empruntées à la parure des prêtres. — Ces parures, considérées comme le symbole de la prospérité de l'État. — Leur application aux serviteurs de Dieu et des rois.

4º Origine et but des sacrifices. — Application morale qu'en a fait la poésie hébraïque. — Quelques psaumes.

Observations générales tirées des institutions de Moïse sur la langue, sur les maladies et les vices, sur quelques particularités du culte et des usages symboliques. — Institution du sabbat conservée par les *dires* et les chants des temps primitifs. — Images du sabbat et de l'année jubilaire éternelle auxquelles le sabbat a donné lieu.

Supplément : Le Tabernacle de Moïse, poëme symbolique.

Moïse ne cessa de répéter à son peuple que le nom qui convenait le plus au dieu de ses pères était celui de Jéhovah; lui seul, en effet, renferme l'idée la plus haute et la plus pure de l'immuabilité, de la grandeur et de la noblesse de Dieu [1]. Cette idée fondamentale de la loi de Moïse, s'appelle *la sainteté du Seigneur* [2], expression qui n'a de véritable synonyme dans aucune langue. Une pareille idée excluait toutes les représentations, toutes les images de Dieu, mais elle a en même temps donné lieu à des développements sur les qualités et les perfections de ce Dieu,

---

[1] Tout le monde sait que ce mot contient les trois temps primitifs : *Je fus, je suis, je serai.* Ou bien, comme Dieu le dit lui-même : *Je serai celui qui sera.*

[2] La sainteté du Seigneur est sa plus haute individualité, sa plus sublime spécialité, puisqu'elle n'a rien qui puisse lui être comparé.

qui resteront éternellement la pierre fondamentale de la raison humaine et des plus nobles croyances religieuses.

Je ne prétends point dire par là que Moïse ait donné sur ce sujet toutes les notions possibles et nécessaires. Pour ce grand législateur, Dieu devait être, avant tout, le protecteur d'Israël, le point d'appui des parties les plus énergiques des institutions et des chants de ce peuple. Mais ce qu'il n'a pu faire en sa qualité de législateur, a été fait par les sages et les poètes qui lui ont succédé.

Puisque Jéhovah était le seul Dieu, le seul créateur du monde, il devait nécessairement aussi être celui de tous les hommes, sans distinction de race. Pour développer le germe de cette pensée sublime, il ne fallait que du temps, de la tranquillité d'esprit et la liberté de penser. Il n'est pas question ici de la part que d'autres nations peuvent avoir prise à l'accomplissement de cette grande œuvre ; mais il serait injuste d'envier aux Perses, aux Indiens, aux Celtes, ce qu'ils peuvent avoir fait, chacun à leur manière, pour conserver et perfectionner la plus ancienne religion du monde. Je me borne à constater que les actes accomplis par Moïse sur un petit coin de terre, et pressé de tous côtés par les Égyptiens, les Cananéens et les autres peuples barbares de l'Arabie, sont uniques dans leur genre. Il est remonté à la pure religion des patriarches ; et si quelques usages égyptiens lui ont servi pour envelopper ses institutions et ses lois, cette enveloppe, du moins, n'a jamais affaibli la lumière céleste qui lui fut communiquée par la révélation du buisson ardent. C'est donc à Moïse seul que la poésie hébraïque doit les sublimes idées auxquelles elle s'est élevée avec le temps, et que nous admirons dans les psaumes et dans les livres des prophètes.

Je citerai avant tout le chant attribué à Moïse, et qui explique le nom de Jéhovah, c'est-à-dire la fidélité inébranlable comme un roc, l'immuabilité éternelle du créateur du monde.

CHANT DE MOÏSE, L'HOMME-DIEU.

Psaume 90.

« Seigneur, c'est par toi seul que nous existons de générations en générations¹ ! Avant qu'elles ne fussent créées, les montagnes, avant que la terre ne les eût enfantées, tu étais déjà, toi qui es Dieu de monde primitif en mondes primitifs².

« Tu fais retourner l'homme dans la poussière, et tu dis: Générations nouvelles, revenez ! A tes yeux, mille et mille ans ne sont qu'une partie de la nuit, de la journée d'hier qui vient de finir !

Tu les laisses s'engourdir : les voilà qui dorment ! Au matin elles étaient comme l'herbe verte et fraîche; au matin, de bonne heure, l'herbe verdit et fleurit; le soir, elle est flétrie et desséchée !

« C'est ainsi que tu nous consumes par ton souffle; le souffle de ta colère nous remplit de terreur et nous disperse. Tu fais comparaître nos iniquités devant toi; tu appelles nos fautes les plus cachées devant la lumière de ton regard. Voilà pourquoi tes jugements ont diminué le nombre de nos jours³. Nous usons nos années en propos insignifiants, comme si elles n'étaient qu'un vain discours.

« Les jours de la vie humaine se composent de soixante-dix ans, la plus longue va jusqu'à quatre-vingts, et toute l'étendue de cette vie n'est que peines et douleurs; elle passe rapidement, elle a passé, et nous sommes disparus ! »

Lors même que le nom de Jéhovah n'aurait donné lieu qu'à la sublime exposition d'Isaïe, à commencer par le quarantième chapitre, ce morceau suffirait pour faire bénir la mémoire et la religion de Moïse.

Il n'est point de qualité, point de perfection de Dieu, qui ne soit dépeinte dans les psaumes et dans les livres des prophètes, par des expressions aussi simples qu'énergiques; et la plupart de ces sublimes expressions découlent du nom de Jéhovah, qui est, en effet, la base de toute la théologie naturelle.

Il m'est impossible de lire sans émotion la plainte⁴ de ce roi

---

¹ Quelle idée sublime ! nous ne sommes sur cette terre que des phénomènes éphémères, des ombres fugitives; c'est à Dieu seul qu'est due la durée de notre espèce, à ce dieu que Moïse appelle si souvent un roc.

² Dans tous les cycles du passé, tu existais, toi Seigneur !

³ Moïse, livre 1ᵉʳ, chap. 6, vers. 5, où il est dit que, d'après l'arrêt de Dieu, tous les Israélites doivent mourir au désert.

⁴ Psaume 102.

affligé qui sent que son grand âge ne lui permettra pas de voir l'accomplissement de ses vœux pour Jérusalem et pour son peuple. Il succombe au milieu de la route où se passent les évènements dont l'accomplissement lui a été promis ; mais le Dieu de la promesse reste, et une autre génération verra ce qu'il n'a pu voir, car Dieu est Jéhovah.

« Mes jours passent comme une ombre ! je me dessèche comme un amas d'herbes chétives ; mais toi, Jéhovah, tu règnes éternellement ! ton nom passe de génération en génération ; c'est pourquoi, que ceci soit écrit pour la postérité la plus éloignée : Un peuple, qui n'est pas encore, louera un jour le Seigneur ! Du haut de son mont sacré, du haut de son ciel, Jéhovah regardera sur la terre, et il entendra les gémissements des enchaînés, et il délivrera les condamnés à mort ! Alors, on chantera dans Sion la puissance de Jéhovah, sa louange retentira dans Jérusalem, car des peuples nombreux, des royaumes entiers s'y seront réunis pour servir Jéhovah.

« Avant que ceci n'arrive, mes forces seront évanouies, mes jours seront usés ! Pourquoi te dirai-je : O mon Dieu, ne m'enlève pas ainsi du milieu de ma route !... Tes années seules vont de génération en génération, c'est toi qui construisis jadis le monde ; les cieux mêmes sont l'œuvre de ta main. Les cieux aussi passeront, toi seul tu restes ! Ils vieilliront comme vieillit un vêtement. Alors, tu les déposeras comme on dépose un vêtement vieilli, et il y aura des cieux nouveaux ; mais toi, tu es toujours le même, et tes années ne finissent jamais ! Les enfants de tes serviteurs aussi ne finiront point, et leur race prospérera devant toi, Seigneur ! »

C'est ainsi que les plus hautes qualités de Dieu se trouvent toujours mêlées aux plus tendres sentiments humains. La sagesse suprême de ce Dieu, son pouvoir universel qui le rend présent en tout lieu et lui fait tout voir, tout savoir ; sa sollicitude paternelle, et la surveillance spéciale dont il entoure chaque individu isolé, tout cela est dépeint dans les psaumes et dans les livres des prophètes avec tant de chaleur et de vérité, qu'on sent, pour ainsi dire, les plus secrets replis de son ame se dérouler devant le regard d'un Dieu pour lequel il n'y a rien de caché[1]. Le déisme pur ne pourrait jamais s'exprimer avec plus d'énergie et de noblesse, qu'en empruntant le langage de l'Ancien-Testament :

« *Lui* qui a fait l'œil, peut-il ne pas voir? *Lui* qui a créé l'oreille, peut-il ne pas entendre? Songez-y, vous qui êtes les bouffons du peuple. Insensés! quand donc deviendrez-vous sages? »

Pourrait-on, même de nos jours, adresser des reproches plus justes et plus énergiques à ces espèces de philosophes aveuglés au point de nier qu'il y ait des intentions dans la nature? Tout ce qu'ils nous débitent sur la nature, réduite à une abstraction muette, a été attribué aux idoles par les païens; aussi tous les reproches que les prophètes ont faits aux païens, peuvent-ils s'appliquer à ces sortes de philosophes. Plus la théologie et la philosophie conserveront, dans sa pureté primitive, une poésie quelconque, plus elles se rapprocheront de l'Ancien-Testament, non-seulement par les principes généraux, mais encore par les expressions.

Il en est de même de la morale, pourvu qu'on ne la juge pas par la conduite que tenait le peuple d'Israël, mais par celle qu'il aurait dû tenir. Il ne faut pas non plus la chercher là où le législateur se trouvait enfermé dans les limites étroites de la politique et des exigences sociales, mais dans les morceaux où il parle sans contrainte comme sage et comme poète. Dans les institutions positives, Moïse ne pouvait agir que pour son époque et pour son peuple; lui en demander davantage serait une folie, puisque ces institutions étaient encore trop douces, trop intellectuelles pour les Israélites, qui n'ont jamais pu ni voulu s'y conformer. Je le répète, dès que Moïse parle en sage et en poète inspiré pour l'enseignement de tous les peuples, il est sublime; je ne citerai pour exemple que son dernier discours si plein de nobles pensées :

« [2] O peuple d'Israël, écoute : Jéhovah est ton Dieu; il n'y a qu'un Jéhovah, et tu dois aimer ton Dieu Jéhovah! Aime-le avec toute la puissance de ton cœur, avec tout le pouvoir de ton

---

[1] J'ai déjà cité quelques morceaux de ce genre dans la première partie, et j'en donnerai plusieurs autres dans celle-ci.

[2] Moïse, liv. v, chap. 6, vers. 4 et suivants; chap. 30, vers. 11 et suivants.

ame, avec toutes les forces de ton être. Cet ordre que je t'impose en ce moment n'est point une énigme dont le mot est caché loin de toi ; il n'est point dans le ciel pour que tu puisses dire : Qui veut monter au ciel et aller l'y chercher pour nous ? Il n'est point au-delà des mers pour que tu puisses dire : Qui veut s'embarquer et passer la mer pour venir nous l'apporter et nous l'expliquer, afin que nous puissions faire ce qu'il ordonne ? Il est près de toi, ce mot, il est dans ta bouche, il est dans ton cœur, afin que tu puisses faire ce qu'il ordonne. »

Que David agisse comme il voudra, que parfois il se montre, même dans ses psaumes, égaré par l'ambition, la haine et la cruauté, jamais il ne se vante, du moins devant Jéhovah, que de ses bonnes qualités, de la droiture et de la sincérité de son cœur. Tous les psaumes d'enseignement général, soit qu'ils aient été faits par David, par Asaph ou par quelque anonyme, respirent la morale la plus pure. Quant aux proverbes de Salomon, ils sont presque toujours des règles de conduite pour les cours des souverains orientaux, et non d'abstraits enseignements de vertu. Ils contiennent néanmoins beaucoup d'or pur, et leur morale est toujours fondée sur la crainte de Jéhovah. Les prophètes surpassent en richesse et en pureté tous les gnomologues grecs ; et le livre de Sirach est un jardin fleuri où les images et les paraboles sont des leçons utiles et pudiques. On peut dire de la loi de Moïse ce qu'en dit ce livre de Sirach : « Elle a fait couler de tous côtés des flots de sagesse, semblable au Tigre, à l'Euphrate, au Nil, quand ils débordent et fertilisent le pays. »

La législation de Moïse avait pour but de constituer un État libre, affranchi de toute autre servitude que celle de la loi. Pour rendre cette liberté plus stable, Dieu se fit législateur, gardien de la législation et roi. Il habitait avec son peuple ; et ce mot temple, dont on a si étrangement abusé, ne signifiait que la maison où étaient renfermées les tables de la loi, sur lesquelles Dieu veillait lui-même. L'ensemble du peuple formait un empire sacerdotal ; chacun devait donc nécessairement être le serviteur du Dieu roi et de sa loi. « Tu seras un royaume sacerdotal. » Tel fut le principe sur lequel Moïse appuya sa législation. Si on ne voulait pas accorder à un tel état de choses le nom de théocratie, on pourrait le désigner par celui de nomocratie ; mais le mot théocratie sera toujours plus conforme à l'esprit de ces temps antiques, et plus expressif pour désigner la poésie qui en est sortie. Toute poésie bourgeoise et sacerdotale est théocratique.

I. Examinons maintenant l'essence de la poésie hébraïque. Elle renferme :

L'honneur de l'origine, l'égalité des droits nationaux, la liberté.

La législation de Moïse n'a pas institué la royauté, car dans cette législation il n'y a d'autre roi que Dieu et la loi. Toutes les tribus ne formaient qu'un seul peuple descendant des patriarches qui lui avaient laissé pour héritage leur Dieu, et avec ce Dieu, des privilèges fraternels et sacerdotaux, ce qui, d'après les idées égyptiennes, constituait l'État le plus noble. Ce fut dans ce but que Moïse introduisit la circoncision. En Égypte, elle donnait le caractère de prêtre, et ne pouvait être pratiquée que par cette classe ; les Romains et d'autres peuples païens en avaient fait une marque d'ignominie ; Moïse voulut que chez le peuple d'Israël, elle devînt une distinction nationale, un signe d'honneur.

Chaque tribu était soumise à son prince, chaque famille à son chef, ce qui les rattachait les unes aux autres par une fraternité qui remontait au tribunal suprême, où elles étaient jugées au nom de Jéhovah. Le peuple devait se rassembler trois fois par an, c'est-à-dire à chaque grande fête nationale ; et il ne se rassemblait pas pour entendre des sermons, mais pour se réjouir en commun, et se rappeler qu'il était le peuple de Dieu. Les fêtes célébraient des souvenirs de liberté. La Pâque rappelait le jour qui avait donné la liberté à Israël, et la Pentecôte, la loi qui avait consolidé cette liberté ; la fête du Tabernacle était l'image de cette liberté, telle qu'en avaient joui les patriarches, pendant les premiers temps d'innocence, de concorde et de paix domestique. Chaque fête avait ses festins, sa musique, ses chants et ses danses ; car devant son maître invisible, et réuni autour de la tente qui renfermait la loi de ce maître, le peuple de Dieu devait être un peuple joyeux.

Le but de ces réunions était d'entretenir, par des repas et des chants en commun, l'orgueil national du peuple, c'est-à-dire le souvenir de son origine et de son histoire, celui des patriarches et de leur amour pour Jéhovah ; elles entretenaient en même temps l'union fraternelle et la joie en Dieu des diverses tribus, qui, toutes, n'avaient qu'un même maître invisible, qu'une loi, qu'un temple.

Les mots : repas sacrés, temple, psaume, n'éveillent dans notre pensée que des images froides, tristes et sombres, parce que nous n'avons point de fêtes nationales, point de chants patriotiques, point de temple pour y célébrer la gloire de nos pères, point de code général créateur et protecteur de la liberté de tous. Voilà pourquoi les psaumes où respire cet esprit de liberté et de patriotisme sont si mal compris, si mal interprétés par nous. Un peuple ne saurait avoir une poésie nationale que lorsqu'il a des objets de gratitude, de fierté et de réjouissance nationales. S'il a été élevé dans des idées opposées, si, surtout, les mots : service divin, sanctuaire, fêtes sacrées, ne lui offrent que des idées lugubres, il est entièrement incapable de sentir et d'apprécier un autre ordre de choses.

On comprendra sans doute maintenant pourquoi les traducteurs des psaumes donnent à ces sortes de poèmes des allures si tristes et si mystiques, qui disparaîtraient d'elles-mêmes si on remplaçait le mot psaumes par celui de chants nationaux. La plupart de ces psaumes nous paraîtraient plus beaux et plus intelligibles, si, en les lisant, on pouvait songer aux hymnes par lesquels une réunion de joyeux amis célèbrent le lien de fraternité qui les unit ; si on voulait, surtout, se rappeler les chants populaires des réunions d'une nation libre qui se rassemble pour s'encourager mutuellement à la vertu, au patriotisme, et pour se réjouir ou se consoler en commun d'un bonheur ou d'un malheur national.

Plusieurs psaumes ne sont que des hymnes d'encouragement et de réjouissance pendant la marche vers Jérusalem, où le peuple réuni va se rendre pour se réjouir en qualité de nation indépendante.

« [1] Accourez tous, poussons des cris d'allégresse au-devant de

[1] Psaume 95.

Jéhovah! Chantons des hymnes de triomphe à la gloire de ce rocher de notre bonheur! Présentons-nous à ses regards avec reconnaissance, et entonnons des chants joyeux!

« Car il est grand, notre dieu Jéhovah! C'est un roi puissant au-dessus de tous les rois! Il tient dans ses mains toutes les voies de la terre; les cimes des monts lui appartiennent; elle est à lui la mer qu'il a créée; la terre ferme que sa main a formée est à lui!

« Accourez tous, adorons-le, inclinons-nous devant lui, prosternons-nous devant Jéhovah qui nous a fait son peuple à Lui. Il est notre Dieu, nous sommes le peuple de son pays, le troupeau que sa main de pasteur conduit au pâturage. Si vous entendez aujourd'hui sa voix, n'endurcissez pas votre cœur comme vous le fîtes autrefois à Mériba, à Massa, dans le désert..... » etc.

Les allusions historiques, et le mot *aujourd'hui* dont on a si souvent torturé le sens, doivent leur force et leur vie aux appels patriotiques qui invitent aux fêtes et aux réunions nationales, où pas un enfant d'Israël ne devait rester en arrière, circonstance qui donne à chaque parole de ce psaume une signification de rapport. Il en est de même du centième psaume et de plusieurs autres. Quelques uns expriment la joie des pèlerins qui se rendent au temple pour assister à de semblables réunions; il en est même qui donnent la description du voyage.

« [1] Qu'elles sont belles tes tentes, ô Jéhovah Zébaoth! Mon cœur demande, mon cœur languit après ta cour, ô Jéhovah! Mon ame et mon cœur tressaillent de joie au-devant du Dieu vivant! Comme l'oiseau qui a trouvé une demeure, comme l'hirondelle qui retourne au nid où elle a laissé sa famille, c'est ainsi que je regarde vers ton autel, Jéhovah Zébaoth, mon roi et mon Dieu!

« Qu'ils sont heureux ceux qui demeurent toujours en ton palais, et qui peuvent te louer sans cesse! Mais ils sont heureux aussi ceux qui, fondant sur toi leur courage, suivent volontiers la route tracée pour arriver à toi[2]. Ils passent par la vallée de

---

[1] Psaume 84.
[2] C'est, sans aucun doute, la grande route qui conduit à Jérusalem, et qui, à l'époque des réunions nationales, était pleine de voyageurs. Cet idiotisme bien connu:

Bacca, vallée sèche et aride qu'ils trouvent riche en eaux¹. Qu'il soit béni aussi, celui qui marche à leur tête² ! Ils continuent leur marche d'un pas toujours plus ferme, jusqu'à ce qu'ils puissent voir en Sion le Dieu des dieux !

« Jéhovah, Dieu des dieux, Zébaoth, écoute ma prière, écoute-la, Dieu de Jacob ! O toi, notre Dieu protecteur, regarde, regarde tes oints en face.

« Un jour passé à ta cour est préférable à mille jours joyeusement écoulés ailleurs. J'aime mieux me tenir debout sur le seuil de la demeure de mon Dieu, que d'habiter commodément sous la tente du dissipateur³.

« Le dieu Jéhovah est notre lumière, il est notre appui. Jéhovah nous donne la gloire et la grâce ; il ne refuse aucun bien à l'homme intègre. Bienheureux l'homme qui se confie en toi, Jéhovah Zébaoth⁴ ! »

Pour comprendre la première partie de ce chant si souvent mal interprété, il suffit de lire les descriptions des pèlerinages à la Mecque, qui se font encore aujourd'hui. On verra par là que la pieuse ardeur des pèlerins augmente à mesure qu'ils s'avancent dans le désert, qu'ils s'approchent du lieu sacré, et que la vue des tours étincelantes de la Caaba leur cause une joie extatique. C'est ainsi que le peuple d'Israël, toujours plus joyeux et plus exalté à mesure qu'il s'approche de Jérusalem, s'avance à travers des vallées arides et desséchées, et ces vallées lui semblent rafraîchies par une infinité de sources ; car à Bacca déjà, il voit la face de Jéhovah. La seconde partie aussi ne contient aucune allégorie, aucune image mystique, et ne se

---

« *Les routes tracées sont dans leurs cœurs,* » est une allusion à l'empressement et à la joie des Israélites, qui venaient assister aux fêtes nationales.

¹ Je lis ישתהו, dérivé de שתה *boire*, ce qui donne à l'antithèse הבכא, *aride, desséchée,* un sens aussi beau que naturel. Les voyageurs oublient qu'ils ont soif, le voisinage de Jérusalem les désaltère ; car là est le sanctuaire, terme de leur voyage. Le vers suivant prouve que ce voyage n'est point terminé encore, et qu'ils le continuent.

² Le mot מורה signifie *guide*, ou *Carvanbachi*, ou *Ghafir*, ainsi que l'appellent les pèlerins qui se rendent à la Mecque.

³ Le mot רשע a une foule de significations, telles qu'*ennemi, méchant, oppresseur, brigand, dissipateur.*

⁴ C'est-à-dire qui t'es dévoué et fidèle comme l'ordonnent nos lois. Cette locution comprend et réunit tous les devoirs des sujets envers Dieu leur roi, comme le vers précédent peignait les bienfaits du Dieu protecteur.

rapporte qu'au culte national pour lequel on se rendait à Jérusalem. Dans ce psaume, qui est du temps de David, le peuple prie pour son roi; dans d'autres, il adresse des félicitations au pays tout entier, mais toujours dans un style convenable aux discours et aux chants des assemblées nationales.

« [1] Je me réjouis, car ils m'ont dit : Nous allons nous rendre à la maison de Jéhovah! Une fois déjà, mon pied a franchi ta porte, ô Jérusalem! Jérusalem, toi ville bâtie si serrée, qu'en toi les demeures touchent aux demeures[2].

« C'est par là, par là, que se dirige la marche des tribus, des tribus de Jéhovah, qui vont à la fête en mémoire d'Israël, pour y célébrer la majesté de Jéhovah!

« Là sont rangés les sièges élevés des juges, les sièges que le roi a commandés[3]. Félicitons Jérusalem! Que tes amis soient heureux, que la sécurité séjourne dans tes murs, que la paix habite tes superbes maisons! Par amour pour mes frères, par amour pour mes amis, je te souhaite de riches bénédictions; par amour pour le temple de notre Dieu, je te bénis et j'appelle toutes les prospérités sur toi. »

C'est bien là le langage naïf et candide d'un jeune campagnard qui n'a vu Jérusalem qu'une fois, et qui désire ardemment revoir cette ville.

D'autres chants contiennent des félicitations générales, tandis que d'autres encore vantent la concorde des familles et des tribus, ou l'éclat des prêtres et la magnificence du service divin. Aux époques de calamités publiques, ces chants ont quelque chose de plaintif, de lugubre même. En un mot, les assemblées nationales ont donné lieu aux psaumes où règnent l'enthousiasme et l'esprit national; tous ceux qui commencent par ces mots: « Le Seigneur est roi, » et la plupart des psaumes de recon-

[1] Psaume 122.

[2] C'est-à-dire tu mérites le nom de ville; en toi, les maisons touchent aux maisons! N'est-ce pas comme si l'on entendait le cri d'admiration d'un de nos campagnards, qui n'a jamais vu que des villages et des bourgs, dont les maisons sont séparées par des champs et des jardins, et qui voit une capitale pour la première fois ?

Urbem, quam dicunt Romam, Meliboee, putavi
Stultus ego huic nostrae similem, etc.

[3] Et qui étaient en partie occupés par sa famille, ainsi que nous l'apprend Samuel, liv. ii, chap. 8, vers. 18.

naissance et *d'alleluia*, composés par des anonymes, par Asaph ou par les enfants de Coré, appartiennent à cette catégorie. Le psaume le plus touchant de David, qui commence par ces mots : « Comme le cerf crie, » etc., a été, sans aucun doute, composé à l'époque de ces assemblées nationales. Le désir ardent de voir le temple, et le regret de ne pouvoir se trouver en ce moment :

« Au milieu des voix d'allégresse et des chants de bonheur, au milieu de la foule de ceux qui dansent autour du palais de Dieu ; »

Sont l'ame et le véritable sujet de ce psaume. Puisque Moïse est le fondateur de ces assemblées nationales, on peut, à juste titre, le regarder comme le père des hymnes auxquels elles ont donné lieu.

II. Le Dieu d'Israël n'était représenté par aucune image, les tables de la loi étaient déposées dans le lieu le plus saint du tabernacle, c'est-à-dire dans l'arche que surmontaient les chérubins, symboles du sacré et du merveilleux. L'espace vide au-dessus d'eux était regardé comme la demeure de Jéhovah, car il est dit fort souvent : « Dieu qui demeure au-dessus des chérubins. » Dieu n'avait donc pas de trône spécial dans le temple, les tables de la loi lui en tenaient lieu ; il en était le gardien, l'exécuteur, et les couvrait de la puissance de son autorité. Cette représentation grande et noble de la divinité renferme le service divin et la constitution nationale dans un seul et même lieu, et fait de la loi un traité d'alliance entre Dieu et son peuple.

Comment la poésie hébraïque aurait-elle pu créer des images d'idoles ? Puisque le temple et la loi n'en contenaient point, elle ne pouvait que chanter le Dieu du peuple, et la constitution nationale qu'il avait donnée à ce peuple ; c'est ce qui l'a rendue si puissante et si énergique. Un grand nombre de chants nationaux célèbrent le roi qui siège dans l'obscurité (la nuit la plus profonde régnait toujours dans le sanctuaire du temple), mais dont le trône est bâti sur la justice ; d'autres invitent les magistrats à juger au nom de Dieu, puisque ce n'est que par la loi que Dieu est présent chez son peuple.

« ¹ Jéhovah règne! les peuples tremblent devant lui! Il trône au-dessus des chérubins, et le monde frémit! C'est à Sion qu'il habite le grand Jéhovah, lui qui s'est élevé au-dessus de tous les peuples!

« La puissance du roi est dans son amour pour la loi! Tu as constitué en Jacob la loi, l'ordre et la justice. Glorifiez Jéhovah votre Dieu, inclinez-vous profondément devant la place du sanctuaire où s'appuient ses pieds.

« Moïse et Aaron parmi les prêtres, et Samuel parmi la foule des adorateurs ² de Jéhovah, l'ont invoqué notre Jéhovah. Il les a écoutés, il leur a parlé du haut des nuages; ils ont conservé ce qu'il leur avait dit, et les lois et les constitutions qu'il leur avait données ³. Jéhovah, notre Dieu, tu les as écoutés, tu as été pour eux plein de miséricorde, tu as vengé leur œuvre ⁴.

« Exaltez Jéhovah notre Dieu! prosternez-vous devant le mont sacré où trône notre Dieu, le Très-Haut! »

Ces images doivent nécessairement nous paraître inintelligibles et pâles, dès qu'on les détache de leur véritable destination; mais on les trouvera justes et belles, si l'on n'y voit que les fleurs d'une couronne d'hymnes de louanges et de joie, chantée par un peuple libre, qui ne pouvait être gouverné que par les lois que Dieu lui-même lui avait données.

« ⁵ Dieu préside les assemblées de son peuple ⁶; il rend ses arrêts au milieu des dieux de la terre! Jusques à quand vos jugements seront-ils injustes? jusques à quand ferez-vous attention à la personne de l'oppresseur? Faites droit aux pauvres, à l'orphe-

---

¹ Psaume 97.

² Qui n'étaient pas prêtres. Cette distinction est empruntée à la partie visible du service du temple, qui était partagée en prêtres et en laïques, en serviteurs et en adorateurs.

³ Il n'est question que de lois et de constitutions nationales; la joie et l'orgueil que le peuple en ressent sont l'ame et le sujet de cet hymne.

⁴ C'est-à-dire tu étais près d'eux, tu protégeais leur institution, tu les fortifiais contre leurs ennemis, etc.

⁵ Psaume 82.

⁶ Dieu tenait sa cour de justice au centre du pays, dans le sanctuaire où, dans tous les cas douteux, le grand-juge venait l'interroger. Il siégeait également dans tous les conseils du peuple, qui ne se rassemblaient qu'en son nom. Dieu seul était roi et juge; et lorsqu'Israël avait des rois, ces rois n'étaient considérés que comme des gouverneurs institués par Dieu, pour veiller, sous lui, sur la loi et sur la constitution nationales.

lin, à l'opprimé; faites droit même au mendiant; sauvez le faible, le pauvre; sauvez-les de la main des méchants.

« Ils ne savent, ils ne comprennent rien; ils s'avancent l'esprit voilé de nuages : voilà pourquoi les fondements de notre pays chancèlent.

« Je vous ai appelés des dieux; je vous ai tous nommés les fils du Très-Haut; mais, semblables aux hommes les plus faibles, vous mourrez; tous ensemble, vous périrez comme périt un seul [1].

« Lève-toi, ô Jéhovah! et juge le pays, car toutes les tribus sont ton héritage. »

C'est ainsi que le chant patriotique apostrophait les tyrans, et faisait tout-à-coup apparaître au milieu de leur conseil, le Dieu au nom duquel ils étaient les juges et les princes du peuple. Pour atteindre à ce résultat, le poète n'a qu'à leur rappeler la constitution du pays.

Le psaume 94 traite ce même sujet plus chaleureusement encore. En général, tous les chants qui célèbrent Dieu en qualité de roi, et que l'on peut regarder comme des hymnes politiques sur la constitution de la Judée, parlent avec tant de fierté de cette constitution, qu'ils invoquent la terre, la mer et toutes les nations, pour leur faire avouer que le Dieu d'Israël est le seul roi équitable et légitime; que la Judée seule possède une constitution éternelle comme Dieu, forte et invincible comme la nature, puisque, semblable à cette nature, cette constitution est l'œuvre de Dieu.

Plusieurs psaumes ont adopté une marche qui nous paraît singulière; car le poète unit et jette, pour ainsi dire, à travers son chant, les miracles que Dieu opère dans l'empire de la nature, et les grands évènements politiques qui, aux yeux de ce poète, sont aussi des miracles. Il est probable que l'énumération de ces miracles se faisait alternativement par plusieurs chœurs; mais ce qui donne surtout quelque chose de grand et de fier à l'ensemble du chant, c'est que le poète envisage sous le même point de vue les plus grands comme les plus petits évènements, pour

[1] Le septième vers est, dans ses deux membres, l'antithèse du sixième. En les opposant l'un à l'autre, on trouve que les hommes que le poète a appelés des dieux ainsi que les hommes les plus faibles, doivent mourir, les uns et les autres, *tous ensemble*, comme s'ils n'étaient qu'un seul homme; et alors ce passage n'a plus rien d'obscur.

lesquels il a la même vénération, puisque les uns et les autres sont les œuvres de Dieu.

PSAUME 147.

Premier et deuxième chœurs. — « Louez Jéhovah [1] ! »

Premier chœur. — « Car il est beau de chanter notre Dieu ! »

Deuxième chœur. — « Car elle résonne agréablement, la louange sonore ! »

Premier chœur. — « Jéhovah a construit Jérusalem, et réuni les dispersés d'Israël ! Il guérit tous ceux qui sont blessés au cœur ; il panse leurs blessures. »

Deuxième chœur. — « Il compte le nombre des étoiles, il les nomme toutes par leur nom. Il est grand et fort, notre Seigneur ; son entendement est incalculable. »

Premier chœur. — « Jéhovah aide à l'opprimé à se relever. »

Deuxième chœur. — « Et il abaisse l'oppresseur jusqu'à terre. »

Premier chœur. — « Chantez Jéhovah ! chantez-le de chœur en chœur. »

Deuxième chœur. — « Et que pour lui le son des harpes se mêle à vos chants. »

Premier chœur. — « Pour lui, qui couvre le ciel de nuages et donne de la pluie à la terre ; pour lui, qui fait produire aux montagnes leurs herbes tendres ; pour lui, qui donne aux animaux leur pâture, et qui nourrit les jeunes corbeaux quand ils crient vers lui. »

Deuxième chœur. — « Il ne se complaît point dans le cheval robuste ; il ne se pare point du coursier rapide. Jéhovah n'a d'affection que pour celui qui le révère et qui se confie en sa bonté. »

Premier et deuxième chœurs. — « Glorifie la Jérusalem de Jéhovah ! glorifie la Sion de ton Dieu ! car il consolide les verroux de tes portes, et il bénit en toi ta race tout entière ; il t'a donné la paix pour frontière ; il te nourrit de la moelle du froment. »

Premier chœur. — « Il adresse la parole à la terre, et la pa-

---

[1] Il est possible que, dans ce psaume, chacun des deux membres du parallélisme ait été chanté par des chœurs différents. Je n'ai pas suivi cette classification, qui aurait inutilement augmenté les chiffres, car je n'ai voulu donner qu'une idée générale de l'ensemble de la marche du poème.

role court et se précipite! Alors la neige tombe comme des flocons de laine; il sème le givre comme on sème la cendre; il nous jette sa glace en immenses grêlons! Qui pourrait résister devant ses frimas? »

DEUXIÈME CHOEUR. — « Il envoie sa parole, et les glaces se fondent; son souffle passe, et les eaux coulent de nouveau! »

PREMIER ET DEUXIÈME CHOEURS. — « C'est à la race de Jacob qu'il a confié sa parole; c'est à Israël qu'il a donné ses jugements et ses arrêts! Il n'en a fait autant pour aucun autre peuple; aucun d'eux ne connaît ses institutions. Louez Jéhovah! »

Je suis en général très-éloigné de tout ce qui ressemble à des ornements dramatiques dans les psaumes; mais ici, le changement de voix m'a paru si visible, que j'ai cru qu'il était indispensable de l'indiquer. Le mélange hardi des phénomènes de la nature et des merveilles politiques, est l'ame de ce psaume.

III. Puisque Jéhovah ne régnait que par la loi, il devait nécessairement avoir des serviteurs qui étaient les instruments de son règne. Le tribunal suprême se composait des commentateurs, des conservateurs et des exécuteurs de la constitution du pays; après eux venaient les calculateurs du temps, les gardiens des poids et mesures, les juges des maladies contagieuses et les médecins. Les hommes appartenant à ces diverses catégories délivraient les contrats qui constituaient la propriété, réglaient les fêtes d'après lesquelles se réglaient toutes choses, convoquaient le peuple pour les réunions nationales, et le suivaient à la guerre avec le sanctuaire de la nation, afin de soutenir son courage par des chants, une musique bruyante, et surtout par la conviction de la présence de son Dieu au milieu de lui.

Le premier serviteur de Dieu, le grand-prêtre, était aussi le premier serviteur de la justice; et la parure qui ornait sa poitrine s'appelait la parure de sa juridiction. Chez les Égyptiens, le grand-prêtre portait devant lui l'image de la justice; celui des Hébreux n'avait point d'images, mais les noms des douze tribus, gravés sur des pierres précieuses, étaient suspendus sur son cœur, afin d'y porter la lumière de la justice et du droit [1], c'est-

[1] Il est hors de doute que l'*Urim* et le *Thummim* signifiaient la véritable lumière,

à-dire que la lumière la plus parfaite devait éclairer ses jugements dictés par son cœur.

La poésie hébraïque emprunte les images des plus nobles dignités à la parure des prêtres, surtout à celle du grand-prêtre, qui était le premier de la nation, un prince sacré devant Dieu, auquel on prodiguait, pour sa parure, tout ce que cette époque pouvait fournir de plus magnifique et de plus précieux.

« Les prêtres étaient vêtus de justice et de salut[1]. » C'est-à-dire que leurs vêtements sacerdotaux étaient le symbole de l'ordre et de la justice, de la prospérité nationale et de la joie que cette prospérité causait à Jéhovah; car les prêtres étaient des et que cette locution : « *Tu feras de ta parure de juridiction l'Urim et le Thummin (ordonner, donner),* » signifiait, dans la langue hébraïque : « Tu en feras l'insigne de la sentence la plus haute, la plus juste et la plus irrévocable, devant laquelle il n'y aura plus ni doute ni excuse possibles. »

Je ne me hasarderai pas à décider si l'oracle de Dieu au sanctuaire répondait, en effet, au grand-prêtre, et si l'enthousiasme et l'inspiration subite de l'esprit de Dieu et de vérité, qui s'emparaient de lui lorsqu'il entrait au sanctuaire pour interroger Jéhovah, étaient le résultat d'une voix distincte, comme celle qui avait parlé à Moïse, ou d'une influence mystérieuse et intérieure qui dirigeait tout-à-coup sa pensée. Mais il est certain que le grand-prêtre répondait au peuple au nom de Dieu, et que ces mots : *Interrogez Dieu par l'Urim et le Thummin*, ne signifiaient autre chose que le faire interroger par la personne qui portait l'*Urim* et le *Thummin*, et à laquelle ce bijou en donnait le droit. C'est ce que Moïse dit clairement, liv. IV, chap. 27, vers. 21. Les réponses qu'il faisait inspiraient autant de confiance que si c'eût été des oracles, ce qui a donné lieu de dire, beaucoup plus tard, de certains hommes dont la sagesse inspirait une grande vénération, que, lorsqu'on les consultait, ils répondaient comme si c'eût été Dieu lui-même. En un mot, l'*Urim* et le *Thummin* étaient la sagesse et la vérité réunies, un oracle de Dieu, la décision la plus juste et la plus irrévocable. C'est de cet insigne que Moïse fit l'ornement de la justice, c'est-à-dire un bijou consacré et d'une forme convenable à la chose qu'il représentait. Il en était de même du bandeau qui ornait le front du grand-prêtre, et sur lequel on lisait ces mots : « *Sainteté de Jéhovah*. » C'était là l'insigne de sa dignité royale, de sa qualité de représentant de Dieu, tandis que la parure qu'il portait sur son cœur était le symbole des devoirs de ses fonctions de juge du peuple, devoirs qui consistaient à rappeler toujours à ce peuple le souvenir et les bienfaits de son Dieu. Son droit d'interroger Dieu dans les cas où les décisions humaines paraissaient insuffisantes, et de prononcer un arrêt définitif d'après la réponse et au nom de ce Dieu, le rendait le médiateur entre la divinité et les hommes. L'*Urim* et le *Thummin* lui donnaient ce droit; aussi ne pouvait-il jamais paraître devant Jéhovah que revêtu de ces insignes. Les commentateurs qui ont cru voir dans l'*Urim* et le *Thummin* deux dés, ont commis une erreur grossière. Les réponses aux questions faites en leur nom étaient si décisives et se rapportaient si parfaitement aux circonstances, qu'il est impossible d'y voir le résultat d'un jeu du hasard qui fait tomber les dés sur une face plutôt que sur une autre.

[1] Psaume 131, versets 9 et 16.

juges, des personnages sacrés, et les exécuteurs des institutions du pays; le bonheur de ce pays se fondait sur eux.

Ces idées ont donné lieu à des images qui nous semblent étranges; les esprits railleurs peuvent même les trouver ridicules, car nous n'avons plus le bonheur de posséder un seul de ces symboles sacrés, objets de la vénération de tout un peuple. Il est donc bien naturel que nous ne puissions nous faire une juste idée des sentiments qu'ils faisaient naître et de l'influence qu'ils devaient exercer. Nos prêtres à nous sont vêtus de mépris et de dédain, la pauvreté est leur parure; dans beaucoup de pays, le peuple s'irrite au seul mot de religion d'État: d'où il résulte que le mot prêtre, même lorsqu'il est question d'une autre époque et d'une autre institution, nous fait paraître petits et désagréables les tableaux les plus grands et les plus nobles.

Les Hébreux ne connaissaient pas d'images plus touchantes et plus palpables des calamités nationales, que ces phrases : « Le sanctuaire a été profané! La couronne de la magnificence de Dieu est tombée de la tête du grand-prêtre! Les prêtres s'enveloppent de sacs en signe de deuil! » C'est que la profanation du sanctuaire était celle de la nation, et l'éclat de la parure des prêtres, une preuve infaillible de l'ordre et du bonheur public.

«[1] Je me réjouis en Jéhovah d'une joie ineffable, mon cœur est plein d'allégresse en Dieu! Il m'a revêtu de vêtements de bonheur; il a jeté sur moi le manteau des princes! Me voilà, dans mon éclat sacerdotal, paré comme un fiancé, comme la jeune épouse couverte de ses joyaux de noces; car de même que la terre fait pousser les plantes, de même qu'au jardin germe la semence, de même Jéhovah fait germer pour nous, devant le monde entier, la justice et la gloire nationales. »

Telles étaient les images que la poésie hébraïque puisait dans le sanctuaire et dans le service divin. Chez ce peuple, l'union des familles était comparée au baume qu'on faisait couler sur la tête du grand-prêtre pendant les cérémonies religieuses [2]. Semblable à ce parfum particulièrement agréable à Jéhovah, et dont nul autre que le grand-prêtre n'avait le droit de se servir,

---

[1] Isaïe, chap. 61, vers. 10 et 11.
[2] Psaume 133.

la concorde des frères exhalait une suave et sainte odeur devant Dieu et devant les hommes.

Depuis les temps les plus reculés, les titres de prince et de prêtre, unis par l'idée qu'ils remplaçaient Dieu sur la terre, étaient des synonymes, car tous deux tiraient l'origine de leur titre d'un mot désignant les serviteurs de la divinité, qui, seuls, avaient le droit d'en approcher.

Pendant les règnes tout domestiques du monde primitif, chaque père de famille était le prince et le grand-prêtre de sa maison. Melchisédec unissait la dignité de roi de la justice à celle de prêtre du Dieu très-haut. Le psaume qui dépeint la royauté sous le point de vue le plus élevé, fait trôner le roi à la droite de Jéhovah, et ne le rend digne de cette élévation qu'en l'entourant d'idées et d'images sacerdotales.

« [1] Jéhovah t'a fait un serment sacré : Tu seras pour toute l'éternité un prince sacerdotal ; je te consacre pour être à jamais mon Melchisédec. »

Plus tard la poésie hébraïque assimila les prêtres aux anges[2]. Puisque les uns étaient les messagers de Jéhovah, et les autres les gardiens, les exécuteurs de sa loi, jouissant du privilège exclusif de paraître devant son trône, on devait nécessairement, dès que le ciel de ce Dieu était devenu une tente, un temple, mettre les prêtres en harmonie avec ces images nouvelles. Du temps d'Isaïe déjà, les séraphins étaient des princes et des prêtres, c'est-à-dire des serviteurs du roi qui trônait dans le temple[3]. Dans la vision d'Ézéchiel, l'ange qui désigne les justes qu'il faut épargner, est un prêtre[4], et les figures magnifiques qui, dans Daniel, expliquent à ce prophète les visions qui viennent de lui apparaître, sont également des prêtres[5].

A cette époque, on spiritualisait toutes les images qui personnifiaient les idées de pureté, de dignité, de beauté, et on les appliquait aux princes du ciel, formes sous lesquelles le Nouveau-Testament même dépeint encore les anges. Dans l'Apoca-

---

[1] Psaume 110.
[2] Malachie, chap. 2, vers. 7; chap. 3, vers. 1er.
[3] Isaïe, chap. 6, vers. 2.
[4] Ézéchiel, chap. 9, vers. 3.
[5] Daniel, chap. 10, vers. 5.

lypse, les anges et les prêtres ne sont qu'un seul et même être ; et lorsque, dans ce livre, ainsi que dans l'épître de saint Jean aux Hébreux, le Christ apparaît dans toute sa dignité royale, il est représenté comme le grand-prêtre du ciel.

IV. Personne ne pouvait paraître devant un prince d'Orient, sans lui apporter des présents. Moïse profita de cet usage pour faire revivre les anciens sacrifices des patriarches, pour détourner son peuple de toutes les habitudes égyptiennes, et pour obtenir plusieurs autres résultats importants dont je ne tarderai pas à parler.

Les Égyptiens n'immolaient des animaux vivants qu'à Typhon, le Dieu du mal, et ils choisissaient toujours, pour cet effet, des animaux malfaisants ou laids ; les dieux bons recevaient pour offrande des objets inanimés et surtout des parfums. Moïse, qui était l'adversaire implacable de l'esclavage, et qui faisait d'une liberté indestructive, la base fondamentale de la constitution de son peuple, consacra, pour obtenir ce résultat, la nation tout entière à Jéhovah, et surtout les premiers-nés ; car, dans la dernière plaie d'Égypte, les premiers-nés avaient été épargnés à ce titre. Ce fut Dieu lui-même qui adoucit son droit de propriétaire ; il laissa aux pères leurs fils, et accepta en échange le premier-né de quelque animal pur, car rien d'impur ne pouvait approcher de Dieu, et encore moins lui être offert en présent.

Il en était de même des fruits de la terre ; tous appartenaient à Dieu, il n'en réclama que les primeurs, comme un témoignage de reconnaissance, et une preuve de vasselage. Les primeurs composaient donc les premiers sacrifices que les Hébreux offraient, en qualité de vassaux, à Jéhovah, ainsi que le prouve ce passage d'un psaume :

« Fais du bien à Sion comme tu aimes à le faire, et ils te seront agréables les sacrifices d'hommages de tes serviteurs, les sacrifices qui remontent vers toi en épaisse fumée, et les jeunes taureaux immolés sur tes autels. »

Les sacrifices expiatoires avaient un but tout aussi sage et tout aussi utile ; par eux, les crimes cachés, et que, par conséquent, la loi ne pouvait punir, arrivaient devant Jéhovah, leur juge suprême. Ces sacrifices étaient donc infiniment préférables aux francs-juges, à la police secrète, ou à toute autre institution de ce genre. On comparaissait devant son Dieu en homme libre, et, le gage de l'absolution à la main, on offrait soi-même l'amende du péché fixée par la loi. Ces sacrifices, qui ne se faisaient jamais que devant le sanctuaire, demandaient beaucoup de précautions et de mystère; la poésie ne pouvait donc les utiliser plus noblement qu'en leur donnant un but tout intellectuel.

« [1] Aie pitié de moi, Dieu de miséricorde! O toi si richement miséricordieux, anéantis mon crime! Je ne suis qu'un homme né dans le péché; la mère qui m'a enfanté était née aussi dans le péché. Mais toi, tu aimes, tu vois la vérité au fond de nos cœurs [2], et tu m'as appris à deviner le sens caché de la loi. Absous-moi sacerdotalement [3], et je redeviendrai pur; si tu daignes me laver, je serai blanc comme la neige. N'arrête point tes regards sur mes méfaits, détruis toutes mes iniquités; fais renaître en moi un cœur pur, ô Dieu, et renouvelle en moi l'intégrité et la droiture! J'enseignerai ta loi à tous les pécheurs, et les égarés se tourneront de nouveau vers toi. Si tu me sauves de mon péché sanglant, je chanterai haut les devoirs que tu nous imposes. Tu n'acceptes point de sacrifices; si tu en acceptais, je t'en offrirais! Tu ne veux point d'holocaustes [4]: les sacrifices agréables à Dieu sont un cœur pur, un esprit humble et contrit; ceux-là, tu ne les dédaignes point. »

Dans un autre psaume, le pécheur remercie Dieu des bienfaits qu'il en a reçus; il s'exprime ainsi :

« [5] Que n'as-tu pas fait pour nous, Jéhovah! tes merveilleuses pensées sur nous sont innombrables; mais je veux les proclamer, je veux les énoncer tout haut, quoiqu'il soit impossible de les compter.

---

[1] Psaume 51.

[2] C'est-à-dire : La pratique extérieure des sacrifices n'est pas la véritable expiation que tu nous demandes; ils ont un sens spirituel que le peuple ignore, mais que tu m'as appris à connaître.

[3] Il faut que Dieu absolve le pécheur, et l'absolution du prêtre n'est que l'image de celle de Dieu. Tel est, selon David, le sens caché des sacrifices expiatoires.

[4] Aucun sacrifice ne pouvait expier le meurtre et l'adultère.

[5] Psaume 40, vers. 6 à 10.

« Tu dédaignes les offrandes du sacrifice, tu me l'as dit secrètement à l'oreille[1], tu ne veux point les holocaustes expiatoires du péché.

« Et alors j'ai répondu : Regarde, ô mon Dieu ! je viens avec plaisir vers toi[2], ainsi que cela est écrit dans ta loi. Ce que tu veux, ô mon Dieu, je le veux aussi; ce que tu me demandes, mon cœur l'a déjà fait.

« Je veux enseigner ta volonté à haute voix devant le peuple assemblé. Je n'imposerai aucune contrainte à mes lèvres, ô Jéhovah, tu le sais. »

David met ici, deux fois de suite, le repentir, les aveux et les chants de remerciements publics, au-dessus des sacrifices; et deux fois aussi il se glorifie d'avoir, par là, deviné et exécuté le sens véritable et caché de la loi. Les livres des prophètes abondent en principes de ce genre, et nos saintes Écritures n'ont point d'hymnes semblables à ceux dont les païens accompagnaient leurs sacrifices; tous nos chants où il est question d'offrandes à la divinité, ont un sens moral et spirituel.

Ceci s'applique surtout aux sacrifices des temps primitifs, qui étaient les plus beaux, car rien ne les ensanglantait : ils ne consistaient qu'en encens et en hymnes de reconnaissance. Nous possédons sur ce sujet un chant dont les époques les plus civilisées pourraient se glorifier.

PSAUME D'ASAPH[3].

« Jéhovah, le Dieu des dieux, parle ! A son appel, la terre arrive depuis le lever jusqu'au coucher du soleil.

« L'éclat de Dieu se lève sur Sion, la couronne du pays[4] !

---

[1] Cette locution de la poésie hébraïque : *Tu m'as ouvert l'oreille*, signifie, ainsi que le prouve la suite de ce morceau : « Lorsque je t'offrais des sacrifices, tu m'as fait deviner intérieurement quelle était ta véritable volonté, tes secrètes intentions; ou bien : Tu m'as dit à l'oreille ce que le peuple ignore, c'est-à-dire le sens caché de ton antique loi écrite et des devoirs qu'elle impose. »

[2] C'est-à-dire : J'obéis volontiers à ta voix secrète dont je suis le serviteur. Le sens secret et véritable de la loi demeure dans ma poitrine, et c'est lui que mon cœur demande et exécute comme son premier devoir. Comparez Moïse, liv. v, chap. 30, vers. 11 et 12.

[3] Psaume 50.

[4] Les montagnes ont toujours été la demeure de Dieu. Maintenant il n'habite

Notre Dieu arrive, et il n'est point silencieux : le feu dévorant le précède, la tempête puissante l'entoure.

« Il appelle les cieux là-haut et la terre là-bas [1] pour juger son peuple. Il leur dit : « Réunissez mes fidèles, ceux qui ont juré alliance avec moi au-dessus de la flamme du sacrifice ! » Et tous les cieux le proclament juge souverain ; ils proclament Jéhovah le plus équitable des juges.

« Et il dit encore : « Écoute, mon peuple, je témoigne contre toi, moi ton Dieu ! Je ne t'accuse point à cause des sacrifices, à cause de leur fumée qui, sans cesse, remonte vers moi [2]. Mais ce ne sont point les taureaux ni les boucs de tes troupeaux que tu m'offres, que je te demande ; car tous les animaux des champs sont à moi, tous les animaux qui vivent sur vos milliers de montagnes sont à moi. Chaque oiseau qui voltige sous le ciel m'est connu ; les altières bêtes fauves sont mon bien.

« Si j'avais faim, aurais-je besoin de te le dire ? car il est à moi, ce monde si vaste et si plein.

« Crois-tu donc que je mange de la chair de taureau ? que je bois le sang des boucs ? Donne à Dieu ta reconnaissance en holocauste, apporte au Très-Haut ce que tu lui as consacré. Appelle-moi dans les temps d'oppression et de calamités, et, si je te sauve, vénère-moi.

« Celui qui m'offre sa reconnaissance en holocauste me vénère ; il marche sur la voie où je puis lui faire connaître toutes les félicités du gouvernement de Dieu [3]. »

Il serait aussi inutile que fatigant de multiplier les citations sur la législation de Moïse, afin de prouver qu'elle seule a fait naître la poésie des prophètes et des psaumes. Je me bornerai à

plus sur le Mont-Sinaï, mais sur la montagne de Sion, qui, par là, est devenue le principal ornement, la brillante couronne du pays tout entier.

[1] Puisque Israël a juré alliance avec Dieu, devant le ciel et la terre (Moïse, liv. 5, chap. 31, vers. 28), il est naturel de les appeler à témoin, quand Dieu interroge Israël sur la manière dont il a compris et exécuté cette alliance. En faisant prendre la parole à l'Éternel lui-même, à la place du ciel et de la terre, le juge devient pour ainsi dire témoin, ce qui donne à la marche de cet hymne quelque chose de grand et de sublime.

[2] C'est-à-dire : Les reproches que je t'adresse ne concernent point les sacrifices ; tu m'en offres bien assez.

[3] Dans tout ce psaume, Dieu parle en juge théocratique, en conservateur et en exécuteur de la constitution qu'il a donnée à son peuple.

jeter çà et là quelques grains de semence ; une abondante moisson de remarques détaillées demanderait trop d'espace et de temps.

———

Dans l'État hébraïque, tout était, dès son origine, étroitement lié au sanctuaire, tout, jusqu'aux maladies, jusqu'aux vices ; aussi les images par lesquelles on représentait ces infirmités du corps et de l'ame, étaient-elles empruntées à ce sanctuaire ; et les prophètes et les poètes les traçaient dans un langage convenable à ce point de départ, c'est-à-dire avec franchise, avec liberté même, et sans ornements ou périphrases. Ne pouvant se régler sur nos lois de bienséances, qu'ils ne connaissaient pas, ils parlaient comme parlait la loi de Moïse, comme pensait le père du peuple. Il est encore permis aujourd'hui aux médecins de se servir d'expressions que le plus grand libertin n'oserait employer, non par pudeur, mais par habitude. Mais quand ce médecin juge en prêtre, c'est là surtout qu'il serait absurde de lui demander un langage conforme à la mode d'une époque qui n'existait même pas encore. En un mot, il n'y a rien de plus insensé que de juger le langage et les images des anciens Hébreux d'après les exigences de nos mœurs, et de frémir d'horreur et de dégoût devant un psaume qui compare à la lèpre les péchés honteux, ou devant le chapitre d'un prophète qui peint énergiquement la corruption de son temps.

Au reste, la poésie hébraïque a des modifications qui marquent l'esprit de l'époque et le caractère du poète. On ne disait plus, à la cour de Salomon, ce qu'avait osé dire l'intrépide Ézéchiel, ce fils d'un prêtre qui, nourri d'études sur les mœurs antiques, les lois et le temple de Moïse, aimait à donner toujours et surtout une exposition détaillée. Si on nommait crûment, en Orient, des choses que nous passons sous silence, c'était pour inspirer le dégoût et l'horreur de ces choses, et, tout le monde le sait, sous ce rapport les Orientaux sont plus chastes et plus délicats que nous. La loi de Moïse interdit des impuretés que nous nous permettons sans scrupules, et un Arabe rougit souvent là où un Européen ne voit rien de choquant.

Chaque petit vase, chaque pan du mur ou de la tente du sanctuaire avait un nom spécial; et, puisque la description de ce sanctuaire, considérée comme un plan fait par Dieu lui-même sur le Mont-Sinaï, est arrivée à la postérité avec les livres de la loi où elle a été consignée, on devait nécessairement se livrer à des commentaires et à des rêveries sur les objets désignés dans cette description. Mais il est incontestable que la poésie hébraïque des premiers temps ne contient aucune des fables que l'amour des allégories des époques antérieures croit y avoir trouvées. Quand David chante sur le sens caché de la loi, il ne dit rien qui ne soit dans les écrits de Moïse; et les divers développement des prophètes sont toujours fidèles à l'ensemble de l'institution, sans toutefois analyser chaque clou de l'échafaudage.

Lorsque, après la captivité, il fut question de construire un second temple, il y eut quelques descriptions particulières, mais toujours sagement ménagées, ainsi que le prouvent les écrits d'Aggée et de Zacharie. L'esprit d'interprétation, originaire de l'Égypte, ne s'étendit que beaucoup plus tard.

Je ne prétends cependant pas dire par là que la construction du tabernacle de Moïse et son organisation du service divin, n'étaient pas significatifs jusque dans leurs plus petits détails : ils l'étaient en effet, mais seulement par rapport à l'ensemble de sa législation, et autant que cela était nécessaire pour l'harmonie des parties avec le tout. Moïse avait été élevé en Égypte, et nous savons que les Égyptiens aimaient les hiéroglyphes, même dans les édifices consacrés au service des dieux. Pour rendre plus claire la signification de quelques uns de ces sortes d'objets qui décoraient son tabernacle et ses prêtres, le prophète les explique lui-même[1], et nous montre ainsi la route que nous devons suivre pour interpréter ses intentions; nous en écarter serait tout bouleverser, tout détruire. Je parlerai de quelques unes de ces significations lorsque je traiterai des prophètes; les plus importantes se trouvent expliquées dans le poème qui fait le supplément de

---

[1] C'est ainsi que Moïse parle de *la circoncision du cœur*, et qu'il dit que le prêtre porte, lorsqu'il entre dans le sanctuaire, tous les péchés du peuple. C'est sans doute cette dernière allégorie qui a inspiré à Isaïe le chap. 53 de son livre, ainsi que le prouve le verset 11 de ce magnifique chapitre.

ce chapitre, car il n'entre pas dans mon plan de donner le contour de l'ensemble.

Moïse ne s'est pas proposé, pour but de sa législation, les sacrifices et la rémission des péchés, mais le bonheur de l'État qu'il avait créé, et la prospérité politique du peuple de Jéhovah. Les prophètes les plus éclairés, tels que Samuel et Isaïe, sont ceux qui ont le plus fidèlement suivi cette route; mais pas un ne s'en est écarté, du moins en ce qui concerne les points principaux de ses *dires* et de ses vues. Si l'on a fait, plus tard, des extraits de leurs écrits; si l'on a attaché à certaines paroles, à certains usages, plus d'importance que Moïse et ses successeurs n'avaient voulu leur en donner; si, à l'occasion d'un bouc envoyé au désert, dont parle un des psaumes, dit de *la Pénitence*, on a bâti des systèmes qui ne sont jamais entrés dans la pensée de David ni dans celle de Moïse, ces erreurs sont une conséquence inévitable de la marche du temps, qui ne s'opère qu'en roulant, c'est-à-dire en nous montrant alternativement en bas ce qui était en haut, et en haut ce qui était en bas.

Il ne faut pas oublier non plus que les époques antérieures possédaient un grand nombre d'écrits divers dont on devait nécessairement confondre les idées, et que souvent même on se servait des idiomes dans lesquels elles étaient exprimées, pour en faire l'enveloppe et le passeport de ses idées à soi. Tout dépendait alors du caractère des hommes qui exploitaient ces idiomes et ces idées, de la nature de ces idées, des succès qu'elles trouvaient dans le public, de l'autorité que ces hommes avaient sur l'esprit de leur époque, et des formes que cette époque adoptait de préférence pour revêtir ces idées. Ces formes étaient tantôt poétiques et tantôt philosophiques; mais laissons-les à leur époque et à leur inventeur, et remontons à la forme qu'adopta l'antique Égyptien-Israélite Moïse.

L'institution la plus favorable à la conservation des chants et des lois de Moïse était, sans contredit, celle du sabbat, car ce n'est que par elle que cet immense trésor de poésie est arrivé jusqu'à nous. Grâce au sabbat, l'idée la plus fertile qu'on ait pu donner à l'espèce humaine, c'est-à-dire celle du Créateur du monde, s'est confondue et perpétuée par des chants et par des prières, avec le souvenir des bienfaits que Dieu avait accordés à la nation. Grâce au sabbat, on lisait et l'on commentait périodiquement en commun, et plus ou moins bien, les livres de la loi ancienne; et cet exercice, que l'on pratiquait surtout dans les temps de calme, s'est prolongé jusqu'aux époques où la civilisation était déjà très-avancée.

L'institution du sabbat servit de point d'appui à la chronologie, à la lecture, à l'écriture, à l'histoire, à l'organisation politique, aux idées anciennes et aux espérances nouvelles, en un mot à tout ce qui constitue la civilisation d'un peuple; et quand les calamités publiques renversaient et dispersaient cette civilisation, ses débris épars se réunissaient et se relevaient à l'aide du sabbat. C'est au sabbat que se rattachaient toutes les institutions d'ordre public, toutes les fêtes, ainsi que les années jubilaires et les années de franchise, tous les règlements de l'État et tous les calculs du temps. Il est donc bien naturel que les prophètes se soient servis de l'image du sabbat pour embellir leurs rêves dorés sur les félicités de l'avenir et sur la liberté éternelle, et qu'ils aient chanté le triomphe et le jubilé éternel d'après des idées de sabbat. L'espérance n'est-elle pas l'unique principe d'action, et n'est-ce pas toujours l'ame la plus grande, la plus belle et la plus énergique qui, au milieu de la corruption du présent et des ruines du bonheur des temps passés, se crée, par de nobles fictions, un bonheur nouveau et grand comme elle?

SUPPLÉMENT.

TABERNACLE DE MOÏSE.

Tableau symbolique.

« Désert si pauvre! que tu es riche! D'où te vient ta magnifique parure de bijoux? Pourquoi ton Sinaï, avec sa couronne de fumée, est-il l'éternelle lumière de Dieu? Pourquoi ton plus aride rocher est-il une source inépuisable d'eau fraîche et pure? Pourquoi ta rosée est-elle le mets des anges?

« C'est la force harmonique de la muse sacrée qui répand ainsi du miel en abondance sur tout ce qu'elle touche; c'est par le chant de cette muse sublime que des esclaves échappés deviennent, au-delà des mers, un peuple libre ! Consacrés par elle, le pain dur et sans levain, les saumures amères et le bâton de voyage, la soif et la fatigue, la peine et les tourments, le tabernacle au milieu des sables brûlants, sont devenus les sujets d'une éternelle fête de liberté !

« Elle est là, devant moi, l'humble feuillée du désert, la tente des oracles de l'Éternel ! Est-ce là qu'il demeure, l'Éternel ? Que cet espace est étroit ! Ici, devant lui, des pains entassés ; plus loin, des lampes allumées, et partout des parfums qui montent et s'élèvent ! En dehors de sa tente coule le sang du sacrifice ; et ses serviteurs, les prêtres, attendent l'instant où se manifestera la protection céleste ; ils passent au-delà du tapis. Un seul entre au sanctuaire ; sa démarche résonne, sa main est pleine de sang !

« O toi ! lumière sacrée au milieu de laquelle s'avança Moïse, toi dont le reflet brille éternellement sur son visage, daigne me recevoir. Nuée sainte, toi qui t'es entretenue avec lui comme un ami s'entretient avec son ami, daigne me parler ; enseigne-moi ce que Bezaléel, Nadab et Abihu n'ont jamais pu savoir.

« Je te vois là, dans ce lointain, homme solitaire ! Je te vois au pied du Mont-Horeb, entouré de tes brebis ; je lis au fond de ton cœur : il gémit sur l'infortune de tes frères ! Le voilà qui s'enflamme, le buisson desséché ! le Dieu de tes frères t'appelle ! La flamme lutta longtemps contre les doutes, contre les hésitations de l'élu, mais la flamme triompha : elle mit dans sa main des prodiges, elle mit dans sa bouche la parole d'Aaron, et ils marchèrent tous deux en avant, et ils arrachèrent leurs frères à la mort !

« Gloire éternelle à toi, sauveur de ton peuple, toi qui l'as contraint à briser ses fers ! toi qui l'as traîné de force à travers les vagues de la mer jusqu'au pied du mont de l'Éternel ! toi qui lui as parlé avec la voix des trompettes, avec la parole du tonnerre, et qui pourtant n'as pu te faire écouter par ce peuple ingrat ! Tu l'as guidé avec le doigt de Dieu, et il ne t'a point compris. Quand tu as parlé au rocher, le rocher t'a entendu, il a ouvert devant toi son cœur froid et dur ! ton peuple n'en a pas fait ainsi. Il danse là-bas au pied du veau d'or ! Jette au loin les tables de la loi, zélateur sacré ! mais ne te lasse point de le combattre, ce peuple ingrat !

« L'ange de Jéhovah marche devant toi, il te vengera ! L'enfer dévore, les serpents piquent, la mort ronge lentement ; dans quarante ans, ils auront tous disparu, tes ennemis ! Dis-le tout haut, ce que la bouche de Jéhovah t'a commandé ; exécute-le, ce que tu as vu faire sur la cime du mont. Fatigue-toi, épuise-toi, et meurs avec une joie douloureuse, le regard fixé sur l'entrée de ton pays !

« Meurs ! afin que tu ne voies point la perversité des rois et des destructeurs du pays, afin qu'une sainte colère ne te consume point, quand ta loi sage et divine sera défigurée par la superstition et l'hypocrisie ; quand elle sera méconnue par la sottise et par la vanité ; quand elle sera souillée, rongée par la dent de la calomnie ! Il faut que ton enveloppe tombe en poussière, il faut que le trône de ton Dieu, de ce Dieu qui ne trône que sur la sagesse et sur la justice, soit envahi, profané, oublié ! Avec la fuite des années les cieux eux-mêmes vieillissent ; il vieillira aussi, ton Sinaï ! Où sont-elles, les tables que ton Dieu a écrites pour toi ? Elles ont été ensevelies, comme toi tu as été enseveli par Dieu !

« Mais que vois-je là-bas dans le lointain ? N'est-ce pas un autre tabernacle plus large et plus vaste ? L'Invisible ne demeure plus dans les ténèbres, il brille sur la face du plus divin des prophètes ! Autour de lui étincèle la lumière à sept bras, ce regard de l'esprit saint envoyé par lui sur l'univers entier ! Devant lui s'exhale un doux parfum, la prière des saints, et plus loin coule l'absolution de la mort impure du péché ; devant lui coule le sang de la rédemption !

« Où est-il, celui qui maintenant ose entrer au sanctuaire, au plus saint des saints ? Y en a-t-il un parmi nous qui soit vêtu de la parure de l'innocence ? dont le front brille de la sainteté de Jéhovah ? Y en a-t-il un parmi nous qui porte sur sa poitrine, en douze pierres précieuses, la lumière et la justice ? dont le pas résonne, afin que Jéhovah l'entende et abaisse son regard pour absoudre et bénir ? Oh ! que celui-là s'avance ! qu'il entre au tabernacle, et qu'il interroge notre Dieu ! »

CHAPITRE V.

SUITE DES INSTITUTIONS DE MOÏSE.

1. Vénération et ménagements de Moïse pour le gouvernement des pères. — Influence de cette conduite sur le ton de l'histoire, sur les sentences de morale, sur les idiotismes et la poésie des Hébreux.

2. Position de la femme par rapport à l'homme et au ménage, telle qu'on la trouve indiquée dans plusieurs passages de la poésie hébraïque et des lois de Moïse. — Tableaux sur la pudeur, le mariage, la fécondité, l'amour, la sagesse. — Enseignement moral de la mère de Lémuel à son fils. — Éloge d'une maîtresse de maison hébraïque à la campagne.

3. Organisation des familles en tribus. — Indépendance et liberté de chaque tribu. — Entrait-il dans les intentions de Moïse que son peuple eût, plus tard, une opulente et magnifique capitale, et qu'il s'élevât à un haut degré de gloire militaire et de prospérité matérielle? — Forme de la poésie hébraïque, sortie de sa simplicité champêtre.

4. Pourquoi les prophètes s'élevaient-ils avec tant de sévérité contre l'oppression, la somptuosité et la mollesse? — Dans quel but Moïse les a-t-il institués? — Quels étaient leurs droits et leur pouvoir?

5. Le pays de Dieu et des pères, et le lien qui unissait toutes les tribus entre elles. — La loi de Moïse fait partie de ce lien. — Sur l'esprit local qui règne dans tous les écrits et dans tous les chants des Hébreux, ainsi que dans leurs espérances. — Vues spéciales de Dieu sur Canaan. — Origine de cette pensée; usage qu'en ont fait Moïse et les poètes hébreux.

6. La théocratie est le second lien qui unit les tribus entre elles. Principe de cette théocratie; sa dignité et sa beauté pour les intelligences élevées. — Preuves de ces qualités tirées des jugements, des punitions, des taxes, des assemblées nationales, etc. — La plus grande partie de la poésie hébraïque est politique.

7. Objections contre la tribu de Lévi, qui devait être l'appui de la théocratie. — Comment cette tribu s'est-elle élevée à cette dignité? — Premier projet de Moïse. — Bornes dans lesquelles ce législateur a renfermé la tribu de Lévi. — Quels étaient ses devoirs? et comment a-t-elle été nuisible à l'institution tout entière?

8. Du prophète attendu par Moïse. — Malheur de Moïse de n'avoir pu lui-même établir sa loi en Canaan; causes et suites de ce malheur; chagrin qu'il en ressentit. — La fin du psaume 90. — Espérance de Moïse.

9. Autorité divine des lois de Moïse; nécessité et utilité de cette autorité. — L'origine divine de ces lois n'était-elle qu'une supposition? — Pouvons-nous, devons-nous décider cette question?

Supplément: La loi de Dieu et de Moïse, fiction judaïque.

Il m'a paru indispensable de donner encore quelques détails

sur les lois de Moïse et sur les intentions politiques de ces lois ; sur les mœurs et sur la civilisation du peuple dont la poésie est l'objet de cet ouvrage. Pour bien connaître la qualité d'un fruit, il faut étudier l'arbre qui le produit.

I. La première institution gouvernementale du monde, n'était autre chose que les rapports entre les pères et les enfants, qui, chez un peuple pasteur tel que celui des Hébreux, devaient nécessairement rester longtemps le lien le plus fort et le plus sacré. Le peuple d'Israël n'a d'autre antécédent que le gouvernement paternel des patriarches ; aussi Moïse respecta-t-il l'autorité paternelle, et la rendit-il plus sacrée encore, en faisant de la vénération des enfants pour leurs pères et mères, la condition d'une existence heureuse et longue. Cet esprit règne dans toute la poésie morale des Hébreux. Le mot *père* est, dans leur langue, l'expression la plus belle et la plus noble par laquelle on puisse désigner un roi, un prêtre, un prophète, un chef, et même l'inventeur d'une chose utile. Toutes leurs compositions ont un cachet d'amour paternel et de candeur filiale, dont on ne trouve aucun exemple chez les autres peuples, parce qu'il n'en est point dont la poésie remonte, comme celle des Hébreux, jusqu'à la source de l'espèce humaine. C'est par ce même motif que leur histoire est précédée d'une introduction pastorale et filiale parfaitement en harmonie avec les temps primitifs, c'est-à-dire avec l'époque pastorale et patriarchale qui devait servir de modèle aux temps à venir.

Dans les premiers chapitres des proverbes de Salomon, on voit (pour parler le langage des Hébreux) le lait et le miel couler des lèvres du père qui exhorte son fils à la sagesse. Les sévères lois de Moïse elles-mêmes prennent des allures douces et paternelles quand elles n'instituent que des rapports humains ; et le Deutéronome tout entier est écrit avec la dignité et l'insistance d'un père sage et bon. Si l'on faisait un recueil de tout ce que les proverbes, les psaumes et les prophètes disent sur les relations de famille, sur les vertus et le bonheur domestique, on aurait la quintessence de la morale la plus ancienne et la plus douce. La poésie morale des Persans est fine et délicate, celle des Arabes est ingénieuse et subtile, celle des Hébreux est naïve et filiale; c'est une nourriture simple et saine, appropriée au premier âge de l'espèce humaine.

II. D'après les idées orientales, la femme était soumise à l'homme, et on ne faisait pas alors consister la dignité de ce sexe dans l'oisiveté et dans un impérieux dédain, mais dans l'amour du travail, dans la chasteté, dans toutes les vertus domestiques et maternelles qu'enveloppait le voile de la modestie. Des mœurs telles que les décrivent les poètes des temps postérieurs, eussent été de la folie ou de la dépravation. Il serait donc extravagant de demander la galante poésie des salons à un peuple qui enfermait ses femmes, afin que, dans leurs retraites, elles pussent fleurir comme la fleur embaumée des jardins, ou porter des fruits comme le cep fertile de la vigne.

« [1] Heureux celui qui honore Jéhovah et marche sur sa route ! Tu jouiras du travail de tes mains, la prospérité et le bonheur seront avec toi. Ta femme fleurit comme le cep de la vigne qui enlace de ses branches fertiles tous les murs de ta maison. Tes fils sont rangés autour de ta table comme une plantation de jets d'oliviers; et tu verras les enfants de tes enfants. Paix sur toi, Israël ! »

Telles étaient les félicités simples et champêtres que chantait la poésie hébraïque; et voici comment les prophètes, dans les temps de corruption et de calamités, peignaient un plus heureux avenir:

« [2] Dieu créera du nouveau dans le pays, l'homme sera entouré par la femme. »

C'est-à-dire que le pays sera tranquille et sûr, au point que la femme suffira à la garde de sa maison, et que, selon les idées primitives sur le bonheur domestique, elle pourra entourer l'homme comme la couronne entoure le front d'un roi.

Les lois de Moïse placent, en général, le bonheur des familles au-dessus de tous les autres. Ce législateur humain dispensait de la nécessité d'aller à la guerre, tout homme qui avait bâti une maison dont l'inauguration n'avait pas encore été célébrée; qui avait planté une vigne dont il n'avait pas encore goûté les

---

[1] Psaume 128.
[2] Jérémie, chap. 31, vers 22.

fruits ; qui était fiancé à une femme qu'il n'avait pas encore épousée. « Qu'il s'en aille, disait ce grand sage au cœur aimant, qu'il reste chez lui, afin qu'il ne meure pas à la guerre et qu'un autre inaugure sa maison, qu'un autre jouisse des fruits de sa vigne, qu'un autre épouse sa fiancée[1]. »

Gloire et bénédiction sur le législateur qui pense et qui parle ainsi !

Les lois de Moïse s'occupent surtout de la décence des relations entre les deux sexes, de la pudeur et de la chasteté des filles, et du degré de parenté où le mariage était permis. En un mot, le législateur avait prévu et défendu tout ce qui pouvait flétrir la nature humaine, rendre dangereux les rapports intimes entre les membres d'une même famille, et avilir la femme aux yeux de l'homme.

Sous ces divers rapports, les lois de Moïse sont les plus chastes et les plus utiles que, sous un pareil climat, il était possible de donner. Les passages de Salomon et de Sirach, qui parlent des vertus et des charmes de la femme, la comparent à une guirlande tressée avec les grâces, l'innocence, la douceur et l'amour du travail, qui sont les seules fleurs dont elle doit composer sa parure. Le bonheur d'un bon ménage, et les tourments d'une union mal assortie, sont retracés par des images aussi justes qu'énergiques. La couronne nuptiale qui ceignait la tête du futur, l'huile dont on oignait son front, et les hymnes de félicitation que l'on chantait en son honneur, n'étaient pas de vaines cérémonies, mais les symboles du bonheur que la femme devait lui procurer. La fécondité du mariage était la plus riche des bénédictions en ce monde. Certains passages des psaumes [2] qui, en parlant d'un bonheur inattendu, le personnifient par l'image d'une femme stérile, dont Dieu fait tout-à-coup une mère riche en enfants, appartiennent à la catégorie des tableaux qui impressionnaient le plus fortement l'esprit du peuple. On peut en trouver la preuve dans le chant de la mère de Samuel [3] qui, par son bonheur domestique, s'élève à la plus grande

---

[1] Moïse, liv. v, chap. 20, vers. 5 à 7.
[2] Psaume 113, vers. 9, etc.
[3] Samuel, liv. 1, chap. 2, vers 1.

gloire possible. Tous les prophètes, en général, quand ils promettent au juste les faveurs du ciel, lui annoncent de nombreux enfants.

« [1] Regarde! des fils nombreux, tels sont les dons que Jéhovah te lègue en héritage ; une race florissante est le plus précieux témoignage de sa faveur. Des fils dans l'orgueil et la vigueur de la jeunesse, sont comme les flèches dans la main d'un héros! Heureux celui dont le carquois est rempli de semblables flèches! celui-là ne rougit point quand il parle à ses ennemis devant le tribunal de la justice. »

La poésie hébraïque ne connaissait ni le platonisme dans l'amour, ni la pudeur claustrale dans le mariage ; mais combien les scènes qui se passent dans le jardin d'amour du Cantique des cantiques, sont vivement senties et vivement exprimées! Là, les charmes les plus séduisants s'épanouissent comme des fleurs embaumées ; là, on savoure les fruits les plus doux, avec l'innocence de l'amour fraternel. Dans les proverbes de Salomon, la sagesse et la folie sont personnifiées par des femmes : la femme adultère qui séduit et égare, représente la folie ; la sagesse est et sera toujours la fille chérie de Dieu, la pure et jeune fiancée, la fille, l'épouse, la mère dévouée.

L'enseignement que la mère de Salomon donne à son fils, est un des plus beaux passages des proverbes de ce roi ; je crois donc être agréable à mes lecteurs en l'insérant ici. J'ai joint à ce morceau celui qui contient l'éloge des femmes.

PAROLES DU ROI LÉMUEL [2].

Discours divin que lui enseigna sa mère.

« O toi, mon fils! fils de mon cœur! fils de mes vœux les plus chers! ne confie jamais ton pouvoir aux femmes, ne te laisse jamais guider par ces corruptrices des rois!

« Ne t'adonne pas non plus au vin, ô Lémuel ; il ne convient pas aux rois ; pour les rois les boissons fortes ne conviennent point! Il ne faut rien d'enivrant pour ceux qui disposent du pouvoir ;

---

[1] Psaume 127.
[2] Proverbes de Salomon, chap. 31.

en buvant ils oublient la loi et négligent les droits du pauvre. Donnez du vin à celui qui n'a plus d'espoir, donnez une douce boisson à celui qu'une amère affliction accable; qu'il boive et oublie sa douleur, qu'il boive et ne pense plus à sa misère ! »

———

« Ouvre la bouche en faveur du muet, et prends devant la justice la défense de l'orphelin; ouvre la bouche et juge équitablement, et fais droit au pauvre opprimé. »

———

« Qu'elle est difficile à trouver, la femme vertueuse et forte; il n'est point de perle assez précieuse pour valoir ce qu'elle vaut. Sur elle, le cœur de l'homme peut se reposer; par elle il est assez riche en butin; par elle il ne lui arrivera jamais que des choses heureuses et douces; jamais, tant qu'elle vivra, il ne lui arrivera aucun mal par elle.

« Laborieuse et diligente, elle se procure de la laine et du lin qu'elle tisse d'une main active et joyeuse. Semblable au navire du commerçant qui lui apporte des marchandises, elle fait venir de tous côtés des vivres dans sa maison.

« Elle se lève; il fait nuit encore, et déjà elle donne du pain à sa maison, du travail à ses servantes. Elle voit un champ fertile, elle l'achète, et plante une vigne avec le fruit du travail de ses mains. Ceignant ses reins d'une ardeur nouvelle, elle fortifie ses bras pour un travail nouveau. Déjà elle a joui des doux fruits de sa diligence, et sa lampe nocturne ne s'éteint plus jamais.

« Elle saisit le fuseau, la quenouille est dans sa main, et cette main est toujours ouverte pour le pauvre, toujours tendue vers l'affligé.

« Personne dans sa maison ne craint la rude saison de l'hiver, car tous ont un double vêtement.

« Elle tisse pour elle des tapis magnifiques, et s'habille, aux jours de fête, de bysse et de pourpre; car déjà le nom de son mari est prononcé en public, et il a place au conseil où siègent les anciens.

« Elle tisse des voiles et les vend ; elle fournit des ceintures au trafic des marchands. L'honneur et la dignité sont ses vêtements, et elle sourit au-devant de chaque jour nouveau.

« Sa bouche ne s'ouvre que pour de sages discours, sa langue n'a que de doux commandements. Elle voit tout ce qui se fait dans sa maison, et la paresse ne mange point de pain chez elle.

« Ses fils se lèvent pour proclamer son mérite ; son mari se lève, il proclame son mérite, et dit : « Plus d'une fille du pays a fait de grandes et belles actions, mais tu es au-dessus d'elles, au-dessus de toutes. Les grâces sont trompeuses, la beauté est passagère ; la femme guidée par la crainte de Dieu est seule digne de gloire ! Glorifiez-la donc, donnez-lui le prix de sa diligence, louez publiquement les œuvres qu'elle a faites. »

Tel était, chez les Hébreux, l'hommage que l'on rendait à une femme laborieuse et sachant rester dans le cercle domestique et champêtre où la renfermait la constitution du pays, qui, elle aussi, était toute domestique et toute champêtre.

III. Moïse rattacha toutes les familles isolées à leurs tribus, et donna à chacune de ces tribus le droit de créer des règlements et de rendre la justice ; il lui accorda même le privilège de faire la guerre pour son propre compte. Les discussions et les procès n'étaient portés devant la justice suprême qu'autant que les deux parties le voulaient elles-mêmes. Le père était le prince de sa maison, l'ancien de sa famille, et chaque tribu choisissait son prince parmi ces pères. Par là, les chefs se trouvaient unis au peuple, non-seulement par la loi qui réglait la propriété et les droits acquis, mais encore par des liens naturels, tels que la parenté du sang et la vénération due à l'expérience et au mérite. Chaque juge connaissait son pays et ses diverses relations ; et les vieillards pouvaient s'estimer heureux d'avoir vieilli au milieu de leurs familles ; leurs cheveux blancs étaient la parure de leur âge, la couronne de leur tribu.

Je ne veux pas établir de comparaison entre la destinée de la vieillesse dans des États plus civilisés, et qui marchent rapidement en avant; je me bornerai à faire observer que toute la poésie hébraïque est empreinte de la gloire dont jouissaient les anciens et les chefs des familles et des tribus. Ce n'était pas sur un despotisme doré, ni sur ces dignités d'esclaves qui n'existent que dans les cités royales, que Moïse avait fondé l'honneur des chefs; et il entrait encore moins dans ses vues de disposer son peuple à chercher le bonheur dans la gloire militaire ou dans une voluptueuse et splendide oisiveté. L'amour du travail, joint à une infatigable et prudente activité, devait être le nerf de l'État, et il voulut faire du repos et de la gloire des familles, la récompense de la sagesse et de l'amour du travail. Aussi est-ce sous ce point de vue que les psaumes et les livres des prophètes peignent le bonheur national, car ils le font consister dans un état de choses où chacun jouit du fruit de son activité, et demeure en paix sous son figuier ou son olivier.

Ce même esprit se retrouve dans les plus belles sentences des Hébreux, qui ne sont que des enseignements recueillis de la bouche des vieillards expérimentés, ou des chefs de famille sages et bienveillants. Les plus subtiles spéculations philosophiques de cette nation portent encore l'empreinte de ce caractère primitif; témoin le livre de l'Ecclésiaste de Salomon, et plusieurs poèmes didactiques des Israélites moins anciens. C'est ce qui nous explique pourquoi les saintes Écritures ont tant de charmes pour les enfants, et pour les personnes simples, honnêtes et laborieuses; elles y trouvent le langage de leur propre cœur, la consolation et le guide de leur vie, car tout y découle de la pratique et revient à la pratique.

Tyr, Sidon, Carthage, les États belliqueux des Cyclopes et des Cannibales, n'ont jamais eu des chants et des pensées nobles et sublimes sur la divinité, pareils à ceux que possédait ce pauvre peuple de laboureurs et de pasteurs réduits à cultiver péniblement un pays aride et hérissé de montagnes. Débora habitait sous des tentes et sous des palmiers; David était pasteur; et les chants de tous les prophètes sont, par les paroles comme par les images, le reflet de la vie champêtre. On peut aimer les poèmes resplendissants d'une civilisation surexcitée; mais les antiques poésies paternelles et filiales, avec leur noble naïveté et leur affectueuse candeur, resteront toujours pour l'espèce humaine un besoin réel, autant pour nous consoler dans les temps de calamités, que pour guider et soutenir nos premiers pas dans la vie de luttes et d'action.

IV. On comprendra maintenant pourquoi Samuel ne procéda que malgré lui au choix d'un roi, et pourquoi tous les prophètes s'élevèrent avec un zèle infatigable, et parfois même téméraire, contre la dépravation du peuple, et surtout contre celle de la capitale. Le luxe et la sensualité étaient aussi opposés aux lois de Moïse, que la royauté. La situation du pays était favorable à l'écoulement de l'industrie nationale, mais Israël n'avait pas été destiné par son législateur à devenir une monarchie guerrière ou un peuple de marchands qui se dispersent par toute la terre pour les intérêts de leur commerce. L'humain, le prévoyant Moïse préférait, pour les siens, la santé à la profusion des biens matériels, et un bonheur modeste et paisible à l'énervante et tyrannique gloire des conquérants.

Quiconque ne demande dans les chants nationaux d'un peuple que des couleurs bizarres et des images ensanglantées, doit les chercher ailleurs que chez les Hébreux.

Après ses premières et indispensables conquêtes, *Ischirun* ne devait plus être qu'un peuple de montagnards laborieux, intègres et paisibles. S'il n'a pu le devenir immédiatement après son entrée dans la terre de Canaan (car il n'a pu soumettre cette terre qu'après une longue guerre), son organisation politique et sociale n'en prouve pas moins que c'était là le but vers lequel tendait son législateur. Aussi, tous les véritables patriotes hébreux ont-ils toujours cherché à rapprocher leur nation de ce but; et s'ils n'ont pu y réussir, ils se sont efforcés du moins de le lui montrer sans cesse comme le terme de ses efforts et de ses maux.

Moïse a donné une grande preuve de sagesse et de prévoyance en instituant les fonctions de prophète, qui autorisaient chaque noble Israélite à rappeler ainsi aux siens la loi nationale et les devoirs qu'elle imposait. Les rois et les anciens étaient libres d'accepter ou de rejeter ses avis; mais les prophètes avaient le droit de continuer à les donner, car ils parlaient au nom de Jéhovah, c'est-à-dire au nom du Dieu et des constitutions du pays. La sainteté de cette fonction leur faisait un devoir de s'élever comme une digue céleste contre la tyrannie et les vices, et de parler sans partialité et sans considérations personnelles, en génies du peuple, en défenseurs des libertés et des vertus publiques.

Les livres de tous les prophètes arrivés jusqu'à nous, prouvent clairement que, dans les affaires politiques même, ils basaient leur jugement sur les lois de Moïse, et qu'ils ne s'écartaient jamais de la constitution du pays. Il est donc évident qu'ils ne parlaient pas en rêveurs exaltés, mais en dignes Israélites, en bons citoyens. En envisageant leurs prophéties de ce point de vue, on les verra sous un jour nouveau; et si les mots : *esprit de Jéhovah*, pouvaient encore paraître susceptibles d'une fausse interprétation, il n'y aurait aucun inconvénient à les remplacer par cette expression si à la mode aujourd'hui, *esprit public*.

V. On se demandera, sans doute, comment Moïse a pu réunir douze républiques indépendantes, et qui pourtant ne devaient former qu'un seul peuple? Ce prodige est devenu possible, d'abord par la situation géographique du pays, puis par le lien le plus doux et le plus sensé qui puisse unir des créatures sensées, c'est-à-dire par la loi fondamentale d'un gouvernement *théocratique*. Si ce mot a choqué quelques uns de mes lecteurs, je les supplie de suspendre leur jugement, du moins jusqu'à ce qu'ils aient lu quelques pages de plus.

Moïse réunit les douze tribus par la communauté du pays, car ce pays était celui de leurs pères, celui de Jéhovah; le pays qui, dès l'origine, leur avait été exclusivement promis et donné pour toujours. Il appartenait à Jéhovah, l'usufruit seul était à eux; ce qui rendait le pays inséparable de la loi, et la loi inséparable du pays de Jéhovah. Il avait dit que, si son peuple oubliait sa loi, il le chasserait du pays, comme il en avait fait chasser par lui les Cananéens. En dehors de la Judée, la loi qui faisait des Israélites le peuple de Dieu, n'était point reconnue; il devait donc nécessairement cesser d'être ce peuple dès qu'il ne pourrait plus habiter la terre promise et donnée par Jéhovah.

Voilà les moyens par lesquels Moïse les attacha de cœur à

leur pays, et le leur rendit indispensable, puisque partout ailleurs Israël cesserait d'être Israël. Après l'avoir conquis par des efforts réunis, ils devaient se le partager en frères et l'habiter en paix ensemble, tous comme un, et un comme tous. Le Liban, le Jourdain, la mer et le désert, étaient les gardiens naturels de ce pays, et les tribus devaient s'y placer de manière à pouvoir, en cas de besoin, se protéger mutuellement.

Ce dernier but, que le père des douze tribus leur avait posé, n'a jamais été atteint; mais Moïse, du moins, a réussi à rendre le peuple et son pays inséparables l'un de l'autre. De là cet esprit si étroitement local des prophètes; de là ces languissants soupirs après le pays des pères, qui font l'ame de tous les chants sur la captivité, et d'une partie des psaumes.

Plus de deux mille ans se sont écoulés en vaines espérances, et Israël gémit encore après ce pays; car là seulement peut régner Jéhovah, là seulement la loi peut être observée, là seulement peuvent se réveiller les pères qui dorment dans leurs tombes.

Le principal but des législateurs a toujours été d'attacher les hommes à leur patrie par des liens indissolubles; Moïse est le seul qui l'ait complètement atteint, et ce succès merveilleux ne peut être attribué qu'à l'esprit local de sa loi, et à la nationalité du Dieu du pays. Le grand prophète planta la vigne sauvage sur les montagnes de Jéhovah, et jeta son peuple dans les bras de la providence la plus exclusivement locale.

Cette providence locale que célèbrent tous les chants, et qui fait la base de la poésie hébraïque, a donné lieu à tant de fâcheuses dissertations et à tant de faux commentaires, que je me vois forcé d'entrer dans quelques détails à ce sujet.

La première idée nette et positive que Moïse donna à son peuple sur la providence du pays, est renfermée dans ce passage :

« [1] C'est un pays qui ne ressemble point à l'Égypte que son fleuve désaltère; c'est un pays plein de montagnes et de vallées nourries par le ciel lui-même. Ton Dieu le visite sans cesse, depuis le commencement jusqu'à la fin de l'année; les yeux de Jéhovah sont attachés sur ce pays. »

---

[1] Moïse, liv. v, chap. 2, vers. 12 à 17.

Il faudrait n'avoir aucune notion sur la situation géographique de l'Égypte et sur celle de la Judée, pour ne pas être frappé de la justesse de cette courte description. La fertilité de la Judée dépend entièrement des pluies du printemps ou de l'automne, des vents du nord ou du midi. Placée, pour ainsi dire, sous le regard immédiat du ciel, et sur le sein de la providence, elle est féconde ou stérile, selon que les saisons lui sont plus ou moins favorables.

Il est donc bien naturel que Moïse ait pris le ciel et la terre pour témoins de l'alliance de Dieu avec les habitants d'un pareil pays, et qu'il ait chargé le ciel et la terre de venger la plus légère infraction à la loi du Dieu national. Alors les cieux devaient se convertir en glace, et la terre en airain; les pluies du printemps et celles de l'automne ne devaient plus fertiliser la terre, et le vent de l'ouest devait tout détruire sur son passage. Voilà les calamités réservées au pays d'Israël, s'il oubliait la loi du Dieu qui le regardait du haut du ciel, et qui lui avait donné l'usufruit de la terre de Canaan, sa propriété à *Lui*.

Maintenant, on comprendra sans doute plus facilement le pouvoir illimité de la voix qui annonçait ces choses. Partout cette voix, partie du Garitzim et de l'Ébal, renfermait en elle les particularités du pays, et toutes les pensées du peuple miraculeusement sauvé de l'esclavage et transplanté en ce pays.

Chaque changement de saison, chaque champ de blé, chaque prairie, chaque rivage, lui rappelaient la loi; au reste, le service divin, avec ses fêtes et ses devoirs sacerdotaux, la lui rappelait plus fortement encore, et c'est sur elle que les psaumes et les livres des prophètes appuyaient leur poétique et saint édifice. Cette loi ne demandait pas des croyances aveugles et superstitieuses, mais une foi entière en la garde spéciale de la providence, que nous devrions tous avoir, et que Moïse avait concentrée sur le pays et sur le Dieu des patriarches.

VI. J'arrive maintenant au gouvernement théocratique, qui a été tant de fois blâmé ou tourné en ridicule. Quant à moi, j'avoue que je souhaiterais pour nous tous un semblable gouvernement approprié au degré de notre civilisation; car lui seul réalise ce que tous les hommes désirent, ce que tous les sages ont cherché à leur procurer, ce que Moïse seul a eu le courage d'exécuter; c'est-à-dire une organisation sociale qui fait comprendre au peuple *que c'est la loi et non le législateur qui doit régner; que la nation doit librement accepter cette loi et l'observer sans contrainte; que nous n'avons pas été créés pour être enchaînés et garrottés comme des esclaves, mais pour être guidés et conseillés par une puissance invisible, sage et bienfaisante.*

Tel était le principe gouvernemental de Moïse, et je doute qu'il puisse en exister un plus noble et plus élevé; malheureusement le grand prophète le prit pour base de son institution trois ou quatre mille ans trop tôt. Mais qui sait? dans six mille ans d'ici peut-être, l'exécution d'un pareil principe gouvernemental serait encore prématurée.

Tout gouvernement est une nécessité; mais tout gouvernement trop matériel, trop visible, devient un joug et souvent même une honte pour le peuple qui le subit. Plus les liens qui unissent une société sont délicats et légers, plus le principe gouvernemental peut agir et agit en effet sur les sentiments, mais d'une manière invisible et cachée, parce qu'il est le mobile de toutes les actions; plus le bon plaisir, qui, dans le gouvernement d'un seul comme dans celui de plusieurs hommes, déplaît et blesse toujours, est banni pour faire place à la loi nationale qui, assise sur un trône visible, ne règne que pour protéger la liberté de tous, plus la constitution est noble, utile, et en harmonie avec la dignité humaine.

Telle était la constitution théocratique de Moïse : la loi régnait seule; assise sur la volonté de Dieu, et soutenue par la voix unanime du peuple, elle trônait dans le temple national; et ce temple était la tente du Dieu du pays; et ce temple appartenait aux douze tribus qui, par cette seule circonstance, ne formaient qu'une seule et même famille, la famille de Dieu!

Moïse ne s'est tant irrité contre le veau d'or de Dan et de Béthel, que parce que cette idole brisait le lien national. Ce grand prophète n'a pas soumis son peuple à la volonté d'un homme qui gouverne en son propre nom; c'est à Jéhovah seul que les enfants d'Israël devaient soumission, respect et fidélité. Et cependant il ne voulait pas qu'ils se présentassent devant lui en esclaves tremblants, mais en hommes qui pensent et agissent, en enfants que Jéhovah s'est lui-même choisis pour héritiers; et les bienfaits que leur prodiguait ce père céleste étaient sans cesse rappelés à leur mémoire par des chants et par des discours sur sa divinité.

Peut-il y avoir une manière plus noble d'administrer les biens d'un pays et de pourvoir à ses besoins, que d'en confier le soin, non à un trône imprévoyant et prodigue, mais à la sainteté de la nation? Qui de nous ne sent pas tout ce qu'il y a d'humiliant dans le pouvoir qui permet à un homme de disposer de la vie d'un autre homme, de le condamner ou de le gracier selon son bon plaisir? Qui de nous ne voit pas avec chagrin que les tribunaux, loin de se composer de juges librement élus et de siéger devant le peuple assemblé sous le regard immédiat de Dieu, ne sont qu'une assemblée de serviteurs soldés par les princes, et qui délibèrent enfermés dans un sombre labyrinthe de formules judiciaires!

Voyons maintenant comment, selon Moïse, devaient se traiter les affaires publiques. La loi du Dieu du pays dictait la punition, et pas un juge n'avait le droit d'accorder des dispenses, car les sièges de ces juges étaient à Dieu et non à des créatures humaines. Les exhortations des prophètes, à ce sujet, ressemblaient à la voix sublime du génie de la justice et des jugements de Dieu. Tout ce qui se faisait, devait se faire pour honorer, pour glorifier Jéhovah. Ce mobile sacré des actions des hommes s'appelait *religion;* et la constitution qui en était la base, et qui faisait de la loi du Dieu du pays un code éternellement inviolable, était le principe gouvernemental que nous nommons *théocratie*. L'amour enthousiaste de ce gouvernement respire dans les discours des prophètes; en général, la plus grande partie de la poésie des Hébreux, que l'on croit entièrement spirituelle, est politique et nationale.

VII. On m'objectera sans doute que le privilège de veiller au maintien de la loi, et, par conséquent, aux libertés publiques, n'a été accordé qu'à la seule tribu de Lévi; que ce régiment de prêtres oisifs et superstitieux, placé au-dessus de toutes les autres tribus, dévorait la plus grande partie des revenus de la nation, pour laquelle ils n'étaient d'aucune utilité dans les temps de calamités, et que ce genre d'abus n'avait pas tardé à anéantir tout ce qu'il y avait de bon dans la pensée du législateur.

Ces objections sont fondées, en partie du moins; mais que prouvent-elles contre Moïse? Dans son projet fondamental, le premier-né de chaque famille, de chaque tribu, devait être consacré au Seigneur[1], c'est-à-dire au service de l'autel de Dieu et de la loi nationale. Une pareille institution eût été, à coup sûr, la plus belle couronne pour la nation, le plus grand honneur pour les familles, dont chacune aurait donné, dans la personne de son premier-né, un juge, un prince aux tribus, un serviteur au palais de Jéhovah; par là, les tribus eussent été unies pour toujours, et jamais aucun sentiment de jalousie n'aurait pu les diviser.

Lorsque Israël dansa autour du veau d'or, Moïse reconnut enfin que le peuple dont il voulait faire une assemblée consacrée par Jéhovah au service des libertés nationales, était encore trop grossier, trop ignorant, pour se laisser conduire vers ce noble but par la main d'un seul homme, et pendant la durée de la vie de cet homme. Que pouvait faire alors le législateur, si ce n'était de choisir une tribu dépositaire de sa pensée, et chargée de diriger les autres tribus dans le sens que lui indiquait cette pensée? Une pareille institution, plus rapprochée de celle de l'Égypte, présentait moins d'obstacles pour le présent; mais elle préparait à l'avenir des sujets d'envie et de querelle, puisqu'en privilégiant une tribu, elle autorisait toutes les autres à se croire frustrées.

D'un autre côté, cependant, il était naturel que Moïse choisît pour tribu d'élite, celle qui lui était la plus proche et la plus dévouée, celle qui, à l'occasion du veau d'or, c'est-à-dire de la révolte contre Jéhovah, était restée fidèle; celle enfin dont son frère était le chef[2]. Voilà comment Aaron, ce second libérateur d'Israël, devint un prince de Dieu, la représentation d'un roi, d'un juge suprême, pompeusement décorée. Et qu'on n'oublie pas, surtout, qu'il n'en était que la représentation; car Moïse

---

[1] Moïse, liv. ii, chap. 13, vers. 2 ; chap. 19, vers 6 ; chap. 20, vers. 24.
[2] Moïse, liv. ii, chap. 32, vers. 29.

consolidait la liberté du peuple partout, et autant que cela était en son pouvoir.

La tribu de Lévi n'avait point d'héritages, point de pouvoir exécutif ou législatif, et encore moins une autorité absolue. Les affaires politiques étaient discutées et décidées en face du peuple réuni et par les anciens des tribus; Lévi n'était donc pas une tribu gouvernante, mais savante. Le service du sanctuaire, l'interprétation de la loi, la pratique du droit, de la médecine et de toutes les sciences de cette époque, lui étaient spécialement confiés, et c'était là beaucoup moins un honneur qu'un fardeau dont elle soulageait le peuple.

Au reste, dans tous les cas possibles, les prêtres n'étaient jamais que des conseillers, des serviteurs. Dans la consultation suprême par *l'Urim* et *le Thummim*, ce royal bouclier de la vérité, la personne du grand-prêtre disparaissait, c'était Dieu lui-même qui parlait; et à moins de supposer ce grand-prêtre privé de tout sentiment d'honneur et de piété, on doit présumer que lorsqu'il entrait dans le sanctuaire au nom de l'éternelle vérité, une sainte terreur s'emparait de lui, repoussait le mensonge et l'imposture, et le forçait à ne dire que ce qui était juste et vrai.

Il n'en est pas moins certain que l'appui du sacerdoce, sur lequel Moïse avait été forcé de fonder son institution, fut si prompt à tromper ses espérances, qu'il s'en aperçut lui-même avant sa mort, ainsi que le fait présumer la partie de sa dernière bénédiction qui concerne la tribu de Lévi[1].

Pendant la conquête, et surtout pendant la distribution du pays, le *pectoral* resta oisif; ce symbole de la justice et de la vérité, ne demanda plus l'exécution de la loi de Moïse, et fit naître et grandir ainsi tous les maux qui, sous Élie, dégénérèrent enfin en anarchie complète. Alors le peuple demanda un roi, et avec les rois, la partie la plus importante de la véritable constitution de Moïse s'écroula. Le gouvernement des prêtres, qui succéda à la captivité d'Israël, est tout aussi éloigné de cette constitution que le gouvernement des rois; on pourrait dire même

[1] Moïse, liv. v, chap. 53, vers. 8

que cette constitution n'a jamais été exécutée dans toute l'étendue de son véritable esprit; c'est ce qui a donné lieu aux récriminations et aux lamentations éternelles des prophètes.

VIII. On a dit souvent que Moïse espérait, pour Israël, la venue d'un prophète qui saurait se faire obéir comme il l'avait été lui-même, et qui achèverait ainsi son œuvre. On a demandé pourquoi ce prophète n'est point venu, ou pourquoi, s'il est venu, il a renversé la loi de Moïse, au lieu de l'établir dans sa vigueur et dans ses intentions originaires. De pareilles objections ne servent qu'à prouver qu'on méconnaît entièrement ce grand homme, et que la calomnie a dénaturé ses plus nobles principes.

Son œuvre resta inachevée, car la perversité de son peuple, et les conséquences inévitables de sa propre faiblesse, l'avaient privé du bonheur de consolider ses institutions, en présidant à leur établissement dans la terre de Canaan.

Peu de mois après le départ de l'Égypte, le projet de l'État qu'il voulait former était arrêté dans sa tête, et il envoya des messagers en Canaan, afin d'avoir des renseignements exacts sur ce pays, vers lequel il s'avança rapidement. Mais son peuple pusillanime se révolta, et il fut forcé de camper, pendant trente-huit ans, dans le triste désert de la petite péninsule, situé au fond du golfe de la mer Rouge.

Pendant ce laps de temps, qu'il aurait pu employer, ainsi qu'il l'avait espéré, à établir et à consolider sa loi, il se trouva réduit à l'enregistrement stérile des différentes stations de ce peuple voyageur. Ce fut alors qu'il chanta l'hymne mélancolique rapporté dans le psaume 90. Après avoir déploré, dans ce chant, la fragilité des générations qui se flétrissent et disparaissent, et celle de sa propre vie qui s'évanouit comme un vain parlage, il se relève tout-à-coup de ce sombre découragement, en s'appuyant sur l'immuabilité éternelle de son Dieu, de son unique espoir.

J'ai déjà donné la première moitié de ce chant, et je crois que l'autre ne sera pas déplacée ici.

« [1] Qui peut connaître les causes de ton courroux et te crain-

---

[1] Psaume 90, vers. 11 et suiv.

dre assez, toi dont la colère est si terrible? Enseigne-nous-le, Seigneur, afin qu'en comptant nos jours, nous puissions remplir nos cœurs de sagesse. Reviens à nous, Jéhovah! Que ton courroux est long! Rassure-nous, ne sommes-nous donc plus ton peuple? Ne tarde pas à nous rendre tes anciennes faveurs, et nous pousserons des cris d'allégresse, et nous pourrons nous réjouir encore pendant les jours de notre vie. Réjouis-nous, ô Seigneur, pendant les jours de notre vie que tu as attristés pendant si longtemps, qui, pendant tant d'années, n'ont vu que des malheurs! Fais-nous voir, Seigneur, ce que tu réserves à tes serviteurs. Montre à tes serviteurs, montre à leurs enfants, toute l'étendue de ta bonté! Qu'il soit de nouveau avec nous, le doux regard de Jéhovah, notre Dieu! Daigne consolider, Seigneur, le travail de nos mains; l'œuvre de nos mains, consolide-la, consolide-la, ô Seigneur! »

Vain espoir! l'humble suppliant ne doit pas voir la consolidation de son œuvre sur la terre de Canaan! Et lorsque le vieillard de cent vingt ans, lui qui connaissait si bien les vices de son peuple, et qui n'a pu trouver personne pour le remplacer près de ce peuple, voit enfin la mort prête à le saisir, que lui reste-t-il à faire, si ce n'est de demander à Dieu la grâce d'inspirer un autre homme, comme il avait été inspiré lui-même? Comment aurait-il pu craindre qu'un tel homme renverserait sa constitution, qui était toute nationale, et, par conséquent, un point d'appui dont aucun prophète ne pouvait s'écarter ni dans ses discours ni dans ses actions?

Malheureusement, dans les premiers temps, qui étaient les plus décisifs, il ne se trouva personne digne de recueillir en entier le sublime héritage de Moïse: Josué n'était qu'un héros, et Éléasar n'était qu'un prêtre; le pouvoir se divisa, et dans leur ignorance grossière, les tribus s'éloignèrent toujours davantage de la pensée fondamentale du grand législateur. Je dirai plus tard si, par la suite et après la captivité, il s'est présenté un prophète comme Moïse. Pour l'instant, il suffit de savoir qu'il avait cette espérance, et tout homme de cœur, tout homme qui sent ce que l'œuvre inachevée de toute une existence laisse de regrets et de douleur, pardonnera volontiers au législateur expirant, l'espoir patriotique qui fut sa dernière consolation, l'unique récompense de sa vie si laborieuse et si agitée.

IX. On a surtout reproché à Moïse d'avoir dit que sa constitution était l'œuvre de Dieu; que les tables de la loi étaient écrites de la main de Jéhovah; et l'on soutient que, par là, il avait inspiré à son peuple cet orgueil religieux qui le poussait à haïr, à mépriser tous les autres peuples.

Lors même que Moïse n'aurait pas reçu sa loi de la main de Dieu d'une manière aussi matérielle et aussi immédiate, il aurait encore bien fait de le dire; car c'était l'unique moyen d'accomplir la mission dont ce Dieu l'avait chargé. Qu'on relise avec attention l'histoire des quarante dernières années de sa vie, et l'on verra ce qu'il a été forcé de souffrir et de supporter, en dépit des bienfaits, des prodiges même que le ciel lui avait permis d'opérer pour prouver la sainteté de sa vocation. Que serait-il advenu si, pour persuader et pour dompter ces six cent mille rebelles, il n'avait eu à sa disposition que le pâle flambeau de la raison d'État, et les exigences de la raison politique et sociale?

Il faut que la loi soit sacrée, et, pour un peuple grossier comme l'était alors celui d'Israël, elle ne pouvait l'être qu'en s'appuyant sur l'autorité divine. Il est fâcheux, même à l'époque où nous vivons, que la loi n'ait point ce caractère inviolable et sacré : c'est pour notre malheur que le parti qui la reçoit n'y voit qu'une convention qu'il est permis de chercher à éluder, tandis que le parti qui la donne est toujours prêt à la violer dès qu'elle le gêne ou le contrarie. Il ne devait pas en être ainsi de la constitution de Moïse : le grand législateur voulait qu'elle fût vénérée et crainte comme la loi immuable que Dieu imposa à la nature, et c'est sous ce point de vue que les psaumes et les prophéties la chantent.

Lors même que Moïse n'aurait placé sa loi sous l'égide de l'éclat divin que par nécessité, par prudence, par humilité, cette loi n'en serait pas moins un éternel monument élevé au bonheur des peuples; et ce monument lui ferait d'autant plus d'honneur que, pour le rendre plus solide, il n'y a pas gravé son nom à lui, mais celui du Dieu tutélaire de son peuple.

Voilà ce que je dirais, si Moïse n'avait pas immédiatement reçu sa loi de la main de Dieu. Mais pourquoi ne l'en aurait-il pas reçue ? Les intentions de la providence sur l'espèce humaine peuvent-elles être autre chose que le maintien de l'ordre et de la paix, que la propagation des lumières et de la vérité ? Et a-t-il jamais existé une institution qui ait plus largement répandu ses bienfaits de la divinité que celle de Moïse ?

Pouvons-nous concevoir une manifestation de Dieu, dans l'ame humaine, plus noble et plus digne de lui que celle qui communique à un seul homme la volonté, le pouvoir et la force nécessaires pour développer et perfectionner les qualités morales et intellectuelles de tout un peuple ? Les antiques législateurs, ces premiers bienfaiteurs de l'espèce humaine, n'ont-ils pas tous été regardés et vénérés comme des êtres à part et en rapport avec la divinité ? et en est-il un seul parmi eux qui ait égalé Moïse ?

Qui oserait marquer le point où, dans l'ame d'un tel homme, finit la force humaine et commence l'inspiration divine ? Qui oserait désigner, sur les tables de la loi, la lettre que traça le doigt de Dieu ou celui de Moïse, de ce Moïse qui, après avoir été nourri de toutes les sciences de l'antique Égypte, fut animé, inspiré par le Dieu de ses pères ?

Notre époque ne nous fournit aucun point de comparaison pour juger un pareil homme ; nous vivons au milieu de distractions de tout genre, entourés d'œuvres d'art, et soutenus et secondés par toutes sortes de ressources artificielles. Nos plus intimes pensées ne nous appartiennent point : elles sont le résultat de ce que les autres ont pensé, dit ou vu, et qu'ils nous inculquent avec tant de persévérance, que nous finissons par croire que nous l'avons pensé, dit ou vu nous-mêmes. Comment pourrions-nous concevoir une idée juste et précise du silence profond, du calme imposant, de la solitude sacrée du désert ? Comment pourrions-nous calculer, apprécier le degré d'influence que, là, Dieu peut et doit exercer sur une ame forte et pure ? et pourquoi chercherions-nous à le calculer, à l'apprécier ?

Que tous ceux qui, debout au pied de la montagne, ont reçu

et accepté la loi, aient cherché à s'expliquer le bord de chaque nuée merveilleuse qui flottait si magnifiquement sur ce ciel de la gloire céleste, cela se comprend; mais nous, avons-nous le même droit? Le contenu et les résultats de la loi de Moïse nous prouvent qu'elle est divine; et elle est divine aussi, la poésie née de cette loi ! L'œuvre et ses effets témoignent en faveur du maître.

SUPPLÉMENT.

LA LOI DE DIEU ET DE MOÏSE.

Fiction judaïque.

« Satan, l'ennemi du bien, apprit que Dieu venait de donner à la terre une loi qui devait y renverser son empire, car elle contenait toute la sagesse du ciel. A cette fâcheuse nouvelle, il monta aussitôt sur la terre et lui dit : « Terre ! où as-tu caché la loi que Dieu t'a donnée ? » La terre répondit : « Le Seigneur connaît seul les voies de sa sagesse; moi je ne les connais pas. » Il s'adressa à la mer, à l'abîme, et la mer et l'abîme lui dirent : « Elle n'est point en moi ! » Il interrogea l'empire de la mort, et les morts lui répondirent : « Il nous est arrivé de bien loin un bruit confus qui parle d'elle. »

« Après avoir traversé le monde entier, et visité tous les peuples enchaînés à son service, il arriva enfin au désert de l'Arabie; là, il vit un homme au visage étincelant : c'était Moïse ! Empruntant aussitôt la forme d'un ange de la lumière, il s'approcha de lui, le flatta d'un air hypocrite, et le pria de l'accepter pour disciple. « Tu es vraiment l'homme de Dieu, lui dit-il, car la sagesse de Jéhovah et la raison des Élohim sont en toi; tu as caché dans ta loi tous les secrets de la création ! »

« Tais-toi ! s'écria Moïse, en contraignant, par la force de son regard, l'esprit du mal à reprendre sa forme satanique; tais-toi ! Cette loi n'est pas la mienne, elle est celle de Jéhovah; en lui seul est la sagesse et la raison, le conseil et la force ! La crainte du Seigneur, voilà la sagesse de l'homme; éviter le mal, voilà sa raison ! »

« Honteux et vaincu, Satan s'enfuit, et les anges du Seigneur s'approchèrent pour servir le plus grand, le plus noble des humbles. Ils l'instruisirent, et il les instruisit à son tour. Le prince de la loi se fit son ange gardien, et, du haut des nuages, Dieu lui-même leur dit : « Veillez sur la loi de Moïse, mon serviteur; je viens de lui en donner la propriété, car il s'est humilié et m'a rendu l'hommage qui m'est dû. »

CHAPITRE VI.

BÉNÉDICTIONS SUR ISRAEL.

Jacob croyait-il qu'Israël serait obligé de faire à main armée la conquête de Canaan ? — Pourquoi fallait-il que cela fût ainsi du temps de Moïse ? — Que veut dire cette expression : une guerre de Jéhovah ? — Pouvons-nous et devons-nous juger les prétentions d'Israël sur Canaan, d'après notre droit des peuples ? — Donation poétique de ce pays, dans la bénédiction de Jacob à ses fils. — Quel fut sur eux l'effet probable de cette bénédiction, et comment s'y sont-ils conformés ? — Explication de ce passage concernant Ruben : « *Il s'est précipité comme de l'eau.* » — Explication de la bénédiction sur Juda. — Désignation de la contrée destinée à Issachar. — Quel est le lieu que devait probablement habiter Dan ? — Éclaircissements de la bénédiction sur Joseph, fondés sur des circonstances particulières et locales. — Idée générale du testament de Jacob. — Bénédiction de Moïse. — Différence entre cette bénédiction et celle de Jacob. — Quelques éclaircissements particuliers. — Situation spéciale de la Judée, et sa gloire poétique.

Supplément : Le Thabor, mont du sanctuaire, idée sage de Moïse.

Lorsque Jacob prédit à ses fils l'avenir qui leur était réservé[1], il était loin, sans doute, de présumer qu'ils seraient réduits à conquérir, les armes à la main, ce pays que, jadis, il avait paisiblement habité et traversé. Pour lui, c'était une patrie à laquelle son agonie demandait un lit de repos pour ses ossements. En le partageant entre ses fils comme un pays de pasteurs, il avait donné à chacun d'eux la part qui lui convenait selon son caractère ; et rien, dans sa bénédiction, n'annonce un pressentiment de conquête et de combats sanglants. Il rappelle, au contraire, avec horreur, la conduite de Lévi et de Siméon envers une famille cananéenne qui cependant avait insulté l'honneur de sa race[2].

Selon toutes les probabilités, Jacob croyait que ses fils ne tarderaient pas à retourner dans ce pays, et qu'ils pourraient, sans luttes et sans obstacles, s'y fixer de la manière qu'il le leur avait indiqué. Le sort en décida autrement. Israël resta pendant qua-

---

[1] Moïse, liv. 1er, chap. 49.
[2] Moïse, liv. 1, chap 49, vers. 5 et 6.

tre siècles en Égypte, et n'eut point de chef. Tombé dans l'esclavage, l'excès de sa misère lui suscita enfin un sauveur ; mais il ne lui obéit qu'en murmurant, et augmenta ainsi les difficultés de la mission que ce sauveur avait eu le courage d'accepter.

Sur la terre de Canaan, tout était changé. A peine sortis de l'Égypte, les Israélites trouvèrent les hordes d'Amalech qui cherchèrent à les arrêter ; pas un peuple ne voulait leur permettre de passer sur son territoire, et ils furent toujours et partout forcés de se frayer un passage les armes à la main. C'est ce qu'ils ne firent qu'à regret, ainsi que le prouve la marche qu'ils suivirent ; car, au lieu de prendre la route la plus courte, mais sur laquelle ils eussent été forcés de combattre un peuple d'origine égyptienne, ils se dirigèrent vers quelques nations issues du même sang qu'eux. Le peuple d'Édom est de ce nombre ; Moïse s'était flatté d'obtenir le droit de passer sur son territoire, en s'engageant à l'indemniser de toutes dépenses et dommages ; mais cette permission, il ne l'obtint point, et son peuple fut obligé de camper pendant plus de trente ans dans le désert.

Pendant ce laps de temps, la mort fit disparaître les pères, et les fils eurent le temps de s'aguerrir et de former, autant que possible, une armée conquérante ; car il est incontestable qu'Israël ne pouvait continuer à vivre selon la loi de Moïse, tant qu'il serait confondu au milieu des peuples de Canaan. La plupart de ces peuples étaient des hordes errantes, le reste se composait de Troglodytes, et l'on connaît le mépris et l'horreur des anciennes tribus voyageuses pour ces habitants des cavernes, que Job[1] appelle :

« Fils du néant, enfants sans nom dont il faut purger la terre. »

Et Moïse[2] dit que le pays doit les rejeter à cause de leurs vices et de leur vie licencieuse et dénaturée. La superstition des Camites était la plus cruelle de toutes, car elle autorisait même les sacrifices humains.

Comment les institutions de Moïse auraient-elles pu résister au voisinage, et par conséquent aux relations habituelles avec

---

[1] Job, chap. 30, vers. 1 et 8.
[2] Moïse, liv. III, chap. 18, vers. 24 à 30 ; Moïse, liv. IV, chap. 13, vers. 23 ; chap. 20, vers 34. Moïse, liv. V, chap. 2, vers. 10 à 12 ; chap. 1, vers. 28, etc.

un pareil peuple? Il ne lui restait donc qu'un seul moyen, déplorable sans doute, mais que le droit de la guerre autorisait alors, c'est-à-dire de chasser, d'exterminer les indigènes. Le prophète sentit la dureté de ce moyen autant que nous pouvons le sentir nous-mêmes; je n'en demande d'autres preuves que les lois qui, dans l'avenir, devaient régler la conduite d'Israël pendant la guerre [1]. Ces lois ordonnaient de respecter, non-seulement les habitants et leurs propriétés, mais encore les arbres d'un pays conquis.

Sa guerre ne fut donc qu'une triste nécessité, ou, comme il l'appelait lui-même, *la guerre de Jéhovah*, c'est-à-dire une lutte pour rentrer dans la possession d'une terre qui fut le berceau des pères et de la religion d'Israël, d'une terre où se trouvaient leurs tombeaux, et sur laquelle les fils avaient les droits les plus anciens et les plus sacrés. Il n'est point de guerres des temps modernes qui aient mieux mérité ce titre; et pourtant, combien elle était terrible! et par combien d'abus n'a-t-elle pas été déshonorée!

Le peuple d'Israël combattit *pro aris et focis patrum*, car il était originaire de ce pays. Là dormaient les ossements de ses pères, là étaient situés tant de bosquets, tant d'autels consacrés au Dieu de sa race! là, enfin, était tout ce que ce peuple antique appelait l'héritage sacré de la famille. Il ne pouvait continuer à vivre dans le désert, où, dans l'espace de quarante ans, il avait perdu plus de six cent mille des siens. Son organisation politique ne le prédestinait pas à devenir une horde de brigands comme celle d'Ismaël, il devait former un peuple agricole et pasteur. Un pareil peuple avait besoin d'une terre vaste et paisible; et où pouvait-il aller la chercher, si ce n'était dans le pays de ses pères? Tous les habitants des tentes, en Orient, n'ont point d'autres droits héréditaires que celui-là; tous font paître leurs troupeaux là où paissaient ceux de leurs pères, et les troupeaux prennent pour ainsi dire d'eux-mêmes le chemin de ces pâturages.

Un peuple si ancien, et dont les mœurs et les idées sur les droits héréditaires sont si éloignées de nous, ne saurait être ni

---

[1] Moïse, liv. V, chap. 20.

justifié ni jugé d'après notre droit international, ni d'après nos principes sur la propriété, car ils ne les connaissaient pas. Les testaments et les droits de leurs ancêtres ne se conservaient pas par des documents écrits, mais par des traditions, des poésies, des bénédictions, qui étaient pour ce peuple une propriété sacrée, la gloire de leur Dieu et de leurs tribus, pour laquelle ils devaient toujours être prêts à combattre.

Examinons maintenant un de ces documents poétiques, la bénédiction de Jacob, par exemple, de ce patriarche qui, sur son lit de mort, voit la terre de Canaan étendue devant lui comme une carte de géographie, et la partage entre ses enfants comme si elle eût été sa propriété. Après l'avoir suivi sur les divers points qu'il indique à chaque tribu, et dans la marche qu'il leur prescrit pour en prendre possession, nous opposerons à ce morceau la bénédiction de Moïse, et nous verrons qu'à cette époque déjà, on ne pouvait plus songer à exécuter la prise de possession par les mêmes moyens et de la même manière.

J'ai expliqué ailleurs cette bénédiction dans ses rapports avec la situation personnelle des fils de Jacob [1] ; je la considérerai ici comme la plus ancienne carte géographique de la terre de Canaan, comme un document national, et je montrerai l'influence que l'esprit de ce document a exercée sur le peuple.

TESTAMENT DE JACOB EN FAVEUR DE SES TRIBUS ET DE LEURS GÉNÉRATIONS.

« Rassemblez-vous, je vais vous annoncer ce qui vous arrivera dans les jours lointains de l'avenir! Rassemblez-vous et écoutez, fils de Jacob, écoutez votre père Israël. »

Jacob ne dit point quand sa prophétie se réalisera. Il désire sans doute que cela puisse arriver bientôt après la mort de Joseph, car ses vœux l'appelaient toujours loin de l'Égypte; mais le rêve d'Abraham, qui prédisait à sa race quatre siècles de captivité et de souffrances, s'opposait à ce désir. Le cygne mourant pressentait donc des temps plus éloignés, et voilà pourquoi son dernier chant devait graver dans le cœur de ses fils le

---

[1] Herder fait allusion ici au premier volume de ses Lettres sur l'étude de la théologie.
(*Note du Traducteur.*)

souvenir de Canaan, leur terre héréditaire; car il fallait qu'ils restassent toujours, en Égypte, des étrangers dont les espérances vivaient au milieu des montagnes qu'avaient habité leurs pères. Il est certain que ce fut grâce à ce chant et aux autres traditions des patriarches, qu'Israël conserva, au milieu de l'Égypte, un esprit national assez pur et assez vigoureux pour y rester une race à part.

« Ruben, ô toi mon premier-né, toi la force de ma jeunesse, premier fruit de ma vigueur, ton droit de prééminence, qui devait te rendre le premier en pouvoir et en dignité, fuit devant toi comme la vague orgueilleuse [1]. Tu n'es plus le premier, car tu es entré dans le lit de ton père; tu as souillé mon lit en y entrant! »

Début douloureux pour le père comme pour le fils. Ce fils a flétri les générations du père, aussi perd-il la couronne de cette génération, c'est-à-dire les honneurs et les droits de primogéniture, qui passent à deux autres enfants de Jacob, Juda et Joseph. Le premier reçoit la dignité, le droit de commander, et le second une double part d'héritage. Le sacerdoce, qu'au reste Jacob ne connaissait pas encore, devait devenir, plus tard, le partage de Lévi, tandis que Ruben resterait une tribu ordinaire. Toutes ces prédictions se sont réalisées : son père ne lui ayant point désigné de possession, sa tribu fut réduite à se fixer en dehors de la terre sainte proprement dite. Elle est belle dans sa tristesse, cette image de la grandeur et de la puissance, qui passe devant Ruben comme une vague orgueilleuse, emportant avec elle les brillantes espérances qu'il a perdues par sa faute.

« Siméon et Lévi! Ils sont frères, leurs glaives sont devenus des armes meurtrières! Lorsque dans leur féroce courroux ils ont tué ce vaillant homme, lorsque dans leur aveugle ven-

---

[1] Je demande si cette version n'est pas aussi naturelle et aussi conforme à l'ensemble du texte, que celle dont on se sert habituellement est forcée et contraire à cet ensemble? Que signifie cette phrase : « Il se précipite légèrement ou fièrement comme de l'eau? » Un père mourant fait-il des tirades sur un malheur dont le souvenir doit lui navrer le cœur? Au reste, d'après la manière de traduire généralement adoptée, la dernière partie du vers précédent se trouve entièrement isolée, tandis qu'il est facile de voir qu'elle appartient au vers suivant : יתר et פחז s'accordent même par rapport à l'image, et rétablissent complètement le parallélisme que toute autre version détruit.

geance ils ont énervé le noble taureau [1], mon ame n'avait pris aucune part à leur projet sanguinaire, mon cœur ne s'était pas uni à leur alliance de meurtre ! Qu'il soit maudit leur courroux vindicatif ! qu'elle soit maudite leur colère perfide ! Je les diviserai en Jacob, je les disperserai en Israël. »

La volonté du patriarche fut accomplie; le fardeau du péché paternel retomba sur les fils. Siméon n'était que très-médiocrement considéré; Moïse s'abstint même de le nommer dans sa bénédiction, sans doute parce que, d'après l'antique oracle de Jacob, il ne pouvait lui donner une part du pays. Plus tard, cette tribu obtint quelques cités éparses qui ne tardèrent pas à devenir insuffisantes pour la contenir, ce qui la força de chercher une demeure en dehors de la Judée. Quant à celle de Lévi, Moïse lui donna quarante-huit cités, mais également dispersées sur différents points du pays.

Après ces tristes dispositions, conséquence inévitable de la faute des fils, la bénédiction paternelle commence par le noble Juda, et avec elle, la description du voyage pour la terre promise.

« Et toi, Juda ! toi, tu seras glorifié par tes frères [2]. Ton poing pèsera sur la nuque de tes ennemis, et ils se prosterneront devant toi, les fils de ton père !

« Juda est un jeune lion ! Le butin l'a élevé si haut, mon fils ! Il se jette à terre, il s'étend comme un lion, comme un lion dans toute sa force ! Qui osera le réveiller et exciter de nouveau sa colère ?

« Le bâton de conducteur en chef ne quittera jamais Juda, le

---

[1] Homme et taureau sont ici des synonymes, ainsi que le prouve le parallélisme. Au reste, même dans la poésie des Grecs, un taureau magnifique est l'image d'un homme vaillant. Il était impossible de peindre plus énergiquement cette déplorable histoire rapportée dans le livre premier de Moïse, chap. 34. Les deux fils de Jacob circoncirent Sichem et Hémor, et les tuèrent ensuite comme on tue des animaux sans défense.

[2] Dans l'hébreu, le nom de Juda forme un jeu de mots qui ne peut se rendre dans aucune autre langue. Ces images : « Ils te reconnaîtront pour leur premier ; tu seras toujours le plus vaillant et le plus avancé quand il s'agira de marcher contre l'ennemi ; ta main sera la plus proche de la nuque de l'ennemi fuyant, » etc., s'expliquent par le parallélisme, et sont tout-à-fait conformes à la simplicité de ces temps reculés.

bâton de héros le suivra dans tous ses voyages [1], jusqu'à ce qu'il soit arrivé au lieu de repos, et que les peuples lui soient soumis.

« Alors il attachera son poulain à la vigne ; à ce noble cep, il attachera le fils de son ânesse, il lavera son vêtement dans le vin, il lavera son manteau dans le sang de la grappe. Le vin étincellera dans ses yeux, le lait brillera sur ses dents [2]. »

On sent que tout ce tableau fait allusion à un voyage en com-

[1] Je lis רַגְלָיו, malgré l'avis de la plupart des traducteurs, qui lisent רגלין, ainsi que cela se trouve dans les copies samaritaines. Le vieux patriarche qui voyait devant lui ses fils assemblés comme autant de pasteurs, et qui, dans toute sa bénédiction, ne manifeste que des pensées simples et naïves, pouvait-il songer à des bannières de guerre et en faire le sujet de ces images? Le poing de Juda pèse sur la nuque de ses ennemis, il ravage tout autour de lui comme un lion, il marche en vainqueur assis sur un âne, et se rassasie orgueilleusement de vin et de lait. Tel est le tableau que trace Jacob. Je le répète, comment des bannières de guerre auraient-elles pu y trouver place? On doit aussi se demander si le bâton du commandement marche au milieu de ces images ou s'il les précède; et alors on reconnaît que le parallélisme rejette l'un et l'autre, car il dit :

Le bâton de la tribu | ne s'éloignera jamais | de Juda.
Le bâton du commandement | ne s'éloignera jamais | d'entre ses pieds [*].

Il est donc clair qu'il le gardera toujours ; et comme il est question ici d'un voyage à Canaan, à Scilo, ce passage ne saurait signifier autre chose que : « Dans ses voyages comme dans ses attaques contre l'ennemi commun, Juda ne doit déposer le bâton du commandement qu'après la paix, et lorsque tous les peuples seront soumis. » Il ressort clairement de Moïse, liv. IV, chap. 21, vers. 18, ainsi que du parallélisme, que מחקק ne signifie pas seulement commandant, mais encore bâton du commandement. Ce mot répond à שבט, comme רגלין correspond à יהודה ; ce qui, d'après la marche de l'image, ne peut signifier autre chose que la marche, le pas, le voyage de Juda. Il n'est pas besoin d'explication pour prouver que רגל a cette signification, et que dans l'hébreu le mot pied est dérivé de mouvement, de pas.

[2] Quel que soit le sens étendu que l'on ait pu donner plus tard à ces images, elles n'avaient d'abord d'autre but que de peindre l'orgueilleuse prospérité du héros dans le pays qu'il venait de conquérir. Il ne se borne pas à jouir de ses biens, il les prodigue ; voilà pourquoi il attache son âne au noble cep de la vigne, lave son manteau dans du vin, se rince la bouche avec du lait, etc. Le patriarche ne pensait certainement pas à des allégories, à des interprétations morales, mais il voulait, par la peinture de la superbe opulence et de l'orgueilleux repos du vainqueur, exciter la tribu de Juda à hâter le départ pour la terre de Canaan.

[*] Herder avait d'abord traduit ce passage en ces termes : « Le bâton du commandement ne s'éloignera jamais de Juda ; le bâton du juge restera toujours entre ses pieds. » Muller trouve que cette version est préférable à celle que Herder a cru devoir y substituer. D'après le savant ami de Herder, l'image est plus conforme à l'esprit du texte, et revêtue d'une couleur plus locale. Le sceptre des anciens patriarches, sans doute par imitation de la houlette de pasteur, dépassait en hauteur celui qui le portait, et lorsqu'un de ces patriarches s'asseyait sur son siège de juge, son bâton était posé entre ses pieds, et s'élevait au-dessus de sa tête. Selon toutes les probabilités, Jacob faisait allusion à ce bâton. (*Note du Traducteur.*)

mun. Juda obtient par sa puissance et par son autorité tous les droits d'aînesse, afin qu'il puisse marcher à la tête de ses frères, déployer son courage et sa force de lion, appuyer son poing sur la nuque de l'ennemi, et se fixer enfin sur la terre de Canaan dans un repos superbe.

Le voyage se dirige vers Scilo, que Jacob nomme, parce que ce lieu se trouve dans le pays qu'il a habité, entre Sichem et Bethel. Par là il ordonne à Juda de ne déposer le bâton de conducteur en chef, qu'après avoir pris possession de cet héritage paternel; et le parallélisme fait voir que dans la pensée du patriarche, Scilo est ce lieu de repos, ce séjour de paix; car ce n'est qu'après l'avoir atteint et après avoir soumis tous les peuples, que le vainqueur attachera son âne au cep de la vigne, et lavera son manteau dans le sang de la grappe.

Juda n'a accompli qu'une partie des devoirs que lui imposaient ces prophéties; loin d'avoir poussé ses frères à quitter l'Égypte, il s'est laissé opprimer comme eux, jusqu'au moment où un homme de la tribu de Lévi s'est levé pour les délivrer. Mais dans le désert, Juda marche à la tête de ses frères avec la bannière du lion que lui désignait la bénédiction de Jacob. Arrivé à Scilo, il prend pour lui la meilleure partie du pays conquis, en s'appuyant toujours sur cette bénédiction; et cependant tous les peuples n'étaient pas encore soumis. Lui seul possédait un pays riche en vignes et en pâturages, tandis que ses frères manquaient encore du nécessaire; aussi lorsque, plus tard, on adressa au sanctuaire cette question: *Qui doit faire la guerre?* la réponse ne pouvait être que celle-ci: *Juda doit la faire*. La bénédiction de Jacob le voulait ainsi; car si elle avait autorisé Juda à s'emparer le premier de la moitié de la terre de Canaan, elle lui imposait l'obligation d'être toujours le défenseur de ses frères.

Lorsque cette tribu produisit le glorieux roi David, on dut nécessairement lui appliquer toutes les images et toutes les prophéties de l'antique bénédiction. Dès ce moment, le lion de Juda prit une signification plus élevée. Le prophète Ariel appelle Jérusalem, le lion de Dieu, et le vainqueur ne trempe plus son manteau dans le sang de la grappe, mais dans celui de ses ennemis. Plus tard ces images devinrent, pour ainsi dire, la propriété de la génération de David, et on finit par les appliquer au roi futur qui devait donner à son peuple une paix éternelle et une prospérité parfaite ; un des derniers prophètes les étend jusque sur l'âne, le fils de l'ânesse.

Il est facile de voir que toutes ces figures poétiques découlent de la même source, c'est-à-dire de la dernière bénédiction prophétique de Jacob.

Juda conserva toujours son autorité et sa préséance ; dans la captivité même, le chef du peuple était un prince de cette tribu, et ce fut Zorobabel, de la tribu de Juda, qui ramena Israël dans le pays de ses pères. C'est ainsi que chaque point de la bénédiction de Jacob s'enchaîna à la marche des évènements ; et ces évènements lui donnèrent une importance toujours plus grande, ainsi que nous le verrons bientôt [1].

« Zabulon habitera sur les bords de la mer ; sa demeure sera là où débarquent les navires, et il l'étendra jusqu'à Sidon. »

L'intention de Jacob était, sans doute, que Zabulon se cherchât un pays vers l'ouest, du côté de la mer, dès que Juda les aurait précédés tous à Scilo, son héritage désigné. Le peuple y arriva d'une manière bien opposée aux intentions de Jacob : on se les rappela pourtant lorsqu'on procéda au partage du pays. Et comme ses intentions étaient très-claires, on envoya Zabulon du côté du golfe d'Acco, dont la nature avait fait le meilleur port de toute cette côte. S'il ne remonta pas jusqu'à Sidon, c'est que la conquête du pays n'était pas terminée, ce qui n'empêcha pas Josué de compter ce territoire au nombre des héritages d'Israël [2].

« Issachar est une bête de somme superbe qui se couchera

---

[1] Je dois faire observer encore que, de cette manière, non-seulement le sens, mais encore la lettre de la bénédiction, gagnent toujours en importance et en étendue. Le עד appartient probablement à la seconde partie ; en le rattachant à la première, on est arrivé à un sens tout-à-fait différent, c'est-à-dire que le sceptre devait rester éternellement dans la tribu de Juda, et alors on changea שלה en שילה, ou en שלמה, ou bien on le ponctua ainsi : שלה. Ce passage a été tellement commenté, qu'il pourrait donner lieu à des volumes de critiques et de variantes ; mais je crois en avoir dit assez pour en rendre le sens clair, naturel et conforme à la marche des idées.

[2] Josué, chap. 13, vers 6.

entre deux hauteurs. Il trouve que le repos est doux, qu'autour de lui le pays est beau, qu'il est riche en agréables points de vue. Il tend les épaules pour porter; il s'impose la corvée de remplir toutes les outres [1]. »

C'est-à-dire qu'il devait prendre pour lui la belle vallée entre le Mont-Thabor et le Mont-Hermont, où il pourrait, selon son caractère pacifique, jouir tranquillement de la beauté du pays, distribuer les eaux des sources et des rivières qui arrosaient ce pays, et utiliser ainsi, pour lui et pour les autres tribus pasteurs, son infatigable et patient amour du travail.

Tel est évidemment le sens de ce passage. La bénédiction de Moïse nous montrera comment on a voulu employer en faveur du sanctuaire, la tâche imposée à la tribu d'Issachar. Cette intention ne s'est point réalisée, mais le testament de Jacob indiquait trop clairement la place que devait occuper Issachar, pour qu'on ait pu songer à lui refuser le pays entre l'Hermon et le Thabor, où il trouva tous les avantages promis; car la contrée est abondante en sources, en prairies, en points de vue délicieux. Le caractère de sa tribu est également resté fidèle à la prophétie du patriarche : elle ne s'est jamais fait remarquer par son héroïsme, quoique sa belle vallée ait été souvent le théâtre de la guerre; mais elle a toujours fourni beaucoup d'hommes, et elle s'était même considérablement augmentée pendant son séjour en Égypte [2].

« Dan aussi sera le prince de sa tribu, comme tous ceux des

---

[1] Il ne saurait être question ici de lever un tribut, car il n'y a aucun rapport entre cette image et celle d'une bête de somme. Cette dernière est clairement indiquée et continuée dans la phrase où Issachar tend les épaules pour porter des fardeaux. Il est hors de doute que le mot מס signifie *outre*, et l'on n'est arrivé à l'idée du tribut, que parce qu'on l'apportait ordinairement dans des outres et dans des sacs. Le mot משר présente un sens à peu près semblable. Issachar devait habiter le Kédimin, près des ruisseaux et des petits torrents qui, dans la saison des pluies, se grossissaient beaucoup. C'est là que, selon sa nature pacifique, il devait faire la distribution des eaux à ses frères et à d'autres tribus pastorales, distribution dont il était naturel qu'il tirât quelque avantage pour lui. Le chant de Débora nous prouve qu'il y avait en effet dans cette contrée une distribution d'eau à tous les pasteurs. Ce passage ainsi traduit, donne à la bénédiction concernant Issachar un sens naturel et une belle couleur locale.

[2] Il y a probablement ici dans le texte un jeu de mots qui nous échappe entièrement, avec חמר qui signifie *monceau, âne*; l'idée de l'un peut avoir conduit à l'autre.

autres tribus d'Israël. Dan sera un serpent sur la route, une couleuvre dans le sentier, qui mord le pied du cheval et fait tomber le cavalier à la renverse. »

Dès le premier mot, Jacob reçoit Dan, qui n'est que le premier-né de ses concubines, au rang de ses autres fils, et lui donne comme à eux une part d'héritage. Lors de la conquête de Canaan, on osa lui contester ses droits, mais comme il se trouvait le septième, on le négligea longtemps, et l'on finit par lui donner la plus mauvaise part. D'après les intentions de Jacob, il devait habiter une contrée montagneuse où il pourrait guetter les ennemis dans les défilés et les frapper par-derrière. Une partie de cette tribu se fixa, en effet, au nord de la Judée; car toutes les invasions arrivaient de la Syrie par les vallées du Liban. Au reste, Dan remplit sa vocation, surtout si nous jugeons cette tribu par Samson, le plus célèbre de ses enfants. N'a-t-il pas toujours été pour les Philistins un serpent qui les guettait sur la route ? un céraste audacieux qui se jetait par-derrière dans les pieds des chevaux ? Quand il ne pouvait vaincre l'ennemi, il le harcelait par sa ruse et par le choix judicieux de ses lieux de retraite.

Enfin, du côté des Philistins, la tribu de Dan possédait un pays plein de cavernes et de défilés, où elle est devenue célèbre par ses ruses de guerre dans la personne de Samson.

« C'est dans ton secours, ô Jéhovah ! que j'espère. »

Il me semble que la place qu'occupent ces paroles énigmatiques, qu'on a interprétées de tant de manières différentes, suffit pour les rendre fort claires. L'histoire des conquêtes et de la chute du royaume de Juda, nous apprend que les attaques les plus funestes lui sont venues du côté du nord, et c'est là que devait demeurer Dan; il fallait donc que Jéhovah vînt à son secours pour l'empêcher de succomber. Il est bien naturel que le père mourant, dont le dernier soupir prophétique sondait, pour ainsi dire, les besoins et les dangers du pays qu'il partageait entre ses fils, implorât le secours de Jéhovah pour celui de ses fils qui devait occuper le poste le plus périlleux[1].

---

[1] ישועה signifie *secours, assistance, délivrance*. Toutes les fois que Jacob se

« Gad ! tu seras assailli par des hordes nombreuses, et tu les assailliras à ton tour. »

Ce passage renferme un quadruple jeu de mots. Nous ignorons auprès de quel point, exposé aux invasions, Gad devait choisir sa demeure ; car le pays au-delà du Jourdain, où cette tribu se fixa par la suite, ne pouvait pas entrer dans la pensée de Jacob, puisqu'il ne faisait pas partie de la véritable terre de Canaan. Quoi qu'il en soit, la tribu de Gad trouva moyen de se signaler dans cette contrée, qui n'était habitée que par des hordes vagabondes ; et elle remplit les montagnes du Basan de la gloire de son nom. Moïse la vit à regret demander son héritage au-delà du Jourdain.

« Aser fera venir du pain riche en huile ; c'est lui qui fournira aux rois les mets les plus friands. »

Ce passage, déjà fort clair par lui-même, l'est devenu davantage encore par l'explication de Moïse[1] : aussi a-t-il été fidèlement exécuté ; la tribu d'Aser reçut en partage un pays montagneux situé sur les bords de la mer, et riche en fruits et en huile.

« Nephtali est un térébinthe élancé qui pousse des touffes gracieuses. »

Et Nephtali reçut un pays boisé sur les montagnes du nord, où sa tribu verdit et s'étendit comme un térébinthe riche en branches.

Jacob tourne maintenant ses regards vers le bienfaiteur de sa maison, vers Joseph qui est devant lui, entouré de ses frères comme une tête couronnée ; aussi le couronne-t-il seul entre tous ses enfants. Il lui donne, pour sa double progéniture, le second avantage qu'il avait enlevé à Ruben, c'est-à-dire une double part d'héritage. Et comme ce noble fils avait été son bienfaiteur personnel, il le bénit spécialement, et le plaça ainsi sous la protection immédiate du génie tutélaire, du Dieu secourable qui l'avait protégé lui-même depuis sa première jeunesse.

---

trouvait dans quelque danger, il demandait et obtenait toujours l'assistance de Dieu. Il est donc bien naturel qu'il espérât la même chose pour ses fils, dont les dangers à venir étaient, pour ainsi dire, présents à ses yeux en ce moment. Cette interprétation est la plus naturelle et la plus conforme à l'esprit de l'ensemble ; toute autre me paraît forcée, et sans lien avec ce qui précède et ce qui suit.

[1] Moïse, liv. v, chap. 33, vers. 24 et 25.

« Joseph est le rejeton d'une mère féconde, la branche d'un arbre fertile en fruits qui s'étend au-dessus de la source. Ses jets jeunes et vigoureux s'élèvent au-dessus de la muraille.

« Ils étaient courroucés contre lui, et ils le haïssaient, ceux qui savaient lancer des flèches; mais son arc est resté intact, ses bras et ses mains sont devenus agiles.

« Par les mains du puissant Dieu de Jacob, par le nom de celui qui a veillé sur moi pendant que je dormais sur ma pierre [1], par le Dieu de ton père, qui est venu à ton aide, par le Tout-Puissant, qui continuera à te bénir, j'appelle sur toi la bénédiction des cieux là-haut, la bénédiction des mers couchées dans les abîmes, la bénédiction des mamelles et la bénédiction des entrailles maternelles !

« Les bénédictions de ton père s'élèvent puissamment au-dessus des bénédictions de mes montagnes, elles s'élèvent jusqu'au charme des hauteurs éternelles [2] ! Elles viendront sur la tête de Joseph, sur la tête du couronné d'entre ses frères ! »

J'ai suffisamment expliqué ailleurs [3] les allusions de cette bénédiction à Rachel et à la première jeunesse de Joseph. Bor-

---

[1] Ce passage est également expliqué par Moïse, liv. v, chap. 33, vers. 16, qui place au-dessus du gardien de la présence d'Israël, le Dieu qui lui est apparu dans le buisson ardent, c'est-à-dire le Dieu protecteur de sa vie, le Dieu de sa première vision. C'est ainsi que Jacob appelle le Dieu de sa première vision, le Dieu protecteur de sa première jeunesse. La construction n'a rien de dur dès qu'on n'y voit que l'abréviation du nom du Dieu de cet évènement. Il y avait, au reste, beaucoup de semblables dénominations de Dieu, ainsi qu'on peut le voir dans le premier livre de Moïse, chap. 22, vers. 14, et dans plusieurs autres passages du même genre. Le mot Dieu de Béthel, est ici sous-entendu. Voyez Moïse, liv. I, chap. 28, vers. 15, 20, 21. On y trouvera l'explication de רעה אבן, et l'on reconnaîtra qu'il était impossible de mettre dans la bouche d'un berger une expression plus convenable pour rappeler un pareil évènement.

[2] Moïse, le plus ancien et le plus véridique commentateur de ce passage, a pris le mot הורי pour montagne, ainsi que le prouve sa dernière bénédiction, ce qui est, au reste, très-conforme aux exigences du parallélisme. Je ne rapproche pas le mot ער de הורי, et par conséquent je lis הורי, mes montagnes, c'est à dire les petites montagnes de Canaan, que Jacob regarde comme un pays qu'il a traversé en tous sens, et au-dessus duquel le Liban s'élève comme une montagne du monde primitif. Les pierres précieuses et les parfums qui devaient couronner la tête de Joseph, sont, dans le langage de la poésie hébraïque, la plus riche bénédiction, le charme le plus précieux des montagnes. Moïse emploie la même image dans ses bénédictions.

[3] Herder fait allusion ici au premier volume de ses Lettres sur l'étude de la théologie. (*Note du Traducteur.*)

nons-nous donc à ne voir ici que l'indication des avantages que Joseph obtint dans la terre de Canaan, pour les deux tribus sorties de lui. Le patriarche les désigne par les images sous lesquelles il peint Joseph ; sa branche fleurit au-dessus d'une source, auprès de laquelle ses jets s'élèvent le long de la muraille. Il est un archer indomptable, car les plus audacieuses attaques de ses ennemis ne servent qu'à donner plus d'agilité à ses bras et à ses mains. En le couronnant avec la singulière bénédiction de ses montagnes, qui ont les cieux au-dessus d'elles, et la mer à leurs pieds, l'image par laquelle le père exprime ses vœux s'élève, ainsi que les vœux eux-mêmes, jusque vers le *charme* mystérieux des hauteurs éternelles du monde primitif.

Mais qu'était-ce que ces hauteurs éternelles? Moïse nous l'explique dans sa bénédiction : *Il écrasera les peuples jusqu'aux extrémités les plus éloignées du pays.* Selon toutes les probabilités, Éphraïm, le puissant licorne, devait, avec la tribu de son frère, habiter les montagnes les plus septentrionales du Mont-Liban. Là se trouvait la source du bel arbre à fruit, la source Phiala d'où jaillit le Jourdain ; là était la muraille du pays ; et la génération de Joseph pouvait s'élever avec cette muraille, la dépasser même, et donner ainsi des preuves de la valeur indomptable, de l'agilité sans pareille de son auteur, tant vanté dans la bénédiction de Jacob. Là, on voyait le ciel au-dessus de sa tête, et la mer à ses pieds ; là dorment les bénédictions des hauteurs éternelles, des montagnes du monde primitif, renfermant dans leur sein les parfums et les pierres précieuses qui devaient embaumer et orner la tête du couronné d'entre ses frères.

C'est ainsi que, dans cette surabondance de bénédictions, tout s'enchaîne, tout devient clair et local. Le Liban, cette montagne du monde primitif, élève au-dessus de la terre de Canaan la blanche couronne de neige qu'il porte vers les nuages, et les cèdres éternels plantés par Dieu lui-même [1] ; tandis que, sur des flancs moins élevés, les vignes et les arbres à fruits étendent leurs verts rameaux au-dessus des ruisseaux qui coulent de ses hauteurs. Voilà comment la génération de Joseph devait s'élever et verdir ; elle devait réjouir et fortifier, comme

[1] Psaume 104, vers. 16.

réjouit et fortifie le vin du Liban [1]; elle devait ombrager et rafraîchir, comme ombrage et rafraîchit l'arbre qui balance ses branches chargées de fruits au-dessus des sources du Liban. Chacun des deux rejetons de Joseph pouvait dépasser sa muraille, car le Liban se divise en deux branches. Cette montagne nourrit l'arbre qui produit l'encens; c'est ce qui explique les baumes précieux qui devaient couler sur la tête de Joseph. Au reste, dans le Cantique des cantiques, et chez la plupart des prophètes, le parfum du Liban est une expression poétique reçue pour désigner les odeurs les plus suaves et les plus agréables à la divinité [2]. La passe de Hamath, où Joseph se trouve placé comme le plus habile des archers, est le poste le plus important du pays, que, dans la bénédiction de Moïse, Benjamin et Manassès doivent défendre avec la vigueur d'un taureau sauvage.

On ne saurait trop admirer la sagesse et la prévoyance de Jacob. C'est aux enfants de celui de ses fils qui est devenu presque Égyptien, qu'il assigne les demeures les plus éloignées de l'Égypte. Sa plus noble, sa plus royale bénédiction, ses plus vives exhortations au courage, sont pour les défenseurs de la pierre angulaire d'où dépend le salut du pays; et il leur donne pour appui le Dieu tout-puissant, le Dieu qui veilla sur lui-même pendant qu'il dormait sur la pierre de Bethel. Un lion, le vaillant Juda, devait être le gardien du sud, tandis que, dans les passages du nord, veillerait le taureau sauvage, et à côté de lui la fraternelle tribu de Benjamin.

« Benjamin ravagera tout comme un loup vorace; le matin il dévorera la proie, le soir il partagera le butin. »

Les excursions des Orientaux avaient toujours le pillage pour but. Il paraît que Benjamin aussi devait habiter les contrées montagneuses du Liban, mais ce vœu de Jacob ne se réalisa pas.

Lorsque Juda se fut emparé de sa part, Éphraïm, la seconde tribu puissante, demanda la sienne, prit ce qui ne lui était pas

---

[1] Osée, chap. 14, vers. 8.
[2] Les fleurs, les pâturages, les sources et les divers points de vue du Mont-Liban, sont également d'inépuisables sujets d'images et de comparaisons, qu'on admire dans les prophètes et dans les psaumes.

destiné, et ne s'en contenta même point. Benjamin resta près de Juda, et les éloges que le père avait donnés à son bienfaiteur, loin d'être un stimulant pour les fils de ce bienfaiteur, semblaient les autoriser à une orgueilleuse indolence. Le souvenir de leur destination primitive ne s'en est pas moins conservé en Israël; car le prophète Osée, qui s'occupait spécialement de l'avenir de la tribu d'Éphraïm, employait, dans toutes ses prédictions, des images empruntées au Liban. Les racines de cette tribu devaient s'étendre et fleurir comme la vigne du Liban; ses branches devaient répandre de suaves parfums comme ceux du Liban, produire des souvenirs fortifiants comme le vin du Liban, etc. On compara aussi les montagnes d'Éphraïm à la contrée septentrionale qu'habitait Dan, et qui environnait le Liban [1]; en un mot, toutes ces figures poétiques ont fait de Joseph la véritable couronne du pays.

La terre de Canaan eût été en effet imprenable, si on avait suivi ponctuellement les dispositions du vieux patriarche, qui lui donnait pour limites naturelles le Liban, le Jourdain, la mer et le désert. Sa bénédiction s'éleva comme un palmier, dont les branches se multiplient et grossissent, et qui finit par devenir le cèdre de Dieu sur la montagne. Si Israël était parti plus tôt pour cette terre promise, ou si du moins il s'y était installé en déployant toutes ses forces réunies, ce peuple serait devenu pour toujours la triomphante armée d'occupation qui entra dans le désert avec ses quatre bannières déployées, et dont les traditions postérieures ont composé les tableaux du char de nuages de la divinité; il aurait été la phalange éternelle au milieu de laquelle s'élève la tente de Jéhovah.

Passons maintenant à la bénédiction de Moïse, qui offre un contraste si mélancolique avec le testament de Jacob. Ce n'est plus le langage d'un père dont le regard paisible embrasse l'ensemble du pays qu'il considère comme sa propriété, et qu'il se croit autorisé à distribuer à ses fils, tous pasteurs comme lui. Non, c'est un législateur épuisé de fatigues, qui parle au moment où la tombe s'entr'ouvre devant lui, et qui sent qu'il a prodigué sa vie à un peuple indigne de tant de dévouement. Trois

---

[1] Jérémie, chap. 4, vers. 15 et 16.

tribus déjà avaient violé le testament de Jacob, et les autres ne donnaient pas de plus belles espérances. Dans cette pénible situation, Moïse enveloppa ses derniers conseils sous la forme d'une fervente prière, d'une douce bénédiction, qui cependant devait devenir un commandement tout aussi sacré que la dernière volonté de Jacob. Les paroles en sont précises et mûrement méditées, c'est le testament politique d'un sage législateur.

BÉNÉDICTIONS QUE MOÏSE, L'HOMME DE DIEU, PRONONÇA SUR LES ENFANTS D'ISRAEL AVANT SA MORT.

« Voyant devant lui la face de la mort, il dit :

« Jéhovah est venu de Sinaï, il s'est levé pour eux en Séhir. Il brille sur le Mont-Paran, il est arrivé des montagnes de Cadès [1], le feu ondoyant l'entoure [2].

« Comme il les aime, les tribus! Tout l'éclat de sa magnificence brille autour de lui! et elles sont à ses pieds [3] et reçoivent ses commandements!

« Moïse nous l'a donnée cette loi, l'héritage de l'assemblée de Jacob, car il était roi d'Israël; et lorsqu'il nous l'a donnée, ils étaient tous réunis les chefs du peuple et les tribus d'Israël. »

C'est ainsi que le législateur s'efforçait de faire regarder la loi comme une constitution divine, un enseignement de Dieu librement accepté par le peuple. Moïse était roi, mais seulement

[1] Lisez מרבבת קדש, ainsi que le demande le parallélisme.

[2] Les mots אש דת loi de feu, sont durs par la construction, et ici, on peut même les regarder comme opposés à l'esprit du texte. Dieu arrive en qualité d'instituteur du peuple, les tribus sont assises à ses pieds pour apprendre; Moïse les enseigne, et sa loi est l'expression de la bouche de Dieu. Cette image a plus de noblesse et de dignité que si Dieu apportait la loi de sa propre main. Dans les vers suivants, la magnificence brillante de la droite de Dieu est opposée à l'expression de sa bouche, ce qui sépare l'éclat de la grâce. Habacuc explique l'image qu'offre ce mot אש דת, par feu ondoyant, rayon qui s'élance. Plus tard on en a fait les διαταγαι αγγελων, c'est-à-dire des rangées d'anges, ce qui donne à cette expression un sens très-clair.

[3] Quel beau contraste entre la terrible magnificence qui effraie, et la douce grâce qui enseigne. Moïse seul voulait et pouvait parler ainsi de la loi. Les הם du troisième vers ne sont point des anges, mais les tribus réunies qu'on vient de nommer, et qui sont nommées de nouveau dans le cinquième vers. Assises aux pieds du père enseignant, elles se laissent instruire comme des disciples. Les anges qui enseignent les tribus n'existent que dans les commentaires des rabbins postérieurs.

parmi les chefs de la nation, c'est-à-dire dans un État libre. C'est en cette qualité qu'il prononce ses dernières paroles, et leur donne toute l'autorité dont il a revêtu son Dieu, celle de la vénération et de l'amour.

« Vis, Ruben, vis! que la mort n'éteigne point ta race, que tes hommes deviennent forts par le nombre. »

Toujours une bénédiction vague pour la première des tribus, mais enfin c'est une bénédiction. Siméon est passé sous silence, parce que Moïse, qui voulait se conformer au testament de Jacob, ne savait quel pays il devait lui désigner.

« Il dit à Juda :

« Écoute, ô Jéhovah ! écoute la voix de Juda ! Conduis-le au milieu de son peuple [1]; son bras combattra vaillamment, et quand l'ennemi le serrera de trop près, tu viendras à son secours. »

Cette bénédiction, quoique moins étendue, moins riche que celle de Jacob, n'a rien d'humiliant, puisqu'elle rappelle à Juda le glorieux devoir d'être toujours dans les combats à la tête des autres tribus.

« Il dit à Lévi :

« Tu as confié ta lumière et ta justice à l'homme qui t'a été fidèlement dévoué, que tu as durement éprouvé au lieu de l'épreuve, que tu as querellé près de la source de la dispute.

« C'est lui qui a dit à son père, à sa mère : Je ne vous connais point; et il n'a point connu ses frères, et il n'a point connu ses fils [2]!

« C'est ainsi qu'ils garderont fidèlement ta parole et observeront ton alliance. Ils rediront tes jugements à Jacob et ta loi à Israël; ils allumeront de l'encens pour t'offrir des parfums ; ils

---

[1] Le peuple au milieu duquel Dieu devait conduire Juda, est sans doute le même que celui dont Jacob lui avait déjà réservé la domination dans le premier livre de Moïse, chap. 49, vers 10; c'était là sa véritable propriété, son premier héritage; c'est au milieu de ce peuple que reposaient les ossements de ses pères; il devait lui donner son nom et en être toujours regardé et estimé, comme son chef et son conducteur.

[2] La construction que j'ai adoptée pour traduire ce vers, m'a paru propre à lui donner plus de clarté et de dignité. Le singulier האמר se rapporte à Aaron, et le pluriel suivant aux lévites à qui Moïse ordonnait par là de suivre le noble exemple qu'Aaron leur avait donné par son impartialité dans les jugements, et sa fidélité envers Dieu et sa loi.

déposeront sur ton autel des holocaustes pour que le feu les consume.

« Bénis leurs forces, ô Jéhovah! et reçois en grâce l'œuvre de leurs mains! Abats tous ceux qui se lèveront contre eux, et que ceux qui les haïront ne se relèvent plus jamais! »

On reconnaît la voix du lévite qui bénit sa tribu du plus profond de son cœur. Il parle en frère d'Aaron et honore sa mémoire, non-seulement parce que Dieu avait daigné lui confier le pectoral de la suprême justice, mais parce qu'il s'était rendu digne de cet honneur par son impartialité et par son caractère incorruptible. Il reproche presque à Dieu de l'avoir trop sévèrement réprimandé à l'occasion d'une faute peu grave. Il nomme un lieu de malheur, la place où cet homme intègre et fidèle a payé de sa vie une faute légère, et se justifie ainsi lui-même quoique indirectement, car cette faute était aussi la sienne, et elle le place en ce moment en face de la mort [1].

La manière dont il passe de l'éloge d'Aaron à l'énumération des devoirs imposés à sa tribu, est fort belle : il donne à cette tribu, comme type éternel, la mémoire de celui qui porta le premier le pectoral vénéré. Ces devoirs, cependant, ne sont exprimés qu'à titre d'espérance, et Moïse les place sous la protection de Dieu, qui doit nécessairement se déclarer en faveur d'une tribu que tant d'ennemis persécutent, et qui cependant était indispensable au maintien de la constitution du pays. C'est dans cette bénédiction qu'on retrouve toute la pénétration, toute la finesse d'esprit du législateur dont j'ai déjà eu occasion de parler.

« Il dit à Benjamin :

« Le bien-aimé de Jéhovah habitera des lieux sûrs et tranquilles. Chaque jour, le Très-Haut planera au-dessus de lui et le fera reposer entre ses ailes. »

Cette bénédiction est délicatement sentie, et très-différente de celle de Jacob. Le loup ravisseur est redevenu le tendre Benjamin que son vieux père ne voulait pas exposer aux dangers d'un voyage, et qu'il recommandait si expressément à la garde de ses

---

[1] Moïse, liv. IV, chap. 20, vers. 1 à 8 ; liv. V, chap. 32, vers. 50 et 51

frères [1]. Moïse le recommande de même à la garde de Jéhovah, personnifié par l'image qu'il employait de préférence, celle d'un aigle [2]. L'aigle plane au-dessus de ses petits, les reçoit quand ils sont prêts à tomber, et les fait reposer sur son dos entre ses ailes. Telle est la protection que le législateur demande pour Benjamin, dans la bénédiction paternelle dont il le couvre [3].

« Il dit à Joseph :

« Que Jéhovah bénisse ton pays par tout ce que les cieux là-haut, par tout ce que les mers là-bas, ont de plus précieux dans leur sein ; par tout ce que le soleil mûrit de plus précieux, par tout ce que la lune donne de plus précieux ; par tout ce qui germe de meilleur sur les monts de l'Orient ; par tout ce que renferment de plus beau les montagnes du monde primitif ; par tout ce que la plénitude de la terre peut donner de plus exquis ! Que la main de celui qui m'est apparu dans le buisson ardent accumule tous ses bienfaits sur la tête de Joseph ; qu'il y joigne sa faveur spéciale, et que tout cela vienne sur la tête du couronné d'entre ses frères.

« Sa parure de héros est comme celle du premier-né des taureaux, ses cornes sont comme celles du taureau sauvage ; c'est par elles qu'il repousse les peuples jusqu'aux confins du pays. Voilà ce que feront les dix mille d'Éphraïm, les mille de Manassès. »

La bénédiction de Moïse est splendide et savante, c'est la paraphrase de celle de Jacob, conforme à ses vues à lui et à celles de son époque. Il explique les bénédictions qui doivent venir du ciel par la rosée et par les écoulements de la mer, qui, d'après la physique ancienne, étaient les causes de la fertilité du sol ; il attribue à l'influence du soleil et de la lune les productions les plus précieuses de la terre, et il place à l'orient les montagnes

---

[1] Moïse, liv. I, chap. 43.
[2] Moïse, liv. II, chap. 19, vers. 4 ; liv. V, chap. 32, vers. 11.
[3] Il est très-peu prouvé que, par les *épaules* de Dieu ou de Benjamin, on ait voulu désigner des montagnes ; et il n'est nullement question en ce passage des montagnes de Benjamin au milieu desquelles Dieu devait habiter. Lors même que les montagnes de Moria et de Sion eussent appartenu à Benjamin, Jéhovah ne les a jamais habitées ; un abîme les séparait, et le temple de Dieu était sur les hauteurs. Le duel עליו doit donc nécessairement être lu עליון, ainsi que l'ont fait les Septante.

éternelles de Jacob, parce que les parfums, les épices, l'or, les pierres précieuses, etc., venaient alors de ce côté. En donnant à cette expression de Jacob, שׁוֹר, la signification d'un taureau, il s'en sert pour revêtir Éphraïm de la mâle beauté du premier-né d'un taureau. Les dix mille d'Éphraïm et les mille de Manassès, sont une allusion à la décision du patriarche qui fait d'Éphraïm le premier-né de Joseph. Certes, il était impossible de compléter plus poétiquement et plus savamment la bénédiction de Jacob.

Éphraïm ne répondit pas entièrement à cette bénédiction, car il ne se fixa point à l'extrémité du pays. Il est possible que ce fût à cause des paroles de Moïse à son égard et à celui de Benjamin, que les intentions du pieux patriarche restèrent sans exécution. Benjamin s'établit entre deux ailes, deux épaules puissantes, c'est-à-dire entre les deux vaillantes tribus d'Éphraïm et de Juda. La première avait commencé par se fixer au centre du pays, dans une contrée fertile, mais qui cependant ne répondait pas au tableau de prospérité qu'en avaient tracé les bénédictions.

« Il dit à Zabulon :

« Réjouis-toi, Zabulon, réjouis-toi de ton commerce ; et toi, Issachar, réjouis-toi de tes tentes ! Les tribus se convoqueront dans vos montagnes [1], où elles offriront des sacrifices légitimes ; car là elles pourront savourer les confluents des mers et tous les trésors cachés dans les sables. »

J'ai tant de choses à dire sur ces paroles, que je renvoie mes lecteurs au supplément de ce chapitre. Quant à l'explication de la bénédiction suivante, je la renferme dans cette note [2].

---

[1] Je ne dois justifier ici ma version que sous le rapport grammatical, car elle est littérale. עַמִּים signifie tribu, ainsi que le prouvent les troisième et vingt-unième vers. D'autres circonstances locales exprimées par le mot כִּי, et qui se rapportent au port près d'Acco, et au lieu où l'on découvrit l'art du verrier, annoncent que הַר est une montagne peu éloignée des tribus dont on vient de parler. Le texte ne dit pas un mot qui pourrait faire présumer que des peuples étrangers seront appelés près d'une montagne appartenant à la tribu de Juda, pour y savourer les trésors de la mer.

[2] La bénédiction sur Gad contient des éloges et du blâme. Les éloges concernent la valeur, car Gad était la première des trois tribus dont se composait sa troupe. Voilà pourquoi il est appelé מְחֹקֵק, conducteur, chef, et qu'il est dit qu'il s'est emparé de son bel héritage comme un lion. Le blâme concerne l'empressement

« Il dit à Gad :

« Qu'il soit loué, le Dieu qui a donné de la place à Gad; il s'est établi comme un lion, et ravage les bras et la tête.

« Il a pris pour lui la première part de la conquête; car là, son héritage de prince était en sûreté. Cependant il marchera encore avec les autres à la tête de l'armée, pour terminer la guerre de Jéhovah, pour exécuter les jugements de Dieu sur Israël.

« Il dit à Dan :

« Et Dan aussi, ce jeune lion, s'élance sur eux du haut du Basan. »

Où il était sans doute campé alors. Il est clair que l'intention de Moïse était d'animer leur courage et de les exciter à terminer la conquête du pays.

« Il dit à Nephtali :

« Rassasié de faveurs et comblé de la bénédiction de Jéhovah, tu possèdes la mer et le midi du pays. »

C'est-à-dire près du lac de Génézareth, dans la partie la plus méridionale, conformément au testament de Jacob.

« Il dit à Aser :

« Aser sera béni entre les tribus, et il deviendra agréable à ses frères; il trempera son pied dans l'huile.

« Tes verroux sont de fer et d'airain, et ta force grandit avec ta vie. »

Ses richesses et sa force s'augmenteront à mesure qu'il apprendra à utiliser les produits de son pays, dont il fera jouir les autres tribus avec une cordialité fraternelle. Là encore, la bénédiction de Jacob a subi des changements que nécessitaient la politique et l'intérêt national. Ce n'est plus à des rois étrangers, comme le pensait le patriarche, mais seulement à ses frères, qu'Aser doit se rendre utile, en leur donnant de son huile et de son fer. Voilà comment Moïse cherchait toujours à unir les tri-

---

avec lequel il s'est emparé de cet héritage, ce qui l'a mis à même de demeurer à couvert (סכו) et dans un orgueilleux repos, tandis que ses frères étaient encore réduits à errer çà et là, sans autre abri que des tentes. Moïse le loue néanmoins à cause de la promesse qu'il a faite de marcher toujours à la tête de l'armée jusqu'à la fin de la guerre de Jéhovah, c'est-à-dire des jugements de Jéhovah sur la terre de Canaan. Gad a tenu cette promesse pendant la première campagne, où il a marché à la tête de l'armée. Josué, chap. 4, vers. 12.

bus, et à faire contribuer chacune d'elles à la prospérité de toutes par la communication des divers produits de leur sol. En un mot, ses efforts tendaient sans cesse à éveiller et à fortifier chez son peuple l'amitié fraternelle, l'esprit national et l'amour du travail appliqué à ces deux sentiments.

« Il n'est personne, ô Israël, de comparable à ce Dieu qui, du haut du ciel comme sur un char de guerre, vient à ton secours; qui, dans tout l'éclat de sa majesté, voyage sur les hautes nuées.

« Ce Dieu antique [1] est ton Dieu tutélaire, tu es sous son bras éternel! C'est devant tes yeux qu'il a précipité l'ennemi dans l'abîme, qu'il lui a dit : Disparais!

« Oui, Israël demeurera seul et en sûreté. L'œil de Jacob voit devant lui un pays plein de froment et de vin, car du ciel de ce pays coule une abondante rosée.

« Bienheureux Israël! où est-il le peuple qui puisse t'être comparé? le peuple que protège son Jéhovah, *Lui*, le bouclier de ta défense! *Lui*, le glaive de ton pouvoir! Laisse tes ennemis inventer des ruses contre toi, tu marcheras en vainqueur sur leurs hauteurs! »

C'est par ces paroles d'or que Moïse fait ses adieux à son peuple; il le confie à Dieu et lui fait chérir son pays, que ce Dieu regarde des hauteurs du Basan et du Guiléad. Là, Israël pourra demeurer seul et en sûreté, nourri, non comme l'Égypte par l'eau de son fleuve, mais par la rosée tombée immédiatement de la main de Jéhovah. *Ischirun* devait former un peuple de vaillants montagnards, qui, malgré les ruses de ses ennemis, ne cesserait de les combattre qu'après avoir marché en vainqueur sur leurs plus hautes montagnes.

Pourquoi les intentions de Moïse n'ont-elles pu se réaliser! La terre de Canaan, entourée de toutes parts par la mer, par le Jourdain, par de hautes montagnes, eût été, en effet, un refuge de paix céleste, que le travail et la concorde de ses habitants

---

[1] Le psaume 90, vers. 1, nous prouve que מעון est l'expression la plus forte par laquelle Moïse désigne l'éternelle durée et l'inviolable fidélité de Dieu. Par les mots קדם et עולם, par le char de guerre et les voyages victorieux de Dieu dans les nuages et sur la mer, il rappelle à son peuple les antiques miracles de son Dieu tutélaire.

pouvaient convertir en un véritable pays de Dieu. Placée au milieu des trois parties du monde et au pied des riches montagnes primitives de l'immense Asie, dont cette terre est, pour ainsi dire, le port, elle servait de passage à tout le commerce du monde antique. Cette situation seule aurait suffi pour rendre le peuple hébreu le plus heureux de la terre, s'il avait su profiter de ces avantages, et surtout s'il était resté fidèle à l'esprit de ses lois.

Pays maintenant si nu et si pauvre! toi dont nous connaissons chaque ruisseau, chaque montagne, chaque vallée, immortalisés par ta poésie sacrée, et plus encore par tes malheurs et par tes folies; toi que l'antique histoire de l'espèce humaine a traversé, et que tes superstitions et tes guerres sanglantes ont rendu si célèbre, l'avenir te réserve-t-il une célébrité nouvelle et plus pure? ou les sentiers et les monts de tes prophètes, jadis si fertiles en couronnes poétiques, se sont-ils desséchés pour toujours?

SUPPLÉMENT.

LE THABOR, MONTAGNE DU SANCTUAIRE.

Sage pensée de Moïse.

« Moïse dit à Zabulon :
« Réjouis-toi, Zabulon, réjouis-toi de ton commerce; et toi, Issachar, réjouis-toi de tes tentes! Les tribus se convoqueront dans votre montagne, où elles offriront des sacrifices légitimes; car là, elles pourront savourer les confluents des mers et tous les trésors cachés dans les sables. »

Pourquoi Moïse réunit-il ici deux tribus, et même deux tribus presque opposées? Il a soin de nous l'expliquer, et nous voyons que c'est à cause d'une montagne que les tribus doivent proclamer le sanctuaire des sacrifices légitimes. Il ajoute que, sur cette montagne, elles jouiront du confluent des mers, des raretés précieuses qu'elles apportent, et des trésors cachés dans le sable, c'est-à-dire le verre, qu'en ce lieu elles verront pour la première fois, et dont elles pourront faire une nouvelle branche de commerce. C'est ainsi qu'en les traitant comme des enfants, il cherche à les attirer, par l'attrait de la curiosité, vers le point qui devait être pour elles un lieu de réunion nationale.

Mais quelle était cette montagne qu'il recommandait ainsi aux tribus d'Israël, sans la leur imposer toutefois, car elles formaient un peuple libre? C'était évidemment le Mont-Thabor.

Situé entre Zabulon et Aser, le Mont-Thabor servait de limites à ces deux tribus, et dominait, pour ainsi dire, le golfe d'Acco, port naturel de toute la partie de la côte qui fait face au Thabor. Non loin de cette montagne se trouve le lac Cendevia, où le verre naquit, pour ainsi dire, de lui-même ; et le ruisseau Belus, que cette invention a rendu si célèbre, reçoit une partie des eaux du Thabor. C'est donc à lui seul que s'applique la description de la montagne dont Israël doit faire son sanctuaire. Moïse ne dit, en aucune façon, qu'il faille appeler les peuples étrangers sur une montagne située, peut-être, dans le désert, et loin des deux tribus spécialement nommées. Ceux qui ont cru trouver ce sens dans le texte l'ont violé, ainsi que je l'ai déjà fait observer. Les paroles du prophète sont, au contraire, fort claires : elles engagent les tribus, et non les peuples, à faire de la montagne un sanctuaire, un lieu de réunion nationale où elles trouveront toutes sortes d'avantages nouveaux ; et les détails topographiques prouvent que cette montagne ne saurait être que celle du Thabor.

Cette pensée de Moïse était sage sous tous les rapports. Le Thabor, ainsi que le dit son nom, qui signifie *nombril,* est le centre du pays, ce qui le prédestinait à devenir le point de réunion des tribus, comme le temple de Delphes était celui des divers peuples de la Grèce. Lorsque Sion, qui est située dans la partie basse du pays, devint ce point de réunion, les tribus qui demeuraient sur les hauteurs se trouvaient forcées de braver tous les inconvénients d'un long voyage ; aussi ne s'y exposèrent-elles que fort rarement, et, à la première occasion favorable, dix tribus se détachèrent de ce sanctuaire national, et choisirent, à Dan et à Béthel, des points de réunion plus commodes.

Si le peuple d'Israël avait étendu ses conquêtes aussi loin que l'avaient espéré Jacob et Moïse, c'est alors surtout que les esprits les plus bornés eussent été forcés de voir dans le Mont-

Thabor le seul lieu convenable aux réunions de toutes les parties de la nation. La nature elle-même semble avoir créé cette montagne dans un semblable but. Elle s'élève au milieu d'une plaine fertile, et tous les voyageurs vantent son aspect aussi magnifique que singulier. Séparée de toutes les autres montagnes, elle domine seule ses beaux et riants alentours, et sa forme est si parfaitement ronde, qu'elle semble avoir été modelée par la main d'un artiste. La rapidité de ses pentes la rend difficile à gravir et en fait une forteresse naturelle; aussi les Hébreux l'ont-ils fortifiée du temps des Romains et de leurs luttes contre ces vainqueurs du monde.

Assise sur un lit de rochers, elle verdit à mesure qu'elle s'élève, et une guirlande de vignes, d'oliviers, d'arbres à fruits et de bosquets, l'entoure jusqu'à son sommet; et, au milieu de ces masses de verdure, des oiseaux de toutes espèces, dont le chant réjouit les oreilles, ont établi leurs demeures. Sa cime élevée semble étendre son regard sur le pays tout entier; aussi Jérémie dit-il, en parlant d'un héros : Il marche le front haut comme le Thabor entre les montagnes! Sa cime est une plate-forme ronde qui a deux stades de longueur et une de largeur. Quelle place magnifique pour la tente sacrée d'un peuple de montagnards! quel théâtre majestueux pour y chanter les grandes et sublimes scènes de la nature : la mer, le lac et le Jourdain, la fertilité du sol, la vue des contrées si pittoresquement variées, et habitées par les heureuses tribus qu'unit le lien d'une concorde fraternelle, l'intérêt et la gloire nationale! Le Kison et le Kédimin, qui s'échappent de cette montagne, auraient mêlé à ces chants nationaux le bruissement de leurs eaux superbes, tandis que la petite et aride Sion n'a, pour accompagner ses hymnes, que le faible murmure de la fontaine des psaumes.

Tels étaient les avantages naturels de cette montagne; les raisons politiques lui en donnaient de plus grands encore. Placée entre deux tribus qui, sans être les plus ambitieuses, étaient les plus laborieuses et les plus actives, elle n'appartenait ni à l'une ni à l'autre, mais elle leur procurait à toutes deux l'avantage d'être le point de réunion des assemblées nationales. Issachar pouvait fournir le bétail nécessaire aux sacrifices, et augmenter ainsi les revenus de son fertile territoire; Zabulon, fixé sur les bords de la mer, aurait pu se féliciter, avec les habitants des villes commerçantes du voisinage, d'une situation si favorable à son industrie. Jamais on n'aurait eu à redouter une rivalité funeste entre les deux tribus, car descendant l'une et l'autre d'une mère légitime, elles ne le cédaient à aucune en dignité, mais elles n'aspiraient pas à la préséance, et ne cherchaient qu'à utiliser leur position par une activité paisible. C'est ainsi que les avait jugées Moïse, et qu'elles étaient en effet.

Pour mieux comprendre la bénédiction de Moïse sur ces deux tribus, il suffit de la rapprocher de celle de Jacob. Le vieux pasteur compara Issachar à une patiente bête de somme, et il le relégua dans un beau pays pour y distribuer de l'eau aux autres tribus et à leurs troupeaux. Moïse ne pouvait ni ne voulait faire entrer dans ses calculs d'économie politique les restes des peuples cananéens réduits à l'esclavage, et qui, par conséquent, auraient porté du bois et de l'eau au sanctuaire. Voilà ce qui le décida à transporter ce sanctuaire dans une contrée où se trouvaient d'un côté Issachar, la bête de somme, et de l'autre Zabulon, le courtier des denrées étrangères et précieuses, c'est-à-dire le nécessaire et l'utile, le superflu et l'agréable.

Quelle autre montagne de la Judée aurait pu offrir tant d'avantages, et répondre plus complètement aux intentions de Moïse, qui avait institué les fêtes nationales autant pour réjouir et édifier le peuple, que pour favoriser le commerce et encourager l'industrie? Un lieu de réunion si près du plus beau port de la côte, ne pouvait manquer d'attirer les étrangers, et stimuler ainsi l'amour du travail et l'échange des produits de ce travail. Enfin, ainsi que je l'ai déjà dit, ici était le port d'Acco, là le lac de Génézareth, partout les contrées florissantes des diverses tribus, et au milieu d'elles s'élevait le Mont-Thabor, la couronne du pays.

Belle couronne, tu ne fus pas acceptée! sage idée du législateur, tu ne fus pas exécutée! Dans son ignorance grossière, le peuple laissa l'arche d'alliance à la place où elle était venue s'asseoir d'abord, et il ne la visita que rarement. Chaque individu cherchait avidement à agrandir ses possessions, et s'inquiétait fort peu de la prospérité générale ; car déjà Moïse était mort, Josué très-vieux, Éléazar faible et sans influence. Bientôt l'arche tomba entre les mains des Philistins, et s'arrêta tantôt ici, tantôt plus loin, jusqu'au moment où David alla la chercher pour la conduire sur la montagne de son choix, sur sa Sion à lui.

Il n'en est pas moins incontestable qu'en établissant le Dieu national sur une montagne qu'il venait de conquérir et qu'il habitait lui-même, David consolidait son gouvernement. Au reste, le choix de cette montagne lui avait été imposé par les exigences de sa vie privée et de sa tribu, la seule dont le dévouement ne lui était pas douteux. Mais il est tout aussi certain, et la suite le prouve clairement, qu'en établissant le sanctuaire sur la montagne de Sion, il anéantit pour toujours le noble projet de Moïse, qui, par le choix d'une place indépendante pour les assemblées nationales, voulait établir une égalité fraternelle entre toutes les tribus. Mais ce fut surtout par l'élévation de Jérusalem au rang de résidence de Dieu et du roi, que David jeta au milieu de la nation la pomme de discorde qui causa, plus tard, une rupture complète entre les tribus.

Éphraïm et Juda, que la bénédiction de Jacob couronnait d'une seule et même couronne, se disputaient le premier rang ; et lorsque, sous David, Juda devint toute-puissante, Éphraïm se réunit aux autres tribus mécontentes qui se choisirent un roi et un sanctuaire à elles. Benjamin et Juda seules restèrent unies, à cause du temple qui était bâti sur leur montagne commune. S'il eût été élevé à la place que lui avait assignée Moïse, il aurait, sans aucun doute, exercé cette influence bienfaisante sur toutes les tribus.

En plaçant à l'extrémité du pays le lieu de réunion d'une nation dont les diverses tribus ne tenaient les unes aux autres que par un lien volontaire, on avait rompu l'équilibre de cette nation. Si nous remontons à la cause de ce mal, nous la trouvons dans une source aussi noble que pure, dans la bénédiction de Jacob. La reconnaissance qu'il devait à Joseph, et l'estime que lui inspirait la valeur de Juda, l'avaient poussé à accorder à ces deux fils des avantages dont leurs descendants abusèrent. Moïse avait ordonné de faire d'abord la conquête du pays tout entier, et de le partager ensuite selon le nombre d'hommes dont se composait chaque tribu. Rien n'était plus juste, plus équitable que cet ordre ; car, si les tribus les plus nombreuses commençaient par prendre leur part, comment les tribus les plus faibles pouvaient-elles faire valoir leurs droits ! qui aurait pu leur assurer une position et empêcher les plus forts d'abuser de la leur ? Cet ordre cependant ne fut point exécuté, et déjà Moïse lui-même s'était vu forcé de reléguer plusieurs tribus au-delà du Jourdain, parti extrême qu'il ne prit que malgré lui, et dont il crut pouvoir détourner les suites fâcheuses en engageant, par des serments solennels, toutes les tribus puissantes à marcher les premières à la guerre, afin d'aider leurs frères à achever la conquête de la terre promise.

Cette conquête, cependant, ne s'acheva jamais entièrement. A peine Josué avait-il terminé heureusement une campagne, que les tribus d'Éphraïm et de Juda s'emparèrent de tous les pays conquis, tandis que les tribus plus faibles, toujours réduites à errer au hasard, traitaient à l'amiable avec les Cananéens, afin de s'assurer un asyle. Le désordre était tel, qu'on fut forcé de recommencer trois fois le partage, afin que chaque tribu pût au moins avoir une part quelconque de la terre de Canaan.

Pour la plupart de ces tribus, surtout pour celles que Jacob avait négligées dans sa bénédiction, les lots furent si petits, qu'elles se virent réduites à chercher ailleurs des demeures plus conformes à leurs besoins. Voilà ce qui autorisa Moïse à répéter sans cesse au peuple que Dieu ne punissait les fautes des pères que jusqu'à la troisième et la quatrième génération, mais qu'il étendait ses bénédictions jusqu'à la millième.

En effet, était-ce la faute de Siméon et de Lévi, si leurs pères s'étaient rendus coupables d'une action indigne ? Celle de Dan avait-elle péché parce qu'elle descendait d'une femme illégitime ? Ces taches, qui remontaient aux aïeux les plus reculés, étaient-elles un motif suffisant pour les frustrer dans le partage du pays ?

En un mot, la distribution de la terre de Canaan s'était faite sans ordre et sans justice. Vers le nord, elle n'était pas entièrement conquise, et déjà les tribus les plus guerrières s'étaient établies au centre, dans les parties les moins sujettes à l'invasion, tandis que les tribus les plus faibles occupaient les points les plus dangereux et les plus difficiles à défendre.

Du côté de l'Égypte, le pays n'avait rien à craindre, car les tribus les moins guerrières étaient capables de tenir tête aux hordes arabes; mais, du côté du nord, du côté de l'Assyrie, de Babylone et de la Syrie, du côté enfin où Jacob et Moïse avaient voulu placer Éphraïm, Manassès et Benjamin, le pays était entièrement découvert.

Cette occupation imprudente amena des invasions qui causèrent d'abord la perte d'Israël, puis celle de Juda. Au reste, la ruine du peuple tout entier était, pour ainsi dire, consommée, du moment où il se divisa au lieu de rester uni, du moins jusqu'à l'achèvement total de la conquête.

Au milieu de ses divisions et de ses calamités, toutes vues d'ensemble, toutes mesures générales étaient d'une impossibilité matérielle; et personne ne songeait plus au sanctuaire que Moïse avait si sagement placé au nord; aucun lien commun ne rattachait plus les tribus les unes aux autres : aussi devinrent-elles, isolément, la proie des ennemis les moins redoutables et les moins forts.

Pendant ce temps, le Mont-Thabor resta ce qu'il avait toujours été, et, pour me servir d'une expression locale si souvent employée par les psaumes, il continua à célébrer la gloire du Créateur par la seule magnificence dont la nature l'avait paré. Sous le point de vue politique, et par rapport à sa forme et à sa situation géographique, il devint, toutefois, le premier théâtre d'une réunion nationale, convoquée pour perpétuer la mémoire d'une grande délivrance[1], et il fleurira éternellement dans l'hymne de Débora, comme le mont de la valeur et de la liberté.

[1] Juges, chap. 4, vers 5.

CHAPITRE VII.

CHANTS DE VICTOIRE DES ISRAÉLITES.

Histoire de Balaam, considérée d'après l'esprit du temps. — Penchant des peuples antiques et peu civilisés, surtout en Orient, pour les bénédictions et l'art de lire dans l'avenir. — Lutte méritoire de Moïse contre ce penchant. — But du chant du Puits. — Rêves, extases, visions des donneurs de bénédictions et des *prédisants*. — Vision de Balaam, son but et sa probabilité dans l'âme d'un Schaman. — Les bénédictions et les promesses de victoires considérées en elles-mêmes. — Quelle est leur origine? — Comment sont-elles venues en Israël? — De quelle manière se sont-elles conservées? — Livre des guerres de Jéhovah. — Extraits de ce livre. — Explication poétique de l'autel de Moïse. — Qui est-ce qui a tenu ses mains élevées vers le trône de Dieu? — Chant qui célèbre la victoire remportée sur les Ammonites. — Passages poétiques du livre de Josué et du livre des Juges. — Du soleil et de la lune arrêtés dans leur cours. — Du son des trompettes sous les murs de Jéricho. — Époque poétique du livre des Juges. — Différence entre ces époques et notre ordre de choses, plus légal et plus heureux. — Sur le ton de la narration des *dires* héroïques. — Tableau vivant des caractères et des aventures des héros. — Exemples tirés des récits de l'histoire de Samson.
Supplément : Chant de victoire de Débora. — Réunion de la musique et de la danse aux chants nationaux.

Nous venons d'examiner deux bénédictions sur Israël, qui appartiennent à deux époques bien différentes, et dont chacune a son coloris spécial. Je parlerai maintenant de la plus énergique de toutes, et qui pourrait leur servir de couronne triomphale, c'est-à-dire celle que Balaam prononça sur le peuple d'Israël, lorsqu'il l'aperçut campé devant lui. L'histoire de cette bénédiction a été sévèrement critiquée, et commentée de tant de manières, qu'il me parait indispensable de la présenter d'abord sous le jour le plus convenable à l'esprit du temps et du lieu.

Lorsque Israël marcha contre Moab, le roi de ce peuple, qui se sentait trop faible pour résister à un pareil ennemi, envoya chercher un célèbre *prédisant*, et lui ordonna de faire, par ses malédictions, ce que lui-même ne se sentait pas capable de faire par la force de ses armes [1].

---

[1] Moïse, liv. IV, chap. 22, vers. 1.

Cette conduite ne peut rien avoir d'extraordinaire pour tous ceux qui connaissent l'esprit des peuples antiques, et même des peuples modernes non civilisés. Tous faisaient un très-grand cas des anathèmes et des bénédictions de leurs magiciens ou sorciers. Lorsqu'ils avaient le malheur d'en offenser un, ils se croyaient menacés des plus grandes calamités, et ils attribuaient même à certaines paroles, à certains signes, le pouvoir absolu de bénir ou de maudire. L'histoire de toutes les nations, sans en excepter les savants Grecs et les Romains, fournit l'exemple d'une foule de semblables superstitions ; elles n'ont donc rien d'étonnant chez un peuple si ancien, à demi sauvage, et relégué dans les montagnes de l'Orient. Voilà pourquoi la vigueur avec laquelle Moïse s'opposa à toutes les pratiques superstitieuses, et défendit d'ajouter foi aux conjurations, soit en bien, soit en mal, est un de ses plus grands mérites. Le chant du Puits, qui date de la même époque, n'avait sans doute d'autre but que celui de détruire d'avance les superstitions auxquelles il aurait pu donner lieu [1].

« Viens [2], puits ! viens vers nous ! Chantez au-devant de lui ! Ce puits a été découvert pour nous par nos princes ; les plus nobles du peuple l'ont marqué de leur sceptre, ils l'ont marqué de leur bâton ! »

Moïse avait sans doute fait marquer ce lieu avec les bâtons des chefs de tribus, afin qu'aucune baguette de magicien ne pût en approcher. Balaam lui-même dit, en parlant du peuple de Moïse :

« Les charmes sont impuissants contre Israël, les bénédictions ne font rien contre Jacob. »

L'histoire que nous allons rapporter est donc entièrement à la louange d'Israël, car c'est par l'exemple du plus célèbre distributeur d'anathèmes et de bénédictions, que Moïse prouve combien cet art, condamné par lui, est vain et subordonné à la volonté du vrai Dieu.

[1] Les Arabes croient encore aujourd'hui que, pour conjurer les poissons et les forcer à se jeter en foule dans les filets, il suffit de crier : *Taï ! taï !* c'est-à-dire viens, viens ; et c'est précisément par ces mots que commence le chant du Puits. Plusieurs autres peuples ont de semblables sons magiques par lesquels ils espèrent faire jaillir l'eau de la terre.

[2] Moïse, liv. IV, chap. 21, vers. 16.

Les envoyés de Balac avaient été chargés de riches présents qui décidèrent Balaam à obéir aux ordres du roi ; mais le Dieu tutélaire du peuple qu'il devait aller maudire, lui apparut dans une vision nocturne, et lui défendit d'entreprendre ce voyage. Il n'y a donc rien là d'étrange ni de bizarre. A cette époque, les rêves passaient, chez tous les peuples, pour des inspirations prophétiques. Un homme qui, ainsi que Balaam, se dit à lui-même :

« Prononce des oracles les yeux ouverts, et entends la parole divine ; qui voit apparaître de puissants esprits se prosterne et les regarde les yeux ouverts. »

Un pareil homme, dis-je, ne doit-il pas être, pendant son sommeil, accessible aux visions les plus extraordinaires, puisque, dans l'état de veille même, il se croit capable d'une aussi complète extase ? Et pourquoi Dieu ne choisirait-il pas ce moyen facile pour lui parler, puisqu'il n'a pas dédaigné de suggérer, par la voie des rêves, des pensées et des ordres à Abimélech, à Nabuchodonosor, et à plusieurs autres païens ?

Enfin Balaam, effrayé par l'avertissement du Dieu protecteur d'Israël, refuse d'entreprendre le voyage. De nouveaux messagers arrivent avec des présents plus riches, le cœur du *prédisant* cède à la tentation, et Dieu permet le voyage, mais après avoir ordonné positivement à Balaam de ne prononcer aucune autre parole que celles qu'il mettra lui-même dans sa bouche. Pour l'impressionner plus fortement encore, il lui envoie sur sa route une vision qui a donné lieu à tant de discussions et de commentaires. Cette vision se développe par degrés. D'abord l'ânesse se détourne du chemin et se presse contre la muraille, puis elle tombe sur ses genoux, et alors seulement la vision se manifeste à l'âme du *prédisant*. Il entend parler l'ânesse, il voit le messager de Jéhovah le glaive nu à la main : c'était sans doute une flamme brillante qui étincelait devant lui. Enfin, il entend la voix de l'ange ; ce messager de Jéhovah lui barre le passage, lui reproche d'être plus insensible que son ânesse, qu'un faible avertissement avait arrêtée ; il le menace même de le tuer et d'épargner l'ânesse ; puis il lui ordonne de nouveau de ne dire que ce que le Dieu d'Israël mettra dans son cœur. Ainsi effrayé et averti, il continue sa route, un mors terrible a été mis sur sa bouche.

Dans tout ceci, il n'y a rien d'incompatible avec la nature d'un Schaman. Qu'on lise les récits des voyageurs qui ont visité les pays où se trouvent encore de pareils hommes, et l'on sera étonné de l'état violent où l'imagination les jette parfois. Alors leur ame semble sortir du corps, qui reste sans mouvement et sans apparence de vie; elle entreprend des voyages et revient apporter au corps avec lequel elle se réunit de nouveau, des renseignements sur les divers endroits qu'elle a visités. De là, des prédictions que les peuples vénèrent, et qui ont vivement étonné plus d'un savant voyageur [1]. Tous, au reste, s'accordent à admirer la surexcitation de ces hommes, qui les jette dans des états si inexplicables, qu'en les comparant à la vision de Balaam, cette dernière nous paraît un jeu d'enfant. Pourquoi la divinité, puisqu'elle voulait s'emparer de ce rusé *prédisant*, qui, certes, ne s'était pas mis en route pour maudire; n'aurait-elle pas choisi le moyen le plus familier à cet homme, et qui devait l'influencer plus vite et plus fortement que tout autre ?

Un phénomène terrible l'arrête dans son voyage; il est parfaitement éveillé, lorsqu'il voit, entend, et fait tout ce que rapporte la narration. Des esprits étroits et bornés peuvent seuls attacher quelque importance à savoir si l'ânesse a réellement parlé, de quelle manière elle s'est exprimée, si Dieu lui a donné l'intelligence humaine et les organes du langage, ou si elle n'était qu'un aveugle instrument de sa volonté, etc. Qu'il nous suffise de savoir que l'ânesse a parlé au Schaman dans une vision, c'est-à-dire qu'il a entendu une voix et vu un être surnaturel, que nous ne pouvons ni entendre ni voir, si nous ne voulons pas aussi devenir des Schamans.

La parole d'un homme doué d'une imagination aussi puissante, doit nécessairement être sublime, et elle l'est en effet. Tout ce qu'il dit est le véritable משל; c'est-à-dire que sa parole est à la fois digne, concise, vivante et pleine d'images. Moïse n'a pas un seul passage, et les prophètes, ses successeurs, n'en ont que fort rarement, qui puissent être comparés aux paroles de Balaam. On pourrait les placer à côté du livre de Job, et l'his-

---

[1] Pallas, Gmelin, Carver, Lafiteau, Leem, etc.

toire qui nous y conduit, avec ses rêves et ses visions, avec ses menaces terribles et toujours croissantes, avec ses montagnes diverses et leurs sept autels, est si simple, si symétrique par ses répétitions, qu'on croit s'élever vers le dénouement par des degrés enchantés.

BÉNÉDICTION DE BALAAM SUR LES TENTES RÉUNIES D'ISRAEL.

« Balac m'a fait venir d'Aram ; le roi de Moab m'a fait sortir du fond des montagnes de l'est ; il m'a dit : Arrive, maudis Jacob ; arrive, lance des anathèmes sur Israël! Comment puis-je maudire ce que Jéhovah ne maudit point? Comment pourrai-je lancer l'anathème contre celui pour qui Jéhovah n'en a point?

« De la pointe du rocher je contemple ce peuple ; du haut de la cime des monts mon regard plane sur lui. Regarde-le ! c'est un peuple qui demeurera toujours seul, qui ne recevra jamais les autres peuples parmi les siens. Qui pourrait compter la poussière de Jacob? qui pourrait prononcer le nombre du quart d'Israël? Oh! si ma destinée pouvait être semblable à la destinée de ces braves[1] ! Oh! si ma foi pouvait être semblable à la leur! »

Effrayé de l'entendre bénir les enfants d'Israël, au lieu de les maudire, le roi conduit Balaam à une autre place, comme s'il craignait que celle où il se trouvait ne fût un de ces lieux funestes qui ne peuvent donner que des inspirations mauvaises, et qui rendent inutiles tous les sacrifices offerts aux dieux. De la nouvelle place qu'il choisit, c'est-à-dire de la cime du Mont-Pisga, on découvre jusqu'à la dernière tente d'Israël ; là, on construit sept autels, on y célèbre sept sacrifices ; Balac et tous les princes de Moab en sont témoins. Balaam retourne dans la solitude pour prendre les ordres de Dieu ; il revient et dit :

« Lève-toi, ô Balac! et écoute ; apprends ce que je vais te dire, moi, fils de Zippor : Dieu n'est pas un homme pour dire des mensonges ; il n'est pas un fils des hommes pour manquer à sa parole.

« Peut-il donner des ordres qui ne seraient pas exécutés?

---

[1] ישרים paraît être le nom d'honneur d'Israël, à peu près dans le même sens que ἀγαθός. Dans les temps les plus anciens, *Ischirun* est souvent employé comme un des noms d'Israël, et même dans le Cantique des cantiques, ce sont les καλοὶ κ ἀγαθοί, ישרים, qui aiment Salomon Voyez Cantique, chap. ι, vers. 4.

peut-il parler sans que son dire ne se réalise ? Regarde ! j'ai reçu des bénédictions ; oui, il a béni ! je ne puis faire qu'il en soit autrement !

« Je ne puis voir aucun malheur au-dessus de Jacob, pas une calamité ne plane sur Israël ! Jéhovah son Dieu est avec lui, il porte en lui de royaux chants de triomphe. Dieu l'a conduit hors de l'Égypte ; sa course impétueuse est comme celle du taureau sauvage. L'art des prédictions ne sert à rien contre Jacob, les pressentiments de l'avenir ne font rien contre Israël. Tout lui est révélé en temps et lieu, et alors on lui dit ce que Dieu a résolu de faire[1]. Regarde-le bien, ce peuple ! il se lève comme un lion ! Semblable à un jeune lion, il s'agite et ne se couche point qu'il n'ait dévoré sa proie. »

Balac descend jusqu'à la prière, il supplie Balaam de ne pas bénir du moins, puisqu'il ne peut se résoudre à maudire ; et il le conduit à une troisième place sur la cime du Péor, d'où l'on découvre le désert. Quand les autels sont dressés, quand les sacrifices ont été offerts, le *prédisant* ne va pas chercher des augures au loin ; il lève les yeux, voit Israël campé dans l'ordre de ses tribus, et l'inspiration s'empare de lui ; il élève la voix et dit :

« Ainsi parle Balaam, fils de Béor ! ainsi parle l'homme dont l'œil est ouvert ! il parle ainsi celui qui a entendu les arrêts divins, celui qui a vu la face du Tout-Puissant, celui qui se prosterne et regarde les yeux ouverts !

« Que tes tentes sont belles, ô Jacob ! tes demeures, ô Israël, s'étendent comme l'eau des torrents, comme les jardins le long des fleuves, comme les aloès plantés par Dieu lui-même, comme les cèdres sur le bord de l'eau. L'eau jaillit de ses sources, de grands fleuves seront ses fils ; son roi sera plus grand qu'Agag, et son empire sera célèbre entre tous. Dieu l'a conduit hors de l'Égypte ; sa course est impétueuse comme celle du taureau sauvage. Il dévore les peuples, ses oppresseurs ; il dévore leurs os percés de flèches, puis il se couche et s'étend comme un lion, comme un jeune lion rassasié. Qui oserait l'irriter et le pousser

---

[1] Ce passage indique très-distinctement la différence entre les *prédisants* et les prophètes.

à se relever? Béni sera celui qui te bénit, ô Israël, maudit sera celui qui te maudit! »

Balac s'emporte enfin, il frappe dans ses mains, et ordonne à Balaam de s'en retourner dans son pays; mais avant de se retirer, le *prédisant* apprend au roi ce que son peuple aura à souffrir de celui d'Israël. Dans ce passage, la prédiction s'élève à sa plus grande hauteur.

« Ainsi parle Balaam, fils de Béor; ainsi parle l'homme dont l'œil est ouvert. Il parle ainsi celui qui a entendu les arrêts divins, celui qui connaît la sagesse du Très-Haut. Il a vu la face du Tout-Puissant; il s'est prosterné, et son regard était ouvert!

« Je le vois, il n'est pas encore là; je le contemple, il est encore loin. Une étoile plane sur Jacob [1], un bâton de commandement se lève au-dessus d'Israël. Il abattra tous les coins de Moab, il fera tomber en ruines toutes ses hauteurs fortifiées [2]. Édom est sa propriété, il fera la conquête de l'hostile Séhir. Israël accomplira de vaillantes actions; un vainqueur sortira de Jacob, il détruira le reste de nos demeures!

« Il laisse planer son regard sur Amalec, élève son discours sentencieux, et dit :

« Amalec! toi le premier entre les peuples! le dénouement de ta destinée sera la destruction!

« Il laisse planer son regard sur les Kéniens, élève son discours sentencieux, et dit :

« Ta demeure est solide, tu as construit ton nid dans le rocher, comme si le nid du rocher n'existait que pour ravager, jusqu'au moment où, toi aussi, tu seras entraîné par Assur.

« Il reprend son discours sentencieux et dit :

« Hélas! qui pourra y survivre, si Dieu exécute encore ceci? Des navires venus des côtes de Kittimes humilieront Assur! ils humilieront Héber; lui aussi périra!

---

[1] David, le vainqueur des Moabites.

[2] Le בְּנֵי־שֵׁת est ici le parallélisme de פַּאֲתֵי מוֹאָב : si l'un signifie les points et les ouvertures des rochers, l'autre ne saurait indiquer, soit qu'on lise שֵׁת ou שֵׁת , que les tours qu'on y avait élevées, ou les hommes qui défendaient ces tours. Les enfants de Seth, comme nom de race, ne sauraient trouver place ici.

« Et Balaam se leva et s'en alla pour retourner en son pays. Balac aussi se leva et reprit sa route. »

Quel triomphe pour Israël ! Quelle couronne de victoire toujours plus riche en lauriers ! Et tout ceci ne serait qu'une ruse des Moabites ! Mais comment cela serait-il possible, puisqu'elle est contre eux et en faveur des Israélites ? S'il y a ruse et mensonge, c'est Moïse qu'il faut en accuser, Moïse ou un de ses successeurs, mais lequel ? où est le poëte dont les productions puissent être comparées au discours de Balaam ?

On a demandé souvent quelle importance Israël pouvait attacher aux bénédictions ou aux malédictions du *prédisant* d'un peuple ennemi, et qui servait de faux dieux ? Songeons, avant tout, que son discours n'a pas été prononcé pour nous, mais pour Israël et pour Moab ; que les Hébreux craignaient la guerre ; que Balaam était très-célèbre dans l'art de prédire l'avenir ; et que, s'il leur avait lancé des anathèmes, ils eussent été aussi découragés que le fut Moab, lorsqu'il entendit prédire à Israël de si glorieuses destinées. Jéhovah se conforma donc, dans cette circonstance comme dans bien d'autres, à la faiblesse de son peuple, et il fit du projet de ses ennemis, qui devait intimider Israël, un évènement qui ranima son courage.

Mais comment Israël apprit-il cet évènement ?

Pouvait-il ne pas se répandre rapidement en Moab et en Israël ? n'était-il pas campé devant Moab ? Balaam n'habitait-il pas dans les montagnes de l'Orient, et ne périt-il pas de la main des Israélites ? Il est probable que cette histoire fut consignée dans le livre des guerres de Jéhovah, dont plusieurs chants et plusieurs passages poétiques sont cités, presque à la même place où se trouve cette histoire [1]. Nous connaissons donc jusqu'à la source où elle a été puisée, et la manière dont elle a été conservée. Voyons maintenant les autres chants et les autres passages poétiques dont je viens de parler.

Lorsque Moïse, pressé de toutes parts, défit Amalec, il commença à écrire le livre des guerres de Jéhovah, qui fut continué après lui, mais dont il ne nous reste que quelques fragments.

---

[1] Moïse, liv. iv, chap. 22, vers. 14 à 30.

Le premier de ces fragments est celui qui chante la victoire de Moïse sur Amalec [1].

« Je veux détruire, je veux entièrement détruire de dessous le ciel, la mémoire d'Amalec! »

L'autel que construisit Moïse, et qu'il appela: *Jéhovah, ma bannière de victoire*, a également une explication toute poétique, ainsi que le prouve ce passage :

« Car ma main était élevée vers le trône de Jéhovah! La guerre de Jéhovah sera contre Amalec; elle se perpétuera de génération en génération. »

Ce ne fut point la main d'Amalec, mais celle de Moïse, qui, pendant la bataille, s'était élevée vers Jéhovah; une pierre soutenait cette main, ce qui fit naître l'idée de l'autel appelé *bannière de victoire*. C'était en vainqueur que Moïse avait élevé ses mains vers Jéhovah.

Les autres fragments de ce livre contiennent plusieurs chants [2]. J'ai déjà donné celui du puits: en voici un qui célèbre la victoire d'Israël sur les Amorrhéens.

CHANT DE VICTOIRE SUR LES AMORRHÉENS QUI FURENT LES VAINQUEURS DE MOAB.

« Venez à Hesbon, construisez et fortifiez Sihon! Un feu est sorti de Hesbon, une flamme est sortie de Sihon; elle a dévoré les montagnes de Moab et les habitants des hauteurs d'Arnon.

« Malheur à toi, Moab! et toi, peuple de Kémos, tu es perdu! Tes fils ont été forcés de fuir! tes filles sont devenues les captives des rois de Sihon et des Amorrhéens!

« Leur joug est brisé! De Hesbon jusqu'à Débon, nous avons tout détruit! nous avons tout ravagé jusqu'à Nophah; nous avons tout ravagé jusqu'à Médéba! »

Les Israélites s'excitent ainsi mutuellement à entrer dans la terre conquise d'Hesbon et de Sihon; ils se glorifient d'avoir vaincu les vainqueurs de Moab, et vantent les hauts faits de leurs ennemis avec une ironie dont leurs anciens chants de victoire abondent, mais qui n'ont aucun charme pour nous.

---

[1] Moïse, liv. II, chap. 17, vers. 14.
[2] Moïse, liv. IV, chap. 21, vers. 14.

Le livre de Josué n'offre aucun fragment de ce livre des guerres de Jéhovah. Les traits les plus hardis de la narration semblent cependant avoir été empruntés aux chants de victoire ; et, dans le plus hardi de tous, celui qui parle du soleil et de la lune arrêtés dans leurs cours, le livre des anciens chants héroïques est très-positivement cité [1]. Cette citation seule suffit, selon moi, pour détruire les fausses interprétations dont ce chant a été si longtemps l'objet.

Josué attaque les Amorrhéens, le matin de bonne heure, et il combat jusqu'à la nuit, c'est-à-dire pendant toute la durée de la journée, qui semble se prolonger pour lui donner le temps d'achever sa victoire. Le soleil et la lune, car il poursuit l'ennemi pendant la nuit, deviennent les témoins de ses hauts faits ; et, comme frappés de surprise, ces astres s'arrêtent au firmament jusqu'à ce que le héros ait complété sa victoire. La nature entière semble s'être mise à ses ordres ; elle aussi obéit à la voix du général en chef, et Jéhovah lui-même se soumet à cette voix ; car c'est lui qui fait fuir l'ennemi en le frappant d'une terreur divine, c'est-à-dire panique ; il fait plus, il le poursuit dans sa fuite par la grêle qu'il fait tomber sur lui comme autant de combattants alliés de Josué. Telles sont les images des évènements de cette journée, qui ont servi de base à la narration que l'on en a faite en ces termes :

« Et lorsqu'ils s'enfuirent devant Israël, sur la route de Beth-Horon, Jéhovah jeta du haut du ciel de grosses pierres sur eux, le long du chemin jusqu'à Hazéka. Ils tombèrent ! il en tomba plus sous ces grosses pierres de grêle, qu'il n'en était tombé sous le fer des Israélites.

« C'était ce jour-là que Josué parla à Jéhovah, le jour où Jéhovah lui livra l'Amorrhéen devant tout Israël, et dit devant tout Israël :

---

[1] Ce livre, ישר, tire sans doute son nom de שיר (chant), et s'il était un recueil des chants héroïques d'Israël, il devait nécessairement commencer par le chant sur le passage de la mer Rouge, et par conséquent par ce mot : אשירה, qui, peut-être, lui a donné son nom. ישר peut signifier aussi *livre des héros*, parce que ce nom est le nom héroïque des enfants d'Israël, qui étaient des ישרים (αγαθοι), ainsi qu'on l'a déjà vu dans la bénédiction de Balaam. Soit qu'on traduise ישר par *livre des héros* ou par *recueil de chants héroïques*, son contenu prouve qu'il renfermait des chants semblables.

« Arrête-toi, soleil, sur Gabaon, et toi, lune, demeure dans la vallée! Et le soleil s'arrêta, et la lune demeura dans la vallée d'Ajalon, jusqu'à ce qu'elle fût terminée la victoire, la victoire d'Israël! Car, n'est-il pas écrit dans le livre des chants héroïques : « Le soleil s'est arrêté au milieu du ciel, il n'est pas allé se reposer, et cependant le jour était déjà terminé ? Il n'y a jamais eu un jour de victoire comme celui-là ; pas un ne l'a précédé, pas un ne le suivra, ce jour pendant lequel Dieu lui-même obéit à la parole du héros; pendant lequel Jéhovah lui-même combattit avec lui pour Israël. »

Qui pourrait ne pas voir que tout ceci est de la poésie, lors même qu'on n'aurait pas cité le livre des chants héroïques? Au reste, les expressions et les images n'ont rien d'étrange ou de téméraire dans la langue d'Israël. Que de fois n'est-il pas dit dans les livres de ce peuple, même dans le style simple et sévère de l'histoire : « Dieu combattit pour Israël. » Dans le chant de Débora, les étoiles font partie des combattants; ailleurs, le soleil, la lune et onze étoiles s'inclinent devant un jeune pâtre endormi; le soleil a sa chambre à coucher, et il sait quand il doit s'y retirer pour se reposer [1].

Il en est de même de plusieurs passages du livre de Josué et de celui des Juges. Si l'on y voit les murs s'écrouler devant le son sacré des trompettes, il suffit de lire cette description avec l'esprit du temps pour ne plus rien y trouver d'extraordinaire. Les cris de guerre s'unissaient au son des trompettes qui se prolongeaient pendant l'attaque dont elles étaient le signal. Le général avait, durant six jours, défendu aux siens de commencer l'assaut, mais le septième, lorsque l'ennemi, trompé par les vaines promenades des jours précédents, avait laissé le matin

---

[1] Il est possible que Josué ait manifesté le désir que le jour pût se prolonger. Les héros d'Homère n'ont-ils pas plus d'une fois exprimé de semblables désirs, et n'est-il pas, pour ainsi dire, inséparable de l'ardeur du combat! Lorsque ce désir de Josué s'est réalisé par un crépuscule plus prolongé qu'à l'ordinaire; lorsque le ciel lui-même est venu au secours d'Israël par une pluie de grosse grêle, n'était-il pas naturel qu'alors on fît, dans le chant qui devait célébrer cette victoire, un tableau magnifique de la journée où on l'avait remportée, qu'on l'appelât une journée sans pareille, qu'on montrât le héros donnant des ordres au soleil et à la lune, réduits à contribuer à la victoire, à admirer sa valeur; qu'on allât même jusqu'à représenter Jéhovah se résignant à agir sous les ordres de ce héros ?

ses murs sans défense, il ordonna l'attaque; les cris de guerre se mêlèrent au son des trompettes, et la ville fut conquise.

La vie, l'ame du livre des Juges, consiste en semblables traits héroïques. Tout y respire l'esprit de son époque, et la jeune ardeur d'un peuple montagnard, nouvellement organisé, qui est souvent opprimé parce que l'ordre n'est pas encore bien établi, mais dont on voit briller la valeur et l'amour de la liberté, sinon dans l'ensemble de ce peuple, du moins dans la conduite de ses héros. Selon moi, cette époque pourrait être appelée l'ère poétique d'Israël, et je vais motiver cette opinion.

Les époques d'ordre civil et politique, de prospérité calme et de rigidité dans les mœurs, sont certainement les plus heureuses pour les nations; mais elles ne sont pas les plus favorables à la poésie, qui, pour paraître avec éclat, a besoin de chanter, dans une liberté illimitée, des actions audacieuses, des passions violentes, des aventures extraordinaires.

« A cette époque, dit le livre des Juges, il n'y avait point de roi en Israël, et chacun faisait ce qui lui paraissait juste. »

Cette prétendue justice n'était souvent qu'une injustice révoltante; mais celui qui s'en rendait coupable y avait été poussé par un sentiment violent, et que rien ne cherchait à comprimer. Dès qu'un individu se signalait par une action vaillante, de peu d'importance même, on disait : « L'esprit du Seigneur, c'est-à-dire l'esprit national, le guide; le dieu du pays l'a réveillé et lui met les armes à la main; l'esprit de Jéhovah le pousse, » etc.

On parlait ainsi de l'homme qu'on croyait inspiré, même quand il ne se recommandait ni par la pureté de ses mœurs, ni par la bonté de son cœur.

Rien n'est plus pauvre que les objections qu'on a élevées contre ce livre et contre les aventures qu'il rapporte; car les auteurs de ces objections semblent avoir pris à tâche d'oublier le temps où ce livre a été écrit. Les nations antiques se permettaient dans leurs guerres les ruses les plus raffinées; il en est encore de même aujourd'hui chez les peuples sauvages qui, malgré leur valeur, dont il est impossible de douter, aiment mieux employer la ruse que la force. Cette arme était surtout une nécessité pour un peuple opprimé au-dehors, toujours agité au-dedans, et où l'esprit national n'existait encore que chez quelques individus isolés; car un seul homme, quels que soient son courage et sa force, pourrait-il raisonnablement se flatter de résister à des hordes entières, surtout quand il n'a pas sur elles l'avantage des inventions qui ont fait de la guerre un art, une science? Au reste, ces inventions sont-elles autre chose que des ruses? et peut-il y avoir une ruse plus stupide, un courage plus lâche que celui qui sort de la bouche d'un canon?

Laissez passer Jéhu, quand, éveillé par Jéhovah, et l'épée à la main, il va trouver le tyran étranger. Le mot qu'il a à lui dire de la part de Dieu, est un mot plus national que nos victoires à nous, scellées du sang de tant de milliers de victimes. Tout dépendait alors de la valeur et de la force individuelle. Je conviens que Jahel, femme de Héber, cette sauvage habitante des camps, qui, d'accord avec tout Israël, cloua dans sa tente le général de l'ennemi, ne mériterait pas les décorations destinées à récompenser les hauts faits militaires de nos temps; mais l'éloge national renfermé dans le chant de Débora, lui appartenait de droit. Avant de vouloir appliquer aux Hébreux la morale et les lois de la guerre moderne, il faudrait transformer les hordes sauvages qu'ils avaient à combattre, en troupes régulières et disciplinées; il faudrait, surtout, donner à cette époque reculée l'esprit et les mœurs de notre époque à nous.

> Qualem ministrum fulminis alitem,
> Cui rex Deorum regnum in aves vagas
> Permisit, expertus fidelem
> Jupiter in Ganymede flavo;
>
> Olim inventas et patrius vigor
> Nido laborum propulit inscium :
> Vernique jam nimbis remotis
> Insolitos docuere nisus.
>
> Venti paventem ; mox in ovilia
> Demisit hostem vividus impetus :
> Nunc in reluctantes dracones
> Egit amor dapis atque pugnæ.

C'est ainsi que je me retrace à moi-même les hauts faits de Débora, de Gédéon, de Jephté, de Samson; et je n'ai pas besoin de chercher dans la morale des circonstances auxiliaires pour me les expliquer. Le ton de la narration place toutes ces histoires dans un jour merveilleusement poétique. Plusieurs d'entre elles, et notamment celle de Samson fait captif par ses ennemis sur les genoux de Délila, ont dans leur marche toute la symétrie et même le rhythme de la poésie; les expressions sont d'une énergie remarquable, et le langage des héros est plein de l'esprit de Jéhovah, c'est-à-dire enthousiaste et audacieux. L'apparition d'un ange ou d'un prophète sans nom, qui venait annoncer la naissance d'un de ces héros; les preuves singulières qui attestaient leur renommée et leur courage; l'arrogance présomptueuse qui caractérisait toutes leurs actions, et surtout celles de Samson; les énigmes, les jeux de mots, donnent à ces récits plus de poésie qu'on n'en saurait trouver dans les poèmes héroïques avec leurs mythes merveilleux. Chacun de ces héros est peint si fidèlement et avec tant de détails, que les deux ou trois chapitres qui lui sont consacrés, suffisent pour le faire vivre et agir devant nous. Quelques traits empruntés à l'histoire de Samson, prouveront cette vérité.

Une gaieté joviale et une présomptueuse étourderie sont, pour ainsi dire, les compagnes inséparables de sa vie. Le vin et toutes les boissons fortes lui étaient interdites; il s'en dédommagea par l'amour, qui le fit plusieurs fois tomber dans les filets de ses ennemis, et finit par lui coûter sa force, sa liberté et ses yeux. Chercher une femme parmi ses ennemis afin de se frayer une route pour arriver plus facilement à eux, était une idée extravagante, mais tout-à-fait dans le caractère d'un jeune étourdi qui, sûr de sa force, la prodigue au hasard, et partage son cœur entre la guerre et l'amour. Semblable à beaucoup de héros, il était homme avec les hommes, et femme avec les femmes.

Après avoir répondu étourdiment à ceux qui, par sa propre faute, avaient deviné son énigme, il tue trente Philistins, afin de payer aux trente convives de sa noce l'amende de cette énigme. Puis il quitte sa femme; bientôt après il revient, lui apporte un chevreau pour présent, et veut entrer dans sa chambre comme s'il ne l'avait jamais quittée. En apprenant qu'elle est devenue la femme d'un autre, il répond tranquillement que, puisqu'il a un juste motif d'attaquer les Philistins, il ne s'abstiendra plus de leur faire du mal.

L'histoire des trois cents chacals et des tisons allumés sous leurs queues, est tout-à-fait dans son caractère ; et le ridicule dont on a cherché à la couvrir ne vaut pas la peine d'être refuté. Les chacals étaient très-communs dans ce pays, et, par conséquent, faciles à prendre. Au reste, un joyeux aventurier tel que Samson, ne devait pas manquer de compagnons prêts à le seconder dans de telles entreprises, dont ils n'avaient jamais que le plaisir, car Samson prenait pour lui seul toute la responsabilité.

Les mêmes considérations s'appliquent à l'aventure de la porte de Gaza, qu'il transporta sur une montagne pour se moquer des habitants de cette ville, et surtout à celle de la mâchoire d'âne, qui lui fournit un jeu de mots dont il était amateur passionné.

Le lieu où il prit cette mâchoire s'appelait *Lehi*, c'est-à-dire *mâchoire* ; c'était sans doute un passage étroit, une caverne, qui devait ce singulier nom à sa forme. Les concitoyens de Samson s'étaient chargés de la tâche honteuse de le lier et de le livrer ainsi aux Philistins ; il leur avait lui-même permis cette lâcheté, à la seule condition qu'ils ne se jetteraient pas sur lui s'il venait à s'échapper. Arrivé au passage de *Lehi*, qui lui parut sans doute propre à son projet, il rompit tout-à-coup ses liens, saisit une mâchoire d'âne qui se trouvait dans ce passage, s'en fit une arme, acheva sa délivrance en tuant les Philistins, et prononça son mémorable jeu de mots auquel il en fit aussitôt succéder un autre, sur la source que Dieu montra au vainqueur altéré par le combat. De nos jours encore, cette source s'appelle *source de l'invocation* ; pour s'être conservée si longtemps, il fallait qu'elle partît d'un objet plus stable que la mâchoire que Samson tenait à la main, et cet objet ne pouvait être que le rocher de *Lehi*.

Quant à la belle et triste histoire du piège que lui tendit Délila, elle s'explique par la nature de son caractère. Naturellement impressionnable et facile à s'enflammer des feux de l'amour, les séductions d'une femme lui arrachèrent son secret. Il savait pourtant que sa force extraordinaire ne lui était accordée qu'à condition qu'il garderait fidèlement le secret du vœu qui le consacrait au Dieu national; aussi, à peine eut-il violé ce vœu, qu'il sentit sa force, c'est-à-dire l'assistance de son Dieu, se retirer de lui.

Le courage et la gaîté lui revinrent cependant avec sa chevelure; et, lorsque les Philistins lui ordonnèrent de les divertir, sans doute dans quelque temple d'idole légèrement bâti, il se promit d'essayer ses forces renaissantes contre les colonnes de ce temple, afin de mourir joyeusement et étourdiment comme il avait vécu. Il mourut en effet en ennemi irréconciliable des Philistins, heureux de son dernier jeu de mots et de sa mort, puisqu'elle entraînait celle de ses ennemis.

Une histoire si caractérisée, si complète par elle-même, pourrait-elle n'être qu'une fiction? Les faits qu'on a cherché à tourner en ridicule ou à justifier par des commentaires forcés, sont précisément ce qu'il y a de plus beau dans cette histoire; il en est de même de toutes celles que contient le livre des Juges.

Le plus beau chant héroïque des Hébreux, celui de Débora, se trouve dans le même livre et appartient à la même époque. Le psaume 68 tend à l'imiter, mais il en reste très-loin. Chez Débora, tout est présent, vivant, agissant; tandis que chez David, ce vieux *dire* héroïque devient le chant cérémonieux d'un cortège d'État, qui ne pouvait jamais être autre chose qu'un cortège d'État.

O toi, héroïne immortelle qu'abritait l'ombre des palmiers, permets-moi de me mêler à la danse triomphale de ton peuple, et de répéter, de ma voix faible et timide, l'écho de ton chant sublime.

CHANT DE TRIOMPHE DE DÉBORA.

« En ce jour de victoire, Débora et Barac, fils d'Abinoham, chantèrent ainsi:

« Israël s'est vengé[1]! Le peuple est allé volontairement au combat; louez le Seigneur!

« Rois, écoutez! princes, prêtez l'oreille; je chanterai Jého-

---

[1] Conformément au syrien, à l'arabe et à plusieurs manuscrits, qui tous écrivent ישראל.

vah ! Je veux chanter Jéhovah ! je veux faire sonner les instruments en l'honneur de Jéhovah, le Dieu d'Israël !

« Lorsque tu partis de Séhir[1], lorsque tu arrivas des montagnes d'Édom, alors, ô Jéhovah ! la terre frémit, l'eau tomba du ciel, les nuées versèrent des torrents d'eau ! Devant la face de Jéhovah les montagnes se fondirent ; il se fondit, le Sinaï, devant la face de Jéhovah, devant le Dieu d'Israël !

« Aux jours de Samgar, fils de Hanath, aux jours de Jahel, les grandes routes étaient désertes ; tous ceux qui avaient l'habitude de les suivre, marchaient sur des sentiers détournés. Elles étaient désertes, les assemblées d'Israël[2] ! elles étaient désertes jusqu'au moment où je me suis levée, moi Débora ! jusqu'au moment où je me suis levée, moi la mère d'Israël !

« Ils ont choisi des dieux nouveaux[3], et aussitôt la guerre est venue assiéger leurs portes, et pas un bouclier, pas une lance ne se voyaient parmi les quarante mille d'Israël[4]. Mon cœur vous remercie, ô vous, chefs d'Israël, et vous, volontaires d'entre le peuple ! glorifiez tous Jéhovah avec moi[5]. Vous qui êtes montés sur des ânesses étincelantes de blancheur, vous qui vous asseyez sur des tapis précieux, vous qui marchez à pied dans les rues[6], songez à composer un hymne !

« Un hymne pour être chanté par les pasteurs[7] qui tirent des

---

[1] Le chant commence par la même image que Moïse emploie livre v, chap. 33, vers. 2, et qui est imitée par David, psaume 68, et par Habacuc, chap. 3. Au reste, la plupart des chants de victoire des Hébreux commencent ainsi, car tous les poètes de cette nation marchaient sur les traces de Moïse, qui était leur Homère.

[2] Voyez sur le mot פרזון, la note à l'occasion d'Habacuc, dans le premier supplément du troisième chapitre.

[3] Le livre des Juges est basé sur cette pensée : il attribue à ce motif toutes les calamités du pays. Les principaux récits sont donc aussi anciens et aussi conformes aux lois de Moïse que ce chant.

[4] Non parce qu'il n'y avait ni lances ni boucliers en Israël, mais parce que personne ne s'était levé pour conduire au combat les quarante mille d'Israël.

[5] Les chefs et les subordonnés doivent tous s'associer au chant de remerciement, car tous ont pris part à la victoire. Il y a là une délicatesse d'expression et de pensée qu'on est étonné de trouver à une époque aussi reculée.

[6] Les riches et les chefs assis sur leurs précieux tapis, et le peuple qui marche à pied dans les rues, tous ont des droits égaux aux fruits de la victoire, c'est-à-dire à la liberté, à la sécurité, à la prospérité publiques.

[7] Je prends מ comme *augmentativum*, ainsi qu'il est pris fort souvent dans les mots chantés. En expliquant ainsi ce vers obscur, il devient clair et s'accorde naturellement avec l'ensemble. La bataille a été livrée près des ruisseaux et des torrents

fontaines l'eau qu'ils distribuent à tous les troupeaux, afin que là aussi on célèbre la bonté de Jéhovah; que le peuple des campagnes d'Israël célèbre la bonté de Jéhovah [1], car c'est par là que le peuple de Jéhovah est entré dans les défilés.

« Anime-toi ! anime-toi, Débora [2] ! Réveille l'esprit, et chante la victoire ! Lève-toi, Barac, fils d'Abinoham, va chercher des captifs !

« Et une petite troupe est allée avec lui au-devant des forts; le peuple de Jéhovah est allé avec moi au-devant des puissants !

« Les premiers sont venus d'Éphraïm sur Amalec; puis, tu es arrivé, toi, Benjamin, avec tes peuples. Des chefs de guerre sont venus de l'autre côté de Makir, et ceux qui portaient le bâton de la revue [3] sont descendus de Zabulon. Les princes d'Issachar étaient aussi avec Débora; et, semblable à Barac en ardeur guerrière [4], Issachar s'est élancé dans la vallée [5].

« Sur les bords des ruisseaux de Ruben seulement, on tenait de longs et nombreux conseils [6]. Que fais-tu là, Ruben, assis entre tes clayonnages? Serait-ce pour écouter le bêlement de tes troupeaux? Sur les bords des ruisseaux de Ruben, on tenait de longs et nombreux conseils !

du Mont-Thabor; c'est là que l'on devait éternellement célébrer cette victoire. Elle a été remportée dans la saison des pluies; et les torrents et les ruisseaux étaient tellement grossis, qu'ils entraînèrent les Cananéens dans leur cours. Voilà pourquoi Débora débute par le tableau des nuages qui versent de l'eau, et qu'elle introduit les étoiles qui annoncent la pluie, en qualité de combattants alliés d'Israël. Puis elle décrit les défilés du Thabor où le peuple s'était placé, et indique ainsi très-clairement le théâtre de la victoire.

[1] L'habitante de la campagne prend toutes les mesures nécessaires pour que sa victoire et la délivrance d'Israël ne soient jamais oubliées par le peuple de la campagne. Le souvenir s'y est en effet perpétué.

[2] Ou bien : *bouillonne, bouillonne*, exalte-toi, afin que tu puisses tracer le tableau de toute la campagne! et ce tableau se déroule en effet dans son admirable ordre de bataille. Après l'appel à Barac, la marche commence, et l'on voit arriver successivement toutes les tribus qui ont suivi l'héroïne. Elle habitait les montagnes d'Éphraïm, et c'est là aussi que s'est formé le noyau de l'armée. Le mont qu'elle habitait spécialement s'appelait sans doute Amalec, car, à cette époque, chaque partie d'une chaîne de montagne avait son nom particulier.

[3] Toutes ces descriptions prouvent que les anciens des tribus avaient marché avec elle, et excité le reste à les suivre.

[4] C'était pour mieux honorer la valeur de cette tribu qu'elle la comparait à Barac. Le Mont-Thabor était situé entre Zabulon et Issachar.

[5] L'explication de cette expression se trouve dans le chap. 4 du livre des Juges, où l'on voit que toutes les tribus se sont arrêtées sur la plate-forme du Thabor.

[6] C'est ici que commencent les railleries sur les tribus restées en arrière.

« Galaad, au-delà du Jourdain, est resté tranquille, et Dan aussi ; sans cela pourquoi habiterait-il des navires ? Aser n'avait rien à redouter sur le rivage de la mer, aussi est-il resté dans ses baies. Mais le peuple de Zabulon a joué sa vie contre la mort ! Et lui aussi, le vaillant Nephtali, sur le haut de ses monts [1].

« C'est contre eux qu'ils sont venus, les rois [2], et qu'ils ont combattu ! Oui, ils ont combattu à Tahanar, près des eaux de Méguiddo, les rois de Canaan ! mais ils n'ont pas eu ce qu'ils demandaient, ils n'ont pas eu d'argent !

« Du haut du ciel, les étoiles ont combattu contre eux ; les étoiles sont sorties de leurs arènes, elles ont combattu contre Sisera ! Le Kison les a entraînés ! ils ont été entraînés dans le cours tortueux des torrents du Kison ! Marche, mon ame ! marche et avance avec force [3] !

« Alors, ils ont trépigné, les pieds des chevaux ! ils ont trépigné quand ils fuyaient, quand ils fuyaient devant les héros ! Que maudit soit Meroz ! dit le messager de Jéhovah [4]; prononcez l'anathème sur ses habitants ! Ils ne sont pas venus au secours de Jéhovah, au secours de Jéhovah au milieu de son armée de héros !

« Bénie soit entre toutes les femmes Jahel, la femme de Héber le Kénien ; qu'elle soit bénie entre toutes celles qui habitent les tentes ! Il a demandé de l'eau, elle lui a donné du lait. Dans un vase magnifique elle lui a donné du beau lait caillé ; et sa

---

[1] Ce sont ces deux tribus que Débora a d'abord offertes à Barac, et dont le courage et la fidélité lui étaient assurés ; aussi leur donne-t-elle les éloges les plus glorieux. Elles formaient, avec la partie la plus septentrionale de la tribu de Juda, de vaillants peuples montagnards. Zabulon n'est ainsi opposé à Aser et à Dan, que parce qu'il habitait sur les bords de la mer, ce qui ne l'a pas empêché d'arriver au combat.

[2] L'héroïne leur donne ce titre par ironie et par mépris, et ne les élève ainsi que pour les anéantir. C'est dans ce même esprit qu'elle parle de la mère de Sisera, et de ses *nobles dames*.

[3] Elle s'excite à décrire le reste de la bataille ; elle chante la fuite et la victoire, et traite avec ironie et mépris l'ennemi et les tribus restées en arrière.

[4] Dans tout le livre des Juges, la voix de Dieu s'appelle *l'ange de Jéhovah*. Voyez chap. 2, vers. 1 à 4, chap. 6, vers. 12 à 22 ; chap. 13, vers. 3 à 21. Ici cette expression est sans doute empruntée au premier passage, car lorsque cet *ange de Jéhovah* paraît, il demande la conquête du pays. Débora parle donc ici au nom de Dieu, c'est-à-dire comme une voix nationale.

main gauche s'est avancée vers le clou, et sa main droite s'est approchée d'un lourd marteau.

« Et elle a frappé Sisera! elle lui a transpercé la tête! elle lui a transpercé les tempes! Il s'est étendu, il s'est tordu sous ses pieds, il est tombé! il est resté étendu! Sous ses pieds, il s'est tordu, il est tombé! Là où il s'était tordu, il est retombé; il est resté pâle et sans vie[1]! »

« Elle a regardé par la fenêtre, la mère de Sisera[2]; elle a crié à travers les grilles : « Pourquoi son char tarde-t-il à venir? Pourquoi les roues de ses attelages roulent-elles si lentement? »

« Les plus sages de ses dames lui ont répondu, et elle aussi s'est aussitôt adressé la parole à elle-même : « N'aurait-il pas trouvé de butin à faire et à partager? Une jeune fille, deux jeunes filles pour chaque homme, et des vêtements de couleur pour Sisera[3]? Du butin en vêtements de couleur brodés à doubles broderies, du butin en parures de couleur, pour orner le cortège triomphal. »

« Périssent ainsi tous tes ennemis, ô Jéhovah! Mais ceux qui t'aiment! oh! que ceux-là soient semblables au soleil, quand il paraît dans toute sa magnificence[4]! »

SUPPLÉMENT.

UNION DE LA MUSIQUE ET DE LA DANSE AU CHANT NATIONAL.

L'écrivain anglais Brown[5] assure que l'influence de la poésie, de la musique et de la danse n'est jamais plus forte que lorsque ces trois arts sont réunis; et qu'ils n'agissent si puissamment sur

---

[1] Tout ceci n'est qu'une ironie et une description imitative qui se plaît à peindre jusqu'au dernier soupir de Sisera mourant, tableau tout-à-fait dans l'esprit du temps. Plusieurs relations de voyages en Orient nous apprennent qu'on sait y donner au lait une qualité enivrante. C'est sans doute de ce lait qu'avait bu Sisera, qui, caché dans le gynécée de la tente, trouva la mort pendant le sommeil de l'ivresse.

[2] Le contraste de ce tableau avec celui qui précède, en rend l'ironie plus saillante.

[3] Les femmes du harem de Sisera ne voulaient pas qu'il eût des jeunes filles pour sa part du butin; elles ne lui souhaitaient que des vêtements de couleur et des parures pour orner l'entrée triomphale de leur maître et amant.

[4] Cette sentence est pour ainsi dire le scellé du chant, et prouve que ce chant est aussi bien conduit qu'il est national, local et conforme à l'esprit du temps.

[5] Brown's *Dissertation on the rise, union, power, the progressions, separation and corruptions of poetry and music*. London, 1763.

les peuples sauvages, que parce que chez ces peuples ils sont toujours inséparables.

Si, en avançant cette opinion, il l'avait appuyée sur des faits, au lieu de l'appliquer à des objets qui n'existent plus, et de l'étendre jusque sur la législation ; s'il n'avait pas voulu expliquer par cette opinion chaque particularité de chaque genre de poésie, il n'y aurait rien à lui objecter.

L'union de ces arts, chez tous les peuples peu avancés en civilisation, est un fait avéré ; chez les Grecs eux-mêmes, le drame naquit du chœur, c'est-à-dire de la poésie unie au chant et à la danse. Il est également avéré qu'à leur point de départ, ces divers arts n'en font qu'un. La poésie naturelle ne vit qu'à l'aide du son, comme la musique naturelle n'est rien sans la poésie. La musique, en général, ne fournit qu'une série de sensations obscures et vagues qui ont besoin d'être déterminées par des paroles, sous peine de fatiguer, d'endormir ou d'attrister toutes autres que des oreilles complètement artistiques. L'exemple des enfants prouve que la poésie et la musique réunies conduisent naturellement à la danse. Les sensations vives, vivement exprimées par des paroles et par des sons, demandent l'accompagnement du geste ; c'est donc à juste titre que Milton a dit :

« Musique et parole, bienheureux couple de syrènes ! Filles célestes, sœurs jumelles de la joie la plus pure ! lorsque vous apparaissez la main dans la main, votre démarche, vos sons et votre divine parole, sont trois fois vivifiants ! »

Puisque, dans la nature humaine, les divers sens dont chacun de nous est doué agissent sur une seule et même ame, pourquoi leur action, en dehors de nous, serait-elle séparée ? Pourquoi l'œil intérieur, qui voit des visions célestes, ne serait-il pas soutenu par l'oreille intérieure qui entend des sons célestes ? et pourquoi tous deux ne pourraient-ils pas, dans leur plus vivante manifestation, se servir du geste pour rendre les images, et de la danse pour régler le rhythme des sons ? Dans la poésie comme dans la musique, le rhythme n'est que de la danse ; les images de la poésie ne sont autre chose que les gestes de la nature universelle et vivifiante qui se reflètent dans l'ame et sur le visage de l'homme.

Ces trois arts enfin sont tellement enlacés, qu'il est impossible de diviser leurs notions, même métaphysiquement, sans que l'une ne vienne aussitôt glaner dans le champ de l'autre. Il faut donc qu'il y ait entre eux un point de contact qui, dès qu'il est atteint dans les conditions de la perfection, exerce une puissance irrésistible. Cette puissance agit sur toutes nos forces matérielles et se glisse dans l'ame par tous les organes à la fois ; souvent même elle l'assaillit violemment, car elle touche au *sensorium commune* où dorment les images, les sons, les sensations et les mouvements, et devient ainsi une harmonie au-dessus de la nature terrestre.

Il résulte de là que ces trois puissants arts atteignent rarement le point de contact si délicat qui les réunit. Toutes les images de la poésie n'enfantent pas le geste ; tous les sons de la musique n'éveillent pas la danse des sentiments. Si l'un s'avance trop, l'autre reste en arrière, et le triangle harmonique, dont le charme ne consiste que dans une concordance apparente de ses cordes, devient une monstruosité ; il vaut donc infiniment mieux, en ce cas, que chaque art marche seul sur sa route à lui.

Ce fut sans doute dans un cas analogue que chacun d'eux devint un art spécial. Ainsi réduit à remplacer par son mérite à lui, l'attrait que cette séparation lui avait fait perdre, il se développa de son mieux, et se mit à agir par son propre mouvement ; tandis que, réuni aux deux autres arts, dont l'essence n'était pas entièrement conforme à la sienne, son action n'avait jamais été que plus ou moins relative. Il est donc certain que, par cette séparation, chacun de ces arts a gagné comme art objectif, mais il a perdu comme art subjectif organe de la nature.

La réunion de ces arts dans un équilibre parfait, n'est possible que lorsque pas un d'eux n'est arrivé au degré de perfection qui constitue un art véritable, c'est-à-dire aux époques où la poésie ne s'est pas encore élevée des châteaux dans les champs de l'idéal, inaccessibles à la musique et à la danse ; ou la musique n'est pas encore assez raffinée pour qu'un langage d'oiseau puisse seul appliquer des mots à ses sons ; où la danse n'est pas encore l'art d'enchaîner des détours de labyrinthe mais un idiome de gestes qui, contenus par la musique, expriment les passions et peignent les actions, sans étude et sans effort.

Quand la séparation a eu lieu, quand, pendant plusieurs siècles, chaque art s'est perfectionné sur sa route spéciale, et que nos organes se sont perfectionnés avec lui, la réunion devient difficile et ne peut jamais s'effectuer que lentement et par degrés. On mettrait vainement sous nos yeux les danses artistiques des peuples dont les sens ont conservé toute la force primitive, le dithyrambe des Grecs même ne nous toucherait plus; notre oreille ne sait plus lier tant de choses à la fois pour en faire une sensation spontanée; elle cherche à suivre chacune d'elles sur sa route, et manque ainsi le moment de l'association subite des idées, des émotions sensuelles et des sentiments secrets, association qui fait à elle seule toute la magie.

L'époque où ces trois arts étaient étroitement unis se rapportera donc aux peuples dont les sensations sont encore peu nombreuses, mais fortes, et où toutes les jouissances sont publiques; chez les peuples qui enferment la poésie dans le cercle étroit de leur race, de leur pays, des hauts faits de leurs pères, des désirs et des actes de leur vie bornée, et qui, depuis leur enfance, se sont accoutumés à unir à la narration de ces évènements, des gestes vrais, et les sons les plus agréables à leurs oreilles; chez les peuples enfin où la musique n'était qu'un chant de chœur, et dont les gestes, loin d'être soumis à des règles scientifiques, n'étaient déterminés que par la bienséance des passions, et certaines conventions nécessaires pour les rendre intelligibles. Chez de pareils peuples seuls, il y avait un point de réunion pour les trois routes, une place où les trois sœurs magiques pouvaient exécuter leur triple chœur; et, dès que ces peuples se sont avancés sur le chemin de la civilisation, le séduisant fantôme s'est évanoui.

Le peuple hébreu, comme tous les peuples musicalement poétiques, a eu une pareille époque, et, certes, cette époque n'était pas celle de sa plus haute civilisation. Le chant sur les bords de la mer Rouge n'a pas de mesure précise dans les syllabes, mais il est riche en sons, en chants de chœur et en imitations mimiques. L'adufe était l'instrument des femmes dansantes ; et les sombres monosyllabes finales sont probablement une espèce d'écho que formait la voix des hommes. De nos jours encore, nous voyons les enfants procéder ainsi pour exécuter des chants de chœur ; ils s'unissent au son dominant, au dernier mot de la phrase, même dans le cas où ils sont encore trop jeunes pour prononcer distinctement ce mot.

Le temps des Juges est peut-être celui de la complète union de ces trois arts dans toute leur simplicité, union dont le chant de Débora est le seul modèle parfait. Loin d'être partagé en strophes pindariques, il se compose de trois parties bien distinctes :

1° L'introduction, depuis le premier jusqu'au onzième verset ; elle est souvent interrompue par des invocations au peuple.

2° Le tableau de la bataille, et l'énumération des tribus, depuis le douzième jusqu'au treizième verset ; l'éloge y est toujours mêlé au blâme, et le genre mimique domine.

3° Le tableau dérisoire de la victoire de Sisera, depuis le vingt-huitième jusqu'au trentième verset, qui termine sans doute ce chœur par un chant général.

Il est impossible de ne pas reconnaître la parenté de ce morceau avec les chants imitatifs par lesquels les peuples sauvages ont toujours célébré les principaux faits de leurs victoires.

Ceci nous explique la grande influence que la poésie exerçait à une époque où elle était encore si loin des véritables conditions de l'art. Pour impressionner, il lui suffisait d'être passionnée et imitative, et de chanter des actions vivantes ; voilà pourquoi les bruyants chœurs des prophètes, et la douce harpe de David agissaient sur Saül avec une force égale. Au reste, qui de nous n'a pas été parfois vivement impressionné par certains passages de musique, par certains airs que nous aimions dans notre enfance ? Dans l'affliction ou dans la maladie, ces impressions sont plus fortes encore, et produisent souvent des effets surprenants. Je citerai ici un exemple que l'on peut regarder comme le pendant de l'influence que la musique simple et touchante de David exerça sur Saül.

Une jeune personne, atteinte d'une fièvre chaude, avait conservé de cette maladie un dérangement d'esprit qui la rendait insensible à tout ce qui se passait autour d'elle ; sa vie s'écoulait, pour ainsi dire, dans un rêve perpétuel. Après avoir épuisé toutes les ressources de son art, le médecin fit chanter à la mère de cette jeune personne, les airs qu'elle avait affectionnés pendant son enfance. La malade prêta l'oreille, et bientôt elle écouta avec attention, avec attendrissement même. La guérison cependant ne s'opéra point ; alors le médecin conçut l'heureuse idée de faire composer et exécuter, par un musicien habile, des variations fort simples sur ces mêmes airs. La malade fondit en larmes, et demanda pourquoi elle avait dormi si longtemps. La musique avait rompu le charme qui fascinait sa raison.

Si les compositeurs voulaient étudier les sons et les airs favoris des individus isolés, et s'en servir pour les diriger, ils pourraient opérer des prodiges. Chez les nations encore simples et naïves, ces sons ont été indiqués dans les chants nationaux qui, en célébrant certains sujets de prédilection et d'orgueil de famille, se gravent dans le cœur et dans le cerveau de chaque individu ; et lorsque, plus tard, et dans des circonstances solennelles, ils entendent de nouveau des sons chers à leur enfance, ils se sentent rajeunis et retrouvent les agréables extases de l'enthousiasme du premier âge.

Tout le monde sait que les grandes réunions, et surtout les chants en chœur de ces réunions, ont un pouvoir magique, non-seulement parce que la consonnance des vagues de l'air attaque plus fortement les facultés sensitives, et que l'ame se laisse entraîner dans ce torrent où elle ne se paraît plus à elle-même qu'une goutte, mais parce que l'enthousiasme général des idées amies des nôtres nous saisit avec une force irrésistible ; c'est ainsi que surgissent ces douces fureurs dont l'homme du monde raille, et que le froid et sévère philosophe cherche vainement à s'expliquer.

La plupart des évènements de cette époque reculée du peuple hébreu, ne sont qu'un thème pour la plus simple des poésies, unie à la plus simple des musiques, c'est-à-dire des tableaux lyriques. Voyez la fille de Jephté, elle marche à la mort au milieu d'un chœur de jeunes filles qui déplorent sa perte; c'est en victime qu'elle approche de l'autel, c'est en fiancée qu'elle entre au royaume des ombres ! Elle pleure sur sa jeunesse, elle fait des adieux touchants à tout ce qu'elle a aimé dans cette vie; peut-être même prophétise-t-elle au pied de l'autel où elle va mourir. Quel tableau attendrissant dans les paroles, dans les sons, dans les gestes ! Plus d'un poëte a exploité la belle position de David devant Saül; mais je n'en connais pas un qui se soit approprié la harpe de ce roi, ou qui ait, du moins, produit une poésie semblable à l'ode de Dryden dans la composition de Handel, lorsque Timothée joue devant Alexandre.

Samson a fourni au mélodieux Milton un drame très-musical, et nous connaissons tous *Les Israélites au désert*. Le glaive de Jéhu aurait pu donner lieu à un chant semblable, du moins à celui qu'on entendait en Grèce pendant les Panathénées, car le sujet est le même. Hermodius et Aristogiton avaient caché leurs glaives, lorsqu'ils frappèrent le tyran Hipparque et rendirent la liberté à Athènes. Leur chant est resté après eux, et leur souvenir vit dans les accents de la gloire.

Il est fâcheux que, lorsque les Allemands traitent les antiques et merveilleuses histoires, ils choisissent toujours la forme de l'épopée; cette forme fait de ces sortes de sujets un conte trop long et sans énergie; le genre lyrique, que d'autres nations ont employé, convient mieux; car par lui tout résonne avec plus de concision, de force et de sentiment.

Les manières de voir de ces temps sont elles-mêmes pleines de poésie. Il suffit d'avoir lu dans Eschyle l'invocation de l'esprit de Darius, qui apparaît au milieu d'un chant de chœur et prédit les destinées de son malheureux empire, pour ne plus se perdre en spéculations métaphysiques sur les ruses de la pythonisse d'Endor, chez laquelle se rendit Saül pour interroger les morts. Comme Darius, l'ombre du prophète Samuel sort du royaume des morts pour prédire l'avenir d'Israël et la mort prochaine de Saül et de ses fils. Tous les patriarches qui prophétisaient avant de mourir ne nous rappellent-ils pas Hector, Patrocle, Cassandre, qui, dans Homère et dans Eschyle, prophétisent au moment où ils quittent la vie ?

Les premiers évènements de la jeunesse de David, son amitié pour Jonathan, la généreuse conduite de ce dernier, ne sont-ils pas aussi de riches tableaux de sentiment pour la musique et pour la poésie? En un mot, c'est à l'époque du livre des Juges que la muse hébraïque fleurit de tout l'éclat de sa jeunesse naïve. Les miracles du désert étaient déjà assez loin pour ne plus peser sur la nation, et assez près encore pour la rendre satisfaite et fière d'elle-même. Si, plus tard, ces miracles devinrent une tradition usée, du temps des Juges ils étaient un souvenir qui excitait l'enthousiasme national, car chaque héros était inspiré et guidé par l'esprit de Jéhovah. Cette conviction, et les anciens miracles dont ils goûtaient encore les fruits, donnaient de l'unité et du charme, même aux actions qui n'étaient pas toujours louables par elles-mêmes.

S'il était possible de raconter aux enfants l'histoire de tous les peuples, comme le livre des Juges et ceux de Samuel racontent celle de leur époque, ils l'apprendraient avec la même facilité qu'ils apprennent les contes poétiques.

CHAPITRE VIII.

TRAITS DIVERS DE LA JEUNESSE POÉTIQUE D'ISRAEL.

La fable de Jotham. — Sur l'esprit des fables orientales en général. — Enigmes de Samson. — Enigmes d'Agur. — Amour des enfants et des peuples neufs pour ce genre de poésie. — Jeux de mots de Samson. — Sur les jeux de mots des Hébreux en général, et sur les causes de leur fréquent emploi chez ce peuple. — De leur but et de leur valeur pour l'oreille et pour la mémoire. — Penchant des Hébreux à rendre les idées nouvelles par des expressions anciennes et consacrées. — L'époque des Juges était-elle une époque heureuse? — Chant d'Anne: Annonce d'une autre époque. — Mérites de Samuel. — Ecoles des prophètes. — Quelles étaient ces écoles? — Effets de leurs chants sur Saül. — Amitié de David et de Jonathan.
Supplément: Chant de deuil de David sur Jonathan.

La belle fable de Jotham appartient à l'époque poétique de la liberté d'Israël; ainsi que les fables d'Ésope et de Ménénius Agrippa, elle a été composée sur un fait vivant, et récitée au peuple pour lui servir de leçon. C'est là, sans contredit, la meilleure source et le meilleur but de la fable. Dans celle de Jotham, les arbres agissent et parlent, car alors le peuple d'Israël vivait sous des arbres, de la vie de pasteur et de laboureur. Le plus jeune des fils d'un digne père, et dont tous les frères ont été assassinés, monte sur le haut d'un montagne, élève la voix, s'adresse au peuple qui a fait son roi de l'oppresseur de sa race, et dit:

« [1] Vous tous, hommes vénérables, seigneurs en Sichem, écoutez-moi, et Dieu aussi vous écoutera.

« Un jour les arbres se mirent en route pour oindre un roi sur eux. Ils arrivèrent près de l'olivier: « Sois notre roi. » Et voilà ce que leur répondit l'olivier: « Abandonnerai-je le suc onctueux qui me fait honorer par les dieux et par les hommes, pour aller planer au-dessus des autres arbres? »

« Alors les arbres s'en allèrent dire au figuier: « Viens et sois notre roi. » Et voilà ce que leur répondit le figuier: « Abandon-

[1] Juges, chap. 9, vers. 7.

nerai-je ma douceur et mes beaux fruits de chaque année, pour aller planer au-dessus des autres arbres ? »

« Alors les arbres s'en allèrent dire au cep de vigne : « Viens et sois notre roi. » Et voilà ce que leur répondit le cep de vigne : « Abandonnerai-je mon moût si doux qui réjouit les dieux et les hommes, pour aller planer au-dessus des autres arbres ? »

« Alors les arbres s'en allèrent dire au buisson d'épines : « Viens et sois notre roi. » Et voilà ce que répondit le buisson d'épines : « S'il est vrai que voulez m'oindre afin que je sois votre roi, venez et confiez-vous à mon ombre. Si vous ne le faites pas, que le feu sorte de mes épines et qu'il dévore les cèdres du Liban ! »

On sent que cette fable vit et s'agite au milieu de l'époque sauvage d'une liberté autonome. Animée par l'esprit et le sentiment de cette liberté, elle peint le bonheur et la gloire tranquille des arbres à fruits, dont pas un ne demande la dignité royale; et elle fait ressortir les qualités divines par lesquelles le buisson d'épines devient roi, et dont il se sent doué dès qu'on lui offre la royauté. On pourrait ajouter que cette fable dévoile l'essence secrète de la royauté; car le buisson d'épines sec et dur, sans huile et sans fruits, se réjouit de pouvoir planer ainsi au-dessus des arbres riches en ombrages et en fruits. Cette fable raconte jusqu'aux premières faveurs octroyées par le buisson royal, c'est-à-dire la capitulation qu'il accorde aux cèdres du Liban, condamnés à se courber sous son ombre, ou à être dévorés par ses flammes. Que cette fable est belle ! Et à combien d'époques différentes les tristes vérités qu'elle contient ne pourraient-elles pas s'appliquer ?

L'Orient abonde en semblables apologues politiques et moraux. Ce que les historiens des nations européennes cachent sous les sombres vêtements de l'aphorisme, ceux de l'Orient le décorent des riches et brillantes draperies de la poésie. Le tyran qui les a privés du droit de parler librement et franchement, a été forcé de leur laisser la fable, le proverbe, le conte; et, sous ces gracieux déguisements, la vérité se gravait dans l'ame du peuple, et arrivait parfois jusqu'à l'oreille des souverains. C'est ainsi que Nathan raconte au roi selon le cœur de Dieu, la petite parabole de l'unique brebis du pauvre[1]; c'est ainsi qu'Isaïe chante au peuple, son ami bien-aimé, une fable sur un autre ami bien-aimé, et qui consiste à peindre le premier comme une vigne stérile et inutile, que le second, qui est le maître de cette vigne, menace d'un destruction prochaine[2].

Les prophètes traçaient des symboles sur les murailles; parfois ils étaient eux-mêmes des symboles, des fables vivantes. Et quand, poussé par la curiosité, le peuple demandait : Quel est celui-là? que signifient les signes absurdes qu'il trace? les prophètes lui donnaient des explications affables et bienveillantes qui, parfois, leur fournissaient des jeux de mots.

« [3] Que vois-tu, Jérémie? — Le bâton d'un amandier (שָׁקֵד).

« Tu vois juste, car je veux veiller sur ma parole (שֹׁקֵד), afin que je puisse la tenir. »

La poésie hébraïque est riche en semblables allusions aux noms propres, aux monuments et aux faits historiques.

Puisque les énigmes et les jeux de mots de Samson appartiennent à cette époque poétique des Hébreux, il me semble à propos de donner ici de plus amples explications sur ces deux traits caractéristiques de la poésie orientale.

Lorsque Samson célébra sa noce, il ne trouva pas de meilleur moyen pour amuser ses hôtes, que cette énigme qu'il leur dit en vers :

SAMSON[4]. — « Je veux vous proposer une énigme, et vous, devinez-la. »

RÉPONSE. — « Eh bien! dis ton énigme, nous écoutons. »

SAMSON. — « De celui qui dévore est venue la nourriture; du fort et du cruel est venue la douceur. »

RÉPONSE. — « Rien n'est plus doux que le miel, rien n'est plus fort que le lion. »

SAMSON. — « Si vous n'eussiez pas labouré avec ma génisse, vous n'eussiez pas deviné mon énigme. »

[1] Samuel, liv. 2, chap. 12, vers. 1.
[2] Isaïe, chap. 5, vers. 1.
[3] Jérémie, chap. 1, vers. 11 et 12.
[4] Juges, chap. 14, vers. 12 à 18.

Dans le texte, chacun de ces passages est un parallélisme et sans doute une rime. Les questions sont posées d'une manière solennelle, et les convives y répondent sur le même ton. Ils ont sept jours pour réfléchir sur le mot de l'énigme, et le prix qu'il s'agit de gagner ou de perdre est très-considérable; tout cela prouve l'importance qu'on attachait alors à ces sortes de jeux d'esprit.

Dans les livres postérieurs, on retrouve encore ce penchant, cette vénération pour les énigmes. La reine de Saba vint tout exprès pour en proposer une à Salomon, et éprouver ainsi sa sagesse; et l'avant-dernier chapitre des proverbes de ce roi ne contient presque que des énigmes; leur cachet seulement a quelque chose de plus élevé.

PAROLES D'AGUR, FILS DE JAKÉ [1].

« Cet homme prononça de nobles paroles en Ithiel; en Ithiel et en Ucal, il parla ainsi :

« Moi, le plus insensé d'entre les hommes, je n'ai rien de ce que les hommes appellent sagesse; je n'ai rien appris de la science des hommes; comment pourrai-je savoir la science des saints?

« Où est-il, celui qui est monté au ciel et en est descendu? Qui a renfermé les vents dans sa main? qui a noué les eaux dans une tunique? qui a posé à la terre toutes ses limites? Quel est le nom de cet homme? quel est le nom de son fils? Dis-le-moi, si tu le sais! »

J'ai déjà cherché, dans un ouvrage précédent [2], à interpréter ces énigmes; mais je crois qu'alors j'étais loin de comprendre leur véritable sens, qui est plus simple qu'on ne le croit, et qu'on ne trouve pas, parce qu'on le cherche trop profondément.

Le sage Agur veut donner à ses disciples une utile et noble leçon, et il débute avec beaucoup de modestie, afin qu'on ne s'attende pas à trouver chez lui une trop grande science. Lui qui se dit inférieur en raison à tous les hommes de sa race et

---

[1] Proverbes de Salomon, chap. 30.
[2] *Lettres sur l'étude de la théologie*, par Herder; volume 1ᵉʳ, page 184.
(*Note du Traducteur.*)

de son temps ; lui qui déclare n'avoir jamais appris la science des hommes, comment pourrait-il connaître celle des intimes [1] de Dieu? La sagesse des hommes est placée ici pour faire contraste avec une science plus élevée ; les intimes de Dieu étaient donc des hommes éclairés par une lumière supérieure, et guidés par les conseils de ce Dieu, ainsi que l'explique la nature des questions d'Agur. Le véritable sage doit être monté au ciel et avoir su en descendre ; il faut qu'il connaisse les abîmes de la création, et qu'il ait une intelligence parfaite de tout l'univers: sans cela, il ne mérite pas le nom de sage, dans le sens que les Orientaux attachaient à ce mot. Mais quel est le nom de l'homme qui réunit toutes ces qualités? demande Agur ; où existe-t-il? comment s'appelle le disciple qu'il a formé? Dis-le-moi, si tu le sais? C'est-à-dire qu'il ne peut y avoir en ce monde un pareil homme.

Le début est, sans contredit, un écho du passage du livre de Job, qui dit, presque dans les mêmes termes, que Dieu seul est le véritable sage, parce que lui seul connaît la création dans toute son étendue, parce que lui seul a pesé les vents et calculé les limites de la terre. Ce même passage ajoute que la sagesse qui convient à l'homme est d'une nature différente ; et la définition de cette sagesse ressemble à celle qu'en donne Agur dans la suite de son discours.

« Ce que Dieu nous a commandé, c'est la sagesse pure comme de l'or ; sa parole est un bouclier solide pour celui qui place sa confiance en lui. N'ajoute rien à la parole de Dieu, afin que lorsqu'il t'examinera sévèrement, tu ne sois pas trouvé en défaut et reconnu menteur ! »

C'est encore là une imitation de Job, qui fait de la crainte de Dieu la seule sagesse qui convienne à l'homme. Il n'y a donc point d'énigme dans cette introduction d'Agur ; mais ce qui suit en prend le caractère.

[1] קרשים signifie *saints, êtres célestes*, vivant intimement avec Dieu. Ce nom, qu'on donne parfois à Dieu lui-même, désigne toujours une idée de consécration, de saint isolement.

DEUX VŒUX POUR LA VIE HUMAINE.

« Je ne te demande que deux sortes de choses, ne me les refuse pas tant que je vivrai : Repousse loin de moi l'idolâtrie et l'hypocrisie ; ne me donne ni pauvreté ni richesse, mais accorde-moi, pour butin de ma vie entière, une modeste part de pain. Trop rassasié, je pourrais devenir menteur et dire : « Qu'est-ce que Jéhovah ? » Trop pauvre, je pourrais m'égarer dans le vol, et mésuser du nom de Dieu par de faux serments. »

Que ce thème : *Deux sortes de choses*, est adroitement varié ! et comme chacune de ces variations est juste et modeste !

LA MAUVAISE RACE.

« Il existe une race qui maudit son père, qui ne bénit pas même sa mère ! une race qui se trouve toujours pure à ses yeux à elle, et qui jamais ne se lave de ses souillures. Une race qui porte les yeux haut et relève orgueilleusement les paupières ; une race dont les dents molaires sont des poignards, et les dents incisives des couteaux. Elle dévore les nécessiteux du pays, elle engloutit les pauvres d'entre les hommes. »

La dernière phrase est le mot de l'énigme, qu'elle soit dite par le poète lui-même, ou par un autre.

L'INSATIABLE.

Énigme.

« Halukah a deux filles ; elles crient sans cesse : « Apporte, apporte. » Trois choses sont insatiables, la quatrième n'a jamais dit : C'est assez. Ces trois choses sont : l'empire des morts, la femme stérile, la terre qui n'est jamais rassasiée d'eau, et la flamme qui n'a jamais assez d'aliments. »

Halukah, cette parque de la fable orientale, est probablement la mère de l'empire des morts et de l'abîme (שאול ואבדה), qui l'un et l'autre sont insatiables[1]. Ici elle est l'introduction et le point de comparaison entre les quatre choses insatiables.

---

[1] Ces deux choses sont personnifiées dans tous les passages poétiques. Voyez Proverbes, chap. 15, vers. 11 ; Job, chap. 26, vers. 6 ; chap. 28, vers. 22. On peut consulter Bochart, *Hierozoicon*, tome 2, p. 800, sur Halukah, représentant le destin des Orientaux.

Dans ce même chapitre des proverbes, les yeux de l'homme sont rangés dans la même catégorie :

« L'enfer et l'abîme ne se rassasient jamais; et les yeux de l'homme, qui pourrait les rassasier? »

QUATRE CHOSES CACHÉES.

« Il y a trois choses que je ne puis approfondir; il en est une quatrième que je ne connais point.

« La voie de l'aigle dans les airs, la voie du serpent sur le rocher, la voie du navire sur les vagues, la voie de l'homme auprès d'une vierge. »

Les trois premières n'ont sans doute été mentionnées que par rapport à la dernière; car cette marche préparatoire est particulière à l'énigme orientale. La quatrième chose cachée offre dans les langues modernes une équivoque [1] qui n'existe point dans la langue hébraïque. Pour la faire disparaître, il suffira de citer un passage à peu près du même genre.

« [2] Puisque tu ne connais pas la voie du vent, et que tu ignores comment les ossements se forment dans le sein maternel, comment pourrais-tu comprendre l'œuvre de Dieu qui se manifeste partout? »

La formation de l'homme dans le sein de sa mère était, pour les Orientaux, l'énigme la plus inexplicable, le miracle le plus profond; et n'en est-il pas encore ainsi aujourd'hui, même chez nos plus savants naturalistes? Le passage cité, avec ses images amenées de si loin, n'est autre chose qu'une allusion à ce miracle; et c'est sans doute une autre personne qui ajoute, en forme de réponse, aux quatre choses cachées, une cinquième chose cachée de la même nature.

« La femme adultère n'est-elle pas également inconcevable? Elle mange, s'essuie la bouche, et dit : Je n'ai rien fait. »

L'enchaînement de plusieurs sujets différents qui, soumis à

---

[1] Elle naît du mot *voie*, qui, chez les Orientaux, signifie *manière d'être*. L'énigme de la génération ne pouvait être mieux indiquée que par ces quatre choses cachées. Si le poëte avait voulu prendre pour point de comparaison les ruses que l'homme emploie pour séduire une vierge, il aurait fallu qu'il y eût בעלמה, au lieu de לעלמה.

[2] Livre de l'Ecclésiaste, chap. 11, vers. 5.

une même idée principale, finissent par se ressembler, est ici très-visible. Plus il y avait de sujets différents dans une énigme, plus elle avait de mérite aux yeux des Orientaux. Ils aimaient surtout à rapprocher des analogies empruntées au domaine de la nature et à celui de la morale.

LES CHOSES FATIGANTES ET INSUPPORTABLES.

« Il a y trois choses qui fatiguent même la terre, et une quatrième qui lui est insupportable :

« L'esclave devenu roi, le fou trop rassasié de nourriture, la femme digne de haine devenue épouse, et la servante qui hérite de sa maîtresse. »

QUATRE ÊTRES TRÈS-PETITS ET TRÈS-DILIGENTS.

« Il y a quatre petites bêtes qui sont les plus petites de la terre, et pourtant elles surpassent les plus grands sages en sagesse.

« Le peuple des fourmis, qui, quoique privé de la force des héros, amasse pourtant pendant l'été ses provisions de nourriture. Les souris des montagnes, peuple de peu de force aussi, et qui cependant se construit des maisons dans les rochers. Les sauterelles, qu'aucun roi ne gouverne, et qui pourtant se mettent en route par bandes et dévastent tout avec la rapidité des flèches. Le lézard, qu'on peut tenir dans sa main, et qui pourtant habite dans les maisons des rois. »

Il est probable que les trois premières comparaisons ont été faites pour arriver à la dernière; car dans les pays chauds, le lézard est un animal fort importun, qui se loge dans tous les murs, même dans ceux des palais. Je dois ajouter encore que les Orientaux ont un tel penchant pour les jeux d'esprit, qu'ils se réunissent souvent dans le seul but de proposer et de deviner des énigmes.

QUATRE CHOSES A LA DÉMARCHE SUPERBE.

« Trois choses ont la démarche altière, et le pas de la troisième aussi est beau à voir :

« Le lion, roi héroïque parmi les animaux, qui ne se détourne jamais devant le regard d'un ennemi; le coq, qui, fier de ses éperons, s'avance hardiment; le bélier qui marche à la tête de son troupeau[1], et le roi qui se lève et conduit son peuple. »

En voilà assez sur les énigmes; ce que j'en ai dit doit suffire pour faire comprendre que leur but était de saisir les ressemblances que les choses ont entre elles, et de les réunir sous un point de vue moral et artistique. Tous les peuples peu avancés en civilisation aiment les énigmes; les enfants ont les mêmes penchants par les mêmes motifs. Les énigmes sont le moyen le plus facile de manifester l'esprit et la pénétration dont on se sent doué; et le prix que remporte celui qui l'a devinée ou composée, est certes la plus innocente des couronnes de victoire.

Il serait à désirer qu'au lieu de tant de longues dissertations sur l'esprit et le génie des peuples à demi civilisés, on pût nous citer des exemples de la manière dont ils exerçaient leur naïve pénétration et leur jeune sagacité. Par là seulement, nous pourrions nous faire une juste idée de la marche de leur entendement; car chaque peuple antique suit, dans la découverte de ses amusements de prédilection, une route qui lui est particulière et qui le caractérise. Malheureusement ces exemples sont fort rares, et, parfois même, ils manquent totalement, parce que ces sortes de jeux d'esprit appartiennent si intimement à l'essence de chaque langue, qu'ils sont toujours fort difficiles à traduire, et souvent inintelligibles.

Passons de l'énigme aux jeux de mots que le jovial Samson aima au point d'en faire jusqu'à trois sur un seul et même incident :

« Auprès de la mâchoire d'âne (חֲמוֹר), tout un monceau ! Je les ai écrasés avec la mâchoire d'âne (חֲמוֹר), les mille héros qui étaient là (בלחי החמור חמרתים). »

Que de peines ne nous donnons-nous pas pour analyser et justifier ce jeu de mots échappé dans l'ivresse de la victoire à

---

[1] J'ai suivi l'exemple des anciens traducteurs, qui ajoutent la description de la seconde et de la troisième chose; car dans le texte hébreu, la seconde n'a point de sujet, et la troisième point d'attribut.

un héros joyeux! C'est en ce sens qu'il faut prendre ce mot (אלף), qui signifie *mille* aussi bien que *bande, troupe, monceau*. Au reste, qui aurait pu songer à compter les morts pour s'assurer que le héros railleur n'avait pas exagéré le nombre des victimes de sa victoire?

Lorsque le pauvre aveugle prit la résolution de mourir avec ses ennemis, il saisit les colonnes qui soutenaient la maison, et dit :

« [1] Jéhovah! mon Dieu! pense encore une fois à moi; je t'en prie, soutiens encore une fois mes forces, afin que je puisse me *venger*, par une *vengeance* qui *vengera* mes deux yeux! »

La douleur la plus amère lui inspira, en cette occasion, ce que sa gaieté moqueuse lui avait suggéré tant de fois, c'est-à-dire un jeu de mots.

Cette tournure de la pensée et du langage se rencontre si souvent et sous tant de formes diverses dans la poésie hébraïque, et les équivoques qu'elle offre à l'esprit ont donné lieu à tant de jugements opposés, qu'il me paraît indispensable d'entrer dans quelques détails sur ce sujet.

Ainsi que je viens de le dire, tous les poètes hébreux fourmillent de jeux de mots. Isaïe, surtout, les affectionnait beaucoup, et ses successeurs se sont efforcés de l'imiter; voilà pourquoi les passages les plus beaux et les plus énergiques des prophètes, sont souvent intraduisibles.

Je dois faire observer avant tout, qu'au lieu d'appeler ces locutions des jeux de mots, il faudrait n'y voir que des allusions à des noms propres, et des rapprochements de sons et d'assonnances; car par jeu de mots on entend toujours ce que les Anglais nomment *the art of punning*, et les Français *calembourg*, dont la malignité était entièrement inconnue aux anciens Hébreux. Leurs allusions se rapportaient à des noms propres, à des monuments, à des faits, et elles découlaient presque toujours de la construction et des exigences de la langue : il est donc bien naturel qu'elles aient passé dans le domaine de la poésie.

Depuis les temps les plus anciens, les Hébreux attachaient

[1] Juges, chap. 16, vers. 28.

toutes leurs idées à des noms propres, à des évènements et à des souvenirs de bénédictions, qui étaient de l'histoire pour eux. Lorsqu'on donnait à un individu un nom fondé sur les circonstances qui avaient accompagné sa naissance, ou sur un des faits les plus importants de sa vie, ce nom était en effet un jeu de mots, mais un jeu de mots grave, puisqu'il avait une signification historique. Cette manière de donner des noms commença avec Adam, et se perpétua chez tous les patriarches.

Parfois un nouvel évènement important faisait changer ou modifier le premier nom significatif, ce qui donnait lieu à un second jeu de mots, aussi agréable à l'oreille qu'utile à la mémoire. Les noms d'Abraham, de Sara, de Jacob, et peut-être même ceux de Caïn et de Noé, avaient été ainsi modifiés ou changés [1]. L'histoire de la vie de ces hommes prouve qu'ils faisaient beaucoup d'attention à ces changements. Isaac en plaisante avec sa femme Rebecca [2], et, par une légère variation, le nom d'Éphraïm signifie tantôt un *arbre à fruit*, et tantôt un *sauvage* [3].

Les bénédictions des pères roulaient presque toujours sur les noms des fils : Seth, Sem, Japhet, Juda, Gad, Éphraïm, Dan, etc., furent bénis de cette manière [4]. Les noms des patriarches rappelaient à leurs descendants l'histoire de leur vie; et quand ces descendants dégénéraient, les prophètes chargés de les punir modifiaient ou changeaient les noms qu'ils avaient portés comme un gage de bonheur. Ces allusions et ces rapprochements de sons n'étaient donc pas des jeux d'esprit, mais des colonnes de souvenir, des armes vengeresses.

Il en était des noms de villes et de monuments comme des noms propres; des circonstances graves les avaient fait donner; d'autres circonstances graves les faisaient modifier ou changer. *Beth-El*, la maison de Dieu où avait dormi Jacob, devint *Beth-Aven* [5]; un léger changement fit du nom de la pierre qui lui

---

[1] Moïse, liv. 1er, chap. 17, vers. 5 et 15; chap. 32, vers. 28.
[2] Moïse, liv. 1er, chap. 26, vers. 28.
[3] Moïse, liv. 1er, chap. 41, vers. 52; Osée, chap. 13, vers. 11.
[4] Moïse, liv. 1er, chap. 4, vers. 25; chap. 9, vers. 26 et 27; chap. 49, vers. 8, 16, 19 et 22.
[5] Amos, chap. 5, vers. 5.

avait servi d'oreiller, une pierre de deuil [1]. Laban et Jacob donnèrent chacun, et par des motifs semblables, un autre nom au monceau de pierres qui devait être témoin de leur alliance [2]. Les prophètes variaient à l'infini les noms des villes et des peuples dont ils prédisaient l'avenir, tels que *Babel, Édom, Ékron, Gaza, Cananéen, Kénien,* etc.

Les noms des faits subissaient les mêmes variations, tantôt pour les louer, et tantôt pour les tourner en ridicule. Ceux qui étaient montés sur trente ânes reçurent trente villes [3]; *Nabal* avait été nommé ainsi, parce qu'il était fou, et que ce mot signifie *fou*; Samuel signifie *don de Dieu*, parce que sa mère l'avait demandé à Dieu [4]. La langue hébraïque, dont les racines si unies et si peu variées se prêtent, par leur monotonie même, à des modifications sans nombre, offre à chaque instant de ces jeux de mots et de noms, qu'on trouve classés par lettres alphabétiques, dans un recueil consciencieux que je recommande à l'attention de mes lecteurs [5].

Les poètes hébreux ont été jetés sur cette route par la construction de leur langue et des noms propres, par les bénédictions des pères, et par la gloire des tribus attachée à leurs noms. Comment auraient-ils pu s'en écarter lorsqu'il s'agissait d'enseignements et de sentences? Et pouvaient-ils mieux graver ces enseignements et ces sentences dans l'intelligence du peuple, qu'en s'adressant à l'oreille et à la mémoire, par l'organe du génie de ce peuple et de sa langue? Dès les temps les plus reculés, les bénédictions, les lois et les règles de conduite ont été données par des locutions de ce genre : *Le sang de celui qui a tué des hommes, sera versé par des hommes. Les dieux des idolâtres sont des riens,* etc. Isaïe, surtout, excelle en ces sortes de sentences : *Les princes sont des opiniâtres. La loi est la lumière. Qui croit reste. L'affligé reçoit de riches parures en échange de la cendre. Le peuple est rapace au lieu d'être juste : il se lamente au lieu de faire droit,* etc. Toutes ces énergiques antithèses gra-

---

[1] Samuel, liv. 1er, chap. 6, vers. 18.
[2] Moïse, liv. 1er, chap. 51, vers. 52.
[3] Juges, chap. 10, vers. 4.
[4] Samuel, liv. 1er, chap. 1er, vers. 27 et 28.
[5] Michaélis, dissertation de *Paronomasia sacra*.

vaient, pour ainsi dire, dans les entrailles du peuple, ce que le prophète lui enseignait. Une partie des proverbes de Salomon repose sur de semblables assonnances, que leur signification aiguise ou arrondit tour-à-tour.

Les symboles que les prophètes voyaient ou montraient au peuple, les paroles sorties de la bouche même de ce peuple, et qui témoignaient contre lui, ont fourni les jeux de mots les plus naturels et les meilleurs; mais ils sont intraduisibles, tels que *ce bâton*, qui signifie aussi *douceur* et *douleur*; *ce marteau*, qui veut dire également *distraction*; *le fardeau de Jéhovah* et *oubli*, etc. [1].

Je crois avoir suffisamment prouvé que la paronomasie des Hébreux n'est pas une niaiserie aussi méprisable, que l'emploi des jeux de mots modernes l'a fait présumer; chez eux, les arrangements de mots avaient d'autres intentions et un autre but. Ce peuple n'avait pas de rimes, mais il avait des assonnances, et il aimait les allitérations, vers lesquelles il a été naturellement amené par le parallélisme. La rime qui ne parle qu'à l'oreille est donc plus spirituelle, plus sensée, que la modification d'une ressemblance de sons appropriée au sens de la phrase, de manière que le mot modifié devient, comme dit Pope : *Écho to the sense*. Lorsque, dans nos vers ou dans nos proverbes, il se rencontre deux mots qui, tout en se ressemblant par le son, offrent à la pensée des images ou des notions opposées, ils produisent toujours un très-bel effet. La philosophie elle-même les emploie avec succès, car c'est par eux que la ressemblance ou l'opposition des choses qu'elle désigne, se grave dans la mémoire; mais c'est surtout dans le débit léger et spirituel, que ces sortes de mots frappent et plaisent.

Tant qu'une nation a plus de sensations que de pensées; tant que le langage est pour elle dans la bouche et dans l'oreille, au lieu de ne s'adresser qu'aux yeux par la forme des lettres; tant qu'elle a peu ou point de livres, ces assonnances lui sont aussi nécessaires qu'agréables. C'est une source de souvenirs, où les peuples neufs puisent cette concision énergique, cette justesse et cette rapidité d'expression qui devient impossible, dès qu'on

---

[1] Jérémie, chap. 51, vers. 20 à 23 ; chap. 21, vers. 33 à 39.

trace des lettres pour exprimer sa pensée. Il serait ridicule, extravagant, de chercher à imiter les locutions hébraïques dans les langues modernes; mais il serait tout aussi ridicule, tout aussi extravagant, de blâmer la naïveté du langage, les concordances du son et de la pensée qui établissent un lien harmonique entre l'oreille et l'âme, et qui caractérisent l'enfance d'un peuple. Les enfants aiment à jouer sur les mots, et lorsque ces jeux ont un sens, j'aime à les entendre, car ils prouvent que l'enfant pense avec et dans l'idiome dont il se sert. C'est toujours ainsi que pensent les nations poétiques, et je pourrais, à cette occasion, employer comme un jeu de mots, ces paroles de Moïse qui ne sont elles-mêmes qu'un jeu de mots [1]: « J'entends la voix des gens qui répondent: ce ne sont pas des cris de victoire qu'ils s'adressent les uns aux autres; ce ne sont pas des cris de bataille qu'ils s'adressent les uns aux autres, ce sont des chants qu'ils chantent en face les uns des autres, rangés en rangs joyeux. »

Chez les Hébreux, l'histoire et la poésie reposent presque entièrement sur les paronomasies, et sur les origines de la langue. C'est par l'amour des premières, que l'oreille arrive à la connaissance intime des dernières.

Cette connaissance est d'autant plus nécessaire, que les écrivains hébreux aiment à construire des phrases tout entières les unes sur les autres, et à développer dans chacune d'elles un sens nouveau. Ce sont bien là encore, à la rigueur, des jeux de mots, mais d'une nature plus élevée, et que les subtiles Grecs eux-mêmes recherchaient avec soin. Ils aimaient à exprimer leurs propres pensées par des phrases empruntées à Homère, ainsi qu'à d'autres grands sages ou poètes. Et qui ne se plairait pas à un pareil jeu? Il est aussi agréable pour celui qui parle que pour celui qui écoute, car si l'un a la satisfaction d'inventer, l'autre goûte le plaisir de trouver un ami nouveau sous un vêtement connu et aimé.

Voilà comment les prophètes ont employé les sentences des patriarches et des psaumes; voilà comment les Hébreux modernes emploient les locutions de tous, dans un sens nouveau,

---

[1] Moïse, liv. II, chap. 32, vers. 18.

mais toujours entouré des belles et gracieuses nuées qui voilent l'expression originaire. Leur langue poétique, qui parle avec les termes de la Bible, n'est en réalité qu'un jeu de mots perpétuel qui, par sa délicatesse et sa finesse, a un attrait irrésistible pour tous ceux qui savent apprécier la simplicité des temps antiques, revêtue d'une parure moderne, mais toujours conforme à sa nature primitive. Je suis persuadé que tout le monde serait de mon opinion, si on s'appliquait à faire passer, en ce sens, quelques unes des poésies hébraïques dans notre langue. En voilà assez sur ce sujet ; je reviens au texte des poésies du temps de Samson.

Ce temps n'était rien moins qu'heureux et propice. Les invasions des peuples voisins troublaient le pays, et un crime abominable finit par occasionner une guerre civile dans laquelle toute une tribu périt presque entièrement[1]. La famine exerça souvent ses ravages, et c'est à une semblable calamité que nous devons le livre de Ruth, ce tableau de famille si gracieusement raconté. Du temps d'Hélie, le peuple, sans chef et sans direction, tomba si bas, que l'arche d'alliance devint la proie de l'ennemi, et que la famille de ce grand-prêtre périt misérablement.

Au milieu de toutes ces vicissitudes, la poésie changea de forme. Plus de chants de victoire et de triomphe, mais la voix prophétique résonna toujours; Jéhovah, fidèle à sa promesse, envoya à son peuple opprimé un homme rempli de l'esprit de Moïse; et cet homme c'était Samuel. Son histoire est racontée avec une simplicité touchante, et le chant d'actions de grâce de sa mère nous rappelle l'héroïque Débora, dans une sphère plus humble et plus pacifique :

«[2] Mon cœur se réjouit en Jéhovah, car ma corne de bonheur a été comblée par Jéhovah! Ma bouche s'est ouverte pour un chant de victoire, car c'est par son secours que j'ai été élevée au sommet de la joie[3].

« Notre Dieu seul est très-haut dans sa magnificence! il n'y

---

[1] Juges, chap. 19, vers. 20. — J.-B. Rousseau a fait sur ce crime un poème intitulé : *Le Lévite d'Éphraim.*

[2] Samuel, liv. 1er, chap. 2.

[3] C'est une opposition aux anciens chants de victoire, car la mère de Samuel célèbre un bienfait tout domestique.

a point d'autre Dieu que lui, il n'y a point d'autre secours que celui de notre Dieu !

« Que parlez-vous tant de hauts lieux [1] ? Que votre bouche cesse de prononcer cette orgueilleuse parole ; Dieu sait tout, et pèse toutes les actions.

« L'arc du héros est brisé [2] ! Il les a ceints de sa force, ceux qui ont chancelé ! Les rassasiés mendient du pain, et ceux qui étaient affamés sont maintenant dans l'abondance des festins. Celle qui a toujours été stérile enfante sept fois ; et celle qui avait beaucoup de fils est aujourd'hui privée de tout secours.

« Jéhovah tue et anime, il fait descendre dans les profondeurs de l'empire des morts et il en fait remonter. Jéhovah rend pauvre et rend riche ; il laisse tomber et il relève.

« Il relève l'humble de la poussière ; il relève le pauvre assis sur la pierre des champs, et le place à côté des nobles, et le fait hériter d'un siège de prince [3].

« Les bases fondamentales de la terre sont à Jéhovah, c'est sur elles qu'il a appuyé la surface de la terre. Il veille sur les pas de ses fidèles ; le méchant disparaîtra en silence dans les ténèbres, car ce n'est pas par sa force que triomphe le héros.

« Les ennemis de Jéhovah frémissent quand, du haut du ciel, il tonne sur eux ! Jéhovah jugera les limites du pays ; il donnera à son roi la force des héros ; il élèvera au-dessus de tous la puissance de son oint. »

Que ce morceau ait été, en effet, chanté par Anne, ou qu'on le lui ait seulement prêté, il annonce des temps différents de ceux que nous venons d'examiner. Les orages de la guerre ont passé ; la vanité qu'on tirait des hautes montagnes du pays que l'ennemi ne pouvait atteindre, n'était plus qu'un mot vide de sens. Inspirée par Dieu, Anne chante d'autres victoires, d'autres triomphes. Délivrée enfin de la honte de la stérilité, elle voit son fils se lever de la poussière et s'asseoir à côté des nobles en

---

[1] Sur lesquels on se fortifiait, et dont on était fier. Asaph a imité et varié cette expression avec beaucoup de charme, dans le psaume 75.

[2] Il va commencer une ère nouvelle et pacifique, où les faibles et les pauvres eux-mêmes seront heureux ; et elle appuie cette opinion sur son exemple à elle.

[3] Comme Samuel, lorsqu'il devint juge du peuple. C'est à lui et à la famille d'Hélie que s'appliquent les strophes suivantes, ce qui ne les empêche pas d'avoir un sens général.

qualité de prince, de juge du peuple. La race d'Hélie disparaît dans l'obscurité, Samuel seul s'élève : c'est par lui que Jéhovah juge le pays jusqu'à ses dernières limites ; c'est par lui que le peuple d'Israël oint un roi heureux et vaillant. Voilà ce que dit ce chant, qui servit de modèle à plusieurs psaumes, car il traitait le sujet favori du peuple : l'annonce d'une ère nouvelle et plus heureuse.

Samuel prépara, en effet, cette ère, et il est le premier prophète, après Moïse, qui se soit occupé des institutions politiques. Dieu ne l'a pas appelé par des visions, mais par une voix distincte annonçant positivement la chute de l'indolente et vicieuse maison sacerdotale qui gouvernait alors. Ses réponses étaient toujours si claires et si nettes, qu'au lieu de lui donner le titre de prophète, qui désignait un homme au langage divin, on l'appela *voyant*, nom qui fut employé pendant très-longtemps ; David lui-même eut des *voyants* à son service, jusqu'à ce qu'il reparût des prophètes en Israël.

C'est sous Samuel que le peuple connut sa première époque de paix, circonstance heureuse dont ce grand homme profita pour répandre l'instruction littéraire. Comme la littérature se bornait alors à la poésie et à la musique, il s'efforça de faire cultiver librement et partout le monde ces deux arts, dont, jusque-là, la tribu de Lévi s'était approprié le monopole. A cet effet, il créa des écoles de prophètes[1], qui, malgré les railleries auxquelles elles ont donné lieu, n'en étaient pas moins une institution admirable. Les disciples habitaient des נוית, ce qui veut dire *cabanes* simples et modestes, qu'on a traduit à tort par le mot écoles, et dont on se ferait une idée plus fausse encore si on les comparait à nos collèges. Grâce à ces institutions, « Les hauts lieux de Jéhovah retentissaient du chant des prophètes. »

C'est-à-dire de chants d'hommes de tout âge et de tout rang, qui, sous la direction de Samuel, devenu le père et le juge du peuple, se consacraient, non à de folles rêveries sur l'avenir

---

[1] נוית. Voyez Samuel, liv. II, chap. 7, vers. 8. — Ce mot signifie des cabanes de pasteurs, des claies. On sait, au reste, que les habitudes et les mœurs des prophètes rapprochaient toujours de la simplicité antique.

ou à de monotones chants du temple, mais à tout ce qui constituait alors la science et la sagesse nationales.

Lorsque ces prophètes rencontrèrent Saül, ils lui donnèrent, par l'élévation de leur parole et de leurs chants, un *cœur royal*[1], que malheureusement il ne conserva que tant qu'il resta près d'eux sur les hauts lieux. Le chercheur d'ânes, aux idées rétrécies, avait cependant puisé dans leurs paroles et dans leurs chants, qui, sans doute, célébraient la dignité royale, une certaine élévation d'idées et un noble courage; car lorsque, plus tard, il poursuivit David, il oublia jusqu'à son plus cruel ennemi, se dépouilla de ses habits royaux, vint s'asseoir au milieu des prophètes, et prophétisa comme eux au son des harpes. Pourquoi ne nous est-il pas resté un seul morceau de cette poésie nationale qui, libre et fière, résonnait sur les hauts lieux consacrés à Jéhovah?

La poésie de cour et de temple du roi David ne tarda pas à rendre ces hauts lieux muets et déserts; elle attira et renferma tout dans son cercle étroit; les hymnes de guerre et de victoire, les fables, les chants altiers et libres des disciples de Samuel, tombèrent dans l'oubli et furent perdus pour la postérité!

Le germe et même la fleur de la poésie de David n'en appartiennent pas moins à ces écoles fondées par Samuel. Les prairies où il faisait paître ses troupeaux avaient entendu les chants de la muse de sa jeunesse, et ces mêmes chants lui avaient mérité l'amitié de Saül, et surtout celle du noble Jonathan, amitié qui peint mieux l'esprit de l'époque que ne pourrait le faire tout un recueil de poésies. Loin d'envier au jeune pâtre l'action d'éclat que lui-même n'avait pu faire, il contracte avec lui une alliance de cœur, et le défend auprès de Saül même aux dépens de la vérité, ce qui aurait pu lui coûter la tête[2].

Exposant, pour cet ami si cher, son honneur et sa vie, il souffre qu'on l'accuse de renoncer au trône par lâcheté, et se laisse flétrir par son père du nom d'infâme, lui à qui personne n'aurait osé contester le titre de héros.

[1] On a tourné ce passage en ridicule, parce qu'on l'a mal compris. Ce n'est pas par le son des instruments, mais par les paroles des chants que soutenaient ces instruments, que les prophètes avaient donné un *cœur royal* à Saül.

[2] Samuel, liv. 1er, chap. 18, vers. 3 et 4.

Je crois les voir se jurer une alliance éternelle [1] à la face du ciel; je crois surtout voir et entendre Jonathan, lorsqu'après une longue séparation il arrive au désert auprès de son ami, et cherche à ranimer son courage [2]: « Ne crains rien, David, lui dit-il, la main de mon père ne te trouvera point; tu seras roi sur Israël, et je serai le premier après toi ! »

Amitié héroïque qui le fait renoncer au trône afin de rester, à titre d'ami, le premier après son bien-aimé ! Les époques poétiques peuvent seules produire des ames comme celle de Jonathan, et leur inspirer de semblables dévouements. Lorsqu'il mourut et laissa son ami tranquille possesseur du trône, ce roi puissant ne pouvait lui donner qu'une élégie en échange de tous les bienfaits qu'il avait reçus de lui. Cette élégie est vraiment belle, mais elle chante le souvenir de Jonathan réuni à celui de Saül, comme si tous deux avaient eu les mêmes droits au cœur du poète. Je sais que ce morceau a été composé pour le peuple [3]; mais j'aurais désiré que David ne l'eût fait que pour lui et pour Jonathan.

Et Méphiboseth ?... Peut-on te pardonner, grand roi, d'avoir dépouillé de tous ses biens, sur la simple accusation d'un traître, le fils unique de l'ami de ta jeunesse ? Et lorsque tu reconnus que cette accusation était fausse, au lieu de le dédommager généreusement de ton injustice, tu ne lui restituas que la moitié de ses biens [4] ! N'est-il pas triste de te voir livrer les frères de Jonathan à une ville barbare qui ne les réclamait que pour les faire mourir par le supplice de la croix [5] !

Je donne ici la belle élégie de David sur Jonathan.... Le cœur de ce héros est sacré pour moi; puisse son nom orner toujours l'autel de l'amitié !

---

[1] Samuel, liv. 1er, chap. 20, vers. 41.
[2] Samuel, liv. 1er, chap. 23, vers. 16.
[3] Samuel, liv. 11, chap. 1, vers 17 et 18.
[4] Samuel, liv. 11, chap. 16, vers. 4; chap. 19, vers. 29.
[5] Samuel, liv. 11, chap. 21, vers. 8 et 10. C'est dans ce même chapitre qu'est racontée la belle action de Rizpa, mère de deux de ces victimes. Cette noble femme rappelle l'Antigone de Sophocle.

SUPPLÉMENT.

ÉLÉGIE DE DAVID SUR JONATHAN, SON AMI[1].

« Chevreuil d'Israël, tu as été blessé sur les hauts lieux ! »

Chœur. — « *Hélas ! les héros sont tombés ! Comme ils sont tombés, les héros !* »

« N'allez pas le dire à Gath ! ne portez pas cette nouvelle dans les rues d'Askélon, afin qu'elles ne se réjouissent point, les filles des Philistins ; afin qu'elles ne tressaillent pas de joie, les filles des incirconcis.

« Montagnes de Guilboah, que la pluie et la rosée ne tombent plus sur vous ! qu'elles ne tombent plus jamais sur vous, montagnes qui recélez la malédiction ; car c'est sur vous qu'a été brisé le bouclier du héros, le bouclier du roi, comme si jamais l'huile royale ne l'avait sanctifié !

« Jamais l'arc de Jonathan ne s'est détourné devant le sang des victimes, devant la graisse des forts. Le glaive du roi aussi n'est point resté oisif ; il revenait toujours teint du sang des morts !

« Unis pendant la vie par de doux liens d'amour, Saül et Jonathan sont descendus ensemble dans l'empire des ombres ! Héros intrépides, ils surpassaient l'aigle par la rapidité, et le lion par la valeur.

« Pleurez sur Saül, filles d'Israël, il ne vous parera plus de vêtements de pourpre, il ne vous couvrira plus de parures d'or ! »

Chœur. — « *Hélas ! comme ils sont tombés, les héros ; ils sont tombés au milieu du champ de bataille ! Jonathan, aimable chevreuil, tu as été blessé sur tes hauts lieux !* »

« Pour toi, mon frère Jonathan, mon cœur est plein d'angoisses ! Combien je te regrette ! tu faisais tout mon bonheur ! Je t'ai tant aimé ! d'un amour plus grand et bien au-dessus de celui qu'on éprouve pour une femme ! »

Chœur. — « *Hélas ! comme ils sont tombés, les héros ; et leurs armes de guerre brisées gisent autour d'eux !* »

[1] Samuel, livre II, chap. I, vers 19 et suiv.

CHAPITRE IX.

PSAUMES.

Histoire de David comme auteur des psaumes. — Comment ce genre de poésie a-t-il été accrédité par lui ? — Quels sont ses rapports avec la poésie plus ancienne ? — Abus des psaumes par l'usage vulgaire qu'on en fait. — Coup d'œil sur les psaumes. — Règles pour leur emploi. — Que faut-il penser de la classification qui les partage en psaumes hauts, moyens et bas ? — Classification d'après leur genre lyrique. — Psaumes qui ne contiennent qu'une pensée, qu'un tableau. — Psaumes qui renferment plusieurs antithèses. — Psaumes de sentiment. — Psaumes didactiques. — Mérite d'un poète allemand qui a introduit dans sa langue le ton des psaumes.

Supplément : Une apparition.

Sous David, la poésie hébraïque atteignit son plus haut degré de splendeur ; la sauvage fleur des champs, transplantée par lui sur la superbe Sion, y brilla de tout l'éclat d'une fleur royale. L'esprit de David avait toujours été musical et poétique ; ses plus belles années s'étaient écoulées au milieu des champs et des prairies, où le jeune pasteur recueillit les fleurs lyriques dont, plus tard, il orna ses psaumes héroïques et même ses psaumes de la pénitence.

La musique, qui renfermait en elle toute la civilisation de cette époque, lui avait procuré des relations directes avec le roi. Cette circonstance ne pouvait manquer de le porter à cultiver avec plus de soin encore ses dispositions naturelles pour cet art qui, dès son début, cependant, parut devoir lui causer autant de calamités que de triomphes. Exaltées par ses chants, les femmes le proclamèrent le rival de Saül ; et plusieurs fois il échappa par miracle à la flèche que lui lançait ce roi en démence. Forcé de chercher son salut dans la fuite, il erra pendant plusieurs années dans les déserts de la Judée, où il vécut hors la loi comme l'oiseau des montagnes. Ce fut alors, surtout, que sa harpe devint son amie et sa consolatrice. Il lui confia ce qu'il ne pouvait confier à personne; elle apaisa ses alarmes et lui fit oublier sa misère; elle consola le jeune pâtre de la haine et de l'envie dont il était devenu l'objet, comme naguère elle avait apaisé le mauvais esprit qui s'était emparé de Saül. Les sons qu'il en tira étaient, pour ainsi dire, l'écho de ses sensations, et les plus tendres, les plus mélancoliques, prirent le caractère de la prière. Ces prières donnèrent des ailes à son courage, de la force à ses espérances, jusqu'au moment où les arrêts de Dieu lui permirent enfin de vaincre tous les obstacles qui s'étaient opposés à son élévation.

Dans les mains royales de David, la harpe devint un instrument d'hommage et de reconnaissance publics. Il ne se borna pas à répéter, devant le peuple tout entier, les prières que lui avaient inspirées les angoisses du danger et la joie de s'en voir délivré; il sanctifia la poésie et la musique, et en fit l'âme du service divin et des cérémonies du temple. Quatre mille lévites furent divisés par lui en classes et en chœurs différents, qui se distinguaient par leurs costumes, et dont chacun avait son maître à chanter (מנצח).

Asaph, Heman, Jedithun, étaient les plus savants de ces chœurs, ainsi que le prouvent les exemples qu'ils nous ont laissés de leur art; les enfants de Coré formaient une classe inférieure.

Quoique devenu roi, David augmenta par ses propres productions le trésor de cette poésie du temple. Les dangers et les victoires, et surtout la révolte d'Absalon, avaient réveillé en lui la voix poétique de sa première jeunesse, et sa harpe chanta les soucis et les ennuis du roi. Chaque institution utile, et surtout la consécration de la montagne de Sion, fut expliquée et rendue, pour ainsi dire, palpable au peuple, à l'aide de chants publics composés par lui ou par les poëtes qu'il dirigeait; aussi son règne vit-il encore tout entier dans les psaumes. On les chantait à toutes les fêtes, à toutes les réjouissances publiques; et le peuple, ébloui par la magnificence du roi et de sa résidence, les répétait avec enthousiasme. Ils ont été conservés sous le titre de *psaumes royaux*; on y a ajouté tout ce qui pouvait s'y ajouter, et l'on a imité tout ce qu'il y avait d'imitable.

Les poëtes du temps de David imitèrent le brillant exemple de leur roi, non-seulement en chantant, mais en chantant comme lui. Il est donc bien naturel qu'il soit resté un glorieux modèle, à l'époque où son nom était devenu sacré, comme celui du père de toute une race royale, d'une source d'espérance éternelle. Les prophètes eux-mêmes l'imitèrent, parce que le nom de David était cher au peuple, et que ces psaumes étaient un recueil de chants nationaux, du moins pour toutes les circonstances qui tenaient à la musique et à la poésie du service divin.

Telle est l'origine du recueil des psaumes que nous possédons, et qui portent le nom de David. Tous cependant ne sont pas de lui ni même de son époque; mais les temps antérieurs n'ont laissé qu'un seul chant, celui de Moïse, et ce seul chant a servi de modèle à tous les autres. Ce titre (לדוד), sans autre désignation, est tellement vague et général, qu'il attribue, pour ainsi dire, tous les psaumes au même auteur; il en est de même du recueil des proverbes et des tendres chants, qui portent le nom de Salomon, parce qu'ils sont écrits dans l'esprit qu'il a imprimé à son règne. En un mot, on peut dire que le plus glorieux roi d'Israël a su unir son héroïque couronne royale à celle de poëte lyrique; aussi le nom de David, chez les Hébreux, est-il inséparable de toute belle et noble poésie. Ce roi a, en effet, considérablement embelli et ennobli le chant lyrique de son peuple. C'est par les psaumes que commencent les développements instructifs sur les qualités de Dieu, sur la nature humaine, sur les vices et les vertus privées, sur le bonheur et le malheur des méchants, qui ne pouvaient trouver de place ni dans les majestueux livres de Moïse, ni dans les énergiques productions de la sauvage époque des Juges. La flûte du berger et le son mélancolique de la harpe, ont adouci la belliqueuse *Tuba*; et, quelle que soit la rudesse des psaumes guerriers, il est impossible de ne pas y reconnaître une tendance prononcée vers des sentiments plus doux.

En chantant la magnificence d'un roi, l'éclat d'un gouvernement civil, on posa naturellement un frein à la sainte fureur de la muse antique. L'histoire de tous les peuples nous prouve qu'une poésie brillante ne peut naître que sous le règne brillant d'un roi dont les actions d'éclat fournissent de grands sujets, tandis que, par sa sévérité, il fait régner l'ordre et la paix. David remplit cette double condition; aussi créa-t-il la période classique de la poésie hébraïque, qui fut complétée par Salomon et par les prophètes.

Il serait impossible de nier que ce perfectionnement fit disparaître la rude énergie, l'harmonie vivante et l'animation dansante de l'ancienne poésie; car on chercherait en vain dans les psaumes des chants comme ceux de Moïse et de Débora, un langage imagé comme celui de Job, de Balaam, de Jotham. Tout y est visiblement monotone, car tout y est groupé autour de Sion, et dans la sphère des chants et de la pensée de David. Les hauts lieux des prophètes, où retentissait naguère l'indépendante et fière poésie de la nature, étaient devenus muets et déserts. Les voyants de David n'étaient pas poètes; son Asaph, qui prophétisait au son des cordes, était payé pour cela; et ce ne fut qu'après plusieurs siècles qu'on vit renaître la poésie des prophètes. C'est ainsi que tout marche en ce monde, et que chaque institution humaine a ses phases diverses : la poésie des Hébreux perdit en force naturelle ce qu'elle gagna en dignité sacerdotale et politique, et en beauté lyrique.

Aucun livre des saintes Écritures, excepté le Cantique des cantiques, n'a été aussi faussement interprété et aussi malheureusement détourné de son sens primitif, que le livre des psaumes. David avait fait dominer ses sentiments et ses pensées, dans le recueil destiné aux chants du temple. Les générations suivantes voulurent également en faire un livre de cantiques approprié à leur cœur, à leur esprit, à leurs préoccupations; mais comme elles n'avaient plus rien de commun avec le cœur, l'esprit et les préoccupations de David, elles cherchèrent à étendre le sens des poésies de ce roi sur des objets et des sensations qui étaient encore inconnus à son époque. Ajoutons à ces considérations que chaque commentateur, chaque rimeur nouveau pouvait, au besoin, trouver dans les psaumes l'esprit de son époque, les besoins de son âme et de ses relations de famille; et l'on ne s'étonnera plus de ce qu'il les faisait lire et chanter à toute sa secte, qui les répétait comme si chaque individu était encore errant à travers la Judée et poursuivi par Saül. On maudissait les Édomites et les Moabites, et, lorsqu'on était par trop embarrassé, on mettait les anathèmes dans la bouche de celui qui n'a jamais injurié personne, parce qu'il avait promis de se laisser injurier; qui n'a jamais prononcé de menaces, parce qu'il était résigné à souffrir.

Il suffit de lire les chants les plus beaux, les plus individuels, les plus caractéristiques de David, d'Asaph, de Coré, convertis depuis en cantiques rimés, pour se convaincre qu'ils n'ont pas même conservé une ombre de leur forme originale [1].

Pour se faire une juste idée des psaumes, comme poëmes lyriques du temps de David, il est indispensable, avant de les lire, de se pénétrer des considérations suivantes :

1°. Il faut oublier les imitations et les commentaires modernes, même ceux qui, à juste titre, passent pour les meilleurs; les auteurs de ces travaux lisaient le texte, avec l'intention de l'appliquer à l'esprit de leur époque et de leur langue, et avec le désir d'y trouver des consolations et des enseignements pour eux et pour leurs contemporains. Mais, d'après la manière dont je les envisage, il ne s'agit que de l'esprit de l'époque où ces chants ont été composés, c'est-à-dire du cœur et de l'intelligence de David et de ses poëtes.

2°. Ce point bien arrêté, on doit remonter aux évènements et aux situations qui ont donné lieu à ces poésies. Dans plusieurs psaumes ils sont indiqués en tête; chez d'autres, le sens les fait deviner; il en est pourtant dont le sujet est entièrement dans le vague. Dans tous les cas, on ne doit point demander un psaume sur chaque circonstance de la vie de David, ni voir dans chaque trope de ses psaumes une allusion aux particularités de cette vie. La première faute a été très-souvent commise sur David, comme sur tous les poëtes lyriques; car on a voulu tout prouver, tout expliquer, et se procurer ainsi, sur chaque fait insignifiant, un point d'appui pour la pensée. La seconde, aussi

---

[1] Herder fait allusion ici aux cantiques des divers sectes protestantes, tirés des psaumes, mais appropriés à l'esprit de ces sectes. (*Note du Traducteur.*)

fréquente, est plus dangereuse encore, car elle a enfanté des monstruosités qui existaient dans la tête du commentateur, mais qui, certes, ne sont jamais entrées dans celle de David.

3°. Il est également nécessaire d'étudier la véritable langue de David, par la comparaison des divers psaumes entre eux et avec l'histoire de leur auteur, parce que le poëte royal avait des expressions favorites, qui toutes s'expliquent par des situations personnelles : *Le Seigneur est mon bouclier, il est à ma droite, il me fait de la place, il me conduit sur les hauts lieux,* etc. Toutes ces locutions enfin ont été, pendant plusieurs siècles, le langage de l'Église, tout en subissant des variations plus ou moins opposées ou éloignées de l'esprit du texte. Un recueil d'explication des idiotismes poétiques des psaumes, serait donc un ouvrage fort utile ; nous devrions même avoir un semblable recueil sur chacun des principaux écrivains de l'Ancien-Testament.

4°. Quant aux sentiments qui règnent dans les psaumes, on ne doit les analyser ni avec l'esprit d'opposition d'un ennemi, ni avec le zèle aveugle d'un sectateur. Ces sentiments sont les traits caractéristiques des êtres isolés, et c'est sous ce point de vue qu'il faut les envisager, sans chercher à les imposer au monde entier comme des modèles de pieuses sensations. David avait ses passions et ses soucis comme fugitif et comme roi. Nous ne sommes ni l'un ni l'autre ; il nous siérait donc fort mal de maudire des ennemis que nous n'avons pas, ou de nous glorifier de victoires que notre position rend impossibles : mais nous devons chercher à comprendre et à apprécier ces sentiments. Les livres saints sont, à cet effet, des guides certains, car ils dévoilent le caractère de David jusque dans ses défauts. L'homme qui pécha contre Urie pouvait s'oublier plus d'une fois en paroles. Il était prompt, belliqueux, souvent pressé de toutes parts, et parlait, parfois, moins en son nom qu'en celui de son peuple. En résumé, ce n'était qu'un homme. Ses chants sont les documents de son histoire, et son histoire est le document de ses chants. Celui qui veut voir chaque circonstance concernant ce roi revêtue d'un éclat surnaturel, finit par ne plus rien voir du tout.

5°. Sous le rapport artistique aussi, il serait dangereux de prendre pour point de comparaison des modèles appartenant à d'autres peuples, à d'autres langues. La composition d'un poëme quelconque ne peut être appréciée que par rapport aux sensations, aux manières de voir du peuple auquel il appartient, et par rapport aux exigences de la langue dans laquelle il a été écrit. La qualification de pindariques que l'on a donnée à certains psaumes, signifie, sans doute, qu'on y trouve des transitions hardies, de nobles sentences et des traits d'histoire. Mais quel est l'hymne entièrement dépourvu de ces particularités qui font l'unique point de ressemblance des compositions de David avec celles de Pindare ? Le langage lyrique de Pindare, ses périodes, son rhythme, sa manière de traiter les sujets, et la nature même de ces sujets, tous tirés de la mythologie et de l'histoire, ne souffrent aucune comparaison avec les psaumes ; et si on se laissait éblouir par le mot *chœur*, on arriverait à une fausse conclusion ; car il n'y a aucun rapport entre le chœur grec et le chœur hébreu.

6°. On commettrait une erreur plus grave encore, si on jugeait David d'après les règles de la poésie lyrique, si péniblement enfantées par les temps modernes, et qui ne s'appliquent pas même à toutes les odes d'Horace, d'où l'on prétend les avoir tirées. Ces règles sont l'œuvre de quelques critiques aux vues étroites, qui, peu familiarisés avec les trésors lyriques des autres langues, se sont attachés à quelques morceaux favoris d'Horace, sur lesquels ils ont construit leur échafaudage. De pareils guides ne sauraient être d'aucune utilité pour une époque, pour des situations et pour une langue dont ils sont incapables d'apprécier la naïve simplicité. Au reste, là où la règle est juste et vraie, elle découle de la nature des sensations et de l'examen du sujet chanté, auxquels se mêlent toujours les traits caractéristiques du chanteur, des situations et de la langue ; voilà pourquoi les règles demandent une application vivante et partielle. Je le répète, lorsque les règles sont vraies, il est plus agréable de les trouver et de les développer soi-même dans une composition originale, que de les mendier à des modèles étrangers ; ce qui détruit toujours la simplicité primitive d'un chant antique, qui est incompatible avec les raffinements et les subtilités de l'art lyrique moderne. En résumé, celui qui n'est pas capable de sentir par lui-même les beautés d'une poésie musicale, n'apprendra pas à l'apprécier en la soumettant à la torture des règles.

7°. C'est ainsi qu'il faut lire et étudier la poésie hébraïque, pour y trouver sa nature et sa beauté originaires. Le maître doit éveiller l'attention de l'élève sur le sujet de chaque chant, sur l'intérêt qu'il présente, sur la manière dont il a été traité, sur les sensations qui règlent sa marche, sur les opinions qu'il développe, sur son début, son nœud et son dénouement. Plus on accoutumera l'élève à résoudre avec simplicité et concision ces points qu'il faut poser sans artifice scholastique et sans chaleur enthousiaste, plus les beautés du chant pénétreront son cœur; quant aux allures spéciales de tels ou tels passages, il les sentira naturellement; et si une seule étincelle du sentiment lyrique dort en lui, Jéhovah l'inspirera.

L'examen le plus simple et le plus naïf est celui qui convient le mieux à la poésie hébraïque, car il n'y a presque jamais d'art dans sa composition; mais il y a toujours une foule de sentiments vrais qui s'échappent d'un cœur ému. Pourquoi ne possédons-nous pas une édition des psaumes, où David serait traité et jugé comme on traite et juge la plupart des poètes anciens, comme Horace, par exemple? Une édition enfin où, au lieu de casuitiquer, on se bornerait à montrer les poètes comme poètes, et à faire valoir leurs beautés sans nous les crier aux oreilles, ni sans les défigurer en les surchargeant des haillons d'une langue et d'une versification étrangères? Malheureusement, nous ne sommes encore que des enfants pour tout ce qui concerne l'examen de la poésie hébraïque; car si nous ne nous étouffons pas nous-mêmes par les différentes manières de lire le texte, nous l'écrasons à force de l'affubler de la parure à la mode des langues modernes.

Je vais maintenant passer les psaumes en revue, afin de faire remarquer les principaux genres de leur nature lyrique. Cette revue cependant ne sera pas complète, et je présume bien que personne ne s'y attendra; car il serait impossible d'épuiser en quelques pages un océan de cent cinquante chants.

On divise ordinairement les psaumes en trois classes: la haute, la moyenne et la basse. Cette classification serait très-bonne si elle apprenait quelque chose. Il n'y a pas d'œuvre un peu importante qu'on ne puisse diviser ainsi, mais on sera toujours réduit à se demander à quelle division appartient tel ou tel morceau. Chacun le range à sa façon, et plusieurs de ces morceaux se refusent à une classification précise. L'échelle lyrique se compose de tant de degrés, et qui se touchent de si près, qu'ils se confondent presque ; comment pourrait-on y trouver une place précise pour chacun des cent cinquante psaumes ? Au reste, à quoi serviraient toutes ces classifications ? Essayons donc, par d'autres moyens, de mettre un peu d'ordre dans ces matières.

1°. Il y a quelques psaumes très-courts qui ne développent qu'une seule image sur le ton d'un seul sentiment, et qui se terminent par une gracieuse rondeur. Je les appellerais chants à périodes simples, ωδη, si ce mot ne rappelait pas des idées trop étrangères. Le psaume 133 est de ce genre ; semblable à une rose fleurie, il répand de suaves parfums.

LA CONCORDE FRATERNELLE.

« Regarde ! comme il est agréable et doux de voir des frères habiter paisiblement ensemble ! C'est ainsi que se répand le riche parfum de l'huile précieuse versée sur la tête du grand-prêtre. Elle coule sur sa barbe, elle coule jusqu'au bord de sa robe. C'est ainsi que descend la rosée d'Hermon sur les montagnes de Sion qu'elle fertilise[1] ; car c'est là, Jéhovah l'a ordonné ainsi, qu'habitera le bonheur d'éternité en éternité ! »

La concorde des frères, des tribus et des familles, est comparée ici à la chose la plus agréable, la plus sacrée, et qui exhalait partout un parfum vivifiant. La renommée d'une famille unie se répandait ainsi autour d'elle en la couvrant de gloire et de di-

[1] On s'est demandé souvent, d'après les versions ordinaires, comment la rosée d'Hermon peut couler sur la montagne de Sion qui en est si éloignée ? C'est que le texte ne parle pas de couler, mais de descendre. Les monts si boisés du Liban et d'Hermon exhalent sans cesse d'épaisses vapeurs ; c'est donc de ces deux monts que la pluie vient sur les arides montagnes d'Israël. Ce fut ainsi que la rosée d'Hermon, qui fertilise ces montagnes, descendit sur Sion. Tous les chants nationaux semblent avoir pris pour programme l'éloge de Jérusalem et de Sion. C'est encore vers elles que se dirige ce chant, qui unit ainsi fraternellement les deux extrémités du pays, dont l'une, la montagne d'Hermon, appartient aux sommités les plus élevées. On peut voir par là qu'il n'est nullement besoin d'altérer le texte pour le rendre clair.

gnités, semblable à la rosée d'Hermon qui humecte l'aride montagne de Sion, afin que l'abondance et la joie puissent fleurir partout.

Cet hymne national, destiné à être chanté pendant les réjouissances publiques, ainsi que le prouvent les deux derniers vers, s'arrondit avec une grâce parfaite. De l'image de l'huile précieuse qui coule de la tête du grand-prêtre sur toute sa personne, le poète passe à celle de la rosée qui descend de la plus haute des montagnes, puis il s'arrête sur le tableau de la prospérité de Sion. N'est-ce pas là la véritable marche de l'ode? Le grand-prêtre Aaron lui-même n'est-il pas l'image d'un frère gracieux et paisible, que son frère oint de tout l'éclat d'Israël avec la bienveillance de Dieu?

UN CHANT DE PASTEUR [1].

« Jéhovah me conduit au pâturage, j'ai de tout en abondance! Il me fait paître dans de vertes prairies; il me conduit vers de paisibles ruisseaux, c'est là qu'il rafraîchit ma vie.

« Le Dieu fidèle et bon me mène sur de doux sentiers; et lors même qu'il me ferait passer par la vallée sombre, la plus sombre de toutes, je n'y redouterais aucun malheur, car enfin tu es là, près de moi! Ta houlette, ton bâton si fort, voilà ma consolation et mon point de repos.

« Déjà je vois devant mes yeux le repas d'honneur qu'on me prépare en face de mes ennemis. Tu oins ma tête de joie, tu remplis ma coupe jusqu'à ce qu'elle déborde.

« Oui, le bien-être et la prospérité me suivront partout pendant le reste de ma vie; et bientôt je retournerai à la maison de Dieu pour une vie plus longue. »

La fin de ce chant prouve qu'il a été fait pendant une fuite. Son début est celui d'une idylle paisible, mais ce sentiment s'évanouit aussitôt, et l'image de la brebis fait place à celle d'un repas d'honneur, d'un festin royal, célébré sous les yeux des ennemis du poète. Le pressentiment du bonheur s'élève jusqu'à la conviction de César, qui ne voyait plus dans la fortune que la compagne inséparable de sa vie. Le passage subit d'une

[1] Psaume 23.

image à une autre est tout-à-fait dans le goût oriental, et l'ensemble n'en est pas moins l'expression d'un seul et même sentiment.

Les psaumes 15, 29, 61, 67, 87, 101, 150 et plusieurs autres, sont du même genre. Si l'espace me le permettait, je les citerais tous, car leur beauté simple et naïve a pour moi un attrait puissant.

2° Dès que le tableau lyrique s'élargit par l'étendue de son sujet ou par la plénitude de ses sensations, il demande des antithèses, des variétés de style, et une diversité de membres qui, dans les psaumes que je viens de citer, ne se manifestent que par de légères déviations de l'image. Dans ce second genre de psaumes, différents personnages adressent, d'une manière toute orientale, des questions et des réponses, ou des apostrophes et des interpellations à des sujets absents ou morts, ce qui produit toujours un très-grand effet. Et quand ce tableau ainsi élargi s'unit à une sorte de représentation d'action dramatique, l'ode a atteint son plus haut période, c'est-à-dire qu'elle a une exposition, un nœud et un dénouement qui, en se rattachant à l'exposition, forme une belle couronne lyrique.

Voilà ce qui constitue, pour parler le langage des critiques, le beau désordre, l'*ambitus* de l'ode, le vol qui erre, mais qui ne s'égare jamais, et, ce qui vaut mieux encore, un tableau animé par une action qui se déroule à nos yeux. Dans une pareille ode, on ne peut ni déplacer une strophe, ni retrancher un mot. Le commencement et la fin n'existent que par rapport au milieu, et ce milieu se grave pour toujours dans la mémoire.

Des odes aussi parfaites sont rares dans toutes les langues, parce qu'il y a peu de sujets susceptibles d'être traités ainsi; mais partout où elles se trouvent, elles méritent d'être signalées, et surtout d'être rendues telles qu'elles sont. Les psaumes 8, 20, 21, 48, 50, 78, 96 à 99, 108, 111 à 113, 120 à 129, appartiennent aux chants à plusieurs membres; et j'ose compter parmi les poëmes qui non-seulement renferment des variétés et des antithèses, mais une action continue et dramatique, les psaumes 2, 24, 45 à 47, 80, 110, 114 et 127. Plusieurs commentateurs y ont compris les psaumes 29 et 68, parce que dans l'un la voix de Dieu, et dans l'autre le transport de l'arche, leur paraissait la continuation locale d'une image. Je ne partage pas leur avis, car, selon moi, la continuation d'un chant doit partir de la source vivante des sensations qu'il a éveillées ; les moyens extérieurs et géographiques ne sauraient les remplacer.

Où trouverai-je l'espace nécessaire pour y suspendre au moins quelques unes de cette multitude de couronnes lyriques? Et puisqu'il faut choisir, auxquelles donnerai-je la préférence?

ENTRÉE DE DIEU SUR LA MONTAGNE DE SION[1].

Tous les chantres. — « Elle est à Jéhovah, la terre dans toute sa plénitude ; la surface de la terre et tous ceux qui l'habitent sont à Jéhovah ; car c'est lui qui a fondé la terre au-dessus des mers, c'est lui qui l'a consolidée au-dessus des flots ! »

Premier chantre. — « Mais qui pourra marcher sur la montagne de Jéhovah? qui pourra se tenir debout là où il demeure dans tout l'éclat de sa sainteté? »

Deuxième chantre. — « Celui dont les mains sont pures et qui est pur de cœur ; celui qui n'a jamais perfidement engagé son ame ni juré des serments dictés par la ruse et l'astuce ; celui-là recevra les bénédictions de Jéhovah, celui-là pourra s'approcher de son Dieu sauveur[2]. »

Premier chantre. — « Voici un peuple qui demande après lui, un peuple qui voudrait paraître devant sa face, devant la face du Dieu de Jacob. »

(*Ici le mode et le ton changent entièrement.*)

Chœur. — « Portiques, relevez vos têtes ! relevez-vous, portes du monde primitif! car le roi de l'honneur veut faire son entrée. »

Premier chantre. — « Quel est ce roi de l'honneur? »

[1] Psaume 24.
[2] Ce psaume ne mentionne fort sagement que les crimes civils dont devra être exempt celui qui s'approchera du Dieu du pays. Le bien qu'il en recevra est de la même nature, car צדק veut dire *justice*, c'est-à-dire justice civile ; et puisque les lois de Jéhovah contenaient cette justice, et qu'en s'approchant de lui on était sûr de la trouver, ce psaume en fait le synonyme de toutes les prospérités, de toutes les faveurs.

DEUXIÈME CHANTRE. — « C'est le fort, le vaillant Jéhovah, Jéhovah le Dieu de la guerre ! »

CHOEUR. — « Portiques, relevez vos têtes ! relevez-vous portes du monde primitif ! car le Dieu de l'honneur veut faire son entrée. »

PREMIER CHANTRE. — « Quel est ce Dieu de l'honneur ? »

CHOEUR. — « Jéhovah, le Dieu des dieux ! c'est lui qui est le Dieu de l'honneur ! »

Tout le monde sentira qu'il y a dans ce psaume des variations, des changements de voix ; et il est tout aussi facile de voir qu'il y en a également dans la marche des idées si riches en action. Le début qui proclame Jéhovah propriétaire de la terre tout entière est magnifique ; mais comme il doit habiter la petite montagne de Sion, on commence par élargir cette terre devant lui. La manière dont le chant passe à cette petite montagne est également très-belle. Sion devient sacrée, parce que Jéhovah va l'habiter ; elle sera sacrée dans le sens politique comme dans le sens moral ; car, ainsi que rien d'impur ne peut être offert en sacrifice à Dieu, de même aucun adorateur impur ne pourra s'approcher de la montagne.

C'est dans un but très-louable que le poëte ne mentionne que les vices nuisibles à l'ordre et à la prospérité publique ; car Dieu habite Sion en qualité de Dieu national, de Seigneur protecteur et fondateur des États judaïques[1].

Toujours plein d'action, le psaume solennel poursuit sa route. Une foule est là, devant la porte ; elle frappe, elle demande à voir la face du monarque, et ce monarque, c'est Jéhovah lui-même ! Il siège sur l'arche de sa loi, l'ancien Dieu de la guerre ! lui qui, jadis, remporta tant de victoires, ce roi glorieux si riche en renommée guerrière, en force, en valeur éprouvée !

C'est ainsi que le proclame la réponse du chœur, c'est ainsi que sur cette montagne nouvellement conquise, il habitera près de la demeure d'un roi héroïque. Les portes de son antique tente sont sommées de relever la tête, afin qu'un pareil monarque

---

[1] Cette partie du chant, qui ne s'accorde qu'accidentellement avec le reste, est devenue un chant national à part, sous le nom de psaume 15 ; honneur qu'au reste il mérite sous tous les rapports.

puisse faire son entrée. Ce trait donne au tableau un admirable cachet de vérité; car Dieu qui ne permit pas à David de lui construire un palais, entra sous une petite tente : les anciennes portes qui doivent relever la tête forment donc ici une image frappante.

Pour donner au chant de la rondeur et de la majesté, on passe sous silence tous les détails du cérémonial que le psaume 68 décrit historiquement. C'est en comparant ces psaumes l'un à l'autre, qu'on sent toute la différence qui existe entre deux chants, dont l'un est un tableau plein d'action, et l'autre la description lyrique d'un fait.

Examinons maintenant un psaume du même genre, mais d'une nature plus douce; car il est la plus belle épithalame de ces temps reculés qui soit arrivée jusqu'à nous.

LA FIANCÉE DU ROI[1].

« Des paroles de félicitation bouillonnent dans mon cœur, c'est au roi que je consacre cette œuvre de mon art; et ma langue parle comme écrit un léger burin.

« Tu es beau, beau entre tous les fils des hommes; la bienveillance est répandue sur tes lèvres, voilà pourquoi Dieu t'a comblé d'un bonheur éternel!

« Ceins ta hanche de ton glaive de héros; ceins-le, roi puissant, il est ta gloire et ta parure, ta parure qui répand le bonheur autour d'elle. Entre en campagne pour la défense de la vérité et du droit de l'opprimé.

« Ta droite fera des actions terribles! Déjà je vois les peuples tomber à tes pieds! Les flèches aiguës de ton carquois, elles pénètrent, ô roi, dans le cœur de l'ennemi.

« Ton trône, Seigneur, est un trône éternel! toujours éternel! ton sceptre royal est un bâton de droiture! Tu aimes le droit, tu hais l'injustice; c'est pour cela, ô roi, qu'il t'a oint, ton Dieu!

« Il t'a oint entre tes frères, avec l'huile des joies du royaume; tes vêtements exhalent le parfum de la myrrhe, de l'aloès et de la casse.

[1] Psaume 45.

« Lorsque tu sors de tes palais d'ivoire d'Arménie, revêtu de ta magnifique parure, les filles des rois te réjouissent.

« Et ta fiancée est à tes côtés toute couverte de l'or d'Ophir.

« Écoute, ô vierge ! regarde et penche ton oreille vers moi. Oublie ton peuple et ton pays ; et comme tu as soupiré après lui, le roi soupirera après tes charmes ; il est maintenant ton seigneur, prosterne-toi devant lui.

« Et les filles de Tyr paraîtront devant toi avec de magnifiques présents ; et les riches de leur pays t'adresseront d'humbles supplications.

« La fiancée du roi est de toute beauté ; ce qui est caché en elle brille d'un plus grand éclat que ses vêtements d'or, que ses pierres précieuses et toute sa parure.

« Celle qui est si richement parée, voilà qu'on la conduit près du roi ; les vierges la suivent, elles seront sa suite et ses compagnes. On les introduit au son des trompettes d'allégresse ; au milieu de danses joyeuses, elles entrent au palais du roi.

« Tes fils, ô reine, te remplaceront tes pères ; tu les établiras princes souverains dans tout le vaste pays.

« Mais moi je répandrai tes louanges de génération en génération ; c'est par mes chants que les peuples te célébreront d'éternité en éternité ! »

Je n'ai pas voulu détruire par des ornements modernes la gracieuse simplicité antique sur laquelle repose la marche et l'action de cette ode. Elle commence par une exposition de son contenu, sorte de dédicace au roi, qui est aussitôt mis en scène dans tout l'éclat de sa beauté, de sa grâce et de sa parure de fiancé, de héros et de roi ; car le poète veut prouver qu'il est digne d'amour et de respect, avant de placer la fiancée à ses côtés.

Ce psaume appartient au temps de Salomon ; la magnificence du palais, les filles des rois étrangers, et surtout le portrait du roi, ne permettent pas d'en douter ; car lui seul a réuni les bénédictions promises à la race de David et que Salomon devait réaliser. Vêtu et armé en roi et en héros, il tient le sceptre d'or à la main ; l'huile précieuse oint sa tête, et ses vêtements exhalent de suaves parfums.

Toutes ces images caractérisent l'époque de Salomon, de ce

prince qui arriva au trône de préférence à ses frères, et dont le règne, selon la bénédiction prononcée sur lui, devait être un règne de paix, de prospérité, de justice, de protection pour les faibles et les opprimés.

Le poëte s'adresse tout-à-coup à la fiancée : beaucoup de filles de rois réjouissent son futur dans son palais, une seule est sa bien-aimée ; elle est enfin à ses côtés comme sa future épouse, et revêtue de l'or le plus fin. Avec quelle grâce naïve le chant engage la timide et jeune beauté à jeter à travers son voile un regard sur son époux. Il faut qu'elle oublie son pays et qu'elle s'incline devant son roi, qui, en échange, l'aimera, et soupirera après ses charmes. Tout cela est très-conforme aux mœurs de l'Orient, où la fiancée était toujours presque encore une enfant, ce qui assurait la supériorité de l'homme. Le poëte promet en même temps à la fiancée que les filles de Tyr lui apporteront des présents de noces, et que des princes opulents demanderont son intervention. Passant par degrés à des allures caressantes, il lui assure qu'elle n'est pas seulement belle de sa parure, mais que sa plus grande beauté est en elle-même, beauté par laquelle elle efface l'éclat de l'or et des pierres précieuses. Cette image cependant ne dégénère point en licence ; la chaste muse de l'Orient le voulait ainsi. Rendant aussitôt à la fiancée ses riches vêtements, le poëte la conduit au palais ; le cortège disparaît à ses yeux au milieu d'un tumulte joyeux, et il se borne à envoyer, à la suite de ce tumulte, une bénédiction nuptiale pudiquement exprimée.

La fin de ce poëme est aussi magnifique qu'il y a d'art et de finesse dans son début.

Enfant de Coré, toi qui chantas ce psaume, ton nom n'est pas arrivé jusqu'à nous, mais une rose d'amour fleurit sur ta tombe !

Passons à d'autres psaumes, qui, sans embrasser une aussi vaste étendue d'action, forment un beau tout de plusieurs membres.

DÉLIVRANCE DU DANGER [1].

Chant national.

« S'il n'avait pas été avec nous, Jéhovah, dis-le maintenant, Israël ! s'il n'avait pas été avec nous, Jéhovah, quand les hommes se sont levés contre nous, ils nous auraient engloutis vivants dans leur colère furieuse. Les eaux nous auraient inondés, des vagues auraient passé sur notre vie ; ils auraient passé sur notre vie les flots en courroux !

« Qu'il soit loué notre Dieu, il ne nous a pas livrés en proie à leurs dents ! Notre vie s'est échappée comme l'oiseau s'échappe du piège de l'oiseleur ; le piège s'est rompu, et nous voilà sauvés et libres !

« Notre appui est dans le nom de Jéhovah, dans le nom de celui qui créa les cieux et la terre ! »

Le psaume 129, qui débute avec la dignité de l'ode, appartient à ce même genre lyrique.

DÉLIVRANCE DU DANGER [2].

Chant national.

« Ils m'ont souvent opprimé dès ma jeunesse, dis-le maintenant, Israël ; ils m'ont souvent opprimé dès ma jeunesse, et pourtant ils ne m'ont point vaincu ! Les laboureurs ont labouré sur mon dos et tracé de longs sillons. Le Dieu juste a coupé les cordes des méchants ; et, honteux et confus, ils ont été forcés de se cacher, les ennemis de Sion. Ils sont devenus semblables à l'herbe sur les toits, qui se dessèche avant de mourir, qui ne remplit jamais la main du moissonneur, ni le bras de celui qui lie la gerbe, devant laquelle jamais aucun passant n'a dit : « Que la bénédiction de Dieu soit sur toi ! je te bénis au nom de Jéhovah ! »

Voici maintenant le beau chant sur le retour de la captivité. Dans ce morceau, la première délivrance par Moïse est comparée à la seconde que les Hébreux attendaient, ce qui ne pou-

---

[1] Psaume 124.
[2] Psaume 129.

vait manquer d'entretenir leurs espérances et de fortifier leur courage.

DÉLIVRANCE DE LA CAPTIVITÉ [1].
Chant national.

« Lorsque Dieu les sauva [2], les captifs de Sion, il nous semblait à tous que nous rêvions. Le rire était sur nos lèvres, et notre langue était chargée de chants de triomphe [3]. Alors on disait parmi les peuples : « Le Seigneur a fait de grandes choses pour eux [4]. » Le Seigneur a fait de grandes choses pour nous, voilà pourquoi nous nous réjouissons !

« Détourne-donc maintenant aussi notre captivité, ô Seigneur, comme jadis dans le sud tu détournas les eaux [5].

« Le semeur verse des larmes amères en semant ; il chante des chants joyeux en moissonnant. Il s'en va, il pleure, il emporte la semence ; il revient, il chante et apporte des gerbes abondantes. »

Pourrait-on appeler barbare un peuple qui aurait seulement quelques chants nationaux de ce genre ? Et, certes, les Hébreux en ont un grand nombre.

Je terminerai les citations de cette série de psaumes, par une élégie non moins belle, quoiqu'il soit facile de voir qu'elle appartient à une époque moins ancienne.

LA CAPTIVITÉ EN BABYLONE [6].

« Assis sur le bord du fleuve de Babel, nous pleurions en pensant à Sion ; c'est dans les pâturages de ce mont sacré que nous avions suspendu nos harpes.

« Ceux qui nous retenaient captifs nous demandaient des chants ; nos oppresseurs voulaient que nous fussions joyeux ! Chantez-nous donc quelques uns de vos chants de Sion, nous

---

[1] Psaume 126.
[2] C'est-à-dire de l'Égypte.
[3] Moïse, liv. II, chap. 15.
[4] Moïse, liv. II, chap. 15, vers. 14. Ce passage devient fort clair si on l'applique à la première délivrance de l'Égypte ; considéré comme allusion, le chant n'en est que plus beau.
[5] Dans la mer couverte de roseaux. Voy. Moïse, liv. II, chap. 14.
[6] Psaume 137.

disaient-ils. Pouvions-nous, dans un pays étranger, chanter les chants de Jéhovah ?

« Si je pouvais t'oublier, ô Jérusalem, que ma droite m'oublie ! Que ma langue reste attachée à mon palais quand je ne penserai plus à toi ; quand toi seule, ô Jérusalem, tu ne seras plus ma joie la plus grande.

« Souviens-toi, ô Seigneur, souviens-toi des filles d'Édom, lorsqu'au jour de malheur pour Jérusalem, elles s'écrièrent : Renversez ! renversez tout jusque dans ses fondements !

« Fille de Babel, toi la Détruite[1] ! gloire à celui qui te fera connaître l'expiation, à celui qui te fera expier ce que tu nous as fait souffrir ! gloire à celui qui saisira tes nourrissons et qui les lancera contre le rocher ! »

Je ne me charge pas de la responsabilité de cette dernière malédiction. Que ce chant, au reste, ait été fait pendant ou immédiatement après la captivité, il n'en est pas moins touchant et beau, car on sent que le poète n'a rien de plus sacré au monde que la patrie.

3° Dans les psaumes, chaque sentiment est un tout parfait. La tristesse qui s'élève et se convertit en joie, la douleur qui s'apaise et devient de la tranquillité, la tranquillité qui se change en confiance, la contemplation qui se perd dans l'extase, l'extase qui se modifie jusqu'à n'être plus que de la contemplation, tous ces divers états de l'ame ont leur marche spéciale qui mène à un dénouement complet. Aussi faudrait-il citer tous les psaumes, pour désigner à chacun la place qui lui appartient dans cette classification, ce qui serait infiniment trop long. Je me bornerai donc à indiquer seulement les chiffres des plus saillants.

Les psaumes 6, 22, 60, 62, 85, 143 et quelques autres, commencent par la plainte et se terminent par la consolation.

Dans les psaumes 7, 10, 13, 17, 26, 35, 36, 52 à 59, 61, 64, 69 à 71, 86, 88, 94, 109, 140 à 142, l'héroïsme et le zèle ardent

---

[1] C'est-à-dire cette ville qui ne semble exister que pour être détruite. J'ai déjà dit, dans la première partie de cet ouvrage, que, dès l'origine de Babel, ce nom était pour les Hébreux le synonyme d'une chose qui détruit ou qui est détruite ; de la confusion ou de ce qui répand la confusion.

finissent par devenir une pieuse tranquillité fondée sur la confiance en Dieu.

Les psaumes 3 à 5, 11, 17, 21, 25, 27, 28, 30, 37, 41, 43, 44, 63, 65, 131 et 132, ont été dictés par une confiance calme et paisible qui y règne depuis le commencement jusqu'à la fin.

D'autres sont de véritables chants de triomphe, tels que les odes dont je viens de donner la traduction, et auxquelles il faut ajouter les psaumes 9, 18, 33, 34, 66, 116 à 118 et 138, ainsi que le dernier du recueil, qui est un véritable hymne de glorification.

L'espace ne me permet pas de donner un exemple de chaque espèce, mais le professeur peut, dans sa chaire, le désigner à tout son auditoire, car le psaume le plus simple, considéré sous son point de vue psychologique, a sa beauté spéciale. Parmi tous ceux dont je viens d'indiquer les chiffres, je n'en choisis qu'un pour le citer ici.

DEUIL ET ESPÉRANCE[1].

« Jéhovah ! ne me rejette point dans ta colère, ne me châtie pas dans ton bouillant courroux ! Aie pitié de moi, Jéhovah, car je suis faible; guéris-moi, Jéhovah, car mes os tressaillent ! Ma vie tout entière est ébranlée ! Et toi, Jéhovah ?..... Jusqu'à quand ?...

« Reviens à moi, ô Jéhovah, sauve ma vie, soutiens-moi, miséricordieux ! Dans la mort on ne pense plus à toi; dans le royaume des ombres, qui est-ce qui chante des hymnes en ton honneur ?

« Je me suis épuisé en soupirs; pendant de longues nuits j'ai inondé mon lit de mes pleurs, ma couche s'est fondue en larmes ! Déjà le chagrin a obscurci mes yeux, ils ne jettent plus sur mes oppresseurs que des regards vieux et fatigués.

« Vous tous, ô méchants, retirez-vous loin de moi, car Dieu vient d'entendre la voix de mes larmes; Jéhovah écoute ma prière plaintive, il la reçoit en grâce. Ils seront humiliés et

---

[1] Psaume 6.

consternés, tous ceux qui sont mes ennemis ; ils rougiront et reculeront à l'instant ! »

Ce psaume ne saurait s'appliquer à des prières de pénitence générale ; considéré comme un chant particulier à David, il est remarquablement beau par la marche du sentiment qui l'a inspiré. Le vieux roi chagrin et malade, qui voit dans ses souffrances un châtiment de Dieu, se transporte par ses gémissements jusqu'aux portes de la mort ; mais dès que le mot *ennemis* revient sur ses lèvres, son courage et ses espérances renaissent. C'est ainsi que la plupart des psaumes ne sont que la représentation réelle et sans recherche artistique d'un sentiment tout individuel ; aussi peut-on y puiser des enseignements utiles sur la marche lyrique d'une ode ou d'une idylle de sentiment.

4°. Les psaumes 14, 19, 32, 39, 49, 91, 103, 115, 139, et tous les psaumes didactiques d'Asaph, méritent notre estime par l'excellence de leur méthode d'enseignement. Quelques commentateurs ont cru trouver un double thème dans le psaume 19 ; quant à moi, je ne l'y vois pas. Le poëte passe du gouvernement de Dieu dans la nature, où tout le glorifie et obéit à ses lois, au règne de ce Dieu sur son peuple ; et il dépeint ce règne comme étant d'autant plus agréable et plus doux, qu'il est plus limité et plus intime. La marche de ce psaume est donc fondée sur des contrastes. La première image s'élève jusqu'à la plus haute magnificence ; puis, elle s'interrompt tout-à-coup, et le discours, toujours plus doux et plus resserré, se renferme dans une étroite amitié de Dieu pour l'âme humaine, dans ses relations confidentielles avec cette âme. Dieu connaît les défauts les plus cachés de l'homme, son ami ; et il accepte les prières secrètes de cœur comme un entretien amical. La beauté de la disposition de ce psaume égale celle de son contenu ; et s'il a donné lieu à tant de fausses interprétations, c'est qu'on a pris les mots *droit, parole, loi, témoignage*, dans le sens que nous y attachons aujourd'hui, au lieu de leur donner la signification politique qu'ils avaient dans la constitution des Hébreux ; et c'est à cette constitution que s'appliquent les devoirs et les bienfaits dont parle ce psaume.

Au reste, il ne faut pas demander à un chant didactique l'élan qui caractérise les chants de guerre et de victoire. L'enseignement aime un terrain uni sur lequel il s'avance directement vers son but. Quant aux psaumes alphabétiques, il ne faut pas y chercher un plan comme dans les odes; ce sont des guirlandes de fleurs composées de sentences, et rangées ainsi pour aider à la mémoire, afin qu'on puisse plus facilement les apprendre par cœur. Le long psaume 119 roule, dans son ensemble, sur un principe général, et n'est, par conséquent, qu'un recueil de variantes morales. La plupart des enfants savent ces sentences par cœur, et il serait impossible de faire un plus bel éloge d'un enseignement; son excellence est incontestable quand il instruit même les enfants.

DIALOGUE LYRIQUE SUR LA PROTECTION DE DIEU [1].

« I. Celui qui s'assied sous la protection du Très-Haut, celui qui demeure à l'ombre du Tout-Puissant, celui-là dit à Jéhovah : Je me confie à toi; mon refuge et mon Dieu, c'est toi!

« II. Il te sauvera du piège de la mort, il te délivrera de la peste meurtrière. Il te couvrira de ses ailes; confie-toi à ses ailes, et sa fidélité sera pour toi un double bouclier.

« Tu n'auras pas à frémir devant les horreurs de la nuit, devant la flèche qui vole au grand jour, devant la peste qui se traîne dans les ténèbres, devant l'épidémie qui noircit l'éclat de l'heure de midi.

« Et si mille tombent à tes côtés, et dix mille autres à ta droite, rien ne pourra t'atteindre; tu verras de tes yeux; tu contempleras la punition des méchants.

« I. J'ai dit à Jéhovah : « J'ai placé ma confiance en toi. »

« II. C'est ainsi que tu demeures en des lieux hauts et sûrs, là, aucun mal n'arrivera jusqu'à toi, là, aucun tourment n'approchera de ta tente.

« Il ordonne à ses serviteurs de veiller sur toi partout où tu marches; ils te porteront sur leurs ailes, afin qu'aucune pierre ne blesse tes pieds.

« Tu pourras, sans crainte, marcher sur les serpents et sur les

---

[1] Psaume 91.

lions; tu les écraseras sous toi, les lions et les dragons! Jéhovah dit : Je le sauverai parce qu'il se confie à moi, je l'estime haut parce qu'il m'honore.

« Il m'invoque et je l'exauce ; il est pressé de tous côtés, je suis là aussi, je le sauve, je le fais honorer, je le rassasie de vie, et je lui ferai voir tout ce que je puis donner de bonheur ! »

Il serait impossible d'enseigner la confiance en Dieu avec plus de tendresse et d'abandon. Il n'y a point de chœur dans ce psaume, mais le changement de la personne qui parle produit un très-bel effet, car il fait de cette leçon un dialogue sur la bonté du père, qui finit par prendre la parole lui-même pour donner à ses enfants la promesse formelle de sa bonté et de sa protection.

Je le répète, pour sentir toute la beauté des psaumes, il faut se pénétrer de l'esprit de leur temps. Comme la plupart de ces psaumes sont des prières, on ne saurait les utiliser sans avoir en soi quelque chose de cette résignation filiale, de cette admiration contemplative des Orientaux devant les œuvres de Dieu, qui tantôt les élève dans leurs prières jusqu'à l'extase, et tantôt les fait descendre jusqu'à la confiance la plus aveugle. Chez les Hébreux surtout, le chant vole de sentence en sentence, comme de montagne en montagne ; il touche profondément, quoique avec rapidité ; il saisit et dépeint les objets au vol.

Une poésie où respirent l'innocence et la sensibilité pastorale ne peut être appréciée que par les ames calmes et paisibles ; son effet est toujours nul et souvent même funeste sur les caractères railleurs et les esprits raffinés. Le ciel ne se reflète que dans une eau calme et pure ; c'est ainsi que les vagues du sentiment n'ondoient que dans une ame tranquille et douce.

Il serait injuste de ne pas parler ici du poëte qui, le premier, nous a fait connaître le véritable ton et le véritable esprit des psaumes, de Klopstock enfin ; toutes ses odes, même les plus simples, sont empruntées à la harpe de David. La plupart des chants de sa *Messiade*, et surtout les passages où l'art disparaît entièrement devant le sentiment, ont ouvert à la langue allemande une voie lyrique simple et vraie, qu'on cherchera toujours en vain chez nos brillants voisins.

O toi Klopstock! Asaph des Allemands, puissent tes chants te réjouir encore toi-même, comme ils nous charment toujours; puisse ton génie lyrique te survivre, et réveiller pour nous de sa tombe antique, quelque chantre royal riche en action comme David [1].

SUPPLÉMENT.

UNE APPARITION.

Imitation de la poésie hébraïque.

« Assis dans le bosquet des bardes de l'antique Germanie, j'écoutais et j'espérais entendre les chants des temps passés. Mais hélas! les chœurs des bardes se sont perdus dans un vague lointain; ils étaient muets autour de moi, les vieux chênes!

« Et je demandais à l'écho : N'as-tu point de chants? Et l'écho murmura : Ils sont muets, les ravins et les hauts lieux, ils ne redisent plus la voix sacrée qui ne voulait pas être écrite [2]; car elle est muette cette voix, muette sur les montagnes, muette dans les vallées!

« O destin! tu fus donc toujours hostile au génie de l'Allemagne! Le pied du Mont-Hécla résonne; ils résonnent les sommets des sauvages Hébrides, et nos bosquets sont muets!

« Ossians, Orphées germaniques, venez, si jamais vous avez existé! Esprits puissants du passé, comparaissez devant moi! faites vibrer les harpes voilées par vos vêtements de nuages; je veux entendre leurs tintements énergiques, simples et beaux!

« Et les esprits puissants du passé nageaient dans l'air autour de moi; ils m'ont fait entendre les sons harmonieux de leurs harpes, et des chants guerriers soutenus par le bruit des cors et des trompettes.

« La bruyante harmonie s'est affaiblie autour de moi, elle s'est fondue en sons plaintifs et doux, et l'ange de l'Orient m'est apparu! Il était vêtu des plus belles nuées de l'aurore.

---

[1] A l'époque où Herder composait cet ouvrage, Klopstock venait de publier, à Altona, une nouvelle édition de sa *Messiade*.

[2] Les bardites guerriers et religieux des anciens Germains, dont Charlemagne a fait recueillir les débris pour former un recueil, ne s'étaient conservés jusque-là que par la tradition, car il était défendu de les écrire. (*Notes du Traducteur.*)

« Et sur sa harpe d'Orient, il me dit : « Laisse-les mourir, ces sons antiques, laisse-les se perdre dans l'oubli ! C'est pour des chants plus sublimes, plus sacrés, que la langue a été donnée à l'homme ! »

« Et il disparut au milieu des teintes incertaines du crépuscule du soir, et des voix nouvelles s'éveillèrent autour de moi. Je les reconnus toutes, depuis les sons rudes d'Ottfried jusqu'aux mâles accents de l'énergique Luther [1].

« Et toi Kleist, et toi Klopstock, toi qui, sur la harpe de David, entonnas des chants divins, toi qui redis les hymnes des patriarches avec la voix de ton cœur ;

« Et toi Gleim, toi qui dépeins notre Dieu, quand, au milieu du chant de chœur des étoiles, il pèse les victoires des armées, et qu'un bassin de la balance tombe et que l'autre s'élève ;

« Je vous ai tous entendus, et bien d'autres chants encore pleins de l'esprit d'Asaph et de la magnificence de Coré ; j'ai vu couler avec le cantique chrétien de douces larmes, rafraîchissantes comme la rosée, belles comme l'innocence !

« O toi ! ange de l'Orient ! ne peux-tu donc nous rendre une patrie et sa loi sacrée ? le temple de la liberté, l'immortelle gloire des pères, et notre Dieu des temps antiques ?

« Peut-il prendre l'essor de l'aigle, le ver qui rampe dans la poussière ? le poisson qui se débat dans le filet chante-t-il comme chante l'alouette dans les airs, comme chante le rossignol dans les bois ?

« Le cygne seul trouve encore, dans ses rêves d'or, un chant séculaire, pour célébrer les forces de sa jeunesse évanouie ; mais alors ils l'ont déjà rappelé, les esprits des cygnes qui ne sont plus, et il expire au milieu du chant le plus doux ! »

---

[1] Luther n'est cité ici dans aucune intention religieuse, ainsi que la suite le prouve. Herder ne le nomme qu'en qualité de poëte, et par rapport aux services incontestables qu'il a rendus à la langue et à la littérature allemande, en prouvant le premier qu'on pouvait composer des ouvrages en cette langue ; car tous les auteurs qui l'ont précédé écrivaient en latin.

(*Note du Traducteur.*)

CHAPITRE X.

CARACTÈRE DES PSALMISTES.

I. Caractère de David. — Excessive sensibilité de son âme, dans la joie comme dans la douleur. — Sa confiance en Dieu. — Origine de cette confiance. — Pourquoi ses psaumes sont-ils particulièrement précieux? — Langage sincère et affectueux des psaumes. — Éloge d'Abner par David. — Vif ressentiment que lui causaient les persécutions de ses ennemis. — Passages des psaumes sur la vengeance. — Pourquoi David promet-il des chants à Dieu, comme la chose la plus précieuse qu'on puisse lui offrir? — Passages dans lesquels il parle de la loi de Dieu comme d'une constitution locale. — Quels profits pouvons-nous tirer des traits caractéristiques des psaumes?

II. Caractère d'Asaph. — Théodicée sur le bonheur des méchants. — Chant universel sur le même sujet, par David et les enfants de Coré.

III. Chants des enfants de Coré. — Soupirs après Jérusalem, élégie.

IV. Chants sans noms d'auteurs. — Quels étaient les psaumes appelés psaumes *ascendants*? — Exemples tirés de ces psaumes. — Vue sur l'ensemble du livre des psaumes.

V. Sur la musique des Hébreux. — Leurs instruments de musique. — Influence de ces instruments sur le chant. — Signification du mot *selah*.

Supplément : Sur la musique.

Nous avons borné jusqu'ici notre examen au contour des psaumes ; abordons maintenant le caractère de leurs auteurs.

I. CARACTÈRE DE DAVID COMME POÈTE AUTEUR DES PSAUMES.

La vérité est, sans contredit, la base fondamentale du caractère de David ; car sa poésie est le miroir fidèle de sa vie, de ses sensations et de son époque ; c'est un jardin riche en fleurs gracieuses et en fruits savoureux, mais où, parfois, la tempête exerce ses ravages. Si son langage n'était qu'un fard poétique, il faudrait se borner à en admirer les belles couleurs ; mais comme il est le reflet de son âme, il peut et doit nous servir d'enseignement.

1. Les compositions de David portent le cachet d'un cœur tendre, d'une âme sensible. Il a épuisé toutes les joies et

toutes les douleurs, et il y a dans ses psaumes des angoisses pour lesquelles les langues modernes n'ont point d'expression. Les psaumes 22, 38, 39 et plusieurs autres sont de ce genre. Que ses tourments lui viennent de ses ennemis ou de Dieu, son esprit se tord dans la poussière, sa harpe gémit, son cœur se fond en larmes.

2. Ces mêmes larmes cependant ne tardent pas à devenir une confiance courageuse, une résignation filiale. Le Dieu qui, de la condition de pâtre de brebis, l'avait élevé à celle de pasteur des peuples, s'était fait si visiblement son appui, et son secours dans toutes les calamités, dans tous les dangers, qu'il finit par placer en lui cette confiance individuelle qu'on ressent pour son plus fidèle, pour son meilleur ami; et c'est cette confiance qu'il chante dans ses psaumes. Ils sont, pour ainsi dire, la relation d'une amitié intime avec Dieu; voilà pourquoi tous les cœurs nobles et confiants y retrouvent leurs propres sentiments, qu'ils ne sauraient exprimer qu'avec les paroles de l'antique héros des Hébreux.

L'homme qui croit à une providence individuelle donnera toujours une haute idée de son caractère; tous les hommes éprouvés ont eu cette croyance; car ils connaissaient Dieu, non-seulement par la lettre, mais par la voix de leur cœur et par les évènements de leur vie. Dans les psaumes, Dieu n'est jamais une abstraction scientifique, mais un être présent partout, qui pénètre le chantre, qui connaît ses mérites et ses défauts; et voilà pourquoi ce chantre se réjouit ou se désole.

3. C'est par ce même motif que ses productions sont les plus intimes et les plus individuelles de son cœur. Ce qui nous paraît présomptueux et arrogant quand nous le chantons en commun, était chez David le sentiment profond et vrai de sa situation individuelle. Pendant que ses ennemis le calomniaient et le persécutaient, il lavait ses mains dans la rosée de l'innocence; elles sont restées pures du sang de ses persécuteurs, et il s'en glorifie devant Dieu dans la plupart de ses chants [1].

Cet esprit de loyauté et de miséricorde se manifeste dans son gouvernement; le nier serait impossible. Joab était sévère et

[1] Psaumes 7, 26, etc.

sauvage, mais David déployait autant de générosité que le comportait l'esprit de son temps; et il est facile de voir qu'il aurait voulu toujours se montrer clément envers ses ennemis personnels. Combien n'a-t-il pas déploré la mort d'Absalon? que de ménagements n'a-t-il pas gardés avec Simhi? Et quand Abner, ce chef de ses adversaires, fut perfidement assassiné, il honora sa mémoire par cet hymne de deuil :

« [1] Et David dit à Joab et au peuple qui était avec lui : « Déchirez vos vêtements, enveloppez-vous de sacs, et pleurez sur Abner! »

« Et le roi lui-même marchait derrière le lit sur lequel on transportait le mort. Lorsqu'ils allaient le déposer en terre, il éleva la voix et se mit à pleurer sur la tombe d'Abner; et tout le peuple pleura avec lui.

« Le roi gémit hautement sur Abner, et dit :

« Abner, tu n'es pas tombé comme un lâche! tes mains n'étaient point liées, tes pieds n'étaient point enchaînés! Comme on tombe devant les méchants, c'est ainsi que tu es tombé!

« Et le peuple se mit à pleurer de nouveau, » etc.

Sous beaucoup de rapports, le gouvernement pacifique de Salomon était plus dur et plus despotique que le règne agité et guerrier de David.

4. Les persécutions de ses ennemis l'affligeaient d'autant plus profondément, qu'il n'était qu'un homme, et qu'il se sentait innocent. Son cœur avait été navré au point qu'il en parlait là où il n'aurait pas dû le faire, c'est-à-dire dans les prières et dans les réjouissances publiques; mais ne savons-nous pas tous que des malheurs non mérités assombrissent la vie tout entière, et finissent par aigrir les caractères les plus doux? Au reste, la plupart des chants de David ont été faits dans des moments d'angoisse où il demandait des consolations à sa harpe; et c'est toujours au moment même où nous éprouvons une injustice, que nous nous en plaignons avec le plus d'amertume.

J'avoue que, pour ma part, je voudrais pouvoir faire disparaître le ressentiment passionné qui règne dans les psaumes 8, 19, 23, 104 et 139; mais ils n'en sont pas moins précieux comme

---

[1] Samuel, liv. II, chap. 3, vers. 33 et suiv.

reflet fidèle des sensations du poëte royal. S'il n'avait pas dévoilé devant Dieu les travers de son ame, il eût été forcé de les déguiser ; j'ajouterai que ceci ne nous autorise nullement à chanter après lui, à contre-temps et sans motifs, ces sortes d'anathèmes comme autant d'exercices pieux. Souvenons-nous toujours, et en tout état de cause, que nous sommes chrétiens, et que l'esprit de la religion chrétienne nous défend de maudire, même nos plus cruels ennemis.

La force des circonstances fournit à David l'occasion de développer des traits de vengeance et de justice divine, tels que son cœur oppressé les désirait, et que, dans ces temps reculés, on n'envisageait pas sous le même point de vue que de nos jours. Pour le législateur Moïse, Jéhovah était un dieu national, dont la justice distributive ne s'occupait que de l'ensemble de la nation ; mais David et ses contemporains, envisageant le gouvernement de ce dieu sous un point de vue moins élevé, l'étendirent, dans ses détails du moins, sur les individus isolés. Asaph le fit en sage, et David en héros expérimenté. La plupart de leurs expressions sont encore aujourd'hui les plus convenables pour désigner la surveillance morale de la divinité sur l'ensemble des choses de ce monde. Plusieurs psaumes semblent avoir été inspirés par le livre de Job ; et, dans tous, des circonstances simples et insignifiantes servent de point de départ pour arriver aux plus hautes conséquences.

5. On a souvent trouvé singulier que David ait promis des chants à Dieu, car il prouve par là qu'il les plaçait au-dessus des plus grands sacrifices, et les regardait comme l'offrande la plus agréable qu'on pût porter à Jéhovah dans le sanctuaire. Ce sont là les *taureaux des lèvres* dont tous les prophètes ont vanté le mérite, et qui s'expliquent facilement par le caractère de David. Que pouvait-il offrir à Jéhovah de meilleur et de plus individuel que des chants, ces fleurs de son ame, ce psaltérion de sa gloire ? Certes, il eût été plus facile à ce roi de tirer de nombreux taureaux de ses étables ; mais il sentait que de pareils dons eussent été bien peu de chose à côté des aveux sincères de sa muse qui s'humiliait devant Dieu. Qui de nous pourrait s'appliquer aujourd'hui ces passages des psaumes ? Dieu n'ac-

cepte plus de taureaux en holocaustes, et il ne dépend pas de nous de composer des chants comme ceux de David. Au reste, il ne nous demande pas ces sortes de poétiques expiations ; les psaumes qui les lui promettent sont donc pour nous une lettre morte.

6. David régnait sur un État théocratique où il tenait la place de Dieu, ce qui l'obligeait à se conformer aux anciennes constitutions ; voilà pourquoi son langage, même quand il ne parle que de lui et des institutions civiles, est toujours sacerdotal. S'il règne sur Sion, c'est en qualité de prince institué par Dieu ; il est le prêtre de ce Dieu pour la distribution de la justice, son instrument dans la guerre ; mais quand il s'agit de la soumission à la loi nationale, il est son humble serviteur comme le dernier des Israélites. Lorsque les poètes de l'époque attribuaient à Dieu les chants et les victoires de David, lorsque ce roi se réjouissait de l'appui de Jéhovah, lorsqu'il se montrait fier de la force qu'il lui prêtait, et renouvelait ainsi avec lui le serment de fidélité, les poètes et le roi parlaient le véritable langage national. En célébrant les merveilles, c'est-à-dire l'excellence des lois de Moïse, en promettant à Dieu de s'y soumettre toujours, il ne se conduisait donc pas en dévot oisif qui ne sait que se prosterner avec sa harpe, ainsi qu'on a pris l'habitude de le représenter dans tous les tableaux. Dans les mêmes psaumes où il vante sa soumission à la loi de Dieu, il parle aussi de ses travaux à lui et des soins qu'il prend pour garantir son cœur de la présomptueuse pensée qu'il pourrait agir sans frein et sans maître, puisqu'il était soumis aux lois et aux usages de son pays. La nécessité de cette soumission était toujours présente à sa mémoire ; quand il l'oubliait parfois, et que Dieu l'en punissait par une calamité publique, il s'écriait : « J'ai péché contre Jéhovah, le Dieu du pays ; mais ces pauvres brebis, qu'ont-elles fait ? »

Puisse cet aperçu rapide faire comprendre à mes lecteurs comment nous devons étudier les psaumes pour qu'ils nous deviennent aussi utiles qu'ils l'ont été à leur auteur. Youg a dit qu'on n'est jamais si près des anciens que lorsqu'on paraît s'en éloigner le plus. Appliquons cet axiome aux psaumes : nous ne pouvons nous approprier que la fleur de leur morale générale et de leur beauté naïve ; notre cœur peut même saisir quelques unes de leurs douces paroles, de leurs pieuses formules; mais une imitation aveugle serait une profanation. Saisissons toutes les vibrations de l'antique harpe de David, mais ne choisissons, à cet effet, que celles qui sont l'écho ou le prélude de la voix de notre ame.

II. CARACTÈRE D'ASAPH COMME POÈTE, AUTEUR DES PSAUMES.

Dans les psaumes didactiques, Asaph a surpassé David; car si son âme n'était pas aussi tendre, elle était plus indépendante et moins passionnée. Ses plans sont toujours sages, et l'exécution en est très-belle. Un seul exemple suffira pour le prouver.

THÉODICÉE SUR LE BONHEUR DES MÉCHANTS [1].

« Dieu est cependant un Dieu bon pour les hommes intègres [2], pour tous ceux qui s'attachent à lui avec un cœur pur.

« J'étais sur le point de glisser, déjà mon pied allait chanceler, car je ressentais une colère ardente contre les orgueilleux insensés [3], et je regardais avec envie le bonheur des méchants.

« La mort n'a point de pièges pour eux [4], ils sont gras et bien portants; ils ignorent les soucis et les travaux de la vie; la verge du malheur ne les frappe pas comme elle frappe les autres mortels.

« Voilà pourquoi ils se gonflent fièrement sous les chaînes qui ornent leur cou. Ils parent leurs méfaits de vêtements magnifiques [5]; leurs regards partent d'un visage gras; et ce que leur cœur imagine, ils le répandent au loin [6].

« Ils sont moqueurs, ils parlent mal de leurs amis [7], et ils

---

[1] Psaume 73.

[2] Dans plusieurs passages, le mot *Israël* change de signification, et l'on y développe le ישר.

[3] רשעים הוללים font souvent de ces sortes de significations accessoires, la signification principale.

[4] La mort est représentée ici comme un chasseur qui pose des pièges sous les pieds des mortels; les méchants seuls semblent avoir fait avec elle un pacte qui les met à l'abri de ses ruses.

[5] Ils ne sont pas seulement riches et fiers, mais leur richesse est le produit de leurs méfaits.

[6] Lors même qu'on lirait avec les Septante עונמו, l'image resterait toujours la même: il faut que tout ce que leurs yeux voient, tout ce que leur cœur imagine, soit fait.

[7] ברע. Voyez le psaume 50, verset 20, qui est également d'Asaph.

parlent la poitrine haute. Ils parlent comme des dieux du ciel; et ce qu'ils disent, il faut que la terre le fasse[1].

« Ils se désaltèrent dans une pierre dure[2], car ils la pressent jusqu'à ce qu'il en sorte de l'eau en abondance, puis ils disent : « Quoi ! Dieu remarquerait cela, le Très-Haut aurait connaissance de nous ? »

« C'est ainsi que pensent les pervers, et ils sont les heureux du temps[3], et leur bien augmente toujours.

« C'est donc en vain que je conserve la pureté de mon cœur, que je veille à ce que mes mains restent sans tache ? Chaque jour un nouveau coup de verge me frappe, chaque matin la fortune m'insulte[4].

« Eh ! bien, me suis-je dit, voilà comment je parlerai sur ce qui se passe : « Oui, ceux-là sont tes bien-aimés ! » Paroles funestes ! j'ai cru comprendre, j'étais dans l'erreur.

« Jusqu'à ce que je fusse entré dans le conseil sacré de Dieu, où j'ai vu leur fin, j'étais dans l'erreur. Comme tu les as placés dans des lieux glissants, et comme ils sont tombés dans les pièges que tu leur as tendus !

« Quelle surprise ! quel effroi ils vont causer ! Un instant, et ils ne sont plus ! ils ont été dispersés par l'épouvante[5] ! Semblable au rêve qui s'enfuit au réveil, tu as, ô Seigneur, en te réveillant[6], fait fuir leur image.

« Oh ! alors, je me suis senti piqué au cœur ! Que j'ai souffert

---

[1] Le ciel et la terre sont opposés l'un à l'autre ; les méchants élèvent leurs têtes jusqu'au ciel comme s'ils étaient des dieux, et leur parole marche sur la terre, c'est-à-dire qu'elle y est promptement exécutée.

[2] D'après les versions ordinaires, on ne saurait laisser subsister les deux membres du parallélisme. La première proposition est fort claire ; c'est donc la seconde qui cause l'obscurité de la phrase. Je divise autrement les lettres et j'écris : מימלם ושיבע ; alors je trouve non-seulement le sens et le parallélisme, mais encore le jeu de mots avec le mot suivant : ימי מלא ; c'est ce qui me fait croire que c'est ainsi qu'on doit lire. Par là, on obtient la grande image d'une oppression, heureuse pour celui qui l'exerce, et que la suite développe. Au reste, on a reconnu depuis longtemps que ce passage était défectueux dans le texte.

[3] Les שלוי עולם sont des gens qui vivent heureux et tranquilles.

[4] La fortune le trompe de nouveau chaque matin ; une calamité nouvelle le frappe tous les jours.

[5] L'expression du texte rend cette image avec autant de vivacité que d'énergie.

[6] L'ensemble de l'image prouve que le mot בעיר, en se réveillant, ne veut pas dire dans la ville.

dans mon intérieur de m'être si follement mépris, et d'avoir jugé devant toi comme jugerait une bête brute[1]!

« Je m'attache maintenant à toi, à toi qui, lorsque je chancelais, me saisissais par la droite pour me soutenir. Conduis-moi toujours comme tu le voudras, je sais maintenant que tu finiras par me recevoir dans ta gloire[2].

« Que pourrais-je avoir dans les cieux, que pourrais-je avoir sur la terre, si je ne t'avais pas? Mon corps et mon ame se consument en langueur! O toi! le rocher de mon ame, tu es mon partage, mon Dieu, pour toute l'éternité!

« Ils périront ceux qui s'éloignent de toi; celui qui caresse l'étranger, celui-là, tu le détruiras! Et moi, si près de Jéhovah, que je me sens heureux! C'est sur toi que je place ma confiance, je veux chanter tes hauts faits! »

Que ce psaume est beau! Le poète commence par une sentence, résultat des nombreuses observations qui font sa conclusion. Passant avec rapidité et d'une manière inaperçue à des situation pénibles, il dépeint comment il s'est trompé; et lorsqu'il a fait arriver ce tableau à son apogée, il en détourne son chant. Introduit enfin dans le conseil du destin, il reconnaît que son premier jugement était celui d'une brute. Des vœux nouveaux, mais toujours en harmonie avec ses hésitations, le rattachent à Dieu et l'élèvent au plus haut degré des sentiments chaleureux. Une nouvelle sentence inattendue termine le tout. Certes, ce psaume didactique est aussi remarquable par son contenu que par son arrangement.

Il ne faut cependant pas étendre son importance au-delà de ses limites. Asaph voit d'abord le bonheur des méchants, puis il reconnaît que ce bonheur disparaît comme une ombre, tandis que celui des bons est inébranlable; son regard ne porte pas plus loin. La peinture du châtiment des uns et du bonheur éternel des autres n'entrait pas dans son plan.

---

[1] La suite prouve assez ce que הֲמוֹת veut dire ici. Le poète était d'abord comme une bête brute devant Dieu, car il ne comprenait rien de ses intentions, il jugeait d'une manière insensée, et allait tout-à-fait s'éloigner de Dieu; mais son opinion change tout-à-coup, et il reste auprès de Dieu.

[2] On pourrait peut-être lire grammaticalement : *Malgré mes peines et mon fardeau, je reste près de toi*. La transposition du mot עָמָד n'en aurait pas moins lieu.

Selon moi, cette même matière a donné lieu à des psaumes qui semblent avoir été inspirés par une louable émulation. J'ai déjà donné dans la première partie un chant qui fait de ce sujet une énigme dont la sagesse humaine doit chercher le mot. Ce chant est lyrique et beau comme tous ceux des enfants de Coré. Voici un psaume de David sur le même sujet.

LE BONHEUR DES MÉCHANTS[1].

« J'ai dit : Pendant toute la durée de ma vie, je veillerai sur ma langue ; je commanderai à ma bouche, afin qu'elle se taise tant qu'un méchant vivra devant moi.

« Je me suis tu, je suis devenu muet, même à la joie[2], et la douleur s'est révoltée en moi. Mon cœur s'est embrasé dans ma poitrine ; quand je méditais, le feu s'allumait en moi, et ma langue disait[3] :

« Jéhovah, enseigne-moi à réfléchir sur ma foi, à me répéter sans cesse combien ma vie est courte, et que bientôt il me faudra partir. Regarde, ma vie n'est pas plus longue que la paume de ma main ; devant toi, le temps de mon existence est un rien. Elle n'est qu'une ombre fugitive, l'existence humaine qui nous paraît si stable[4].

« Il n'est que trop vrai, l'homme marche au milieu d'apparences trompeuses et se croit un héros. Il s'agite et se fatigue en vain ; il amasse et ne sait pas pour qui.

« Sur quoi donc ai-je placé mes espérances ?

« Toi, Seigneur, tu es mon espérance ; délivre-moi de mes angoisses, et ne me rends pas un objet de dérision pour les insensés. Je me tais, je ne veux plus ouvrir la bouche ; tu feras, Seigneur, ce qui est à faire[5] !

---

[1] Psaume 39.

[2] Sentiment aussi délicat que vrai ; c'est un mauvais moyen pour détourner ses pensées que de les renfermer en soi. Il faut les exprimer, les communiquer, ou bien elles nous rongent le cœur.

[3] Le murmure du mécontentement est ici sous-entendu ; c'est par une délicatesse exquise que le poète s'abstient de le prononcer, et qu'il se hâte de poursuivre son chant.

[4] Le נצב du texte est concis et beau.

[5] Tu le feras beaucoup mieux que je ne pourrais te l'indiquer, te le demander.

« Retire de moi les tourments dont tu m'as chargé. Je suis étendu sans force, Seigneur, parce que ta main m'a frappé. Quand tu adresses, même au plus fort d'entre nous, une dure parole sur ses méfaits, il disparaît comme si les mites l'avaient rongé. Tout ce qui s'appelle homme n'est rien.

« Écoute ma prière, Jéhovah ! entends mes cris de détresse ; ne garde pas le silence quand je pleure ; je ne suis ici qu'un étranger devant toi, un voyageur comme l'étaient mes pères. Détourne tes regards de moi, afin que je reprenne de la force avant que je m'en aille, avant que je ne sois plus ! »

Ce chant, que David composa sans doute pendant une maladie, et qui porte le cachet de son caractère, est plein de sentiments tendres et individuels. Les cœurs susceptibles de ces sentiments aimeront les chants de David ; les esprits sérieux et amis des enseignements graves préféreront ceux d'Asaph. Les poésies des enfants de Coré, qui osent examiner la destinée des méchants jusque dans le royaume des morts, plairont surtout aux amateurs des fictions lyriques.

Le psaume 37 de David est du même genre que celui que je viens de citer. Les psaumes 46, 76, 80, 85, 44, 78, etc., appartiennent à la même classe. Les comparer les uns aux autres, est un travail d'autant plus utile qu'il fournit des éclaircissements sur le caractère du poète et sur sa manière de composer.

III. LES CHANTS DES ENFANTS DE CORÉ.

Sont-ils l'œuvre de David ? En ce cas, pourquoi ne portent-ils pas son nom ? ce qui est d'autant plus étonnant qu'on n'a pas craint de lui attribuer, ainsi qu'à Asaph, plusieurs psaumes composés longtemps après eux. Selon toutes les probabilités, ces psaumes sont l'œuvre d'un chantre du chœur de Héman ; mais, quel que soit leur auteur, il est certain que c'est un des meilleurs poètes de son époque. Ses chants nationaux sont concis et chaleureux. Le psaume 45 est un magnifique épithalame, et le psaume 42 une belle élégie. Je donnerai ce dernier comme exemple.

SOUPIRS APRÈS JÉRUSALEM [1].

« Comme le cerf languit après la source d'eau, mon ame languit après toi, Seigneur. Mon ame a soif de Dieu, du Dieu vivant [2] ! Quand pourrai-je revenir et contempler la face de Dieu ?

« Depuis longtemps déjà les larmes sont pour moi le pain du matin et le pain du soir ; et de jour en jour on me dit : « En quoi t'assiste-t-il maintenant, ton Dieu ? » Alors je me rappelais, et mes larmes coulaient en abondance ; je me rappelais le temps où, moi aussi, j'allais au temple de Dieu. J'y allais avec la foule joyeuse, au milieu des chœurs dansant et chantant des hymnes de reconnaissance.

« *Pourquoi t'agites-tu ainsi dans ma poitrine, ô mon cœur ? Pourquoi bats-tu si haut ? Espère en Dieu. Moi aussi, je pourrais encore lui offrir des chants de reconnaissance, à lui, mon sauveur, mon Dieu !*

« Et cependant mon ame se chagrine encore ! Je veux ici penser à toi ; ici, entre les torrents et les montagnes, sur les bords du Jourdain et sur les collines du Liban.

« Comme la vague mugit dans la vague, c'est ainsi que les torrents mugissent vers moi ; car ils ont tous passé sur moi, tes vagues et tes torrents !

« Pendant le jour pourtant, la bienveillance de Jéhovah me soutient encore ; pendant la nuit, son chant est avec moi ; elle est avec moi, la prière que j'adresse au Dieu vivant.

« Je chante ainsi vers mon Dieu protecteur : « Pourquoi m'oublies-tu ? Pourquoi faut-il que je marche si tristement opprimé par mon ennemi ? »

« Je sens mes os tressaillir quand mon ennemi me raille, quand chaque jour il me répète : « A quoi te sert ton Dieu, maintenant ? »

« *Pourquoi t'agites-tu ainsi dans ma poitrine, ô mon cœur ? Pourquoi bats-tu si haut ? Espère en Dieu. Moi aussi, je pourrais*

---

[1] Psaumes 42 et 43.
[2] Ordinairement, le Dieu vivant est opposé aux images immobiles des idoles. Ici, l'image est heureusement métamorphosée en une source, et c'est après cette source que languit l'ame du poète.

encore lui offrir des chants de reconnaissance, à lui, mon sauveur, mon Dieu!

« Juge-moi, ô Dieu, fais exécuter mon droit! Sauve-moi d'un peuple sans pitié, d'un homme plein de tromperie et de malice!

« Car tu es mon Dieu en qui je me confie. Pourquoi t'éloignes-tu de moi? Pourquoi faut-il que je marche si tristement, opprimé par mon ennemi?

« Envoie-moi, Seigneur, ton conseil infaillible [1], afin qu'il me conduise vers les montagnes de ta majesté, vers ta tente, ô Jéhovah!

« Alors je pourrais y entrer, je m'approcherais de l'autel de Dieu, du Dieu qui est ma joie, mon allégresse. Alors je te remercierais avec les sons de ma harpe, ô Dieu, toi mon Dieu!

« *Pourquoi t'agites-tu ainsi dans ma poitrine, ô mon cœur? Pourquoi bats-tu si haut? Espère en Dieu. Moi aussi, je pourrais encore lui offrir des chants de reconnaissance, à lui, mon sauveur, mon Dieu!* »

Il serait inutile d'analyser ce morceau. La marche douce et rêveuse de la pensée qui se calme par degrés, la peinture des environs du Jourdain et du Liban, sont des beautés qui se font sentir d'elles-mêmes, et que les démonstrations ne sauraient faire comprendre à celui qui n'en a pas été frappé à la première lecture. Semblable à tous les affligés qui cherchent des consolations, David arrête ses regards sur les vagues échappées de la source Phiala; leur mélancolique bruissement lui retrace les calamités que Jéhovah a répandues sur lui; peu à peu, cependant, il se souvient que son amie, sa harpe, lui est restée fidèle; et cette harpe réveille sa confiance au point que l'espoir lui paraît une réalité, et que sa pensée le transporte au milieu des chœurs dansants et chantants de Jérusalem.

IV. CHANTS SANS NOMS D'AUTEURS.

Un assez grand nombre de psaumes ne portent aucun nom d'auteurs. Ces poésies appartiennent, sans doute, à des temps

---

[1] C'est-à-dire l'*Urim* et le *Thummin*. Ce passage prouve ce qu'étaient ces ornements aux yeux de David.

postérieurs, mais elles n'en sont pas moins belles. Plusieurs d'entre elles contiennent des enseignements plus raffinés que ceux de David.

Nous allons examiner quelques uns de ces chants surnommés psaumes *ascendants*. On les regarde communément comme des chants de voyage pendant le retour de la captivité de Babylone, parce qu'Esdras, en parlant du retour à Jérusalem, ne dit pas que le peuple revint, mais qu'il *remonta* à Jérusalem[1]. Leur contenu cependant ne justifie pas cette opinion. Beaucoup de ces psaumes appartiennent visiblement à des temps postérieurs à David. Le psaume 37 décrit, il est vrai, la captivité de Babylone, mais ni lui, ni aucun de ceux qui portent le nom de psaumes *ascendants*, ne décrit d'une manière directe et positive le voyage pour retourner en Judée. Le verbe *monter* du texte, dont les traducteurs ont fait dériver l'adjectif *ascendant*, n'aurait-il donc aucune autre signification dans la langue hébraïque? Un peu de réflexion suffit pour prouver que *monter* était le terme ordinaire par lequel on désignait les voyages à Jérusalem, où le peuple se réunissait pendant les fêtes nationales, qu'on y célébrait toujours sur les hauteurs. D'après cette explication, aussi simple que naturelle, les psaumes *ascendants* ne seraient que des chants de fêtes nationales, tels que ceux de David, d'Asaph et des enfants de Coré, et qu'on chantait, non-seulement à ces fêtes, mais encore pendant le voyage qu'il fallait faire pour y arriver. En les envisageant sous ce point de vue, les passages regardés jusqu'ici comme inexplicables deviennent fort clairs.

Pour ne pas déranger l'ordre des chiffres, je commence par le psaume 120, quoiqu'il s'applique moins que tout autre à mon explication; car il ne me semble avoir été composé que pour rendre une plainte toute individuelle.

PLAINTE CONTRE DE MALVEILLANTS COMPAGNONS DE VOYAGE.

« C'est à Jéhovah que j'en appelle dans ma détresse; j'en appelle à lui et il m'écoute. Sauve-moi, Jéhovah, des lèvres des calomniateurs; sauve-moi de la langue des trompeurs!

[1] Esdras, chap. 7.

« Et que te fait-elle, la langue trompeuse ? dis, que te fait-elle ?

« Elle pique comme la flèche aiguë du guerrier ; elle brûle comme le charbon ardent d'un bois pointu. Hélas ! pourquoi faut-il que je m'arrête en Mésec, sous ces tentes de brigands, comme si je voyageais avec les assassins de Kédar ? Je suis fatigué de demeurer depuis longtemps avec des hommes qui haïssent la paix et la concorde. Je suis si tranquille, et pourtant, dès que je dis un mot, voilà la guerre commencée. »

C'est à coup sûr un voyageur qui se plaint de l'insociabilité de ses compagnons, qu'il compare à des brigands arabes parce qu'ils habitent des tentes. Le temps qu'il devait passer avec eux est limité, et il en désire la fin. Le texte n'en dit pas davantage, et je ne veux pas en dire plus que lui.

Ces tentes se dirigeaient-elles vers Jérusalem ? Étaient-elles dressées autour de cette ville, ainsi que cela se pratiquait souvent, pour abriter le peuple qui venait assister aux fêtes nationales ? Je l'ignore.

Le psaume 121 est plus clair. Il n'y a pas un mot sur Babylone, mais c'est une véritable relation de voyage à Jérusalem et sur la montagne sacrée.

VOEUX DE BONHEUR POUR LE VOYAGE A JÉRUSALEM.

« Je regarde ! je regarde au loin vers la montagne d'où me vient le secours. Le secours me vient de Jéhovah qui créa le ciel et la terre.

« Il ne laissera pas glisser ton pied, il ne sommeillera pas celui qui est ton gardien ; car, vois-tu, il ne dort, il ne sommeille jamais, le gardien d'Israël.

« Jéhovah sera ton gardien, Jéhovah sera l'ombre amie qui voyagera à tes côtés, afin que, pendant le jour, il ne te nuise point le rayon du soleil ; afin que, pendant la nuit, il ne te nuise point le rayon de la lune.

---

[1] משׁר signifie *peau grossière, couverture de tente*, qui a probablement donné son nom au peuple sauvage qui habitait ces tentes. Le poëte se plaint et dit qu'il lui semble habiter avec des brigands, des meurtriers, des sauvages grossiers. Les Israélites n'ont jamais été captifs ni à *Mésec*, ni à *Kédar*. Au reste, ces deux contrées sont fort éloignées l'une de l'autre, et ne figurent ici qu'en qualité de tropes, ainsi que le prouve le parallélisme.

« Que le Seigneur te garde, te préserve de tout malheur, qu'il veille sur ta vie. Le Seigneur te gardera à ton départ, il te gardera à ton arrivée, maintenant et pour toujours. »

Qu'on se figure un jeune Israélite qui, semblable à l'oiseau encore couché dans son nid, tourne des regards ardents vers les montagnes de la liberté qu'habite le Dieu national. Il veut partir, il veut voir Jérusalem, et son père le bénit avant son départ par le psaume que l'on vient de lire, et dont, par cette interprétation, chaque mot devient clair et bien placé. Si c'était un chant de départ de Babylone, qui aurait pu donner une pareille bénédiction au voyageur? A qui aurait-on pu attribuer d'aussi tendres adieux? Ce psaume se chantait peut-être aussi pendant le voyage et en chœur, comme un moyen de s'adresser mutuellement des vœux de bonheur.

Au commencement de cette partie, j'ai déjà expliqué le psaume 122, dans lequel un jeune Israélite exprime la joie que lui cause l'idée de se rendre une seconde fois à Jérusalem, avec la troupe qui est sur le point de partir pour cette ville.

Les psaumes 123, 125 et 134 roulent sur le même sujet.

Les psaumes 24 et 29 chantent la délivrance de Jérusalem, ainsi qu'on avait l'habitude de le faire pendant les fêtes nationales.

Les psaumes des enfants de Coré, 46 à 48, 74 à 85, sont du même genre.

Le psaume 126, qui a été sans doute composé durant la captivité, était aussi devenu un chant pour les fêtes nationales, afin de prouver que la confiance que l'on place en Dieu n'est jamais trompée.

Le psaume 133 vante la concorde des tribus et des familles. Le psaume 128 célèbre le bonheur domestique, et le psaume 127, celui de posséder une nombreuse famille, en dépit des peines et des soucis que cause l'éducation des enfants.

Il est honorable pour un peuple de traiter de semblables matières dans ses solennités publiques; nos mœurs gagneraient beaucoup, si nous chantions en commun de pareils hymnes religieux et politiques.

Le psaume 130 est une confession publique, une préparation

au sacrifice expiatoire pour tous ceux qui se sentaient coupables de quelque grande faute.

Le psaume 132 est une prière en faveur du roi, de sa maison, de Sion et de tous les prêtres. Le reste de cette collection consiste en chants de louanges et de gloire, destinés à être chantés au temple pendant les fêtes religieuses [1].

Cette manière d'envisager les psaumes conduit à une classification facile, et pour laquelle on pourrait utiliser la division judaïque en cinq livres. Les poèmes nationaux, quoique placés çà et là à travers le recueil, forment toujours de petites collections séparées. Voici un léger aperçu de l'ensemble.

Psaume 1er : Introduction du recueil.

Psaume 2 : Chant royal, qu'on pourrait appeler la couronne du recueil.

Psaumes 3 à 40 : Tous ces psaumes sont personnels à David. C'est par eux que se termine le premier livre de la division judaïque.

Psaumes 41 à 49 : Chants des enfants de Coré, dont le contenu est très-varié. On y remarque beaucoup d'hymnes nationaux. Le psaume 50, ce beau poème didactique d'Asaph, termine ce premier recueil des chants des enfants de Coré.

Psaumes 51 à 64 : Chants de David sur les évènements de sa vie privée.

Psaumes 65 à 68 : Chants nationaux. On peut comprendre dans la même catégorie tous les suivants, jusqu'au psaume 72, sur le règne de Salomon, qui termine le deuxième livre de la division judaïque.

Psaumes 73 à 83 : Chants d'Asaph, dont le plus beau commence le troisième livre.

Psaumes 84 à 89 : Chants des enfants de Coré et d'autres maîtres chantres; la plupart sont des chants nationaux. C'est par eux que se termine le troisième livre, qui est rempli de poésie et de musique du temple. Il a été, sans doute, intercalé plus tard

---

[1] Le livre des psaumes a, sans doute, été composé avec plusieurs petits recueils. Ce recueil a probablement été formé par un poète, qui a donné à ses chants de voyage le nom de chants *montan's*.

dans ce recueil, après le deuxième livre que termine le psaume de David.

Psaume 90 : Chant de Moïse.

Psaumes 91 à 107, qui terminent le quatrième livre. Tous ces psaumes roulent sur des sujets généraux, et sont sans doute un supplément que le temple a fourni pour la célébration des fêtes nationales. Le cinquième livre contient les psaumes les plus variés, et qui, tous, ont été composés après les autres.

Psaumes 108 à 110 : Faits par ou pour David.

Psaumes 111 à 118 : A l'usage du temple et des fêtes religieuses.

Psaumes 119 : C'est un recueil de sentences.

Psaumes 120 à 134 : Ce sont les psaumes dits *ascendants* ou *montants*, et que terminent quelques chants de louanges.

Psaumes 138 à 145 : Psaumes de David.

Psaumes 146 à 150 : Chants de louanges.

C'est ainsi que les psaumes se groupent d'eux-mêmes, et ils se graveraient à coup sûr plus facilement dans notre mémoire, si on les publiait dans cet ordre qui leur est naturel.

V. SUR LA MUSIQUE DES PSAUMES.

Nous possédons sur ce sujet plusieurs traités consciencieux, dont celui de Pfeifer est sans contredit un des meilleurs. Malheureusement il ne nous apprend que fort peu de chose de la poésie et de l'économie des psaumes.

La langue et la musique sont les compagnes les plus fidèles du temps et des mœurs; portées sur les ailes de l'air, elles volent avec eux et les reflètent en passant.

La musique antique et la musique moderne, celle de l'Orient et celle de l'Occident, sont si différentes, que, lors même qu'il nous serait possible de reproduire l'ancienne musique orientale, elle flatterait sans doute fort peu nos oreilles. Au reste, nous ne savons que peu de chose à son égard; je n'aurai donc que peu de chose à dire sur son compte.

1. Parmi les instruments que mentionnent les psaumes, les uns gouvernaient et les autres accompagnaient le chant. Ceux

qui l'accompagnaient étaient les plus bruyants; mais on en chercherait en vain les noms dans les explications placées à la tête des psaumes; c'est qu'ils appartenaient de droit à la musique complète des réjouissances et des fêtes religieuses. Le peuple, qui restait toujours dans les avant-cours et sur les parvis du sanctuaire, n'entendait la musique qu'à une certaine distance, ce qui explique la quantité de voix et d'instruments bruyants dont elle se composait. Son caractère dominant était toujours guerrier, parce que le Dieu de Sion était le Seigneur Zébaoth, c'est-à-dire le Dieu de la guerre. Les instruments bruyants se composaient de castagnettes, d'adufes, et de plusieurs espèces de trompettes et de fifres. Quand il est dit qu'Asaph jouait des castagnettes, cela ne voulait pas dire qu'il ne jouait d'aucun autre instrument, mais qu'il se servait de celui-là pour diriger les chœurs et régler les mesures; quand il composait ou exécutait des chants isolés, il s'accompagnait avec un instrument à cordes.

2. La musique plus douce de la poésie ne comportait qu'un seul instrument; voilà pourquoi certains morceaux sont intitulés : Chant pour la flûte, chant pour la harpe, chant pour la lyre, le cor, etc.

Chez les anciens, dont la musique était plus étroitement unie à la poésie, on savait donner à chaque instrument l'expression qui lui était propre, et on y accordait les paroles; car il est incontestable que chaque instrument a non-seulement ses sons, mais encore sa région de sentiment qui lui sont propres; aussi les mêmes sons qui, sur tel ou tel instrument, impressionnent fortement certaines personnes, ne produisent-ils plus aucun effet sur elles, quand ils sont rendus par un instrument d'une autre nature.

Le plus grand pouvoir de la musique consiste dans sa simplicité; voilà pourquoi un musicien s'emparera toujours, par les sons isolés d'un instrument, du cœur de celui qui aime cet instrument. Le savant et harmonieux tapage d'un orchestre complet, réjouit les oreilles des connaisseurs, mais l'amateur qui demande de douces émotions, n'y voit que du bruit et de la confusion. Si la musique et la poésie, ces deux aimables sœurs que le raffinement de l'art a divisées, pouvaient revenir à leur ancienne union intime, on dirait bientôt de nouveau, comme il est dit pour les psaumes de David et d'Asaph : chant pour la flûte, chant pour la harpe, etc.

L'étude d'un instrument apprend à connaître la nature de la passion qu'il éveille, et à se mettre à l'unisson de la corde du cœur qu'il fait vibrer. Le poète qui, par ses productions lyriques, se proposerait ce double but, surpasserait bientôt, et de beaucoup, celui qui n'a d'autre guide que les règles de l'art.

3. Les temps antiques ne connaissaient point le savant édifice de notre harmonie, et, de nos jours encore, l'Orient n'en sait pas le premier mot. La musique des psaumes était libre dans la mesure de ses syllabes, et par conséquent étrangère à ce que nous appelons scander. Il serait donc tout-à-fait inutile de chercher à moduler notre langue sur la leur, ou la leur sur la nôtre. Chez les Hébreux, des phrases métriques, mais libres, planaient dans les airs; la mélodie et l'expression n'en déterminaient la mesure et les variations que dans les généralités.

Le mot *selah*, qui revient si souvent dans les psaumes, ne saurait donc être ni une pause, ni un signe de répétition, mais un avertissement pour changer de ton; changement qui se manifestait par une augmentation de force, ou par le passage d'un mouvement, d'un mode, à un autre mouvement, à un autre mode [1].

Quand le contenu ou l'expression du chant se modifiait, on se servait, sans doute, de ce signe pour avertir le musicien qu'à cette place il fallait varier la mélodie, qui n'était jamais définitivement arrêtée. Cette opinion paraît d'autant plus fondée, que le mot *selah* se trouve souvent dans les chants passionnés, et jamais dans les psaumes didactiques. Quand il se trouvait à la fin d'un psaume, c'était pour avertir qu'il fallait y en ajouter un autre, car il est certain qu'on aimait ces sortes d'additions et d'enchaînements [2].

---

[1] Les Orientaux aiment encore aujourd'hui une musique monotone que les Européens trouvent triste, et qui, à certains passages des paroles, change tout-à-coup de mesure et de mode. Le mot *selah* indiquait sans doute ces brusques variations.

[2] Chroniques, liv. 1, chap. 16. Ce chap. est composé de quatre psaumes. Il est probable qu'on chantait aussi immédiatement, l'un après l'autre, les psaumes 32 et 33, etc.

Les Grecs ont traduit le mot *selah* par διαψυλμα, que Suidas et plusieurs autres expliquent par μελωδιας εναλλαγη, *concentus mutatio*.

Enfin, ce mot prouve que les chants des psaumes étaient des compositions complètes, mais à la manière simple des Orientaux, et que les variations et les additions se rattachaient à ce mot. Ajoutons, toutefois, que les plus savantes dissertations ne serviront qu'à nous prouver que nous possédons la lettre de ces chants antiques, mais que, dans nos traductions comme dans nos imitations, nous chercherons toujours en vain à reproduire l'esprit qui les animait; car cet esprit est tout entier dans le débit, dans le génie de la langue, dans le caractère et dans les mœurs de la nation.

SUPPLÉMENT.

SUR LA MUSIQUE [1].

L'homme qui le premier accompagna le service divin d'une musique quelconque, ne songea pas plus à acquérir la réputation de grand compositeur, que le prophète Nathan n'ambitionna celle de grand fabuliste lorsqu'il composa la fable de *l'Unique brebis du pauvre*; mais il est certain que cet homme avait des sentiments élevés, et qu'il était l'ami sincère de son pays.

Puisqu'on prétend que, chez toutes les nations, les premiers prêtres étaient des poètes, on pourrait supposer aussi qu'ils conçurent les premiers l'idée de donner plus de force à leurs chants, en les soutenant par les sons que produisent les vibrations des cordes. Mais que la musique soit née de l'autel ou qu'elle ait été introduite et élevée dans le temple, je la prends ici à l'époque où elle y était sans droit reconnu, et où, dans cet état de servitude, elle opérait des miracles.

Dans le temple de Jérusalem, on proclamait, le matin, la clémence, et, pendant la nuit, la vérité du Seigneur, sur les dix cordes de la harpe. Après chaque victoire, on y remerciait Dieu au son des trompettes, des psaltérions, des harpes des tim-

---

[1] Ce morceau est extrait des œuvres d'*Asmus*, dont on a publié une nouvelle édition à Hambourg, en 1819. (*Note du Traducteur.*)

bales, des fifres, des cymbales bruyantes et des cymbales sonores. Dans les calamités et les situations critiques, le roi David faisait chanter, sur huit cordes, les ardentes prières et les soliloques de pénitence que son ame effrayée offrait à Dieu.

Cet emploi de la musique, tout en nous éclairant sur son véritable usage, nous donne en même temps une juste idée de sa forme chez les Orientaux, et de l'opinion qu'on s'était alors formée sur son compte.

S'il est vrai que, dans le principe, les Grecs ne se servaient de la musique que pour célébrer les dieux et les héros, et pour instruire la jeunesse, c'est qu'ils l'ont reçue de l'Orient dans cette simplicité divine. Mais ils ont fait à son égard comme ils ont fait pour tout ce qui tient à l'intelligence : ils l'ont travaillée et limée jusqu'à ce qu'ils aient réussi à en faire un art complet et beau.

Dans un pays où les poètes se faisaient les imitateurs et les flatteurs des penchants dominants, où les philosophes se résignaient au rôle de professeurs de dialectique, la musique, venue d'abord à eux sous la forme d'une vierge sacrée, ne pouvait manquer de devenir une courtisane, qui, se moquant des avertissements de Platon et de ceux de tous les hommes sensés, se montrait toujours et partout, et ne cherchait qu'à fixer l'admiration publique et à séduire les voluptueuses oreilles des Grecs. Dès ce moment, elle cessa d'être pour eux ce qu'elle avait été dans le principe, c'est-à-dire une baguette enchantée dans la main d'un messager des dieux.

>.... *Hac animas ille evocat Orco*
> *Pallentes, alias sub tristia Tartara mittit,*
> *Dat somnos adimitque, et lumina morte resignat.*

La musique d'un virtuose grec, vainqueur dans les jeux pythiques, est, à côté d'un psaume de David, ce que le solo d'un grand danseur moderne serait auprès de la danse en rond de l'homme de Dieu devant l'arche d'alliance. Plutarque assure que, de son temps, on n'avait plus aucune idée de cette antique musique qui donnait aux jeunes hommes l'élévation et le courage des grands citoyens; et il accuse le théâtre de cette décadence.

A cette époque, cependant, il existait encore des musiciens qui refusaient de prendre part aux luttes de Delphes, et de profaner ainsi leur art, auquel ils joignaient presque toujours celui de la poésie.

Je crois pouvoir citer ici un passage de la vie de Lycurgue, où Plutarque parle d'un musicien de l'île de Crète, nommé Thalès, et qui était en même temps poète lyrique.

« Ses chants, dit-il, avaient une marche harmonieuse et tendre qui charmait, et engageait en même temps à une douce obéissance et à la concorde fraternelle. En l'écoutant, on se sentait ému sans le savoir et sans le vouloir; la vertu se gravait dans le cœur et en chassait la haine et l'envie. Il est donc juste de dire que, sous plus d'un rapport, ce Thalès a frayé la route à Lycurgue; car c'est par lui que les Spartiates ont fait le premier pas dans la voie des bonnes mœurs et des vertus patriotiques. »

Les Romains sont beaucoup moins coupables de la dégradation de la musique, car ils la tenaient des Grecs; mais les Grecs l'avaient reçue de l'Orient.

Chez les autres peuples de l'Occident et du Nord, la musique, quoique toujours dirigée par les prêtres, même pendant les premiers siècles de l'ère chrétienne, allait à la guerre avec eux, et gagnait des batailles au profit de la patrie. Au milieu des troubles et des guerres perpétuelles des siècles suivants, elle dégénéra, même sous le rapport artistique, et finit par imiter l'exemple de toutes les sciences, de tous les autres arts; c'est-à-dire qu'elle se réfugia dans la solitude du cloître, où, de nos jours encore, elle rend d'immenses services. Oui, j'en suis convaincu, plus d'un moine qui, dans ses longs combats contre les regrets et les penchants mondains, était sur le point de maudire son existence, lui doit des sentiments plus doux, des résolutions généreuses, et la force de les exécuter.

Dans la pompe religieuse de Rome, la musique tend sans cesse à devenir pétulante, folâtre, étourdie, au point que plus d'un pape a été forcé de la mettre à la raison. Marcellus II voulait même la bannir de l'autel; mais le célèbre maëstro Palestrina obtint la grâce de cet art par une messe de sa composition, où la musique était redevenue une muse édifiante et pieuse, qui, en s'avançant gravement et les yeux levés vers le ciel, y dirigeait tous les cœurs, toutes les pensées.

De nos jours la musique allemande et la musique italienne ont produit des chefs-d'œuvre, qui ont valu à leurs auteurs la gloire d'endormir l'oiseau superbe assis sur la pointe du sceptre que tenait la main de Jupiter.

Le mortel prédestiné à rendre à la musique sa simplicité et sa force primitives, n'a pas besoin de cette gloire, et il ne la recherchera pas, etc.

CHAPITRE XI.

PSAUMES ROYAUX.

Les psaumes envisagés sous le point de vue national. — Dieu comme juge et comme Dieu national. — Psaumes sur ce sujet. — Chant de victoire contre les autres peuples sur un ton religieux. — Scènes pacifiques et religieuses dans les psaumes guerriers. — Du roi, comme représentant de Jéhovah dans un État théocratique. — Le psaume 2, accompagné de remarques. — Du roi, comme allié de Jéhovah qui demeure à ses côtés. — Le psaume 110 accompagné de remarques. — Des prophéties sur la race de David. — Leur influence sur les psaumes. — Dernier chant de David. — Temps de Salomon, psaume. — Louanges de la montagne de Sion, dans les psaumes et les livres des prophètes.
Supplément : La guerre, chant sacré.

Je sens que j'ai à peine effleuré la nature intérieure des psaumes ; mais pour traiter à fond un pareil sujet, il me faudrait plus d'espace que ne le comporte le genre de cet ouvrage.

Les plus belles sentences sur Dieu, sur ses qualités et ses œuvres, sur son gouvernement et sur la protection qu'il accorde à ceux qui l'aiment, sur l'importance qu'il attache aux prières ferventes et à la droiture du cœur, nous sont tellement connues par les chants de la poésie hébraïque et par leur application, que la meilleure anthologie sur ce sujet ne serait qu'une belle imitation. Je me bornerai donc ici, comme je l'ai fait ailleurs, à indiquer les points principaux qui classent les chants selon l'esprit de leur époque.

1. Tous les psaumes parlent de Dieu en termes nobles et élevés, et cependant il est facile de voir que, du temps de David seul, Jéhovah était encore le véritable Dieu national qu'on adorait au temple, en qualité de roi et de juge souverain du pays. Ce caractère donne de la force à l'ensemble des chants, et une valeur positive à chaque expression.

David voyait en Dieu un ami, un protecteur personnel, mais

lorsqu'il entrait au temple avec ses confessions et ses hymnes, il se sentait devant son juge. De là les longues énumérations de ses péchés, qu'il appelait tantôt des maladies et tantôt des crimes, parce que les unes et les autres entraient dans la catégorie des questions qu'on agitait au temple. Cette situation d'accusé devant son juge l'autorisait à se vanter de son innocence envers ses ennemis, et elle explique en même temps les introductions de la plupart de ses chants.

« [1] Écoute-moi, Jéhovah ! Dieu juste, entends mes cris de détresse ! écoute ma prière ; elle découle de lèvres pures et sans tache.

« C'est devant ta face que je viens chercher justice. Ton œil s'arrête sur l'intégrité ; tu éprouves mon cœur, tu l'examines pendant la nuit. Tu m'as affiné, et tu n'as point trouvé de scories en moi, car j'ai veillé à ce que ma bouche ne s'écartât jamais du droit chemin. Quand j'ai parlé à ta place et dans l'intérêt de tous, je me suis toujours abstenu de paroles irréfléchies ou violentes [2].

« Je t'ai invoqué, tu m'as entendu ; penche encore aujourd'hui ton oreille vers moi, et daigne m'écouter.

« Oui, je suis innocent ! et je contemplerai la face du juge ; mes vœux seront accomplis quand son image se réveillera [3]. »

C'est-à-dire, lorsque Dieu se montrera en juge. Toutes ces pensées, toutes ces expressions sont judiciaires. D'après les mœurs orientales, on se présentait devant le juge, la parole haute et même avec des cris de détresse ; alors ce juge se montrait au public comme l'image affable et brillante de la justice, et il secourait les opprimés. Voilà pourquoi le poète continue :

---

[1] Psaume 17.

[2] La traduction de ces passages : *Quant aux actions des hommes ; selon les paroles de tes lèvres ; je me suis gardé des voies des hommes violents*, ne présentent aucun sens. *Hommes* est sans doute mis à la place de mes sujets. *Les paroles de tes lèvres*, au lieu des ordonnances et des jugements que j'ai rendus en qualité de roi, et les *hommes violents*, au lieu de tyrans. Ce changement, sans rendre la phrase plus claire, en fait du moins deviner le sens. Le poète attend que Dieu lui fasse justice, parce qu'il n'a jamais dit ni fait aucun mal en connaissance de cause.

[3] L'ensemble et le parallélisme exigent qu'on fasse rapporter le בהקיץ תמונתך à Dieu lui-même, en le faisant correspondre avec פניך. *Figure, image, vision*, sont toujours rendus par ce mot תמונה, lors même que c'est Dieu qui l'emploie. Voy. Moïse, liv. v, chap. 4, vers. 15 et 16.

« Fais seulement briller ta face sur nous, et nous serons sauvés ! Tu as dit, ô Seigneur : « Cherchez ma face. » Je la cherche, ô Seigneur, ne me la cache pas. »

Toutes ces locutions des prières et des lamentations publiques se reproduisent, presque dans les mêmes termes, dans tous les chants du même genre.

2. Lorsque, dans les psaumes de victoire et de triomphe, Jéhovah est opposé aux dieux des autres peuples, c'est toujours dans le sens d'une étroite et spéciale nationalité. L'exemple suivant suffira pour le prouver.

« [1] Gloire ! non sur nous, Jéhovah ! non sur nous, mais sur ton nom à toi, car tu nous as été clément et fidèle. Que maintenant ils demandent, les autres peuples : « Où est votre Dieu ? » Nous répondrons, il est au ciel, notre Dieu, et ce qu'il veut se fait.

« Leurs dieux à eux, en or ou en argent, sont l'œuvre de la main de l'homme ; ils ont une bouche et ne parlent point, ils ont des yeux et ne voient point, ils ont des oreilles et n'entendent point, ils ont un nez et ne sentent point, ils ont des pieds et ne marchent point, ils ont des mains qui ne touchent rien, et des gosiers qui ne rendent aucun son.

« Et ils leur ressemblent, tous ceux qui les ont faits, tous ceux qui se confient en eux.

« Israël, confie-toi en Dieu ! il est ton secours, il est ton bouclier ! Maison d'Aaron, confie-toi en Dieu, il est ton secours, il est ton bouclier ! Ames pieuses, confiez-vous en Dieu, il est votre secours, il est votre bouclier ! »

Si l'on dépouille ce psaume et les suivants de leur étroit sentiment national, ils perdent toute leur force et toute leur importance.

« [2] La renommée de Dieu est haute en Judée, son nom est grand en Israël, car sa tente est à Salem, sa demeure est en Sion ! Là, il rompit les flèches de l'arc, le bouclier et le glaive de la guerre. (*Selah*, c'est-à-dire changement de mode et de mesure.)

« Tu es célèbre, ô montagne de Sion, tu es plus puissante

---

[1] Psaume 115.
[2] Psaume 76.

que les montagnes du pillage [1]. Les plus courageux sont restés anéantis; ils ont continué à dormir de leur sommeil à eux. Les hommes à la main puissante n'ont point retrouvé leurs mains; devant ta colère, Dieu de Jacob, le cavalier s'est assoupi sur son coursier.

« Tu es terrible, toi! Qui pourrait résister quand il passe, le souffle puissant de ta colère? Le tonnerre de ton jugement retentit du haut des cieux; la terre frémit et se tait quand tu te lèves, ô Dieu, pour juger, et pour les sauver les opprimés de la terre! (*Sélah*.)

« Le courroux des hommes n'est pour toi qu'un triomphe de victoire; et ce qui reste de leur courroux, tu le ceins autour de toi comme un vêtement de victoire. Promettez et apportez des offrandes de triomphe à Jéhovah, votre Dieu; vous qui habitez les frontières de son pays, apportez des dons de victoire au Terrible! Il a dompté l'orgueil des héros! il a été redoutable pour les rois de la terre! »

Nous ignorons l'évènement que célébrait ce chant de victoire, mais chaque trait est d'une nationalité vivante. Dans nos chants de guerre et de victoire, les plus énergiques expressions de ce genre ne sont que des lauriers flétris.

PRIÈRE DU MATIN DE DAVID [2].

« Mon cœur, ô Dieu, se dispose à la musique et aux chants de victoire. Réveille-toi, mon ame; réveillez-vous, cordes de la harpe et de la lyre!

« Je veux que mon chant éveille l'aube du matin, je veux te louer, te célébrer, ô Dieu, devant le peuple et devant la nation.

« Car ta bonté est haute, très-haute, au-dessus des cieux; la fidélité de ton alliance, Seigneur, s'étend aussi loin que la marche des nuages!

« Parais au-dessus des cieux, ô Éternel! fais luire ton éclat sur toute l'étendue de ce monde si vaste! Sauve les bien-aimés, secoure-les de ta droite, et daigne m'écouter!

---

[1] C'est-à-dire les montagnes sur lesquelles se cachait l'ennemi pour ravager le pays.
[2] Psaume 108.

« Dieu m'écoute ! Dieu parle dans le sanctuaire [1]; voilà pourquoi mon courage se ranime, car déjà je partage Sichem comme s'il m'appartenait, déjà je mesure l'étendue de la vallée de Succoth [2], Galaad est à moi, Manassès m'appartient, Éphraïm est mon casque, Juda conduit mes armes, Moab est le bassin où je me lave [3]. Je jette mon soulier sur Édom, et je raille les Philistins !

« Qui vous a fait entrer dans la ville fortifiée ? qui vous a conduits à Édom ? N'était-ce pas toi, ô Dieu, toi qui un jour nous avais rejetés, toi qui un jour n'avais pas voulu marcher avec nos armées ?

« Secours-nous toujours dans nos calamités, car l'assistance des hommes n'est qu'une vaine tromperie.

« Avec Dieu, nous ferons encore de grandes actions ; c'est lui qui foule l'ennemi sous mes pieds. »

Je ne connais aucun autre peuple qui ait su mêler des idées aussi douces à des chants de guerre et de bataille. C'est dans la poésie hébraïque qu'on trouve la poésie la plus tendre mêlée aux sentiments les plus belliqueux, et parfois même les plus cruels. C'est sans contredit à la constitution de Moïse, que ces chants guerriers doivent leur cachet humain. Ce qu'ils ont de dur, de féroce, est la faute du temps et du peuple ; l'élévation religieuse, la confiance en Dieu, tous les sentiments nobles et délicats enfin, sont un reflet de la constitution de Moïse.

3. Aux plus douces descriptions du bonheur domestique succèdent parfois brusquement des scènes guerrières qui se terminent par des plaintes et des soupirs élégiaques. Cette particularité me paraît le résultat naturel de la réunion de plusieurs psaumes en un seul. Le psaume 144 en fournit un exemple saillant. Depuis le

---

[1] C'est une expression consacrée dans la plupart des psaumes, pour peindre l'approbation et les faveurs de Jéhovah. Les paroles suivantes ne doivent donc pas être regardées comme la voix de Dieu, car il est évident que c'est David qui continue à parler.

[2] Il n'est pas question ici des pays conquis, mais des propriétés de David dans la Judée, en sa qualité de roi. C'est le cœur plein de joie, qu'il fait l'énumération de l'héritage que Dieu lui a donné. S'il commence par nommer Sichem et la vallée de Succoth, c'est parce que ces lieux avaient été habités par Jacob, et que, par conséquent, ils forment l'héritage le plus ancien que le peuple de Juda ait reçu du premier père de sa race.

[3] Maintenant commence l'énumération des pays conquis.

1er jusqu'au 8e verset, le chant est le même, mais avec le 9e un autre commence; ce qui fait que le sujet se détourne tout-à-coup des ennemis d'Israël pour peindre la prospérité de la Judée.

« ¹ Que nos fils fleurissent comme de jeunes arbres, qu'ils s'élèvent dans l'éclat de leur jeunesse; que nos filles ressemblent aux belles colonnes, aux statues du palais; que nos magasins regorgent de provisions de tout genre; que nos troupeaux enfantent par mille, qu'ils enfantent par dix mille dans nos prairies; que nos taureaux soient robustes; que pas une voix ne déplore une perte, un malheur dans nos prairies.

« Gloire et bonheur au peuple qui jouit d'une pareille destinée! gloire et bonheur au peuple que son Jéhovah bénit ainsi! »

Il en est de même du psaume 65, qui passe tout-à-coup des cris de guerre à des vœux pour la vie champêtre. Il serait difficile de trouver une plus belle image que celle de ce pasteur d'Israël, qui fait paître son peuple pendant qu'on l'excite à faire la guerre.

« ² Pasteur d'Israël, écoute! Toi qui conduis Joseph comme un berger conduit son troupeau, toi notre Dieu qui trônes au-dessus des chérubins, fais briller ta face devant Éphraïm, devant Benjamin et Manassès! Réveille ta puissance, et viens à notre secours.

« *O Dieu! ranime-nous; que ta face resplendisse de nouveau, et nous serons secourus!*

« Jéhovah! Seigneur Zébaoth! jusqu'à quand ton courroux fumera-t-il devant l'humble prière de ton peuple? Tu nous as fait manger le pain des larmes; tu l'as remplie de pleurs, la coupe que tu nous as présentée! Tu nous as exposés à la risée de nos voisins, tu nous as livrés à la moquerie des ennemis qui nous entourent!

« *Dieu Zébaoth! ranime-nous; que ta face resplendisse de nouveau, et nous serons secourus!*

« Pour nous tu as tiré de l'Égypte le cep de la vigne, et, pour le planter, tu as chassé les peuples! Tu as sarclé le sol, afin qu'il

---

¹ Psaume 144.
² Psaume 80.

puisse y jeter des racines et les étendre par tout le pays. Son ombre se projetait au loin sur les montagnes, et les cèdres de Dieu étaient ses rameaux. Tu les as provignés jusque sur les bords de la mer; tu as prolongé ses rejetons jusque sur l'Euphrate. Pourquoi renverses-tu maintenant sa muraille? Chaque passant peut le dépouiller; le sanglier l'a bouleversé, les bêtes fauves l'ont brouté!

« Dieu Zébaoth! reviens à nous, regarde du haut des cieux! regarde-nous! Viens de nouveau visiter ton cep de vigne, protège-le, lui que tu as planté de ta main [1]; car, dévoré par le feu, fauché par le souffle de ta colère, il est sur le point de périr [2]!

« Étends ta main au-dessus de nos héros; pose ta droite sur l'homme que tu as fortifié; alors nous ne nous éloignerons plus jamais de toi; et ranimés d'une vie nouvelle, nous nous réjouirons devant ta face!

« *Jéhovah! Dieu Zébaoth! ranime-nous, que ta face resplendisse de nouveau, et nous serons secourus!* »

Cette belle élégie, avec son chœur qui répète la même prière douce et tendre, est toute théocratique. L'histoire du peuple est sa base; et ce n'est que vers la fin que l'allégorie se dirige vers l'homme, vers le héros qui, maintenant, doit agir au nom de Jéhovah.

4. Puisque Israël était un État théocratique, et que chaque héros ou gouvernant agissait à la place de Jéhovah, on ne devait nécessairement parler de leurs actions que dans un style élevé et solennel. Voilà pourquoi, dans le style historique même, on pouvait et on devait dire de David qu'il *siégeait sur le trône de Jéhovah* [3], et la poésie, surtout, avait le droit de l'appeler le

---

[1] Je supprime les mots עַל־בֵּן אִמַּצְתָּה לָּךְ, parce qu'il est impossible de leur donner un sens; tous les commentateurs qui ont cherché à les expliquer n'ont réussi qu'à rendre la phrase plus obscure. Il est certain pour moi que ces mots ont été tirés du verset 18, et mis à cette place par une méprise du copiste, dont l'œil a été trompé par le mot יְמִינֶךָ, qui se trouve au commencement de chacune de ces lignes. Le parallélisme exige également la suppression de ces mots, car pour les y intercaler, il a fallu le tronquer. Le premier membre du quinzième verset se termine par נָא, et le second par וּרְאֵה; le seizième verset commence par וּפְקֹד et finit par יְמִינֶךָ.

[2] Je lis יֹאבֵד, car ו appartenait au verset suivant.

[3] Son royaume est presque toujours appelé l'empire de Jéhovah. Voy. Chroniques, liv. 1, chap. 28, vers. 5; chap. 30, vers. 23.

représentant de Dieu sur la terre, et même son fils. La langue hébraïque, au reste, attache au mot fils un sens très-étendu ; la simplicité de sa constitution primitive, fondée sur les relations de famille, en fait une expression favorite, qui désigne toutes les tendres affections. Il ne faut pas oublier non plus que, dans les langues anciennes, les rois sont appelés les fils des dieux [1], et que les peuples orientaux, surtout, ont exagéré l'emploi du mot *fils* [2]; alors il ne reste plus aucun doute sur son véritable sens, quand on le trouve employé comme dans le passage suivant :

« [3] J'ai trouvé David, mon serviteur, et je l'ai oint avec mon huile sainte. Il sera puissant par ma main, mon bras le fortifiera, afin que pas un ennemi ne puisse l'atteindre, afin que pas un malicieux ne puisse l'offenser. J'écraserai ses ennemis autour de lui, je frapperai ceux qui le haïront ! Ma parole fidèle et ma bienveillance seront avec lui. C'est par moi que sa corne s'élèvera très-haut, que sa main s'étendra sur la mer, et que sa droite touchera jusqu'à l'Euphrate.

« Il me dira : « *Toi, mon père, toi, mon Dieu, tu es le rocher de mon bonheur!* » *Voilà pourquoi je l'ai établi mon premier-né, et que je l'ai élevé au-dessus de tous les rois,* » etc.

La dernière phrase explique si clairement les mots : *fils de Jéhovah, premier-né de Jéhovah*, que je passe, sans aucun commentaire, au psaume 2.

PSAUME ROYAL.

« Quel est ce bruit de peuple qui retentit de toutes parts ? Pourquoi murmure-t-il de vains sons [4] ? Les rois de la terre se

---

[1] Tout le monde connaît les διογενεῖς d'Homère.

[2] Les Orientaux se donnent à eux-mêmes les noms de fils du ciel, du soleil, de la lune, etc.

[3] Psaume 89, vers. 21 et suivants.

[4] Je me conforme ici à la simplicité des anciens commentateurs, qui expliquent ריק par *vain, en vain*, ce qui est aussi sa signification la plus ordinaire. Les mots הגה *bruire, murmurer, soupirer*, s'accordent parfaitement bien, car le bruit que produit la foule sauvage et mécontente, n'est qu'un murmure, qu'un son vain, insignifiant. C'est par ce seul mot que le poète a résumé le contenu de l'ode ; sa marche s'annonce magnifiquement par la sentence du début. C'est une beauté particulière à la téméraire ode orientale.

Semper ad eventum festinat, et in medias res
.... Auditorem rapit.

lèvent, les princes combinent entre eux des projets contre Jéhovah [1], contre celui qu'il a oint [2].

« *Brisons nos liens, jetons loin de nous les fers qu'ils nous ont donnés!*

« Il rit, celui qui trône au ciel! Jéhovah se moque d'eux!

« Déjà il leur parle dans son courroux, il les disperse dans sa colère [3] !

« Il dit : J'ai établi mon roi [4] sur la montagne de Sion, sur le siège de ma grandeur [5].

[1] J'ai laissé à ce mot sa métaphore primitive, quoiqu'elle ne soit qu'un accessoire; mais le bel ensemble de cette ode a une très-grande ressemblance avec l'histoire rapportée dans Moïse, liv. 1, chap. 2; les temps et les circonstances seules sont changés; car là, comme ici, Jéhovah rit des vains efforts de ses ennemis, et les disperse par un mot.

[2] Jéhovah et son représentant sur la terre, sont, dans tout le cours de ce poème, toujours placés l'un à côté de l'autre, et ne forment, pour ainsi dire, qu'une seule et même personne. Le second n'est là qu'au nom du premier, de qui il tient son élévation et sa dignité.

[3] Il leur parle par le tonnerre, il les disperse par l'éclair. L'un est chez les Hébreux le symbole de la parole courroucée de Dieu, et l'autre celui du souffle de ses narines. Le parallélisme continue l'image avec beaucoup de grâce, et les paroles rapportées dans le vers suivant, sont ce concis et sublime langage du tonnerre de Jéhovah.

[4] Je reste fidèle au texte hébreu, car je crois que les Grecs n'ont converti la première personne en la troisième que pour rendre la phrase plus coulante. En faisant parler Dieu lui-même, le vers devient noble et grandiose, tandis qu'en le mettant dans la bouche de David, il a quelque chose de présomptueux, de fanfaron. Au reste, dans tous les passages de cette nature, le poète cite toujours la parole de Dieu, pour laquelle David montre une humilité respectueuse. Voyez psaume 89, psaume 110, psaume 132, etc. L'introduction de Dieu, comme personnage parlant, n'interrompt nullement l'ensemble de ce morceau, car le vers précédent a clairement annoncé qu'il va adresser la parole à ses ennemis; si on ne citait pas cette parole, le vers resterait incomplet. Mais lors même que cette parole ne serait point annoncée, sa brusque introduction n'a rien d'étrange dans la poésie hébraïque, et donne, en général, plus de dignité au chant lyrique. Le vers suivant vient à l'appui de mon opinion; car David complète la parole de Dieu qui, ainsi que l'exige son imposante majesté, s'exprime toujours avec beaucoup de concision. Le mot אספרה ou מספרה ne servirait qu'à rendre la phrase lâche et traînante, si David avait continué à parler; car ce mot indique clairement qu'il va expliquer ce que le Dieu du ciel vient d'énoncer avec tant de précision. Je pourrais ajouter encore que, dans le cours de ce psaume, Dieu et David forment un parallélisme perpétuel; ne pas faire parler Dieu lui-même serait donc troubler le nœud, la véritable action de l'ode. En le faisant parler comme le verset 5 l'annonce, comme le verset 6 le fait, comme les versets 7 et 9 l'expliquent, comme les versets 10 et 12 l'étendent et l'appliquent, le psaume acquiert une marche et une rondeur admirables. Le roi d'en haut et le roi d'en bas agissent sans cesse en commun. Qu'on me pardonne cette longue note; elle m'a été inspirée par le désir de ne pas troubler la marche sublime et les belles allures de cette ode.

[5] Ce vers prouve également que c'est Dieu lui-même qui parle; il dit qu'il l'a

« Je vous réciterai l'arrêt de Dieu [1]. Jéhovah m'a dit : Tu es mon fils, dès ce jour tu l'es [2].

« Demande-moi ce que tu désires, et les peuples seront ton héritage ; les limites de la terre seront ta propriété [3], tu les briseras avec ton sceptre de fer, tu les écraseras comme des morceaux de poterie cassée !

« Et vous, rois ! écoutez maintenant; laissez-vous instruire, juges de la terre ! Obéissez à Jéhovah, craignez-le, vénérez-le en tremblant [4] ! et rendez hommage au fils, afin qu'il ne s'irrite pas contre vous, et qu'il ne vous enlève pas à la moitié de votre route [5]; car sa colère va s'enflammer à l'instant, et bienheureux alors ceux qui lui seront restés fidèles et dévoués [6] ! »

établi lui-même *sur sa montagne*, sur le siège de sa gloire, et que, par conséquent, il serait inutile de s'élever contre lui.

[1] C'est-à-dire la loi, la constitution du pays. Désormais Dieu ne veut plus régner dans son État théocratique que par ce roi ; voilà ce que signifie חק, qui se représente si souvent.

[2] Les mots ילדתיך et בני אתה sont des parallélismes dont chacun a la même signification, c'est-à-dire : Je l'établis aujourd'hui comme roi, comme mon fils et mon représentant. Isaïe, chap. 9, vers. 6, emploie le même parallélisme. Ce passage est également cité dans les Actes des apôtres, chap. 13, vers. 33 et 34, comme une image de l'institution du nouveau roi.

[3] Je laisse à ce psaume ses magnifiques contours, et je ne change point ces expressions *limites de la terre, roi de la terre, juge de la terre*, qui sont parfaitement dans l'esprit de l'époque. L'auteur de ce psaume n'a pas voulu déterminer géographiquement l'étendue de la Judée. Que lui importe que ce pays soit grand ou petit; à ses yeux c'est le centre de la terre, où Dieu régnera dans la personne du nouveau roi. Le psaume 89 renferme le pays entre la mer et le fleuve, ce qui n'empêche pas que Dieu ne fasse du souverain de ce pays le roi de toute la terre. Il ne faut jamais envisager ces antiques poésies que sous le point de vue où on les voyait à leur époque.

[4] La signification littérale du mot גילו ou גילו לו est *entouré*. Les vassaux et les serviteurs des rois orientaux se tenaient debout autour du trône, et les cérémonies religieuses consistaient en marches solennelles autour de l'autel ou du lieu saint, telles que les Arabes en font encore aujourd'hui. Il découle de là que גיל ou גלל signifie *ronde, danse joyeuse*; ce mot forme donc un véritable parallélisme. Les vassaux arrivent et se soumettent à Jéhovah et à son fils. Ils leur rendent hommage par le προσκυνεῖν (עבד) habituel, c'est-à-dire l'inclination jusqu'à terre, puis ils se rangent, en qualité de vassaux, autour de son trône (גלל); il leur permet de lui rendre hommage, et ils lui baisent le genou (נשק); c'est ainsi que l'image continue sa marche, et que pas un mot n'est inutile.

[5] Le but du poète est de les avertir qu'ils n'ont pas le temps de la réflexion, et que s'ils ne se hâtent pas, ils seront enlevés à la moitié de leur route. L'image est empruntée à une caravane qui, à peine arrivée à la moitié de son chemin, est étouffée par le souffle meurtrier du simoun.

[6] J'ai déjà eu plusieurs fois occasion de dire que les mots *croire, confier*, dans le

Il est facile de sentir le mérite de la marche lyrique de ce psaume [1]. Entrant hardiment en matière par une question, il déroule en peu de mots le tableau du bruit des réunions dans lesquelles les rois forment leurs vains projets. Un regard tombé du haut du ciel, un sourire du roi de ce ciel, anéantissent leurs combinaisons; car, dans les vues du poète, ce terrible sourire devient le tonnerre tout-puissant; il comprend son langage, il s'en fait l'interprète. Ce langage est concis et majestueux comme doit l'être celui du roi du ciel; mais le roi sur la terre donne des ordres plus détaillés, il donne même des avis, des conseils: cependant le répit qu'il donne à ses ennemis pour les suivre, est court, et l'ode se termine par une sentence sur les fidèles. Chaque trait de ce tableau est juste, et sa gradation est admirable.

Mais à quoi s'applique-t-il? Sur quoi a-t-il été composé? Il me semble que, dans son ensemble comme dans ses détails, il ne peut s'appliquer qu'à David. Quel autre que lui habitait alors la montagne de Sion? Quel autre que lui y a été établi par Dieu lui-même et en qualité de son fils, ainsi que la plupart des psaumes le disent clairement? Quel autre que lui a eu un aussi grand nombre d'ennemis, et en a triomphé avec autant d'éclat et de gloire? La plupart des psaumes peignent David sous ce point de vue, et nous feindrions de ne pas le reconnaître dans celui où il est le plus fidèlement représenté? L'intention et le but de ce poème sont entièrement dans l'esprit de l'époque et des localités.

Les nations ennemies s'apprêtaient à la guerre, un appel de Dieu les effraie et leur fixe un terme pour se repentir. Peut-on ne pas voir que la corde de l'arc n'a été ainsi tendue que pour que la flèche puisse atteindre un but actuel et mis sous les yeux du peuple d'Israël? Placez ce but dans un avenir incertain, et l'arc sera détendu, et la flèche se perdra dans le vague.

sens que les emploient les psaumes, signifient, *fidèle*, *dévoué*, c'est-à-dire les devoirs des vassaux envers leur suzerain.

[1] Il n'y a point de chœur en ce psaume; une seule personne y parle, c'est le poète royal. Lorsqu'il fait parler Dieu, il a soin de citer ses paroles. La prétendue action dramatique des trois personnes n'existe donc pas; elle troublerait, au reste, la marche de l'ode. Qu'on la compare avec cette ode à peu près semblable d'Horace: *Quo, quo scelesti?* et l'on verra que le poète hébreu est plus concis et plus harmonieux dans l'ordonnance de l'ensemble.

On m'objectera, sans doute, que ce psaume a été cité dans le Nouveau-Testament. Cela est vrai, mais il y a été cité à titre de psaume royal, par celui qui occupait le trône de David et qui l'occupera éternellement. Ne devait-il pas nous apprendre comment David s'était comporté sur ce trône, et pouvait-il mieux nous l'apprendre que par les principaux évènements si bien décrits dans ce psaume? L'application qu'en fait le Nouveau-Testament, loin de détruire sa première signification, la confirme et l'accepte comme sous-entendue.

5. Puisque David habitait avec Dieu une seule et même montagne sacrée, et qu'il y siégeait en son nom et sur son trône, les psaumes devaient nécessairement employer à son égard des expressions qui le peignaient comme l'allié, comme l'hôte de Dieu. C'est lui qui avait été chercher Jéhovah pour l'établir sur la montagne de Sion; c'est lui qui avait prêté au Dieu tout-puissant de Jacob ce serment :

« [1] Je n'entrerai point dans la tente de ma maison, je ne monterai point sur mon lit de repos, je ne laisserai pas dormir mes yeux, je ne donnerai pas de sommeil à mes paupières, tant que je n'aurai pas trouvé une demeure pour l'Éternel, une habitation pour le Tout-Puissant de Jacob.

« Nous avons entendu parler d'elle vers l'Euphrate, nous l'avons trouvée dans les champs sauvages de Jahar. Entrons, dis-je alors, entrons dans sa tente, adorons-le devant son marche-pied. Lève-toi, Jéhovah, viens prendre du repos, toi et l'arche de ta vaillance! Tes prêtres se pareront de vêtements de justice neufs et magnifiques, tes fidèles se réjouiront autour de ton temple. »

David accomplit ce vœu, et nous savons tous que Dieu l'en récompensa richement; il le fit triompher de ses ennemis, et lui promit pour lui et pour sa race des bénédictions permanentes.

Le roi s'assied devant la face de Dieu; de même qu'il était assis couronné de victoire à côté de Dieu, de même il l'était dans la maison, sur la montagne sacrée. Toutes ces phrases ne sont que des locutions familières à l'histoire de cette époque [2]; comment

---

[1] Psaume 132.

[2] Samuel, liv. 2, chap. 7, vers. 1 et 18. Chroniques, liv. 1er, chap. 17, vers. 16.

pourrions-nous alors nous méprendre sur le sens local du psaume suivant ?

PSAUME ROYAL.

« ¹ Jéhovah a dit au roi : « Assieds-toi à ma droite ², jusqu'à ce que j'aie défait tes ennemis, et que je t'en aie fait un marche-pied. »

« Du haut de Sion, Jéhovah étendra le sceptre de ta puissance ³ ; il te dira : « Sois roi au milieu de tes ennemis ⁴. »

« Des offrandes volontaires te suivront au jour de ta magnificence de vainqueur, sur mes montagnes sacrées ; semblable à la rosée, je t'ai engendré pour moi, du sein de l'aube matinale ⁵ ! »

¹ Psaume 110.

² *A la droite de Dieu, à ses côtés*, sont des expressions très-souvent employées par David, pour dire que Dieu est avec lui, qu'il est à la droite du pauvre. Voyez psaume 91, vers. 7 ; psaume 16, vers. 8 et 11 ; psaume 109, vers. 31 ; psaume 121, vers. 5, etc. La parole que Dieu adresse à David donne donc à ce dernier une place d'honneur et de repos sur la montagne sacrée, à côté du temple, jusqu'à ce que Jéhovah ait vaincu à ses côtés tous ses ennemis. Le vers suivant explique cette pensée plus clairement encore, car il dépeint les conséquences de la réalisation de la promesse de Dieu.

³ Le sceptre royal que Jéhovah étend lui même en qualité de corégnant sur la montagne sacrée, afin que rien n'inquiète le roi, et que tout l'honore.

⁴ Lorsque David établit l'arche d'alliance sur la montagne de Sion, tous ses ennemis n'étaient pas encore vaincus, mais il en triompha bientôt après. Voyez Samuel, liv. II, chap. 6, vers. 8.

⁵ On pourra, au premier abord, blâmer la version de ce passage ; voilà pourquoi je prie mes lecteurs de passer le texte en revue avec moi. Les versions ordinaires renferment autant de non-sens que de mots ; et malgré tous les efforts qu'on a faits jusqu'ici pour rendre ce passage clair, on n'a pu arriver à satisfaire les exigences du parallélisme. Commençons par le dernier mot. Il est impossible de justifier le ילדתך ; mais le second psaume, dont le contenu est semblable à celui-ci, nous fait observer que ce mot doit être ילדתיך. Au reste, l'image de la rosée s'échappant du sein de l'aube matinale, est parfaitement en harmonie avec ce mot. *Je l'ai engendré du sein de l'aube matinale* ; quelle gracieuse et douce image ! et quel portrait sévère de ce que doit être un gouvernement royal ! Mais ce mot désespérant לך טל ! n'est-il qu'une finale inutile, et faut-il la rejeter ? Je ne le crois pas, et je préfère la diviser, en plaçant כ avant טל, ainsi que l'ont fait plusieurs anciens traducteurs ; par ce moyen, j'obtiens un sens aussi clair que beau. Quant au ל qui reste, il ne lui manque sans doute que י. Le מ devant שחר est sans doute la forme particulière du *nom*, ou bien il a été emprunté au mot précédent ; par conséquent, le second hémistiche présente un sens clair et facile à saisir ; mais le premier ? mais le parallélisme ? car il faut que le parallélisme crie à haute voix : voilà ce que je suis ! Essayons. Cette manière ordinaire de lire : *Ton peuple de franche volonté dans les pompes de la sainteté*, ne présente aucun sens, et je ne veux pas m'arrêter longtemps sur les mots הררי־קדש, car il est impossible de ne pas se souvenir à cette occasion de הר־קדש du second psaume, dont le contenu est à peu près semblable, et de

« Jéhovah l'a juré [1], et il ne se repent jamais de son serment, הַרְרֵי־קֹדֶשׁ, qu'on trouve dans tant d'autres psaumes; et alors on sent à l'instant qu'on vient de trouver le parallélisme de la rosée sortie de l'aube matinale. Il est connu que נְדָבֹת signifie *libéralité, don volontaire*; expression qu'à cause de leur origine, la langue hébraïque représente par l'image de la rosée, de la pluie rafraîchissante, expression qui s'accorde aussi bien à l'aride montagne de Sion, qu'à la rosée de l'aube matinale, surtout quand on se souvient qu'en hébreu, pluie et rosée sont des parallélismes par lesquels on représente la bienfaisance d'un roi heureux. Voyez Samuel, liv. II, chap. 23, vers. 3 et 4; psaume 72, vers. 6 et 7. Il est sous-entendu qu'il faut lire עִמָּךְ; la construction avec עִם est une expression favorite des psaumes, que beaucoup d'anciens traducteurs ont adoptée dans leur manière de lire. Enfin, voici ces deux vers, tels que je les lis :

עִמָּךְ נְדָבֹת בְּיוֹם חֵילֶךָ בְּהַרְרֵי־קֹדֶשׁ (קָדְשִׁי)
מֵרֶחֶם מִשְׁחָר לִי כְּטַל יַלְדֻתֶךָ

S'il était permis de paraphraser poétiquement, je dirais : « Ô toi, prince qui siège à mes côtés, pendant que tu tiens mon sceptre avec moi, une douce pluie humecte toute l'étendue de mon pays sacré.

« Du sein de l'aube matinale, je fais tomber sur la terre une rosée rafraîchissante ; c'est ainsi que je t'ai fait sortir de moi-même pour être l'image de ma clémence et de ma bonté. »

Ceci n'explique cependant pas encore le passage dans son ensemble, ni comment un pareil distique peut se trouver dans un psaume qui se termine par de sanglantes images de guerre. Je répondrai d'abord que cette fin ne décide rien, puisque les vers suivants ne sont encore que des peintures paisibles de la justice du roi et du prêtre qui règne à côté de Dieu ; les tableaux de batailles ne commencent que plus tard. Voulait-on seulement avertir le roi que, puisqu'il était paisiblement établi à côté de Dieu, il ne devait plus songer qu'à la bienfaisance et à la justice? Ce n'est pas là mon avis : David ne faisait pas la guerre par esprit de conquête, mais par nécessité, et pas un trait de sa vie n'annonce des penchants qui tirent leur origine de la cruauté et de l'injustice. Consultons l'histoire, elle nous éclairera. Lorsque David établit Jéhovah sur la montagne de Sion, il n'y monta pas les mains vides, mais pleines de sacrifices et de dons; des sacrifices pour Dieu, des dons pour le peuple réuni. Voy. Samuel, liv. II, chap. 6, vers. 17 et 19. Maintenant cette version se présente pour ainsi dire d'elle-même :

« Des offrandes volontaires te suivront au jour de ta magnificence de vainqueur, sur mes montagnes sacrées. »

C'est par une marche triomphale que David conduisit Jéhovah sur la montagne de Sion, et il ne voulait jouir des avantages que lui offrait sa nouvelle alliance, que lorsque son Dieu y serait à ses côtés. Cette comparaison n'est-elle pas magnifique?

« Semblable à la rosée, je t'ai engendré pour moi du sein de l'aube matinale. »

C'est-à-dire: bienfaisant et doux pour le peuple ; car, ainsi que nous l'avons déjà dit, chez les Orientaux, la rosée était l'image de la libéralité. Cette même image sert d'introduction à toutes les autres promesses de Dieu. Le roi, établi si près de lui, doit être en même temps un prêtre, un prêtre royal pour toute l'éternité. Lorsque David conduisit l'arche sur la montagne de Sion, il était en effet habillé en prêtre, et figurait dans les danses religieuses du cortège, circonstance que ce psaume explique de la manière la plus gracieuse et la plus morale.

[1] Il a juré l'alliance inviolable avec David, dans laquelle le mot עַר־עוֹלָם est si

il a juré : Tu seras mon prêtre pour toute l'éternité, je t'institue mon Melchisédec [1].

« Si Jéhovah, qui est à ta droite [2], se met en courroux, il écrasera les rois ! Il tiendra sa cour de justice au milieu des peuples, et alors le pays sera couvert de cadavres ! et ils seront gisants autour de lui les chefs écrasés !

« Et le héros, fatigué de victoires, se désaltèrera dans le ruisseau sur le bord du chemin, et il relèvera de nouveau sa tête altière [3]. »

Le plan de cette belle ode ne doit pas être un mystère pour nous ; le poète voulait avertir David, qui célébrait son entrée triomphale sur Sion, que désormais il s'y reposerait à côté de Dieu ; et que, malgré les nombreux ennemis qui l'entouraient encore, il règnerait en paix, puisqu'il avait à ses côtés, comme allié et comme corégnant, ce même Dieu qui saurait, lorsqu'il en serait temps, exercer sur tous les peuples la justice de sang. Il

souvent répété. David lui-même le regarde comme un pacte inviolable et légal (תורת־האדם) ; et il le rappelle encore dans ses dernières paroles. Voy. Samuel, liv. II, chap. 7 ; chap. 23, vers. 5.

[1] כהן signifie un homme qui peut s'approcher de Dieu ; l'approche de Dieu conduit donc naturellement à cette expression, tandis que le parallélisme : *Roi de la justice*, indique le sens, c'est-à-dire la qualité de prêtre. Lorsque David conduisit l'arche sur Sion, il prit des habits de prêtre. Voy. psaume 132, verset 9. Nous ne savons pas jusqu'à quel point il en exerça les fonctions, mais nous voyons dans Samuel, liv. II, chap. 8, vers. 18, que ses fils étaient des כהנם, *prêtres, juges*. David était donc le grand-prêtre de la justice, qui, par une très-belle allusion, est appelé ici Melchisédec. Ce vénérable patriarche avait été jadis grand-prêtre de la justice, roi de la paix, à la même place où David établit sa résidence. Le but visible de l'ensemble du psaume, était d'avertir David que, puisqu'il était magnifiquement et paisiblement établi à Salem, il devait s'y reposer comme roi de la justice et de la paix ; que Dieu prendrait soin de lui et continuerait la guerre en son nom. Mais que signifie le על־דברתי ? Le parallélisme prouve que c'est le serment, le pacte de famille par lequel la race de David a été élevée pour tous les temps à venir à la dignité de roi et de prêtre. La signification est absolument la même que celle de חק dans le psaume 2, c'est-à-dire l'inviolable parole de Dieu. Le mot Melchisédec, *mon roi de la justice*, est ici très-heureusement employé.

[2] Si, dans le premier vers, Dieu fait mettre le roi à sa droite, et que maintenant il prend lui-même cette place, ce n'est certainement pas pour marquer une distinction de rang. Être à la droite de Dieu, ou l'avoir à sa droite, sont des synonymes qui ne présentent qu'une seule et même idée, celle d'avoir Dieu à ses côtés, ainsi qu'on peut le voir par les psaumes 16 et 91. C'est par ce vers que commencent les images de guerre.

[3] Cette image est empruntée à l'histoire de Samson, et prouve que le héros le plus fort, le plus téméraire, peut se fatiguer à force de vaincre, mais qu'alors un ruisseau coulera sur sa route pour le ranimer de nouveau.

voulait lui rappeler enfin que, revêtu d'une autorité nouvelle, il habitait à côté de Jéhovah, qui étendrait au loin, pour lui, un sceptre à qui tout serait forcé d'obéir ; enfin qu'il était le roi de la justice, le prêtre de Dieu à Salem.

Il est facile de voir que les paroles sacrées de Dieu étaient pour les poëtes hébreux ce que les muses étaient pour Horace :

> *Vos Cæsarem altum, militia simul*
> *Fessa cohortes addidit oppidis,*
> *Finire quærentem labores,*
> *Pierio recreatis antro.*
>
> *Vos lene consilium et datis, et dato*
> *Gaudetis, almæ* [1].

Si ce psaume est cité dans le Nouveau-Testament, c'est également pour avertir un roi, mais le plus grand, le plus sublime de tous, qu'après tant de peines et d'efforts, il doit se reposer à la droite de son père céleste, jusqu'à ce que ce père trouve que les temps sont venus pour juger les peuples, et les mettre tous aux pieds de ce fils.

6. Il avait été promis à la race de David qu'elle se perpétuerait jusque dans l'éternité, que Dieu y confirmerait le trône de son père David, et qu'il étendrait son bonheur *plus loin encore*. Cette prédiction et les évènements qui y ont donné lieu, sont consignés dans un livre historique [2], qui mentionne en même temps la haute importance que David attachait à ces prédictions [3]. Il y voit un pacte de famille, un traité comme les hommes en concluent entre eux [4] ; il en remercie sans cesse Dieu avec respect, et le célèbre encore dans son dernier chant comme une capitulation qui lui assure l'empire sous la garantie de Dieu [5].

Cette belle et riante vue de l'avenir a passé dans tous les psaumes. Tantôt on y rappelle à Dieu sa promesse solennelle, tantôt on félicite David sur cette éternelle et divine alliance ; souvent même les auteurs de ces psaumes peignent le futur règne de la

[1] Horace, liv. III, ode 4.
[2] Samuel, liv. II, chap. 7.
[3] Samuel, liv. II, chap. 7, vers. 18.
[4] Samuel, liv. II, chap. 7, vers. 19.
[5] Samuel, liv. II, chap. 23, vers. 1.

race de David, comme une époque de félicité parfaite. En voici quelques exemples :

DERNIER CHANT DE DAVID.

« Ainsi parla David, fils d'Isaï, ainsi parla l'homme que Dieu avait élevé si haut, que le Dieu de Jacob avait oint son roi, parce qu'il avait su se faire aimer de lui par les psaumes d'Israël :

« L'esprit de Dieu parle en moi, sa parole est ma langue ; car voilà ce qu'il a dit, le Dieu d'Israël, voilà comment il m'a parlé, le rocher d'Israël :

« Un gouvernant d'hommes, un prince juste, un roi dans la crainte de Dieu, se lèvera comme l'aube matinale, il se lèvera comme le soleil du matin ; les nuées brumeuses disparaîtront devant son éclat, et de tendres plantes sortiront de la terre humectée par une riche rosée.

« C'est ainsi que ma maison est consolidée en Dieu[1] ; il a formé avec moi une alliance pour l'avenir, assurée en tout point et bien gardée, car il est mon bonheur et l'affection de mon cœur.

« Aussi les Bélial ne prendront-ils point racine[2] ; ils sont tous comme des chardons arrachés qu'on ne peut prendre avec la main. L'homme qui veut les prendre doit armer son poignet du glaive et de la lance : le feu les dévorera avec leurs demeures ! »

C'est ainsi que le vieux roi appliquait les prédictions divines aux rebelles et aux mécontents, que Salomon acheva de faire disparaître de ses États. Le règne de sa race, cependant, ne devait pas toujours être celui de la vengeance ; il était, au contraire, prédestiné à jeter des rayons nouveaux pour échauffer et faire fructifier le pays, comme l'annonce le psaume 72, et

---

[1] Le לבן ne doit pas se prendre comme particule, mais comme verbe : *Recte ergo disposita, pacto confirmata, stat domus mea.* Être avec Dieu est une expression favorite de David.

[2] Les Bélial sont les perfides, les méchants, les traîtres, l'opposé des fidèles dont parlent la plupart des psaumes. Le roi mourant ne voit plus en eux que des fagots d'épines contre lesquels il ne veut pas davantage se déchirer les mains, car toute sa bonté a échoué près d'eux. Ils n'existent que pour être brûlés ; c'est la fin qui les attend, et on ne verra pas même la place où ils étaient. Cette image, si caractéristique dans la bouche du vieux roi, est tirée de Samuel, liv. II, chap. 7, vers. 10. Dans cette prédiction de Dieu, Israël est représenté comme une vigne dont la race de David est la gardienne ; les rebelles sont les épines nuisibles aux ceps.

comme nous venons de le voir par la dernière image du psaume précédent, où cette pensée est représentée par la rosée et par le soleil du matin, tableau entièrement dans le genre de l'idylle [1].

RÈGNE DE SALOMON.

« [2] Dieu, donne ton jugement au roi, donne ton siège de juge au fils du roi [3]. Il gouvernera loyalement son peuple, il protégera l'opprimé devant la justice.

« Les montagnes annonceront au peuple leur bonheur ; les collines lui annonceront la justice [4] ; elles lui diront qu'il est là, *Lui*, pour assister les opprimés d'entre le peuple, qu'il sauve les fils du pauvre, qu'il écrase les oppresseurs.

« Tant que brillera le soleil, tant que luira la lune, on te vénérera de race en race [5].

« Il coulera comme la pluie sur les champs moissonnés, il descendra comme la rosée qui humecte le pays. Tant qu'il règnera, la justice fleurira ; et il y aura de la justice en abondance jusqu'à ce que la lune ne soit plus [6].

« Son règne s'étendra de la mer à la mer [7] ; son pays se prolongera des bords du fleuve jusqu'au rivage de la mer. Ils se courberont devant lui, les habitants du désert [8], et ses ennemis mangeront la poussière ! Les rois de Tarsis et des côtes éloignées lui apporteront des présents [9] ; les rois de Saba et de Seba lui

---

[1] David emploie ici l'image de la rosée fructifiante comme une parole de l'oracle de Dieu sur le gouvernement de sa race, ce qui confirme authentiquement mes explications sur le psaume 110.

[2] Psaume 72.

[3] Le parallélisme prouve que ce psaume est une félicitation pour le premier roi, sur lequel Samuel, liv. II, chap. 7, accumule tant de bénédictions.

[4] Les montagnes et les vallées sont nommées ici comme dans le psaume 110 ; le verbe a été supprimé dans le second vers.

[5] Cette strophe me paraît un chœur chanté par une autre voix ; le changement de personne est cependant assez ordinaire dans la poésie hébraïque. Ce tableau est une belle paraphrase du עד־עולם, qui revient si souvent dans Samuel, liv. II, chap. 5.

[6] Paraphrase du même mot עד־עולם, Samuel, livre II, chap. 7. Les images sont empruntées au soleil et à la lune, parce que dans Samuel, livre II, chap. 23, les promesses sont faites au soleil.

[7] Le parallélisme prouve que l'une de ces mers est l'Euphrate, et l'autre la Méditerranée.

[8] Les peuples de l'Arabie et d'autres contrées désertes que David a vaincus.

[9] Les puissances commerciales, telles que l'Espagne et les autres peuples de l'Eu-

rendront hommage par des dons¹ ; tous se prosterneront devant lui, tous les peuples le serviront.

« Parce qu'il assistera le pauvre qui criera vers lui, parce qu'il secourra l'opprimé que personne n'aura secouru, parce qu'il ménagera le faible et le pauvre, et sauvera la vie du nécessiteux, qu'il garantira de la ruse et de l'oppression ; car, pour lui, le sang du plus misérable même sera précieux.

« Voilà comment il vivra ! L'or de Saba lui sera apporté ; pour lui, on priera sans cesse, on le bénira chaque jour.

« La terre produira des monceaux de blé ; ses moissons bruiront sur la cime des montagnes comme bruit la cime du Liban ; et les villes populeuses fleuriront comme fleurit la prairie riche en herbe.

« Sa gloire durera pendant des temps éternels ; tant que durera le soleil, on prononcera son nom, et tous les peuples se féliciteront en son nom², et ils le béniront. »

C'est par ce chant que se termine la première catégorie des psaumes de David, et il eût été impossible de les terminer avec plus d'éclat. Ils réunissent les bénédictions d'Abraham, de Juda et de David, et ils ont servi de point de départ à l'idéal des prophètes sur le futur règne de Salomon.

Toutes les fois que les psaumes chantent une douce félicité, on y trouve le nom de Salomon, et le magnifique épithalame³ célèbre la droiture du sceptre royal, les félicités d'un règne pacifique, la douceur et la justice du roi envers les opprimés et les pauvres ; et les expressions que le poète emploie sont presque les mêmes que celles dont se sert David pour redire les promesses que Dieu lui a faites.

La montagne de Sion, ce siège de l'empire à jamais florissant de ce grand roi, ne pouvait manquer de passer avec lui à la postérité. Quoique cette montagne fût petite et aride, elle n'en

rope, n'ont jamais été soumises à Salomon, mais ils lui apportaient des présents d'amitié à cause du commerce qu'ils faisaient sur son territoire.

¹ C'était sans doute l'Arabie et l'Éthiopie. La reine de Saba est connue à cause de la visite qu'elle fit à Salomon. Les deux rives de la mer Rouge se disputaient l'avantage de lui rendre leurs hommages.

² Lorsque les Hébreux voulaient désigner un temps heureux, ils l'appelaient le temps de Salomon. Chez beaucoup de peuples, ce nom est passé en proverbe.

³ Psaume 45.

devait pas moins devenir la tête des nations, le point de départ d'où découlaient tous les fleuves vivifiants, c'est-à-dire la loi et l'enseignement qui assurent la félicité des peuples. Cet honneur lui était prédestiné, parce que son roi devait donner à la terre la paix et la joie, et y répandre la lumière et la prospérité.

« [1] Elle est fondée sur des montagnes sacrées. Jéhovah aime les portes de Sion plus que toutes les autres demeures d'Israël.

« De nombreuses paroles ont été dites sur toi, cité de Dieu [2]: (*Selah*, c'est-à-dire changement de mode et de mesure) l'Égypte et Babel seront comptés parmi les peuples qui te reconnaissent. Le pays des Philistins, Tyr et l'Éthiopie, y seront comme des indigènes. On dira dans Sion : Celui-ci et celui-là aussi y ont des droits de citoyens.

« Le Très-Haut lui-même l'a fondée ainsi, Jéhovah lui-même lui compte ses peuples; il a dit: Celui-ci et celui-là aussi y ont des droits de citoyens.

« Et les princes et les pauvres se réjouiront en elle [3]. »

Quelle est belle, la lyrique couronne de louanges dont le poète pare la ville royale. Tous doivent y vivre comme autant d'indigènes indépendants et libres; elle a des chants sacrés et des danses d'allégresse où les riches et les pauvres composeront le chœur destiné à donner la réplique. Qu'on se souvienne de tous les chants où Salem est représentée comme la ville de Dieu et d'un royaume éternel, comme la tête de tous les peuples de la terre; et l'on pressentira les riches développements que les prophètes ont donnés à ces images.

J'ajouterai ici un petit poème qui est une véritable anthologie des psaumes et des livres des prophètes ; et je prie mes lecteurs de n'y voir aucune allusion à notre époque. Je regrette beaucoup de n'en pas connaître l'auteur, car son langage est aussi noble, aussi élégant et aussi pur que la marche lyrique de ce morceau est imposante et belle.

[1] Psaume 87.
[2] L'oracle est cité ici, voilà pourquoi le ton change.
[3] La manière de lire ce passage est contestable; celle que j'ai choisie m'a paru la meilleure et la plus claire.

SUPPLÉMENT.

LA GUERRE.

Chant sacré.

« Celui qui est, qui était et qui sera, le Dieu fort et puissant des chrétiens, c'est lui que je veux chanter. Cieux! mêlez votre voix de triomphe à mon chant! peuples, écoutez!

« Je veux remercier, je veux glorifier le Seigneur qui a secouru mon prince; et vous, héros, remerciez-le, glorifiez-le avec moi. Je veux prier pour la vie du roi, je veux prier pour son glaive; ennemis, tremblez et fuyez!

« Inspire-moi toi-même, ô Jéhovah! inspire-moi du haut de Sion où ton esprit fit rendre à la pieuse harpe de David les sons glorieux de la louange. Dieu fort, écoute ma prière.

« Toi seul tu es grand, ton trône est plus élevé que les cieux; car les cieux se prosternent à tes pieds! La puissance est à toi; qui ne te craindrait point, toi, la plus majestueuse des majestés!

« Tu es roi, le roi de tous les princes de la terre! Tu resteras éternellement ce que tu es, le Dieu des dieux! Les fondements de ton trône s'appuient sur l'infini!

« Lorsqu'aucun diadème ne brillait encore sur la poussière des trônes, ton sceptre à toi resplendissait déjà dans l'espace; l'antique nuit reflétait ses rayons, et s'en allait roulant avec les soleils!

« Lorsqu'aucun diadème ne brillera plus sur la poussière des trônes, ton sceptre à toi resplendira toujours dans l'espace, l'antique nuit reflétera ses rayons, et s'en ira roulant avec les soleils!

« Ton règne est sans opposition et sans limites! Il s'étend au-delà des myriades d'étoiles qui éclairent et animent l'espace! L'empire du ciel et de la terre est à toi; il est à toi l'empire des enfers!

« Les cieux chantent ta louange et enfantent des cieux nouveaux pour proclamer l'honneur de ton nom! Le plus grand des séraphins l'annonce le premier, et l'éternelle harmonie des sphères le répète après lui.

« Du fond des ténébreuses profondeurs, les enfers font entendre leurs gémissements à travers les flammes où ton pied les a comprimés ; ils traînent les chaînes de ton courroux d'abîmes en abîmes !

« La terre te célèbre, la terre que j'habite, mais qu'est-elle ? De la poussière ! presque rien ! Il te célèbre, lui qui est plus que *tout !* Ton plus grand miracle, ô Dieu ! l'homme, le chrétien te célèbre !

« Gloire à moi, puisqu'il m'est permis de te nommer, puisqu'il m'est permis de chanter ton empire ; car il est merveilleux cet empire, merveilleux en tout pays, et toujours plein de justice.

« Quand les hommes se lèvent contre toi et contre le Sauveur que tu leur as donné, tu jettes au milieu d'eux la nuit et le chaos ! Et quand ils se révoltent ouvertement, tu es encore armé en héros, comme tu le fus aux temps antiques.

« Peuples aveuglés, réunissez-vous, mugissez comme mugissent les océans, révoltez-vous, montez à l'assaut contre celui qui demeure dans les cieux !

« Celui qui demeure dans les cieux rit quand les peuples mugissent ! Il prépare un déluge qui, au jour de sa colère, tombera sur eux en torrents de flammes !

« Ses éclairs jouent devant lui et enveloppent la terre effrayée dans des langes de flammes ! Les rochers rougissent, et le feu dévorant coule de leurs cimes, comme l'avalanche se précipite dans la vallée !

« Son tonnerre parle haut, il annonce l'effroi d'une vengeance prochaine, d'une vengeance prochaine sur les pécheurs qui fuient son regard. Ils fuient, mais au milieu de leur course ils tombent dans la poussière, la face prosternée devant *Lui !*

« Il touche la terre, et ses colonnes tremblent comme les vieux chênes que fouette le vent du nord. Le Mont-Hécla hurle et verse le trop plein de ses souffrances sur les rives lointaines du Tage.

« Sa route est tracée à travers les orages; ses sentiers sillonnent les profondeurs des abîmes! Mais on ne voit point sa marche sur la route à travers les orages, on ne voit point ses pas sur les sentiers des abîmes!

« C'est par la nuit, c'est par les ténèbres qu'il poursuit ses ennemis! Puis il les inonde de rayons, et les frappe avec les feux de la terre, de la terre d'où il les fait disparaître!

« Le roi, ô mon Dieu! se rejouit dans ta force, il ne craint point tout un monde rempli d'ennemis, car depuis les temps antiques, ta droite l'a soutenu.

« Lorsque les ennemis virent pour la première fois ta magnificence briller sur son armure d'or, une terreur insurmontable les saisit; ils tremblèrent et s'enfuirent, comme ils eussent tremblé et fui devant lui.

« Devant leur course sauvage, la paix et le bonheur s'enfuient, comme ils s'enfuient eux-mêmes devant mon prince. La destruction et le désespoir suivent leurs pas!

« Ils voudraient que partout où ils ont passé, le printemps ne refleurît plus jamais! Que l'ange de la mort au regard glacé se tînt seul debout sur les plages où naguère de jeunes hommes, le cœur plein de sentiments humains, bénissaient de riches moissons.

« Il gémit en vain, celui qui arrosa de sa sueur l'épi si lent à germer et qu'ils ont brisé! Ses soupirs meurent étouffés par le bruit d'airain de leur marche.

« Ils tonnent, ils veulent que la terre craigne leur tonnerre, qu'elle se révolte comme eux, et qu'elle s'abîme si elle ne veut pas mettre toutes ses couronnes à leurs pieds!

« Laisse-les tonner, Seigneur, jamais leurs éclairs ne s'élèveront des ruines de la terre jusque dans ton ciel; car dans les ténèbres qui les entourent, ils ne voient point ton ciel, ils ne voient point ton roi!

« Il vient, ce roi, il s'avance, comme dans l'orage silencieux tu t'avances vers les villes chargées de malédictions, vers les cohortes que le destructeur rassemble contre lui dans les champs de la guerre.

« Il arrive, il regarde, et brûlant des feux du courage, il se précipite au-devant de la formidable armée! Il se fraye un passage; il frappe, il renverse, il écrase les rangs les plus serrés!

« Ici, à sa droite, tombent des milliers d'ennemis, et là, des milliers encore tombent à sa gauche; partout où son glaive fait siffler l'air, les champs se couvrent de corps mutilés et sans nom.

« C'est ainsi que tombe la moisson en monceaux épars et flétris, quand le fer du moissonneur bruit à travers les épis mûrs, et qu'après lui l'automne étend sur la contrée son froid tapis de chaume découronné.

« Abandonné par les héros qui ont échappé à la mort en passant par-dessus les armes brisées et les corps des guerriers qu'ils conduisaient au combat, le champ de bataille est silencieux et désert, le roi seul est debout encore.

« Il est debout encore quand ils ont assez combattu tes étoiles et tes vagues chargées de débris; semblable au roc que rien ne peut ébranler, il les suit du regard ces vagues, jusqu'à ce qu'elles coulent unies et silencieuses dans la vallée.

« Il marche sur les hauteurs où fume encore le sang des ennemis égorgés, et autour desquelles s'allonge sans cesse l'image de la mort! Il marche, il regarde, il pleure, et son regard passe sur la victoire!

« Il passe sur les trophées sanglants de la victoire des héros, des héros qui font la terreur de tous les âges de la terre. Il s'élève vers toi, vers toi qui, dans les cieux, lui montres des couronnes plus nobles et plus belles.

« Qu'il retombe sur ces héros, le sang des fils que les mères pleureront longtemps encore, qui longtemps encore seront pleurés par les pères en cheveux blancs, au milieu des bénédictions qu'ils appelleront sur la tête du roi qui a délivré la patrie! »

« Ils roulent fièrement sur leurs innombrables charriots, ils prennent leur nombre pour de la force, et se vantent que tout tombera devant leurs glaives.

« Mais nous, nous en appelons contre leur puissance fanfaronne qui se vante de tout abattre au nom de notre Dieu, qui met les forts en défaut, et nous nous tenons debout la tête levée.

« Ce n'est pas à nous, ô Seigneur! non, c'est à toi seul qu'appartient la gloire. Que ton nom soit glorifié pour toujours, car toi seul tu accomplis de grandes actions.

« Ta main droite brise les ennemis devant nous, comme la tempête brise les vagues de la mer, puis leur sang teint le sable du rivage, comme la poussière des crânes lavés blanchit les rives lointaines de la mer!

« Héros que sa force anime, vous qui vous prosternez devant son trône, proclamez sa gloire, réjouissez-vous en lui, et apprenez à tous les pays combien il est magnifique!

« Et vous peuples qui portez son nom, et au milieu desquels il daigne habiter, proclamez sa gloire, louez-le, et apprenez à tous les pays combien il est bon et miséricordieux!

« Seigneur Zébaoth! mon ame est remplie de ta gloire immense; elle se fond devant toi en chants de remerciements, en chants de gloire et de joie! »

CHAPITRE XII.

VUES SUR L'AVENIR.

Observations générales sur les époques de David et de Salomon. — Que nous reste-t-il de ces époques ? — Leur influence sur la voix des prophètes. — Qui est-ce qui a éveillé et animé l'esprit des prophètes ? — Exemples tirés d'Osée et d'Isaïe. — La nouvelle race de David. — Le nouveau fils de Dieu. — Images royales. — Leur origine. — Développement de leurs traits particuliers, tirés des anciennes prophéties et des psaumes. — Quelle application les prophètes ont-ils faite de la vie de David ? — Comment Jérusalem et la montagne de Sion ont-elles passé dans leurs images ? — Exemples. — Système des développements qu'ils ont donnés aux prédictions et aux histoires antiques. — Différence entre le gouvernement paternel de Dieu *ici-bas*, et le gouvernement paternel de Dieu *là-haut*. — Comparaison de Moïse avec plusieurs autres grands caractères bibliques.
Supplément : L'âge d'or à venir.

Ce fut sous les règnes de David et de Salomon, que le royaume d'Israël arriva à son plus haut degré de splendeur. Son territoire s'étendit depuis la Méditerranée jusqu'à l'Euphrate, depuis le désert jusqu'au-delà du Liban. Les rois étaient considérés et respectés, et l'état florissant de l'agriculture et du commerce répandait une grande prospérité sur tout le pays. Aussi les noms de David et de Salomon sont-ils devenus classiques pour l'histoire comme pour la poésie. Tant que durèrent les rois, ces deux règnes seuls furent célèbres ; les autres princes se trouvaient honorés de s'asseoir sur le trône de David, et de pouvoir s'appeler ses fils et ses successeurs. Pas un d'eux cependant ne le fut de sa fortune, pas même Salomon, qui ne justifia qu'une partie des espérances qu'il avait fait naître, et qui resta bien au-dessous de l'idéal qu'on s'en était fait dans le psaume 72.

La décadence du magnifique empire de David commença immédiatement après la mort de Salomon ; car alors cet empire se partagea en deux parties, dont la plus petite seulement resta à la maison de David. L'une et l'autre ne tardèrent pas à être déchirées par des troubles intérieurs et par des invasions étrangères, qui se renouvelèrent jusqu'au moment où le peuple tout entier tomba dans l'esclavage. La poésie qui naît de la victoire, de la paix et de la prospérité publiques, ne trouva donc plus jamais une époque aussi brillante, aussi favorable que le furent celles de David et de Salomon.

Malheureusement il ne nous reste de cette poésie que les morceaux chantés dans le temple, dans le palais des rois et dans les assemblées publiques; car il est facile de voir que les psaumes et toutes les œuvres de Salomon n'ont jamais eu d'autre destination. Le psaume 45, ce magnifique épithalame, n'a été conservé que parce qu'en célébrant un roi, et les espérances de son règne fondées sur les promesses de Dieu, il était devenu un hymne national. Le Cantique des cantiques lui-même n'est arrivé jusqu'à nous, que parce qu'il portait le nom de Salomon, et parce que, à l'époque où l'on songea enfin à recueillir les chants nationaux, on avait déjà trouvé dans le psaume 45 un sens mystique. Une fois cette idée adoptée, on vit dans une foule de psaumes les prophéties d'un avenir plus heureux encore que le temps de Salomon, et ce fut comme chant prophétique que le Cantique des cantiques fut conservé.

Nous ne connaissons donc de l'époque la plus florissante de la poésie hébraïque, que les productions qui, dans le naufrage de la captivité, ont échappé à la destruction générale, parce qu'elles se rattachaient à l'histoire de la religion, de l'État et de la royauté. La voix du futur et de sa fiancée[1], les chants d'allégresse des moissonneurs et des vendangeurs[2], des femmes qui mondent[3], et de tous ceux qui exerçaient joyeusement leur utile métier, ne sont point arrivés jusqu'à nous. Toutes ces gracieuses et naïves filles du chant se sont endormies dans la poussière des siècles.

Semblable au rubis qui brille d'un éclat plus vif quand il est monté en or pur, le chant embellit le festin que le vin égare[4];

---

[1] Jérémie, chap. 7, vers. 34.
[2] Isaïe, chap. 9, vers. 3; Jérémie, chap. 25, vers. 10.
[3] Ecclésiaste, chap. 12, vers. 4.
[4] Sirach, chap. 32, vers. 7 et 9.

mais ces chants ne sont plus. La joie et les fêtes champêtres ont quitté les campagnes, on n'y entend plus le *Hédad*, ce cri d'allégresse du vigneron qui foule la cuve[1], et que, au reste, nous n'avons jamais connu que par les allusions qu'y font les chants sacrés et nationaux.

En faut-il davantage pour prouver combien il serait injuste de comparer la poésie des autres peuples à la poésie des Hébreux, dont nous ne connaissons que les deux plus anciennes branches : la poésie religieuse et la poésie royale? Tout ce qui ne lui appartenait pas ou qu'on croyait ne devoir pas lui appartenir, n'a point été recueilli et s'est perdu.

Il n'en est pas moins certain que, semblables aux chants de Moïse, les psaumes ont servi de guide et de modèles aux chants des temps qui leur ont succédé. Ils sont devenus le seul livre de cantiques pour le temple et pour les prophètes; peut-être n'y avait-on compris d'abord que les 72 premiers psaumes, mais bientôt tous ont servi au même usage.

En examinant le caractère des écrits de chaque prophète, on reconnaît qu'ils se sont tous attachés à la langue du sanctuaire. Mais bornons-nous pour l'instant à l'influence générale des psaumes, qu'on a regardés comme les prédictions de l'arrivée et du règne du Messie. Cette influence est si visible sur les prophètes, qu'il est impossible de ne pas voir qu'elle seule a éveillé les voix prophétiques dont les vues les plus profondes à travers les temps à venir, n'étaient que le développement des bénédictions des pères et des psaumes dont je viens de parler.

1. La plupart des magnifiques promesses qui annonçaient un empire éternel, la consolidation de cet empire, et un nouveau règne de Salomon, plus heureux que le premier, s'appliquaient à la race de David; mais lorsque, par la faute de Salomon, de Roboam et de tant d'autres rois, l'empire de David dégénéra au point que Dieu jugea nécessaire d'envoyer des prophètes, que pouvaient dire ces prophètes à leur peuple? sinon : Vous êtes tombés! Vous vous êtes abîmés dans un gouffre! Revenez à Jéhovah, car vous vous êtes égarés! Détournez-vous du veau d'or

[1] Jérémie, chap. 48, vers. 33.

et allez au désert de Juda, au temple; c'est là qu'est votre place, Jéhovah vous y accueillera avec bienveillance [1].

« [2] Je veux me fiancer à toi pour des temps éternels! Je veux m'unir à toi par la justice et par le droit, par la miséricorde et par la bonté; je veux me fiancer à toi par le lien de la fidélité, et tu reconnaîtras de nouveau Jéhovah ton Dieu! »

Le prophète désire qu'Israël et Juda puissent redevenir un seul et même empire, et il représente cette union par l'image des fiançailles. Ce désir, au reste, domine tous les prophètes; voilà pourquoi le but de leurs prophéties est toujours politique; ils cherchent à attirer le peuple dans le désert de Juda, auprès de la maison de Dieu et de la race de David [3], afin qu'il puisse recueillir les bénédictions qui reposent sur cette race, qui lui ont été données par Abraham, Juda, Moïse, et que les psaumes ont recueillies. En un mot, les prophètes annonçaient un avenir plus beau, des temps plus heureux.

« [4] Les enfants égarés d'Israël reviendront sur leurs pas; ils chercheront Jéhovah, leur Dieu, et David, leur roi; dans un temps à venir, ils honoreront Jéhovah et son ineffable bonté de père du pays. »

Tel était le langage d'un prophète d'Israël, et, certes, les sages du royaume d'Israël devaient nécessairement rappeler plus énergiquement au peuple les anciennes bénédictions et la constitution nationale.

Lorsque le royaume d'Israël fut sur le point d'être détruit, Dieu envoya dans le royaume de Juda, presque aussi malheureux, plusieurs prophètes à la fois dont les voix réunies éveillèrent, sans doute, celle d'Isaïe. Ces prophètes voyaient la triste destinée du royaume qui était le frère du leur; ils sentaient les souffrances de la nation tout entière, et ils s'empressaient de revenir aux anciennes prédictions par lesquelles Dieu avait béni la race de David. Cette race cependant n'était plus qu'une branche dédaignée et presque desséchée de l'ancien arbre si puissant et si fort; mais, pleins de confiance dans la parole donnée

---

[1] Osée, chap. 2, vers. 11 et 14; chap. 14, vers. 2.
[2] Osée, chap. 2, vers. 19.
[3] Osée, chap. 2, vers. 14; chap. 6, vers. 1.
[4] Osée, chap. 5, vers. 5.

à David, ces prophètes voyaient la racine de l'arbre jeter un jet nouveau sur lequel ils réunissaient la réalisation de toutes les antiques bénédictions. Cette marche de leurs idées et de leurs espérances est la seule véritable clef des plus magnifiques images d'Isaïe.

LA NOUVELLE RACE DE DAVID.

Image d'un roi.

« [1] Regardez ! Jéhovah Zébaoth abat le rameau chargé de fleurs ; il tombe avec un craquement terrible ! Les hautes branches sont brisées, les plus élevées se sont courbées ; la hache a éclairci l'épaisse forêt, les arbres du Liban sont tombés sous un bras puissant !

« Mais un jet nouveau jaillit du tronc d'Isaï, un rejeton sortira de sa racine, et l'esprit de Jéhovah, l'esprit de la science et de la raison, l'esprit de la sagesse et de la valeur, l'esprit de la prescience et de la crainte de Jéhovah, reposera sur ce rejeton.

« Il ne jugera point selon ce que verra son œil, il ne décidera point selon ce qu'entendra son oreille. Sa justice fera droit aux pauvres, sa droiture vengera les opprimés ; et il répandra la crainte sur le pays par sa parole royale ; et il frappera à mort les méchants par le souffle de ses lèvres ; et la justice sera la ceinture de ses reins, et la fidélité sera son armure.

« Et alors ce qui est maintenant la racine d'Isaï s'élèvera haut comme la bannière des tribus de l'ancienne armée, que tous les peuples réclameront ; et ils s'estimeront heureux de pouvoir se reposer sous son ombre. »

Tous ceux qui connaissent les antiques phophéties sur la race de Juda et sur celle de David, reconnaîtront sans peine, dans chaque trait de ce morceau, le développement des expressions et des images employées dans ces prophéties. Le bâton de Juda (dont parle Jacob dans sa bénédiction) a fleuri dans le sceptre royal de David, et, quoiqu'il soit desséché enfin jusqu'à la racine, le prophète voit pousser une branche nouvelle qui redeviendra la bannière des armées, comme l'était jadis celle de Juda. Les peuples réclameront cette bannière, sous laquelle ils

---

[1] Isaïe, chap. 10, vers. 33 ; chap. 11, vers. 1 à 10.

seront fiers de trouver repos et protection, toujours comme jadis, sous la bannière de Juda.

Toutes les qualités du monarque prédit sont tirées de l'histoire et des écrits de Salomon; et ce futur Salomon le surpassera sept fois en sagesse et en grâce de Dieu. Les peintures de son gouvernement et de l'âge d'or qui doit lui succéder immédiatement, sont empruntées aux psaumes de Salomon; et l'oracle contenu dans les dernières paroles de David, semble avoir donné lieu à cette phrase si souvent employée par Isaïe : *Adorer dans la crainte de Jéhovah* [1].

Le prophète développe les antiques sentences de Dieu, et les réunit en un tableau qui éveille la foi. Je donne ici un autre passage de ce prophète, qui n'est obscur et qui n'a été si mal interprété, que parce qu'on n'a pas voulu voir qu'il n'était que le développement des anciens récits et des psaumes.

LE NOUVEAU FILS DE DIEU.

« [2] En proie à la famine et aux chagrins, chacun de nous erre maintenant à travers le pays; irrité par la faim, il maudit son roi, il maudit son Dieu! Il lève ses regards vers les cieux et les abaisse vers la terre; partout les ténèbres et la misère! partout des ténèbres épaisses et la nuit entassée sur la nuit! [3] Il ne fait plus noir, là où l'obscurité était si épaisse! Semblable à ce qui était aux temps antiques, où il commença par rejeter le joug à Zabulon, à Nephtali, il fera, dans les temps à venir, briller son éclat sur la route qui côtoie la mer. Son reflet s'étendra au-dessus du Jourdain et de l'obscure cohue des peuples [4].

« Le peuple et tous les voyageurs dans les ténèbres, verront une grande lumière; cette lumière brillera au-dessus de tous les habitants du pays de la nuit sombre et noire.

[1] Les prédictions annonçaient après David un roi dans la crainte de Dieu. Isaïe, qui aimait les jeux de mots, a rassemblé, à ce sujet, une foule de mots de ce genre, רוח הריחו יראה, etc.

[2] Isaïe, chap. 8, vers. 21, jusqu'au chap. 9, vers. 7.

[3] Isaïe aime à opposer dans ses tableaux les calamités des temps présents aux félicités qu'il entrevoit dans les temps à venir. Il est donc nécessaire de rapprocher ces contrastes, lors même qu'ils seraient séparés par des chapitres.

[4] Les mots הקל et הכביד, c'est-à-dire le premier et le dernier temps, sont ici en parallélisme, et forment un contraste avec *les ténèbres lourdes et amoncelées*, et la *nuit épaisse* des vers précédents.

« Le nombre des peuples réunis est grand, et elle sera grande aussi leur joie ¹ ! et ils se réjouiront devant toi, Seigneur, comme on se réjouit au temps des moissons, comme ils ont dansé en danse joyeuse quand ils se distribuaient le butin.

« Car le joug dont il était chargé, le bâton dont on avait frappé ses épaules, le sceptre de son oppression, tu les brises comme au temps de Madian. »

Le prophète ne pouvait indiquer plus clairement vers quel but tendaient ses allusions, et à quelle époque il avait emprunté ses images; c'est à celle de Madian, et par conséquent à l'époque glorieuse des Juges. Ce fut alors que s'opéra le grand mouvement libérateur au nord du pays ² ; là s'était allumé au fond des sombres forêts de Nephtali et de Zabulon, le flambeau de la liberté qui finit par éclairer tout le pays. C'est ainsi que, dans les prévisions du prophète, la liberté s'éveillera de nouveau, au milieu du conflit des peuples du nord, sur la route qui côtoie la mer de Galilée, par laquelle, de son temps, arrivaient les hordes ennemies de la Syrie. C'est sur cette route qu'il prédit, pour l'avenir, un nouveau flambeau de la liberté, des chants d'allégresse et des danses joyeuses, tels que les dépeignit jadis l'hymne de la champêtre Débora.

« Et toutes les armes de la bruyante bataille, et tous les vêtements de guerre imprégnés de sang, seront portés au feu, ils alimenteront la flamme !

« Car un roi vient de naître pour nous, un fils du ciel nous a été donné ! Le bâton du gouvernement lui a été donné; le bâton du gouvernement repose sur lui; son nom est : *Le Merveilleux, le Conseiller, le Héros fort, mon père pour toute l'éternité, le Prince de la Paix !* »

Dans ce passage comme dans le précédent, le poète indique clairement son but. Certes il ne faisait pas allusion à Ézéchias ou à un fils d'Ézéchias, il parle d'un roi qui réunit tous les noms et toutes les bénédictions appartenant à la race de David, et qui

¹ Le לֹא est, selon moi, une interjection de désir, ainsi qu'il est souvent employé à la place de *utinam, ô si !*

² *Juges*, chap. 4, vers. 5, à *Haroseth*, c'est-à-dire dans la forêt des peuples, au milieu des amas de peuples qui, alors, se pressaient dans cette contrée, comme plus tard ils se presseront en Galilée.

réalisera les temps heureux promis à cette race. Voilà pourquoi ce roi s'appelle le *fils*, l'*engendré*, c'est-à-dire qu'il est né de Dieu, expression déjà consacrée par les psaumes.

Ce roi porte sur ses épaules le sceptre que Juda posait à ses pieds pour annoncer que, par lui, renaîtra la tribu princière de Juda. Il s'appelle le *Merveilleux*; David s'intitule souvent ainsi, quand il dit que, de pierre dédaignée qu'il était, il est devenu la pierre angulaire d'un grand édifice [1]. L'ange qui vient annoncer la naissance du libérateur Samson, se donne également ce nom [2].

Les titres de *Conseiller*, de *Héros fort*, sont deux qualifications qu'Isaïe aime à unir pour prouver que ce sauveur sera aussi sage dans le conseil, que puissant dans l'action. En disant qu'il s'appelera : *mon père pour toute l'éternité*, Isaïe n'a pas même osé changer l'ordre grammatical du pronom de cette phrase qui se présente si souvent dans les bénédictions et dans les psaumes : *Il me dira mon père, et je consoliderai son empire pour toute l'éternité* [3].

Quant au dernier titre : *Prince de la paix*, il l'a trouvé dans le mot *Salomon*, et dans les explications que ce roi en donne dans ses psaumes. En un mot, le prophète réunit sous ces divers noms tout ce qu'il a pu trouver de saisissable dans la magnificence de David, et dans les prophéties et les bénédictions dont sa race est l'objet.

« Et sa domination sera immense, et la paix n'aura point de fin dans son royaume. Assis sur le trône de David, il le fondera et le consolidera de nouveau par le droit et par la justice, depuis le commencement jusqu'à l'éternité des temps ! Et tout cela sera accompli par l'esprit de zèle de Jéhovah. »

C'est-à-dire l'esprit zélé pour la gloire de Jéhovah. Toutes ces expressions ne sont que la répétition des promesses de Dieu faites à la race de David.

Je ne veux pas m'occuper ici de la description de l'âge d'or, que les prophètes rattachent à celle du règne de ce nouveau roi. Je ferai seulement observer que tous représentent ce roi sous la forme d'un pasteur comme David, d'un prince ami de

---

[1] Psaume 118, vers. 22 et 23.
[2] Juges, chap. 13, vers. 18.
[3] Psaume 89, vers. 27; Samuel, liv. II, chap. 7, vers. 14.

la paix comme Salomon, d'un juge intègre, d'un héros indomptable, d'un restaurateur de la crainte de Jéhovah. C'est par lui que devaient redevenir visibles sur la terre la présence, la justice, la miséricorde et la bienfaisante activité de Jéhovah ; et c'est au cri de *Jéhovah, notre justice! Jéhovah, notre secours!* qu'on devait se rallier autour de ce roi. En remontant à l'origine des noms que les prophètes lui ont donnés, on reconnaîtra qu'avant comme après la captivité, le nom d'un nouveau roi, d'un nouveau David, résonnait à leurs oreilles comme un son mystérieux, arrivant d'un avenir lointain.

Lorsque le gouvernement fut partagé entre le prince et le grand-prêtre, Zacharie voyait ces deux oints debout devant le trône de Jéhovah[1], ce qui donna une double forme à la description du *zehma*, c'est-à-dire du jet sorti du tronc de David ; mais elle n'en était pas moins toujours conforme aux circonstances et à l'esprit du temps. Ce rejeton devait bâtir le temple, comme avait fait Salomon, et se revêtir des ornements sacerdotaux comme le grand-prêtre. En un mot, puisqu'il régnait sur le trône de Jéhovah, il fallait qu'il fût en même temps prêtre, et que la paix régnât entre le trône et le temple[2].

Malachie finit par remonter aux plus anciennes institutions ; il ramène, avec leur purifiant esprit de flamme, Moïse et Élie, ces antiques messagers de Dieu, fondateurs de son alliance avec son peuple.

Les prophètes s'enveloppèrent toujours ainsi du manteau de leur époque ; et tant que le peuple eut des rois, toutes les prophéties se revêtirent de la forme des prédictions royales que renferme ce psaume :

« [3] Je chante les bienfaits de Jéhovah pour des temps éternels! De génération en génération ma bouche proclamera sa parole inviolable.

« Et je dirai : Que la grâce éternelle soit consolidée pour nous ; qu'elle dure autant que dureront les cieux, cette parole de Dieu : « J'ai conclu une alliance avec mon élu, j'ai juré à

---

[1] Zacharie, chap. 4, vers. 14.
[2] Zacharie, chap. 6, vers. 12 et 13.
[3] Psaume 89, vers. 2 et suivants.

David, mon serviteur : je veux consolider ta race pour toute l'éternité! Je veux construire ton trône de génération en génération. »

« Voilà pourquoi les cieux sont témoins de l'alliance merveilleuse! L'assemblée des Saints proclame ta fidélité!... » etc.

C'est ce que les prophètes firent en effet, et ils nommèrent le futur roi : *David, serviteur de Dieu.*

2. Je dois ajouter qu'ils ne voyaient, dans la destinée de ce futur roi, que la reproduction de celle de David et de la progéniture qui lui avait été promise. David avait eu beaucoup à souffrir avant d'avoir pu fonder son vaste empire; son fils devait être frappé avec des verges par la main des hommes[1], sans que pour cela la grâce de Jéhovah, son père, l'abandonnât. Les prophètes, qui avaient été témoins de tant de calamités, appliquèrent les châtiments du père et du fils au futur roi, et à la naissance de son empire. C'est ainsi que s'expliquent d'elles-mêmes les images des prophètes, dont les contradictions apparentes ont donné lieu à tant de fausses interprétations. S'ils ont plus développé les psaumes d'affliction que les autres, c'était pour consoler Israël opprimé et soutenir son courage; car, en lui montrant que son premier roi ne s'était élevé à tant de gloire que par l'adversité et la souffrance, ils lui faisaient comprendre que la même destinée le conduirait infailliblement au même résultat.

Je donne ici le plus célèbre des chants d'affliction par lesquels les prophètes s'efforcèrent de ranimer le peuple. Ce fut par les premiers mots de ce psaume que le plus grand, le plus divin des affligés, exprima sur la croix l'immensité de ses souffrances et de sa douleur.

[1] Samuel, liv. II, chap. 7, vers. 14.

L'AFFLIGÉ[1].

Iʳᵉ partie.

CHANT DE DOULEUR.

Psaume de David donné au maître-chantre, pour être chanté au point du jour.

« [2] Mon Dieu ! Mon Dieu ! pourquoi m'as-tu abandonné ? Pourquoi te tiens-tu si loin de mes cris d'angoisse ?

« Mon Dieu ! je t'appelle pendant le jour, et tu gardes le silence ; pendant la nuit je cherche en vain le repos, je ne puis le trouver nulle part. Tu es pourtant le seul objet digne de notre vénération, toi qui trônes au milieu des hymnes qu'Israël chante à ta louange [3]. C'est sur toi que nos pères ont fondé leur confiance ; ils se sont confiés à toi, et tu es devenu leur sauveur ! En élevant leurs cris vers toi, ils ont trouvé secours et protection : ils se sont confiés à toi, et ils n'ont pas été déçus dans leurs espérances !

« Mais moi, je ne suis qu'un vermisseau, je ne suis pas un homme ; je suis un objet de raillerie pour les hommes, un objet de mépris pour le peuple. Tous ceux qui me regardent me raillent, ils me sourient en grimaçant et en hochant la tête. Qu'il s'en plaigne à Jéhovah, disent-ils ; puisque Jéhovah fait tant de cas de lui, il viendra à son aide, il le sauvera !

« C'est toi, cependant, qui m'as tiré du sein de ma mère, et qui m'as jeté avec confiance sur ses mamelles. A peine étais-je né qu'on m'a déposé sur ton giron. Depuis ma sortie du sein de ma mère, tu es mon Dieu ! Ne t'éloigne donc pas maintenant, maintenant que la souffrance s'approche de moi, et que personne ne vient à mon aide !

« Bien des taureaux m'ont environné ; les plus forts taureaux

---

[1] On a voulu reconnaître dans cet affligé tantôt Ézéchias, tantôt le peuple d'Israël tout entier, et tantôt un roi, un héros inconnu qui, dans un combat malheureux contre les Barbares, est resté longtemps blessé sur le champ de bataille. D'autres ont cru reconnaître le Messie des Juifs, et d'autres encore ont cru y trouver la description exacte des derniers moments de J.-C. Ce n'est point ici le moment d'examiner la justesse de ces diverses suppositions ; j'y reviendrai peut-être plus tard.

[2] Psaume 22, vers. 2 à 23.

[3] C'est-à-dire, dans le sanctuaire où retentissaient sans cesse des hymnes à la gloire de Jéhovah.

du Bazan m'ont entouré[1], et ils ont ouvert leurs gueules contre moi, semblables au lion qui déchire et mugit.

« Me voilà écoulé comme l'eau que l'on a versée ; mes ossements se sont dissous, mon cœur coule dans ma poitrine comme de la cire fondue[2] ; mes forces se dessèchent comme les débris d'un vase de terre brisé ; ma langue s'attache à mon palais ; tu m'as jeté sur la poussière de la mort !

« Les chiens m'ont entouré[3] ; de nombreux malfaiteurs m'ont cerné de toutes parts, ils ont blessé mes mains et mes pieds, je pourrais compter tous mes os ; ils le voient, et ils le voient avec plaisir ! Déjà ils se partagent mes vêtements et tirent ma robe au sort[4].

« Ne sois pas ainsi loin de moi, Jéhovah ! ma force et mon appui ! Hâte-toi de me secourir, sauve ma vie du glaive[5] ! sauve ce que j'ai de plus cher[6] de la patte des chiens ! Arrache-moi de la gueule du lion ; protège-moi contre les cornes du taureau sauvage[7] ! et je proclamerai ta gloire parmi mes frères, et je te célébrerai dans l'assemblée publique. »

[1] Les taureaux du Bazan se distinguaient de tous les autres par leur nature sauvage et leur vigueur. Plusieurs commentateurs voient dans ce passage une allusion à la contrée d'où les ennemis qui opprimaient l'auteur royal de ce chant de deuil, tiraient leur origine.

[2] Toutes ces images annoncent le relâchement des forces physiques.

[3] On employait souvent cette image pour désigner des ennemis errants et pillards, car les chiens sauvages étaient très-communs, et presque aussi dangereux que les loups. Les Arabes nomades de nos jours gardent encore leurs troupeaux avec beaucoup de soin contre les chiens sauvages, qui égalent les lions en force et en courage.

[4] C'est-à-dire : Ils étaient si sûrs de ma mort, qu'ils partageaient déjà ma dépouille de la pensée.

[5] Cet affligé royal réclame l'intervention de Jéhovah pour détourner la mort que doit lui donner le glaive dont il est menacé. Ceci est en opposition ouverte avec la sublime résignation de Jésus-Christ.

[6] C'est-à-dire ma vie. D'autres ont traduit : *ma solitaire, mon unique*, c'est-à-dire *mon âme*.

[7] C'est-à-dire : Protège-moi contre le courroux de mes puissants ennemis.

LE SAUVÉ[1].

IIe partie.

CHANT DE LOUANGES.

« [2]Vous qui honorez Jéhovah, chantez ses louanges ; descendants de Jacob, célébrez sa louange, vénérez-le, petits-fils d'Israël ! Il ne dédaigne, il ne repousse pas la prière de l'opprimé, il ne détourne pas sa face de lui ; et quand il l'implore, il l'écoute.

« Mon hymne de gloire te célèbre dans l'assemblée publique ; devant tes serviteurs, j'accomplis mon vœu.

« Opprimés, mangez et rassasiez-vous ; louez Jéhovah, vous qui le vénérez, et votre cœur sera ranimé pour toujours[3].

« Qu'en souvenir de tout ceci, chaque habitant de la terre revienne à Jéhovah ! Que les tribus de toutes les nations l'adorent ! L'empire appartient à l'Éternel, il est le maître des nations. Qu'ils le glorifient, ceux qui mangent la moelle de la terre ; qu'il se prosterne devant lui celui qui fut jeté dans la poussière, celui dont le chagrin a rongé l'âme[4].

« Les générations à venir l'honoreront et seront comptées parmi son peuple ; elles viendront pour proclamer sa clémence, pour annoncer aux races à venir ce qu'il a accompli. »

3. Sion et Jérusalem passèrent également, sous diverses formes poétiques, des psaumes dans la parole des prophètes. La résidence du plus glorieux des rois devait nécessairement devenir le siège magnifique d'un roi plus glorieux encore, puisqu'il régnerait sur Sion à la place de Jéhovah.

« [5]Lève-toi, sois lumière ! car ta lumière arrive ! L'éclat de

---

[1] Le ton et le caractère de la deuxième partie de ce psaume sont très-différents du ton et du caractère de la première. Il est, au reste, peu probable qu'un affligé, dans une situation aussi désespérée, et qui vient d'exprimer si énergiquement sa douleur et sa souffrance, ait pu tout-à-coup trouver assez de calme pour composer un hymne de remerciement afin de célébrer sa délivrance. Voilà pourquoi plusieurs commentateurs ont regardé cette première partie du psaume 22 comme un hymne qui n'avait rien de commun avec la deuxième partie, et qui avait été composé pour être chanté pendant le festin d'un sacrifice de reconnaissance.

[2] Psaume 21, vers. 24 à 32.

[3] Les riches comme les pauvres avaient leur part des festins de sacrifices.

[4] Les riches et les pauvres, les heureux et les affligés, c'est-à-dire tout le monde, doit honorer Jéhovah.

[5] Isaïe, chap. 60.

Jéhovah se lève, il se lève sur toi. Regarde ! l'obscurité couvre le monde, les ténèbres pèsent sur les nations !

« Et au-dessus de toi se lève le dieu Jéhovah ; on voit son éclat briller au-dessus de ta tête ! Tous les peuples se dirigent vers ta lumière ; tous les rois se tournent vers l'éclat qui luit pour toi.

« Lève tes yeux et regarde ! Ils s'assemblent tous, ils viennent à toi. Ils t'arrivent de bien loin, tes fils ; les extrémités de la terre t'ont élevé tes filles [1].

« Alors tu contempleras et tu étincelleras ; il battra, il bondira ton cœur, quand il se tournera vers toi le joyeux tumulte de la mer, quand elle sera arrivée près de toi la richesse des peuples !

« Les caravanes de chameaux te couvriront, les dromadaires de Madian, de Hépha, de Saba, ils viendront tous, ils t'apporteront de l'or et de l'encens, et célèbreront la gloire de Jéhovah.

« Les troupeaux du Kédar s'assembleront autour de toi, les boucs de Nebajoth te serviront, ils seront les plus doux sacrifices offerts sur mon autel ; je veux la rendre magnifique, ma magnifique maison !

« Qui sont-ils, ceux qui volent vers moi comme d'épaisses nuées ? comme des colombes qui volent vers leur demeure ? Les rives de la mer n'attendent qu'un signe de ma part, et les navires de Tarcès arriveront les premiers.

« Ils arriveront pour t'apporter tes fils des pays lointains, tes fils qui viendront avec leur or et leur argent, qu'ils ont voués à la gloire de Jéhovah, ton Dieu ! le Dieu magnifique d'Israël qui t'a glorifié !

« Les fils de l'étranger bâtiront tes murailles, et leurs rois te serviront. Je t'ai frappé dans ma colère ; dans ma clémence, je prends de nouveau pitié de toi.

« Et tes portes seront toujours ouvertes ; elles ne seront point fermées ni la nuit ni le jour, car c'est vers toi que viendra la richesse de tous les peuples, c'est vers toi que viendront leurs rois..... » etc.

---

[1] עַל־צַד, c'est-à-dire au loin, ainsi que le prouve le parallélisme.

Il suffira de relire les psaumes 22, 72, 87 et 102, pour se convaincre qu'il était impossible de développer plus magnifiquement les prophéties qui promettent à Jérusalem qu'elle sera le centre de tous les peuples étrangers qui se rendront dans cette ville pour adorer Dieu, et qui seront reçus comme des indigènes. Les prophètes ont conservé jusqu'aux noms des nations et des contrées mentionnées dans les psaumes qu'ils ont paraphrasés[1].

Il en est de même de Sion, la couronne du pays. Tout ce que les psaumes nationaux et religieux ont chanté sur l'éclat des temps pendant lesquels ils ont été composés, sert aux prophètes pour orner les descriptions qu'ils font du futur règne de Jéhovah. Quand arrivera ce règne, la petite montagne s'élèvera, et sa faible source deviendra le fleuve puissant d'une eau vivifiante qui arrosera le désert aride et sec.

Il serait extravagant de supposer que les prophètes ont donné à ces images un sens matériel comme si le Mont-Sion devait se changer tout-à-coup en montagnes gigantesques, et la source de Philia en torrent; comme si le fer et l'airain du temple devaient se convertir en or et en argent.

Dès que l'on sait d'où les prophètes ont tiré les couleurs qui embellissent leurs tableaux; dès qu'on a la conviction qu'ils ne les ont pas inventées pour éblouir les yeux, mais qu'ils les ont puisées dans les vœux et les chants nationaux, les interprétations contradictoires, les applications aux choses matérielles, deviennent aussi impossibles que l'excès contraire, c'est-à-dire les commentaires qui voient partout un sens purement mystique.

On reconnaîtra, au contraire, que les prophètes étaient des hommes d'un grand bon sens, d'une haute raison, et qu'en leur qualité de sages éclairés par Dieu lui-même, ils ont fait, pour leur nation, ce que tous les anciens sages ont fait pour les œuvres de Dieu dans la nature. Ces derniers observaient, étudiaient la nature, ses lois, sa marche, son but. Les prophètes en ont fait autant à l'égard de l'alliance de leur éternel et fidèle Dieu Jéhovah; ils ont approfondi les promesses et la parole de ce Dieu, étudié

---

[1] Comparez Isaïe, chap. 60, vers. 6, 7 et 13, avec le psaume 72, vers. 10, 15 et 16.

les mœurs, le caractère antique ; et c'est en appliquant les faits du passé à leur époque à eux, qu'ils ont trouvé le germe de l'avenir dans le présent et dans le passé. L'esprit de Jéhovah les guidait indubitablement, car leurs visions n'étaient pas du délire, c'était une prédiction calme et paisible, une vue de l'avenir d'après un ordre de choses plus élevé que celui du présent.

Voilà, selon moi, la chaîne qui unit toute la succession des prophètes, et le commentaire le plus simple, le plus naturel de leurs écrits. Si nous cherchons sincèrement à voir où ils ont pris leurs tableaux, quel usage ils en ont fait, à quelle époque et sous quelle forme nouvelle chacun d'eux a employé ces tableaux, nous remontons aux sources sacrées où ils ont puisé ; et nous devenons comme eux des abeilles qui, en s'arrêtant sur toutes les fleurs du passé, s'enrichissent de leur miel bienfaisant et pur.

Les fertiles oracles de Dieu, jetés çà et là à travers le domaine de l'histoire, des bénédictions et des psaumes, sont aujourd'hui bien loin de nous ; mais les fleurs de ces jardins, cultivées et recueillies par les prophètes, brillent encore sous nos yeux. Quels trésors instructifs ! si nous savions en profiter.

Attachons-nous surtout à suivre pas à pas la pensée de Dieu, toujours au-dessus de la pensée des hommes, même de ceux qu'il chérissait le plus ; car, quoique éclairés par le feu de l'inspiration divine, ils ne voyaient jamais que l'inspiration humaine ; tandis que Dieu, poursuivant sa route immuable, faisait naître de la parole et des visions de ses favoris, des faits qu'eux-mêmes étaient loin de prévoir. Si nous suivions ainsi cette pensée, dans quel jour nouveau ne verrions-nous pas ce que les prophètes appellent : *Le gouvernement paternel de Dieu ici-bas, et le gouvernement paternel de Dieu là-haut.*

Cet éloge de Moïse placé à la fin de son histoire : *Et il ne s'est plus jamais levé en Israël un prophète comme Moïse qui ait été reconnu par Dieu face à face*, est rigoureusement vrai ; car dans toute l'époque que nous venons de passer en revue, il ne s'est pas montré un seul homme qui puisse lui être comparé.

Un rayon de sa lumière éclaira Samuel ; mais comme Samuel n'avait ni la force ni l'énergie de Moïse, il ne fut pas en son pouvoir de sauver l'État, et encore moins de le ramener aux idées primitives du grand prophète, qui n'ont jamais pu être mises à exécution.

David était sensible et tendre, juste et vaillant, mais David était roi ; et les intérêts de sa famille l'emportaient souvent sur l'intérêt public. Il enlaça et décora la loi de Moïse de gracieuses couronnes lyriques, mais il lui fut impossible de l'étayer solidement ou de lui creuser des bases plus profondes.

La sagesse de Salomon dégénéra en raffinements voluptueux, en magnificence et en pompes de cour, qui achevèrent de dissoudre l'antique constitution du prophète.

Plus tard, Élie déploya une partie de la force de Moïse, mais alors la nation était tombée trop bas ; il purifia, il dispersa, comme purifie l'incendie, comme disperse la tempête, mais il ne ranima rien.

Isaïe, et d'autres prophètes encore, ont parlé avec la bouche de Moïse. Son esprit de flamme, son regard immense semblait les animer ; mais quelles grandes actions ont-ils accomplies? quels édifices ont-ils élevés?

Moïse seul a construit un monument éternel ! Ce monument est sorti complet de sa pensée, et son bras infatigable a travaillé sans relâche pour l'asseoir solidement sur la terre. Le premier projet était de construire avec la pierre brute des champs un autel à Jéhovah, et de faire servir alternativement ce Dieu de famille, par tous les premiers-nés du pays. N'est-ce pas là le culte le plus national, le plus épuré et le plus noble que puisse adopter un peuple religieux et libre?

En promettant un pareil culte aux temps à venir, comme le point le plus élevé que la perfection humaine puisse atteindre, les prophètes se sont crus obligés de l'embellir de tout l'éclat d'un règne spirituel.

Quand Moïse se vit forcé de céder à son peuple rebelle et grossier qui voulait à toute force un veau d'or pour l'adorer, il trouva, même dans la concession qu'il lui fit, le moyen de réaliser une partie de ses vues nobles et pures ; car qu'était-ce que son tabernacle? la tente portative du législateur, dressée au milieu des tentes portatives d'un peuple nomade. L'idée du sanctuaire, avec ses ténèbres inabordables et ses tables de lois placées sous les ailes du symbole du mystère, est d'une simplicité si sublime, qu'il était impossible d'y changer ou d'y ajouter quelque chose sans la dégrader. Le temple proprement dit ne contenait que les pains de *proposition*. Ce symbole des anciens sacrifices de famille, qui consistait en festins en l'honneur de Jéhovah, était là sous les yeux de ce même Jéhovah, comme la représentation du festin le plus simple et le plus naïf. La lampe à sept branches, image de son regard qui voit tout et de tous côtés, éclairait ces pains, et sur l'autel d'or brûlait le sacrifice des parfums, symbole de la douce prière des patriarches. Le sang de l'expiation, de redevance et de vasselage envers Dieu, ne coulait que dans le vestibule.

Avec quel art il savait faire tourner au profit de l'État chacune des pratiques religieuses qu'il s'était vu forcé d'instituer! quelle précision dans ses lois! Avec quel zèle infatigable n'a-t-il pas cherché à les modifier, selon les besoins et les exigences de son peuple, mais sans jamais abandonner sa pensée fondamentale! Et cette persévérance est d'autant plus admirable, qu'il avait à lutter sans cesse contre des obstacles qui eussent abattu le courage de l'homme le plus énergique.

Arrivé enfin au terme de sa carrière, il rassemble toutes ses facultés intellectuelles pour recommander ses institutions à son peuple, et il meurt en législateur nomographe qui connaît son pays, et qui a su approprier aux besoins de ce pays les lois qu'il lui a données.

Chaque pas de sa route à travers le désert, est marqué par un trait de prudence, de sagesse surhumaine. Il s'est frayé un passage à travers la mer Rouge, dont il a fait une muraille, pour empêcher son peuple de revenir sur ses pas. Quel courage, quel génie ne lui a-t-il pas fallu déployer pour dompter, gouverner, civiliser six cent mille rebelles, campés au milieu d'une contrée aride et déserte! Non, il ne s'est plus jamais levé en Israël un prophète comme Moïse; les plus forts de ses successeurs n'agissaient qu'avec les doigts de sa main, les plus éclairés ne brillaient que par le reflet des rayons réfractés de sa face.

C'est devant toi seul que je m'incline, Être divin, plus grand, plus beau, plus affable que Moïse, et d'autant plus puissant, que tu cherchais à cacher ta puissance! Avec tes douze disciples, ignorants, grossiers et pauvres, tu as fait plus que Moïse avec ses six cent mille Israélites, car tu as fondé l'empire céleste, le seul à qui sa nature permette d'être éternel! Tu en as posé les fondements au-dessus de ce monde, et tu t'es borné à jeter dans la terre le grain de semence qui germe, grandit et projettera à la fin des temps l'ombre rafraîchissante que tous les *voyants* nous ont montrée dans l'avenir! Revêtu de forces divines, tu es descendu parmi nous, et, trouvant en toi la réalisation de toutes les prophéties, même des plus contradictoires, tu as eu le courage de supporter la pauvreté, la souffrance et une mort ignominieuse, que pas une de ces prophéties ne te prédisait; mais, sur cette route seule, tu pouvais les accomplir toutes dans leur ensemble. Moïse et Élie, les deux plus puissants héros de Dieu dans le passé, se sont entretenus avec toi sur le mont sacré; avec toi, le troisième, le plus doux, le plus grand de tous! Tu as rempli ta mission, et tu achèveras d'accomplir les prophéties par la marche toujours progressive de ton œuvre, œuvre unique, qui n'a rien de pareil en ce monde, qu'aucun sage, aucun puissant de cette terre n'aurait pu réaliser, et dont les conséquences embrassent l'éternité!

SUPPLÉMENT.

L'AGE D'OR A VENIR.

Une vision de prophète.

« Belle prairie des prophètes, le riche trésor de tes fleurs se déploie devant mes regards! Oh! qui me donnera des ailes pour planer au-dessus de vous toutes; pour savourer la douce rosée embaumée que recèle votre sein; pour me bercer sur les pétales de la rose que le matin a fait éclore; pour dormir doucement sur cette couche des anges!

« Age d'or! que tu es consolant, lors même que tu ne serais qu'une vision! Par toi le désert se couvre de la riante verdure du Carmel, et le lis jaillit du sein des sables brûlants; par toi des roses sans épines fleurissent sur le buisson épineux, et des ruisseaux de lait et de miel sillonnent les prairies! L'existence de l'homme, embellie par les douces paroles qui coulent des lèvres d'un ami, c'est là ton lait et ton miel.

« Age d'or! je vois germer le jet qui sera l'arbre de vie pour tous les peuples; ses fruits rendront la force aux épuisés, son feuillage rendra la santé aux malades; son ombrage sera notre refuge, son bruissement sera un murmure de l'Éden, le souffle de l'esprit du ciel!

« Age d'or! par toi Jéhovah descendra vers nous; comme un bon pasteur, il fera paître son peuple, il cherchera la brebis égarée, il ranimera sur son sein l'agneau épuisé et malade. Réjouis-toi, espèce humaine, le père des hommes sera ton frère, il sera ton ami et ton sauveur!

« Il n'y a qu'un seul Jéhovah! un seul porte ce nom! Personne n'enseignera à personne à le connaître, ce Dieu, ce père que tous connaîtront. La sagesse de Dieu et la douce paix de Dieu couvriront le pays, comme les vagues couvrent les abîmes de la mer!

« Il n'y aura plus ni séduction, ni moquerie, ni perdition sur les montagnes sacrées de Dieu! Le loup et l'agneau paîtront côte à côte; le lion et le tigre marcheront en troupeaux apprivoisés; le tendre enfant avancera la main dans le nid de la vipère, et la vipère le caressera en jouant.

« Les peuples ne s'exerceront plus à la guerre, leurs glaives deviendront des faucilles, et leurs lances serviront de socle à la charrue! L'olivier du père fleurira pour le fils et pour les enfants du fils; la femme faible et délicate protégera les héros, la femme, cette douce couronne de ses enfants et de sa maison!

« Jéhovah arrive-t-il? Les cieux vont-ils s'entr'ouvrir pour verser sur nous des fleuves de nectar? Ah! que n'arrive-t-il déjà, afin que les nuées nous versent leur baume, et que la terre produise des plantes nouvelles; afin que l'aveugle voie de nouveau, que le sourd entende, que la langue du muet entonne des chants de triomphe!

« Oui, il arrive! Pauvres, timides et faibles, réjouissez-vous!

Tendres agneaux, bondissez comme bondit le chevreuil ! Votre Dieu arrive, contemplez le roi de la paix ! Votre roi arrive, il vous secourra ! Salem sort des entrailles de la terre ! Salem, la ville de la paix ! l'éternelle demeure du repos et de Dieu ! Partout brûle le suave parfum de l'innocence ; partout des chants de remerciements s'élèvent vers les cieux ! La mort n'est plus ! il n'y a plus ni séparation ni gémissements, car il vient d'essuyer la dernière larme qui brillait à votre paupière, *lui* votre Dieu, *lui* votre soleil et votre ombre, *lui* votre agneau sur la prairie à la verdure éternelle !

« Fils de la Vierge ! palmier sacré ! je veux me reposer sous ton ombre ! Le bruissement de tes rameaux rafraîchit celui que la fatigue accable ; il donne au faible des forces célestes ! Le fruit de tes lèvres est la vie éternelle ; ton souffle est un bruissement de l'Éden ! »

FIN.

TABLE DES MATIÈRES.

Notice sur Herder, par le Traducteur.................... 1
Plan du livre... 1
Préface de Herder....................................... 4

PREMIÈRE PARTIE.

PREMIER DIALOGUE.

De la langue.. 9
Causes des préventions des gens du monde contre la langue hébraïque.... 10
Qualités qui constituent une langue poétique............ 11
Du verbe dans la langue hébraïque....................... 13
Du nom et de l'adjectif dans la langue hébraïque........ 15
Des racines dans la langue hébraïque.................... 16
De la prononciation conforme au climat et à la constitution physique des Hébreux... 18
Incertitude dans les temps des verbes, favorable à la poésie........... 20
Méthode pour vaincre les difficultés que présente la lecture des caractères hébreux... 22
Du parallélisme... 22
Son caractère poétique.................................. 25
Des voyelles dans la langue hébraïque................... 27
La langue hébraïque considérée comme l'aurore de la civilisation du monde. 30

Supplément.

Poème sur la langue et l'écriture....................... 31

DEUXIÈME DIALOGUE.

Idées primitives sur Dieu............................... 33
L'aurore, image de la création.......................... 34
Tableau de la création dans la poésie hébraïque......... 35

Origine de l'idée de la divinité.. 36
Dieu. Extrait du livre de Job.. 38
Dieu. Psaume 139... 39
Des Elohim... 41
Parallélisme du ciel et de la terre dans la poésie hébraïque................. 44
Personnification des objets inanimés... 47

Supplément.

Hymne imité du persan.. 50

TROISIÈME DIALOGUE.

IDÉES PRIMITIVES SUR LE CIEL ET SUR LA TERRE................................. 51
Anathème de Job sur le jour de sa naissance.................................. 52
Le souffle de Dieu sur la mer ténébreuse..................................... 53
Images sublimes auxquelles la lumière a donné lieu dans la poésie des Hébreux... 55
Dieu considéré comme père de famille dans la poésie des Hébreux.............. 56
Sur la création. Psaume 104.. 58
Sur l'unité de Dieu, extrait du livre de Job................................. 61
Les messagers de Dieu.. 62
Dieu, créateur de l'homme et des animaux, extrait du livre de Job............ 65

Supplément.

Invocation à la lumière, imitée de Milton.................................... 66

QUATRIÈME DIALOGUE.

EXAMEN DU LIVRE DE JOB... 69
Dieu et la nature, extrait du livre de Job................................... 70
Peinture de l'arrivée du juge souverain, extrait du livre de Job............. 74
Discours de Dieu à Job.   Id... 76
Sur la poésie de la nature... 80

Supplément.

Invocation d'Ossian au soleil couchant....................................... 86
   Id.   au soleil levant.................................... 86
   Id.   à la lune.. 87
   Id.   à l'étoile du soir................................. 88

CINQUIÈME DIALOGUE.

SUITE DE L'EXAMEN DU LIVRE DE JOB.. 90
Suite du discours que Dieu adresse à Job, extrait du livre de Job............ 90
En quel lieu et à quelle époque vivait Job................................... 93
Sur le béhémoth.. 95
Origine et antiquité du livre de Job... 98
Sur Satan.. 102
Enchaînement et esprit du livre de Job....................................... 103

TABLE DES MATIÈRES.

Supplément.

Considérations sur le livre de Job. 106
Invocation à Job. 110

SIXIÈME DIALOGUE.

Le Paradis terrestre. 112
Premier *dire* sur le Paradis, tiré de l'histoire poétique de l'espèce humaine. . 114
Tableau du Paradis, ennobli et étendu par les prophètes. 115
Première leçon que Dieu donne à l'homme en faisant passer les animaux devant lui. 117
Sur l'amour dans le Paradis. 119
Sur l'arbre de la science. 120
Sur l'arbre de vie. 126
Sur les chevaux du tonnerre. 130
Sur les chérubins. 131

Supplément.

Apparition de Dieu au-dessus des chérubins, extrait d'Ézéchiel. 140
Lamentation sur la chute du roi de Tyr, représenté sous la forme d'un chérubin, extrait d'Ézéchiel. 142
Tableau du tonnerre, psaume 18. 143
La voix de Jéhovah, psaume 28. 144

SEPTIÈME DIALOGUE.

L'empire des morts. 146
Élégie sur la destinée de l'homme, extrait du livre de Job. 147
Le souffle de Dieu, regardé par la poésie hébraïque comme le principe de l'immortalité. 149
Le souffle de Dieu dans la nature. 150
Le souffle de Dieu dans l'homme. 151
Hymne sur la force de la nature humaine, psaume 8. 151
Grandeur de la divinité dans la poésie hébraïque, extrait du livre de Job. . 153
Idées sur l'immortalité de l'âme chez les Hébreux, extrait du livre de Job. . 155
Respect des Orientaux pour les tombeaux. 157
Idées poétiques des Orientaux sur le royaume de la mort. 159
Dires sur la disparition d'Énoc. 161
Explication de la phrase : *Dieu l'a pris avec lui*, psaume 49. 164

Supplément.

1. Description de l'empire des morts, extrait du livre de Job. 169
2. Sur la mort d'un héros, extrait d'un poème arabe. 170
3. Le pays des pères. 171

HUITIÈME DIALOGUE.

Idées primitives sur la providence. 173

La poésie hébraïque fait-elle de l'homme l'aveugle instrument de la volonté de Dieu?
Histoire d'Abel et de Caïn. 174
Justice paternelle de Dieu. 175
Cette justice a-t-elle engendré le sentiment de la vengeance chez les Hébreux? 176
Les géants avant le déluge. 177
L'arc-en-ciel. 180
La tour de Babel. 182
De l'ironie dans la poésie hébraïque. 183
Chant sur le roi de Babel, extrait d'Isaïe. 186
Discours sur le même sujet, extrait du livre de Job. 187
La confiance en Dieu, essence de la poésie hébraïque. 191

Supplément.

1. Hymne sur la protection de Dieu. 193
2. Hymne sur la Providence. 194
3. Hymne sur la sagesse, extrait du livre de Job. 194

NEUVIÈME DIALOGUE.

Les patriarches. 197
Sur les reproches adressés aux patriarches. 197
Noé. 199
Abraham. 200
La poésie hébraïque, considérée comme poésie d'alliance. 201
Lutte de Jacob contre Elohim, extrait du premier livre de Moïse. . . 205
Le rêve de Jacob,   Id. 208
Sur la partialité dans les bénédictions des pères. 210
Histoire d'Agar, extrait du premier livre de Moïse. 211
Bénédiction d'Isaac. 212
La terre de Canaan embellie par la poésie des Hébreux. 213

Supplément.

1. Tableau du bonheur, des fonctions et de la dignité d'un prince oriental, extrait du livre de Job. 214
2. Tableau de la générosité et d'une confiance inébranlable au sein du malheur, extrait du livre de Job. 216
3. Morale d'un prince iduméen, extrait du livre de Job. 217

DIXIÈME DIALOGUE.

Le déluge. 220
Les langues sémitiques. 221
Superstitions des Chamites. 223
Sur la manière dont se sont perpétués les *dires* primitifs. 224
L'émigration des peuples. 226
Tables généalogiques des Hébreux. 228
Le journal de l'arche. 229

TABLE DES MATIÈRES.

Noms significatifs.	231
Invention de l'écriture en lettres.	233
Les hiéroglyphes.	236
Idiome primitif.	238
Des allégories dans la poésie hébraïque.	239
Le chant de Lémech, l'inventeur du glaive.	241

Supplément.

La voix du monde primitif.	243
Moïse.	244

Supplément.

Dernier chant de Moïse aux Israélites réunis.	254

DEUXIÈME PARTIE.

Avertissement. 261

CHAPITRE PREMIER.

Origine et nature de la poésie des Hébreux.	263
Images de cette poésie, et manière de les juger.	266
Personnifications particulières à la langue et à la poésie des Hébreux.	268
De la fable chez les Hébreux et chez les Orientaux en général.	271
De la fiction.	274
Les chérubins.	275
L'arbre de vie.	275
Les anges.	276
Les dieux des païens.	276
L'empire des morts.	277
Le langage imagé des prophètes.	278
Du chant et de la musique.	280
Opinion d'Opitz sur la plus ancienne poésie.	283
Origine et vocation de la poésie imitée de Salomon.	284

Supplément.

Considération sur l'origine subjective de la poésie des Hébreux.	287

CHAPITRE II.

Vocation et fonctions des prophètes.	294
Apparition par laquelle Dieu se révéla à Moïse.	295
Rapports de Moïse avec Dieu, extrait du deuxième livre de Moïse.	296
Apparition de Dieu à Elie, extrait d'Isaïe.	298
Explication de ces mots: *la parole de Dieu.*	302
Les prophètes considérés comme poètes.	305

Explication du mot *prophète*. 307
Sagesse des prophètes, extrait d'Isaïe. 310
Les prophètes, poème. 311

Supplément.

Pourquoi les prophètes étaient-ils une spécialité particulière au peuple hébreu. 313

CHAPITRE III.

Passages de Dieu dans le désert. 317
Moïse considéré comme sujet d'épopée. 318
Chant sur l'histoire héroïque d'Israël, psaume 114. 320
Chant de Moïse sur les bords de la mer Rouge. 322
Origine du nom de *Jéhovah-Zébaoth* 325
Passages triomphants de Dieu dans le désert, psaume 68. 326
Le Mont-Sinaï enveloppé de fumée et la colonne de feu et de fumée. . . 330
Prière du prophète Habacuc. 333

Premier supplément.

Paraphrase de la prière d'Habacuc, par Herder. 337
Paraphrase de cette prière par le Traducteur. 339

Deuxième supplément.

Du merveilleux dans les voyages et dans les lois de Moïse. 340

CHAPITRE IV.

Institutions de Moïse. 344
Signification du mot *Jéhovah*. 344
Chant de Moïse, l'homme de Dieu, psaume 90. 346
Plaintes sur la fragilité de la vie humaine, et confiance en Jéhovah, psaume
122. 347
But des institutions de Moïse. 349
Fêtes religieuses nationales. 351
Psaume sur ce sujet. 351
    Id.   Id. 352
    Id.   Id. 354
    Id.   Id. 356
    Id.   Id. 358
L'*Urim* et le *Thumim*, ornements du grand-prêtre. 360
Images que la poésie des Hébreux puisait dans le sanctuaire. 361
Les sacrifices expiatoires. 363
Psaume sur ce sujet. 364
Rapports entre l'organisation religieuse et l'organisation politique des Hébreux. 367
L'institution du sabbat. 369

TABLE DES MATIÈRES.

Supplément.

Le tabernacle de Moïse, tableau symbolique. 370

CHAPITRE V.

Suite des institutions de Moïse. 373
Gouvernement paternel des patriarches. 374
Idées des Hébreux sur le mérite des femmes. 375
Paroles du roi Lémuel, extrait des proverbes de Salomon. 377
Lien de fraternité établi par Moïse entre les familles et les tribus. 379
Pureté des idées sur Dieu dans la poésie hébraïque. 380
Les prophètes institués par Moïse pour veiller au maintien des libertés et de la morale publique, et de la pureté du culte. 381
Moïse fit de Jéhovah le propriétaire de la terre de Canaan, le législateur et le maître du peuple d'Israël, pour attacher ce peuple à sa patrie, et pour graver dans son cœur l'amour de la liberté et le respect aux lois. 382
Avantages et dangers de l'institution des lévites. 386
Corruption des prêtres. 388
Espoir de Moïse qu'un prophète viendra après lui accomplir son œuvre, psaume sur ce sujet. 389
Motifs qui ont décidé Moïse à placer sa loi sous l'égide de l'éclat divin. . . 391

Supplément.

La loi de Moïse, fiction judaïque. 393

CHAPITRE VI.

Bénédictions sur Israël. 395
La guerre de Jéhovah. 397
Testament de Jacob en faveur de ses tribus et de leurs générations, extrait du premier livre de Moïse. 398
Bénédiction de Moïse sur Israël, extrait du cinquième livre de Moïse. . . . 411

Supplément.

Le Thabor, montagne du sanctuaire, sage pensée de Moïse. 418

CHAPITRE VII.

Chants de victoire d'Israël. 425
Sévérité des lois de Moïse contre toute espèce de croyance et de pratiques superstitieuses. 426
Bénédictions de Balaam sur Israël, extrait du quatrième livre de Moïse. . . 429
Le livre des guerres de Jéhovah, recueil de poèmes héroïques. 432
Chant de victoire sur les Amorrhéens, extrait du quatrième livre de Moïse. . 433
Josué arrêtant le soleil. 434
Esprit du livre des Juges. 436

TABLE DES MATIÈRES.

Samson... 438
Chant de triomphe de Débora, extrait du livre des Juges... 440

Supplément.

Union de la musique et de la danse aux chants nationaux... 441

CHAPITRE VIII.

Traits divers de la jeunesse poétique d'Israel... 453
La fable de Jotham... 453
Enigmes... 453
Paroles d'Agur, extrait des proverbes de Salomon... 454
Les jeux de mots particuliers à la poésie hébraïque... 461
Des assonnances... 464
Chant de grâces de la mère de Samuel, extrait du premier livre de Samuel... 466
Ecole des prophètes instituée par Samuel... 468
Amitié de Jonathan pour David... 469

Supplément.

Élégie de David sur Jonathan, extrait du deuxième livre de Samuel... 471

CHAPITRE IX.

Psaumes... 472
Origine du recueil des psaumes... 473
Fausse interprétation donnée à ce recueil par les commentateurs... 474
Manière de lire les psaumes pour les comprendre et les utiliser... 476
Division des psaumes... 479
La concorde fraternelle, psaume 133... 480
Un chant de pasteurs, psaume 23... 481
Entrée de Dieu sur la montagne de Sion, psaume 24... 483
La fiancée du roi, psaume 45... 485
Délivrance du danger, chant national, psaume 124... 488
Id. id., psaume 129... 488
Délivrance de la captivité, chant national, psaume 126... 489
La captivité de Babylonne, psaume 137... 489
Deuil et espérance, psaume 61... 491
Dialogue lyrique sur la Providence, psaume 91... 493

Supplément.

Une apparition; imitation de la poésie hébraïque... 495

CHAPITRE X.

Caractères des psalmistes... 497
David... 497
Asaph... 502
Théodicée sur le bonheur des méchants, psaume 73... 502

TABLE DES MATIÈRES.

Le bonheur des méchants, psaume 39.	505
Les enfants de Coré.	506
Soupirs après Jérusalem, psaumes 42 et 43.	507
Auteurs anonymes des psaumes.	508
Psaumes appelés *ascendants* ou *montants*.	509
Plainte contre des malveillants compagnons de voyage, psaume 120.	509
Vœux de bonheur pour le voyage à Jérusalem, psaume 121.	510
Analyse de plusieurs autres psaumes.	511
Sur la musique des psaumes.	513

Supplément.

Sur la musique.	515

CHAPITRE XI.

Psaumes royaux.	520
Psaume 17.	521
Prière du matin de David, psaume 108.	523
Psaume royal 2.	527
Explication de ce psaume.	530
Psaume royal 110.	532
Explication de ce psaume.	534
Dernier chant de David, extrait du deuxième livre de Samuel.	536
Règne de Salomon, psaume 72.	537

Supplément.

La guerre, chant sacré.	540

CHAPITRE XII.

Vues sur l'avenir.	545
Sur l'empire éternel annoncé par les prophètes.	547
La nouvelle race de David, extrait d'Isaïe.	549
Le nouveau fils de Dieu, extrait d'Isaïe.	550
Explication de cette prophétie.	551
L'affligé, première partie du psaume 22.	555
Le sauvé, deuxième partie du psaume 22.	557
Intentions des prophètes.	559
Résumé du caractère de Moïse.	560
Invocation au Christ.	562

Supplément.

L'âge d'or à venir, une vision de prophète.	563

FIN DE LA TABLE DES MATIÈRES.

PARIS. — TYPOGRAPHIE DE A. HENRY, 8, RUE GIT-LE-CŒUR.

www.ingramcontent.com/pod-product-compliance
Lightning Source LLC
Chambersburg PA
CBHW060412230426
43663CB00008B/1459